Die Pluralität der Welten

Romanistisches
Kolloquium
Band 4

1987

Die Pluralität der Welten

Aspekte der Renaissance in der Romania

herausgegeben von
Wolf-Dieter Stempel und
Karlheinz Stierle

Wilhelm Fink Verlag

ISBN 3-7705-2448-9

Gesamtherstellung: Graph. Großbetrieb, F. Pustet, Regensburg
Gedruckt mit Unterstützung der Deutschen Forschungsgemeinschaft

Inhalt

DIE PLURALITÄT DER WELTEN

RENAISSANCE IM SCHATTEN DER KLASSIK

Vorwort

Wenn jede Epoche nicht nur durch eine leitende Tendenz, sondern durch eine leitende Konfiguration widersprüchlicher Tendenzen bestimmt ist, so gilt dies für die Renaissance im besonderen Maße. Mehr als jede andere Epoche steht die Renaissance im Zeichen einer neuen Grunderfahrung der Pluralität, die alle Bereiche des Wissens, der Erfahrung und des Lebens betrifft. Von einer eindrucksvollen Spezialforschung ist dies längst schon ans Licht gebracht und in immer neuen Einzelheiten vor Augen geführt worden. Dennoch ist gerade die Vielheit selbst, die die Physiognomie dieser Epoche bestimmt, noch kaum Gegenstand eigener Reflexion gewesen. Sollte es nicht lohnend sein, einmal die Vielfalt der Erfahrungswelten, die in der Renaissance nebeneinander stehen, sich überlagern oder sich entgegensetzen, selbst zum Thema zu machen und danach zu fragen, inwieweit die Literatur der Renaissance ein Ausdruck ihrer epochenspezifischen Vielfalt ist oder aber ein Versuch, der Vielfalt mit neuen imaginären Entwürfen der Einheit zu begegnen?

Unter dieser Fragestellung stand das 4. Romanistische Kolloquium, das vom 18.–21. September 1984 in der Werner-Reimers-Stiftung in Bad Homburg stattfand und dessen Ergebnisse nunmehr vorgelegt werden. Es hätte den Rahmen eines Kolloquiums sprengen müssen, alle für das Thema relevanten Aspekte einzubeziehen und durch sachkundige Beiträge zu repräsentieren. Doch ging es nicht um erschöpfende Darstellung, sondern darum, die Produktivität eines noch zu wenig verfolgten Gesichtspunkts an signifikanten Beispielen zu verdeutlichen und so ein Problemfeld in ersten Ansätzen zu erschließen.

Wie Sprache und Sprachreflexion auf eine neue Situation der Erfahrung reagieren, ist Gegenstand zweier Studien zur Sprache des französischen Spätmittelalters und zur Sprachtheorie der Renaissance. Eine frühe Problemformation der Pluralität wurde in der Auseinandersetzung um Augustins *De doctrina christiana* und das Verhalten von Glauben und Dichtung deutlich. Mit der Kunstwelt Arkadiens erschloß sich eine antikisierende, achristliche, in der ästhetischen Immanenz verbleibende Gegenwelt. In den Romanformen am Umbruch von Mittelalter und Renaissance, wo sich der moderne Roman vorbereitet, zeigte sich, wie eine Pluralität von Erfahrungswelten ironisch oder dialogisch zu ästhetischer Darstellung gebracht wird. Ariost, Rabelais und der spanische pikareske Roman ließen sich in dieser Perspektive als Ausformung eines gemeinsamen Erfahrungsraums verstehen. Gleichsam die Gegenprobe dazu bilden die Erfahrungsberichte der Konquistadoren, die eine neue Welt erschließen, die dennoch im Horizont der vertrauten Welt steht.

Wenn im Roman die Erfahrung der Vielheit der Welten zu seiner extensiven Darstellung kommt, so findet sie in der Lyrik ihre intensive Durchdringung.

An der epigrammatischen Form Marots zeigt sich ein geistreiches Spiel mit der Vielfalt im Spannungsfeld von Spätmittelalter und französischer Frührenaissance. Ronsards Lyrik ist die entfaltete Poesie der Vielheit, die sich in einem Raum intertextueller Diskrepanzen in ihrer eigenen Selbstbezüglichkeit behauptet. Bei Ronsard wird zugleich die Vielheit der poetischen Situationen und Lebenswelten in das Gedicht integriert. Dagegen sucht Torquato Tasso, Ronsards Zeitgenosse und Italiens letzter großer Renaissance-Dichter, die Einheit des rhetorisch-poetischen Vollzugs, der sich bei aller Vielfalt mimetischer Bezugnahmen erhält. Bei Du Bellay wird die Vielfalt der Zeitmodelle, die im Renaissance-Bewußtsein konkurrierend nebeneinander stehen, zu Modellen dichterischer Welterfahrung, die das Gedicht immer neu zur Vielfalt in der Einheit zusammenführt. Mit Giordano Bruno und Montaigne findet das Bewußtsein der Pluralität zwei Denker, die mit unterschiedlicher Stimme und Temperament, aber mit größter Anstrengung der Reflexion dem zentralen Thema ihrer Epoche begegnen und es zur bewußtesten Ausdrücklichkeit bringen. Abschließend wird die Frage nach dem Niederschlag der französischen Renaissance im Kanon der literarischen Werke gestellt.

Als die Veranstalter den Plan dieses Kolloquiums faßten, war ihnen das Buch von L. Batkin, *Die italienische Renaissance* (Frankfurt 1981), noch nicht bekannt. Nachträglich zeigt sich zwischen Batkins »Versuch einer Charakterisierung eines Kulturtyps« und den hier vorgelegten Arbeiten eine glückliche Korrespondenz. »Die Renaissance ist die Kultur der Kommunikation der Kulturen«. Unter dieses Motto ließe sich auch das Programm des hier vorgelegten Buchs stellen, von dem die Herausgeber gleichfalls hoffen, daß es der Kultur der Kommunikation der Kulturen nützlich sein möge. Wenn es dies sein kann, so hat es dafür zwei Förderern besonders zu danken: der Stiftung Volkswagenwerk, die bereit war, das Kolloquium zu finanzieren, und der Werner-Reimers-Stiftung, die es mit großzügiger Gastfreundschaft aufnahm. Die Veranstalter danken besonders dem Direktor der Stiftung, Herrn Konrad von Krosigk, und Frau Gertrud Söntgen für ihre zuvorkommende und engagierte Unterstützung.

Wolf-Dieter Stempel　　　　Karlheinz Stierle

SPRACHE UND ERFAHRUNG

Wolf-Dieter Stempel

Notizen zu Nicole Oresmes Spracharbeit

Als das französische Mittelalter in düstere Melancholie versank, weil es allmählich zu Ende ging (denn es war schön und groß gewesen, und die Befürchtung Pyramus', eines Kammerdieners von Romulus dem Großen, daß nun, am Ende der Antike, »so ein richtiges dunkles Mittelalter« anbreche[1], hatte sich – nach schwierigen Anfängen – nicht bewahrheitet), da war – das Leben ging ja weiter –, was in solchen Fällen eben zu sein pflegte, nämlich Übergangszeit. Nicht daß das Neue schon sichtbar gewesen wäre und die Gemüter bewegt, die Bestrebungen und Orientierungen gebunden hätte; aber das Alte erschien, von einigen wenigen Glanzlichtern abgesehen, steril, überlebt, unecht und belanglos, so daß die französische Renaissance des 16. Jhs. dann praktisch nicht allzuviel Nachlaß zu verwalten hatte und, befördert durch eine Reihe äußerer historischer Umstände, der Übergang zu einer neuen großen Epoche verhältnismäßig rasch erreicht war.

Vielleicht nicht ganz so, aber im Prinzip vergleichbar hätte man in früheren Zeiten die kultur- bzw. literaturgeschichtliche Situation Frankreichs in den zwei Jahrhunderten vor der Renaissance darlegen dürfen, fasziniert einerseits von Huizingas eindrucksvollem Stimmungsbild oder auch nur belehrt von einschlägigen Literaturgeschichten, fest gründend andererseits auf der Vielfalt der französischen Texte des 16. Jhs. und dem in ihnen zum Ausdruck kommenden Selbstverständnis der Epoche. Nun ist es im vorliegenden Zusammenhang sicherlich nicht vonnöten, auf das Wirken namentlich von Franco Simone zu verweisen, der sich eine umfassende Korrektur dieses Bildes zur Aufgabe machte und, gewiß nicht unbestritten[2], interessantere, ›positivere‹ und das heißt in gewissem Sinne ›modernere‹ Aspekte der geistesgeschichtlichen und literarischen Szene des französischen Spätmittelalters aufgedeckt hat. Daß die dabei verfolgte Tendenz nicht gleichmäßig und nicht umfassend zum Zuge gekommen ist, bedarf keiner Begründung; aber man darf wohl sagen, daß eine veränderte Beurteilung der geistesgeschichtlichen »Zustände« des französischen Spätmittelalters, die auch das Verständnis des 16. Jhs. berührt, im Prinzip vorgegeben erscheint.

Soweit ich sehe, ist der Sprachgeschichte da, wo sie als externe, d. h. auf außersprachliche Faktoren bezogene Entwicklungsgeschichte mit der kulturgeschichtlichen Problematik verbunden ist, ein Franco Simone bislang nicht zuteil geworden. Er ist allerdings auch nicht übermäßig vermißt worden. Die Situation scheint sich hier freilich auf den ersten Blick etwas anders darzubieten. Rein äußerlich gesehen ist die französische Sprache in ihrem schriftlichen

Ausdruck vom 14. bis zum 16. Jh. in verschiedener Hinsicht sich gleich geblieben. Die durchgängige, wenn auch je nach sprachlicher Komponente bzw. sprachlichem Verwendungsbereich zum Teil erheblich variierende Tendenz der Ausrichtung nach dem lateinischen Vorbild bestimmt die graphischen Konventionen, wirkt sich in Wortschatz und Grammatik aus und schlägt sich dann auch (dieser Bereich ist noch immer wenig untersucht) in der stilistischen Gestaltung insbesondere der Prosa nieder. Übertragungen antiker wie mittelalterlicher lateinischer Sachtexte, die ab der zweiten Hälfte des 14. Jhs. im verstärkten Umfang angefertigt werden, entbinden in der unmittelbar erlebten Konfrontation der »construccions (...) si trenchiees et si brieves, si suspensivez et si d'estranges moz«[3], der »estrange gramoir«, der »sentences suspensives parfondes et obscures«[4], des »merveilleus stille«[5] der Sprache des Ausgangstextes und der so ganz anders gearteten Zielsprache erste sprachreflektorische Bemühungen der Übersetzer, die, ungleich ihren Vorgängern des 12. und 13. Jhs., unter veränderten Geltungsvoraussetzungen der Volkssprache und des Textverständnisses als Problem zur Sprache bringen, was vorher durch eine mehr ungezwungene Übersetzungspraxis überbrückt wurde. Aber der Blick auf den italienischen Vorsprung hinsichtlich der Modellierung der Volkssprache, der entsprechenden Sprachreflexion und nicht zuletzt der exemplarischen Textdokumente und andererseits die angleichend oder in die Distanz gewendete Orientierung am italienischen Modell mochte Zweifel nicht aufkommen lassen, daß in Frankreich »la vraie culture humaniste ne passe guère au niveau de la langue vulgaire avant le plein XVIe siècle«[6].

Natürlich kann es nicht darum gehen (und schon gar nicht in dieser Vorlage), das Verständnis der Zusammenhänge vollkommen erneuern zu wollen; über bestimmte Gegebenheiten ist so oder so nicht hinwegzusehen. Aber mir scheint, daß die sprachlichen Verhältnisse in der »Übergangszeit« noch nicht in der erforderlichen Weise gewürdigt sind, und dazu soll dieser Versuch auf einem begrenzten Gebiet einen Hinweis geben. Gegenstand der Fragestellung ist ein Thema der Sprachreflexion sowohl des italienischen Frühhumanismus wie der französischen Diskussion des 16. Jhs., die Geltung der Volkssprache gegenüber dem Latein; Bezugspunkt ist Oresme und dessen Sprachwerk, ein in mehrfacher Weise herausragendes und zukunftsweisendes Ereignis der sprachkulturellen Entwicklung in Frankreich.

Nicole Oresme (gest. 1382), Magister der Theologie und Professor der Sorbonne, Großmeister am Collège de Navarre, im Dienst zunächst von Jean le Bon, dann ab 1364 von Charles V (dessen Erzieher er gewesen war), ist einer der großen Gelehrten des Spätmittelalters. Es ist hier nicht vorzustellen, was er nach dem Urteil der heutigen Fachforschung an bedeutenden, über seine Zeit und seinen spätscholastischen Standort hinausweisenden Anschauungen entwickelt hat. Charakteristisch ist dabei, daß sie in neuerer Zeit immer wieder Anlaß zu typischen Grenzfallerörterungen gegeben haben (war Oresme von der täglichen Umdrehung der Erde, deren lange Diskussion er mit der traditionellen Lehrmeinung jäh beendet, überzeugt oder nicht? Hat er die analytische Geometrie begründet oder nicht? usw.)[7]. Verhältnismäßig unkontrovers scheint zu sein, daß er aufgrund seiner Abhandlung über das Geldwesen als einer der Begründer der Volkswirtschaft gelten kann, und erwiesen ist das, was man einen ›angewandten Grenzfall‹ nennen möchte: Oresmes kosmologische Vorstellungen, die er im Anschluß an Sacrobosco im *Traitié de l'espere* entwickelt hatte, sind in wörtlicher lateinischer Übersetzung (ohne Nennung des Verfassers) in das Werk *Ymago mundi* (1410) von Pierre d'Ailly eingegangen und auf diesem Wege für Columbus (dessen Aufzeichnungen dazu erhalten sind) maßgeblich geworden[8].

Von Interesse ist im vorliegenden Zusammenhang in erster Linie, daß Oresme zwei seiner lateinisch geschriebenen Traktate später in französischer Bearbeitung vorlegte, den *Livre de divinacions* und, in erweiterter Fassung, den erwähnten *Traité de la monnaie*, und daß er darüber hinaus einige Schriften des Aristoteles übersetzte und kommentierte. Das letzte dieser Werke, der *Livre du ciel et du monde* (1377), ist wohl Oresmes größtes wissenschaftliches Werk in der Volkssprache, insofern hier nicht nur der Anteil des eigenen Beitrags (der schon in den *Livres de Ethiques* und *Politiques* beträchtlich war) hier weit über den Umfang des eigentlichen Übersetzungstextes hinausreicht, sondern auch so etwas wie eine Synthese von Oresmes naturphilosophischem Denken erblickt werden kann[9]. Damit ist etwas grundsätzlich Neues eingetreten: während Oresmes Übersetzertätigkeit sich einfügt in ein umfassenderes, schon von Jean le Bon angeregtes und seinem Sohn Charles V (»le Sage«) intensiv betriebenes Unternehmen der Übertragung antiker und mittelalterlicher Autoren[10], ist die Verwendung des Französischen für eine selbständige Abhandlung theoretischen Inhalts, die sich letztlich nicht mehr als Vulgarisierungsschrift versteht, sondern einen genuinen Forschungsbeitrag leistet, so gut wie ohne Tradition.

Bevor Genaueres dazu gesagt werden soll, will ich kurz und unter Verzicht auf jeglichen Systematisierungsversuch einige wenige Verfahren zur Illustration anführen, die als charakteristisch für Oresmes volkssprachliche Darstellungsweise gelten können (die Belege entstammen, soweit es um inhaltliche Dinge geht, ausschließlich den eigenen, d. h. nicht übersetzten Beiträgen bzw. Abhandlungen Oresmes)[11].

1. Technische Verfahren der Textbearbeitung

Äußere Anlage der Darstellung

Der *Livre de Politiques*[12] (1372–74) bringt nach dem Widmungsprolog (»Le proheme«) eine Benutzungsanweisung (»instruction« S. 44), in der auf die folgenden Dispositionen des Autors hingewiesen wird: jeder größere Abschnitt (»livre partial«) und jedes Kapitel ist mit einer Überschrift versehen, die mit einem Satz den Inhalt zusammenfaßt; dazu kommt am Ende des Werks ein Sachindex (»Table de notables«) (der unter den Stichwörtern, die zunächst für sich vorgestellt werden, die einschlägigen Werkzitate auflistet), sowie ein Glossar, das die Fachausdrücke und ›Fremdwörter‹ (»mos fors ou estranges«) mit ihren Bedeutungen zusammenfaßt, sofern sie nicht (wie der Verfasser angibt) schon in den Textglossen erläutert sind[13]; es folgt die Angabe von vier zentralen Termini, deren Verständnis für die Lektüre des ganzen Werks als unerläßlich erachtet wird *(aristocracie, commune policie, democracie, olygarchie)*, sowie abschließend eine genaue Einweisung in die Handhabung von Querverweisen innerhalb des Werks. Nicht alle französischen Werke Oresmes sind in dieser Weise ausgestattet; am Ende des *Livre de Yconomique* (1372–74) wird z. B. vermerkt, daß sich in Anbetracht des geringen Umfangs der Abhandlung ein Sachindex erübrige und die ›Fremdwörter‹ entweder in den Glossen erklärt oder in dem entsprechenden Wortregister des *Livre de Politiques* aufgefunden werden können (S. 847). Dem *Livre de Ethiques* (1370), der die Aristoteles-Übertragung einleitet, war bereits eine kürzere »Table des moz divers et estranges« beigefügt (S. 541), von der einzelne Positionen im Glossar des *Livre de Politiques* mit teilweise gleicher oder ähnlicher Definition wiederkehren. Auch der *Traitié de l'espere* (1368) enthält schon eine »table des mos estranges«, die allerdings nur aus einem knappen Terminologieindex besteht (S. 79ff.). Der frühe *Livre de divinacions* (1361–65) und der am Ende stehende *Livre du ciel et du monde* (1377) sind ohne Index.

Als weiteres Charakteristikum ist die Verwendung von graphischen Darstellungen zu betrachten (besonders zahlreich im *Livre du ciel et du monde*), die eng, gelegentlich durch direkten Verweis, mit dem Expositions- oder Argumentationszusammenhang verbunden sind. So z. B. bei der Besprechung der Tonintervalle:

(1) Car si comme il appert en la figure desus mise, les nombres de ceste figuration sunt .viii. et .vi. et .iiii. et .iii. Et la proportion ou resonance de .viii. a .vi., ce est epytrique ou dyatessaron.

Pol. S. 254

Bibliographische Selbstverweise

Oresme gibt bisweilen Hinweise auf eigene frühere Schriften:

(2) Et que aucuns des mouvemens du ciel soient inconmensurables, ce est plus vraysemblable que n'est l'opposite, si comme je monstray jadys par plusseurs persuasions en un traitié intitulé *De commensurabilitate vel incommensurabilitate motuum celi*

CM S. 196

Namentlich der *Traitié de l'espere* wird im *Livre du ciel et du monde* häufiger zitiert:

(3) Et ce ay je autrefois declairié ou .XXXIX.[e] chapitre du traitié en françois que je fis *De l'espere.* *CM* S. 578

Abkürzungen
Andeutung von bekannten, eventuell schon geäußerten Sachverhalten oder von naheliegenden Konsequenzen oder Erweiterungen, die dem Leser überlassen werden:

(4) Et ainsi puet l'en, par ymaginacion, proceder sans cesser. Et semblablement de quelconque corps ou magnitude si comme terre, eaue, une pierre, une busche et cetera, chascun a pluseurs parties, et de ces parties chascune a pluseurs parties, et ainsi touzjours oultre.

CM S. 532

(5) Item, en signe que repos vaut miex, nous prions pour les mors que Dieu leur doint repos: *Requiem eternam*, et cetera.

CM S. 532

Zitierweisen
Die lateinischen Texte werden sehr oft mit Quellen-, gelegentlich sogar Stellenangabe zitiert, wobei einem Zitat ohne Vermittlung die französische Übersetzung angeschlossen wird:

(6) Selon Ovide, ou *Livre des Festes*, teles gens furent les Romains au commencement; car il dit: Jura dabat populo posito modo pretor aratro (...) Le preteur ou prevost tenoit sa juridicion quant il avoit mis jus sa charrue (...)

Pol. S. 261 b

Oder der lateinische Text folgt auf die französische (zum Teil verkürzte oder pauschalisierende) Wiedergabe:

(7) Et Plinius dit que de telz laboureurs sunt venus pluseurs tres bons chevaliers: Fortissimi viri et milites strenuissimi ex agricolis gingnuntur, minimeque male cogitantes. Plinius libro .xviii°., capitulo .v.°.

ebd.

(8) si comme Macrobes recite, Tulles disoit ou .vi.[e] livre de la *Chose Publique* que le soleil est prince des lumieres du ciel: Dux et princeps rector ac moderator luminum reliquarum.

Pol. S. 290 a

In manchen Fällen werden lateinische Zitate überhaupt nicht übersetzt. Häufig sind Globalverweise mit Stellenangabe:

(9) Et ce puet asséz apparoir par ce que recite saint Augustin ou .xviii.[e] de la *Cité de Dieu*.

CM S. 376

2. Einführung von Fremdwörtern

Von den vielfältigen Verfahren seien nur einige wenige charakteristische genannt[14]:

Etymologische Erklärung

(10) *Kalogagathon* ou *Kalothoagathon* est par soy bon. Et est dit de *kalo* en grece, qu'est bon; et de *agathon* qu'est tres bon. Et est aussi comme tres bien bon.
Pol. (»table des fors mos«, S. 372)

(11) *Obolostatique* est dit de *obolus* qu'est maniere de monnoie; et de *stare*, qu'est ester, ou de *statuere*, qu'est establier ou ordener. Et est une espece de pecuniative, ce est a dire de acquisiton de pecune par change ou par mutation de monnoie, si comme il appert ou premier livre ou .xii.[e]. chapitre.
Pol. ebd.

Belassung eines Fremdworts in der ausgangssprachlichen Form

(12) Selon ce est reprouvé justement celui qui est communelment appellé *phylautos*, c'est a dire soy amant ou amy de soy (...) et qui du tout en tout acquiert touzjours bien honeste pour soy, nul ne diroit que il fust *phylautos* en le vituperant.
Eth. S. 478 (Übers. Text)

Begründung der Beibehaltung eines griechischen bzw. eines lateinischen Fremdworts

(13) Le vice qui est en superhabondance est appellé *boanansie* ou *apirokalie.* Dazu Glosse:
Ce sont moz de grec qui ne ont pas moz correpondenz en latin ne en françois.
Eth. S. 242[15]

3. Eigenheiten des kritischen Diskurses

a) Einstellungen

Rationalität contra Autorität

(14) Or sont finés les chapitres ou Aristote entendoit prouver que c'est impossible que plus d'un monde soit. Et est bon de considerer selonc verité ce que l'en puet dire en ceste matiere sanz regarder a aucorité de honme, mais seullement a pure rayson. Je di que, quant a present, il me semble que l'en puet ymaginer plusseurs mondes estre en .iii. manieres.
CM S. 166

(15) Aucuns pourroient dire que les sciences dessus nommees sont dictes de tres ancienne auctorité et baillees par prophetes, par aucteurs raisonnables et en livres autentiques, specialment astrologie: et neantmains je en repreuve aucunes parties et aucunes regles et les autres ars nommez, sans assigner raison.
Div. S. 60

Für eine rationale Auseinandersetzung im wissenschaftlichen Disput

(16) Et se aucun veult reprouver ce que je diray quant a ma principal entencion, si le face en appert, et par raison, nom pas en detraction et escripse encontre. Et je respondray, se je puis, car ainsi pourroit on trouver la verite.

Div. S. 50

Relativierung des eigenen Kenntnisstandes

(17) (in den alten Schriften ist nicht die Rede von »gromance« [= Geomantik] als eines Typs von Vorhersage) au moins ne l'ay je pas veu en hystoire authentique.

Div. S. 58

(18) (nach längeren skeptischen Ausführungen zur Frage eines dauerhaften irdischen Friedens – vgl. daraus Zitat (20) –):
Et ce que je ay dit de moy en ceste question, je sousmet tout a bonne correction.

Pol. S. 294 b

(19) Et pour animer, exciter et esmouvoir les cuers des jeunes honmes qui ont subtilz et nobles engins et desir de science afin que il estudient a dire encontre et a moy reprendre pour amour et affection de verité, je ose dire et me faiz fort que il n'est honme mortel qui onques veist plus bel ne meilleur livre de philosophie naturele qui est cestui, ne en ebreu ne en grec ou arabic ne en latin, ne en françois.

CM S. 730 (Ende des Textteils von *CM*)

Realistische Skepsis

(20) je di (...) que se tous vouloient tousjours estre sans guerre et obeïr a un souverain qui tousjours sceust et peust bien tout jugier (...), ce seroit bele chose si comme il semble. Mes ce est aussi comme une fiction poëtique ou comme une ymagination mathematique. Car si comme je ay dit autre foiz, le munde ne est pas gouverné par si ne par teles conditioneles suppositions. Il le convient prendre tel comme il est.

Pol. S. 294 a

b) Handlungen der Reflexion

Kritik an aktuellen Forschermeinungen

(21) Il [= Aristote] entent par *monarches* les roys qui funt teles relegations du consentement ou en faveur des cités et du bien publique. Mes les expositerus [sic] parlent autrement et dient que (...) Et nul ne doit merveiler se je ne ensui tousjours les expositeurs, car je les treuve souvent contraires l'un a l'autre et discordans au texte.

Pol. S. 144 a

(22) Selon Albert Aristote dit par aventure pource que ce est verité selon la disposition des estoilles; mes par necessité, ce est faulz.

Pol. S. 254 a

Dialektische Auseinandersetzung

(23) La seconde consequence estoit que se le ciel est meu perpetuelment, il convient que la terre repose ou milieu du ciel. Je dis non, premierement car (...)

CM S. 364 f.

(24) D'autre partie, je demande a Aristote quelle vertu meut le feu en son espere de mouvement journal, car (...)

CM S. 528

Theoretische Spekulation

(25) Une autre ymaginacion puet estre laquelle je weul traitier par esbatement et pour exercitacion de engin, c'est a savoir que en un meisme temps un monde fut dedens un autre monde.

CM S. 166

Kontrafaktische Beurteilung von weitreichenden theoretischen Zusammenhängen

(26) se le ciel n'estoit meu de mouvement journal, toute astrologie seroit fause et une grant partie de philosophie naturelle ou l'en suppose partout ce mouvement ou ciel.

CM S. 526

Methodische Reflexion (es geht um die Bedingungen des Bestandes bzw. Niedergangs von weltlichen Reichen)

(27) Pour ceste chose miex entendre, il convient premierement dire aucunes choses pour declarer le texte. Secondement, recolligier aucunes mutations de grandes seigneuries et des meurs des païz. Tiercement, touchier aucunes causes de teles mutations.

Pol. S. 297 a

Was besagen nun diese wenigen Proben aus den Schriften Oresmes? Zunächst ist etwas Grundsätzliches festzuhalten: die Verfahren, die darin angesprochen sind, betreffen weniger die französische Sprache in ihrem Bestand und internen Gefüge; materiell wird durch sie der Volkssprache selbst noch nicht eigentlich etwas hinzugefügt (die Wortschöpfung ist hier noch nicht direkt angesprochen). Sie betreffen vielmehr, unter dieser Vorgabe wurden sie zusammengestellt, die normative Kompatibilität des Mediums, wie sie bis ins 14. Jh., auch nach einschneidenden Veränderungen wie z. B. dem Aufkommen der volkssprachlichen Prosa zu Beginn des 13. Jhs., Geltung hat. Verfahren der Textorganisation, wie sie oben in der ersten Gruppe aufgeführt sind, setzen einen anderen Umgang mit schriftlichen Werken voraus, als er bei französischen Texten annähernd vergleichbaren Charakters zu unterstellen ist, und somit auch einen anderen Status und eine andere Funktionsweise des Textes im Prozeß seiner Aneignung. Sachbücher hat es im französischen Schrifttum seit Beginn des 12. Jhs. gegeben, und wenn wir uns nur an so markante Beispiele wie die wohl anspruchsvollste historische Kompilation des

13. Jhs., *Les Faits des Romains*, oder die Laienenzyklopädien, wie z. B. Brunetto Latinis *Tresor* halten, so zeichnen sie sich grundsätzlich dadurch aus, daß sie Wissensbestände weiterreichen, ohne diese je durch einschlägige Reflexion in Frage zu stellen. Lediglich der Vermittlungsprozeß wird in Prologen oder eingestreuten Bemerkungen und Erklärungen sichtbar gemacht, und wo es zu Kritik oder Bestreitung kommt, geht es um die Wahrheitsfrage in historiographischen Texten, die in der Regel nicht argumentativ diskutiert wird. Infolgedessen wird im Bereich der Sachtexte der Leser nicht eigentlich am Inhalt beteiligt (etwa in der Weise, daß er zu Fragen und Überlegungen über die inhaltliche Konstitution angeregt würde). Es handelt sich hier natürlich nicht um ein absolutes, für die Sachliteratur in der fraglichen Epoche (13. und 14. Jh.) insgesamt geltendes kulturelles Charakteristikum, sondern gerade um einen Reflex der Positionsbestimmung des Französischen gegenüber dem Lateinischen; Wissenschaft als von Grund auf dialogische Tätigkeit, die einen anderen, penibleren Benutzungsmodus impliziert und umständlichen infrastrukturellen Aufwand erfordert, war eine Angelegenheit der lateinischen Kultur. So sind denn auch die Praktiken, die oben in der ersten Gruppe angedeutet wurden, zu einem wesentlichen Teil unmittelbarer Transfer aus zeitgenössischer lateinischer Praxis[16], der uns aber bereits erahnen läßt, daß dem volkssprachlichen Medium in der schriftlichen Form hiermit ein neuer Kommunikationsmodus zugewonnen wird, der als entscheidend zu erachten ist: der ›Countdown‹ der Universalität der lateinischen Sprachkultur in Frankreich, der mit dem Aufkommen französischer Prosa Anfang des 13. Jhs. begonnen hatte, ist in seine letzte Phase eingetreten.

ad 1. Was zunächst die Verfahren der ersten Gruppe im einzelnen angeht, so steht Oresme nicht in jedem Fall am absoluten Anfang der Entwicklung. Pierre Bersuire, der in den Jahren 1351–1356 im Auftrag von Jean le Bon seine bekannte Livius-Übersetzung anfertigte, hat im volkssprachlichen Bereich wohl als erster seinem Werk eine alphabetisch geordnete Liste mit häufiger vorkommenden Termini vorangestellt (vielfach handelt es sich dabei um von Bersuire geprägte Latinismen), die Begriffe der antiken Lebenswelt bezeichnen und entsprechend erläutert werden[17]. Unmittelbar nach Oresme wird Jean Daudin zu seiner Übertragung von Petrarcas *De remediis utriusque fortunae* (»Contre l'une et l'autre fortune«, 1378) »en un livret a part« die unklaren Wörter (»obscures«) darstellen, soweit sie nicht schon, wie er vermerkt, in Bersuires Liste zu finden sind[18]. Auch Erläuterungen innerhalb des Textes (bei Bersuire in Gestalt von ›incidens‹[19]) begegnen hie und da. Gleichwohl geht es in den genannten Fällen um nicht mehr als um Verständnishilfen (von Jean Daudin für diejenigen bestimmt »qui n'ont veu et entendu les livres des poetes et d'autres aucteurs«[20]), wie sie, allerdings ohne besondere Organisationsform innerhalb des Textes, bereits vom Verfasser von *Les Faits des Romains* geboten wurden. Auch Oresmes Glossierung umfaßt mitunter Erklärungen dieser Art, die dann aber vielfach abstrakteren und exklusiveren Begriffen gelten. Davon abgesehen verdanken sich die Glossen Oresmes vornehmlich einer anderen, über die angestammte Funktion dieser Diskursgattung hinausgehenden Intention, insofern der französische Gelehrte in ihnen die Auseinandersetzung mit dem Aristotelischen Denken und dessen Interpreten führt, ja sich mitunter in strengen Deduktionen oder »ymaginacions« (›Spekulationen‹) weit vom Ansatzpunkt der Glosse entfernt oder eigene, weit ausgreifende »questions« abhandelt.

Es wird noch zu fragen sein, unter welchen Umständen sich diese Entwicklung vollzieht. Vorerst ist anzumerken, daß die übrigen Verfahren der Textgestaltung (die durch zahlreiche andere zu ergänzen wären) wahrscheinlich noch enger mit dem Medienwechsel, wie ihn gerade Oresme verwirklicht hat, zu verbinden sind. Auch wenn es sich dabei nur um mehr oder minder unscheinbare Praktiken handelt, ist die Konsequenz, die sich aus ihrer Anwendung für den volkssprachlichen Textbereich ergibt, beträchtlich. Daß ein Autor im Laufe seiner Darstellung auf eigene, z. T. lateinisch verfaßte Werke verweist, ist im Bereich der französischen Sachliteratur vor Oresme meines Wissens kaum zu belegen, was sicherlich nicht allein mit dem Umstand zu erklären ist, daß bis dahin überhaupt wenig Verfasser von Sachbüchern mit mehreren Werken hervorgetreten sind. Es deutet sich vielmehr bei Oresme ein Wandel im Selbstverständnis des volkssprachlichen Autors an, der, so kann man vorläufig sagen, in seinen textlichen Dispositionen ein Maß an Souveränität erlangt, wie es nur innerhalb der lateinisch dokumentierten Gelehrsamkeit möglich war[20a]. Dies zeigt sich deutlicher noch in den Abkürzungsverfahren die, wenn ich recht sehe, auch eine veränderte Geltung des volkssprachlichen Textes (bzw. seiner Darstellungsform) indizieren. Bislang war diese, ganz allgemein gesprochen, dahingehend zu bestimmen, daß der Sachtext gerade auch in seiner enzyklopädisch-didaktischen Ausrichtung »Repraesentament« einer festgefügten Weltordnung ist, das vom Autor nicht in offensichtlicher Willkür beschnitten werden darf. Natürlich hat dieser, wo er sich als Diskurssubjekt zu Wort meldet, unter bestimmten Bedingungen die Möglichkeit, Relevanzprofile in seine Darstellung einzuführen, also z. B. durch explizit gemachte Indefinitheit, Ausgrenzung o. ä. die Vermittlung des Stoffes von als unwichtig Erachtetem freizuhalten. Allerdings hat er dann als Subjekt der Vermittlung dafür auch einzustehen und sein Vorgehen zumindest pro forma zu begründen. Die »et cetera«-Formel scheint nun dieser schriftsprachlichen Konvention nicht mehr zu entsprechen. Richtiger gesagt: diese Konvention wird in dem Augenblick nicht mehr eingehalten, wo der Autor nicht mehr als bloßer Vermittler von Wissen auftritt, sondern dieses Wissen erst eigentlich erarbeitet und den Leser an diesem Prozeß teilnehmen läßt. Damit aber wird die grundsätzliche Verpflichtung zur ›Vollrepräsentanz‹ im Prinzip gegenstandslos. ›Rationalisierungsmaßnahmen‹ der Darstellung sind unter der Voraussetzung des wissenschaftlichen Engagements der Erkenntnisförderung nicht anstößig, zumal wenn sie im Rahmen einer der Grenzen zwischen mündlicher und schriftlicher Rede neutralisierenden lebhaften Dialektik Anwendung finden, wie das bei Oresme der Fall ist.

Auch die oben genannten Zitierweisen sind hier anzuschließen. Wenn gilt, daß die didaktische Grundintention in der Weise, wie sie der volkssprachlichen Sachliteratur eingeschrieben war, in den großen Werken Oresmes nicht mehr leitend ist, dann geschieht auch die Aufbereitung des Ausgangswissens nicht mehr im Hinblick auf »ceulx qui n'ont veu ou entendu les livres des poetes et d'autres aucteurs«. Als Adressaten der genauen Stellennachweise sind Leser zu denken, die im Umgang mit lateinischen Autoren zumindest einige Erfahrung oder wenigstens Interesse daran haben, die also auch über Lateinkenntnisse verfügen, wieweit diese auch im Einzelfall reichen mögen[21]. Wenn Oresme schon mit seinen Übersetzungen den Zweck verfolgt, die vielfach ›dunklen‹ lateinischen Aristoteles-Versionen aufzuhellen[22], so ist diese Bestrebung nur nachzuvollziehen, wenn zugleich die Auseinandersetzung mit den zitierten auctores und expositores eingesehen werden kann; nur so ist eine Diskussion von Oresmes eigenen Positionen, wie er sie selbst anheimstellt, ja wünscht, überhaupt möglich.

ad 2. Die Einführung von Fremdwörtern interessiert hier in erster Linie unter dem Gesichtspunkt der Perspektive, in der die Ursprungssprache, das Griechische oder Lateinische, erscheint. In der Tat läßt die Behandlung der »fors mos«, auch wenn sie, was das Griechische anlangt, den Zeitumständen entsprechend oft fehlerhaft ist[23], erkennen, daß die historische Entfernung ermessen, gewissermaßen aufrechterhalten wird: Nicht nur, daß in der Regel die Bedeutung des Ausgangswortes angegeben und u. U. der Bezug zu den besonderen historisch-kulturellen Gegebenheiten dargelegt wird, auch die tel quel-Übernahme ohne entsprechende Anpassung an die Gegebenheiten des Französischen hält das Bewußtsein der Andersartigkeit der Fremdsprache lebendig, zumal wenn der französischen Umschreibung der griechische oder lateinische Ausdruck gegenübergestellt wird: »Et celui qui deffaut en ce a trop sauvage nom, en grec *Epykayrekacus*« (*Eth.* S. 169)[24]. In der Tat wird in der Praxis des Übersetzens gelegentlich die Vorstellung bemerkbar, daß Ausgangs- und Zielsprache hinsichtlich ihrer begrifflichen Leistungsmöglichkeiten nicht so hoffnungslos voneinander entfernt sind, wie dies die französischen Übersetzer allenthalben beklagen (vgl. oben). Wie im Zitat (13) verweist Oresme des öfteren darauf, daß schon das Lateinische nicht immer die begrifflichen Äquivalente zu bestimmten griechischen Termini zu bieten hat, was in der Konsequenz besagt, daß das Französische sich in solchen Fällen durchaus in guter Gesellschaft befindet (vgl. oben Zit. (12) zu *phylautos* ›egoistisch‹, (13) zu *boanansie* bzw. in Anm. 15 zu *bonansic* ›Banause‹). Angesichts der topischen Klage über die lexikalische Armut des Französischen, die bekanntlich bis ins 16. Jh. weitergereicht und dort noch einmal zum großen Thema gemacht wird, ist daher die folgende Einschätzung eher realistisch und um so bemerkenswerter, als sie gerade im Zusammenhang mit einer

Übersetzung geäußert wird, die in der Praxis auf Schritt und Tritt begriffliche Defizite des Französischen zu bewältigen hat:

(28) Aucuns [= Tugenden und Laster] ont nom en grec et non pas en latin et aucuns au contraire. Et pluseurs ont nom en latin et non pas en françois et peu au contraire[25].

Eth. S. 165

Zu welchen Unzuträglichkeiten diese Diskrepanz bei Übersetzungen führen kann, zeigt Oresme durchaus auch an lateinischen Beispielen:

(29) Et me semble que Aristote ne entent pas par *preteur* tele chose comme estoient les preteurs de quoy les lays romaines parlent es *Digestes*; car telz preteurs avoient tres grant auctorité et estoient princes. Mes le preteur de quoy il parle ici avoit petite office, si comme l'en peut entendre par le texte. Et peut estre que le translateur mist *pretor* pour le nom grec, qui estoit ignoré.

Pol. S. 115 b

ad 3. Es ist nicht erforderlich, die oben aufgeführten Erscheinungen des kritischen Diskurses im einzelnen zu besprechen, da sie alle mit einer und derselben Redeweise, der wissenschaftlichen, zu verbinden sind. Dies ausdrücklich festzuhalten ist um so mehr angezeigt, als, für sich gesehen, zumindest die Sprechhandlungen (läßt man die gewählten Rubriken einmal beiseite) wie auch die sprachlichen Konstruktionsweisen, die sie repräsentieren, Bestandteil der französischen Schriftsprache spätestens vom 12. Jh. an sind, und dies gilt für die vielfältigen, auf Schritt und Tritt in Oresmes Erörterungen begegnenden Instrumente des wissenschaftlichen Räsonnements in gleichem Maße, mag auch das eine oder andere Ausdrucksmittel (z. B. hypotaktische Konjunktionen der Konditionalität, der Kausalität oder Konzessivität aus dem Bestand der lateinischen Kurialsprache) neu hinzugetreten sein. Ihr Verwendungsbereich in früherer Zeit lag jedoch fast ausschließlich innerhalb der ästhetischen Literatur; Streitgespräche, kasuistische Dialektik im Dialog oder Monolog der Protagonisten, bestimmte lyrische Erörterungen waren gattungsbezogene Äußerungsformen einer zur Schau gestellten Reflexivität, denen eine lebenspraktische Funktion nicht oder jedenfalls nicht unmittelbar zubestimmt war, die vielmehr umgekehrt von solchen Funktionen ihren Ausgang nahmen. Wo sich außerhalb dieses Bereichs eine vergleichbare Dimension erschloß, handelt es sich im wesentlichen um oratorische Veranstaltungen, wie sie in Protagonistenreden in der Geschichtsschreibung (z. B. bei Villehardouin) oder, bezogen auf ein Autorsubjekt, in Prologen (z. B. zu den *Grandes Chroniques de France*) zu beobachten sind. Die Memoirenliteratur, die mit Joinville zum ersten Mal das eigene Ich zum empirischen Gegenstand machte, erbrachte in dieser Hinsicht kaum etwas Neues: in historische Distanz gebannt und eingebettet in die Bezüge zur öffentlichen Geschichte (der von Louis XI also), blieb das Ich einem reflektorischen Zugriff der

Rekapitulation weitgehend entzogen und wurde zum Objekt der Erbaulichkeit.

Was im Falle von Oresme zu beobachten ist, kann nicht anders denn im Sinne einer Umwälzung verstanden werden. Der von dem französischen Gelehrten geführte Diskurs, fast gänzlich abgestellt auf die persönliche Teilhabe an der Lösung theoretischer Probleme von größter Tragweite, gründet auf einer neuen, in der französischen Schriftsprache meines Wissens bislang so gut wie nicht praktizierten Gattung sprachlichen Handelns, insofern dessen Konstitutionsbedingungen extremer Belastung ausgesetzt sind: Das an die Öffentlichkeit gerichtete »Je di« (›ich behaupte‹) oder »Je arque (contre)«, »Je suppose« usw., für dessen Geltung es keinen wesentlichen Unterschied macht, ob es explizit geäußert oder durch Behauptungshandlungen wie »ce est faulx«, »ce est fiction poëtique« u. ä. impliziert wird, bedarf, um seine Konsistenz zu sichern, höchster intellektueller Anstrengung bezüglich Begründung, gedanklicher Entwicklung und Beurteilung und unterliegt daher als öffentliches, institutionell weitgehend ungeschütztes Engagement einem erhöhten Risiko. Gilt dies im Prinzip natürlich auch für den lateinischen Bereich, so erzeugt doch der Wechsel des Mediums eine Veränderung des Kontextes: Wissenschaft in der eigenen, natürlichen und lebendigen Sprache betrieben, die zugleich die Sprache der Nation ist, kann vermehrt und verstärkt in ihrem lebenspraktischen Bezug sinnfällig werden. Es besteht jedenfalls ein innerer (auch konkreter nachweisbarer) Zusammenhang zwischen Oresmes staatspolitischer Tätigkeit als engster Berater des Königs, seinem vielfältigen kritischen Engagement und der Wahl des Französischen als Medium seines schriftlichen Wirkens in der Öffentlichkeit, ja man darf in dieser Voraussetzung sicher eine Bedingung der Möglichkeit erblicken, daß dem Französischen neue Repräsentationsaufgaben übertragen wurden. Eine weitere Bedingung war freilich, daß dem Französischen bereits ein Minimum an öffentlichem Prestige zuerkannt wurde.

Über diesen letzten Punkt wird man kaum Zweifel haben können. Wo es um die Belange nationaler Identität in der Geschichte ging, wie in den *Grandes Chroniques de France*, war schon in der zweiten Hälfte des 13. Jhs. das Französische als Medium der Darstellung gewählt worden; die Verwaltungssprache war im 14. Jh. weitgehend französisch, und die Tatsache der vermehrten, eben ›von oben‹ her gewünschten und angeregten Übersetzungen weist indirekt die fragliche Qualität der Volkssprache aus. So ist es, von hier aus gesehen, nicht überraschend, daß Oresme im Vorwort zum *Livre de Ethiques* die Übersetzung des Aristoteles-Textes unter anderem in der folgenden Weise begründet:

(30) Et, pour certain, translater telz livres en françois et baillier en françois les arts et les sciences est un labeur moult proffitable; car c'est un langage noble et commun a genz de grant engin et de bonne prudence.

Eth. S. 101

Ob hier eine Beziehung besteht zur ähnlichen Bewertung des Französischen im Prolog der Übersetzung des *Quadripartitum* von Ptolemäus aus der gleichen Zeit (die Autorschaft, gelegentlich Nicole Oresme oder einem Guillaume Oresme zugeschrieben, ist ungesichert), wo das Französische als »un beau langage et bon« gerühmt wird für Leute »de grant entendement et de excellent engin et qui n'entendent pas souffisamment latin«[26], muß offen bleiben. Bemerkenswert ist immerhin, daß eine solche Aussage aus früherer Zeit bisher nicht nachgewiesen ist. Sie betrifft allerdings nur die eine Seite der Medaille, denn es ist nun genauer zu fragen, wie eine solche Äußerung mit der erwähnten Klage über die Unvollkommenheit der Volkssprache gegenüber der »haute et noble rhetorique des poetes anciens«[27] zu vereinbaren ist, befürchten doch manche Übersetzer geradezu, Leser möchten in ihrem Text »la magesté et la gravité des paroles et sentences (...) moult humiliees et amoindries par mon langaige vulgar«[28] finden. In dieser Aussage eines der großen Übersetzer am burgundischen Hof, Laurent de Premierfait, der damit seine Übersetzung von Ciceros *De amicitia* vorlegt (ca. 1414), erscheint eine erste Möglichkeit, die gestellte Frage zu beantworten: die positive Einschätzung des Prestiges der französischen Sprache (›noble‹) bleibt unangefochten, die beklagte Unvollkommenheit der Übersetzung wird dagegen subjektiviert, insofern sie der Übersetzer seinem eigenen Unvermögen zuschreibt. Dies hieße nun allerdings die rhetorische Intention dieser Subjektivierung unterschlagen, kann doch im Ernst nicht davon abgesehen werden, daß die französischen Übersetzer bei ihrer Arbeit mit objektiven Schwierigkeiten zu kämpfen hatten, der ›Adel‹ also, der dem Französischen zuerkannt wurde, die Diskrepanz zur lateinischen Kunstsprache nicht überdecken konnte.

Oresmes Position (von der ansatzweise schon die Rede war (vgl. ad 2), ist nun nicht nur realistischer, sie löst auch das Problem in souveräner Weise. Es hat zunächst den Anschein, als habe er dabei, zumindest was die Geltung der Volkssprache angeht, selbst eine Entwicklung durchgemacht, wie er ja auch seine schriftstellerische Produktion mit lateinisch geschriebenen Werken beginnt. Im frühen *Livre de divinacions*, in dem er selbst auf seinen vorausliegenden lateinischen *Tractatus contra judiciarios* verweist (S. 50), bittet er um Entschuldigung für seine »rude maniere de parler, car je n'ay pas apprins de (estre) acoustume de riens baillier ou escripre en françois« (S. 50), sieht aber zugleich auch äußere Beschränkungen für eine volkssprachliche Darstellung. So verzichtet er auf den genauen Aufweis der Falschheit und Inkonsistenz der divinatorischen »sciences« mit der Bemerkung: »ce n'est pas chose a mettre ou baillier en françois ne que gens layes puissent legierement entendre« (S. 60), weswegen er auch eventuellen Opponenten auf lateinisch antworten werde (ebd.). Im *Traitié de l'espere* (1368) bricht er seine Darstellung ab, weil er über so schwierige Gegenstände (»choses fortes«), wie »epiceles«, »excentriques« und »planetes« auf französisch nicht ›zureichend‹ (»souffisement«) handeln könne und es ohnehin nicht seine Absicht war, eine »astrologie en françois« zu bieten, sondern nur »ce que de ce est honneste assavoir a tout homme et par especial a prince de noble engin« (S. 78f.)[29].

Der *Livre de Ethiques* (1370) ist der Ort, wo Oresme in einem ausführlichen Prolog grundsätzlich zur Frage der Übersetzung lateinischer Texte Stellung nimmt (»Excusacion et commendacion de ceste œuvre« S. 100f.). Auch hier erfolgt die obligate Entschuldigung des französischen Übersetzers, aber sie läßt schon in der Formulierung erkennen, daß die Sachlage wesentlich anders und das heißt sachlicher beurteilt wird: da die fragliche aristotelische Wissenschaft im Französischen noch nicht behandelt sei, müsse man »en partie« entschuldigen »se je ne parle en ceste matiere si proprement, si clerement et si ordeneement comme il fust mestier«; er wage nämlich nicht, sich von seiner Vorlage zu entfernen, um nicht Aristoteles' Intention zu verfehlen. Die fragliche Problematik ist damit weitgehend präzisiert und objektiviert, denn das Argument ist nicht von der Hand zu weisen, daß der Aristoteles-Text in der lateinischen Version ›an mehreren Stellen dunkel‹ ist und hiermit zu einem ungünstigeren Übertragungsmodus zwingt (der, so darf man wohl folgern, bei anderen Textvorlagen hätte vermieden werden können). Zugleich, und damit beginnt der ganze Abschnitt, wird hier nun klar ausgesprochen, was oben im Ansatz zu erkennen war (vgl. ad 2.):

(31) Prescian dit, en un petit livre que il fist des maistres de Terente, que de tous les langages du monde latin est le plus habile pour mieulx exprimer et plus noblement son intencion. Et neent moins, les livres d'Aristote, et par especial *Ethiques* et *Politiques*, ne peuent pas avoir esté proprement de grec translatés en latin, si comme il appert par ce que encore y sont pluseurs moz grecs qui ne ont pas moz qui leur soient correspondens en latin. Et comme il soit ainsi que latin est a present plus parfait et plus habondant langage que françois, par plus forte raison l'en ne pourroit translater proprement tout latin en françois.

Eth. S. 100

Diese Relativierung der Übersetzungsfrage ist in ganz allgemeiner Form zwar schon einmal von einem französischen Autor bzw. Übersetzer zum Ausdruck gebracht worden, aber es ist wenig wahrscheinlich, daß dieser Text vom Ende des 13. Jhs. auf Grund der besonderen Begleitumstände seiner Entstehung Oresme bekannt war[30]. Entscheidend ist, daß Oresme von hier ausgehend der ganzen Problematik eine neue Wendung gibt. Im Anschluß an das oben angegebene Zitat (30), in dem die Übersetzung der ›Künste und Wissenschaften‹ im Hinblick auf den ›noblen‹ Charakter des Französischen und eine bestimmte Interessentenschicht empfohlen wird, heißt es weiter:

(32) Et comme dit Tulles en son livre de *Achademiques*, les choses pesantes et de grant auctorité sont delectables et bien aggreables as genz ou langage de leur païs. Et pour ce dit il ou livre dessus dit et en pluseurs autres, contre l'opinion d'aucuns, que c'estoit bien de translater les sciences de grec en latin et de les baillier et traiter en latin. Or est il ainsi que pour le temps de lors, grec estoit en resgart de latin quant as Romains si comme est maintenant latin en regart de françois quant a

nous. Et estoient pour le temps les estudians introduiz en grec et a Romme et aillieurs, et les sciences communelment bailliees en grec; et en ce paÿs, le langage commun et maternel, c'estoit latin. Donques puis je bien encore conclurre que la consideracion et le propos de nostre bon roy Charles est a recommender, qui fait les bons livres et excellens translater en françois.

Eth. S. 101

Die Argumentationsfigur, die hier vorgeführt wird, ist, für sich gesehen, in der einen oder anderen Weise jedem bekannt, der sich mit der Theorie der Volkssprache in der Renaissance und insbesondere der ›Défense de la langue française‹ beschäftigt hat, gleich ob es sich dabei um das entsprechende Werk von Du Bellay oder entsprechende Bestrebungen anderer Autoren handelt[31]. In Italien hatte sich schon Dante im *Convivio* (I,11,14)ausdrücklich auf *De finibus* berufen, um gegen die Verächter des italienischen volgare zu polemisieren. Abgesehen davon, daß Dante sich nicht etwa gegen die Verwendung des Lateins richtete, sondern die italienischen Dichter treffen wollte, die sich des Provenzalischen bedienten, ist auch von der Argumentation her gesehen Oresmes Rückgriff auf die »Sprachideologie« Ciceros (K. O. Apel[32]) von einer Raffinesse, die im 16. Jh. nicht übertroffen wird. Denn sie läuft darauf hinaus, einerseits die Dominanz der klassischen lateinischen Sprachkultur mit deren eigenen Elementen zu neutralisieren, andererseits sie aber wieder in Anspruch zu nehmen, um die erstrebte Überwindung des kulturellen Gefälles zu legitimieren und die Eigenmächtigkeit der Nationalsprache bezüglich der Darstellung der »choses pesantes et de grant auctorité« durch Ausbau der lexikalischen Ausdrucksmittel herbeizuführen.

Die Frage, ob dieses Raisonnement (das, auf das Cicero-Zitat verkürzt, im Widmungs-»Proheme« zum *Livres de Politiques* (S. 44) anklingt) sich bis ins 16. Jh. vererbt hat oder dort neu entdeckt bzw. der italienischen Diskussion entlehnt wurde, ist schwer zu beantworten und kann in unserem Zusammenhang auch dahingestellt bleiben. Es genügt vorerst festzuhalten, daß in dem Augenblick, da die Volkssprache sich anschickte, die letzten Beschränkungen, die ihrem Gebrauch gesetzt waren, zu beseitigen, dieser Vorgang theoretisch ›anciens‹ (hier also den Anhängern der lateinischen Sprachkultur) wie ›modernes‹, den Befürwortern einer vollgültigen Nationalsprache, plausibel erscheinen konnte; den ›anciens‹ hinsichtlich der Legitimität dieser neuen Praxis, insofern diese eine antike Kulturleistung imitierte, den ›modernes‹ unter dem Gesichtspunkt der Notwendigkeit und der Natürlichkeit (letztere scheint in dem Oresme-Zitat mit dem muttersprachlichen Argument angesprochen zu sein)[33]. Daß sich die ›anciens‹ noch lange nicht mit der neuen Praxis zufriedengeben werden und der Hinweis auf Ciceros Durchsetzung gegen die Kritiker seines Nationalsprachprogramms (»contre l'oppinion d'aucuns«) die Gemüter kaum besänftigte, ist, wie man weiß, ein großes Thema, das hier nicht zu erörtern ist.

Es mag, bevor wir uns der Konsequenz zuwenden, die in der Berufung auf

Cicero angelegt ist, die Frage noch gestellt werden, ob und wie Oresmes Verhältnis zum Lateinischen durch die ideelle Orientierung seiner Spracharbeit berührt wird, denn schließlich ist sein wissenschaftliches Werk vor allem in den lateinischen Abhandlungen niedergelegt. Das wenige, was hier dazu gesagt werden kann, reicht freilich zu einer befriedigenden Beantwortung nicht aus. Auf der einen Seite ist bereits bei den früheren Bearbeitungen festgestellt worden, daß sie entgegen den eigenen Bemerkungen des Verfassers sich in der Praxis nicht wesentlich von den lateinischen Vorlagen unterscheiden[34], auf der anderen Seite soll Oresme noch im *Livre du ciel et du monde* die Diskussion der ›abstruseren Probleme‹, wie er sie in seinen lateinischen Traktaten behandelte, vermieden haben[35]. Wegen der unsicheren Datierungen ist auch nicht genau zu verfolgen, inwieweit er sich noch nach der *Ethik*-Übersetzung für einzelne Abhandlungen des Lateinischen bedient hat. Es scheint zumindest, daß Vorstellungen über die Überlegenheit des Lateinischen als Wissenschaftssprache, wie sie aus früherer Zeit zu zitieren waren, nicht mehr geäußert werden. In diese Richtung weist auch die zunehmende Sorgfalt, die Oresme seinen französischen Bearbeitungen nunmehr zuwendet; vom *Livre de Ethiques* hat er eine zweite überarbeitete Fassung, vom *Livre de Politiques* deren drei angefertigt. Über die Bedeutung, die dem *Livre du ciel et du monde* zukommt, ist einleitend schon gesprochen worden. Vielleicht darf als symptomatisch angesehen werden, wie das zweite und gewichtigste Buch dieses großen Werks, das Oresmes wissenschaftliches Wirken im wesentlichen abschließt, beendet wird. Oresme stellt hier ein Gedankenexperiment dar (»ymaginacion«), das der Berechnung des Zeitunterschieds dient, wenn zwei Wanderer gleichzeitig in entgegengesetzter Richtung nach West und Ost aufbrechen. Im Unterschied zum *Traitié de l'espere*, wo ein ähnliches Experiment vorgeführt wird (*Esp.* S. 59–61), hat Oresme hier den Sachverhalt in lateinischen Versen dargestellt (4 Strophen zu je 6 Hexametern), die, in bilderreicher Sprache verfaßt, mit »Alleluia« abgeschlossen werden (S. 580). Außer einem vierzeiligen Epilog am Ende des ganzen Werks kommt ansonsten dergleichen in Oresmes volkssprachlichen Schriften nicht vor. Die Verse enthielten, bemerkt Oresme in wahrlich nicht thomistischer Gesinnung, ›nichts als reine Wahrheit‹. Aber die Annahme liegt nahe, daß hier so etwas wie ein Anzeichen einer neuen Wertsetzung vorliegt: zeigen französische Versbearbeitungen, wie sie im 13. Jh. von französischen Prosatexten sachlichen Inhalts angefertigt wurden, daß hier der Reimbindung per oppositionem eine ästhetische Funktion zugewiesen wird[36], so tritt an der genannten Stelle, möchte man meinen, nunmehr das Lateinische in diese Funktion ein und zwar aufgrund der Opposition nicht allein von Prosa und Vers, sondern eben auch von Volkssprache und Latein. Der genannte erbaulich gehaltene Vierzeiler am Schluß läge so gesehen auf der gleichen Linie.

*

Wenden wir uns wieder gesicherten Bereichen zu! Es geht, wie gesagt, um die Verwirklichung des Sprachprogramms, durch welches die französische Sprache in Anlehnung an das Beispiel Cicero für neue Darstellungsaufgaben zubereitet werden soll. Man kann sagen, daß die französische Schriftsprache von Anfang an und ohne daß dies durch besondere Programme hätte jeweils veranlaßt werden müssen, auf eine Zufuhr neuer Wörter angewiesen war. Was speziell den Intellektualbereich betrifft, so ist schon im 12. Jh. (im Zusammenhang mit der besonderen Stellung des Französischen am anglonormannischen Hof) eine stattliche Reihe von Abstrakta als Lehnwörter eingeführt worden (Termini wie *composition, glose, doctrine, cognicion, etymologie*). Man hat jedoch beobachtet, daß im Zuge der volkssprachlichen Erschließung neuer Sachgebiete, wie sie durch das Aufkommen der Prosa gefördert wurde, die neuen Begriffe oft als Lehnübersetzungen, d. h. mit französischem Wortmaterial, gewonnen wurden. Wie S. Heinimann am Beispiel des *Tresor* von Brunetto Latini gezeigt hat, übersetzte dieser z. B. die fünf rhetorischen Grundkategorien inventio, dispositio, elocutio, memoria, pronuntiatio durch »truevement«, »ordre«, »parable«, »memoire«, »parleure« (die hier mehr oder weniger als Übersetzungslehnwörter geprägt werden), während seine italienische Wiedergabe in der *Rettorica* nicht nur die lateinischen Termini als solche beibehält, sondern auch die italienische Form nur schwach andeutet (z. B. »inventione«)[37]. Auch wenn gelehrte Neuprägungen bei Latini nicht fehlen, so hat dieser dennoch durch sein jeweiliges Verfahren der unterschiedlichen kultursprachlichen Situation in beiden Ländern Rechnung getragen.

Die Lage ist bei Oresme nun vollkommen verändert, und man kann sagen, daß Oresme selbst der eigentliche Beweger war. Bereits zwei der oben angeführten Beispiele aus einer der »tables des fors mos« *(kalogagathon, obolostatique)* verweisen im Verein mit anderen Ausdrücken in den zitierten Textstellen (z. B. *conditioneles suppositions*) auf das Genus von Wortschöpfung und Bildungen, das bei Oresme im Vordergrund steht: Die Prägung von neuen Lexemen, Suffix- und Präfixbildungen und Wortkompositionen erfolgt überwiegend auf der Basis von lateinisch-griechischem Sprachmaterial, während der Anteil der nur semantischen Neuprägungen (also der Typ ›truevement‹ als rhetorischer Fachterminus) demgegenüber verschwindend gering ist. Man hat veranschlagt, daß Oresme allein zwischen 450 und 500 Neologismen in die französische Sprache eingebracht hat, wobei nur diejenigen gerechnet wurden, die sich bis heute erhalten haben[38]; läßt man diese Einschränkung (die in unserem Zusammenhang ohne Sinn ist) nicht gelten, so dürfte die Zahl der Einheiten ganz erheblich ansteigen. Nur dem Umstand, daß die französischen Hauptwerke Oresmes praktisch erst seit 1940 ediert wurden (die sehr umfangreichen *Livre du ciel et du monde* und *Livre de politiques* 1968 bzw. 1970) ist es wohl zuzuschreiben, daß die einzigartige Rolle, die Oresme als Wortschöpfer gespielt hat, eine umfassende und angemessene Würdigung bislang nicht erfahren hat. So ist es nicht verwunderlich, daß bis heute lexikalische Entdekkungen zu machen sind, die bisherige Datierungen der historischen Wörterbücher ungültig machen, zum Teil in recht krasser Weise[39]. Die Wörter namentlich, die lange Zeit dem 16. Jh. gutgeschrieben, auf Oresme zurückgeführt wurden bzw. werden müssen, sind Legion.

In unserem Zusammenhang mag es nun genügen, in aller Kürze und ohne großen Aufwand an Beispielen die wichtigsten Typen seiner Wortschöpfung aufzuzeigen, um einigen Grund für eine zusammenfassende Beurteilung zu erlangen. Ausschlaggebendes Kriterium ist dabei zunächst das Verhältnis der Neologismen zum vorauszusetzenden französischen Sprachstand:

a) kein lexikalisch ausgewiesener Begriff vorhanden: *phylautos* ›egoistisch‹, *supercelestiel, equivalence, circumposition, dualité, olygarchie, enharmonique*;
b) begrifflich-terminologische Absonderung gegenüber vorhandenen Synonyma: *parir* ›hervorbringen‹, *fortitude, delinquer* ›abweichen‹, *mobile, architectonique* ›übergeordnet‹;
c) Latinisierung des Wortkörpers: *aptitude* statt *attitude, communiquer, fragile, nutrition, recolliger, delectable*;
d) semantische ›Dubletten‹: *appeter* et *devirer*; *tempter, essaier*; *litigieus, discole, mal amyable.*

Das zweite Kriterium (das sich mit dem ersten zum Teil überschneidet) betrifft die Kategorien der Zeichenbildung. Entsprechend dem wissenschaftlichen Diskurs überwiegen die abstrakten Nominalbildungen *(rectitude, pecuniative)*, die Relationsadjektive *(geometrique, complexionel, triangulaire)*, die Verbaladjektive *(monnoyable, annihilable, incredible, diminutif)*, die denominalen Verben *(democratiser)* mit renominalisierter Entsprechung *(tyranisation)*, negativierte Adjektive *(inhoneste, inmateriel, irracionel)*, etc.

Die wenigen Angaben, die hier zusammengestellt sind, reichen aus, um einen zentralen Aspekt von Oresmes Sprachschaffen zu verdeutlichen. Der Grund für lexikalische Neubildung, der bisher im Vordergrund gestanden hat (und zum Beispiel für die erwähnten Glossare, die Bersuire und Daudin ihren Übersetzungen beigegeben haben, ausschlaggebend war), betrifft in einem strengen Sinn nur die Rubrik a) (und auch nur, wenn man will, mit Einschränkung, insofern, wie man veranschlagt hat, nur etwa ein Drittel aller Neologismen Oresmes im Zusammenhang mit Übersetzungen stehen[40], was aber letztlich nicht viel besagen will, sind doch, wie Cesare Segre einmal mit Recht gesagt hat, die vielen volkssprachlichen Neubildungen die Frucht unzähliger in überlegender Auseinandersetzung vollzogener stiller Übersetzungen). Die Aufmerksamkeit muß daher in erster Linie den Neubildungen in den Rubriken b) bis d) gelten, die in zunehmendem Maße eine objektive Begründung vermissen lassen. Welche Intention verbirgt sich hinter ihnen?

Die Antwort ist so schnell nicht zu geben. Daß mit Prägungen wie *parir, architectonique* (Gruppe b) eine begriffliche Präzisierung zum Ausdruck kommt, ist in der Kennzeichnung angedeutet worden, aber dieses Ziel ließe sich ja auch u. U. durch kontextuelle Determination erreichen. So liegt es nahe, die Latinisierungsmode der Epoche ins Spiel zu bringen, die sich dem Bestreben verdankt, dem volkssprachlichen Medium Gewicht und Ornat zu verleihen. Daß Oresme von dieser Strömung (da, wo sie sich nicht schon zu unbefragten Konventionen verfestigt hatte, wie in der Graphie) unberührt geblieben wäre, ist nicht anzunehmen; Dubletten wie *delectable* statt dem angestammten *delitable*, deren Bildung durch keinen objektiven Grund zu rechtfertigen sein mag, scheinen in diese Richtung zu weisen. Aber ein oratorischer »stille latin«, wie er allenthalben üblich wird, ist gerade bei ihm nicht zu finden. So ist der eigentliche Grund für Oresmes sprachschöpferische Tätigkeit woanders zu suchen, in dem Bereich nämlich, der durch die Neologismen der zweiten Gruppe ausgewiesen wird; diese nämlich können kaum unter Ornatverdacht gestellt werden, handelt es sich bei ihnen doch, grob gesprochen, um Symptome des Nominalisierungs- und Prädikationssyndroms des wissenschaftlichen Diskurses schlechthin. Im übrigen hat sich Oresme selbst zu dieser Frage in unmißverständlicher Weise in dem schon zitierten Prolog zum *Livre de Ethiques* geäußert:

(33) (...) une science qui est forte quant est de soy ne puet pas estre bailiee en termes legiers a entendre. Mais y convient souvent user de termes ou de moz propres en la science qui ne sont pas communelment entendus ne cogneüs de chascun. Mesmement quant elle n'a autre fois esté traictiee et excersee en tel langage.
Eth. S. 100

Dieser Passus ist mehrfach in der Forschung zitiert, aber meines Erachtens nicht eigentlich in seiner weitreichenden Bedeutung erkannt worden. Zunächst wird man von hier ausgehend eine generelle Bemühung Oresmes annehmen können, durch latinisierende Neubildungen oder Rekompositionen aus den volkssprachlichen Wörtern Zeichen mit präzisierter Begrifflichkeit zu machen, und dieses Bestreben wird sich letztlich nicht allein auf die wissenschaftliche Begrifflichkeit im engeren Sinn beschränken, sondern tendenziell am Ende jedes Ausdrucksmittel wissenschaftlicher Sprache erfassen. Wichtiger ist aber ein zweiter grundsätzlicher Punkt. In dem zitierten Abschnitt wird zum ersten Mal die Konsequenz aufgezeigt, die mit der Wahl des Französischen als Wissenschaftssprache verknüpft war. Die komplementäre Distribution von Latein und Französisch hinsichtlich expositorischer Darstellung war in der Vergangenheit für die französische Seite, die an der Wissensvermittlung Genüge hatte, wie selbstredend für die lateinische Seite letztlich problemlos. Dadurch, daß durch Oresmes Initiative wissenschaftliche Tätigkeit, die vordem in eine von der lebendigen Sprache abgeschirmte Sphäre verlagert war, nun in die Volkssprache hineinverlegt wird, wird die ursprüngliche Komplementarität dauerhafter dialektischer Spannung anheimgegeben, in dem Sinn, daß die Frage der Integration und damit des allgemeinen

Verständnisses von Wissenschaft immer wieder ein umstrittenes Problem sein wird. Wenn Wissenschaft, wie Oresme sagt, auf eigene sprachliche Zeichen angewiesen ist, dann kann dies nur bedeuten, daß sie, um ›echte‹ Wissenschaft zu sein (dies ist wohl mit »science forte«, wörtlich ›schwierige Wissenschaft‹ gemeint), sich immer wieder ausgrenzen muß, das Eingebettetsein in die Sprachgemeinschaft immer wieder zu transzendieren hat, insofern sie, ungleich der weitgehend statischen Berufssprache bzw. nichtwissenschaftlichen Fachsprache, auf Erkenntnis angelegt ist und die Besonderheit ihrer Sprache damit kontinuierlich zu erneuern hat. Was an Fachausdrücken, gelehrten Lehnwörtern zu früheren Zeiten in das Französische übernommen wurde, war höheres Bildungsgut, erreichbar für wenige gewiß, aber eingebettet in Darstellungs- bzw. Vermittlungskontexte, die breiteren Zugang ermöglichten. Die Wissenschaft im französischen Traktat ist nun nicht mehr bloßes Bildungsphänomen, sondern eine besondere Tätigkeit in einer Welt, die bislang der immer größer werdenden Schar von »hommes de noble engin«, die das Lateinische nicht mehr verstanden[41], verborgen oder entrückt geblieben war. Man kann sagen, daß Oresme diese Welt der Wissenschaft durch sein Sprachwerk als neuen, mit der Lebenswelt stärker vermittelbaren Erfahrungsraum entdeckt hat, und in diese Richtung weist nicht nur seine Wahl der französisch behandelten Sachbereiche, sondern die erklärten Verwertungsabsichten, die den Texten z. T. beigegeben werden. Aber er hat auch zugleich auf den bis zu einem gewissen Grad paradoxen Charakter dieser Entdeckung hingewiesen: Wissenschaft konstituiert sich nur um den Preis einer eigenen Sprache. Einer anderen Lösung, das hat Oresme mit seiner Bemerkung »mesmement quant elle n'a autre fois esté traictiee et excercee en tel langage« mit Recht bedeutet, der ›truevement‹-Formel also z. B. (s. oben), wäre keinerlei Zukunft beschieden gewesen[42]. Die Wissenschaft entdecken heißt zugleich anerkennen, daß der Zugang zu ihr beschwerlich ist; viele werden sich ausgeschlossen finden oder auch nur, von außen die sprachlichen Äußerlichkeiten des Wissenschaftsbetriebs betrachtend, sich im Vollgefühl ihres gesunden Menschenverstandes darüber lustig machen.

Mir ist nicht bekannt, daß die lateinische Wissenschaftssprache als solche in der altfranzösischen Literatur je Gegenstand satirischer Belustigung gewesen wäre, und an satirischen Veranstaltungen hat es in dieser Literatur bekanntlich keineswegs gefehlt. Nun, da die Wissenschaft in ihrer Absonderlichkeit in den eigenen Lebensbereich verpflanzt wird, provoziert ihre Sprache Spott und Hohn. Es mag nicht nur Wissenschaftssprache in ihrem strengen Sinne sein, die hier verdreht und lächerlich gemacht wird; die Übersteigerung der Latinisierungsmode, wie sie z. B. in manchen Schriften von Christine de Pisan, aber auch bei vielen anderen Autoren, auch in der sich aufplusternden Kurial- und Verwaltungssprache zu beobachten ist, gab schon Anlaß genug her. Aber der ›Karneval‹ erfaßt auch im 15. Jh. unter seinen Popanzen die neue Wissenschaftssprache:

Califfiez ce que je precogite
Precogitéz par ardente faveur,
Ardez mon cœur en vostre retorique

Folie des Gorriers

Lors je sentis dame Memoire
Reprendre et mectre en son aulmoire
Ses especes colaterales,
Oppinative faulse et voire
Et autres intellectualles,

Et meismement l'estimative,
Par quoy prospective nous vient,
Simulative, formative (...)

Villon, *Lais* V. 284–91[43]

Daß eine solche Reaktion sich nicht nur ins 16. Jh. fortsetzt, sondern in einem ganz allgemeinen Sinn auch weiterhin immer vorgegeben bleiben wird, bedarf keiner näheren Erläuterung. Die heteronome Bestimmung der lebendigen praktischen Sprache, deren Einheit, ja Identität sich in der Ausrichtung auf unterschiedliche Diskurswelten preiszugeben scheint, wird in ihrer durch die Wissenschaftssprache radikalisierten Form stets erneut als Skandalon empfunden werden, und daran hat sich ja, wie man weiß, bis heute nichts geändert.

So ist man letztlich versucht, die Bedeutung Oresmes in größerem Rahmen zu sehen. Sie liegt nicht allein darin, daß er durch seine programmatische Spracharbeit die Entscheidung der Frage antizipiert hat, die noch im 16. Jh. (unter Zufuhr freilich neuer Argumente pro und contra) die Gemüter beschäftigen wird, die Frage also nach der Verwendung des Französischen für die wissenschaftliche Darstellung, daß er darüber hinaus als Gelehrter der lateinischen Sprachkultur, als der er angetreten war, die französische Nationalsprache für die Wissenschaft, genauer: für die *originäre* wissenschaftliche Erörterung öffnete; Oresme darf wohl überhaupt als einer der ersten europäischen Wissenschaftler angesehen werden, der nicht nur selbständig und in einer umfassenden Weise Wissenschaft in der Volkssprache betrieb, sondern auch offenbar, wie man schließen darf, verstanden hat, daß wissenschaftliche Erkenntnis, insofern sie sich kritisch gegen traditionelle Anschauungen zu wenden beginnt, nicht mehr an die überkommenen Sprachspielregeln gebunden ist; daß des weiteren da, wo es um Probleme des sich formierenden modernen Staates geht (vgl. vor allem *Traité de la monnaie*, *Livre de politiques*), die Wahl der Nationalsprache notwendig geworden ist, deren öffentliches Prestige im übrigen schon weithin gesichert war. Gewiß, ein französischer Cicero ist Oresme trotz seiner materiell vergleichbaren Spracharbeit nicht geworden; dazu hätte er zugleich ein Ciceronianus sein müssen. Aber dafür fehlte es an den Voraussetzungen in einem Land, in dem die öffentliche, am klassischen lateinischen Vorbild geschulte Rhetorik im institutionellen Sinne kaum entwickelt war und die zweifellos vorhandenen oratorischen

Ansätze[44] in einem profusen »stille latin« zersetzt wurden. So hat man Oresme, auch weil seine volkssprachlichen Werke im Zusammenhang mit einem praktischen Verwertungsinteresse gesehen wurden, als Humanisten nicht gelten lassen wollen[45]. Aber ihn einseitig in die Tradition der philosophischen und theologischen Schulen von Paris einzuordnen und zwar nicht nur in bezug auf »esprit« und »formation«, sondern auch auf »ses intentions«, heißt gerade den Aspekt bei ihm gering achten, der in die neue Zeit vorausweist. In seiner durch Aristoteles angeregten Spekulation über die Pluralität der Welten vermochte unser Verfasser keine weitere mit Sicherheit ausfindig zu machen (vgl. *CM* S. 166–178). In der Öffnung der Volkssprache für die Wissenschaft hat er ein neues sprachliches Universum geschaffen.

Anmerkungen

1 Friedrich Dürrenmatt, *Romulus der Große*, IV. Akt.

2 Vgl. z. B. (die volkssprachliche Literatur wird hier allerdings nicht berücksichtigt) A. P. Saccaro, *Französischer Humanismus des 14. und 15. Jahrhunderts*, München 1975.

3 Pierre Bersuire, Prolog zur Livius-Übersetzung (1352–1356), abgedr. bei Ch. Samaran (J. Monfrin), »Pierre Bersuire« (das entsprechende Kapitel stammt von J. M.), in *Histoire littéraire de la France*, Bd 39, Paris 1962, S. 360.

4 Denis Foulechat, Übers. des *Polycraticus* von Jean de Salisbury (1372), zit. bei D. Gallet-Guerne, *Vasque de Lucène et la cyropédie à la cour de Bourgogne (1470)*, Genève 1974, S. 105.

5 Simon de Hesdin, Übers. der *Memorabilia* von Valerius Maximus (1375), zit. ebd.

6 J. Monfrin, »La connaissance de l'antiquité et le problème de l'humanisme en langue vulgaire dans la France du XVe siècle«, in *The late Middle Ages and the dawn of humanism outside Italy, Mediaevalia Lovaniensia* I, 1, Leuwen-The Hague 1972, S. 154.

7 Vgl. z. B. M. Clagett, »Nicole Oresme and medieval scientific thought« in *Proceedings of the American Philosophical Society* 108 (1964) S. 298 ff.; ders. (Hg.), *Oresme and the medieval geometry of qualities and motions*, Madison 1968, S. 3; A. G. Molland, »Nicole Oresme and scientific progress«, in A. Zimmermann (Hg.), *Antiqui et moderni – Traditionsbewußtsein und Fortschrittsbewußtsein im späten Mittelalter*, Berlin 1974, S. 206 ff.

8 Vgl. Oresmes *Le livre du ciel et du monde*, Madison 1968, S. 566 Anm. 12; E. Grant, *Nicole Oresme and the kinematics of circular motion – Tractatus de commensurabilitate vel incommensurabilitate motuum celi*, Madison 1971, S. 130 ff. (mit Anm. 119 und 120).

9 Vgl. E. Grant, »Scientific thought in fourteenth century Paris: Jean Buridan and Nicole Oresme«, in M. Pelner Cosman/B. Chandler (Hgg.), *Machaut's world: Science and art in the fourteenth century* (Annals of the New York Academy of Sciences vol. 314), New York 1978, S. 107. S. auch Blumenberg, *Legitimität der Neuzeit*, Frankfurt a. M. 1960, S. 346 mit Anm. 254.

10 Vgl. J. Monfrin, »Humanisme et traductions au moyen âge«, in *L'humanisme médiéval dans les littératures romanes du XIIe au XIVe siècle*, Paris 1964, S. 229 ff.

11 Auch eigene Beiträge Oresmes fußen natürlich gelegentlich auf der Übertragung von Vorlagen der expositores. Dies gilt vornehmlich für den Bereich der Glossen, weniger für die eigenständigen Abhandlungen größeren Umfangs.

12 Die folgenden Werke werden herangezogen: *Div.* = *Livre de Divinacions*, in G. W. Coopland, *Nicole Oresme and the astrologers*, Cambridge, Ma., 1952, S. 50–120; *Esp.* = *Traitié de l'Espere* in T. J. McGovern (Hg.), *Traitié de l'Espere and minor astrological Works: a critical edition*, Phil. Diss. Washington 1974 (The Catholic university of America, Studies in Romance Languages and Literatures, vol CXII), S. 1–82; *Eth.* = *Le livre de Ethiques d'Aristote*, hg. A. D. Menut, New York 1940; *Pol.* = *Le livre de Politiques d'Aristote*, hg. A. D. Menut (Transactions of the American Philosophical Soc., n. s. vol. 60, part. 6, Philadelphia 1970); *CM* = *Le livre du ciel et du monde*, Hg. A. D. Menut/A. J. Denomy, Madison 1968.

13 Gleichwohl sind viele Definitionen des Kommentars in den Index des »fors mos« aufgenommen.

14 Vgl. den knappen, aber informativen Abschnitt in J. Chaurand, *Introduction à l'histoire du vocabulaire français*, Paris 1977, S. 40–49.

15 Vgl. auch *Eth.* S. 165, wo zu »bonansic« bemerkt wird, daß es im Franz. keinen »nom bien propre« hat. Das griechische Wort βαναυσία ist, wie manche andere bei O., meist verschrieben, was z. T. auf die Abschreiber zurückgehen mag. Vgl. auch unten zu »antarchie« und »antarkes« im Glossar zu *Pol.* S. 370 Anm. 4.

16 Zur lateinischen Praxis des Begleitkommentars in Form von Glossen speziell im 14. Jh. vgl. C. J. Wittlin, »Traductions et commentaires médiévaux de la ›Cité de Dieu‹ de saint Augustin«, in *Travaux de Linguistique et de Littérature* 16 (1978) S. 533. W. spricht von einer »spécialisation philologique qui commençait à s'imposer dès cette époque«, aber selbstverständlich reicht diese Technik weiter zurück. In Italien tauchen die ersten volkssprachlichen Beispiele schon im 13. Jh. auf, vgl. z. B. die *Rettorica* von Brunetto Latini, in der einem »sponitore« die Glossen zur Übersetzung von *De inventione* und 3 Cicero-Reden zugeschrieben werden.

17 Vgl. J. Monfrin, *Histoire littéraire de la France* 39, S. 382ff.

18 Vgl. J. Monfrin, »Les traducteurs et leur public en France au moyen âge«, in *L'Humanisme médiéval dans les littératures romanes du XII*[e] *au XIV*[e] *siècle*, Paris 1964, S. 252.

19 Vgl. J. Monfrin, *Histoire littéraire* S. 379ff.

20 Vgl. J. Monfrin, *Les traducteurs* S. 252.

20a Charakteristisch ist in dieser Hinsicht das Verhalten des Verfassers der französischen Übersetzung der *Meteorologie* des Aristoteles (zwischen 1260 und 1270) gegenüber einer in der lateinischen Vorlage enthaltenen Zeichnung: er verzichtet auf die Wiedergabe, weil »la figure est trop forte a entendre et de pou de proffit« (Mahieu le Vilain, *Les metheores d'Aristote*, hg. R. Edgren, Uppsala 1945, S. 142, Z. 20, sowie S. XXXI).

21 Zum Status des Publikums des volkssprachlichen Humanismus im 15. Jh. vgl. Monfrin, *La connaissance de l'antiquité* S. 132. S. auch unten das Zitat aus der Ptolemäus-Übersetzung.

22 Vgl. den Widmungsprolog von *Pol.* (S. 44), wo O. neben der Übersetzung und Kommentierung als seine Leistung erwähnt, er habe den aristotelischen Text »mis de obscurité en clarté«, sowie *Eth.* S. 101 (Prolog): »par mon labeur pourra estre mieulx entendue ceste noble science«.

23 Das Griechische war im 14. Jh. in Frankreich so gut wie unbekannt. Vgl. dazu G. di Stefano, *La découverte de Plutarque en Occident-Aspects de la vie intellectuelle en Avignon au XIV*[e] *siècle*. (Memoria dell'Acc. delle Scienze di Torino, cl. di scienze morali, storiche e filologiche, serie 4 a, n° 18). Turin 1968 [1970].

24 ›Der, der Schadenfreude empfindet‹. Bewertungen, wie sie in diesem Zitat zum Ausdruck kommen (»trop sauvage nom«), scheinen bei O. insgesamt zu selten zu sein, als daß man von da aus auf eine Art »Hemmschwelle« bei der Übernahme griechischer Fremdwörter schließen könnte.

25 Zu dem zuletzt genannten Fall gibt O. unmittelbar vorher ein ausdrücklich vermerktes Beispiel: franz. »couart«, das im Griechischen ohne Entsprechung sei (ebd.).

26 Zit. bei G. Gröber, »Geschichte der mittelfranzösischen Literatur I«, 2. Aufl. bearbeitet von St. Hofer, in *Grundriß der romanischen Philologie*, begr. von G. Gröber, Neue Folge, Berlin–Leipzig 1933, S. 143. Die Übersetzung *Le Quadripertit Ptholomee* (Buch 1–4) ist von J. W. Gossner in einer unveröffentlichten Diss. der Syracuse Univ. 1951 ediert worden (sie war mir nicht zugänglich).

27 Denis Foulechat (vgl. oben Anm. 4).

28 Zit. bei J. Monfrin, »Humanisme et traductions« S. 236.

29 Gemeint ist mit letzterem Oresmes Dienstherr Charles V und dessen Hang zur Astrologie, gegen den schon der *Livre de divinacions* als Warnung gerichtet war. Diese staatspolitisch verstandene Warnung wird auch hier noch einmal mit Verweis auf den früheren Traktat ausgesprochen.

30 Es handelt sich um die *Rettorique de Marc Tulles Cyceron* von 1282, eine Übersetzung von *De inventione* und der Herennius-Rhetorik von Jean d'Antioche aus Akkra im Hl. Land, die nur in einem in Orient angefertigten Ms. bekannt ist. Der Verf. bemerkt, nachdem er einzelne Unterschiede zwischen dem Lateinischen und Französischen erwähnt hat: »et ce est comunaument en toute lengue, quar chascune lengue si a ses proprietez et sa maniere de parler« (zit. bei J. Monfrin, »Humanisme et traductions«, S. 225). Monfrin bringt diesen Text, sicherlich zu Recht, mit der italienischen Szene in Verbindung (vgl. die Cicero-Übersetzungen von Guidotto da Bologna und Brunetto Latini). Interesse verdient vielleicht in diesem Zusammenhang, daß auch die erste (verschollene) Übersetzung der aristotelischen *Politik* von Pierre de Paris (ca. 1305) sowie andere (erhaltene) Übertragungen dieses Verfassers in Zypern entstanden sind (vgl. A. D. Menut, *Pol.* S. 11), wo sich auch Guillaume de Saint-Etienne zeitweise aufhielt, dem Jean d'Antioche seine *Rettorique* gewidmet hatte.

Der grundsätzliche Aspekt der Übersetzungsproblematik wird von Mahieu le Vilain, dem Übersetzer der aristotelischen *Meteorologie*, zwar nicht eigens zur Sprache gebracht, doch zeigt sich bei ihm eine durchaus realistische Einschätzung der Möglichkeiten: »je me sui entremis a translater vous le devant dit livre de mot a mot, si comme je pourray miex, en langue franchoise. Mes sachiés: l'en ne puet pas si proprement translater science en franchois comme en latin. Nepourquant, c'est le livre de natures que l'en puet plus proprement estraire en franchois« (*Les metheores d'Aristote* S. 1).

31 Vgl. zuletzt C. Schmitt, »Zur Rezeption antiken Sprachdenkens in der Renaissancephilologie«, in A. Buck/K. Heitmann (Hgg.), *Die Antike-Rezeption in den Wissenschaften während der Renaissance*, Mitt. X der Kommission für Humanismusforschung der DFG, Weinheim 1983, S. 92ff. (auf die Vorgeschichte dieses Arguments, das vornehmlich an Du Bellay und Claude de Seyssel dargestellt wird, geht der Verf. nicht weiter ein).

Ob O. an der zitierten Stelle allein die *Academica* (1,7,25) im Sinn hat, muß dahingestellt bleiben. Unter den vielen Äußerungen, die Cicero in der fraglichen Richtung getan hat, scheint jedenfalls *de natura deorum* 1,4,7 eher zu entsprechen, da hier die »choses pesantes et de grant auctorité« einen genaueren Anhaltspunkt haben: »magni existimans interesse ad decus et ad laudem civitatis *res tam gravis tamque praeclaras* Latinis etiam litteris contineri«.

32 Vgl. *Die Idee der Sprache in der Tradition des Humanismus von Dante bis Vico*, Bonn 1963.

33 Es bleibt allerdings zu beachten, daß dieses gerade auf der italienischen Seite und insbesondere bei Dante im Plädoyer für das volgare gewichtiges Argument (vgl. etwa: »lo naturale amore a propria loquela«, *Conv.* I, 5,3 und I, 10,5 usw.) von Oresme, ja überhaupt in der französischen Diskussion der Zeit nicht verwendet wird. Die Apostrophierung der eigenen nationalen Sprache, die als reale bereits die Qualifikation des »nobile« erhalten hat, und des Souverains zumal, der sie propa-

giert, erscheint einer Opposition von subjektiver Natürlichkeit und Privatheit (Dimension des volgare) und Kunstsprache (»grammatica«, d. h. also Latein) hier entgegenzustehen.

34 Vgl. Coopland in seiner Ausgabe von *Div.* S. 20f. Der Vergleich ist allerdings mehr globaler Natur.

35 Menut, Ausgabe von *CM* S. 7.

36 Vgl. »Die Anfänge der romanischen Prosa im XIII. Jh.«, in *Grundriß der rom. Literaturen des Mittelalters* Bd 1, Heidelberg 1972, S. 593.

37 »Zum Wortschatz von Brunetto Latinis *Tresor*«, in *Vox Romanica* 27 (1986) S. 96ff. Ähnlich wie Latini für das Französische, scheint der Verfasser der fast gleichzeitigen Übersetzung der aristotelischen *Meteorologie*, Mahieu le Vilain, zu verfahren (vgl. R. Edgren in seiner Ausgabe S. XXI), was im Hinblick auf die so ganz anders geartete Praxis Oresmes ein sicherlich noch deutlicheres Indiz darstellen würde.

38 Vgl. R. Taylor »Les néologismes chez Nicole Oresme, traducteur du XIVe siècle«, in *Actes du Xe Congrès intern. de linguistique et philologie romanes,* Paris 1965, S. 729; F.-J. Meissner, »Maistre Nicolas Oresme et la lexicographie française«, in *Cahiers de lexicologie* 40 (1982) S. 52.

39 So war z. B. bis 1961 fr. »autarcie« erst für das 19. Jh. (1845), »autarchie« erst für das 20. Jh. angesetzt, bis es im *Livre de Politiques* gefunden wurde. Vgl. S. Holzmüller »Neudatierungen aus Oresme«, in *Archiv f. d. Studium der neueren Sprachen und Literaturen* 198 (1961) S. 316. Der dort zit. Beleg (nach der Ausgabe von Menut von 1940, die auf Ms. Y (= 204) basiert, ist nun nach Menuts Ausgabe von 1970 (nach Ms. A, Ms. 223) zu ergänzen, vgl. S. 116 a (2 Belege) und die Stichwörter in Index »antarchie«, »antarkes« (*n* ist Schreibfehler), S. 370.

Die vorläufig letzten Neudatierungen bei F.-J. Meissner, »Maistre Nicolas Oresme et la lexicographie française«.

40 Vgl. R. Taylor, »Les néologismes de Nicole Oresme« S. 733.

41 Vgl. die Charakterisierung des Publikums bei Monfrin (s. oben Anm. 21).

42 Kennzeichnend ist in dieser Hinsicht z. B. die Unterscheidung der Tonintervalle (»consonancies«): nur »dyatesseron« (bzw. als Übersetzungsfremdwort »epytrique«), »dyapente« und »dyapason« sind wissenschaftliche Termini, »les chanteurs, a parler rudement« gebrauchen dagegen »quarte«, »quinte« und »double figure« (*Pol.* S. 253 a).

43 Beide Beispiele zit. bei H. Lewicka, *La langue et le style du théâtre comique français des XVe et XVIe siècles* Bd 1, Paris 1960, S. 18, 345 (das Villon-Zitat nach der Ausg. Rychner/Henry in den *Textes littéraires français*, Genève 1977).

44 Vgl. dazu die Bemerkungen von J. Rychner, »La traduction de Tite-Live par P. Bersuire«, in *Journal des savants* 1963, S. 266.

45 Vgl. J. Monfrin, »Humanisme et traductions« S. 232.

Bernhard Teuber

Der Wille zur Sprache und die widerspenstige Rede: Sprachreflexion, die *Celestina* und *Gargantua et Pantagruel*

In silvam non ligna feras insanius ac si
magnas Graecorum malis implere catervas
Hor. sat. 1,10

Nehmen wir die Metapher der Renaissance wie einen Begriff, dann scheint dieser kaum ohne fragwürdige Totalisierung auszukommen, erweckt er doch den Eindruck, das bezeichnete Phänomen allemal auf die Repräsentation, Mimesis, eben Wiedergeburt eines längst Bekannten zurechtstutzen zu können. Solch platter Vereinseitigung wollten die Veranstalter unseres Kolloquiums vorbeugen, indem sie das Sinnsystem der Renaissance als eine Pluralität der Welten erläuterten. Damit verfingen wir uns freilich in einem anderen Fallstrick: Mußte nicht da, wo die Pluralität im Zielpunkt des Interesses stand, der Begriff der Renaissance selbst zu schlechter Beliebigkeit verkommen, und würde so nicht eine ihrer gewichtigsten Errungenschaften, die Zentralperspektive, zu einer Unzahl von Aspekten verharmlost? – Die Überlegungen, die wir im folgenden der Diskussion anheimstellen, versuchen beiden Aporien insofern auszuweichen, als sie von vornherein Fragen in zwei gegensätzliche Richtungen stellen: Im ersten Teil der Untersuchung wird es um einen vereinheitlichenden Blick auf die Renaissance gehen, unter welchem sie sich – wenn wir denn unbedingt wollten – auf einen gewiß umstrittenen Begriff bringen ließe, der Pluralität, wo er sie zuläßt, selbst schon als eines seiner Momente umfaßt. Im zweiten Teil werden wir gerade nach Auswegen in eine nicht bereits begrifflich vereinnahmte Pluralität Ausschau halten und uns den literarischen Werken von Fernando de Rojas und François Rabelais zuwenden – auf die Gefahr hin, daß uns dann der einheitliche Begriff der Renaissance wieder aus den Augen gleiten mag. Der Verlauf unserer Ausführungen müßte jedoch Aufschluß darüber geben, warum wir nur in solch umwegigem Vorgehen unserer Aufgabenstellung gerecht zu werden meinen.

1. Das epistemologische Umfeld

Sofern wir von der Renaissance anders sprechen wollen als von einer konventionell abgesteckten Zeitspanne, die beispielsweise von der Erfindung des Buchdrucks zur Mitte des 15. Jahrhunderts oder von der 1453 erfolgten

Eroberung Konstantinopels bis zum Abschluß des Tridentinischen Konzils im Jahre 1563 reichen würde, müssen wir in der Lage sein, der Erscheinung der Renaissance als einer Lebensform, einer historischen Kultur, einem idiosynkratischen Wissen ein Bündel fest umrissener Merkmale zuzuschreiben. In der Tat hat M. Foucault mit seiner Wissensarchäologie eine Methode aufgezeigt, durch die sich Wissensmanifestationen der Vergangenheit systematisch beschreiben lassen[1]: Das Wissen einer Epoche sieht er als Episteme, als komplexe Konfiguration unterschiedlicher Diskurse an, die trotz aller Streuung grundsätzlich aneinander gekoppelt bleiben und in ihren Strukturen aufeinander verweisen. Unter Diskursen versteht Foucault sozusagen hoch abstrakte Denkraster oder Mentalitätsgrammatiken. Diese liegen sprachlichen Äußerungen vorauf, halten für das in sie eintretende Subjekt einen spezifischen Platz bereit und spannen den Kosmos möglicher Wissensobjekte, Konzeptualisierungsweisen und Argumentationsstrategien auf.

Wo Diskurse formiert werden, dort sind sie – unabhängig von der Frage ihres Ursprungs – als wiederkehrende Serien zu begreifen, die Wirklichkeit nicht abbilden, sondern konstituieren und aus diesem Grunde Ereignischarakter tragen. Diskurse sind eng in das Netz gesellschaftlicher und institutioneller Praktiken verwoben. Darum wohnt auch jedem Diskurs eine ihn erst fundierende Wirkkraft inne, die Foucault in Anlehnung an Friedrich Nietzsche den Willen zur Wahrheit nennt: Dieser lasse die Wahrheit einer Rede nicht metaphysisch als Abglanz vom Sein eines auswendig Andern, als Angleichung des Diskurses an seinen Gegenstand, sondern als nachträglichen Effekt vorausgegangener, willkürlicher Setzungen hervortreten[2]. Für den Gang unserer Untersuchung soll Foucaults Ansatz ein vorerst heuristischer Wert beigemessen werden. Ohne die Kultur der Renaissance pauschal als zusammenhängende Episteme vorauszusetzen, wollen wir doch gewisse Eigentümlichkeiten des Wissens dieser Epoche über die Sprache als einen Diskursstrang im Sinne Foucaults auf seine formalen Möglichkeitsbedingungen hin untersuchen.

Bekanntlich war die Reflexion über Sprache im lateinisch- und romanischsprachigen Europa des 15. und 16. Jahrhunderts ein beliebter Stoff theoretischer Betätigung und hat vor allem in jener Debatte einen Ausdruck gefunden, die – vielleicht zu reduktionistisch – meist als Questione della lingua bezeichnet wird. Im weiteren soll jedoch nicht jene verdienstvolle Forschungstradition fortgeschrieben werden, die sich mit diesem Gegenstand verbindet und die den Verlauf des Streits gewissenhaft nachgezeichnet hat, wobei sie allerdings den Kategorien von Ursprungs- und Ereignisgeschichte, Wissensakkumulation und Erkenntnisfortschritt verhaftet blieb: also die Zeugnisse ab intra als Dokumente las[3]. Wir wollen hier lediglich eine Reihe theoretischer Abhandlungen über die romanischen Volkssprachen, die gegen Ende des 15. und in der ersten Hälfte des 16. Jahrhunderts abgefaßt wurden[4], unter wissensarchäologischen Gesichtspunkten einer Lektüre unterziehen: nähern uns demnach dem Material ab extra, behandeln es als Monument. Wir verstehen dieses

Corpus von Texten als diskursive Serie, in der wir – abseits von Unterschieden im Detail – auf einen einheitlichen Willen zur Wahrheit stoßen, der sich konkret als Wille zu einem neuen Typus von Sprache erweist.

Im Rahmen einer Historiographie der langen Dauer ist bereits die Verbreitung eines solchen Diskurses über die Volkssprache als Ereignis zu definieren. Des weiteren gestattet es die Verankerung unseres Diskursbegriffes in den sozialen Praktiken, die neuartige Rede über die Volkssprache als Teil jenes Modernisierungsprozesses zu erfassen, der langfristig mittelalterliche zu neuzeitlichen Lebensverhältnissen umgestaltet hat. Die Volkssprache ist hierbei nicht so sehr Objekt eines formalen Wissens denn Gegenstand einer verändernden Praxis: Modernisiert wird demzufolge nicht nur das Bewußtsein von der Sprache in den Köpfen der Menschen, sondern auch die Sprache selbst mitsamt ihren Subjekten[5]. Erst vor diesem Hintergrund wird später zu klären sein, welcher Status literarischen Äußerungen im kulturellen System der Renaissance überhaupt zukommt. Im ersten Teil unserer Studie soll jedoch nach einem kurzen Rückblick aufs Mittelalter das sprachepistemologische Feld der Renaissance an Hand dreier Kristallisationspunkte rekonstruiert werden: Es sind dies die Tendenz zur Verschriftlichung des Gesprochenen, das Verhältnis von Macht und Begierde zum sprechenden Subjekt und die Umformung der naturhaften Sprache zum künstlichen, beliebig ersetzbaren Simulacrum.

1.1 Rückblick aufs Mittelalter

Die sprachlichen Gegebenheiten des romanischen Hochmittelalters wurden möglicherweise am prägnantesten von Dante Alighieri in einigen Beobachtungen seines um 1303 und 1304 entstandenen Traktats *De vulgari eloquentia* charakterisiert, der nach des Autors Intention eigentlich einen Epilog auf ebendiese hätte darstellen sollen. Denn Dante strebt in seiner Abhandlung die Schaffung eines auf dem Toskanischen basierenden Vulgare illustre und damit die Destabilisierung jener linguistischen Verhältnisse an, innerhalb derer sich ein volkstümliches Idiom und das Lateinische gegenüberstehen. Dennoch beginnt er seine Ausführungen mit einer Beschreibung der Situation, die auf einen Zustand weit verbreiteter, geradezu als unabänderlich empfundener Diglossie schließen läßt[6], behauptet er doch eine grundsätzliche Differenz zwischen zwei Typen von Sprachlichkeit, die auch im Konstrukt einer toskanischen Kunstsprache nicht aufgehoben werden kann. Dantes Unfähigkeit, vom Denken in überkommenen Dichotomien dort abzusehen, wo diese letztlich überwunden werden sollen, bekundet vielleicht eindrucksvoller als das geringe Echo, welches seine Schrift bei den Zeitgenossen hat auslösen können, wie sehr hier diesseits bewußter Einstellungen epistemologische Prägungen das in der Argumentation zutage tretende Bild der Sprache bestimmen. Eine diskursanalytische Erörterung der mittelalterlichen Konzeptualisierung von Sprachlichkeit kann daher ebendort ansetzen, wo Dante seinen Gegenstand definiert[7]:

> Dicimus (...) quod vulgarem locutionem appellamus eam qua infantes assuefiunt ab assistentibus, cum primitus distinguere voces incipiunt; vel (...) vulgarem locutionem asserimus quam sine omni regula nutricem imitantes accipimus. Est et inde alia locutio secundaria nobis, quam Romani gramaticam vocaverunt. Hanc quidem secundariam Greci habent et alii, sed non omnes; ad habitum vero huius pauci perveniunt, quia non nisi per spatium temporis et studii assiduitatem regulamur et doctrinamur in illa. Harum quoque duarum nobilior est vulgaris: tum quia prima fuit humano generi usitata; tum quia totus orbis ipsa perfruitur, licet in diversas prolationes et vocabula sit divisa; tum quia naturalis est nobis, cum illa potius artificialis existat. (Vulg. eloq. I,1,2–4.)

Deutlich tritt an dieser Stelle eine Oppositionsbeziehung zwischen zwei unterschiedlichen Varietäten der Sprache hervor, die in Europa koexistieren. Die »vulgaris locutio« wird ohne Vermittlung von Regeln vom Kleinkind im direkten Umgang mit seiner Umwelt erlernt und besteht, mannigfach abgewandelt, überall auf der Welt. Ihr gegenüberzustellen ist in Westeuropa jene Zweitsprache, die außerhalb des alltagsweltlichen Sprachspiels zwischen Säugling und Amme im Rahmen einer institutionalisierten diskursiven Praxis erlernt wird, wie sie sich im seit der Antike kodifizierten Grammatikunterricht darbietet. Am freien Sprachspiel nehmen alle teil, so daß es Dante als natürlich betrachtet. Die formale Grammatikschulung gilt ihm hingegen als künstlich, da sie auf einer zweifachen Exklusion gründet: Sie findet sich nur in gewissen Kulturen, ist keineswegs ubiquitär; und auch im Abendland, wo es sie gibt, erhält nur eine Minderheit zu ihr Zutritt.

Darüber hinaus enthält die grammatische Sprache eine weitere Beschränkung:

> Si ergo per eandem gentem sermo variatur (...), necesse est ut disiunctim abmotimque morantibus varie varietur, ceu varie variantur mores et habitus, qui nec natura nec consortio confirmantur, sed humanis beneplacitis localique congruitate nascuntur. Hinc moti sunt inventores gramatice facultatis, que quidem nichil aliud est quam quedam inalterabilis locutionis ydemptitas diversis temporibus atque locis. Hec cum de communi consensu multarum gentium fuerit regulata, nulli singulari arbitrio videtur obnoxia et per consequens nec variabilis esse potest. (Vulg. eloq. I,9,10f.)

Die geregelte Sprache wurde von einer überpersönlichen Autorität ein für allemal festgelegt. Sie ist unwandelbar, und der einzelne Sprecher hat keine Möglichkeit, Änderungen an ihr vorzunehmen. Die Volkssprache jedoch ist unentwegtem zeitlichem Wandel und räumlicher Ausdifferenzierung unterworfen. Wenngleich ein einzelner diese stetige Entwicklung in seinem kurzen Leben kaum wahrnehmen wird, können doch kollektive und individuelle Verhaltensmuster auf die Gestalt des Volksidioms Einfluß nehmen. Dort haben willkürliche Setzungen der Menschen, Anpassungen an örtliche Besonderheiten und die Freiheit der einzelnen durchaus ihren Platz. Stabilität der Sprache und Unterwerfung des Subjekts unter deren Norm einerseits, Wandel der Sprache und relative Freiheit des Subjekts andererseits ergänzen sich gegenseitig.

Die beiden Sprachtypen einer mittelalterlichen Episteme unterscheiden sich auf einer weiteren Ebene: Das Lateinische ist vorzugsweise der Schriftlichkeit zugeordnet. Dante sieht die Funktion der »grammatica facultas« darin, offensichtlich geschriebene Kommunikation mit Späteren und weit Entfernten aufzunehmen, wobei sich eine »variatio sermonis arbitrio singularium fluitantis« hinderlich auswirken müßte (vgl. vulg. eloq. I,9,11). Die Eignung zur Verschriftlichung bedeutet nicht, daß das Lateinische im Mittelalter eine nur von den Augen gesehene, stumme Sprache gewesen wäre. Dennoch lag in repräsentativen Situationen lauter Äußerung wie Schule, Universität, Refektorium, Liturgie ein geschriebener Text dem mündlichen Vortrag vorauf. Die Stimme erfüllte dort nur eine prothetische Aufgabe, indem sie das Geschriebene zum Klingen brachte, ohne den Primat der Schrift anzutasten. Die »vulgaris locutio« hingegen wird ohne Zwischenschaltung der Schrift erlernt und gebraucht, ist demzufolge auf Verschriftlichung auch nicht angewiesen. Ohne die zahllosen Zeugnisse einer volkssprachlichen, mitunter durchaus selbstreflexiven Schriftlichkeit in der mittelalterlichen Kultur übersehen oder gar leugnen zu wollen, können wir doch getrost davon ausgehen, daß die Volkssprache im Wissen des Mittelalters sehr viel enger als das Lateinische der Mündlichkeit verbunden ist, ja daß beide über weite Strecken eine starke Affinität zueinander aufweisen. Im Bereich der metrisch gebundenen, oft genug gesungenen Literatur, wo die Volkssprache schon sehr früh Eingang in den Verschriftlichungsprozeß findet, wiegt lange Zeit das Moment der Aufführung vor einem Publikum schwerer als der Gesichtspunkt einer eventuell schriftlichen Vorlage[8]. Nicht von ungefähr schlägt wiederum Dante im *Convivio*, welches er doch im Volgare niederschreibt[9], sowohl die volkssprachlichen Canzonen als auch den ebenso gehaltenen Kommentar unversehens der Stimme zu, während das Verständnis des Lateinischen eben den Schriftgelehrten vorbehalten bleibt:

> Questo signore, cioè queste canzoni, a le quali questo comento è per servo ordinato, comandano e vogliono essere esposte a tutti coloro a li quali puote venire sì lo loro intelletto, che quando parlano elle siano intese; e nessuno dubita, che s'elle commandassero a voce, che questo non fosse lo loro comandamento. E lo latino non l'averebbe esposte se non a' litterati, ché li altri non l'averebbero inteso. (Conv. I,7,11 f.)

Innerhalb des Volkssprachlichen gewinnt die laute Stimme einen so hohen Vorrang gegenüber der Schrift, daß diese zu einem prothetischen Element herabsinkt.

Die beiden Sprachen differieren folglich in dreifacher Hinsicht: Die Gegenüberstellung von Natürlichkeit und Künstlichkeit verweist auf eine informellfamiliäre und eine streng formale Sozialisationsagentur, wobei Normierung Stabilität und Fehlen einer Kontrolle Entwicklungsfähigkeit der Sprachform beinhaltet. Während das Lateinische sein Subjekt in vollkommener Abhängigkeit vom grammatischen Regelapparat konstituiert, beläßt das Volksidiom seinem Sprecher ein gewisses Maß an Freiheit. Die Volkssprache wird überwiegend in Situationen der Mündlichkeit gebraucht, wohingegen das Lateinische strenger an die Schriftlichkeit gebunden ist[10]. Diese epistemologische Konfiguration ermöglicht insgesamt ein Spiel zweier Sprachen, die durch komplementäre Trägerinstitutionen, Prägnanzgestalten, Subjektivitätsraster und Codierungsformen bestimmt sind. Idealiter bräuchte es in einer solchen Konstellation zu keinem Konflikt der Sprachen kommen, da jeweils die eine über Ausgrenzungsmechanismen einen Raum offenhält, worin sich die andere ungehindert entfalten kann. Trotz mancher Vereinfachung, die zugegebenermaßen in unsere bisherige Darstellung eingegangen sein mag, gibt genau dies schematische Wechselverhältnis zweier Sprachen jenen Horizont ab, vor dem sich die sprachtheoretischen Auseinandersetzungen der Renaissance abspielen werden.

1.2 Universalisierung des Alphabets

In einer Kultur, die Sprachen der Schriftlichkeit und der Mündlichkeit voneinander abgrenzt, werden die Schriftzeichen knapp und wertvoll, da sie metonymisch an nur eine bestimmte Sprache gekoppelt bleiben, die allein aufzuzeichnen sie imstande sind. Die mündliche Sprache hingegen ist dort durch ihre Schriftlosigkeit charakterisiert; sie verfügt über kein eigenes Zeichensystem, womit sie sich festhalten ließe. Der Widerhall einer solchen Sprachökonomie findet sich in einem gegen das Toskanische gerichteten Argument, welches im Dialog *Il Cesano* des Claudio Tolomei aus dem Jahre 1555 referiert wird[11]:

> La lingua Ebrea ben è propria e vera lingua, così la Greca, così la Punica, così la Latina, con ciò sia che ciascuna di queste habbia e vocabuli ed accenti e costruzzioni e alfabeto (...). Ma (sc. la lingua toscana) non ha (dicon costoro) alfabeto proprio e servesi del Latino. (Cesano 7,6.80, S. 128. 142[12].)

Die hier vorliegende Auffassung betrachtet das Alphabet als seit altersher mit einer gewissen Sprache verwachsen, die der Grammatik fähig ist. Die Lettern sind mit der jeweiligen Sprache konnatale Signifikanten und nicht auf andere Idiome übertragbar. Nicht zufällig erscheint zu Anfang der Aufzählung das Hebräische, dessen Schrift nach der im 16. Jahrhundert gern beachteten kabbalistischen Buchstabenlehre die Aura einer aufs Göttliche selbst verweisenden Geheimnishaftigkeit umgibt. Da Schrift und jeweilige Sprache untrennbar miteinander verbunden sind, muß die Verwendung des lateinischen Alphabets fürs Toskanische wie eine Usurpation wirken. Dieser archaische

Diskurs behauptet die Knappheit der graphischen Repräsentationsmittel und wehrt einer universalen Dispersion des geschriebenen Signifikanten im Zeichen der Verallgemeinerung des Alphabets. Wie anachronistisch allerdings ein solcher – auch vom Gabriele Cesano des Dialogs bekämpfter – Vorbehalt gegen die Buchstabenschrift längst geworden war, zeigt uns zunächst ein Blick auf die 1492 zu Salamanca erschienene *Gramática de la lengua castellana* des andalusischen Humanisten Antonio de Nebrija[13]:

> Entre todas las cosas que por experiencia los ombres hallaron, o por revelación divina nos fueron demostradas para polir & adornar la vida umana, ninguna otra fue tan necessaria, ni que maiores provec͡hos nos acarreasse, que la invención de las letras. Las cuales, assí como por un consentimiento & callada conspiración de todas las naciones fueron recebidas, assí la invención de aquellas todos los que escribieron de las antigüedades dan a los assirios. (Gram. cast. I,2, S. 107.)

Dies rhetorische Lob der Schrift leitet ein Kapitel über die Geschichte des Alphabets ein, dessen Quellen hauptsächlich aus dem 7. Buch des Älteren Plinius stammen. Um so auffälliger ist die Abweichung von der Vorlage: während ursprünglich die ionischen Buchstaben auf Grund eines »tacitus consensus« bei allen Völkern Griechenlands Verbreitung fanden, nehmen nun sämtliche Nationen mittels »un consentimiento y callada conspiración« die Schrift an sich an[14]. Die Prägung der Buchstaben wird in die Nähe eines Inhalts göttlicher Offenbarung gerückt, die nicht wie etwa in der Kabbala nur einem auserwählten Kreis von Eingeweihten, sondern unterschiedslos allen zuteil werden soll; und die Nützlichkeit dieser Erfindung übertrifft jede andere kulturelle Leistung. Auf diese Weise wird die Schrift zu einem gleichsam gottgegebenen und lebensnotwendigen Bestandteil der menschlichen Natur überhaupt; das Alphabet wird universalisiert.

Neben diesem mythischen Rückgriff auf einen allgegenwärtigen Ursprung der Lettern zeigt sich bei Tolomei eine für uns moderne Konzeption der Schriftlichkeit, worin Sprache als ein grundsätzlich akustisches Gebilde erfaßt wird:

> Ella (sc. la lingua) per il fine al quale fu da la natura ordinata non ha bisogno d'alfabeto alcuno. Ed essendo ella voce che si giudica da l'orecchie altrui, io non so per che conto ci si debba mescolar l'artifizio de le lettere, lo quale ci si rappresenta a gli occhi primieramente, ed è invenzione de l'arte, per far palese a' lontani e quelli che doppo noi nasceranno i pensier nostri. (Cesano 7,81, S. 142f.)

Zwar wird in dieser diskursiven Strategie die Sprache als ein ihrer Natur nach schriftloses Medium erwiesen, aber der Gebrauch von Buchstaben erscheint gerade deshalb als immer und überall zuhandene Kulturtechnik, mittels derer sich Wortklänge allemal ins Optische übersetzen lassen. So bittet schließlich Cesano auch den Dialogpartner Trissino, das lateinische Alphabet fürs Toskanische einzurichten (vgl. Cesano 7,82, S. 143). Das Alphabet ist so sehr entterritorialisiert, daß es sich dank einem »artificio« noch in jeder Sprache wird ansiedeln lassen. Unabhängig davon, ob es also wie bei Nebrija gleichsam als Gabe der Natur oder wie bei Tolomei als jederzeit neu zu erfindende Kunstfertigkeit gilt, wird das Alphabet von nun an beliebig zur Niederschrift einer jeglichen Sprache einsetzbar sein.

Als Peter Giles 1518 eine Neuauflage der zwei Jahre zuvor erschienenen *Utopia* des Thomas Morus besorgt, stellt er dem Text ein selbstgeschaffenes »Utopiensium alphabetum« und ein darin aufgezeichnetes Tetrastichon in der von ihm gleich hinzuerfundenen utopiensischen Sprache voran[15]. 1529 nimmt Geoffroy Tory dieses kuriose Abecedarium in seinen *Champ fleury*, eine enzyklopädisch ausholende Anleitung zur Druckkunst, auf[16] und beschreibt es folgendermaßen: »Ce sont Lettres que pouuons appeler Lettres voluntaires / & faictes a plaisir.« (Champ f. 73 v.) Doch neben der spielerischen Aneignung des alphabetischen Gedankens gibt es auch ernsthaftere Unternehmungen mit ähnlicher Absicht: Bereits ab den 1520er Jahren machen sich Missionare und alphabetisierte Indios in Mexiko daran, das Náhuatl in lateinischer Schrift aufzuzeichnen. Mit der Conquista triumphiert das Alphabet über die aztekischen Hieroglyphen, welche niemals beansprucht hatten, die menschliche Stimme abzubilden[17]. Bei aller Unterschiedlichkeit in der Begründung ist sich der sprachtheoretische Diskurs der Renaissance doch darin einig, daß die unvordenkliche Knappheit der Schriftzeichen endlich abgeschafft gehöre und das Alphabet zum ubiquitären Medium der Sprache auszurufen sei.

Was aber vermag dieses auf jede Sprache anzuwendende Buchstabensystem überhaupt zu leisten? Die antiken Grammatiker hatten ihre Erörterungen regelmäßig mit einem »De voce« überschriebenen Paragraphen eingeleitet[18], worin propädeutisch zur Lehre von der Schrift nachgewiesen wurde, daß nicht alle Laute geschrieben werden könnten, da es – etwa nach Probus – auch eine Stimme gebe: »quae litteris comprehendi non potest« (Probus, G. L. IV, S. 47), zu welcher das Pferdewiehern, der Trommelschlag oder das menschliche Lachen gehöre. Was sich aufschreiben läßt, ist nur ein Teil des akustischen Erfahrungsraums und der menschlichen Lautbegabung. Priscianus kennt in diesem Zusammenhang die doppelte Unterscheidung von sinnbefrachteter »vox articulata« und sinnloser »vox inarticulata«, von verschriftlichungsfähiger »vox litterata« und nicht verschriftlichungsfähiger »vox illitterata«, woraus sich insgesamt vier Kategorien von Lauten ableiten (vgl. Prisc. inst. gramm. 1,1,1 f.). Unter anderem berücksichtigt er auch, daß sich in menschlichen Äußerungen eine intendierte und verständliche Bedeutung bestimmten außersprachlichen, ungeschrieben bleibenden Stimmen zuweisen lassen:

> quae non possunt scribi, intelleguntur tamen, ut sibili hominum et gemitus: hae enim voces, quamvis sensum aliquem significent proferentis eas, scribi tamen non possunt (Prisc. inst. gramm. 1,1,1).

Auf diese Weise ist grundsätzlich eine Dissoziation von Stimme und Schrift gewährleistet, da diese eben nicht den gesamten Bereich menschlicher Lautkundgebungen zu erfassen vermag. Sowohl artikulierte Sprache und Sinnbekundung als auch Stimm- und Schriftfähigkeit erweisen sich als voneinander unterschieden. Das Bewußtsein von der grundsätzlichen Differenz zwischen Stimme und Schrift, Sinn und Sprache, die nur im Idealfall der artikulierten Sprache zum Verschwinden gebracht werden kann, hat auch zum Kenntnisstand des Mittelalters gehört, wurde doch eben dieser Sachverhalt ausführlich im viel gelesenen Kommentar zur Schrift *De interpretatione* des Aristoteles diskutiert, welcher auf die Vorlesungen des alexandrinischen Philosophen Ammonius Hermaeus im 5. Jahrhundert zurückgehen soll[19].

Der grammatische Diskurs der Renaissance wird diese komplexe Konfiguration menschlicher Äußerungsfähigkeiten einebnen. Der Antike und dem Mittelalter hatte der Gebrauch der artikulierten Sprache, die laut Ammonius wesentlich auf konventioneller »confictio« beruhe, als nur eine von mehreren Möglichkeiten der Sinnvermittlung gegolten, die freilich innerhalb der Hierarchie der Wesen dem Menschen vorbehalten war: »Solorum igitur hominum opus est confictio.« (Ammon. 2,27f.) In scheinbarer Aufnahme dieses Gedankens formuliert nun Fernão de Oliveira 1536 in seiner *Gramática de lingoagem portuguesa* folgendermaßen[20]: »Falar e pronũciar o que entẽdemos: este so e hũ meyo que deus quis dar as almas raçionaes para se poderẽ comunicar antre si.« (Gram. port. 1, S. 8.) Oliveiras nahezu unmerkliche Verschiebung besteht darin, daß nicht mehr allein die Menschen artikuliert sprechen, sondern daß artikuliertes Sprechen allein für den vernunftbegabten Menschen nach Gottes Willen ein angemessenes Mittel ist, um seine Konzepte zum Ausdruck zu bringen. Wenn hier Pfiffe und Seufzer nicht mehr wie bei Priscian als ernstzunehmende menschliche Äußerungen mitbedacht werden, dann besteht deren Defekt offenkundig nicht darin, daß sie eines Sinns ermangelten, sondern daß sie sich als »voces illitteratae« nicht in eine Buchstabenreihe übertragen lassen; und genau diese sinnvollen, aber nicht verschriftlichungsfähigen Laute werden von Oliveira vernachlässigt.

Tatsächlich arbeitet der Diskurs der Renaissance daran, die Erinnerung an den Sinn der ungeschriebenen Stimme zu verdrängen und zwischen Schrift und Sinn eine Ausschließlichkeitsrelation herzustellen. Bei Ammonius hatte es über die Aufgabe der Buchstaben geheißen: »Neque enim aliud aliquid est litterarum opus quam symbolum esse vocum humanarum quas secundum confictionem esse ostendimus.« (Ammon. 2,32f.) Kriterium für die Verschriftlichungsfähigkeit der Zeichen ist ihm deren Zugehörigkeit zu einer konventionell festgelegten Sprache. In diesem Sinne verstand das Mittelalter den Gedanken des Aristoteles, wonach gewisse Stimmlaute Zeichen seelischer Empfindungen und die geschriebenen Buchstaben wiederum Zeichen solcher Laute seien (vgl. Aristot. interpr. 16 a). Indem Nebrija nach Art der Humanisten zu den Quellen zurückkehrt und den Philosophen ohne Zuhilfenahme eines Kommentars zu lesen versucht, vereinfacht er dessen Aussage:

De manera que no es otra cosa la letra, sino figura por la cual se representa la boz (...) Assí que las letras representan las bozes, & las bozes significan, como dize Aristóteles, los pensamientos que tenemos en el ánima. (Gram. cast. I,3, S. 111.)

Der Buchstabe verweist auf die Stimme schlechthin, nicht mehr aber wie beim Stagiriten nur auf gewisse Laute der Stimme: »τὰ ἐν τῇ φωνῇ« (Aristot. interpr. 16 a), was Ammonius überaus scharfsinnig zu bedenken gegeben hatte[21]. Die aufzuzeichnenden Laute vertreten nun ihrerseits die von der Seele erfaßten Sinngehalte insgesamt. Die Schrift erfaßt nicht mehr die konventionell festgelegten Zeichen wie bei Ammonius, sondern alles, was Sinn hat überhaupt. Aber da bei Nebrija – anders als in der ausweichenden Diktion des Aristoteles – generische Aussagen gemacht sind, also die Gattungen der Buchstaben, der Stimmen und der Gedanken allgemein zueinander in Beziehung treten, können wir die Argumentation auch umkehren und entdecken dann, daß der Abschnitt ebenso meint, sinnvoll könne nur sein, was sich auch niederschreiben lasse. In den *Reglas de orthographía* von 1517 bringt Nebrija diesen Sachverhalt noch folgerichtiger zum Ausdruck[22], wenn er die antiken Oppositionen von artikulierter und nicht artikulierter sowie von verschriftlichungsfähiger und nicht verschriftlichungsfähiger Stimme implizit miteinander gleichsetzt:

Que la letra es la menor parte dela boz que se puede escriuir (...); porque si no se pudiese escriuir, ya no seria letra, como es el sonido del viento, & otras bozes que los latinos llaman inarticuladas. (Orthographia S. 235.)

Wie bei Oliveira werden auch hier die artikulierten, aber außersprachlichen Stimmformen aus dem grammatischen Wissen stillschweigend ausgegrenzt. Anders als bei Priscian, den Nebrija gut kannte[23], hier aber bezeichnenderweise übergeht, wird das nicht Verschriftlichungsfähige pauschal dem Sinnlosen zugewiesen. Im Verschweigen verschüttet der Diskurs eine Episteme, in der menschliche Bewußtseinsinhalte und Ausdrucksmöglichkeiten nicht grundsätzlich durchs Alphabet zu repräsentieren waren. Das Verhältnis zwischen Sinn und Schrift soll in der Neuzeit ein ausschließliches werden. In künftigen Grammatiken wird darum eine relativierende Vorbemerkung über die ungeschriebenen Stimmphänomene weithin fehlen.

J. Derrida macht bereits an der oben angeführten Bestimmung des Aristoteles zum Verhältnis von Geschriebenem, Gelautetem und Empfundenem einen Reflex des von ihm behaupteten abendländischen Phonozentrismus aus[24]. Wie wir mittlerweile gesehen haben, kann ihm dies nur gelingen, wenn er den Philosophen in der Tradition eben jener Umdeutung versteht, für die Nebrijas Grammatik zu Beginn der Neuzeit verantwortlich zeichnet. Der Diskurs der antiken Grammatiker oder des Ammonius belegt, daß es im Abendland Konzeptualisierungsversuche der Schriftlichkeit gab, welche die Schrift nicht einfach in der Stimme aufgehen ließen. Selbst Nebrijas grammatischer Entwurf ist trotz vordergründiger Ausrichtung an der Stimme gerade nicht phonozentrisch: Zwar bescheinigt er der Schrift eine ganz besondere Nähe zur Stimme, aber er tut dies offenkundig erst, nachdem er das Phänomen der Stimme um die Dimension des nicht verschriftlichungsfähigen Sinns gestutzt, sie nach Maßgabe des Geschriebenen neu definiert hat, wobei er den Bruch mit der antiken Lehre der Grammatiker über die Stimme in Kauf nimmt. Was sich als Phonozentrismus der volkssprachlichen Grammatik affichiert, ist seiner Tendenz nach zutiefst grammatozentrisch. Derridas These vom phonozentrischen Abendland müßte demnach nicht nur auf ihre unausgesprochene Fundierung in einer spezifisch neuzeitlichen Episteme, sondern auch auf ihren geheimen Bedingungszusammenhang mit einem nur sehr partiell an der Stimme ausgerichteten Modell alphabetischer Schriftlichkeit befragt werden.

Seit der Geburt einer neuzeitlichen Grammatik, für die Nebrijas Werk beispielhaft ist, soll sich menschliche Vernunft nur noch in artikulierter Sprache äußern, und jede artikulierte Sprache kann schriftlich festgehalten werden. Die alten Sprachen – Hebräisch, Griechisch, Latein – hatten zu ihrer Schrift im besten Fall ein eindeutiges Verhältnis unterhalten: Aus dem Klang der Stimme ließ sich ableiten, wie etwas zu schreiben sei; aber vom Buchstaben ausgehend war niemals die Aussprache zu rekonstruieren. »Sunt igitur figurae literarum quibus nos utimur viginti tres, ipsae vero pronuntiationes earum multo ampliores.« (Prisc. inst. gramm. 1,2,5.) Die Neuartigkeit des grammatischen Diskurses der Renaissance besteht nicht zuletzt darin, dieses Verhältnis zwischen Sprechen und Schreiben zu einem eineindeutigen zu machen:

> El primer inventor de las letras, quien quiera que fue, miró cuántas eran todas las diversidades de la bozes en su lengua, & tantas figuras de letras hizo, por las cuales, puestas en cierta orden, representó las palabras que quiso. (...) Assí, que contadas & reconocidas las bozes que ai en nuestra lengua, hallaremos otras veinte & seis (...) a las cuales de necessidad an de responder otras veinte & seis figuras, si bien & distinta mente las queremos por escriptura representar. (Gram. cast. I,3,5, S. 111. 116.)

Um diese Eineindeutigkeit zwischen Stimme und Schrift zu erreichen, muß das Alphabet reformiert werden. So schlägt Nebrija vor, graphematisch zwischen »i vocal« und »j luenga«, zwischen »u vocal« und »vau consonante« zu unterscheiden (vgl. Gram. cast. I,6, S. 120f.). Solche und ähnliche Neuerungen verfechten 1524 Giangiorgio Trissino in Italien, 1531 Jacques Dubois alias Sylvius in Frankreich und schließlich 1536 Oliveira in Portugal[25]: Sie alle setzen sich mit gebührender Verzögerung durch. Ihre Bestrebungen zielen darauf, die Schrift der Stimme ebenbürtig zu machen, sie vom alten Makel struktureller Minderwertigkeit zu befreien, wie er sich in Priscians Gegenüberstellung von vielen »pronuntiationes« und wenigen »figurae« äußert. Die Berechtigung zur graphischen Modernisierung leitet sich aus dem Wesen der Schrift selbst ab, wie Nebrija ausführt:

> Assi que sera este el primero principio, el qual ninguno que tenga seso comun puede negar: que las letras, & las bozes, & los conceptos & las cosas dellos han de concordar;

porque de otra manera cometerseia mentira & falsedad enla cosa (suppleatur: más provechosa) de quantas los hombres hallaron para vtilidad & arreo dela vida humana (sc. la invención de las letras). (Orthographia S. 237.)

Die laute Rede ist auf die Schrift hin zugeordnet; denn wenn beide einander entsprechen sollen, dann geschieht dies nicht nur wie bei Ammonius mit Rücksicht auf die Stimmen, die der Erinnerung wert seien: »quoniam non poterant omnium reminisci vocum, excogitaverunt litteras singuli« (Ammon. 2,28f.), sondern im Hinblick auf die so überaus nützliche Institution des Alphabets, die offenbar mißbraucht würde, wenn Abbildung und Laut nicht ganz genau übereinstimmten. Nach dieser Hochzeit von Stimme und Schrift bietet sich eine Handhabe, das Geschriebene nicht nur nach dem Gesprochenen, sondern auch umgekehrt das Sprechen im Blick aufs Schreiben zu normieren: »Que assí tenemos de escrivir como pronunciamos, & pronunciar como escrivimos; por que en otra manera en vano fueron halladas las letras.« (Gram. cast. I,5, S. 116.) Die Ausrichtung der Schrift an den Lauten schlägt in eine Unterordnung der Aussprache unter die Schreibweise um, die einmal mehr um des Alphabets willen zu erfolgen hat.

Die im Diskurs der Renaissance herbeigeführte Konkomitanz von Stimme und Schrift kann genausowenig wie die Vertreibung der ungeschriebenen Stimme im Sinne des Phonozentrismus gedeutet werden. Zentrum jeder Rede ist vielmehr das geschriebene Alphabet. Deshalb kann es sich Nebrija in der Logik seines Systems erlauben, das Neugriechische nicht etwa wegen seiner dysfunktionalen Rechtschreibung, sondern wegen der gleichartigen lautlichen Realisierung verschiedener Buchstaben zu kritisieren (vgl. Orthographia S. 247). Noch deutlicher tritt eine solche Wertschätzung des Geschriebenen bei Giuliano de' Medici in den *Prose della volgar lingua* des Pietro Bembo von 1525 hervor[26], wo zwar der Gebrauch des gesprochenen Volksidioms verteidigt, aber hintergründig an dessen Fähigkeit zur Verschriftlichung gekoppelt wird:

Ma questo ragionare per aventura e questo favellare tuttavia non è lingua, per ciò che non si può dire che sia veramente lingua, alcuna favella che non ha scrittore. (Prose I, S. 31.)

Hier wird die Schriftlichkeit kurzerhand zum Legitimationskriterium der Sprachlichkeit überhaupt gemacht, während rein mündliche Sprachpraktiken auszugrenzen sind. Gewiß geht es bei Bembo nicht nur um die Frage der Verschriftlichung, sondern auch um die Begründung einer den drei Musterautoren des Trecento ebenbürtigen zeitgenössischen Literatur. Dennoch wäre es unangemessen, wollten wir den Primat des Geschriebenen, der sich hier so deutlich manifestiert, allein Bembos archaisierender, trecentesker Ästhetik zuschreiben. Vielmehr handelt es sich um eine Signatur der Epoche überhaupt. Denn eine ganz ähnliche Position findet sich – etwas subtiler hergeleitet – im sprachtheoretisch vielfach als Gegenentwurf zu den *Prose* verstandenen *Libro del Cortegiano* des Baldassare Castiglione von 1528[27]. Dort verlangt Conte Ludovico, der Wortführer der modernen höfischen Kultur, zwar zuerst, das Schreiben solle dem Sprechen möglichst ähnlich sein, doch offenbart auch er alsbald die tatsächlichen Abhängigkeitsverhältnisse: »Però certo è che quello che si conviene nello scrivere si convien ancor nel parlar; e quel parlar è bellissimo, che è simile ai scritti belli.« (Cortegiano I,29, S. 67) Mündliche und schriftliche Ausdrucksweise sollen einander entsprechen, damit sich die Rede des vollkommenen Hofmanns bedingungslos den Modellen der Schriftlichkeit unterordnen kann.

Wo immer im grammatischen Diskurs, aber auch in dessen weiterem Umfeld die Gleichheit von gesprochenem Wort und Schrift behauptet wird, da liegt dieser Aussage unterschwellig der Wille zur Schrift zugrunde. Das krasseste Beispiel dieser Strategie liefert vielleicht Jacques Peletier du Mans in seinem *Dialogue de l'ortografe e prononciacion françoese* von 1555[28].

> Car l'Ecrituré n'a point dé preeminancé parsus la parolé, quand les chosés sont pressuposeés pareilhés. Iantàn quand la parolé vient des hommés dé jugémàt et dé savoęr, e qui ęt non seulémant démeneé antré eus, męs außi premediteé: laquelé etant telé, cęrtainémant merité ętré misé par ecrit, ou bien n'à point meritè du tout d'ętré dité. (Ort. e pron. S. 30.)

Die ungeschriebene Sprache verliert überhaupt ihre Existenzberechtigung. Die Schrift wird oberste Norm jeglichen Sprechens und unterwirft sich die laute Stimme. Im Hinblick auf den Grammatozentrismus des untersuchten Diskursstrangs erscheint auch die in der Renaissance so überaus beliebte literarische Form des Dialogs in einem zwiespältigen Licht: Darin bekundet sich nicht nur die ungebrochene Faszination an einer allemal simulierten Mündlichkeit, sondern diese wird zugleich, sobald sie ins geschriebene Medium übertragen ist, zu einem Gegenstand, der seine eigentliche Bestimmung erst in der Verschriftlichung findet. Symptomatisch hierfür ist jene Gesprächssituation, welche Juan de Valdés für seinen um 1535 in Neapel entstandenen *Diálogo de la lengua* voraussetzt[29]. Zum Schluß der dort um grammatische Streitfragen geführten Unterhaltung entdeckt nämlich der Hauptredner Valdés, daß der Schreiber Aurelio die Runde belauscht und all ihre Äußerungen mitgeschrieben hat. Was wie ein ungeschützter, mündlicher Disput ausgesehen hat, erweist sich plötzlich als auf eine Niederschrift zielendes Diktat, welches nach sorgfältiger Überarbeitung veröffentlicht werden soll (vgl. Lengua S. 260ff.). Ohne daß sie sich dessen bewußt geworden wäre, ist die laute Stimme im Netz des Alphabets gefangen worden. Gewiß berühren sich die hier skizzierten Entwicklungen immer wieder in vielem mit der Ausbreitung der mechanischen Kunst des Druckens und der neuen Bedeutung, die das im Buch gedruckte Wort nunmehr gewinnt. Dennoch geht der diskursive Zug zur Verschriftlichung sämtlicher Sprachen und artikulierten Stimmen nicht einfach in einer Geschichte des Buchdrucks auf, sondern er ermöglicht gerade erst jene Instrumentalisierung der neu erfundenen Technik, die das Abendland seit Beginn der Neuzeit geprägt hat.

Wir haben Anlaß, aus unseren Beobachtungen eine erste Schlußfolgerung zu ziehen. Foucault schreibt dem Wissen der Renaissance sehr pauschal eine ternäre Semiotik zu, die sich in vielem mit einem in archaischen Kulturen weit verbreiteten Zeichensubstantialismus zu decken scheint[30]: Die Zeichen gölten selbst als Dinge; ihre Ausdrucksseiten seien über Ähnlichkeitsbeziehungen sowohl mit den Zeicheninhalten als auch mit den jeweiligen Referenzbereichen verbunden, auf welche Kennzeichnungen am Zeichenkörper selbst hinwiesen. Foucault erläutert diese Episteme der Ähnlichkeit an einem naturkundlichen Beispiel des Crollius: Daß die Eisenhutpflanze Augenkrankheiten heile, sei durch ihre weißen Samenhülsen gekennzeichnet, die den Augenlidern ähnelten. Innerhalb einer derartigen Semiotik müßte die Hieroglyphenschrift als ideale Verwirklichung eines auf Ähnlichkeiten basierenden Zeichensystems erscheinen. Doch genau diese Form der Schrift wird wegen ihrer Dunkelheit im grammatischen Diskurs abgelehnt: »Este negocio era infinito & mui confuso.« (Gram. cast. I,3, S. 111.) Nicht weniger kritisch ist die Haltung des Buchdruckers Tory:

> Les dicts Egyptiens, comme iay dict escripuoient par Images: afin q̃ le rude Peuple ne peult entẽdre leurs Cerimonies / sãs avoir cognoissauce (sic) de profunde Philosophie. Car leurs escriptures quilz faisoient / estoiẽt excogitees en la nature des bestes, doyseaulx, de poissons, de mouches, et de mille aultres choses semblables, cõme porres veoir facilement & amplemẽt on dict Orus Apollo. (Champ. f. 73 r.)

Angestrebt wird statt solcher Bildhaftigkeit eine Schrift, worin die Buchstaben Laute und Wörter ersetzen, ohne die Aufmerksamkeit auf ihre eigene Materialität zu lenken: »Que la diuersidad delas letras no esta enlas figuras dellas, sino enla diuersidad dela pronunciacion.« (Orthographia S. 238.) Den Zeichenkörpern wird sinnliche Konkretion abgesprochen; sie sollen sich als abstrakte, rein intelligible Größen bestimmen, deren Gestalt irrelevant bleibt. Hierin freilich kündet sich schon deutlich jenes binäre System der semiotischen Repräsentation an, worin nach Foucault ein Signifikant willkürlich auf ein Signifikat zu beziehen sei, ohne daß zum Referenzbereich noch länger ein Zusammenhang der Ähnlichkeit bestünde[31]. Wiewohl Foucault diese Episteme erst mit dem 17. Jahrhundert beginnen läßt, laufen unsere Erkenntnisse darauf hinaus, daß im Bereich des grammatischen Diskurses und der dort vertretenen Schriftlehre bereits zur Zeit der Renaissance eine Konzeption des Zeichens im Sinne der Repräsentation entworfen wird, welche in ihrer Radikalität und Ausschließlichkeit antike oder mittelalterliche Ansätze dieser Richtung weit hinter sich läßt. Selbstverständlich halten sich innerhalb der Kultur der Renaissance auch andere Wissensformen, die sich einen eher substantialistischen Zugang zum Reich der Zeichen und Schriften zu bewahren suchen. Die Beschäftigung vieler Gelehrter mit den für sie exotischen Hieroglyphen, deren ähnlichkeitsgeleitete Prinzipien sie allerdings für die Erfindung eigener Schriften ablehnen, oder das die ganze Epoche durchziehende Interesse an den Methoden kabbalistischer Buchstabendeutung markieren Bewegungen, in denen die Verbindlichkeiten semiotischer Ähnlichkeit fortdauern und die darum von nun an gegenstrebig zum lauthals proklamierten grammatischen Wissen verlaufen, woraus sich die neuzeitliche Spielart der Sprache entwickeln wird.

1.3 Dispositiv der Macht und der Begierde

In einer Parenthese zur *Genealogie der Moral* hat Nietzsche eine Vermutung geäußert, der es nachzuspüren lohnt:

> Das Herrenrecht, Namen zu geben, geht so weit, dass man sich erlauben sollte, den Ursprung der Sprache selbst als Machtäusserung der Herrschenden zu fassen: sie sagen »das *ist* das und das«, sie siegeln jegliches Ding und Geschehen mit einem Laut ab und nehmen es dadurch gleichsam in Besitz[32].

Vor diesem Hintergrund wirkt eine grundlegende Bestimmung Foucaults über den Diskurs wie die bloße Ausarbeitung jener frühen Intuition:

> Le discours (...), ce n'est pas simplement ce qui manifeste (ou cache) le désir; c'est aussi ce qui est l'objet du désir; (...) le discours n'est pas simplement ce qui traduit les luttes ou les systèmes de domination, mais ce pour quoi, ce par quoi on lutte, le pouvoir dont on cherche à s'emparer[33].

Zwar ist der Diskurs nach Foucault nicht schlechterdings Sprache, doch liegt er nie ohne sprachliche Vermittlung vor und läßt sich als sprachlich überformter gerade auf Nietzsches »Machtäußerung der Herrschenden« zurückbeziehen. Demnach ist Sprache grundsätzlich als Macht- und Begierdedispositiv verwertbar. Allerdings geht es uns hier nicht darum, die Konzepte der Sprache, der Macht und des Begehrens zu gleichsam anthropologischen Konstanten zu hypostasieren, wie es Nietzsche und auch Foucault in ihren Bezugstexten nahelegen. Unser Ziel besteht vielmehr darin, aufzuzeigen, wie deren Auffassung ihrerseits als Symptom einer spezifisch neuzeitlich-abendländischen Erfahrung zu begreifen ist, innerhalb welcher sich Sprache, Macht und Begierde bis zur Unkenntlichkeit ineinander verstrickt haben. Keine Natur der Sprache, der Macht oder des Begehrens ist zu erläutern, sondern deren verwobene Geschichte(n)!

Der grammatische Diskurs der Renaissance unterwirft die Volkssprache einer neuartigen Ordnungspolitik. Sie wird Inhalt einer systematisch lehrbaren Kunst und Gegenstand einer besonderen Legislation, die Abweichungen ausmerzen und Einheitlichkeit garantieren soll.

> Ésta (sc. la lengua) hasta nuestra edad anduvo suelta & fuera de regla, & a esta causa a recebido en pocos siglos muchas mudanças (...) I por que mi pensamiento & gana

siempre fue engrandecer las cosas de nuestra nación (...), acordé ante todas las otras cosas reduzir en artificio este nuestro lenguaje castellano, para que lo que agora & de aquí adelante en él se escriviere pueda quedar en un tenor. (Gram. cast. prólogo, S. 100f.)

Dante hatten die fehlende Fixierung und die Veränderlichkeit der Volkssprache noch als deren Charakteristika gegolten. Genau dies wird nun als Symptom eines Mangels empfunden: »Non si vede ancora chi delle leggi e regole dello scrivere abbia scritto bastevolmente.« (Prose I, S. 4.) In ähnlichem Sinn klagt Tory: »Si auec nostre facundité estoit Reigle certaine, Il me semble soubz correction, que le langaige seroit plus riche & plus parfaict.« (Champ f. 3 v.) Die endlich zu begründende Grammatik wird daher die ratlosen Sprecher und Schreiber anleiten, aber auch wie jedes Gesetz Macht über sie ausüben.

Noch sehr viel deutlicher wird die Verquickung von Sprache und Macht allerdings[34], sobald die Grammatik insgesamt dem Herrscher unterstellt ist. Nebrija widmet sein Werk der Königin Isabella von Kastilien:

I assí (...) a ninguno más justa mente pude consagrar este mi trabajo que a aquella en cuia mano & poder, no menos está el momento de la lengua que el arbitrio de todas nuestras cosas. (Gram. cast. prólogo, S. 102.)

Desgleichen wendet sich Trissino 1524 in seiner berühmt gewordenen *Epistola delle lettere nuovamente aggiunte nella lingua italiana* direkt an Papst Clemens VII., den früheren Giuliano de' Medici[35]:

E appresso mi è parso sotto il nome di Vostra Beatitudine pubblicarle (sc. le lettere nuove ...); così parimente convenevole cosa mi pare, che sotto il felice nome di quella, la pronunzia Italiana sia in qualche parte illuminata ed aiutata. (Epistola S. x.)

I. Illich hat das Augenmerk darauf gelenkt, wie unerhört in einer Zeit weitgehend vernakulärer Reproduktion die Vorstellung wirken mußte, der Souverän maße sich an, Einfluß auf die Sprachgewohnheiten seiner Untertanen zu nehmen[36]. Aber selbst wenn die beiden hier genannten Versuche vordergründig zunächst scheiterten, weil die Adressaten die Vorschläge der Grammatiker nicht unmittelbar aufnahmen, trugen sie doch dazu bei, die Volkssprache als Objekt herrschaftlicher Politik zu konstituieren. Dabei erfährt das Zusammenspiel von Sprache und Macht in Nebrijas folgendem Gedankengang eine zusätzliche Steigerung:

El tercero provecho deste mi trabajo puede ser aquel que (...) el mui reverendo padre Obispo de Ávila (...) dixo que después que vuestra Alteza metiesse debaxo de su iugo muchos pueblos bárbaros & naciones de peregrinas lenguas, & con el vencimiento aquellos ternían necessidad de recebir las leies quel vencedor pone al vencido, & con ellas nuestra lengua, entonces, por esta mi *Arte*, podrían venir en el conocimiento della, como agora nos otros deprendemos el arte de la gramática latina para deprender el latín. (Gram. cast. prólogo, S. 101f.)

Künftighin soll sich die staatliche Macht gegenüber dem Untertan in der Bereitstellung und Verbreitung einer geregelten Volkssprache manifestieren[37].

In die gleiche Richtung zielt unterschwellig auch die 1539 zu Villers-Cotterêts von König Franz I. erlassene Verordnung, wonach das Französische als allein verbindliche Gerichtssprache einzuführen sei[38]. Zwar wird der Prozeß von nun an in einer für die meisten verständlicheren Sprache, als es das Lateinische ist, geführt, doch ist damit auch das Volksidiom gerichtskundig. In den schriftlichen Ermittlungsverfahren der Justiz waren Aussage und Geständnis des Beschuldigten schwer zu vereinnahmende Fremdkörper der Mündlichkeit gewesen[39]. Nun erhält die institutionelle Macht unmittelbar Zutritt zur Sprache des Angeklagten, zwingt ihm diese – wie im Fall der das Französische nur unzureichend beherrschenden Provenzalen – sogar auf und kann sie für sich gegen ihn verwenden. Ein neues Sprachspiel breitet sich aus, in dem Volkssprache, Wahrheitsfindung und juridische Gewalt eine unheilige Allianz eingehen. Einen nicht weniger radikalen Funktionswandel der Sprache faßt Oliveira ins Auge. Angesichts der Entdeckungsfahrten seiner Landsleute betrachtet er die Grammatik geradezu als ein Dispositiv, welches die Affekte der Unterworfenen an die Sprache der Eroberer binden wird:

> E nam trabalhemos em lingua estrangeira, mas apuremos tanto a nossa com bõas doutrinas que a possamos ensinar a muytas outras gentes e sempre seremos dellas louuados e amados porque a semelhança he causa do amor e mays em as linguas. E ao contrayro vemos em Africa, Guine, Brasil e India não amarẽ muytos os Portuguezes que antrelles naçem so polla differença da lingua: e os de la nacidos querẽ bem a os seus portugueses e chamanlhes seus porque falão assi como elles. (Gram. port. 5, S. 15.)

Es genügt, Afrikaner, Indianer und Inder Portugiesisch zu lehren, um sie die Portugiesen und ihren kolonialen Herrschaftsanspruch liebgewinnen zu lassen. Gesetz, Gerichtsverhandlung, aber auch die phantasmatische Identifikation des Kolonisierten mit dem Unterdrücker artikulieren sich ab der Renaissance in jener Volkssprache, die im Mittelalter außerhalb solch psychosozialer Verflechtungen anzusiedeln gewesen war. Schon im Hinblick auf diese Institutionen schafft die modernisierte Sprache für das sie gebrauchende Subjekt einen neuen Platz: Formale Machtapparate bedienen sich des Volksidioms und dringen damit in einen Raum ein, der ihnen zuvor nicht zugänglich war. Dieselben Agenturen, die über den Staat, die Justiz, das neu in Besitz gebrachte Kolonialland Gewalt ausüben, beginnen ihre Macht auch im Bereich des alltäglichen Sprechens und Schreibens zur Geltung zu bringen. Das Subjekt fühlt sich ihnen unterlegen und ausgeliefert, empfängt seine Sprache nicht mehr nur aus der unmittelbaren Umgebung, sondern auch von weit entfernten, zunehmend zentralisierten Instanzen. Zugleich erlebt es freilich ebenso, daß der rechte Gebrauch dieser Sprache Teilhabe an der Macht gewähren, ihm selber Anerkennung verschaffen kann; und in dieser Ambivalenz von Fremdbestimmtheit und Instrumentalisierbarkeit für eigene Zwecke wird die neuzeitliche Sprache für das Subjekt zum Gegenstand seines Begehrens.

Verstärkt wird diese Entwicklung von der sich ausbreitenden höfischen Kultur, welche die Beziehungen des einzelnen zu seiner Sprache nicht unberührt läßt. Castigliones *Cortegiano* läßt sich als Entwurf einer neuen – außersprachliche und sprachliche Gesten umfassenden – Semiotik interpretieren, die eine neue Subjektivität begründet[40] und das Verhalten der Norm epistemologischer Repräsentation unterstellt, wie es W. Matzat einleuchtend für das höfische Frankreich des 17. Jahrhunderts nachgewiesen hat[41]. Die vom Höfling anzustrebende Anmut erweist sich als ein bestimmtes Verhältnis zwischen gegebenen Handlungs- und Redeinhalten einerseits und den sie zum Ausdruck bringenden Gebärden andererseits. Die »sprezzata desinvoltura« soll eine weitgehende Transparenz der Signifikantenseite gewährleisten, so daß außersprachliche und vor allem sprachliche Signifikate möglichst unmittelbar – ohne einen Anflug von »affettazione« – repräsentiert werden können:

> Medesimamente, dove occorrerà, sappia (sc. il cortigiano) parlar con dignità e veemenzia, e concitar quegli affetti che hanno in sé gli animi nostri (...); talor con una simplicità di quel candore, che fa parer che la natura istessa parli, intenerirgli e quasi inebbriargli di dolecezza, e con tal facilità, che chi ode estimi ch'egli ancor con pochissima fatica potrebbe conseguir quel grado, e quando fa la prova si gli trovi lontanissimo. (Cortegiano I,34, S. 73.)

Gerade um kunstlose Unmittelbarkeit – »semplicità« oder »facilità« – zu zeigen, muß der Sprecher höchste Kunst – »arte«, »studio«, »industria« – aufwenden. Das Ideal transparenter Natürlichkeit ist nur zu erreichen, wenn sich das Individuum in der Gestaltung seiner Sprache Selbstzwang und Selbstkontrolle auferlegt[42]. Doch die anmutig und normgerecht verwandte Sprache wird gleichzeitig zum Prestigeobjekt, aus dessen gelingender Beherrschung das höfische Individuum sein Selbstwertgefühl beziehen kann. Neu ist zur Zeit der Renaissance freilich die Tatsache, daß sich die Begierde des Subjekts nun auf eine Volkssprache richtet, die der grammatischen Normierung unterworfen ist. Erstrebenswert erscheint darum den Höflingen nicht nur der wirkungsvolle Einsatz, sondern der korrekte, die einschlägigen Vorschriften beachtende Gebrauch der Rede.

Ganz deutlich zeichnet diese andersgewordene Einschätzung des Volksidioms und der ihm nun zugeordneten Grammatik der *Diálogo de la lengua* des Juan de Valdés. Besonders Lore Terracini hat aufgezeigt, wie sehr die eigentlich sprachtheoretischen Fragestellungen der dort geführten Diskussion im Banne von Castigliones Konzept der höfischen Kultur stehen[43], so daß man die Schrift des Juan de Valdés geradezu als eine grammatische Applikation des *Cortegiano* betrachten könnte. Als Experte in sprachlichen Streitfragen steht Valdés selbst dem spanischen Hauptmann Torres und zwei Italienern Rede und Antwort. Bereits in der Einleitung offenbart sich Valdés als ein Individuum, das zwar an den neuen Möglichkeiten grammatischer Erfassung der Volkssprache stark interessiert ist, seiner Umwelt aber diese Neigung zu verheimlichen trachtet, um nicht ehrlos zu werden. Das sprachgerichtete Begehren des Subjekts rechnet hier noch nicht mit gesellschaftlicher Anerkennung:

> Quando bien lo que dezís sea assí, no dexaré de scusarme, porque me parece cosa fuera de propósito que queráis vosotros agora que perdamos nuestro tiempo hablando en una cosa tan baxa y plebeya como es punticos y primorcicos de lengua vulgar, cosa a mi ver tan agena de vuestros ingenios y juizios que por vuestra honra no querría hablar en ella, quando bien a mí me fuesse muy sabrosa y apazible. (Lengua S. 122.)

In solch verschlungenen Windungen gesteht hier Valdés seinen ihn bedrängenden Freunden ein, er selbst halte Sprachfragen für einen durchaus erquicklichen Gesprächsstoff.

Zum einen zeigt diese Dialogeröffnung eine gewisse kulturelle Verspätung der Spanier gegenüber den Italienern an, bei denen der Gegenstand einer Erörterung über die Sprache nicht so ausführlich gerechtfertigt zu werden pflegt. Zum andern wird hier auch eine Epochenschwelle sichtbar: Das Verhältnis mancher Menschen zur benutzten Alltagssprache ist so fraglos, daß sie eine Debatte darüber als Angriff auf ihre ständische Identität mißdeuten würden. Dieser Gruppe wäre im Dialog am ehesten Torres, der noch nicht verhöflichte Krieger, zuzurechnen, wenn er von sich behauptet: »Porque nunca fui amigo destas gramatiquerías.« (Lengua S. 146.) Ebenso ist ihm auch die von Valdés jedem Sprechenden anempfohlene höfische Sorgfalt – »cuidado« – zuwider[44], und so kommentiert er eine besonders spitzfindige Grammatikregel voll Mißmut: »Mucha observancia es éssa, y mucho cuidado es menester para guardarla.« (Lengua S. 157.) Freilich ist selbst dieser Torres bereit, sich an der Unterhaltung zu beteiligen, und die beiden anderen Freunde wünschen ohnehin nichts sehnlicher als eine grammatische Debatte. So tut der Verlauf des Dialogs kund, daß die von Valdés ursprünglich gehegte Erwartenserwartung längst überlebt ist und von der Sprache als Mittel höfischer Selbstinszenierung eine Faszinationskraft ausstrahlt, die besonders den Höfling Coriolano motiviert, die Regeln der kastilischen Sprache zu studieren: »porque (...) ya en Italia assí entre damas como entre cavalleros se tiene por gentileza y galanía saber hablar castellano« (Lengua S. 119). Das neu sich formierende Subjekt ist innerhalb seines Wunschhaushaltes an eine vom grammatischen Diskurs zu regelnde Sprache verwiesen. Auch wenn Castiglione und Valdés gleichermaßen dafür plädieren, jeweils den Sprachgebrauch – »consuetudine« oder »uso« – zu berücksichtigen, tragen sie doch dazu bei, daß diese Gewohnheit zum Gegenstand eines formalen Diskurses und damit einer Festschreibung wird: In letzter Instanz hat nun die Grammatik – in Vertretung der Macht und ihrer Gesetze – über das Schicksal der alltäglichen Sprachverwendung zu entscheiden.

Zunehmend gerät demnach der abendländische Mensch der weltlichen Oberschichten in eine Lage, wo die ihm unmittelbar zuhandene Volkssprache von mannigfachen Institutionen wie Staat, Justiz oder Hof okkupiert und als Objekt der Machtentfaltung oder des Prestigegewinns in Anspruch genommen wird. In immer stärkerem Ausmaße fallen der Prozeß der primären Spracherlernung und der Vergesellschaftung zusammen. Daß die Sprache hierbei für das Subjekt heteronom wird, empfindet dieses als verlustreiche Enteignung; entsprechend lustvoll erlebt es im Gegenzug die (Wieder-)Aneignung einer schon im Ursprung verlorenen Sprachlichkeit. Eine psychoanalytische Theorie des Symbolischen resp. Sprachlichen, wie sie beispielsweise von J. Lacan ausgearbeitet wurde, hat darum genau dort ihren – abendländisch-neuzeitlichen – blinden Fleck, wo sie gar zu forsch nach der Kastration des Kleinen Ödipus in der sprachnormfixierten Kleinfamilie forscht, statt zu berücksichtigen, welche historischen Rahmenbedingungen es überhaupt notwendig gemacht haben, das Unbewußte als letztlich enteigneten »discours de l'autre« zu konzipieren[45].

1.4 Austauschbarkeit und Simulacrum

Nach dem grammatischen Diskurs der Renaissance steht die Volkssprache zunächst in einem Verhältnis nachbarschaftlicher Metonymie zu ihren Benutzern. War bei Dante der Gegensatz zwischen Latein und Volgare einer von Grammatikalität und Regellosigkeit gewesen, so erhält diese Opposition nun auch eine räumliche Konnotation: »Che a noi la volgar lingua non solamente vicina si dee dire che ella sia, ma natìa e propria, e la latina straniera.« (Prose I, S. 9.) Diese nahegelegene Sprache, die wir mit der Muttermilch unserer Ammen aufsaugen (vgl. Prose I, S. 8), ist uns zueigen, gehört zu unserer Natur; wir sind daher angehalten, sie in Ehren zu halten und zu verwenden: »È dunque bene (...) confessare che non le più degne e più onorate favelle siano da usare tra gli uomini nello scrivere, ma le proprie loro.« (Prose I, S. 11.) Dennoch birgt solch fraglose Natürlichkeit der Volkssprache, wie sich bald herausstellen soll, auch ein Risiko in sich:

> Anzi, a guisa di marina onda, che ora per un vento a quella parte si gonfia, ora a questa si china per un altro, così ella (sc. la lingua), che pochi anni adietro era stata tutta nostra, ora s'era mutata e divenuta in buona parte straniera. (Prose I, S. 30.)

Eine allzu stark ausgeprägte Naturhaftigkeit der Sprache befördert nämlich deren ständige Veränderung und verhindert dadurch gerade eine angemessene Aneignung und Benutzung derselben. Die natürliche Unmittelbarkeit der Sprache, die doch deren betörenden Reiz auszumachen schien, entpuppt sich darum zugleich als ein bedrohliches Manko; und so bekommen jene, die sich zu sehr ums Lateinische und zu wenig ums Toskanische kümmern, einen entsprechenden Vorwurf zu hören:

> i quali molta cura e molto studio nelle atrui favelle ponendo, e in quelle maestrevolmente essercitandosi, non curano se essi ragionar non sanno nella loro a quelli uomini

rassomigliandogli, che in alcuna lontana e solinga contrada palagi grandissimi di molta spesa, a marmi e ad oro lavorati e risplendenti, procacciano di fabbricarsi, e nella loro città abitano in vilissime case. (Prose I, S. 8.)

Genauso wie das Bild der wogenden Wellen zuvor höchste Natürlichkeit evoziert hatte, suggeriert nun die Erdverbundenheit ärmlicher Hütten metonymische Nähe der Volkssprache. Doch genau diese bedrohliche oder verächtliche Natur gilt es durch Prägung einer »lingua regolata« (vgl. Prose I, S. 32) und durch die Errichtung prachtvoller Paläste in der Heimatstadt zu bändigen. Die ärmliche Metonymie soll zur reichen Metapher umgedeutet werden: »consigliando (...) a fare abbondevole e ricca la loro lingua più che l'altrui« (Prose I, S. 11). So imaginieren die *Prose* eine ästhetische Fülle der Volkssprache, die nicht nur im Preis ihrer Natürlichkeit, sondern auch in den poetologischen Anweisungen zum Vorschein kommt – etwa im Vertrauen auf die Ausdruckskraft der toskanischen Sprachklänge (vgl. Prose II, S. 62ff.). Unterhalb der Schwelle künstlerischer Vervollkommnung manifestiert sich allerdings ein nicht auszuräumender Verdacht, eben dieser Volkssprache hafte bereits in ihrem Ursprung ein Mangel an, der sich nur durch die dauerhafte Botmäßigmachung ihrer gefährlich defekten Natur im grammatischen Diskurs beheben lasse. Die gleichsam natürliche Anmut der Volkssprache und der toskanischen Dichtkunst ist darum bei Bembo ganz wesentlich an die vorgängige Beherrschung eben jener Grammatik gebunden, die Natürlichkeit gerade aus der Sprache vertreiben soll[46].

Während sich in den *Prose* die Absicht des grammatischen Diskurses, die Sprachnatur zu kulturalisieren, im Nebeneinander von widersprüchlichen Vergleichen, von ästhetischer Fülle und mangelhafter Normierung der Sprache greifen läßt, vermittelt der Pietro Bembo des *Dialogo delle lingue* von Sperone Speroni aus dem Jahre 1542[47] die beiden Vorstellungsbereiche im Motiv des Setzlings – »ancora assai picciola e sottil verga« –, der noch zu einem großen Baum heranwachse, so ihm die notwendige Pflege zuteil werde (vgl. Lingue S. 182ff.). Dieses organologische Modell der Sprache soll deren Veredelung als einen natürlichen Vorgang erscheinen lassen, wobei sich Natur und Kultur der Sprache gegenseitig ergänzen, eine substantialistische Konzeption des Volksidioms mit der Aussicht auf dessen tiefgreifende Veränderbarkeit versöhnt wird. Weit über diese Mittlerposition hinaus geht allerdings im selben Dialog der Mantuaner Philosoph Peretto Pomponazzi, dessen Disput mit dem Gräzisten Lascari von einem anwesenden Studenten wiedergegeben wird. Lascari vertritt bezüglich des Sprachproblems eine Auffassung, die Foucaults Episteme der Ähnlichkeiten nahesteht: »Diverse lingue sono atte a significare diversi concetti, alcune i concetti de' dotti, alcune altre degli indotti.« (Lingue S. 194.) Dieses Zeichenverständnis kann als naturhaft und substantialistisch gelten, weil die Signifikanten unausweichlich an ihre Bedeutungs- und Referenzfelder gebunden bleiben. Genau diese Ansicht kritisiert aber Peretto:

Io ho per fermo, che le lingue d'ogni paese, così l'Arabica e l'Indiana, come la Romana e l'Ateniese, siano d'un medesimo valore, e dai mortali ad un fine con un giudicio formate. che io non vorrei che voi ne parlaste come di cosa dalla natura prodotta; essendo fatte e regolate dallo artificio delle persone e beneplacito loro, non piantate nè seminate: le quali usiamo siccome testimoni del nostro animo, significando tra noi i concetti dell'intelletto. (Lingue S. 193.)

Die von Peretto vorgetragene Haltung steht im Horizont eines weit verstandenen Nominalismus, wie er von der Paduaner Schule vertreten wurde[48]. Sprachen sind dem Peretto zum einen von jeher Artefakte und mithin menschlicher Manipulation unterworfen, zum andern grundsätzlich miteinander austauschbar, da die zu vermittelnden Konzepte von willkürlich gebildeten Zeichen repräsentiert werden können. Die Frage nach einer Referenz des Gesagten wird geflissentlich übergangen. So lehnt sich Perettos Lehre sehr auffällig an Foucaults Ordnung der semiotischen Repräsentation an, und sie findet gewiß nicht von ungefähr einen begeisterten Anhänger im Höfling des Dialogs[49], sind doch höfische Kultur und repräsentierende Episteme eng miteinander verwandt. Da sich freilich die anderen Gesprächspartner, insbesondere Bembo, von Peretto distanzieren, läßt Speronis Schrift als ganze die Frage der unabänderlichen Artifizialität und Konventionalität der Sprache offen.

Solche Rücksichten kennt Joachim du Bellay, als er 1549 seine Poetik *La Deffence et Illustration de la langue françoyse* verfaßt[50], vordergründig nicht mehr. Bereits im Proömium des ersten Buches wird Perettos kühne These apodiktisch übernommen:

Donques les Langues ne sont nées d'elles mesmes en façon d'herbes, racines & arbres: les unes infirmes & debiles en leurs espéces: les autres saines & robustes, & plus aptes à porter le faiz des conceptions humaines: mais toute leur vertu est née au monde du vouloir & arbitre des mortelz. (Deffence I,1, S. 21.)

Das Schicksal eines jeden Idioms ist ein menschengemachtes, das von Du Bellay allerdings dann wie von Speronis Bembo auf eine bessere oder schlechtere Kultivierung der Sprache zurückgeführt wird: »qui commence encores à fleurir sans fructifier, ou plus tost, comme une plante & vergette, n'a point encores fleury« (Deffence I,3, S. 28). Somit können sich die Dichter um Wachstum und Reife des noch unfertigen Französischen verdient machen, wobei sich der vorausgesetzte grammatische Nominalismus des Peretto nachträglich in einen ästhetischen Substantialismus wenden läßt, demzufolge im Gleichnis von der Sprache als einer zu hegenden Pflanze Natur und Kultur dank poetischer Vermittlung aufeinandertreffen. Doch zur Behauptung völliger semiotischer Willkürlichkeit nach Peretto und zur Übernahme der Speronis Bembo in den Mund gelegten organologischen Gedanken gesellt sich bei Du Bellay als dritte Größe das in den *Prose* entwickelte Natürlichkeitspathos hinzu, welches der Volkssprache dank ihrer Unmittelbarkeit eine besondere Vorrangstellung sichert:

> Les Anciens usoint des Langues, qu'ilz avoint succées avecques le laict de la nourrice (...) Ne pensez donques, immitateurs, troupeau servil, parvenir au poinct de leur excellence (...) Vous deprisez nostre vulgaire, paravanture non pour autre raison, sinon que des enfance & sans etude nous l'apprenons, les autres avecques grand peine & industrie. (...) J'ay bien voulu dire ce mot, pour ce que la curiosité humaine admire trop plus les choses rares & difficiles à trouver, bien qu'elles ne soint si commodes pour l'usaige de la vie, comme les odeurs & les gemmes, que les communes & necessaires, comme le pain & le vin. (Deffence I,11, S. 56f.)

Gerade in seiner ungekünstelten Natürlichkeit hat das Vulgaire Anspruch auf Anerkennung, und seine angeborene Einfachheit, die so alltäglich wie der Geschmack von Brot und Wein sei, dürfte sich nur schwer mit dem Streben nach Verfeinerung und glanzvoller »illustration« vereinbaren lassen. In der Tat werden bei Du Bellay, ohne daß er die Positionen verschiedenen Dialogpartnern zuschriebe, gleich drei Gedankenkreise zusammengezwungen: nämlich die Behauptung von der wesentlichen Artifizialität und Manipulierbarkeit der Sprache, die Möglichkeit von deren gleichsam naturhafter Veredelung durch gärtnerische Pflege und die Verteidigung der Volkssprache als nachbarschaftlicher Metonymie.

Die Unvereinbarkeit der herangezogenen Erklärungsmuster ist auf den polemischen und quellenmäßig heterogenen Charakter des Traktats zurückzuführen; sie verdankt sich darüber hinaus dessen zuvörderst poetologischer Funktion[51]: Sedimente eines der semiotischen Repräsentation verpflichteten, grammatischen Diskurses werden in eine Argumentation eingebettet, welche Dichtung im Rekurs auf ähnlichkeitsverhaftete Sprachmodelle – wenn schon nicht mehr begreift – so doch zu legitimieren sucht. Nur in diesem Sinne ist wohl die Körpermetaphorik aufs literarische Werk angewandt (vgl. Deffence II,2, S. 68); wird der Gebrauch anagrammatischen Schreibens als Technik empfohlen und in seinem Wahrheitswert unter Berufung auf Cicero geleugnet (vgl. Deffence II,8, S. 92ff.); hat die platonische Vorstellung einer den Dichter befallenden »fureur divine« nur noch parenthetisch innerhalb eines Katalogs von Anweisungen zu harter literarischer Arbeit Platz (vgl. Deffence II,11, S. 92ff.). Aber darüber hinaus sind derlei Gegenstrebigkeiten zwischen streng zu regelnder Sprachlichkeit und gelehrter, an Substanzhaftigkeit gemahnender Zitation gewiß auch in einer anderen Richtung zu erklären: Indem der grammatische Diskurs der Renaissance seiner Tendenz nach die Natur der Volkssprache zu einem kulturellen Artefakt umgestaltet, das dem Lateinischen in nichts nachzustehen braucht, wird die überkommene mittelalterliche Opposition von kultureller Normierung und gleichsam naturhafter Wildwüchsigkeit der Sprachen epistemologisch zunehmend gegenstandslos. Du Bellays poetologische Verve ließe sich somit als das sicherlich nicht widerspruchsfreie Unterfangen interpretieren, den Platz des Poetischen innerhalb der neu eingetretenen sprachepistemologischen Verhältnisse zu bedenken, die neuzeitlich geformte Sprache in ihrer unhintergehbaren Willkürlichkeit und kulturellen

Geprägtheit ernstzunehmen und das Reich der Dichtung erst jenseits derselben in einem über seine repräsentierend-semiotischen Prämissen aufgeklärten Substantialismus anzusiedeln[52]. Wenn Thomas Sébillet in seinem nur ein Jahr vor der *Deffence* erschienenen *Art poétique françois* die Darlegung mit einer platonisierenden Lehre von der dichterischen Inspiration statt mit dem Aufweis der völligen Kulturabhängigkeit des sprachlichen Zeichens beginnt[53], dann drückt sich darin auch die Distanz aus, welche zwei Autoren in ihrem Problembewußtsein, ja zwei Spielarten der Renaissance überhaupt voneinander trennen kann: Was sich bei Sébillet als wirklichkeitskonstitutives Wissen um die fortdauernde Geltung der Ähnlichkeit gibt, wird bei Du Bellay weitgehend als Gegenstand eines um seinen Wahrheitsanspruch beschnittenen, ästhetischen Spiels thematisiert.

Das bisherige Resultat unserer Lektüre sprachtheoretischer Abhandlungen der Renaissance legt es nahe, die sprachplanerischen Bestrebungen des Zeitalters mit jener provozierenden Kritik abendländischer Modernität zu korrelieren, die J. Baudrillard – unter Rückgriff auf den *Essai sur le don* von M. Mauss – vorgelegt hat[54]: In der europäischen Geschichte seien zwei aufeinanderfolgende Stadien zu unterscheiden. Zunächst sei die Gesellschaft vom archaisch-primitiven Gesetz des symbolischen Tausches beherrscht gewesen, welches auch die menschliche Grenzerfahrung von Geburt und insbesondere Tod im Ritual als Interaktion des Individuums mit der Gemeinschaft inszeniere. Im Laufe der Neuzeit bilde sich alsdann immer deutlicher eine Ordnung der Simulacra heraus, welche herkömmliche Strukturen des symbolischen Tausches und mithin den darin dargestellten Tod verdränge. Menschliche Tätigkeit erscheine nicht mehr als Gabentausch zwischen einzelnen oder zwischen Gesellschaft und Natur, sondern als Herstellung von Simulacra, welche dem symbolischen Wechselspiel von Gabe und Gegengabe entzogen und statt dessen von zentralen Agenturen der Macht akkumuliert würden. Im Feld politischer Ökonomie bestimme sich das klassische Simulacrum der Neuzeit als durch Arbeit produzierte, mehr durch ihren Tausch- als durch ihren Gebrauchswert definierte Ware. Im semiotischen Bereich hingegen manifestiere sich das Simulacrum am reinsten im Code entsubstantialisierter Zeichen, die nur durch ihren differentiellen Stellenwert im System, nicht mehr durch ihre Beziehbarkeit auf eine reale Referenz festgelegt seien. So gelingt es Baudrillard, einen allgemeinen Prozeß der Entsubstantialisierung, den beispielsweise schon G. Simmel an der Entwicklung des Geldes von der Substanz zur Funktion ausgemacht hat[55], auf einer zeichentheoretischen Ebene beschreibbar zu machen: Die Ordnung des strukturalen Codes, dessen Signifikanten und Signifikate allein über die im System angelegten Äquivalenzen und Oppositionen definiert sind, funktioniert unabhängig von den durch sie bezeichneten Gegenständlichkeiten, hat jegliche Ähnlichkeit mit ihnen verloren. Baudrillards Konzept semiotischer Simulacra geht insofern über Foucaults Episteme der Repräsentation hinaus, als es die in einem solchen Zeichenkosmos immer schon angelegte Substituierbarkeit und tendenzielle Beliebigkeit der Elemente des Systems bewußt mitreflektiert. Darüber hinaus werden die Simulacra von Baudrillard einer gesellschaftlichen Praxis des symbolischen Tauschs gegenübergestellt, die ihrerseits auf unverwechselbare, substanzhafte Zeichen angewiesen bleibt. Da wir weiter unten auf diese Gegebenheiten zu sprechen kommen werden, scheint es schon hier angebracht, auf einige Aspekte der Theorie Bezug zu nehmen.

Im unbedingten Willen zur neuzeitlichen Sprache, wie er die von uns herangezogenen Entwürfe der Renaissance durchzieht, zeichnet sich häufig eine Struktur des Simulacrums ab, die in einem zugegebenermaßen kulturkritischen Sinn auf eine umfassendere Geschichte abendländischer Beherrschung der Natur, eben auch der Sprachnatur zu beziehen bliebe[56]. Seit jeher läßt sich die Schrift als Prototyp des Simulacrums verstehen, und vielleicht wurde sie deswegen von den alten Kulturen so eifersüchtig im Zaum gehalten. Wenn in der Renaissance das Alphabet ganz massiv in den Bereich der volkssprachlichen Äußerungen vordringt, sie im Medium des Geschriebenen beliebig reproduzierbar und konservierbar macht, dann wird dadurch für die Volkssprache jener Tod vermeidbar, den ihr Dante im Gegensatz zum Latein als wesentliches Merkmal zugeordnet hatte: »perché lo latino è perpetuo e non corruttibile, e lo volgare è non stabile e corruttibile« (Convivio I,5,7). Was hingegen unter Beachtung der von Nebrija aufgestellten grammatischen Regeln in der einstmals verweslichen Volkssprache aufzuzeichnen sein wird, soll nun ewig währen: »estender se en toda la duración de los tiempos que están por venir« (Gram. cast. prólogo, S. 101). Mit der Unvergänglichkeit der neuzeitlichen Volkssprache werden auch deren Benutzer der Sterblichkeit entrissen. Den neu erstrahlenden Autoren des Volgare wird langer Nachruhm verheißen: »Chiunque ora volgarmente scriverà, potrà sperare di meritar buona parte di quella grazia che a' primi ritrovatori si dà delle belle e laudevoli cose.« (Prose I, S. 11.) Ganz ähnliches verspricht auch Du Bellay dem Dichter:

> Je voudroy' bien (...) les avertir (sc. les auteurs) d'employer cete grande eloquence (...) Tel œuvre certainement seroit à leur immortelle gloire, honneur de la France, & grande illustration de nostre Langue. (Deffence II,5, S. 81.)

Das volkssprachlich geschriebene Wort enthebt das Subjekt der Notwendigkeit, seines Todes gewahr zu werden, und gestattet ihm statt dessen, sein Selbst im Simulacrum der Schrift unbegrenzt zu akkumulieren.

Wie die Simulacra laut Baudrillard dem symbolischen Tausch entzogen und an zentrale Kontrollapparate gebunden werden, wird die Volkssprache nach Art eines Gesetzeswerks zu einer lehrbaren Kunst restrukturiert und der institutionellen Macht unterstellt. Die Subjekte aber werden – bis in ihre Begierden hinein – im Hinblick auf die ihnen enteignete Sprachlichkeit formiert. Wenn die höfische Selbststilisierung der Sprechenden im Dienste semiotischer Repräsentation steht, dann gerät auch diese zum geselligen

Divertissement, zum Spiel horizontal vernetzter Verweise, dessen einzelne Terme austauschbar sind, weil ihnen keine Substantialität zukommt. Die nominalistisch verstandenen Zeichensysteme – wie sie von Speronis Peretto und von Du Bellay proklamiert werden – charakterisieren sich ebenfalls durch eine den Simulacra anhaftende Substituierbarkeit. Plötzlich werden ganze Sprachen – Griechisch und Hebräisch, Spanisch und Lateinisch, Französisch und Toskanisch – äquivalent und somit gegeneinander austauschbar, während die überkommenen, auf Signaturen der Ähnlichkeit beruhenden Identitäten zu wanken beginnen.

Unbestritten stellt der hier skizzierte Hang zum Simulacrum nur eine Seite der die Renaissance als Epoche bestimmenden Konfiguration dar. Aber es scheint uns, als könnte gerade die enge Affinität von neu entdeckter Vielsprachigkeit, also linguistischer Pluralität, und beliebiger Vertauschbarkeit der Simulacra, also endloser Zirkulation der Zeichen, auch andere Züge der Epochendynamik verständlich machen. Der bacchantische Taumel, in welchen sich die Semiotik unseres Zeitalters plötzlich hineingerissen sah, rief gewissermaßen wie von selbst nach Antidoten, die den entfesselten Tanz der Sprachen wieder zum Stillstand bringen könnten. Der von Pico della Miradola soeben zum Chamäleon ausgerufene Mensch[57], suchte nach einem Schutz vor der ihm bedrohlich werdenden Beliebigkeit aller Zeichen, Erscheinungen und für fest geglaubten Identitäten. Hierin wurzelt wohl der ungeheure Bedarf der Renaissance an substantialistischen Diskursen aller Art – vom Neuplatonismus bis zur Astrologie, von der Kabbala bis zur Geomantik –, die dann in nicht weniger beliebiger Aneignung und im Modus des Zitats den entsubstantialisierenden Reden entgegengehalten werden.

Gewiß formiert sich bereits die Ordnung der Repräsentation, doch hat die Renaissance deren festen Boden noch nicht unter ihren Füßen. Die vielen Simulacra müssen sich noch ohne jenes transzendentale Signifikat behelfen, welches alsbald die Episteme des klassischen Zeitalters überwölben wird, um den mobil gewordenen Zeichen ihre Stabilität auf einer neuen Stufe zurückzugeben[58]. Die Rechtfertigung allein aus dem Glauben, die Staatsraison, die Fallgesetze, schließlich die Selbstvergewisserung des Subjekts im Cogito erweisen sich unter diesem Gesichtspunkt als ebensoviele Versuche, den Platz eines nun wünschenswert gewordenen transzendentalen Signifikats zu besetzen. Allein die Renaissance selbst können wir gerade als jene Periode verstehen, in der die bekannten Kategorien des abendländischen Logozentrismus – wiewohl bereits vielfach entworfen – noch nicht zu epistemologischer Prägnanz geronnen sind. Das Spiel von Baudrillards wild zirkulierenden Simulacra bewahrt uns davor, die Geburt der Repräsentation in der Renaissance unhistorisch aus Foucaults vergleichsweise abgeklärter Perspektive einer gesicherten Mathesis universalis zu betrachten, die der verwirrenden Vielfalt der Phänomene jenen verläßlichen Verstehensrahmen zu geben vermag, der nicht umsonst im 16. Jahrhundert über weite Strecken fehlt. Die Grenze der Renaissance wäre dann dort erreicht, wo sich jene diskursiven Ordnungsmächte durchsetzen, welche das große Faszinosum und Skandalon des Zeitalters zu verdecken wissen: nämlich daß der Sinn in den vielen Sprachen nur verschieden repräsentiert, nicht aber verschieden konstituiert wird. Solange eine solche epistemologische Pazifizierung nicht erreicht ist, dauert die Renaissance jedoch an; und Kennzeichen der Epoche ist es dann, daß sie ein prekäres Gegengewicht zum Malstrom der epistemologischen Pluralisierung mit anderen denn diskursiven Mitteln zu schaffen sich anschickt – an einem anderen Schauplatz ...

2. *Ein anderer Schauplatz*

Bei der Rekonstruktion des epistemologischen Umfelds der Renaissance-Debatten um die Modernisierung der Volkssprache haben wir uns auf Foucaults wissensarchäologische Arbeitsweise gestützt. Allerdings erachtet er epistemologische Konfigurationen als totalitäre Systeme, aus deren ungewußten Fesseln sich das Denken einer Epoche nicht zu lösen vermag. Wir jedoch haben Belege dafür gefunden, daß sich die in der Neuzeit maßgebliche Tendenz zur Entsubstantialisierung des sprachlichen Zeichens, wie sie den grammatischen Diskurs weitgehend beherrscht, keineswegs bruchlos in andere Wissenstraditionen der Epoche einfügt, ja daß etwa im Bereich der Poetik auch widersprüchliche Positionen zu Wort kommen, die nicht einfach in einer Akklamation des Willens zur Sprache aufgehen. Noch komplexer bietet sich uns die Situation dar, sobald wir uns Gegenständen nähern, die einen im engeren Sinne ästhetischen Anspruch erheben, weil sie nicht mehr nur poetologischen, sondern poetischen Status haben.

Foucault interpretiert Kunstwerke wie die »Meninas« des Velázquez, den *Quijote* des Cervantes oder die *Princesse de Clèves* der Madame de Lafayette stets als exemplarischen Ausdruck einer zugrunde liegenden Tiefenstruktur[59]. Gewiß nimmt diese Sichtweise den epistemologischen Ballast ernst, der ästhetischen Objektivationen innewohnt; und sie flüchtet nicht überstürzt in die heile Welt geschichtsfreier Instant-Aneignung eines uns fremd gewordenen Denkens und Fühlens. Trotzdem bewegt sich eine wissensarchäologische resp. diskursanalytische Textlektüre dieser Spielart in der Immanenz einer historisch streng reflektierten Widerspiegelungsästhetik. Wo also der Verdacht besteht, – nicht daß ein solches Interpretationsverfahren keine gültigen Ergebnisse zeitigte –, sondern daß die ästhetische Botschaft dank ihrer Unbestimmtheit einen Sinnüberschuß produziere, der in solcher Reflexhaftigkeit nicht aufzugehen vermöchte: da ist es verlockend, vor epistemologischen Einfriedungen nicht wie vor unüberwindlichen Zäunen Halt zu machen, sondern den dahinterliegenden anderen Schauplatz aufzusuchen[60]. Im Bereich ästhetischer Gestaltung, künstlerischer Einbildungskraft, literarischer Fiktion könnte dort – sollte es auch gesellschaftlich unbewußt bleiben – jenes Potential an Widerspruch und Widerstand entfaltet werden, welches die jeweils offiziell herrschende Episteme oder deren einzelne Diskursstränge in ihrem Willen zur Wahrheit vermeintlich ausgrenzen[61].

Unsere Überlegungen schließen sich unmittelbar an die Studien von M. Bachtin an, dessen Sprachbegriff Foucaults Diskurskonzeption weitgehend entspricht (was auf Beeinflussung durch Nietzsche zurückzuführen sein könnte[62]), sie aber an entscheidender Stelle korrigiert:

> Die einheitliche Sprache ist nicht gegeben, sondern immer ein Projekt und steht in jedem Augenblick des sprachlichen Lebens der tatsächlichen Redevielfalt gegenüber[63].

Sofern wir nicht nur mit dem zentripetalen Willen zur Wahrheit einer Episteme, sondern genauso mit den zentrifugalen Kräften rechnen, welche eine widerspenstige Redevielfalt zu entfesseln droht, dann kann das literarische Wort überhaupt – nicht nur der Roman im engeren Sinne! – »künstlerisch organisierte Redevielfalt« werden, sich polemisch auf andere Äußerungen beziehen und mit anderen Sprachen im Kampf liegen, noch indem es sie als »fremde Rede« zu übernehmen vorgibt[64]:

> Wenn der spezifische Gegenstand der Romangattung (sc. und anderer Gattungen) der sprechende Mensch und sein als besondere Sprache der Redevielfalt auf soziale Bedeutsamkeit und weite Verbreitung Anspruch erhebendes Wort sind, dann können wir das zentrale Problem der Stilistik des Romans formulieren als das Problem der künstlerischen Abbildung der Sprache, das Problem des Bildes von der Sprache[65].

Da wir nun doch Foucaults epistemologische Methode in der Perspektive Bachtins überdenken, könnte die Frage auftauchen, warum denn überhaupt Wissensarchäologie zu betreiben sei, wo doch die Interpretation von Literatur als Aufgabe anstünde. Unser Vorgehen liegt zugegebenermaßen in einem distinktiven Vorverständnis des Ästhetischen begründet, welches der Analyse Foucaults offensichtlich abgeht. Ästhetische, literarische, poetische Äußerungen sind für uns solche, in denen sich der Wille zur Wahrheit durchkreuzt findet; sie unterstehen also nicht einer Ordnung des Diskurses, sondern sind deren ganz Anderes. In ihrer konterdiskursiven Andersheit bleibt Literatur freilich ans Diskursive gebunden, das sie sich, ohne dessen Herrschaftsanspruch zu erheben, mimetisch anverwandelt[66]. Deswegen eignet der poetischen Rede auch keine billige Autonomie von den epistemologischen Zwängen der Alltagswelt, sondern gerade weil sie anders ist als die Episteme, weist sie auf deren fremde Gestalt als Bedingung ihrer eigenen Möglichkeit zurück. Die so verstandene Poesie ist dann gewiß keine autarke Kraft pauschaler »Welterschließung«, die von den Geltungsansprüchen »problemlösender« Wahrheitsbehauptungen abgesondert und letztlich unbehelligt bliebe[67]. Unauslöschlich ist dem Poetischen vielmehr eine kämpferische Bezüglichkeit zu Wahrheitsformationen aller Art eingeschrieben, denen gegenüber es sich seiner Natur nach durchkreuzend, parodistisch, echohaft verschiebend verhält. Eine Theorie des Ästhetischen, der das Besondere an ihrem Objektbereich in den Blick geraten soll: daß ihm kein Diskurscharakter eingeprägt ist, wird ihren Gegenstand darum – um überhaupt seiner andersartigen Silhouette ansichtig werden zu können – vor dem Horizont des Diskursiven in Augenschein nehmen wollen.

2.1 »La Celestina«

Die *Tragicomedia de Calisto y Melibea*, kurz genannt: *La Celestina*, hat in den Jahren vor und nach 1500 ihre heutige Gestalt nach und nach empfangen[68]. Die neuere Kritik hat sich mit einer historischen Einordnung dieses Textes eher schwer getan. In ihrer respektgebietenden, quellenkritischen Untersuchung beschränkt sich María Rosa Lida de Malkiel weithin darauf, die unzähligen innovativen Abweichungen nachzuzeichnen, die Fernando de Rojas und seinen anonymen Gewährsmann von Vorgängern trennen[69]. Die individuelle Unverwechselbarkeit der Figurencharaktere und damit des Werkes insgesamt wird von ihr so sehr betont, daß die Frage nach dessen geschichtlicher Bedingtheit schließlich sinnlos wird. Eine sehr deutliche Position bezüglich einer literarhistorischen Verortung hat hingegen M. Bataillon eingenommen, wenn er unsere Tragicomedia als Aktualisierung des spätmittelalterlichen Genus der Moralité liest und zur Stützung seiner Behauptung auf die Rahmentexte und die Verwendung einer Reihe von herkömmlichen Verfahren verweist[70]. Am heftigsten hat dieser Deutung St. Gilman, ein Schüler des A. Castro, widersprochen[71]: Indem er vom Strukturmerkmal des laut geführten, unabschließbaren Dialogs zwischen den Figuren ausgeht, erweist sich ihm die Tragicomedia als ein unentscheidbarer Konflikt divergierender Bewußtseinsstände, der soziopsychologisch auf die Sinndefizite der diskriminierten Marranenkaste zu beziehen sei.

Wenngleich Gilmans These einstweilen über die stärkste Beschreibungskraft verfügt, da sie weder Doña María Rosas literaturgeschichtlichen Befund noch die Affinität zu Bataillons Konzeption des Lehrstücks einfach ausschließt, lassen seine einleuchtenden Analysen dennoch einige Desiderate offen. Auf textinterner Ebene erkauft er die Prägnanz seiner These mit der Vernachlässigung des handlungsstrukturellen Aspekts, der eine moralisierende Lesart im Sinne Bataillons geradezu herausfordert. Auf einer den Einzeltext übersteigenden Ebene erscheint uns zudem eine Überprüfung des in der Tragicomedia entworfenen Bildes der Sprache vor dem Hintergrund der bisher erörterten Anzeichen für gemeinabendländische epistemologische Veränderungen unerläßlich. Ein solcher Ansatz müßte dann auch dazu führen, den Beitrag der Conversos zur Entwicklung der spanischen Renaissance-Kultur differenzierter zu beschreiben, scheint es doch so, als wären in Spanien ehemalige Juden zu Trägern soziokultureller Bewegungen geworden, die auch in den übrigen europäischen Ländern verbreitet waren, dort aber von anderen Schichten und vielleicht weniger radikal vorangetrieben wurden[72].

2.1.1 Sprachen der Herrschaft und Liebe

Unsere Tragicomedia gestaltet eine Welt der überschwenglichen Wortwechsel. Die Handlung wird im dramatischen Dialog entwickelt, ist gar selbst weithin Dialog: Gespräche werden geführt, Versprechen gegeben und gebrochen, Verabredungen getroffen, Menschen überredet, Lob und Tadel ausgeteilt[73]. Trotz gelegentlicher Verweise auf die Welt der Erudition und der Bücher[74] ist die Situation der Mündlichkeit im wesentlichen ungebrochen. Die Schrift ist nur prothetisches Medium, welches der lauten Kommunikation zwischen Vorlesern und Zuhörern untergeordnet ist. Wenn wir darum zunächst die Redeweisen der Figuren untersuchen wollen, können wir uns ganz auf das mündlich Geäußerte konzentrieren und von der Frage einer schriftlichen Vermittlung absehen; es wird sich später zeigen, daß solches bei Rabelais einige Jahrzehnte später nicht mehr angehen kann.

Im 9. Auto unseres Stücks sitzt Celestina mit ihren beiden Mädchen Elicia und Areúsa sowie mit Calistos Dienern Sempronio und Pármeno zu Tisch: eine Szene fröhlich ausgelassener Völlerei. Unerwartet erscheint Melibeas Dienerin Lucrecia an der Tür; noch bevor sie eintritt, läßt sich Areúsa zu einer langen Schimpftirade gegen die unbarmherzigen Herrinnen hinreißen:

> ¡O tía, y qué duro nombre y qué grave y sobervio es »señora« contino en la boca! Por esto me vivo sobre mí, desde que me sé conocer. Que jamás me precié de llamarme de otrie, sino mía; mayormente destas señoras que agora se usan. Gástase con ellas lo mejor del tiempo (...). E quando veen cerca el tiempo de la obligación de casallas, levántanles un caramillo: que se echan con el moço o con el hijo, o pídenles celos del marido, o que meten hombres en casa, o que hurtó la taça, o perdió el anillo; danles un ciento de açotes y échanlas la puerta fuera, las haldas en la cabeça, diziendo: »¡Allá yrás, ladrona, puta! No destruyrás mi casa y honra«. Assí que esperan galardón, sacan baldón; esperan salir casadas, salen amenguadas; esperan vestidos y joyas de boda, salen desnudas y denostadas. Estos son sus premios, estos son su beneficios y pagos. Oblíganse a darles marido, quítanles el vestido. La mejor honra que en sus casas tienen es andar fechas callejeras, de dueña en dueña, con sus mensajes acuestas. (Celestina 9, S. 232f.)

Voller Wut beklagt Areúsa den Verfall herrschaftlicher Verantwortlichkeit, welchen sie als Merkmal einer schlechter werdenden Gegenwart empfindet, wo die Herrinnen die Verpflichtung umgehen, ihre Dienerin mit einer Mitgift auszustatten. Statt dessen jagen sie diese, sobald sie ein heiratsfähiges Alter erreicht haben – unter dem Vorwand irgendeiner Verfehlung – auf die Straße. Wegen ihrer angeblichen Missetat hat eine solche Dienstbotin natürlich ihren Anspruch an die Herrin auf Zahlung einer Aussteuer verwirkt und ihren guten

Leumund verloren. Vordergründig zeichnen sich in der affektgeladenen, mit zahlreichen Homoeoteleuta geschmückten Vituperatio der Areúsa der Niedergang einer überkommenen Feudalordnung und die Heraufkunft einer neuen frühbürgerlichen Klasse ab, wie dies von Marx und Engels in einem berühmten Ausspruch charakterisiert wurde:

> Die Bourgeoisie, wo sie zur Herrschaft gekommen, (...) hat die buntscheckigen Feudalbande, die den Menschen an seinen natürlichen Vorgesetzten knüpften, unbarmherzig zerrissen (...) Sie hat die persönliche Würde in den Tauschwert aufgelöst[75].

In der Tat sind nach Areúsas Auffassung die Mägde austauschbar geworden und können beliebig entlassen oder durch andere ersetzt werden. Allerdings ist dieses System der Ausbeutung in Areúsas Mund eng an eine bestimmte Form des Sprachspiels gekoppelt. Denn die Möglichkeit, die Dienerin mit Schimpf und Schande aus dem Haus zu treiben, verschafft sich die Herrin mit einer erlogenen Intrige – »caramillo« –, wobei sie mehrere einander äquivalente Vorwürfe zur Auswahl hat, denen vor allem gemeinsam ist, daß sie sämtlich der Wahrheit entbehren. Die entscheidende, eigentlich herrschaftskonstitutive Sprechhandlung der Dame bedient sich demzufolge solcher Aussagen, die von einer vorgängigen Referenz losgelöst sind. An Stelle symbolischer Tauschbeziehungen, wie sie treuer Dienst und Belehnung mit einer Mitgift bedeuten, tritt die Machtausübung im Medium einer Sprache, deren beliebig gewordene, frei substituierbare Scheinanklagen an Baudrillards Simulacra gemahnen, zumal die Worte der Herrin auch noch als Surrogat einer erwarteten materiellen Zuwendung stehen; denn die Mägde ziehen von einer Herrin zur anderen: »con sus mensajes acuestas«. Areúsa setzt ihre Schelte unmißverständlich fort:

> Nunca oyen su nombre propio de la boca dellas (sc. de las señoras), sino »puta« acá, »puta« acullá. »¿A do vas, tiñosa? ¿Qué heziste, vellaca? ¿Por qué comiste esto, golosa? ¿Cómo fregaste la sartén, puerca? ¿Por qué no limpiaste el manto, suzia? ¿Cómo dixiste esto, necia? ¿Quién perdió el plato, desaliñada? ¿Cómo faltó el paño de manos, ladrona? A tu rufián le havrás dado. Ven acá, mala muger, la gallina havada no paresce; pues búscala presto, si no, en la primera blanca de tu soldada la contaré«. E tras esto, mill chapinazos y pellizcos, palos y açotes. No hay quien las sepa contentar, no quien pueda sofrillas. Su plazer es dar vozes, su gloria es reñir. De lo mejor fecho, menos contentamiento muestran. (Celestina 9, S. 233.)

Der Name, also jenes Sprachzeichen, das immer eine Referenz besitzt, gehört gerade nicht zum Vokabular der Herrin. Ersatzweise tituliert sie ihre Dienerin als Hure: »puta«, womit nicht zuletzt deren grundsätzliche Käuflichkeit, ja warenhafte Ersetzbarkeit hervorgehoben wird. Wiederum folgt ein langer Katalog von Vorhaltungen und Drohungen, der gewiß den Regeln einer spätmittelalterlichen Rhetorik folgt, sie jedoch in einer sehr eigentümlichen Funktion verwendet: Die Aneinanderreihung der auch diesmal unbegründeten Unterstellungen ist nicht nach dem Prinzip der Konjunktion geordnet, welche eine möglichst vollständige Summe des Wissens ergäbe, sondern die einzelnen Elemente stehen disjunktiv zur Disposition, erlauben untereinander beliebige Auswahl. Somit treten hier die sozialen Beziehungen der Unterlegenheit und Überlegenheit als Gesprächsrollen in Erscheinung, die substantieller Attribute ermangeln und nicht über ihre eigene Sprachlichkeit hinausweisen. Die Macht der Herrin entspringt nicht so sehr ihrer Bedeutung in einem Spiel außersprachlicher Interaktion, worin die Identität der Personen, deren tatsächliche Geschichten und die Referenz des Gesagten von vornherein feststünden, sondern vielmehr dem bloßen Gebrauch einer grundlos schimpfenden Stimme. Damit aber gründet nun Herrschaft selbst in einer Sprache, deren Argumente von substanzloser Beliebigkeit ausgehöhlt sind.

Um einiges komplizierter stellt sich uns das Problem der verwendeten Sprache in bezug auf die in der Tragicomedia modellierten Liebeskonzeptionen dar[76]. Nach der ersten Begegnung mit Melibea kehrt Calisto krank vor Liebe nach Hause zurück. Sein Diener Sempronio redet ihm gut zu, betrachtet er ihn doch als zeitweilig von Sinnen, da in den Fesseln eines sinnlichen »loco amor« liegend, wie er uns etwa im *Libro de buen amor* des Arcipreste de Hita bereits um die Mitte des 14. Jahrhunderts entgegentritt. Der »loco amor« ist für Sempronio eine unwiderstehliche, immer gleiche Naturgewalt. Calisto hingegen beschreibt seine Erfahrung nach dem Vorbild eines italienisch beeinflußten »amor gentile«, wird deswegen sogar von Sempronio den »filósofos de Cupido« zugerechnet (vgl. Celestina 1, S. 105), womit dieser offensichtlich auf die »fedeli d'Amore« anspielt[77]. Dementsprechend mischen sich in Calistos Rede neuplatonische, stilnovistische und petrarkistische Themen, wie sie auch in die verschiedenen spanischen Cancioneros des mittleren und ausgehenden 15. Jahrhunderts eingegangen sind:

> ¿Cómo templará el destemplado? ¿Cómo sentirá el armonía aquel que consigo está tan discorde; aquel en quien la voluntad a la razón no obedece; quien tiene dentro del pecho aguijones, paz, guerra, tregua, amor, enemistad, injurias, pecados, sospechas, todo a una causa? (...) Mayor es la llama que dura ochenta años que la que en un día passa, y mayor la que mata un ánima que la que quemó cient mill cuerpos. Como de la apariencia a la existencia, como de lo vivo a lo pintado, como de la sombra a lo real, tanta diferencia hay del fuego que dizes al que me quema. (...) ¿Yo? Melibeo soy, y a Melibea adoro, y en Melibea creo, y a Melibea amo. (...) Por Dios la creo; por Dios la confiesso; y no creo que hay otro soberano en el cielo, aunque entre nosotros mora. (Celestina 1, S. 103. 104. 106.)

Die Verwendung der einschlägigen Topik steigert sich zur Parodie, wenn die Geliebte, nachdem sie in Calistos Herzen das Feuer der Liebe entfacht hat, nicht mehr aufgrund ihrer Nähe zum göttlichen Amor mit dessen Eigenschaften nur beliehen, sondern – in deutlicher Parallele zum Mysterium der Inkarnation – selbst zur unumschränkten Gottheit erhöht wird. Sempronio nimmt denn auch die Herausforderung, die in dieser Sprechweise steckt, auf und wirft seinem Herrn Ketzerei vor: »No basta loco, sino ereje.« (Celestina 1, S. 104.)

In der Exposition des dramatischen Dialogs stehen sich zwei Deutungsmuster gegenüber: Entweder ist Calistos Liebe mittelalterlicher »loco amor«; aber Sempronio, der dies behauptet, macht sich selbst lächerlich, verkennt er doch stilnovistisch inspiriertes Frauenlob als platte Blasphemie; oder Calistos Liebe ist ein dichterisch überhöhter Kult um Melibeas engelhafte Erscheinung – »angélica imagen« (vgl. Celestina 14, S. 286) –, wobei die aufgesetzte Hyperbolik von Calistos Äußerungen wiederum eine ironische Intention des impliziten Autors vermuten läßt. In der Tat wird auch die vorläufige Opposition zwischen sinnlich-naturhaftem »loco amor« und literarisch hergeleitetem »amor gentile« von einer anderen Seite her dekonstruiert[78]. Daß diese Dekonstruktionsarbeit unserer Ansicht nach erst ab dem 2. Auto geleistet wird, zeigt vielleicht an, daß darin eher ein Anliegen des jüngeren Fernando de Rojas denn seines unbekannten Vorgängers zu erkennen ist. Pármeno erklärt nämlich eben im 2. Auto seinem Herrn, was es mit dessen Liebe zu Melibea auf sich habe:

> Señor, porque perderse el otro día el neblí fue causa de tu entrada en la huerta de Melibea a le buscar; la entrada, causa de la ver y hablar; la habla engendró amor; el amor parió tu pena; la pena causará perder tu cuerpo y el alma y hazienda. Y lo que más dello siento es venir a manos de aquella trotaconventos, después de tres vezes emplumada. (Celestina 2, S. 139.)

Daß sich Calisto in Melibea verliebt habe, ist laut Pármeno auf eine Verkettung von Zufällen zurückzuführen, die freilich der von Calisto für sich beanspruchten Liebesauffassung nach herkömmlicher Amorlehre subtil widersprechen. Die Liebe entzündet sich nicht mit dem Blick oder gar dem Wort der Dame an Calisto, sondern in dessen Hinschauen auf sie: »la ver« und in der darauf folgenden Anrede an sie: »hablar« ist wie das vorausgehende Verbum transitiv zu verstehen. Somit ist die Liebe für Pármeno unzweifelhaft ein Effekt des Sprechens, genauerhin des Sich-sprechen-Hörens des Liebenden. Die Rede ist nicht mehr nur Fluidum, innerhalb dessen sich eine vorgängige Liebe artikulieren würde, sondern deren eigentlicher Entstehungsgrund: »la habla engendró amor«, dem gegenüber sie nachträglich ist. Genau darum ist auch Calisto in seiner Liebe an jene verwiesen, die ihre Sprachbegabung am wirkungsvollsten einzusetzen versteht: an die alte Hexe und Kupplerin Celestina.

Celestina legt durchwegs ein hohes Selbstbewußtsein an den Tag, das sowohl in ihrem umfangreichen Wissensschatz als auch in ihrer Unverzichtbarkeit für das gesellschaftliche Leben der Stadt gründet. Doña María Rosa hat eingehend analysiert, wie sehr sich Celestina in ihrer stark gezeichneten Individualität von der Befangenheit in einer üblichen Kupplerinnenrolle emanzipiert[79]. Ihr moralisch fragwürdiges Verhalten, verbunden mit den wortreichen Begründungen für die Notwendigkeit ihres Tuns, denunziert sie nur teilweise selber als unlauter, ruft dafür aber um so nachdrücklicher einen offiziellen Ehren- und Sittenkodex in die Krisis. Von vornherein ist sich

Celestina dank ihrer langen Berufserfahrung gewiß, daß ihre Botengänge und Unterredungen mit Melibea bei dieser Liebe zu Calisto erwecken werden: »¡Más fuerte estava Troya, y aun otras más bravas he yo amansado!« (Celestina 4, S. 165.) Als dann Celestina ihrem Auftraggeber Calisto den ersten Erfolg ihrer Bemühungen melden kann, da ihr Melibea ein Band für ihn überlassen hat, ruft dieser begeistert aus:

> De cierto creo, si nuestra edad alcançara aquellos passados Eneas y Dido, no trabajara tanto Venus para atraer a su fijo el amor de Elisa, haziendo tomar a Cupido ascánica forma, para la engañar; antes por evitar prolixidad, pusiera a ti por medianera. (Celestina 6, S. 185.)

Auf der Ebene interner Kommunikation im Dialog spricht Calisto ein der Mythologie entstammendes Lob für Celestina aus. Doch sind hier vom Hörer-Leser noch weitere intendierte und intertextuell vorrätige Bedeutungen zu aktualisieren[80]: Die Erwähnung des zeitweilig als Ascanius auftretenden Cupido aus dem ersten Buch der *Aeneis*[81] stiftet tragische Ironie, wird doch das Schicksal der Liebenden genauso unglücklich endigen wie jenes des Trojaners und der Phönizierin. Darüber hinaus ist im Namen des Cupido erneut eine Bezugnahme auf die dichterische Amorlehre gegeben, an deren substantialistische Implikationen Rainer Warning unlängst in einer metaphysikkritischen Deutung dieses Traditionsstrangs erinnert hat[82]. In Calistos Liebessprache selbst läßt sich insbesondere die Aufnahme neuplatonischer Motive als Ausfluß einer substanzhaften Konzeption des Amor ansehen. Diese sublime Gottheit der poetischen Überlieferung ist jedoch in der neu hereinbrechenden Zeit – »nuestra edad« – durch die Kupplerin Celestina aus der alltäglichen Welt der Tragicomedia ersetzbar; und genau dies geschieht aus Gründen rhetorischer Ökonomie: nämlich um unnütze Weitschweifigkeit – »prolijidad« – zu vermeiden. Aufgabe des neuentworfenen Cupido ist also die Verwendung einer erfolgreichen Überredungskunst, wie sie von Celestina meisterhaft beherrscht wird. »No sé en qué está mi vida«, fragt Calisto besorgt darüber, ob Melibea ihn erhören und ihm damit das Leben zurückschenken werde; und Celestina gibt zur Antwort: »En mi lengua«, hat sie doch gerade das erste Rendezvous zwischen beiden vereinbaren können (Celestina 11, S. 251). Die Liebe wird also in unserer Tragicomedia letztendlich zu einem Spiel sprachlicher Vermittlung, zu geschickter Rhetorik aufgelöst, und angesichts der rednerischen Virtuosität Celestinas sehen sich alle anderen Meinungen desavouiert, die wie Sempronio oder Calisto an einer Substantialität der Liebe festhalten wollen.

Doch nicht nur die Rede über die Liebe, sondern auch andere Bereiche von Celestinas Sprache haben sich weitgehend von der Anbindung an eine verläßliche Substanz gelöst. Besonders auffällig tritt dies in Celestinas Gebrauch herkömmlicher Redensarten und Sprichwörter zutage, die den gesamten Text durchziehen. Um beispielsweise die Unterstützung des Pármeno zu gewinnen, wünscht Celestina diesen mit Areúsa zu verkuppeln; diese ist allerdings mit einem Soldaten liiert, der am Vortag in den Krieg gezogen sei und dem sie die Treue halten wolle. So muß Celestina die widerstrebende Areúsa davon überzeugen, daß es besser sei, zweien statt nur einem Liebhaber ihre Gunst zu gewähren:

> ¿De una sola gotera te mantienes? ¡No te sobrarán muchos manjares! No quiero arrendar tus esgamoches. Nunca uno me agradó, nunca en uno puse toda mi afición. Más pueden dos, y más quatro, y más dan, y más tienen, y más hay en qué escoger. No hay cosa más perdida, hija, que el mur que no sabe sino un horado; si aquel le tapan, no havrá donde se esconda del gato. Quien no tiene sino un ojo, mira a quánto peligro anda. Una alma sola ni canta ni llora; un solo acto no haze hábito; un frayle solo pocas vezes lo encontrarás por la calle; una perdiz sola por maravilla buela; un manjar solo continuo, presto pone hastío; una golondrina no haze verano; un testigo solo no es entera fe; quien sola una ropa tiene, presto la envegece. ¿Qué quieres, hija, de este número de uno? Más inconvenientes te diré dél, que años tengo a cuestas. (Celestina 8, S. 207f.)

In einer fulminanten Mischung von Rückgriffen auf biographisches Erleben, einprägsam bildhaften Formeln, gängigen Redensarten und Sprichwörtern tritt Celestina den Beweis an, daß ein Freier für Areúsa zu wenig sei, da eine Schwalbe bekanntlich noch keinen Sommer mache: »una golondrina no hace verano«. Anders als A. Jolles annimmt, faßt in unserem Beispiel der Spruch nicht im nachhinein eine Erfahrung zusammen[83], sondern er möchte vielmehr ein Argument für eine Entscheidungsfindung bereitstellen; Celestina führt geflügelte Worte als handlungsregulative Autoritäten ante festum ins Feld. Darin folgt sie – zumindest scheinbar – der parömiographischen Vorliebe der Renaissance überhaupt, welche in den Sprichwörtern gerne Kristallisationen kollektiver, verhaltensrelevanter Erkenntnisse erblickt, weshalb deren genaue Bedeutung erforscht und festgehalten werden müsse. Schon in der ersten Hälfte des 15. Jahrhunderts soll der Marqués de Santillana einhundert volkstümliche Redensarten gesammelt haben[84], und die ihm nachfolgenden, im 16. Jahrhundert erstellten Kompilationen des spanischen Refranero glossieren oftmals einen den verzeichneten Sprichwörtern zugrunde liegenden, als didaktisch verstandenen Sinn[85]. Mit ähnlicher Absicht führt Erasmus von Rotterdam in seinen im Jahr 1500 kurz nach der ersten Veröffentlichung unseres Stücks erschienenen *Adagia* die von ihm erläuterten Ausdrucksweisen und Floskeln auf einen erstmals überlieferten Gebrauchszusammenhang, auf einen für sie maßgeblich bleibenden Ursprung zurück.

Doch in ganz anderer Weise als Erasmus oder der Refranero bedient sich Celestina der Spruchform. Für sie stehen die Refranes beliebig zur Disposition: Die einzelnen Anführungen versuchen, einander zu überbieten, ohne daß sie die Disparatheit und Unangemessenheit ihrer Inhalte verleugnen würden. Die sprudelnde Fülle volkstümlicher Fügungen, die in der oben zitierten Zweitbearbeitung gegenüber der Erstfassung eigens vermehrt wurden, ist gerade Hinweis dafür, daß die Belege in ihrer Häufung als einzelne identitätslos, austauschbar und im Hinblick auf eine oft geläufigere Form der Redensart schon abgewandelt sind. Angesichts der erkenntlich unmoralischen Zielsetzung von Celestinas Suasoria wird durch ihre Argumentation insgesamt die Frage nach der Verläßlichkeit und praktischen Verwertbarkeit von Refranes aufgeworfen. Im vorgeführten Fall können sie ja schwerlich als sprachlich geronnene Emanationen eines habitualisierten Rezeptwissens gelten, dessen Artikulation sie in komischem Mißverhältnis unverdrossen für sich beanspruchen. Celestinas offene oder verdeckte Umdeutung der benutzten Redensarten geht über eine bloße Sprichwortparodie hinaus, innerhalb derer jeder Refrán einen angebbaren Platz im Wissensvorrat behalten müßte. Die Spruchweisheit der Celestina aber ist weder echte noch eigentlich verkehrte Metonymie eines sedimentierten, gesellschaftlichen Wissens[86], sondern sie stellt dessen Bodenlosigkeit und bezuglose Sprachlichkeit, den rein rhetorischen Charakter autoritativer Tradition zur Schau. Trotz aller Verhaftung der Celestina und der anderen Figuren in spätmittelalterlich geprägten Sprechweisen scheint es, als zögen sie die Refranes immer dort heran, wo sie der Substitute bedürften, um den Ausfall stabiler, sinnstiftender Orientierungsraster zu kompensieren. So betrachtet erweist sich die kupplerische Rede von der Liebe nur als Sonderfall einer verallgemeinerten Überredungskunst, die sich mit der Zunge der Celestina der Beliebigkeit semiotischer Simulacra verschrieben hat.

2.1.2 Geständnis und Opfertod

Wir wenden uns nun dem Handlungsverlauf unserer Tragicomedia zu, um ihn einer Strukturanalyse zu unterziehen. Ju. M. Lotman hat eine Theorie des narrativen Ereignisses entwickelt, der zufolge der Held eines sogenannten sujethaltigen Textes als einziger eine grundsätzlich unüberschreitbare Grenze erfolgreich überwinde[87]. Diese Beschreibung paßt unserem Calisto wie auf den Leib geschnitten und läßt sich somit auf die in der Tragicomedia zustande kommende Geschichte problemlos anwenden. Calisto übersteigt die Mauer, um in Melibeas Garten zu gelangen und sie sich gefügig zu machen. Allerdings würde Lotmans Modell die so vielgestaltige Tragicomedia auf ein märchenhaftes Abenteuer reduzieren und als Mittelpunkt eines an Sprechhandlungen so reichen, dramatischen Dialogs gerade ein Ereignis ansetzen, das primär außersprachlicher Natur ist, ja sogar durch eine Ellipse im Sprechtext markiert wird (vgl. Celestina 14, S. 289). Daher liegt es nahe, nach einem Sujet auf der Ebene der Sprachlichkeit selbst zu suchen, die der Text ja auch an anderen Stellen, wie wir gesehen haben, zu seinem Thema macht.

Wenn auch die Sprache des Simulacrums im Sinne Baudrillards keine vorgegebene, substantielle Wahrheit außerhalb ihrer selbst nachzuahmen vermag[88], dann zielt sie doch darauf hin, eine ihr gemäße Art der Wahrheit im Nachträglichen zu produzieren: Im Geständnis gibt das neuzeitliche Subjekt laut Foucault die Wahrheit über sein sexuelles Begehren preis, wobei das Medium der Sprache selbst als Machtdispositiv fungiert und die Person, vor der zu gestehen ist, den Status eines »maître de vérité« erlangt[89]. Der Inhalt des Geständnisses, das im Sich-vor-einem-andern-sprechen-Hören erfolgt, ist demnach immer schon eine nur induzierte Wahrheit, die sich das Subjekt im nachhinein fabriziert. Die Rolle einer das Geständnis herbeiführenden und überwachenden Meisterin der Wahrheit wird zweifelsohne in unserer Tragicomedia von Celestina verkörpert, als sie am Höhepunkt ihrer Kupplerinnentätigkeit Melibea dazu bewegen will, sich ihr zu eröffnen: »Por ende, cumple que al médico, como al confessor, se hable toda verdad abiertamente.« (Celestina 10, S. 242.) In einem langen Verhör muß Melibea die Symptome ihres Liebesleidens immer genauer schildern, bis ihr zuletzt Melibea den Namen des Calisto als Heilmittel nennt. Melibea fällt in Ohnmacht, kommt aber bald wieder zu Sinnen: »Quebróse mi honestidad, quebróse mi empacho, afloxó mi mucha vergüença.« (Celestina 10, S. 246.) Mit diesem Eingeständnis ist Melibea ihrer Ehre verlustig gegangen, so daß sie nun offen von ihrer Liebe zu Calisto spricht und gleichzeitig die Kupplerin als »mi nueva maestra« tituliert: »Pospuesto todo temor, has sacado de mi pecho lo que jamás a ti ni a otro pensé descobrir.« (Celestina 10, S. 246. 247.) Trotz Melibeas aktiver Beteiligung am Prozeß der allmählichen Enthüllung ihrer inneren Befindlichkeit beherrscht in jedem Augenblick Celestina die Situation; und sie erweist sich als die wirkende Kraft, wenn Melibeas Interesse an Calisto nicht auf die Begegnung mit ihm, sondern auf den Augenblick zurückgehe, da sie seinen Namen erwähnt habe: »Tanto me fue entonces su habla (sc. de Calisto) enojosa, quanto, después que tú me le tornaste a nombrar, alegre.« (Celestina 10, S. 246.) Celestina vermittelt mit ihrem Beruf nicht etwa zwischen den Liebenden, sondern mit ihrer rednerischen Tätigkeit ermöglicht sie überhaupt erst deren Leidenschaft füreinander.

Lotman verlangt bekanntlich eine Anordnung aller Begebenheiten desselben Textes zu einer Hierarchie der Sujetbewegung. Aus einer mittelalterlichen Perspektive könnten wir daher die erotische Vereinigung des Liebespaares im Garten der Melibea als Sujet klassifizieren. Aus einem neuzeitlichen Blickwinkel wäre hingegen die Gartenszene ein bloßes Nachspiel zu jener zentralen Szene, da Celestina mit dem Zwangsmittel ihrer Rede aus Melibea die Wahrheit über deren Begierde herauspreßt. Dann wäre es wohl kaum noch sinnvoll, von einer Grenzüberschreitung nach dem Vorschlag Lotmans zu sprechen, da das Element des Geständnisses jede Art der Handlungsbewegung so sehr verinnerlicht, daß sie in einem über Grenzlinien gekennzeichneten Außenraum nicht mehr recht zu verorten ist. Foucault beschreibt übrigens einen literarischen Wandel, vor dessen Hintergrund unser Stück geradezu den Status eines Schwellentextes erhielte:

> L'homme, en Occident, est devenu une bête d'aveu. De là sans doute une métamorphose dans la littérature: d'un plaisir à raconter et d'entendre, qui était centré sur le

récit héroïque ou merveilleux des »épreuves« de bravoure ou de sainteté, on est passé à une littérature ordonnée à la tâche infinie de faire lever du fond de soi-même, entre les mots, une vérité que la forme même de l'aveu fait miroiter comme l'inaccessible[90].

Eine heroische Lesart nähme folglich Bataillons Anliegen auf, die Tragicomedia als Moralité zu betrachten, und sie könnte zudem die Katastrophen des Ausgangs einschließlich der im Tratado de Centurio entworfenen Intrige integrieren, da sich diese als den unstatthaften Grenzübertritt begleitende und bestrafende Sanktionen erwiesen. Eine Lektüre, die aufs Geständnis, mithin auf eine von vorgegebener Wahrheit gelöste Sprachlichkeit abzielte, entspräche dagegen Gilmans Dialog der Bewußtseinsstände. Sind beide Ansätze zu vermitteln?

Es ist vorläufig festzuhalten, daß die Welt der Tragicomedia von einer Sprache geprägt ist, die Substantialität und Wahrheitswert verloren hat, dafür aber im Geständnis ihre eigene Form des Wahren produziert. Wenngleich der Primat der Schriftlichkeit und die institutionelle Einbindung der Sprache noch nicht erörtert werden, so stellt der Text doch deutlich den Machtcharakter der neuzeitlichen Sprache heraus, und er zeigt deren Fähigkeit auf, das Begehren des Subjekts auf sich zu lenken. Insofern die weitgehende Entsubstantialisierung der in unserer Tragicomedia vorgeführten Sprachen die Struktur des semiotischen Simulacrums aufweist, stehen diese laut Baudrillard in Opposition zu einer Ordnung des symbolischen Tausches. Darum ist es bemerkenswert, daß sowohl Celestina und Calisto als auch Celestina und Sempronio Abkommen treffen, die sich im Horizont eines archaischen Gabentausches verstehen lassen. Nach erfolgreicher Erledigung ihrer Aufgabe erhält Celestina von Calisto im Gegenzug eine goldene Kette; und sie hat bereits zuvor den beiden Dienern einen Anteil an der in Aussicht gestellten Belohnung versprochen, dem Sempronio sogar ausdrücklich versichert: »Que parte o partezilla, quanto tú quisieres te daré. Todo lo mío es tuyo.« (Celestina 5, S. 174.) Nach Baudrillard hat nun die Unaufhebbarkeit der im symbolischen Tausch eingegangenen Verpflichtung keinen Platz mehr innerhalb einer Sprachlichkeit des Simulacrums. Somit ist zu fragen, wie ernst Celestina, deren Sprache sich von substantialistischen Fesseln befreit und semiotischer Beliebigkeit unterstellt hat, überhaupt ihre Zusage an Calisto zu nehmen vermag. Tatsächlich entzündet sich auch der Konflikt zwischen Celestina und Sempronio an der Forderung des Dieners nach einer Gegengabe für die gewährte Unterstützung und an Celestinas Hinweis auf die Substanzlosigkeit ihres Versprechens: »Pues ya sabes, Sempronio, que estos ofrescimientos, estas palabras de buen amor no obligan. No ha de ser oro quanto reluze.« (Celestina 12, S. 273.)

Celestinas Weigerung, auf Sempronios Ansinnen einzugehen, scheint uns nicht auf reiner Sorglosigkeit oder besonderem Geiz zu beruhen; sondern vielmehr veranlaßt sie die innere Struktur der von ihr gebrauchten Sprache, deren Beliebigkeit sich einer unaufgebbaren Gegenseitigkeit entzogen hat, zu ihrer ablehnenden Reaktion. Nicht von ungefähr charakterisiert sie ihre Rede als »palabras de buen amor«; sie ist darauf ausgerichtet, sich die Zuneigung eines andern zu verschaffen, dessen Begierde auf sich selbst zu lenken, ohne Maßstäbe anzuerkennen, die außerhalb dieser Sprachlichkeit lägen. In die gleiche Richtung weist die Bestärkung ihres Arguments durch einen sich einstellenden Refrán, dessen vorgegebene Bedeutung wiederum in ruinöser Weise verschoben wird. Die Verquickung von Celestinas Wortbruch mit der besonderen Form der von ihr benutzten Sprache macht es auch unmöglich, ihre Verletzung der Regeln des symbolischen Tausches innerhalb eines nur archaischen Handlungsrahmens verorten zu wollen, so als hätte sie einfach aus Habgier oder anderen eigennützigen Motiven gehandelt. Baudrillards Interpretation des Gabentausches bietet uns vielmehr die Handhabe, im Stück die Überlagerung zweier miteinander konfligierender Ordnungen aufzuspüren. Im Gegensatz zu Celestina besteht der Diener Sempronio, diesbezüglich dem archaischen Denken verhaftet, auf der Erfüllung der von der Kupplerin eingegangenen Verpflichtung:

> L'échange symbolique n'a pas de cesse (...) C'est une loi absolue: obligation et réciprocité sont infranchissables. Nul ne peut s'y soustraire, envers qui ou quoi que ce soit sous peine de mort[91].

Da Celestina nicht bereit ist, die ihr erbrachte Loyalität wie zugesagt mit einer Gabe zu erwidern, wird sie von Sempronio und Pármeno niedergestochen. Durch ihren Opfertod sühnt sie gleichsam dafür, daß sie sich aus der Gegenseitigkeitsverpflichtung des symbolischen Tausches hat emanzipieren wollen und sich eine Sprache zueigen gemacht hat, welche die Ansprüche der Gemeinschaft nicht mehr anerkennt. Aus dem gewaltsamen Tod der Celestina ergeben sich alsdann in unglückseliger kausaler Verkettung die weiteren Todesfälle, die den Ausgang der Tragicomedia bestimmen.

So tritt die Sprache unserer Tragicomedia dem Subjekt in einer spezifisch neuzeitlichen Weise als Machtdispositiv und Möglichkeitsbedingung seiner eigenen Begierde entgegen. Für uns Heutige, die wir im historischen Rückblick die Anfänge der uns jetzt geläufigen Semiotik an der Wurzel fassen wollen, liegt die Provokation dieses Stücks zu einem Gutteil darin, daß in der prototypischen Rolle des modernen Subjekts eine gerissene Kupplerin auftritt, die das Joch der alten Ordnung mit Hilfe eines blanken Wortbruchs abzuschütteln bestrebt ist. Für das zeitgenössische Publikum der Jahre um 1500 dürfte die soziale Zugehörigkeit der Protagonistin zum anrüchigen Unterschichtsmilieu die Chance geboten haben, sich von der aufgewiesenen Beliebigkeit aller Sprachen zu distanzieren, die mittelalterliche Verbindlichkeiten rücksichtslos zerbrach[92]; in ihrer Radikalität ging sie übrigens auch weit über jenes Maß hinaus, welches die spätere Ära der Repräsentation den pluralisierten Zeichen auferlegen würde. Trotz alledem bindet die Handlungsstruktur des Stücks gerade diese jeglicher Substantialität enthobene Sprachlichkeit in merkwürdiger Krümmung noch einmal an die bereits archaisch anmutende

Welt des symbolischen Tausches zurück. Es sind die auf uns fremd und ungleichzeitig wirkenden Blutopfer des Ausklangs, worin ein Drama nicht nur zu seinem konventionellen Ende gebracht wird, sondern sich auch der Dissens der Tragicomedia zu den angebrochenen Verhältnissen semiotischer Austauschbarkeit manifestiert. Dort bietet sie den diskursiven Zwängen ihrer Zeit Paroli und hält in der Negation einer modernisierten Sprache ein – den Conversos allemal verwehrtes – Stück semiotischer Beheimatung fest.

2.2 »Gargantua et Pantagruel«

Rabelais' in den Jahren von 1532 bis 1564 nacheinander erschienene fünf Bücher über Gargantua, Pantagruel, dessen Begleiter – in Sonderheit Panurge – und die lange Fahrt zum Orakel der Dive Bouteille zeichnen sich durch weitgehende narrative Inkohärenz aus[93]. Dieser offensichtliche Mangel an Geschlossenheit darf nicht allein auf entstehungsgeschichtliche Gründe, divergierende Abfassungszeit der einzelnen Teile, nachträgliche Modifikation des Projekts, Benutzung verschiedenartigster Quellen oder Fertigstellung des 5. Buchs durch einen kongenialen Epigonen zurückgeführt werden. Genausowenig kann die Berufung auf Gattungsmerkmale weiterführen: Denn selbst wenn es spätestens seit Bachtins Forschungen als akzeptiert gilt, daß das Werk sowohl einer menippeischen, im engeren Sinne lucianischen Tradition angehört als auch in großem Maße Bestandteile der mittelalterlichen Karnevalskultur in sich birgt[94], gelingt es trotzdem kaum, eine ganzheitliche Textgestalt auszumachen, die von nur einer Gattungsnorm – sei diese noch so hybrid – garantiert würde. Im folgenden soll darum die unaufhebbare Heterogenität der Pentalogie, die Zerstückelung des Erzählkörpers ernst genommen werden. Es könnte sich ja herausstellen, daß Rabelais oft schon auf einer so elementaren Ebene gegen epistemologische Gewißheiten der Zeitgenossen anschriebe, daß ihm dadurch die Herausbildung eines vollständigen narrativen Sinns beinahe unmöglich geworden wäre. Die Brüche im Text verrieten dann listige Hakenschläge des sich äußernden Subjekts oder von ihm empfangene Narben. Wir möchten jedenfalls von Analysen der Mikrostruktur ausgehend Rabelais' Büchern im kulturellen System der Epoche einen Platz zuweisen.

2.2.1 Schriften und Stimmen

Alcofribas Nasier, der fiktive Chronist von Gargantuas und Pantagruels Abenteuern, stilisiert sich immer wieder zum mündlichen Erzähler, der ein Publikum von heiteren Zechern vor sich hat. Die Verbreitung des Buchdrucks hatte einen Leserkreis für Literatur geschaffen, die vorher von umherziehenden Geschichtenerzählern mündlich aufgeführt worden war[95]. Allerdings ist Alcofribas nicht nur mit den Mitteln mündlicher Rede, sondern auch mit den

Konventionen mittelalterlicher und humanistischer Buchkultur, mit allen Erscheinungsformen der Schriftlichkeit bestens vertraut; und so steckt die Welt, von der er berichtet, voll von Schriftzeichen, die – damit die Erzählung überhaupt gelingen kann – erst einmal zu entziffern und zu verstehen sind. Im 1. Kapitel des *Gargantua* erklärt der Chronist die Herkunft von Pantagruels Stammbaum aus dem zwei Jahre zuvor gedruckten Buch: Bei der Freilegung eines alten Grabes sei folgende Entdeckung gemacht worden:

> Icelluy ouvrans en certain lieu, signé, au dessus, d'un goubelet à l'entour duquel estoit escript en lettres éthrusques: HIC BIBITUR, trouvèrent neuf flaccons en tel ordre qu'on assiet les quilles en Guascoigne, desquels celluy qui au mylieu estoit couvroit un gros, gras, grand, gris, joly, petit, moisy livret, plus, mais non mieulx sentent que roses. En icelluy fut ladicte généallogie trouvée, escripte au long de lettres cancelleresques, non en papier, non en parchemin, non en cere, mais en escorce d'ulmeau, tant toutesfoys usées par vétusté qu'à poine en povoit-on troys recongnoistre de ranc. (Garg. 1, S. 8.)

Hier sind wir mit zwei ungewöhnlichen Schriften konfrontiert: mit dem etruskischen Alphabet, dessen Zeichen die Rundschrift eines Bechers zieren, und mit der Kuriale der päpstlichen Kanzlei, die auf Ulmenrinde eingeritzt ist. Kurz darauf beschreibt uns Alcofribas ein Medaillon des Gargantua:

> Pour son image avoit, en une platine d'or pesant soixante et huyt marcs, une figure d'esmail compétent, en laquelle estoit pourtraict un corps humain ayant deux testes, l'une virée vers l'aultre, quatre bras, quatre piedz et deux culz, telz que dict Platon *in Symposio* avoir esté l'humaine nature à son commencement mystic, et autour duquel estoit escript en lettres Ionicques: ΑΓΑΠΗ ΟΥ ΖΗΤΕΙ ΤΑ ΕΑΥΤΗΣ. (Garg. 8, S. 29.)

Zum graphischen Inventar des erzählten Universums gesellen sich hier griechische Buchstaben hinzu, welche das dargestellte Bild auf der am Hut zu tragenden, emaillierten Goldplakette erläutern. Als schließlich im zweiten Buch Pantagruel aus Paris aufgebrochen ist, läßt ihm eine Dame, deren Lebensunterhalt er einige Zeit bestritten hat, einen Ring zukommen, den er und Panurge nach langen Überlegungen endlich genauer betrachten: »Lors le regardant (sc. l'anneau), trouvèrent escript par dedans en hébrieu: LAMAH HAZABTHANI.« (Pant. 24, S. 271.)

Immer wieder stoßen wir also in der Erzählung auf fremde Schriften und Alphabete, so daß jeweils Entzifferungsarbeit geleistet werden muß. Es scheint sich in der Vielfalt der Schriften die in der Renaissance gefeierte Vielzahl der Sprachen zu verkörpern, die der verkündeten Theorie nach einander ebenbürtig und ineinander übersetzbar sind. Demgemäß erweisen sich die unbekannten Zeichen jedesmal als verständlich. Das Etruskische wird dem Leser sogleich im gängigeren Latein vorgeführt, nämlich als: »Hic bibitur.« Auch die Kurialschrift läßt sich von Alcofribas auf die von ihm gefertigte Abschrift übertragen:

Je (combien que indigne) y fuz appelé, et, à grand renfort de bezicles, practicant l'art dont on peut lire lettres non apparentes, comme enseigne Aristoteles, la translatay ainsi que veoir pourrez en pantagruelisant, c'est-à-dire beuvans à gré et lisans les gestes horrificques de Pantagruel. (Garg. 1, S. 8f.)

Griechischkenntnisse setzt Alcofribas bei seinem Leser allerdings voraus, so daß er den Inhalt des Schriftzuges auf Gargantuas Plakette nicht eigens erläutert, sondern als von vornherein verständlich ansieht, wobei er bedeutet: »Die Liebe suchet nicht das Ihre[96].« Mithin sind die zunächst verwirrenden Signifikanten der geschriebenen Welt im wesentlichen austauschbar und ineinander überführbar. Mit ausreichend hoher Gelehrsamkeit kann man von ihnen aus jeweils zu einem sicheren Signifikat gelangen, welches sich auch in einer gängigen Sprache wie Latein oder Griechisch, vor allem aber im einheimischen Französisch formulieren läßt.

Besonders deutlich zeigt sich dieses Vertrauen auf die grundsätzliche Entzifferbarkeit der mannigfaltigen Alphabete an der Episode vom überbrachten Ring, verarbeitet Rabelais doch dort ein von anderer Seite übernommenes Motiv auf eigenständige Weise weiter. In dem 1476 erstmals gedruckten *Novellino* des Massuccio Salernitano versucht eine Florentiner Dame ihren treulosen Liebhaber zur Rückkehr an den Arno zu bewegen, indem sie ihm über einen Boten einen Ring besonderer Art zusendet:

E subito da un singulare maestro fatto fare con gran dilicatura uno anello d'oro, e in quello fe' incastare un contrafatto diamante, che ben parea la sua falsità, e d'intorno a ditto anello fe' scolpire certe littere, che sulo diciano: »*Lama zabatani*[97]«.

Wie später Filippo, dem unzuverlässigen Kavalier, auseinandergesetzt wird, will diese sich einer Gemme und einer Wortreihung bedienende Botschaft zum Ausdruck bringen: »Di', amante falso, perché me hai abandonata[98]?«, woraufhin der Adressat die Rückreise nach Florenz antritt, wo die Dame ihn hocherfreut wiedersieht und seinem Gefährten Ciarlo, an dem sie sich für das lange Warten indirekt rächt, einen für das männliche Selbstbewußtsein peinlichen Streich spielt. Somit ist bei Massuccio die Verwendung des falschen Diamanten und der Gravur nur ein Moment der Handlungsintrige, während bei Rabelais die Entschlüsselung der Nachricht sehr viel ausführlicher dargestellt wird. Zunächst möchten Pantagruel und seine Gefährten den leeren Briefbogen lesen, worin der Ring eingewickelt worden ist. Aber wiewohl alle Methoden der Entzifferung von geheimen und insbesondere unsichtbaren Schriften oder auch Nachrichten aufmerksam studiert und in Betracht gezogen werden, scheitern solche Versuche. So wenden sich die Kryptologen erst ganz zuletzt dem Ringe selbst zu und entdecken auch, was darin eingraviert ist. Freilich versteht diese Zeichen »en hébreu« nur der sprachenkundige Epistémon, als er herbeigerufen und nach deren Bedeutung gefragt wird: »A quoy respondit que c'estoyent motz hébraïcques, signifians: *Pourquoy me as-tu laissé?*« (Pant. 24, S. 271.) Nicht zufällig vermeidet der verständige Epistémon jenen Accord des Verbalpartizips »laissé« mit einem als Femininum vorausgesetzten Personalpronomen »me«, der bei Massuccio ohne viel Aufhebens gesetzt wird, wenn die dortige Form »abandonata« lautet. Denn bei der Ringaufschrift handelt es sich doch um ein biblisches Zitat, welches im 2. Vers des 22. Psalms dem Sänger selbst, in den Evangelien nach Matthäus und Markus aber dem sterbenden Jesus in den Mund gelegt wird[99], so daß die in der Anekdote intendierte weibliche Endung zunächst aus dem Rahmen fallen müßte.

Aber Rabelais läßt in der Anlage seines Textes nicht nur im morphologischen Bereich größere Sorgfalt als sein aragonesisch-italienischer Gewährsmann walten, sondern in einer sehr voraussetzungsreichen Art macht er auch die Schrift selbst zum Thema des Abschnitts. Bei Massuccio ist ja die Aufschrift des Ringes in lateinischen Buchstaben gehalten, während Rabelais zwar auf der Ebene der Fiktion mit den für seine Figuren schwer verständlichen hebräischen Schriftzeichen rechnet, diese aber den Lesern auf der Vermittlungsebene in lateinischer Umschrift bietet. Dennoch stimmen die Schreibweisen bei Massuccio und Rabelais nicht überein. Massuccio kennt die von ihm benutzte Fügung vermutlich aus den entsprechenden, oft korrupt überlieferten Evangelienstellen der Vulgata, die ihrerseits über das Griechische auf eine aramäische Fassung des fraglichen Psalmverses zurückgehen und – etwa bei Markus – üblicherweise schreiben: »Lama sabacthani[100]?«, woraus sich dann die nicht ganz konsequente Vereinfachung »lama zabatani« herleiten läßt. Wir meinen nun nachweisen zu können, daß Rabelais – ohne daß es die Kommentatoren gebührend gewürdigt hätten – in seiner Bearbeitung der Erzählung direkt auf den hebräischen Urtext des Psalmworts zurückgreift und diesen dann in einer relativ genauen Transkription vorstellt, die im wesentlichen auch dem Verfahren entspricht, welches im ausgehenden 16. Jahrhundert die polyglotten Wörterbücher in der Nachfolge des Ambrosius Calepinus benutzen werden[101].

Im Fragewort »lamah« vernachlässigt Rabelais zwar im Gegensatz zu den Calepinus-Epigonen das Dageš forte der Masoreten im Mem und transkribiert nicht »lammah«, sondern ohne Verdoppelung mit nur einfachem M, aber er gibt immerhin wie die Lexikographen mit dem abschließenden H das als Mater lectionis fungierende He des Originals wieder. In der Verbalform »hazabthani« konserviert Rabelais ebenso wie die Wörterbücher im Anlaut das nach Art eines Spiritus asper fehlgedeutete Ain des Hebräischen, woraus sich das Radikal »hazab« ergibt, sofern Zain als Z gilt. Die entsprechende Form setzt im Aramäischen mit Sin, in den griechischen und lateinischen Übertragungen für gewöhnlich mit Sigma resp. S ein, allerdings bestehen Nebenüberlieferungen mit Zeta, was sowohl »sabacthani« als auch Massuccios »zabatani« erklären mag. Im Gegensatz zur Vulgata beachtet Rabelais auch das masoretische Dageš lene im Beth, welches auf den Konsonanten B das als Th umschriebene Thau unmittelbar und ohne den Vokaleinschub der aramäischen Derivate folgen läßt, während das nur der neutestamentlichen Form zugrunde liegende Coph nicht wie bei Massuccio aus Sorglosigkeit, sondern aus Gründen der Quellentreue entfällt. Nur der Blick auf die philologische Akribie solcher Details vermag wohl klarzustellen, wie kritisch sich Rabelais Vorgaben oft aneignet und in wie starkem Maße er aufgefundene Traditionen in einem neuen Sinne verändert. Freilich bedeutet das System der Umschrift eben auch, daß sich fremde Alphabete anscheinend mit Hilfe der lateinischen Buchstaben ebenso gut repräsentieren lassen.

Als nämlich dem Epistémon die Entzifferung der Inschrift gelungen ist, fällt es auch dem Panurge nicht weiter schwer, den Gesamtsinn der Botschaft zu erhellen und die Worte in Zusammenhang mit dem trügerischen Edelstein zu bringen:

> J'entens le cas. Voyez-vous ce dyamant? C'est un dyamant faulx. Telle est doncques l'exposition de ce que veult dire la dame:
>
> Dy, amant faulx, pourquoy me as-tu laissée? (Pant. 24, S. 271.)

Hier hat schließlich auch die weibliche Endung des Partizips wieder wie bei Massuccio ihren Platz, nachdem zuvor philologisch exakt am Text gearbeitet worden ist. Anders als bei Massuccio besteht also bei Rabelais die eigentliche Pointe der Erzählung darin, daß die Entzifferung der vorgegebenen Zeichen zu einem guten Ende kommt. Semiotische Verschlüsselung und Entschlüsselung erscheinen dabei als selbstgenügsame Tätigkeiten, die nichts über sich selbst hinaus zu bewirken brauchen. Denn Pantagruel kehrt ja keineswegs zu seiner Kurtisane zurück, sondern er bricht, kaum daß er die Nachricht verstanden hat, mit seinen Gefährten zu neuen Abenteuern auf und sticht in See. Doch abgesehen von seiner praktischen Nutzlosigkeit kann das Wissen um die vielen Sprachen und Schriften zur Erkenntnis eines in ihnen formulierten Sinns und zu dessen Rückübersetzung in die eigenen Sprachen führen.

So wirken die fremden Alphabete vordergründig wie beliebige Simulacra, die einander beständig zu ersetzen vermögen und nichts Eigenes zu enthalten scheinen, das nicht wiederum übertragbar wäre. Insgeheim bricht aber Rabelais' Text den universalistischen Anspruch einer so gearteten semiotischen Beliebigkeit der vielen Schriftzeichen mit dem Mittel der Parodie. Die anakreontische Sinnspitze will schon am Eingang des Buches nicht recht zum becherförmigen Epitaph auf dem Bronzegrab passen, verkörpert doch das Etruskische beispielhaft einen ehrwürdigen Gegenstand des humanistischen Antikeninteresses. Die päpstliche Schrift wiederum dient als Darstellungsmedium für ein langes, großenteils unverständliches Gedicht – »Les Fanfreluches antidotées« –, das an einer der wenigen eindeutigen Stellen gerade den Papst und seinen Ablaß verspottet:

> Aulcuns disoient que leicher sa pantoufle
> Estoit meilleur que guaigner les pardons. (Garg. 2, S. 9.)

Das Paulus-Zitat aus dem Hohenlied der Liebe im 1. Korintherbrief dient zur Illustration eines kopulierenden Paares, welches allerdings in gelehrter Deutung des Erzählers als mythischer Androgyn gesehen wird. Der geistliche Bibelspruch kommentiert somit nicht nur eine Szene grotesker Fleischeslust, sondern es werden auch christliche Agape und Platonischer Eros, heitere Sinnlichkeit und antike Philosophie zueinander in Beziehung gesetzt. Die hebräische Ringgravierung behauptet schließlich eine nicht gerade respektvolle Analogie zwischen der enttäuschten Liebe einer gebildeten Hetäre und dem qualvollen Leiden Jesu am Kreuz.

Der parodistische Effekt solcher Textstellen ergibt sich aus der Unverträglichkeit einer aktuellen Situation mit den metonymisch zu den Schriftzeichen assoziierten Sinn- und Referenzbereichen. Damit aber eine solche Inkompatibilität überhaupt wahrgenommen werden kann, müssen Signifikanten, Signifikate und Referenz einander sehr viel näher, ähnlicher sein, als es der Diskurs beliebig repräsentierender Alphabete überhaupt gestatten kann, in dem kein gewissermaßen naturgegebener Bezug der Schriftzeichen zu den von ihnen dargestellten Gegenständlichkeiten vorgesehen ist. Besonders wo der Text Elemente einer mittelalterlichen Parodia sacra verwendet, kommt es zu einer Vervielfältigung der Sinnebenen, die über das herkömmliche Schema erheblich hinausschießt, wo sich nur die Sprache der Bibel oder Liturgie und die Sprache profaner körperlicher Bedürfnisse begegnen. Bei Rabelais hingegen überwuchern neue Sprachen, Schriften und Wissensbestände das traditionell nur zweigliedrige Verfahren und lassen es zu einem ganzen Bündel von miteinander rivalisierenden Bedeutungsvarianten explodieren. Aber noch indem der Text die neu entdeckte Pluralität der Schriften scheinbar enthusiastisch mitspielt, verweigert er sich doch auch der anbrechenden Repräsentation, indem er die Alphabete gerade nicht als gleichwertige Simulacra zu behandeln bereit ist, sondern für sie noch in der parodistischen Verfremdung als Bedingung von deren Möglichkeit eine Episteme der Ähnlichkeit geltend macht. Wenn die Figur der Parodie in der Renaissance so überaus große Beliebtheit für sich in Anspruch nehmen darf, dann mag dies daran liegen, daß alles Parodieren der Autorität, ja geradezu der Naturhaftigkeit der zu verspottenden Texte bedarf. Wo freilich vom diskursiven Bereich die Herstellbarkeit der Autoritäten und Texte reflektiert wird, da kann die Aura der Unverbrüchlichkeit nicht mehr so recht im Epistemologischen, wohl aber im Ästhetischen erstrahlen: eben in der gebrochenen Aneignung durchs parodistische Zitat.

Sowie Gargantua nach Paris kommt, besteigt er die Türme der Kathedrale von Notre-Dame und stiehlt die dort befestigten Glocken (vgl. Garg. 17–21). Für das Mittelalter sind Glocken ein Dispositiv kirchlicher Macht: »Une ville sans cloches est (...) comme un asne sans cropière.« (Garg. 19, S. 58f.) Ausdrücklich wird auf die Ablehnung der Glocken durch Pontanus hingewiesen, die bei ihm im Rahmen satirischer Kritik am religiösen Herkommen erfolgt[102] (vgl. Garg. 19, S. 59). So besehen ist der Glockenraub des Gargantua ein halbwegs blasphemischer Akt karnevalesker Lizenz, vielleicht sogar säkularer Emanzipation[103]. »Toute la ville feut esmeue en sédition« (Garg. 17, S. 55); es könnte sich um eines der beliebten Verspottungsrituale handeln, wie sie von Bachtin fürs Mittelalter beschrieben werden[104]. Die Profanierung der Glocken stünde hier im Dienste einer historisch gewissermaßen progressiven Tendenz: Die Bürde akustischer Herrschaft wird abgeworfen, und die überkommene Ordnung geht allemal geschwächt aus der Konfrontation hervor. Maître Janotus wird als Parlamentär zu Gargantua gesandt und hält eine Rede für die Rückgabe der Glocken, wobei die Institutionen, die er vertritt – Sorbonne, Scholastik, zu leeren Formeln erstarrte Syllogistik –, einer vernichtenden Lächerlichkeit anheimfallen. Nach dem Vortrag bricht ein allgemeines – kathartisches – Gelächter aus; und die Glocken werden erst nach einigen Tagen, als das Fest vorüber ist, von Gargantua freiwillig zurückerstattet. Reicht eine solche Deutung aus, die sich allein auf der Ebene der erzählten Geschichte ansiedelt?

Betrachten wir zunächst den Höhepunkt der Episode genauer, nämlich die merkwürdige, unsinnige Rede des Janotus!

> Ehen, hen, hen! (...) Hen, hen, hasch! (...) Ho! (...) Ha! ha! (...) Hen, hen, ehen, hasch! (...) Ha, ha, ha (...)! Hen, hasch, hasch, grenhenhasch! (Garg. 19, S. 57f.)

Derlei Einschübe durchziehen die uns vorgeführte Argumentation. Gewiß sollen diese Schallwörter die Inkohärenz der Ausführungen des Janotus unterstreichen, eine beginnende Aphasie dokumentieren, die rhetorische Ungeschicklichkeit dessen tadeln, der eine Fakultät vertritt: »que comparata est jumentis insipientibus et similis facta est eis« (Garg. 19, S. 58); und auf der Ebene der Figurenhandlung mag diese Motivation der Interjektionen erst einmal ausreichen. Allein wir hören die Rede ja gar nicht unmittelbar, sondern sie wird uns von Alcofribas erzählt, welcher den Janotus nur nachahmt. Stünde er uns gegenüber, könnte er mit geschickt imitierenden Grunz- und Räusperlauten den Sprachduktus des Scholastikers wiedergeben: »Imitantur enim gesticulatores ranas per talia ›coax‹ et huiusmodi et porcos per ›coï coï‹.« (Ammon 1, S. 48.) Ammonius zufolge kommen in diesen außersprachlichen Lauten – handle es sich nun um Tierstimmen oder menschliche Affektäußerungen – die aus der Umwelt herrührenden Sinneseindrücke unmittelbar zum Ausdruck. Diese Wahrnehmungen – »occurrentium phantasiae et sensus« (vgl. Ammon. 1, S. 48) – werden einfach in Stimmen gefaßt, die dann nicht auf Konvention beruhen, sondern von der Natur gegeben sind (vgl. Ammon. 2, S. 58). Doch gerade solche sinnenfälligen, naturhaften Laute stehen in den diskursiven Systemen der Renaissance in schlechtem Ruf. Wer so spricht wie die Gaukler des Ammonius oder auch wie Alcofribas, verliert laut Pico della Mirandola seine menschliche Würde, weil er sich von den trügerischen Vorspiegelungen sinnlicher Einbildungskraft leiten läßt: »Qui autem incurvi sensus fallacisque imaginationis dicto paret, amissa protinus dignitate, in bruta degenerat[105]«, warnt er unüberhörbar und vollzieht damit den Schritt von einer phänomenologischen Beschreibung zu einer normativen Abwertung unvermittelter Sinnesäußerungen, also auch entsprechender außersprachlicher Stimmen. So entlarvt sich in den Geräuschen nicht nur die Torheit des Janotus, sondern es gerät auch der Schausteller Alcofribas mit den Normen einer vernunftgeleiteten Lebensweise in Konflikt, wenn er sich auf der Ebene der Mündlichkeit solcher Stimmimitationen zu befleißigen scheint.

Alcofribas ist aber – bei aller Stilisierung – gar kein mündlicher Erzähler, sondern ein Schreiber; und als solcher zeichnet er offensichtlich Lautfolgen auf, die gar nicht geschrieben werden können, wenn wir uns an das Zeugnis der antiken Grammatiker halten:

> Est et confusa vox sive sonus hominum, quae litteris comprehendi non potest, ut puta oris risus vel sibilatus, pectoris mugitus et cetera talia (...) Littera articulata est elementum vocis articulatae. (Probus, G. L. IV, S. 47ff.)

Diese alte Beschränkung der Schriftlichkeit hebt ja der grammatische Diskurs der Renaissance nicht eigentlich auf, sondern im Pathos alphabetischer Propaganda verschweigt er sie nur vorderhand, um wirkungsvoller die Partialität der Buchstaben als Universalität menschlicher Laute ausgeben zu können. So gelingt es, die menschlichen Äußerungen insgeheim mit der artikulierten und geschriebenen Sprache gleichzusetzen. In der verschriftlichten Rede des Janotus kehren nun nicht nur – auf der Ebene fiktiver Mündlichkeit – die verdrängten Laute wieder, sondern das Alphabet greift auch – auf der Ebene des Schriftlichen – weit über die artikulierte Sprache hinaus: Gerade Lachen und Räuspern der Brust werden mittels jener Buchstaben wiedergegeben, die der artikulierten Stimme vorbehalten bleiben müßten. An Hand seiner Analysen zum *Quart Livre* hat M. A. Screech Rabelais' sprach- und zeichentheoretisches Wissen sorgfältig rekonstruiert, welches zweifelsohne auch für das hier diskutierte Plädoyer des Janotus herangezogen werden kann, selbst wenn es für das spätere Werk von ungleich tieferer Bedeutung sein dürfte: "One might note that it is in the *Quart Livre* that these 'sounds such as animals make' chiefly appear[106]." Daß der *Gargantua* des Jahres 1532 sinnvoll aus einer Perspektive des *Quart Livre* in der Fassung von 1552 betrachtet werden kann, spricht ja vor allem für eine höchst aufschlußreiche Kontinuität in der semiotischen Fragestellung, welche der Pentalogie bei aller Disparatheit im einzelnen unterschwellig zugrunde liegen mag. Allerdings scheint uns Screech in seiner eindrucksvollen Untersuchung das Maß an konterdiskursiver Provokation entgangen zu sein, welches in Rabelais' ausgeprägtem Hang zur Verschriftlichung der »vox illitterata« steckt, sobald wir den zeitgenössischen grammatischen Diskurs mitbedenken. Denn offensichtlich mimt der von Alcofribas niedergelegte Text den allumfassenden Geltungsanspruch der neuzeitlich definierten Schrift, die alles Geäußerte auch kurzerhand aufzuzeichnen vermöge, nur ironisch: Indem er die Eingrenzung des Äußerbaren und Schreibbaren auf das Feld der artikulierten Sprache fröhlich mißachtet, dementiert er auch die diskursiv angestrebte Ausschließlichkeitsrelation von Sinn und Schrift. Mag dem unbedarften Lachen des Janotus noch eine sinnvolle Intention zuzubilligen sein, sein Räuspern und Grunzen sind eindeutig sinnlos und werden dennoch aufgeschrieben. Darin unterminiert aber der Schreiber Alcofribas die fraglosen Selbstverständlichkeiten einer neubegründeten Schriftlichkeit.

Ein weiteres Schlaglicht wirft der mißlingende Syllogismus des Janotus auf den in unserer Rede anzutreffenden Umgang mit Schrift und Sprache:

> Ça! je vous prouve que me les doibvez bailler (sc. les cloches). *Ego sic argumentor: Omnis clocha clochabilis, in clocherio clochando, clochans clochativo clochare facit clochas. Parisius habet clochas. Ergo gluc.* (Garg. 19, S. 58.)

Nur zum Teil werden derlei Konstruktionen dem Einfluß von Folengos Makkaronismus zuzuschreiben sein[107]. Denn der Makkaronismus kombiniert zwei artikulierte Sprachen, wobei er die Lexematik der Volkssprache und die Morphologie dem Lateinischen entnimmt, so daß sich beides zu einem unversehrten Sinn ergänzt. Zwar entspricht die Fügung »clocha clochabilis« noch dieser Anforderung, doch werden in der Fortführung des Satzes die Eingangslexeme nicht mehr als sinnstiftende Matrix behandelt, sondern als zur Referenz der Äußerung, also zu den Glocken, metonymische Klänge, die es als solche zu imitieren gilt. Die grammatischen Morpheme jedoch werden einfach addiert, so daß am Ende des Satzes fast jede Wortart vertreten ist und sich mit ihrem bloßen Dasein begnügt, ohne in ein Gefüge von Systemrelationen einzugehen. Hierdurch wird die anfängliche Scheinsyntax zerstört, und es läßt sich kein Sinn des Satzes mehr konstruieren, da sich die bedeutungsstiftende Instanz des Signifikats im Textverlauf aufgezehrt hat. Aber auch hier können sich Buchstaben und Stimmen abseits jener Sinnhaftigkeit entfalten, woran sie der grammatische Diskurs zu koppeln wünscht. Wenn H. U. Gumbrecht neulich den oben angeführten »Unsinnssatz« des Janotus als »wechselseitige Störung sprachlicher Kontexte« charakterisiert hat, dürfte er sich dabei vor allem auf die makkaronische Sprachmischung des Abschnitts beziehen, die sich ihm als Musterfall anbietet, an dem sich auch andere Manifestationen des Spiels mit der Sprache bei Rabelais beschreiben ließen[108]. Zwar läßt sich dem speziellen Befund und auch der angedeuteten Verallgemeinerung des Konzepts »wechselseitiger Störung« vorbehaltlos beipflichten, doch ist es angesichts einer Forschung, die sich seit L. Spitzer – unter Verwendung wechselnder Terminologie – den verschiedenen Typen sprachlicher Regelverletzung bei Rabelais zugewandt hat[109], wünschenswert, darzulegen, wie in Rabelais' Text die historische Konjunktur der Sprache und die konkrete Form der Transgression eng aufeinander bezogen sind. Dies wird freilich dann am besten gelingen, wenn wir die historische Gestalt der Sprache nicht als den Gegenstand einer diachronen Linguistik, sondern als Objekt der Wissensarchäologie behandeln, um sie dann in ihrer epistemologischen Struktur mit der literarischen Rede zu kontrastieren.

Das Plädoyer des Janotus endigt mit einer wunderschönen Serie lautmalender Schallwörter, die noch einmal das Läuten der Glocken mit den Mitteln der Stimme nacherfinden und von halbwegs harmonischen zu immer dissonanteren Tönen, aber auch von sinnlosen zu sinnvollen Wörtern führen: »Nac petitin petetac, ticque, torche, lorne.« (Garg. 19, S. 59[110].) Wie zuvor der Sinn im Unsinn untergegangen war, so entspringt nun plötzlich aus dem Unsinn Sinn; Sinn und Unsinn, Geräusche und Sprache stehen offenkundig in einem umkehrbaren Verhältnis. Deklamiert und geschrieben wird in unserer Rede vorzugsweise, was außerhalb der artikulierten Sprache liegt und vom grammatischen Diskurs der Epoche gerade darum verachtet wird. Die hier aufgeführten Verfahren wollen der menschlichen Stimme einen angestammten Gebrauchswert bewahren, den ihr die sich ausbreitende Fixierung an artikuliertes und schriftgerechtes Sprechen streitig zu machen droht. Für einen Augenblick tritt sogar die Möglichkeit einer Verschwörung von Stimme und Schrift gegen die sinnvolle Sprache ins Blickfeld[111]. Auf jeden Fall wird für eine widerspenstige Stimme das Recht eingeklagt, die akustische Welt unmittelbar – unter polemischer Ausblendung des Signifikats und ohne Rücksicht auf die Normen der artikulierten Sprache – nachzuahmen. Genau für diese Zwecke mißbraucht Alcofribas die Schrift und läßt das Alphabet weit übers Zulässige hinaus expandieren.

Ein Zusammenhang zwischen der oben skizzierten karnevalesken Struktur der Episode auf Geschichtsebene und der Subversion diskursiver Zwänge im Bereich der gebrauchten Rede zeichnet sich wohl darin ab, daß jeweils Machtverhältnisse verspottet werden: Freilich sind es einmal die der alten, ein andermal die der neuen Zeit; und der so arg verhöhnte Janotus wird metonymisch, ist er doch fiktives Subjekt dieser unbotmäßigen Rede, wiederum aufgewertet. So mag die Satire die säkularisierte Neuzeit lachend begrüßen, sie blickt auch wehmütig zurück auf eine Epoche, in der Schrift, Stimme und Sinn noch nicht auf Gedeih und Verderb aneinander gekettet waren; und aus dieser Erfahrung heraus entwirft sie eine Utopie, in der die Schriftzeichen dem Schall der Stimme so ähnlich wären, daß sie sich ohne Vermittlung eines Signifikats niederschreiben ließen. Genau einen solchen Double-bind reproduziert auch die Rede des Janotus auf ihn selbst und seine Zuhörerschaft – Tränenlachen: »En quoy par eulx estoyt Démocrite héraclitizant et Héraclyte démocritizant represénté.« (Garg. 20, S. 60.)

2.2.2 Karneval der Sprachen

Als eines Abends Pantagruel und seine Begleiter vor dem Stadttor von Orléans lustwandeln, kommen sie mit einem aus Limoges gebürtigen Studenten ins Gespräch, der an der Pariser Sorbonne lernt und ein fast unverständliches, von lauter Latinismen durchsetztes Französisch spricht. Diese berühmte Schilderung des Ecolier limousin im 6. Kapitel des *Pantagruel* könnte auf den ersten

Blick als Amplificatio und narrativ-satirische Ausschmückung einer Anregung mißverstanden werden, die Tory mit seiner Verurteilung lateinvernarrter Wortschinder im Vorwort zum *Champ fleury* geliefert hat[112].

> Quāt Escumeurs de Latin disent Despumon la verbocination latiale, & transfreton la Sequane au dilucule & crepuscule, puis deābulon par les Quadriuies & Platees de Lutece, & comme verisimiles amorabundes captiuon la beniuolence de lomnigene & omniforme sexe feminin. me semble quilz ne se moucquent seullement de leurs semblables, mais de leur mesme Personne. (Champ »Aux lecteurs« r.)

Nachdem der junge Mann Paris als seinen Studienort vorgestellt hat, übernimmt er in seiner latinisierenden Rede beinahe wörtlich Torys Mustersatz, um den üblichen Tagesablauf eines Studenten zu beschreiben (vgl. Pant. 6, S. 190f.). Zwar stimmen in Boulengers Ausgabe nur etwa fünf der nahezu vierzig Textzeilen, welche die Präsentation des studentischen Kauderwelschs umfaßt, mit Torys Vorgabe überein, doch lohnt es sich, erst einmal dieses Textfragment näher zu betrachten, um jene Abweichungen festzustellen, die Rabelais dort eingeführt hat: Das Toponym »Lutèce« wird durch »urbe«, die Bezeichnung »platée« durch »compite« ersetzt; dem weiblichen Geschlecht wird das zusätzliche Prädikat »omnijuge« verliehen (alternativ zu anderen Möglichkeiten lesen wir: »omnijūgis« – ›allverbindend‹). Somit wird eine bewußte Strategie der Stilmischung erkenntlich, die schon E. Auerbach als für Rabelais' Schreibweise charakteristisch ausgemacht hat und die wir im folgenden in Anlehnung an Bachtin als Mischung unterschiedlicher Sprachen der sozialen Redevielfalt verstehen werden[113]: Paris erscheint als eine Rom ebenbürtige »urbs«; die eher umgangssprachlichen »plateae« geraten zu den »compita« der gehobenen Sprache; die Weiblichkeit wird deutlicher denn zuvor als allvermögende Mittlerinstanz einer neuplatonischen Metaphysik gezeichnet. Ganz alltäglichen Begebenheiten werden somit Konnotationen zugewiesen, die sie aus der Banalität des Gewohnten lösen und komisch in neuartige Zusammenhänge eingliedern. Der Schüler fährt in seinem Bericht folgendermaßen fort:

> Certaines diecules, nous invisons les lupanares de Champgaillard, de Matcon, de Cul de sac, de Bourbon, de Huslieu, et en ecstase vénéréicque, inculcons nos veretres ès penitissimes recesses des pudendes de ces meretricules amicabilissimes; puis cauponizons ès tabernes méritoires de la Pomme de pin, du Castel, de la Magdelaine et de la Mulle, belles spatules vervecines, perforaminées de petrosil. (Pant. 6, S. 191[114].)

Das Verfahren einer extremen Sprachenmischung wird unverdrossen weitergeführt: Neuplatonisches; humanistisch verbrämte Körperlichkeit; Dirnenwesen, dessen Plautinische und Terentianische Vorbilder in den »meretriculae« noch durchscheinen, aber dessen zeitgenössische Realität in der Aufzählung stadtbekannter Bordelle zutage tritt; Begriffe der Gastronomie in veterinärmedizinischer Umschreibung und Wirtshausonomastik. Solche Hybridisierung bewirkt, daß die Begegnung der Studenten mit den Prostituierten der

Pariser Halbwelt nicht mehr nur als erotisches Abenteuer, sondern gleichermaßen als anatomische Vorführung, als Wiederbelebung einer antiken Komödienwelt oder gar als mystisches Gewahrwerden des Einen nach Plotin zu interpretieren ist. Der Text läßt all diese Optionen spielerisch nebeneinander gelten.

Als der verdutzte Pantagruel den Ecolier wegen seiner unverständlichen Sprache der Häresie bezichtigt, verteidigt sich dieser geflissentlich:

> Seignor, non (dist l'escolier), car libentissiment, dès ce qu'il illucesce quelque minutule lesche du jour, je démigre en quelc'un de ces tant bien architectéz moustiers, et là me irrorant de belle eaue lustrale, grignotte d'un transon de quelque missicque précation de nos sacrificules, et, submirmillant mes précules horaires, élue et absterge mon anime de ses inquinamens nocturnes. Je révère les Olimpicoles. Je vénère latrialement le supernel Astripotent. Je dilige et rédame mes proximes. Je serve les prescriptz décalogicques, et, selon la facultatule de mes vires, n'en discède le late unguicule. (Pant. 6, S. 191 f.)

Die Beschreibung der religiösen Praktiken des Schülers, die den Verdacht der Ketzerei zerstreuen sollen, erfolgt erneut nach dem Muster einer komplexen Sprachenmischung. Das Französische bleibt weiterhin stark latinisiert; wir könnten sogar von einem umgekehrten Makkaronismus sprechen, insofern die Lexematik lateinischer, die Morphologie französischer Herkunft ist. Die Latinismen entstammen zum großen Teil dem hohen Stil der Humanisten und enthalten sogar eine bei diesen so beliebte sprichwörtliche Form als Redeschmuck, nämlich die Fügung: »unguem latum non discedere«. Solche Sprechweisen heben sich deshalb um so auffälliger von der Vorliebe des Limousiners für Diminutiva ab, die in ihrer Häufung lächerlich wirken: »diecules«, »meretricules«, »minutule«, »sacrificules«, »précules« »facultatule«, »unguicule«; bei Tory fehlen solche unnötigen Verkleinerungssilben. Darüber hinaus knüpft die hier dem Studenten zugeschriebene Formulierkunst an den 1528 gedruckten Dialog des Erasmus mit dem Titel *Ciceronianus* an[115]. Die von diesem Buch einmal mehr entfachte Polemik um Schaden oder Nutzen einer wortgetreuen Cicero-Nachahmung muß auch von Rabelais mit Interesse verfolgt worden sein, wie sich aus seinem angeblich an Bernardus Salignacus gerichteten Brief schließen läßt, als dessen wirklicher Adressat längst Erasmus selbst identifiziert worden ist[116]. Im *Ciceronianus* aber hatte Bulephorus, der vernünftige Wortführer des Gesprächs, nicht nur vor einer übertriebenen Ausrichtung am Stil des Tulliers gewarnt, sondern auch implizit den zum Kardinal avancierten Bembo kritisiert, da dieser und andere Kurienvertreter die päpstlichen Schriftstücke Leos X. in streng ciceronianischem Latein redigierten, was weithin einer Paganisierung christlicher Ausdrucksweisen gleichkam[117]. Doch eine solche Abkehr von der theologischen Wahrheit zugunsten eines sprachlichen Purismus ist Bulephorus nicht bereit hinzunehmen:

> Quid faciet, quo se vertet hic ille superstitiose Ciceronianus? An pro patre Christi dicet »Iupiter O. B.«, pro filio dicet Apollinem aut Aesculapium, pro virginum regina

dicet Dianam (...), pro eucharistia sanctificum crustulum, pro sacerdote sacrificulum aut sacrorum antistitem? (Ciceronianus S. 152.)

Genau solche Reantikisierungsversuche, wie sie bei Erasmus reflektiert werden, finden sich nun auch – durch das Französische nur unerheblich gebrochen – in der Rede des Limousiners, wobei die religiöse Thematik ein besonders dankbares Anwendungsgebiet ciceronianischer Bestrebungen abgibt. Allerdings scheint es den Interpreten unserer Rabelais-Stelle bislang entgangen zu sein, daß wir diese nicht zuletzt im Umfeld der Diskussion um den *Ciceronianus* verorten können: »Sacrificule« schließt wörtlich an den ironischen Vorschlag des Bulephorus an; »eaue lustrale« erinnert an die römischen Reinigungsopfer und steht für das herkömmliche »aqua benedicta«. Am weitesten geht freilich die altertumsbeflissene Umdeutung zu den »Olympicoles« für die himmlischen Heiligen und zum »supernel astripotent« für Gottvater selbst; solche Titel kommen eher einem heidnischen Göttersenat zu, in dem Jupiter den Vorsitz führt, und damit scheint der Vorwurf des Bulephorus auch den Studenten zu treffen: »Paganitas est (...); Iesum ore profitemur, sed Iovem O. M. et Romulum gestamus in pectore.« (Ciceronianus S. 170.) Doch dieser Eindruck wird durch den Hinweis auf die Gott allein geschuldete »latria« mit einem Terminus technicus aus der patristischen und dann scholastischen Theologie wieder zurückgenommen; ein Gleiches bewirkt die Erwähnung der »prescrits décalogiques«, wo die Wortform Gelehrsamkeit, nicht aber heidnische Einstellung bekundet.

Handelt es sich bei unserem Ecolier demnach um einen um Rechtgläubigkeit und Rechtschaffenheit bemühten Ciceronianer? Eine solche Deutung verhindern anderweitige Störsignale: Die dem Altertum so kongenial wirkenden Formen »Olympicoles« und »astripotent« sind nämlich rein französische Neuschöpfungen; lateinisch belegte Entsprechungen könnten bestenfalls »caelicolae« und »caelipotens« bieten, die allerdings nicht mehr der Prosa Ciceros, sondern der im eleganten Stil gerade zu vermeidenden Dichtersprache angehören. Völlig verunsichert muß selbst ein gutwilliger Hörer durch die Verbindung »grignoter d'un tronçon« werden: Diese Kollokation entstammt wiederum der Umgangssprache und wirkt in ihrer Semantik burlesk. Ist sie metaphorisch als Anhören einiger Meßgebete oder metonymisch als Teilhabe am »sanctificum crustulum« gemeint? Unsere Analyse endet offenbar nicht mit einer eindeutigen Erklärung eines dem Abschnitt zugrunde liegenden Sinns; aber sie macht uns etwas anderes klar: Innerhalb der Rede des Scholaren tritt eine stabile Referenz des Gesagten und Gemeinten immer mehr in den Hintergrund; dafür aber gibt sich der Text als ein Spiel vieler miteinander vermischter, sich gegenseitig überlagernder und ersetzender Sprachen zu sehen: Der gelehrte Wortschatz des hohen Stils und die bis zur Komik gehäuften Diminutivformen eines niederen Stils stehen einander gegenüber; gebräuchliches Französisch wird von latinisierten Wortbildungen zurückgedrängt; gewachsene kirchenlateinische Terminologie wird zugunsten paganer Reantikisierung ausgeblendet; Cicero-Nachahmung wird suggeriert, die sich als das Aptum verletzender Gebrauch poetischer Floskeln entpuppt. Sprechweisen, Stile, Sprachen verweisen aufeinander, werden zu Substituten voneinander, liegen im Wettstreit miteinander. Selbst dort, wo im Rückgriff aufs Altertum Wörter und Begriffe in einer spaßhaften Etymologie remotiviert zu werden scheinen, kann dies nur geschehen, weil sie von ihrer bisherigen Geschichte und Bedeutung schon losgelöst sind und nun für beliebige neue Namensgebungen zur Verfügung stehen. In diesem Sinne eignet den vielen Stilen und Sprachen, die der Ecolier in seiner Rede mischt, die Struktur der austauschbaren semiotischen Simulacra. Selbst der Diskurs der Sprachreformer, auf den sich der Limousiner schließlich ausdrücklich beruft, wenn er behauptet, er bemühe sich, die einheimische Sprache mit der Fülle des Lateinischen zu bereichern, erhält so den Status artifizieller Beliebigkeit – etwa in der Beteuerung: »Mais viceversement je gnave opere, et par veles et rames je me enite de le locupleter (sc. notre vernacule gallique) de la redundance latinicome.« (Pant. 6, S. 192.) Hier erscheint auch die rhetorische Fülle noch als parodistisches Zitat fremder Rede. Dem Vernakulären ist unwiderruflich Künstlichkeit eingeschrieben.

Unsere Hinweise sprechen dafür, daß es bei der Vorführung der Sprache unseres Studenten nicht mehr wie in Torys eingangs erwähnter Invektive darum geht, sprachreformerische Zielsetzungen der Epoche einsinnig lächerlich zu machen; dafür eignet sich der hochgradig elaborierte Text, so er eingehend untersucht wird, nur schwerlich. Statt dessen wird in der Episode ein Subjekt vorgestellt, das in seiner Begierde auf die Sprache verwiesen und dieser hilflos ausgeliefert ist – und wahrscheinlich wird auch das Begehren des Lesers von dieser Sprache ergriffen. Die Rede des Scholaren hat keinen kommunikativen Gebrauchswert, denn sie wird weder von Pantagruel noch von dessen Gefährten verstanden. Was freilich den Studenten unabhängig von Nützlichkeitserwägungen an seiner Sprache fasziniert, das sind die vielen horizontalen Verweise auf andere Zeichensysteme, welche eine außersprachliche Referenz zunehmend entbehrlich machen, dafür aber die Aufmerksamkeit aufs bloße Sich-sprechen-Hören umlenken. Dieses rein sprachliche Geschehen ist nun in eine grobianische Schwankstruktur eingebettet, die sich – wie V. Roloff instruktiv erläutert hat – herkömmlicher Elemente der Farcenkomik bediene, um deren Konventionen selbst ironisch zu brechen[118]. Bekanntlich bezichtigt Pantagruel den Limousiner nicht nur der Häresie, sondern er hält ihn auch für wahnsinnig und meint sogar, er verwende – eben wie in der Farce – einen »langage diabolique« (vgl. Pant. 6, S. 192). Einer von des Pantagruel Leuten wirft seinerseits dem Ecolier vor: »Il dédaigne l'usance commun de parler.« (Pant. 6, S. 192.) Schließlich verliert Pantagruel angesichts des unablässigen Redeschwalls des Schülers seine Geduld und fährt ihm wütend an den Hals; der Limousiner aber fällt vor Schreck plötzlich in seinen heimatlichen

Dialekt zurück: »Vée dicou, gentilastre! Ho! sainct Marsault adjouda my!« (Pant. 6, S. 193.) Befriedigt verzeichnet daraufhin Pantagruel »A ceste heure parle-tu naturellement.« (Pant. 6, S. 193.) Der Student jedoch verliert endgültig Fassung und Selbstbeherrschung: »car le pauvre Lymosin conchioit toutes ses chausses« (Pant. 6, S. 193). Für den Rest seines Lebens aber wird er – wie es sich nach einer Auseinandersetzung mit Pantagruel geziemt – vom Durstteufel geplagt, der ihn schließlich zu Tode bringt.

Pantagruel und seine Gefährten verorten nach Roloff die Rede des Scholaren in einem Verstehensrahmen, worin sich nach der Auffassung der Farce eine positiv bewertete, menschlich-vernünftige und eine negativ bewertete, teuflisch-verrückte Rede gegenüberstünden. Diese Opposition wird sodann von der Unterscheidung zwischen anzustrebender Natürlichkeit und verpönter Künstlichkeit überlagert, worin ein spezifisch humanistisches Anliegen zutage tritt, für welches Alcofribas sogar Gellius in Anspruch nimmt. Freilich warnt in dessen Buch der Philosoph Favorinus einen Jüngling davor, gar zu altväterlich – »casce nimis et prisce« – sprechen zu wollen[119]. Diese rein zeitlich gemeinte Gegensätzlichkeit von Vergangenheit und Gegenwart wird bei Rabelais bezeichnenderweise in jene Opposition von gebräuchlicher Natürlichkeit und steriler Künstlichkeit umgedeutet, deren Problematik wir bereits im Hinblick auf die Poetiken der Renaissance erörtert haben.

Zu Recht hat Roloff auf die karnevalesken Voraussetzungen der gesamten Szene hingewiesen. Ähnlich wie vor der Aufführung einer Diablerie die Teufel losgelassen werden und in der Ortschaft ihre Streiche spielen, darf hier der Scholar eine Rede im unverständlichen, im Alltag ausgegrenzten »langage diabolique« halten. Somit ist der Ecolier innerhalb der Episodenstruktur ein Karnevalskönig, und die Schädigung des armen Burschen durch Pantagruel zum Ausgang des Schwanks entspricht einer Entthronung und Erniedrigung im Sinne Bachtins. Vom karnevalesken Verspottungsritual her, das Pantagruel am Limousiner vollzieht, läßt sich dessen Rede nachträglich als ein verkehrter Gebrauch von Zeichen und Gesten im Schutze jener närrischen Lizenz interpretieren, die mit dem Ende der Episode widerrufen wird. Voraussetzung eines solchen Narrenfestes, wie es Bachtin versteht, ist allerdings jene semiotische Ordnung, die Baudrillard für die archaischen Gesellschaften postuliert:

> Dans les sociétés de castes, féodales ou archaïques, sociétés *cruelles*, les signes sont en nombre limité, de diffusion restreinte, chacun a sa pleine valeur d'interdit, chacun est une obligation réciproque entre castes, clans ou personnes: ils ne sont donc pas arbitraires[120].

Nur innerhalb dieser strengen Regeln ist der mittelalterliche Karneval als ein Spiel zweier Sprachen vorstellbar, in denen laut Bachtin eine offizielle und eine volkstümliche Lebensform ihre Darstellung finden[121]. Jedes dieser beiden Zeichensysteme hat demnach einen ihm fest in der Gemeinschaft zugewiesenen Platz; die beiden Sprachen sind nicht austauschbar, sondern nur komplementär. Die Karnevalsenklave hat darum die einfache Struktur einer semiotischen Umkehrung, in welcher ein erwartbares Zeichen durch ein unzutreffendes, aber immerhin komplementäres ersetzt wird: In diesem Sinne tritt dann in unserer Episode an die Stelle einer gängigen Sprache das angebliche Kauderwelsch des Scholaren als Ausdruck des Karnevals.

Falls freilich die Rede unseres Ecolier jenes rhetorische Bravourstück kunstvoller Sprachenmischung und vielfältiger intertextueller Verweise sein sollte, als die unsere Lektüre es oben ausgegeben hat, dann entzieht es sich in seiner semiotischen Mannigfaltigkeit, in der zur Schau gestellten Beliebigkeit seiner Bezüge gerade jenem Muster streng binärer Komplementarität, auf welches der traditionale Karneval angewiesen ist. Die schwankhafte, brutale Reaktion der Figuren und die billige Moral, die Alcofribas für das traurige Schicksal des Studenten sogleich mitliefert, beruhen daher auf einem offenkundigen Mißverständnis jener neuen Semiotik, der sich der Limousiner bereits unterstellt hat. Die herkömmlichen Oppositionen von menschlich-vernünftiger und teuflisch-unvernünftiger Welt, ja selbst von Natürlichkeit und Künstlichkeit, heimatlicher Mundart und modischer Gelehrtensprache werden als Deutungsraster der systematischen Pluralisierung aller Sprachen und Sinnprovinzen nicht mehr gerecht, wie sie der Schüler und die Renaissance schlechthin erleben. Die ungeschlachte Koppelung der feinsinnigen Scholarenrede mit einer derben Schwankhandlung, welche auf die provozierende Sprachenvielfalt der Epoche gerade nicht einzugehen vermag, kann darum nur unvollkommen die nomadisch gewordenen, frei verfügbaren, unentwegt substituierbaren Zeichen der Renaissance reterritorialisieren: Eher artikuliert sich darin die Unverrechenbarkeit des mittelalterlichen Karnevalsmodells mit der neuzeitlichen Sprachenvielfalt. Die Bestrafung, welcher der Student unterworfen wird, entstammt dem Arsenal einer grausamen Episteme der Ähnlichkeiten und erweckt den Anschein, im Gebrauch einer falschen Sprache seien Zeichen und Institutionen verhöhnt worden, doch die aus den Fugen geratene Ordnung lasse sich schon wieder ins rechte Lot bringen. Genau zu diesem Zweck integriert der Text die farcenhaften Elemente der Karnevalskultur: Im Rückgriff darauf soll den sich vervielfältigenden, das Subjekt möglicherweise in den Irrsinn treibenden semiotischen Bezügen vorerst jene Stabilität zurückgegeben werden, welche am Abend der Renaissance das Konzept der Repräsentation den entsubstantialisierten Zeichen garantieren wird.

Die Episode vom Ecolier limousin zeigt vielleicht besonders schön, wie Rabelais' Werk den Karneval dort noch zu retten sucht, wo dessen epistemologische Grundlagen bereits obsolet geworden sind. Immer wieder bringt er die beliebig austauschbaren Schriften und Sprachen auf die Bühne seiner Bücher, um sie dann gewissermaßen substantialistisch – im Horizont einer Episteme der Ähnlichkeiten – zu brechen und auf einen semiotischen Gebrauchswert zurückzubeziehen. Rabelais' Erzählen ist stets auch als Symptom eines Verlusts der Karnevalskultur zu verstehen. Karneval durchzieht zwar noch die

Welt des Gargantua und Pantagruel, aber weithin als Erinnerung, als Sehnsucht, als widerständige Umdeutung der sich anbahnenden Verhältnisse semiotischer Austauschbarkeit; und so gerät unter Rabelais' Feder das Karnevaleske selbst unversehens zum Zitat.

*

Unser archäologischer Blick auf zwei herausragende Wortkunstwerke der ersten Hälfte des Cinquecento erweckt den Verdacht, daß sich die diskursiven Formationen der frühen europäischen Neuzeit gegen den Widerspruch der großen zeitgenössischen Literatur durchgesetzt haben. Die Opfer, welche auch die neu erfundene Pluralität der Welten erheischen würde, scheinen dort vorausgeahnt worden zu sein. Heute – am Ende der Moderne – sind diese alten, rebellischen Stimmen für uns wieder vernehmbar geworden. Die überlieferten Werke als einen anderen Schauplatz, als Forum des Einspruchs, als Areal des Kampfes zu entdecken, das bedeutet dann auch, Diskursanalyse in Diskurskritik umzumünzen; das Ästhetische nicht als Spiegel des immer Gleichen zu verkennen, sondern als Fest eines widerspenstigen Andern zu feiern.

Anmerkungen

1 Wir fassen wesentliche Gesichtspunkte aus zwei grundlegenden Arbeiten des Autors zusammen. Vgl. M. Foucault, *L'Archéologie du savoir*, Paris 1969; ders., *L'Ordre du discours*, Paris 1971.

2 Vgl. Foucault, *L'Ordre du discours* S. 15ff. Der Gedanke eines Willens zur Wahrheit wird von Nietzsche in *Jenseits von Gut und Böse* (1. Hauptstück) erörtert. Wie schon bei Nietzsche die überschaubare Geschichte der Philosophie mit der Unterstellung des Willens zur Wahrheit denunziert wird, wendet auch Foucault den Willen zur Wahrheit polemisch gegen bestehende philosophische Systeme, nicht zuletzt gegen den Kartesianismus: Foucaults »volonté de vérité« ist die blanke Verhöhnung jener »recherche de vérité«, der sich Descartes im 4. Teil des *Discours de la méthode* einmal verschrieben hat. Die radikale Historisierung der Wahrheitsidee bei Foucault stellt übrigens ein Haupthindernis für eine Vermittlung seiner Diskursanalyse mit einer Theorie des kommunikativen Handelns dar, wie sie von Habermas – unter Verwendung eines gänzlich anderen Diskursbegriffes – vertreten wird. Zum Diskursbegriff vgl. J. Habermas, »Vorbereitende Bemerkungen zu einer Theorie der kommunikativen Kompetenz«, in ders., N. Luhmann, *Theorie der Gesellschaft oder Sozialtechnologie – Was leistet die Systemforschung?*, Frankfurt a. M. 1971; zur längst fälligen Auseinandersetzung mit Foucault vgl. endlich ders., *Der philosophische Diskurs der Moderne – Zwölf Vorlesungen*, Frankfurt a. M. 1985, S. 279ff.

3 Ohne Anspruch auf Vollständigkeit sei fürs Italienische erinnert an: R. A. Hall (Jr.), "The Italian Questione della Lingua – An Interpretative Essay", *Studies in the Romance Languages and Literature* 4 (1942); Br. Migliorini, »La questione della lingua«, in *Questioni e correnti di storia letteraria*, hrsg. U. Bosco u. a. (1949), Milano 1971, S. 1–75; H. W. Klein, *Latein und Volgare in Italien*, München 1957; M. Vitale, *La questione della lingua*, Palermo 1960; G. Mazzacurati, *La questione della lingua dal Bembo all'Accademia Fiorentina*, Napoli 1965; – fürs Spanische: R. Menéndez Pidal, *La lengua de Cristóbal Colón*, Madrid 1942; R. Lapesa: *Historia de la lengua española* (1942; [2]1950), Madrid [7]1968, S. 189–217; Lore Terracini, *Lingua come problema nella letteratura spagnola del Cinquecento*, Torino 1979; – fürs Französische: J. Tell, *Les Grammairiens français* (1874), Genève (Reprint) 1967, S. 1–30; F. Brunot, *Histoire de la langue française des origines à 1900*, Bd 2: Le Seizième Siècle (1906), troisième édition revue et corrigée, Paris 1947; P. Rickard, *La Langue française au seizième siècle*, Cambridge 1968; J.-P. Caput. *La Langue française – Histoire d'une institution*, Bd 1: 842–1715, Paris 1972, S. 87–182. Schließlich sei erwähnt die umfangreiche, philosophisch ausgerichtete Untersuchung von K.-O. Apel, *Die Idee der Sprache in der Tradition des Humanismus von Dante bis Vico* (1960), Bonn [3]1980.

4 Die Beschränkung aufs Volkssprachliche erfolgt aus Gründen der Ökonomie. Prinzipiell lassen sich die aufgeworfenen Fragen schwerlich unter Außerachtlassung des Diskurses zum humanistischen Latein behandeln. Wieviel die volkssprachliche Diskussion des Cinquecento ihren lateinischen Vorgängern aus dem Quattrocento, etwa einem Laurentius Valla, verdankt, ist ohnehin allgemein bekannt.

5 Gerade hierin würde sich die uns vorschwebende Art der Untersuchung gleicher-

maßen von vordergründig so gegensätzlichen Analysen wie der transzendental-hermeneutischen Apels und der stark sozialgeschichtlich inspirierten Mazzacuratis unterscheiden.

6 Zum Begriff linguistischer Diglossie vgl. Ch. A. Ferguson, "Diglossia", *Word* 15 (1959) S. 325–340.

7 Wir benutzen folgende Ausgabe: Dante A., *De vulgari eloquentia*, hg. A. Marigo (1957), terza edizione, prima ristampa, Firenze 1968; Sigel: Vulg. eloq. – Bei allen Verweisen auf die innerhalb unserer Analyse herangezogenen Primärtexte wird die Belegstelle fortlaufend in Klammern angefügt. An das jeweilige Sigel schließen sich Buch-, Kapitel- resp. Paragraphenzahlen an. Nur dort, wo dies zur Orientierung erforderlich ist, bieten wir auch die Seitenangabe nach der zitierten Ausgabe.

8 Vgl. P. Zumthor, *Essai de poétique médiévale*, Paris 1972, S. 31–44. Daß allerdings die Mündlichkeit der Volkssprache keineswegs unumstritten herrscht, sondern nur als eine Tendenz der mittelalterlichen Kultur bewertet werden darf, belegt der nach wie vor bestechende Aufsatz von H. Grundmann, »Die Frauen und die Literatur im Mittelalter – Ein Beitrag zur Frage nach der Entstehung des Schrifttums in der Volkssprache« (1935), in ders. *Ausgewählte Aufsätze*, Teil III: Bildung und Sprache, Stuttgart 1978, S. 67–95.

9 Wir benutzen die Ausgabe: Dante A., *Il Convivio*, hg. Maria Simonelli, Bologna 1966; Sigel: Conv.

10 Mit Blick aufs europäische Mittelalter wäre demnach auch die Ansicht von Deleuze und Guattari zu korrigieren, es gebe entweder wilde Gesellschaften, innerhalb derer Graphismus und Stimme auf immer getrennt seien, oder despotisch-barbarische Systeme, wo die wiederzugebende Stimme die Schrift dienstbar mache. Es existieren offensichtlich Mischformen, worin schriftlose Stimmen, geschriebene Stimmen und auch stimmlose Schriften einander überlagern. Vgl. G. Deleuze, F. Guattari, *Capitalisme et Schizophrénie: l'Anti-Œdipe*, Paris 1972, S. 217ff.

11 Wir benutzen die Ausgabe: Cl. Tolomei, *Il Cesano de la lingua toscana* (1555), hg. Ornella Castellani Pollidori, Firenze 1974; Sigel: Cesano.

12 Wir interpunktieren mit dem Manuskript M (Firenze, Magliabech., II XI 2) nach »alfabeto«, um den überlieferten Wortlaut bewahren und den Sinn retten zu können. In der öfters nachgedruckten Ausgabe von Gabriele Giolito (Venedig 1555) scheint ein Stück des Textes ausgelassen, so daß der Satz weitergeht, aber unverständlich wird. Vgl. O. Castellani ad locum S. 128. Ihrem Vorschlag, den fraglichen Passus überhaupt zu eliminieren, möchten wir uns nicht anschließen.

13 Wir benutzen die Ausgabe: A. de Nebrija, *Gramática de la lengua castellana* (1492), hg. A. Quilis, Madrid 1980; Sigel Gram. cast. Zu Nebrija selbst vgl. Hg., »Estudio«, ebd. S. 7–92. Nebrijas Schrift gilt als erste ernstzunehmende Grammatik einer romanischen Volkssprache. Einen guten Überblick über die Kontroversen um das Programm des spanischen Humanismus und den gesamteuropäischen Hintergrund liefert Fr. Rico, *Nebrija frente a los bárbaros – El canon de gramáticos nefastos en las polémicas del humanismo*, Salamanca 1978.

14 Vgl. Plin. nat. 7,57,210. Gerade diese Verschiebung des Sinns entgeht P. Galindo Romeo und L. Ortiz Muñoz im Kommentar zur Stelle. Vgl. Nebrija, *Gramática castellana*, hg. dies., Bd 1, Madrid 1946, S. 215ff.

15 Vgl. Th. More, *Utopia*, The Complete Works of St. Thomas More, Bd 4, hg. E. Surtz/J. H. Hexter, New Haven – London 1965, S. 18. Ein Kommentar zur Stelle findet sich ebd. S. 277f.

16 Wir benutzen die Ausgabe: G. Tory, *Champfleury* (1529), hg. J. W. Jolliffe, Paris – La Haye (Reprint) 1970; Sigel: Champ.

17 Schon 1528 wird in Antwerpen aufgelegt: Fr. Pedro de Gante, *Doctrina cristiana en lengua mexicana*. Fr. Bernardino de Sahagún beginnt um 1548 mit seiner einheimischen Equipe für die *Historia general de las cosas de Nueva España* Daten zu sammeln und in Náhuatl niederschreiben zu lassen. Alonso de Molina gibt 1555 sein Wörterbuch, 1571 seinen *Arte de la lengua mexicana* an die mexikanischen Druckpressen. Zu den von Indios verfaßten Chroniken der Eroberung in ihrer Sprache vgl. A. Reyes, *Letras de la Nueva España*, México – Buenos Aires 1948, S. 29–42.

18 Wir benutzen die Ausgabe: *Grammatici Latini*, hg. H. Keil, Bd 2, Lipsiae 1855; Bd 4, ebd. 1864. Priscians *Institutionum grammaticarum libri XVIII* sind in Bd 2, die *Instituta artium* des Probus in Bd 4 abgedruckt; Sigel: G. L.

19 Wir benutzen die Ausgabe: Ammonius, *Commentaire sur le Peri hermeneias d'Aristote, traduction de Guillaume de Moerbeke*, Corpus Latinum commentariorum in Aristotelem Graecorum, Bd 2, hg. G. Verbeke, Louvain – Paris 1961; Sigel: Ammon. Der betreffende Traktat des Aristoteles liegt vor in der Ausgabe: *Aristotelis categoriae et liber de interpretatione*, hg. L. Minio-Paluello, Oxonii 1949; Sigel: Aristot. interpr.

20 Wir benutzen die Ausgabe: Fernão d'Oliveira, *Gramática de lingoagem portuguesa* (1536), segunda edição conforme á de 1536, hg. Visconde d'Azevedo, Porto 1871; Sigel: Gram. port. Neuere Editionen bieten Sá Nogueira, *Gramática da lingoagem portuguesa*, Lisboa 1933, und Mª. Leonor Carvalhão Buescu, *A Gramática da lingoagem portuguesa de Fernão de Oliveira*, Lisboa 1975.

21 »Aut igitur huius gratia sic induxit sermonem ›quae in voce‹ dicens, vel magis ut ostendat quod aliud est vocem dicere et aliud nomen aut verbum, et quod symbolum esse et totaliter quod positione non voci simpliciter convenit, sed nomini et verbo; natura enim nobis inest vocem emittere, sicut videre et audire, nomina tamen et verba ex nostro intellectu habent generationem pro materia utentia voce.« (Ammon. 1,97–103.)

22 Wir benutzen die Ausgabe: A. de Nebrija, *Reglas de orthographia en la lengua castellana* (1517), in ders., *Gramatica de la lengua castellana*, hg. Ig. González-Llubera, Oxford 1926; Sigel: Orthographia.

23 Zu den zahlreichen Übernahmen Priscianischer Definitionen durch Nebrija vgl. Quilis, »Estudio« S. 20ff.

24 Vgl. J. Derrida, *De la grammatologie*, Paris 1967, S. 21–31. Widerspruch gegen dessen These findet sich jetzt bei Zumthor, *Introduction à la poésie orale*, Paris 1983, S. 9–17.

25 Zu Trissino s. u.; zu Dubois vgl. Tell, *Les Grammairiens français* S. 6f.; Oliveira schlägt in seiner Grammatik eine Liste von 33 Graphemen vor.

26 Wir benutzen die Ausgabe: P. Bembo, *Prose della volgar lingua* (1525), hg. M. Marti, Padova 1955; Sigel: Prose.

27 Wir benutzen die Ausgabe: B. Castiglione, *Il libro del Cortegiano* (1528), hg. E. Bonora, Milano 1972; Sigel: Cortegiano.

28 Wir benutzen die Ausgabe: J. Peletier du Mans, *Dialogue de l'ortografe e prononciacion françoese* (1555), hg. L. C. Porter, Genève (Reprint) 1966; Sigel: Ort. e pron.

29 Wir benutzen die Ausgabe: J. de Valdés, *Diálogo de la lengua*, hg. Cristina

Barbolani, Madrid 1982; Sigel: Lengua. Zu Person und Tätigkeit von Valdés sowie zum Aufbau des Dialogs vgl. dies., »Introducción«, ebd. S. 9–113; L. Terracini, »La presa di coscienza (Valdés)«, in dies., *Lingua come problema* S. 3–54.

30 Vgl. Foucault, *Les Mots et les Choses – Une archéologie des sciences humaines,* Paris 1967, S. 32ff., insb. 42.57.

31 Vgl. ders. ebd. S. 64ff.

32 Fr. Nietzsche, *Zur Genealogie der Moral* (1887), in ders., *Werke*, hg. G. Colli/M. Montinari, VI. Abt., 2. Bd., Berlin 1968, S. 274 (1. Abh., § 2).

33 Foucault, *L'Ordre du discours* S. 12.

34 Zur Entwicklung des auf Valla zurückgehenden Gedankens vom Zusammenhang zwischen Sprache und politischer Macht im luso-iberischen Raum vgl. E. Asensio, »La lengua compañera del imperio – Historia de una idea de Nebrija en España y Portugal«, *Revista de Filología Española* 43 (1960) S. 399–413.

35 Eine Fassung des Briefes findet sich in folgender Ausgabe: *Il Castellano di G. Trissino ed il Cesano di Cl. Tolomei con l'Espistola dello stesso Trissino*, hg. G. Antimaco (1864), Milano (Reprint) 1974; Sigel: Epistola.

36 Vgl. I. Illich, »Das Recht auf die gemeine Sprache«, in ders., *Vom Recht auf Gemeinheit*, Reinbek bei Hamburg 1982, S. 11–29.

37 Nebrijas Anliegen ist gewiß vor dem Hintergrund der rechtspolitischen Vereinheitlichungsbestrebungen des katholischen Königspaares und der Zusammenstellung neuer Recopilaciones in diesen Jahrzehnten zu sehen. Vgl. Fr. W. v. Rauchhaupt, *Geschichte der spanischen Gesetzesquellen von den Anfängen bis zur Gegenwart*, Heidelberg 1923, S. 168ff.

38 Zur Ordonnanz von Villers-Cotterêts und zum dagegen gerichteten Widerstand der Provenzalen vgl. Brunot, *Histoire de la langue française* Bd 2 S. 27–32.

39 Vgl. Foucault, *Surveiller et punir – Naissance de la prison*, Paris 1975, S. 39ff.

40 Vgl. Fr. Wigham, "Interpretation at Court: Courtesy and the Performer-Audience Dialectic", *New Literary History* 14 (1983) S. 623–639.

41 W. Matzat, »Affektrepräsentation im klassischen Diskurs: *La Princesse de Clèves«*, in *Französische Klassik – Theorie, Literatur, Malerei,* Romanistisches Kolloquium, Bd. 3, hg. Fr. Nies/K. Stierle, München 1985, S. 231–266.

42 Es geht also darum, Beobachtungen, die Elias im Bereich der »höfischen Modellierung des Sprechens« gemacht hat, innerhalb eines weiteren epistemologischen Rahmens zu situieren. Vgl. N. Elias, *Der Prozeß der Zivilisation – Soziogenetische und psychogenetische Untersuchungen*, Bd 1–2, Frankfurt a. M. ²1969, insb. Bd 1, S. 145ff.

43 Vgl. L. Terracini, »La presa di coscienza (Valdés)« S. 18–21.

44 Vgl. dies., »›Cuidado‹ vs. ›Descuido‹ – I due livelli dell'opposizione tra Valdés e Boscán«, in dies., *Lingua come problema* S. 55–86.

45 Vgl. J. Lacan, »Fonction et champ de la parole et du langage en psychanalyse« (1953), in ders., *Ecrits,* I, Paris 1966, S. 11–208, ebd. 143.

46 Wir führen also das nicht nur bei Bembo, sondern auch in vielen anderen reflexiven Texten der Epoche anzutreffende Wechselverhältnis von sprachlicher Fülle und unentrinnbarem Mangel nicht wie Cave auf die immer gleiche Natur der Sprache an sich zurück, die sich selber im Rhetorischen als hohl entlarve, sondern wir sehen in der unbestrittenen Ambivalenz solcher Theorien eine Folge des ihnen zugrunde liegenden Willens zur Sprache. Vgl. T. Cave, *The Cornucopian Text – Problems of Writing in the French Renaissance,* Oxford 1979.

47 Wir benutzen die folgende, auf der Edition des Domenico Occhi (Venedig 1740) fußende Ausgabe: Sp. Speroni, *Dialogo delle lingue* (1542), hg. Helene Harth, München 1975; Sigel: Lingue. Zu Speronis Stellung innerhalb der Questione della lingua vgl. dies., »Einleitung«, ebd. S. 7–60.

48 So jedenfalls interpretiert Apel die entsprechenden Stellen von Speronis Dialog, reklamiert er doch Peretto als Vertreter einer »nominalistisch orientierten Wissenschaft«. Vgl. Apel, *Die Idee der Sprache* S. 215ff., 224ff.

49 Vgl. Mazzacurati, »Il ›cortegiano‹ (e lo ›scolare‹) nel *Dialogo delle lingue* di Sperone Speroni«, in ders., *Conflitti di culture nel Cinquecento*, Napoli 1977, S. 141–181.

50 Wir benutzen die Ausgabe: J. du Bellay, *La Deffence et Illustration de la langue françoyse* (1549), hg. L. Terreaux, Paris 1972; Sigel: Deffence. Zum italienischen Einfluß auf Du Bellay vgl. W. Krömer, »Die Ursprünge und die Rolle der Sprachtheorie in D. B.s *Deff. et Ill. de la langue fr.*«, *Romanische Forschungen* 79 (1967) S. 589–602; H. Harth, »Einleitung« S. 40ff.

51 In diesem Sinne argumentiert auch Krömer, »Die Ursprünge und die Rolle der Sprachtheorie«.

52 Zu ähnlichen Ergebnissen gelangt R. Warning in seinem Beitrag zu diesem Band, wenn er die Überlagerung »kratylistischer« und »nominalistischer« Sprachkonzeptionen sowohl bei Ronsard als auch bei Du Bellay beschreibt.

53 Vgl. Th. Sébillet, *Art poétique françois* (1548), hg. F. Gaiffe, Paris 1910.

54 Wir resümieren thesenhaft im Hinblick auf unsere allgemeine Fragestellung: J. Baudrillard, *L'Echange symbolique et la Mort*, Paris 1976.

55 Vgl. G. Simmel, *Philosophie des Geldes* (1900), Berlin [7]1978, insb. S. 101ff.

56 Baudrillard selbst deutet Gemeinsamkeiten mit Ansätzen der Frankfurter Schule an, wenn er sich ausdrücklich auf Benjamins *Kunstwerk im Zeitalter seiner technischen Reproduzierbarkeit* beruft. Vgl. Baudrillard, *L'Echange symbolique* S. 86ff. Zur kritischen Theorie der abendländischen Naturbeherrschung allgemein vgl. M. Horkheimer/Th. W. Adorno, *Dialektik der Aufklärung – Philosophische Fragmente*, Amsterdam 1947.

57 In seiner 1486 gehaltenen, 1496 gedruckten Rede über die Würde des Menschen versteigt sich Pico bezeichnenderweise dazu, den Menschen mit der Metapher des Chamäleons zu bedenken: »Quis hunc nostrum chamaeleonta non admiretur?« (*Oratio de hominis dignitate*, in G. Pico della Mirandola, *De hominis dignitate – Heptaplus – De ente et uno*, hg. E. Garin, Firenze 1942, S. 106.)

58 Den Begriff des transzendentalen Signifikats als Möglichkeitsbedingung semiotischer Repräsentation und damit einhergehender Willkürlichkeit des Signifikanten hat Derrida geprägt: »Il faut qu'il y ait un signifié transcendantal pour que la différence entre signifié et signifiant soit quelque part absolue et irréductible.« (Derrida, *De la grammatologie* S. 33.) Im Hinblick auf die vom transzendentalen Signifikat bestimmte, neuzeitliche Episteme der Repräsentation ist dann auch Derridas Konzept des Logozentrismus (der gerade kein Phonozentrismus ist!) sinnvoll verwendbar. Vgl. ebd. S. 23.31–43.

59 Vgl. Foucault, *Les Mots et les Choses* S. 19ff., 60ff., 134.

60 Bezüglich Fechners zum geflügelten Wort gewordener Aussage, »daß der Schauplatz der Träume ein anderer sei«, vgl. Freuds *Traumdeutung* (Kap. VII B).

61 Eine ähnlich geartete Theorie der Fiktion, die ihren »Ort auf den Grenzen der Sinnsysteme« finde, ist entwickelt worden von W. Iser, »Die Wirklichkeit der Fiktion«, in *Rezeptionsästhetik – Theorie und Praxis*, hg. R. Warning, München

1975, S. 277–324, ebd. 305. Der Aufweis einer gewissen Verwandtschaft von onirischer und literarischer Umarbeitung bestehender Realität könnte an eine Ästhetik anschließen, die dargelegt worden ist von Elisabeth Lenk, *Die unbewußte Gesellschaft – Über die mimetische Grundstruktur in Literatur und Traum*, München 1983.

62 Vgl. R. Grübel, »Zur Ästhetik des Worts bei Michail M. Bachtin«, in M. Bachtin, *Die Ästhetik des Wortes*, hg. ders., übers. ders./ Sabine Reese, Frankfurt a. M. 1979, S. 21–88, ebd. 56.

63 M. Bachtin, »Das Wort im Roman« (1975), in ders., *Ästhetik des Wortes* S. 154–300, ebd. 164.

64 Vgl. ebd. S. 165ff., insb. 157. 203.

65 Ebd. S. 224.

66 Für ein solches Verständnis der Mimesis des Diskursiven gilt dann auch Adornos Satz: »daß, was sich gleichmacht, nicht gleich wird« (Adorno, *Ästhetische Theorie*, hg. Gretel Adorno/R. Tiedemann, Frankfurt a. M. 1970, S. 169).

67 Kaum hilfreich ist der jetzt von Habermas unternommene Versuch, einander seit jeher befehdende Reden mittels der Parzellierung ihrer Geltungsansprüche zu befrieden und »poetische Kapazitäten der Welterschließung« von »prosaischen Problemlösungskapazitäten« zu sondern. Gerade daß solch simple Apartheid auch im Diskursiven nicht funktioniert und daß die vorgebliche Unterschiedenheit von Geltungsansprüchen in einem Bedingungsverhältnis mit deren versteckter Verquickung steht, hat eine »postmoderne« Literaturkritik zumindest als Problem formuliert, worauf Habermas nicht antwortet, wenn er undialektisch auf dem Primat des Distinktiven beharrt. Vgl. Habermas, *Der philosophische Diskurs der Moderne* S. 219–247, insb. 240ff.

68 Wir benutzen die folgende Ausgabe, die sowohl den Text der Burgaleser Edition durch Fabrique de Basilea von 1499 als auch die von Juan Joffré 1514 zu Valencia publizierte Fassung bietet: F. de Rojas, *La Celestina*, hg. P. M. Piñero Ramírez, Madrid 1980; Sigel: Celestina.

69 Vgl. M[a]. Rosa Lida de Malkiel, *La originalidad artística de »La Celestina«* (1962), Buenos Aires [2]1972.

70 Vgl. M. Bataillon, *La Célestine selon Fernando de Rojas*, Paris 1962.

71 Vgl. St. Gilman, *The Art of »La Celestina«*, Madison, Wis. 1956; ders., *The Spain of Fernando de Rojas – The Intellectual and Social Landscape of »La Celestina«*, Princeton, N. J. 1972.

72 Gerade Castro scheint einer solchen Fragestellung kaum Beachtung geschenkt zu haben. Vgl. A. Castro, *»La Celestina« como contienda literaria*, Madrid 1965. Es hatten ja nicht nur die Menschen bei Hof, sondern auch die fortwährend von der Inquisition beargwöhnten Neuchristen Grund dazu, eine vorher nicht gekannte Form der Rationalität zu entwickeln. Vgl. Elias, *Der Prozeß der Zivilisation*.

73 Zur dramatischen Sprechsituation vgl. M. Pfister, *Das Drama – Theorie und Analyse*, München 1977, S. 19ff.

74 Celestina selbst betätigt sich lustigerweise als konjizierende Philologin, um dreizehnmal täglich dem Wein zusprechen zu können: »Hijos, estará corrupta la letra: por treze, tres.« (Celestina 9, S. 227.)

75 K. Marx/Fr. Engels, *Manifest der Kommunistischen Partei* (1848), in *MEW*, Bd 4, Berlin 1959, S. 464f.

76 Eine sehr brauchbare Aufgliederung der mannigfaltigen literarischen Einflüsse auf

die Tragicomedia nimmt vor C. Samonà, *Aspetti del retoricismo nella »Celestina«*, Roma 1953, S. 81ff.

77 Vgl. H. Friedrich, *Epochen der italienischen Lyrik*, Frankfurt a. M. 1964, S. 49ff.

78 Unter Dekonstruktion verstehen wir eine hermeneutische Operation, mittels derer zueinander in Opposition stehende Diskurse auf eine gemeinsame Grundlage zurückgeführt werden, im Hinblick auf welche sie dann nur noch den Status rhetorisch unterschiedlich verfaßter Varianten, nicht mehr aber erkenntnisrelevanter Wahrheiten beanspruchen können. So dekonstruiert Derrida beispielsweise den Gegensatz von Vernunft und Wahnsinn bei Descartes. Vgl. Derrida, »Cogito et histoire de la folie« (1964), in ders., *L'Ecriture et la Différence*, Paris 1967, S. 51–97. Zum Verfahren dekonstruktiver Analyse überhaupt vgl. J. Culler, *On Deconstruction – Theory and Criticism after Structuralism*, London 1983, S. 85ff.

79 »Celestina es un ›oficial‹ en la ciudad, con el prestigio propio de su categoría.« (Ma. R. Lida, *La originalidad artística* S. 514.)

80 Zum auf einem Mißverständnis Bachtins beruhenden Begriff der Intertextualität vgl. Julia Kristeva, »Bakhtine: le mot, le dialogue et le roman«, *Critique* 239 (avril 1967) S. 438–465.

81 Vgl. Verg. Aen. 1,657ff.

82 Vgl. R. Warning, »Imitatio und Intertextualität«, in *Interpretation – Das Paradigma der europäischen Renaissance-Literatur*, Festschr. f. A. Noyer-Weidner, hg. K. W. Hempfer/G. Regn, Wiesbaden 1983, S. 288–317.

83 Vgl. A. Jolles, »Spruch«, in ders., *Einfache Formen* (1930), Tübingen 1974, S. 150–170, ebd. 157ff.

84 Zumindest werden dem Marqués de Santillana die 1508 in Sevilla gedruckten *Refranes que dizen las viejas tras el fuego* zugeschrieben.

85 Zum Refrán allgemein vgl. L. Combet, *Recherches sur le »Refranero« castillan*, Paris 1971.

86 Als Metonymien gesellschaftlichen Wissens beschreibt die Sprichwörter G. A. Shipley, »Usos y abusos de la autoridad del refrán en *La Celestina*«, in *»La Celestina« y su contorno social*, Actas del I Congreso Internacional sobre »La Celestina«, Barcelona 1977, S. 231–244.

87 Vgl. Ju. M. Lotman, *Die Struktur literarischer Texte* (1970), übers. R.-D. Keil, München 1972, S. 300ff.

88 In Baudrillards unscharfer Terminologie scheinen uns Wahrheit einer Aussage und Referenz eines einzelnen Zeichens oft gleichgesetzt zu sein – im Sinne einer »adaequatio vocis ad rem«. Wir möchten uns allerdings den Wahrheitsbegriff für die im folgenden diskutierten Fälle vorbehalten, wo es tatsächlich um zu vollständigen Propositionen verknüpfte Zeichen geht.

89 Vgl. Foucault, *La Volonté de savoir*, Histoire de la sexualité, 1, Paris 1976, S. 69ff., ebd. 89.

90 Foucault, *La Volonté de savoir* S. 80. Bezeichnenderweise hat auch das Geständnis gegenüber Trotaconventos in der Episode von Doña Endrina und Don Melón de la Huerta aus dem *Libro de buen amor* noch nicht die Struktur einer geradezu psychoanalytischen Gesprächssituation. Vgl. ebd. Coplas 580–981, insb. 839, wo es der Kupplerin darum geht, Endrina für Don Melón zu gewinnen.

91 Baudrillard, *L'Echange symbolique* S. 207.

92 Das »humanistisch gebildete, städtische Milieu von Bürgern« macht Gumbrecht als intendiertes Publikum der Tragicomedia aus. Vgl. H. U. Gumbrecht, »Lachen und

Arbitrarität/Subjektivität und Ernst – Der ›Libro de buen amor‹, die ›Celestina‹ und der Sinnbildungsstil der frühen Neuzeit«, in *Wolfram-Studien*, VII, hg. W. Schröder, S. 184–213, ebd. 210.

93 Wir benutzen die Ausgabe, welche für die ersten drei Bücher die Texte letzter Hand berücksichtigt (1542 durch Juste in Lyon sowie 1552 durch Fezandet in Paris). Fr. Rabelais, *Œuvres complètes*, hg. J. Boulenger, Paris 1955. Unsere Zitate entstammen nur den beiden ersten Büchern *Gargantua* (1534) und *Pantagruel* (1532); Sigel. Garg.; Pant. Berücksichtigt haben wir auch die entsprechenden Bände der Editio magna durch Lefranc und seine Mitarbeiter: *Œuvres de François Rabelais*, hg. A. Lefranc, Bd 1–4, Paris 1912–1922. Einen ausgezeichneten Forschungsüberblick zu Rabelais gewährt F.-R. Hausmann, *François Rabelais*, Realien zur Literatur, Sammlung Metzler, Bd 176, Stuttgart 1979.

94 Vgl. M. Bakhtine, *L'Œuvre de François Rabelais au Moyen Age et sous la Renaissance* (1965), übers. Andrée Robel, Paris 1970. Die Untersuchung wurde vielfach als bahnbrechend empfunden, wiewohl sie auf eine lange – allerdings oft wenig bekannte – Tradition der Philologiegeschichte zurückgreift. Da auch Bachtin – richtig verstanden – keine Kontinuität von der Volkskultur des Mittelalters zu den Verhältnissen in der Renaissance postuliert, erhebt sich schon bei ihm implizit die Frage, welchen Funktionswandel mittelalterliche Elemente bei ihrer Heimischwerdung in der Renaissance-Literatur erfahren werden.

95 Material darüber findet sich bei P. Burke, *Popular Culture in Early Modern Europe*, London 1978, S. 92 ff. Zur mündlichen Stilisierung der Erzählerrede vgl. Fr. Rigolot, *Les Langages de Rabelais*, Etudes rabelaisiennes, Bd 10, Genève 1972, S. 27–40.

96 Vgl. I Cor. 13,5.

97 Massuccio S., »Novella XLI«, in ders., *Il Novellino* (1476), hg. G. Petrocchi, Firenze 1957, S. 366–372, ebd. § 11 S. 368.

98 Ebd. § 13 S. 369.

99 Vgl. Ps. 22 (21),2; Mt. 27,46; Mc. 15,34.

100 Vgl. R. Pesch, *Das Markusevangelium*, Bd 1–2, Herders theologischer Kommentar zum Neuen Testament, Freiburg – Basel – Wien 1976–1977, Bd 2, S. 491 ff., insb. 495 f.

101 Leider konnten wir nur einsehen: *F. Ambrosii Calepini Bergomensis dictionarium septem linguarum*, (...) expurgatum (...) locupletatum, atque ad eam, quae desiderari potest, perfectionem redactum (apud Antonium Bortoli), Venetiis 1700, s. v. »cur«, S. 194; s. v. »derelinquo«, S. 214.

102 Vgl. Io. I. Pontanus, *Charon* (1491), in ders. *Dialoge*, Humanistische Bibliothek, Reihe II, Bd 15, München 1984, S. 41–129, ebd. 92.

103 Eine grundsätzlich überzeugende, in Einzelheiten wohl übertriebene Einbeziehung von Tagesereignissen weist nach G. Defaux, »Rabelais et les cloches de Notre-Dame«, in *Etudes rabelaisiennes*, Bd 9, Genève 1971, S. 1–28. Aufschlußreich ist, daß die Figur des Janotus in der Glockenrauberzählung der Volksbücher noch nicht vorkommt.

104 Vgl. Bakhtine, *L'Œuvre de Fr. Rabelais* S. 82 ff.

105 G. Pico della Mirandola, *De imaginatione* (1501), in ders., *Über die Vorstellung*, hg. E. Keßler, Humanistische Bibliothek, Reihe II, Bd 13, München 1984, S. 64.

106 M. A. Screech, *Rabelais*, Ithaca, N. Y. 1979, S. 377–397, ebd. 383.

107 Zur Rezeption von Folengo bei Rabelais vgl. L. Thuasne, »Rabelais et Folengo«, in

ders., *Etudes sur Rabelais*, Bibliothèque de la Renaissance, Bd 5, Paris o. J. (1904), S. 159–265.

108 Vgl. H. U. Gumbrecht, »Literarische Gegenwelten, Karnevalskultur und die Epochenschwelle vom Spätmittelalter zur Renaissance«, in *Die Literatur in der Gesellschaft des Spätmittelalters*, hg. ders., Heidelberg 1980, S. 95–144, ebd. 137f.

109 Vgl. L. Spitzer, »Zur Auffassung Rabelais'« (1931), in *Rabelais*, hg. A. Buck, Wege der Forschung, Bd 284, Darmstadt 1971, S. 26–52. Spitzer verdankt seinerseits vieles H. Schneegans, *Geschichte der grotesken Satire*, Strassburg (sic) 1894. Der Analyse von Rabelais' Umgang mit der Sprache widmen sich weiterhin M. Tetel, *Etude sur le comique de Rabelais*, Firenze 1964, S. 81–111; J. Paris, *Rabelais au futur*, Paris 1970, S. 49–94; Rigolot, *Les Langages de Rabelais* passim; ders., *Poétique et Onomastique – L'exemple de la Renaissance*, Genève 1977, S. 83–104. Während Paris Rabelais zum Kronzeugen gegen eine immer gleiche repressive Gewalt der Sprache aufruft, verortet Rigolot in seiner Abhandlung zur Namenskunde den Autor im Spannungsfeld einer arbiträren Zeichenlehre und kratylischer Imagination, worin sich freilich noch keine deutlich benannte historische Position artikuliert.

110 »*Torche* est dérivé de *torcher*, battre (...), et *lorgne* a le sens de coup donné à tort et à travers.« (Lefranc ad locum Bd 1, S. 174.)

111 Gerade solche Aspekte von Rabelais' Schriftlichkeit vernachlässigen in Folge eines zu einseitigen Begriffs der »écriture« sowohl Fl. Gray, *Rabelais et l'Ecriture*, Paris 1974, als auch Cave, *The Cornucopian Text* S. 183–222.

112 Zu Inhalt und Tradition der Episode vgl. M. Pfister, »Parodie der französischen Gelehrtensprache«, in *Renatae litterae*, Festschr. f. A. Buck, Frankfurt a. M. 1973, S. 189–205; W. Berschin, »Rabelais' Schülerdialog«, in *Acta conventus Neo-Latini Lovaniensis*, hg. J. IJsewijn/ E. Keßler, Leuven – München 1973, S. 95–99.

113 Vgl. E. Auerbach, »Die Welt in Pantagruels Mund«, in ders., *Mimesis – Dargestellte Wirklichkeit in der abendländischen Literatur* (1946), Bern – München [7]1982, S. 250–270.

114 Wir folgen dem ungekürzten Wortlaut der Erstausgabe von 1532.

115 Wir benutzen die Ausgabe: *Desiderii Erasmi Roterodami dialogus cui titulus Ciceronianus sive de optimo dicendi genere* (1528), hg. Theresia Payr, in ders., *Ausgewählte Schriften*, hg. W. Welzig, Bd 7, Darmstadt 1972; Sigel: Ciceronianus.

116 Vgl. Fr. Rabelais, »Lettre à Erasme« (Sept. 1532), in ders., *Œuvres complètes*, Bd 1–2, hg. P. Jourda, Paris 1962, Bd 2, S. 497f. Boulenger, der sich auch an einer Ausgabe des Briefs versucht hat, ist höchst unzuverlässig.

117 Vgl. Th. Payr, »Einleitung«, in Erasmus, Ausgewählte Schriften Bd 7, S. xi–liv, ebd. xli.

118 Vgl. V. Roloff, »Mittelalterliche Farcenkomik bei Rabelais und im *Lazarillo de Tormes*«, *Zeitschrift für romanische Philologie* 103 (1987). Zur Schwankstruktur im allgemeinen vgl. H. Bausinger, »Bemerkungen zum Schwank und seinen Formtypen«, *Fabula* (Zeitschrift für Erzählforschung) 9 (1967) S. 118–136.

119 Vgl. Gell. 1,10.

120 Baudrillard, *L'Echange symbolique* S. 78.

121 »Les hommes du Moyen Age participaient à titre égal à deux vies: la vie officielle et celle du carnaval, à deux aspects du monde: l'un pieux et sérieux, l'autre comique.« (Bakhtine, *L'Œuvre de Fr. Rabelais* S. 103.)

CHRISTLICHE POETIK –
POESIE DES PAGANEN

Reinhart Herzog

Veritas Fucata
Hermeneutik und Poetik in der Frührenaissance*

Gelegentlich müsse daran erinnert werden, so bemerkte Kristeller 1955[1], daß christliche Poetik kein mittelalterliches, sondern eher ein »antikes und zugleich modernes« Problem sei. Wenig später ist die spirituelle Ästhetik des Mittelalters, der Formenreichtum ihrer allegorischen Literatur, ihre ›Poetik des Unsichtbaren‹, in der Forschung wiederentdeckt worden, vor allem von Romanisten und Germanisten[1a]. Umso zeitgemäßer ist jene Erinnerung. Hat doch diese Horizonterweiterung dazu geführt, auch die Schwelle ›christlicher‹ Ästhetik, nach einem scharf diskontinuierlichen Schnitt, in die spätere Antike zu verlegen: die symbolische und intelligible Hinterwelt »vertilgte, wie ein jüngster Tag«, die sinnenfrohe Fülle mimetischer Kunst – noch eine jüngst erschienene Bilanz dieser Forschungen zitiert Jean Pauls Beschreibung dieses »Einsturzes«[2]. Eine solche Perspektive vermißt denn auch herkömmlicherweise eine genuin christliche *Poetik* – insofern diese sich als Regelwerk einer ars unter die mimetischen, kathartischen und rezeptionsästhetischen (prodesse und delectare) Begründungen der Antike stellt. Diese oft erörterte ›Lücke‹, in der christliche Poetik im Mittelalter nur »postulierbar, nicht eigenständig bezeugt« sei (ihre technischen, auch metrischen praecepta leben in der mittelalterlichen Rhetorik fort), werde allenfalls »mit denkwürdiger Verspätung« in der Romantik geschlossen[3]. Und ›Renaissance-Poetik‹ bedeutet in dieser Perspektive nach wie vor die Rezeption der aristotelischen Poetik; noch Fuhrmanns *Einführung in die antike Dichtungstheorie* spart in ihrer Darstellung jene Lücke aus[4].

Hier werden die Verzeichnungen sichtbar, welche die Herausstellung der mittelalterlichen Ästhetik nach sich zog. Sie betreffen einmal die Frührenaissance. Die aristotelische Poetik wird zwar erst nach der Übersetzung von 1498 breit rezipiert; sie wird indessen durch den Averroes-Kommentar spätestens seit der Mitte des 14. Jahrhunderts erörtert. Diese ›humanistischen‹ Erörterungen, und zwar gerade insofern sie eine neue, christliche Begründung der Poesie umkreisen, werden in der Geschichte der Poetik ausgespart oder unter dem Rubrum ›Theologische Poetik‹ separiert[5].

Nun knüpfen gerade sie, und zwar mit deutlicher Front gegen die mittelalterliche spirituelle Ästhetik und besonders gegen die Scholastik, an eine poetologische Tradition an, welche ebenfalls ein scharfer Schnitt zwischen Antike und Mittelalter ausspart: an die Diskussion über Möglichkeit und Grenzen der Poesie in der christlichen Spätantike. Gerade auf dem Felde einer christlichen Begründung der Poesie, die im folgenden Gegenstand der Untersuchung sein soll, erweist sich die Pluralität der Welten in der Frührenaissance: mit der Front gegen das noch immer lebendige scholastische Denken, sich der paganen Antike öffnend, versteht sie sich doch zugleich als bewußt fortgesetzte christliche Spätantike, und zwar, wie sich zeigen wird, gerade in den Formen der Argumentation. Der Kreis der spätantiken Stellungnahmen und Quellen wird kaum erweitert; aber sie werden zuendegedacht und radikalisiert. – Das Ziel der folgenden Beobachtungen wird es sein, die Verspätung der Aristoteles-Rezeption, aber auch ihr Faktum selbst als Ergebnis des spätantik-humanistischen Bestrebens zu erkennen, Möglichkeit und Aufgabe von Poesie christlich zu begründen[6].

I

Es empfiehlt sich, vorab die spätantiken Stellungnahmen zur Möglichkeit einer christlichen Poesie und ihre Entwicklung zusammenzustellen. Die Untersuchungen der Renaissanceforschung geben sie meist nur punktuell wieder; wer sich mit der spätantiken Literatur befaßte, wird jedoch feststellen, daß sie im Verlauf der Diskussion von Mussato bis Vives nicht nur vollständig auftreten: sie werden sehr bald in ihrer Gesamtheit zusammengefaßt und gegeneinander abgewogen[7].

1. Die Übung in den mimetischen Gattungen der Antike versiegt langsam, nicht endgültig zum Ende der Antike; bereits Sidonius Apollinaris, vollends Venantius Fortunatus, betrachten sich selbst als aussterbende Spezialisten einer ars, die schon bei Aldhelm der Grammatik oder Rhetorik zugeschlagen wird. Die Praxis antiker Poesie wird also nicht abgeschnitten; aber eine theoretische Auseinandersetzung mit ihr erfolgt aus christlicher Sicht nicht. Wie sich zeigen wird, hat die poetische Praxis der dezidiert christlichen Autoren imitative Darstellungsziele in begrenztem Umfang übernommen. Über Isidors *Etymologien* und andere Kompendien erreichen die Frührenaissance auch nicht-technische (Begründungs-)Kategorien der antiken Poetik; am einflußreichsten dürfte die Definition des Grammatikers Diomedes gewesen sein:

> Poetica est fictae veraeve narrationis congruenti rhythmo ac pede conposita metrica structura ad utilitatem voluptatemque accommodata (*Gramm. Lat.* Bd 1, S. 473).

2. Spätestens seit dem Beginn des 4. Jh. n. Chr. vollzieht sich in der paganen Tradition eine folgenreiche Trennung zwischen den deutungsfähigen und deutungsbedürftigen Klassikern der griechischen und lateinischen Poesie und der eigenen poetischen Praxis. Die Dichterallegorese, bisher besonders in der antisophistischen Verteidigung der Poesie wie in der interpretatio philosophica der Stoa ausgebildet, erfährt eine Steigerung der Exegese zu einer *hermeneu-*

tischen Poetik. Die poetischen, vorzugsweise epischen Texte einer abgeschlossenen, ›klassischen‹[8] Vergangenheit erfordern seit Macrobius, Servius und Fulgentius nicht mehr nur die übliche stilistische und sachliche Auslegung (in diesen ›rhetorischen‹ Disziplinen wird die antike Literaturkritik mit dem ›rhetorischen‹ Teil der antiken und mittelalterlichen Poetik kongruieren). Sie werden nun den antiken Kategorien enthoben: der Maßstab der Mimesis entfällt (und mit ihm die alte Front veritas/verisimile-mendacium) gegenüber der exegetischen Doppelung integumentum/sapientia. Damit wandert die delectatio vom Nachvollzug der imitatio zum exegetischen Anreiz durch die Textoberfläche; sie wird nun in eine (exegetische) Ästhetik der Dunkelheit integriert. Hier handelt es sich nicht nur um eine spezifisch spätantike Fortbildung der Grammatikerexegese. Es liegt eine Neukonzeption und eine Neubegründung der Poesie überhaupt vor, und diese Poetik ist theologisch-philosophisch (sie entspricht neuplatonischen Denkmustern)[9]. Sie steigert damit das horazische prodesse; Poesie gilt als eine Erscheinungsform der erkennbaren Wahrheit. Entscheidend wird die Frage sein, in welchem Ausmaß – und mit welcher Begründung – poetisch-mimetische Praxis in diesem Konzept Raum finden kann. – Schließlich setzt solche hermeneutische Poetik nicht nur abgeschlossene und (unter dem Gesichtspunkt der antiken genera) global als ›Poesie‹ eingeebnete Texte voraus; sie ist auch expansiv-harmonisierend: quid enim suavius quam duos praecipuos vates audire idem loquentes (Macr. *Sat.* 5, 3, 16).

3. Die vor allem durch Platon *(Phaedrus)* vermittelte Überlieferung von der Dichtung als der frühesten Theologie und Philosophie, von den sakralen und inspirierten ›Dichtertheologen‹, schließt sich mit der hermeneutischen Poetik gegenüber der paganen Dichtung zusammen und wird in einer Überlieferungskette von Aristoteles, Cicero, Varro, Augustin bis Isidor der Frührenaissance bekannt[10].

4. Wenn, nach Blumenberg, von einer christlichen Ästhetik nicht gesprochen werden kann, dieses Fehlen aber Folgen für die ästhetische Reflexion gehabt hat, so manifestieren sich diese Folgen in der Spätantike recht selten in einer Abwertung, gar einer aggressiven Vertreibung (paganer) Poesie aus der Gemeinde und ihrer Umwelt. Bis zum Ende des 3. Jh. herrscht das Nebeneinander der anfänglichen Fremdheit (im Unterschied zu den Auseinandersetzungen mit der Philosophie seit der Apologetik). Die Tradition wirklich negativer Aussagen über die pagane Poesie (zuerst Tertullian; vor allem die Briefe 21 und 22 des Hieronymus) wurde erst im Hochmittelalter sorgsam durchforscht und erweitert. Sie fand mit dem Zitatenkatalog des *Decretum Gratiani* (Distinctio 37: Verbot der Poesie – auch ihrer Lektüre – für Kleriker)[11] ihren kirchenrechtlichen Abschluß.

5. Noch in der Apologetik des 2. Jh. wird mit der Lizenz des usus iustus (Chresis)[12] der antiken Weisheit, inauguriert durch die Lehre von der natürlichen Gottesoffenbarung an die Heiden (Rom 1) und abgeschlossen durch die

biblischen Topen (die geschorene Kriegsgefangene; die gestohlenen Schätze Ägyptens), ein identifizierender – noch nicht exegetischer[13] – Zugriff auf pagane Traditionen ermöglicht. Ebenfalls noch in der Apologetik erhält die Chresis durch das ›Prioritätsargument‹ – alle pagane Weisheit und Literatur ist ein Derivat der Bibel – einen historischen Rahmen.

6. Eine *begrenzte* Verbindung mit der hermeneutischen Poetik geht die Chresis im lateinischen Westen in der konstantinischen Zeit (insbesondere bei Laktanz)[14] ein. Die lateinische Apologetik greift nämlich – noch vor der erhaltenen paganen Vergilallegorese – auch auf die Hermeneutik der allegorischen Vergil- und Lukrezdeutung aus. Ihr Deutungsziel kann dabei (neben antipaganer Exegese) Teile des neuplatonischen Horizonts rezipieren. Zugleich aber wird dabei der *zweite*, biblische Text mitausgelegt und in dieser Auslegung partiell *neu dargestellt*[15]. Die als literarisch ›niedrig‹ empfundene Oberfläche der Schrift wird bei diesen Dichterapplikationen nicht nur selbst in ihrer Zugehörigkeit zu den deutungsfordernden Texten bestätigt (insofern liegt mit der Vergilallegorese auf die Bibel hin eine Vorstufe zur Bibelexegese im lateinischen Westen vor); sie fordert erstmals zu einer christlichen ›Literatur‹ im Sinne einer Einformung der Bibel in den höchsten ›Stil‹ der Antike, den des ›anderen‹ hermeneutischen Texts, der epischen Poesie, auf.

Dies bleibt bei Laktanz noch angedeutet, führt auch in der Spätantike nicht zu einer christlichen Literaturtheorie. Freilich hat schon im 4. Jh. Hilarius vor diesem Hintergrund das erst in der Renaissance wirksam gewordene Postulat der sog. ›Stiltheologie‹ formuliert: die Vermittlung der Bibel (Kommentierung, Predigt, liturgische Texte) fordert Gott gegenüber die höchste menschliche, nämlich die poetische Sprachform[16].

Die Chresis der lateinischen Poesie ist auch nach ihrer kirchlich-offiziellen Ablösung durch die Bibelexegese nie ganz zurückgedrängt worden. Ihr wirksamstes Manifest fand sie – neben der Praxis fast aller Kirchenväter – im Magnusbrief des Hieronymus (epist. 70); die Gegenposition ist von Augustin (*De doctr. Christ.* 3, 8, 12) bezogen worden: pagane Poesie auszulegen sei gefährlich, weil sie ›physikalische‹, widergöttliche Deutungen verberge (am Grundsatz der hermeneutischen Poetik selbst wird also nicht gezweifelt); die Kirche hat sie daher verbannt (frustravit removitque omnia).

7. Erst in der Mitte des 4. Jh. erreicht die typologisch-allegorische Bibelexegese den lateinischen Westen. Es besteht fortan neben der hermeneutischen Poetik eine Bibelhermeneutik, deren System der mehrfachen Schriftsinne bis zum Hochmittelalter verfeinert wird.

8. Der Schrift wird in dieser patristischen Praxis eine Tiefendimension verliehen, die jedenfalls eine Rezeption der antiken Rhetorik (elocutio) in die Bibelhermeneutik ermöglicht: das Wort Gottes erhält darüber hinaus die Qualität eines literarischen Supertextes auch im Hinblick auf die genera der Antike: in ihr kumulieren sämtliche – gerade auch die poetischen – Formen (sog. Entsprechungssystem; ausgearbeitet bei Hieronymus und Augustin).

Vollends mit der Übertragung des Theorems vom Vergnügen an der obscuritas auf die Textoberfläche der Schrift *sind alle Elemente der paganen hermeneutischen Poetik* (o. 2) *potentiell in die sakrale Exegese eingeflossen.*

9. In christlicher Observanz auch Poet zu sein – und zwar wird Poesie hierbei von allen Beteiligten als antike, an sich pagane Form verstanden – stellt bis zum Ende des 4. Jh. vor keine theoretischen und praktischen Probleme. Bemerkenswert ist, daß gerade aus theologischer Sicht gelegentlich für die Darstellung paganer Mythen plädiert wird – insofern diese auf eine christliche Deutung hin konzipiert werden (so Augustin gegenüber dem Poeten Licentius); die pagane Dichterexegese wird also von Christen auch für die zeitgenössische Dichtung akzeptiert.

10. Vor praktische Probleme einer christlichen *Poetik* – die theoretischen Erörterungen um zwei Generationen vorangeht – sieht sich erstmals die Position der biblischen Stiltheologie (o. 6) gestellt. Nachdem die interpretatio christiana der antiken Poesie auch die Bibel einem Literarisierungsdruck ausgesetzt hat, erfolgen die ersten Experimente einer *Poetisierung der Bibel* noch im 4. Jh. Auch sie partizipieren am hermeneutischen Zugang zur Poesie überhaupt, so erklärt sich die Identifikation von Vergil und Bibel im Cento. Aber diese Literarisierung folgt schon in den ersten christlichen Dichtungen eigenen Formtrends, die sich mit den Kategorien der antiken Poetik nicht mehr erfassen lassen. Das Problem der praktischen Folgen, welche die Ablösung einer mimetischen durch eine exegetische Poetik haben mußte (o. 2), drängt nun auf eine Lösung. Spiritualisierung (Exegese) statt Mimesis und auf der Seite des Publikums erbauliche Affekterregung statt delectatio lassen sich auf den ersten Blick nur als Zerstörung der alten poetischen Strukturen erkennen. Aber darunter zeichnet sich eine Formgeschichte ab: zunächst wird Spiritualisierung durch mimetische Akribie selbst signalisiert, dann treten Exegese und Rhetorik (oft bereits in arguten, ›barocken‹ Formen) auseinander. Die mittelalterliche Literaturtheorie, die in den letzten Jahrzehnten besonders erforscht wurde, wird nur den intellektualistischen Charakter der Spiritualisierung, die Allegorie, erfassen und den Kategorien der antiken (horazischen) Poetik zu akkommodieren suchen. Der kathartische Charakter der christlich-›erbaulichen‹ Affekterregung hat lediglich im griechischen Osten, bei Basilios und Chrysostomos, zu einer kurzfristigen Rezeption der aristotelischen Poetik geführt, in der für die christliche delectatio der biblische Begriff der aedificatio eintritt[17]. Dem Frühhumanismus wird diese Tradition allenfalls in Formulierungen wie der des pseudofulgentianischen Thebais-Kommentars überliefert:

> Sub blanditorio poeticae fictionis tegumento moralium seriem utiliter inserunt. Cum enim teste Horatio ›aut prodesse volunt aut delectare poetae aut simul et iocunda et idonea dicere vitae‹, non magis litterali sensu aut historiali facilitate hilares reperiuntur et iucundi quam mystica expositione figurarum moribus humanae vitae aedificandis utiles et idonei.

Der theoretischen Explikation der eigenen poetischen Praxis fehlen also in der Spätantike noch eigene, christliche Kategorien; die ›Poetik‹ der Präfationentopik entweicht in theologische Metaphorik oder den puren Kontrastanspruch gegenüber den antiken Gattungen. Denn eine solche Gattungskonfrontation – und damit auch die Usurpation und Abwandlung der alten Formen – wird am Ende des 4. Jh. möglich, als das ›Entsprechungssystem‹ der Schrift die Dignität eines literarischen Supertextes zuwies (o. 8), ebenso die Raffinesse eines rhetorischen Kunstwerkes. Beides ermöglicht die Blüte der hochrhetorischen Gattungskontrafakturen seit Paulinus von Nola, die seit Ambrosius und Prudentius durch die poetische Nutzung der biblisch-exegetischen Formen vervollständigt wird. Diese Entfaltung bleibt an die Kultur und das Publikum der Spätantike gebunden; sie erlischt zum Frühmittelalter und läßt nur die rhetorisch-exegetischen Minimalformen der christlich-poetischen Erbauung bestehen; die Kontinuität reicht hier bis zum Barock; von der Renaissance wird ›christliche Dichtung‹ zunächst nur in dieser Lösung von den mimetischen Formen der Antike begriffen werden.

11. Nicht eine ›christliche‹ Literaturtheorie kennt also die Spätantike; sie bringt jedoch Reaktionen auf die seit 400 blühende rhetorisch-exegetische Poesie hervor. Sie stellt hier Grenzen des kirchlich Akzeptablen auf, die noch in der Renaissance eine entscheidende Rolle spielen: a) abgelehnt wird die Form des Klassikercento. Als produktive Weiterbildung (also nicht als hermeneutische Chresis) erscheint die pagane Poesie im christlichen Bereich gefährlich (Hieron. epist. 53); b) die Grenze ist aber noch nicht in einer vom Klassiker autonomen, wenngleich ihn imitierenden christlichen Poesie (etwa dem Bibelepos) überschritten; c) Hieronymus beurteilt sogar die christlichen Kontrafakturexperimente gegenüber den antiken Gattungen sehr positiv. Er fordert geradezu die Einbeziehung der biblischen Allegorese in diese Poesie und steigert dies bis zum Postulat einer christlichen Gegen-Klassik:

> huic prudentiae et eloquentiae si accederet vel studium vel intelligentia scripturarum, viderem te brevi ac rem tenere nostrorum ...; nasceretur nobis aliquod, quod docta Graecia non haberet ...; nihilque Latinius tuis haberemus voluminibus.

12. Diese im ganzen der Poesie offene Position wird von Augustin zunächst eingeschränkt; dann tatsächlich durch Ansätze zu einer genuin christlichen Ästhetik überlagert. Dies geschieht in der ersten systematischen Schrift zu dieser Frage *(De doctrina Christiana)*. Sie kann bezeichnenderweise nur als Bibelhermeneutik aufgebaut werden, in die ein System der antiken (Hilfs-) Disziplinen integriert wird. Die pagane Poesie hat hier allenfalls noch eine Bildungsfunktion im Grammatikunterricht; selbst ihre interpretatio christiana wird (trotz gegenteiliger Praxis Augustins) abgewiesen (vgl. o. 6). Aber das System mündet in eine christliche Produktionsästhetik (4. Buch – keineswegs nur eine ›Predigtlehre‹): wie kann die ausgelegte Schrift im weitesten Sinne vermittelt werden? Augustin deutet für diesen Versuch die antike Stillehre

(docere, delectare, movere) um: die dogmatische Richtigkeit und Lehrhaftigkeit des docere, die missionarische persuasio des movere können in eine heteronome Ästhetik eingebaut werden. Das Problem liegt im ›mittleren‹ Stil der delectatio. Augustin erkennt sie als naturgegebene ›Freude am Literarischen‹ an (appetant eum – sc. stilum – qui lingua gloriantur et se in panegyricis talibusque dictionibus iactant; *d. d. chr.* 4, 25, 55)[18], und er erkennt sie auch in der exegetisch-rhetorischen Literatur der christlichen Spätantike. Aber sie fordert ihn zu einer christlichen Begründung heraus, die durch eine aedificatio- und caritas-Ästhetik, fundiert durch eine Philosophie der Chresis der Welt (uti und frui), in *De doctrina christiana* und den *Confessiones* formuliert wird[19]. Ästhetisch verstandene ›Erbauung‹ des Mitmenschen (Publikums) gründet in der caritas, nicht nur dem Mitmenschen gegenüber, sondern von Gott zum Menschen und von diesem über den Mitmenschen zu Gott zurück. Augustin fügt in diesen ästhetischen ›Regelkreis‹ auf ingeniöse Weise die delectatio ein: die Exegese von Gottes Wort macht durch seine obscuritas ›Vergnügen‹; dieser ästhetische Genuß wird in der (literarisch vermittelten) aedificatio an die Gemeinde (das Publikum) zum ästhetisch heteronomen docere und movere. Wird es mit dem ganzen ästhetischen Vermögen der menschlichen Sprache ausgeformt, so hat es ›zugleich‹ Gott zum Adressaten, gibt ihm die delectatio als ›Opfer‹ zurück. – Augustin hat diese Begründung einer christlichen Ästhetik nicht im Sinne einer Poetik (oder Rhetorik) expliziert. Die Möglichkeit von Poesie ist in ihr zwar gesichert, aber sie bleibt vor allem deshalb instabil, weil die ›zweite‹ (nicht mehr hermeneutische, auf Gott gerichtete) delectatio stets hinter der sinnlich erfahrbaren Oberfläche von Sprache zurücktreten kann (etwa im Gebet, in liturgischen Formen). Sie wird dann bei Augustin, wie in der späteren europäischen Tradition der meditatio, durch die Oberfläche des Schrifttextes selbst ausgedrückt. Gerade eine christliche Letztbegründung von Poesie verstärkte also den hermeneutischen Charakter der spätantiken Poetik.

Zur Frage einer christlichen Poetik bietet die Spätantike ein oft unvermitteltes Nebeneinander, eine Pluralität von Positionen. Die hermeneutische Poetik gegenüber den alten Texten der Klassiker durchkreuzt die Tradition poetischer Praxis; zugleich fördert sie die Schrifthermeneutik – ohne daß wesentliche Verschmelzungen beider Corpora in der Praxis zugelassen werden. Christliches Dichten erscheint den Zeitgenossen gegenüber dieser doppelten Exegese als Randphänomen, daher der Begründung kaum bedürftig (allerdings werden ihr bestimmte Grenzen gesetzt).

Die formalen Neuartigkeiten der christlichen Ausdruckswelt werden von der poetischen Praxis genutzt, nicht theoretisch expliziert. Wo sie, wie bei Augustin und in der Aristoteles-Rezeption der griechischen Patristik, beachtet werden, gibt es Ansätze, sie mit antiken Kategorien (sowie dem theologischen Konzept der aedificatio) zu erfassen. Diese Ansätze greifen jedoch so tief ins Theologisch-Grundsätzliche, daß sie den Bereich einer praktischen Poetik nur berühren.

II

Die spätantiken Positionen bleiben bis ins Mittelalter hinein in einem schwankenden Gleichgewicht. Es gibt Angriffe auf die Poesie, Verteidigungen[20] – aber sie berühren nicht die hermeneutische Domestizierung der alten, nicht die einigermaßen gleichgültige Duldung der christlichen Poesie.

Mit dem ersten Brief Albertino Mussatos an Giovanni da Vigonza (epist. 7;1309) hat sich das geändert. Mussato sah sich zu dieser Äußerung durch Angriffe auf sein erstes Priapeum veranlaßt. Diese Tradition war seit den Epigrammen der *Anthologia Latina* nicht mehr gepflegt worden. Und diese neuartige Fähigkeit zur direkten und unvermittelten Anknüpfung an die bisher verschütteten poetischen Möglichkeiten der paganen Antike kennzeichnet auch sein anderes Experiment: er hat in seiner *Eccerinis* ausdrücklich die antike Tragödie wiedererwecken wollen. So hat er auch seine Dichterkrönung, wie sein Kreis in Padua, als ein Ereignis eigenen, antiken Rechts, nicht abgeleiteter Dignität verstanden[21].

Der außerordentliche Rechtfertigungsdruck, den diese Position außerhalb der seit langem akzeptierten Haltungen zur Poesie in der Umwelt der spätmittelalterlichen Stadtkultur in Oberitalien erzeugte, führt nun erstmals zu einer ebenso heteronomen wie globalen Begründung der Poesie. Mussato beginnt seine Verteidigung noch mit der Berufung auf die horazische Doppelformel:

> Nunc prodesse volens, nunc[22] delectare, per omnes
> Prudentum thalamos gratificanda fero.
> Interdum sacrae refero monimenta Minervae,
> Incidit officiis & Venus apta meis.
> Sacra cano, sacri celebrant cum sacra Ministri,
> Fungitur obsequiis Virgo beata meis.
> ›Salve Sancta Parens‹, & verba sequentia dico,
> Dicitur heroico cum sacra Missa pede.
> Vespera sancta meis canitur solemnior hymnis,
> Placo dulcisonis Numina sancta metris. (v. 5–14)

Die erotische Dichtung wird hier zunächst durch die Aufspaltung der horazischen Begriffe[23] in den Kanon des Akzeptierten eingereiht, des weiteren durch die Berufung auf die kirchlich-liturgische Hymnodik des Dichters gleichsam geschützt[24]. Aber mit dieser Defensive hat Mussato seine Dichtung zugleich dem Bereich der (christlich-)sakralen Tradition angenähert. Ab v. 15 löst sich der Brief von der Rechtfertigung eigener Dichtung; mit zwei Hauptargumenten wird die Möglichkeit von Dichtung überhaupt begründet.

I. Dichtung ist eine Frühform von Theologie und Philosophie[25]:

> Quidni? Divini per saecula prisca poetae
> esse pium caelis edocuere Deum.
> Tecta quidem primae fudere aenigmata genti

non nisi compositis insinuanda metris;
hique alio dici coeperunt nomine vates:
quisquis erat vates, vas erat ille Dei.
Illa igitur nobis stat contemplanda poesis,
altera quae quondam theologia fuit. (v. 15–22)

II. Die Bibel ist identisch mit der theologischen Poesie der Heiden; und sie ist selbst Poesie:

Dicitur Hebraei populi Dux inclytus altum
Versibus hexametris conciliasse Deum.
Edidit heroica sua Job lamenta camoena,
(Assit Hieronymo si modo vera fides)
Placavitque Deum metrico Psalmista canore,
Extat in hebraeis littera certa notis.
Sanctaque figmentis Salomonis cantica tantis,
Si bene dispicias, tota Poesis erit. (v. 23–30)

Beide Argumente selbst sind spätantik (vgl. o. I 3 und 6 sowie I 8)[26]. Das erste (die ›hermeneutische Poetik‹, überhöht durch die Lehre von den frühen Dichtertheologen) hatte in der Spätantike auch bereits auf die Auffassung von der Schrift als Literatur einen erheblichen Einfluß[27]. Das zweite Argument von der poetischen Qualität der Bibel wird ebenfalls gesteigert – die Bibel ist mit ›Poesie‹ identisch[28] – und ist ebenfalls traditionell. Neu hingegen ist die argumentative Umkehrung der spätantiken Synkrisis: alle Poesie (also auch die gegenwärtige!) hat Teil an einem sakralen Textkorpus, *weil* die Schrift Poesie ist. Das Argumentationsziel ist nunmehr von der Bibel zugunsten der Poesie verschoben, *die exegetische Unantastbarkeit der Schrift legt durch die Verschmelzung der beiden spätantiken Hermeneutiken das heteronome Fundament einer autonomen Poesie als einer ›anderen Theologie‹.*

Der 7. Brief verficht seine These noch vorsichtig. Der sakrale Wahrheitsgehalt der Poesie wird erst flüchtig berührt (v. 17f.), und auf der anderen Seite wird die traditionelle Verbindung von obscuritas und delectatio noch der biblischen Seite zugewiesen[29]. Die nachfolgende Polemik (Brief 1, anknüpfend an die Verteidigung seiner Tragödie, und besonders die Kontroverse mit Giovanni von Venedig: Brief 4; beide von 1316) baut die Theorie aus. In Brief 4 (v. 42ff.) hat Mussato, angegriffen mit dem alten Argument des mendacium der Dichter, das Postulat der Wahrheit hinter den paganen Mythen der »sacra poesis«[30] ausdrücklich zu einer Identifikation und Überblendung von griechischen Mythen und biblischen Geschichten gesteigert; die in der Spätantike nur ephemeren, bald abgelehnten Identifikationen (vgl. I 5)[31] werden hier wieder erreicht. Die obscuritas und Anstößigkeit der textlichen Oberfläche als Instrument der delectatio wird nun (epist. 4,59f.) auch der Poesie zuerkannt. Hinzu tritt die Allegation weiterer antiker Autoritäten, besonders des Aristoteles[32], sowie (epist. 18,28ff.) die Absicherung der poetischen Theologie durch die Aufnahme der Prioritätsbehauptung (AT vor Homer; vgl. I 5).

Die noch erhaltene Gegenschrift Giovanninos von Mantua – nunmehr eines Theologen – (sie enthält Zitate aus einem verlorenen Brief Mussatos)[33] und die abschließende Reaktion des Poeten (1316/17; epist. 18) verdeutlichen erst, in welchem Ausmaß die spätantiken Positionen den Gegnern vertraut waren und wie sie zugespitzt und eliminiert wurden.

Giovannino hatte die Berufung auf die Dichtertheologie mit dem negativen Kommentar Augustins[34] konfrontiert und die Ablehnung aller theologischen Konsequenz der Identifikation von Bibel und Poesie bei Thomas von Aquin zitiert[35]. Dieser letzteren Autorität vor allem sollte die ausdrückliche Heranziehung der aristotelischen Metaphysik begegnen. Dem Autoritätenkatalog zur Ablehnung der Poesie in der Spätantike (Giovannino fügt der Distinctio 37 des *Decretum Gratiani*[36] noch eine Zusammenstellung Abaelards hinzu)[37] trat Mussato mit der partiellen Umdeutung zweier Hauptautoritäten[38] entgegen: aus der christlichen Literatur zu vertreiben sei nach der Meinung des Augustin und Boethius nur die scaenica poesis; diese wird dem Verdikt der Gegner preisgegeben[39].

Die Polemik veranlaßte Mussato, seine globale Identifikationsthese zu differenzieren; und hierbei erscheinen ihre Grenzen – nicht zufällig bei dem Versuch, poetische Praxis, und zwar in den tempora christiana, zu begründen. Giovannino erinnert an die (augustinische) Ästhetik der delectatio Gottes an liturgischer Poesie (mitsamt Gebet und Musik); hier liege die eigentliche sacra poesis vor; das rhetorisch, insbesondere metaphorisch durchgebildete Wort Gottes mit (paganer) Poesie zu identifizieren sei Blasphemie[40]. Mussato ist in seiner Entgegnung (epist. 18,100 ff.) zunächst genötigt, die poetische Hermeneutik von der erbauenden Poesie christlicher Praxis zu trennen:

> nam verum non ipsa Deum modulamine solo
> placat, ad hunc tantum prodens sua carmina finem,
> sed, prior assurgens, summis ab origine mundi
> intuitu speculata suo rimatur in astris. (v. 100 ff.)

Mit dieser Differenzierung kündigt sich eine sehr bezeichnende, von der Forschung noch nicht hervorgehobene Doppelgleisigkeit der poetologischen Begründungsversuche Mussatos an. Die ›erbaulich‹-liturgische Rechtfertigung der Poesie mit ihrer auf Juvencus und Augustin zurückgehenden Tradition (o. I 10 und 12) ist nämlich keineswegs vorgeschoben und gleichsam obligat; sie wird in den poetischen *Soliloquien* – poetischen Meditationen sowohl spätantiken wie vorbarocken Charakters – aber auch in der geistlichen Bukolik Mussatos[41] wiederholt und variiert[42]. Andererseits wird, besonders epist. 18, das Programm des Juvencus geradezu als Kontrast zur eigenen Position zitiert[43]. – Ein Versuch zur Synthese ist nicht erkennbar, womit sich Parallelen zu den nur biographisch erklärbaren Vieldeutigkeiten und Spannungen in der Ästhetik Petrarcas eröffnen.

Erkenntnis, und zwar Naturerkenntnis, wird nun als Ziel dieser Poetik sichtbar, sowie sie sich von ihrer Funktion als Gotteslob ablöst. Umso entschiedener hält sie an der Identität von Bibel und Poesie zu ihrer Fundierung fest – wird hierbei allerdings von den Einwänden des Gegners auf das Phänomen christlicher poetischer Praxis (die Mussato übrigens selbst betrieb!) außerhalb der ›Bibelpoesie‹ Gottes gestoßen. Mussatos Lösung neigt bezeichnenderweise dazu, diese christliche Poesie von der ›eigentlichen‹ (mythisch-paganen) zu sondern *und der Bibel selbst zuzuordnen* – das erste Mal in der europäischen Tradition fällt hier christliche Poesie aus den ästhetischen und theologischen Kategorien heraus. Das Mariengedicht aus den *carmina minora* Pseudo-Claudians wird geradezu als Exempel für den Metaphernreichtum der biblischen Autoren selbst angeführt (epist. 18,119ff.). Das Problem der nunmehr gebotenen Unterscheidung zwischen poetischer Bibel und biblisch gebundener poetischer Praxis[44] hat Mussato noch nach dem Ende der Kontroverse zu einer Prosaerörterung (der sog. declaratio zu Epistel 18)[45] veranlaßt: hier wird endlich zwischen einer »theoretischen« (d. h. nur hermeneutisch erfaßbaren) Poesie (der Bibel und den inspirierten paganen Klassikern) und einer ›praktischen‹ Poesie der Gegenwart unterschieden[46]; bei letzterer ist vor allem an die christliche Dichtung in der Tradition des Juvencus gedacht[47]; sie kann aber auch eine Fiktion ohne tiefere Bedeutung darstellen. An diesem Punkt also hat sich schließlich die Möglichkeit autonomer Poesie im Denken Mussatos eröffnet – an eben diesem Punkt aber wird sie von der Rechtfertigung sakraler Hermeneutik nicht mehr geschützt und ihre Explikation bleibt fragmentarisch[48]. Die hermeneutische Begründung der Poesie verhindert eine nachantike Poetik.

Aber dies ist nur ein Teilaspekt der Reflexionen Mussatos. Denn eben diese Blockierung führt zu bemerkenswerten, von Mussato selbst nicht thematisierten Rückwirkungen. So hatten schon in epist. 4 die Einwände des Kontrahenten gegen die Identität von Poesie und Bibel zu einer Differenzierung der in der Hülle der Dichtung verborgenen Wahrheit von der theologischen Wahrheit der Schrift geführt: gerade die gewaltsame Identifikation beider hermeneutischer Texte bahnte den Weg zur *Philosophia poetica der Frührenaissance*.

Sodann fördert die Verschränkung von Schrift und Klassikern mit ihrem starken Akzent auf der Deutung der letzteren eine eigentümlich moderne, dem Mittelalter völlig fremde, *Litteralisierung der Bibel*.

> Quae Genesis planis memorat primordia verbis
> Nigmate maiori mystica Musa docet (epist. 4,48f.)

Was Bibel und Klassiker unterscheiden kann – der Gegner hatte wiederholt auf eine Differenzierung gedrängt –, ist hier endlich, bei gleichbleibendem exegetischen Anspruch, die Entdeckung der Schrift als des ›schmuckloseren‹ Textes, als Prosa (planis verbis). Schließlich aber hinterläßt bereits bei Mussato der ständige Rechtfertigungsdruck der Poesie den Keim eines *formalen Verständ-*

nisses der Poesie: ihre Inhalte können wechseln (so schon am Ende von epist. 7), ja der Dichter kann sich, wie im Fall der *Priapea,* von ihnen distanzieren.

Die drei genannten Effekte sind in den Erörterungen Mussatos noch kaum spürbar, aber an ihrem Ende wird die platonistische Philosophie des Quattrocento, die Bibelphilologie des Erasmus und der Reformatoren, an ihrem Ende wird schließlich die Rezeption der aristotelischen Poetik stehen. Dieser Prozeß soll in seiner Frühphase, eben in den poetologischen Begründungsversuchen des frühen Humanismus, nachvollzogen werden.

III

Mussatos Thesen fanden gerade wegen ihrer Polemik und ihres globalen Geltungsanspruchs[49] schnelle Verbreitung. Bis zur *Concordantia poetarum, philosophorum et theologorum* Giovanni Caldieras und Ermolao Barbatos *Contra poetas* (beide aus dem Jahre 1455) bilden sie erkennbar das Fundament, auf dem vor allem Petrarca[50], Boccaccio[51] und Salutati[52] die Argumente weitergebildet, aber auch verändert haben. Es ist daher angezeigt, diesen Ausbau im Sinne der oben angedeuteten Entwicklungen systematisch, nicht historisch nachzuzeichnen[53]. Hierbei werden auch weitere Teilnehmer an der Diskussion (Piccolo da Monteforte, Giovanni Dominici und Francesco da Fiano) herangezogen.

1. Spätestens bis zur Kontroverse Salutati/Dominici (1405) werden die ›negativen‹ Autoritäten der Spätantike zur Poesie[54] wiederholt durchmustert, relativiert und in angestrengter Heuristik durch neue positive Zeugnisse erweitert und ausbalanciert. Schon bei Boccaccio finden sich z. B. Fulgentius und Dionysius Areopagita in dieser Hinsicht rezipiert[55]; das Arsenal erscheint vollständig, als in der Mitte des 15. Jh. Valla in seinen *Adnotationes in Novum Testamentum* jede Form von ›Autorität‹ auf diesem Felde grundsätzlich in Frage stellt[56]. Am erfolgreichsten erwies sich bis zur Zeit des Erasmus und der Reformatoren die ›Entdeckung‹ des Prologs Augustins zu seiner Schrift *De doctrina christiana* durch Petrarca: die Verwahrung des Kirchenvaters gegen das visionäre, jede Exegese und grammatisch-poetische Bildung ablehnende Mönchtum wurde noch Savonarola entgegengehalten[57]. Eine Sonderstellung nimmt die ›Hieronymus-Kontroverse‹ ein: hier konnte mit einer Autorität auf beiden Seiten argumentiert werden. An ihr läßt sich zeigen, daß die Verteidiger der Poesie erfolgreicher und expansiver argumentierten, und zwar durchaus noch nach scholastischer Methode[58]. Bis zur Mitte des Quattrocento kann die Möglichkeit von Poesie überhaupt aus dogmatisch-kirchlichem Horizont nicht mehr wirksam bestritten werden; bei den erneuten Angriffen seit Reformation und Gegenreformation konnte ihre Verteidigung gegenüber diesen Gegnern sich auf das spätantike System von *De doctrina christiana* zurückziehen.

2. Die Verschmelzung von Schrift und paganen Klassikern zu einem Inbegriff von Poesie war das Herzstück der Theorie Mussatos; und sie ruhte auf dem exegetischen Schriftverständnis der alten Kirche und des Mittelalters. Die Reflexionen der neuen Poetologie über die Bibelhermeneutik sind denn auch streng traditionell (im Sinne der mehrfachen Schriftsinne); nur war schon bei Mussato zu bemerken, daß sich die Energie der Argumentation auf die Tiefenstruktur der alten Poesie richtete, nicht auf die Bibelallegorese. Dem entspricht, daß der biblizistische ›Beweis‹ schon bei Petrarca gleichsam obligat und in knapper Form wiederholt wird[59]; die Ästhetik der obscuritas hat er vorzugsweise an den paganen Dichtern exemplifiziert[60]. Boccaccio macht keinen Hehl mehr daraus, daß die Bibelpoetik vor allem zur Stützung der Dichterallegorese eingeführt wird[61]. Dieses ›Stehenlassen‹ der allegorischen Struktur der Bibel bewirkt jedoch seit Boccaccio zunächst unscheinbare Verkürzungen der Schrifthermeneutik, über deren Folgen noch zu handeln sein wird. Sie werden in ihrer Frühform als Rückwirkungen der Verschmelzung mit der ›poetischen Hermeneutik‹ erkennbar. So hat Boccaccio das biblizistische Argument in der Weise zugespitzt, daß eine Verwerfung der poetischen fictio, eben aufgrund der postulierten Identität, auch die Verwerfung der biblischen historia zur Folge hätte; die Termini fabula und figura meinten im Grunde das Gleiche. Zum Beleg werden besonders ›unwahrscheinliche‹ Historien des AT gereiht. Hier wird die spezifische Eigenart der Bibelhermeneutik, ihre historisch-typologische Sinnebene in eine allgemeine Allegoristik eingeebnet, ein Vorgang, der sich bei Francesco da Fiano beschleunigt.

> Inquiunt enim sacre scripture latentem veritatem figuris et non allegoriarum significatione velari ... sed quid allegoria, quid typus significet, linquo doctis grammaticis – non est quaestio huius temporis[62].

Die wirklich ›aktuelle Frage‹ gegenüber der Bibelhermeneutik wird sehr bald, bei Landino, auf die Übereinstimmung ihrer ›Mythen‹ mit den platonistischen Theologumena der prisci poetae zielen[63].

3. Das Argument von der frühen Dichtertheologie stützte sich auf die der jüdisch-griechischen Apologetik entstammende Prioritätsbehauptung. Gegenüber der christlichen Spätantike wechselte sie seit Mussato ihre Funktion. Dort diente sie als Altersbeweis der Schrift und der aus ihr gewonnenen Theologie; in der neuen Poetologie stützt sie die exegetische Wahrheit der von der Schrift abhängigen Poesie. Daher ist die in der Logik der neuen These eigentlich liegende auch historische Identifikation beider Texte, von einer versuchsweisen Erwägung abgesehen[64], nicht vertreten worden; die Priorität des AT wird allerdings auch hier ›stehengelassen‹. Gewicht wird auf die unmittelbare Zuordnung von christlichem Schöpfergott und paganem Mythos gelegt[65], die platonische Lehre von der Inspiration der Dichter dementsprechend in den Vordergrund gerückt[66].

Das Festhalten an der Prioritätsthese führte jedoch zu Inkongruenzen zwischen a) polytheistischem Anschein und Monotheismus-These, was die pagane Poesie betrifft, b) der Wahrheit, die »schon immer« offenbart war, und der Verteidigung ihres poetischen Abscheins in der Antike. Die Lösungsversuche zeigen das Spektrum dessen, was einer vorhistoristischen Perspektive möglich war (gerade die Prioritätsthese war ja seit dem 18. Jh. mit ihrem Hinweis auf das AT und seine ›Poesie‹ ein wesentlicher Auslöser des Historismus). Petrarca argumentiert mit der Analogie zum Irrtumsspielraum der Philosophen[67], mit der ›doppelten Wahrheit‹ der antiken Poeten[68]; Boccaccio wagt eine Distinktion zwischen paganer und christlicher Theologie[69], rechtfertigt die paganen Poeten durch die pandektistische Lehre vom entschuldbaren Irrtum[70]; bemerkenswert ist vor allem sein Hinweis auf die vom christlichen Europa unterschiedene ›Theologie‹ exotischer Völker[71]. Endlich fördert diese Diskussion die Entstehung eines nachantiken Epochebewußtseins: bei Piccolo da Monteforte[72] wie Salutati[73] wird konzediert, die ausgehende (christliche) Antike habe gegen die pagane Poesie kämpfen müssen, bis sich das Christentum durchgesetzt habe – nun könne auch die ästhetische Theologie der alten Dichter wieder zu ihrem Recht kommen. Das Argument bedarf nur einer kleinen Verschiebung – sie wird dann in Vidas *Ars poetica* sichtbar[74] –, bis sich ›Renaissance‹ an der Antike poetisch zu bilden hat.

4. ›Dichtertheologie‹ und ›Priorität der Schrift‹ hatten seit Mussato als Argumente die poetische Hermeneutik zu steigern, welche die pagane Spätantike an Homer, Vergil und anderen geübt hatte; sie hatten sie bis zu der Dignität zu steigern, durch die sie mit der Schrifthermeneutik verschmelzen und so ›Poesie‹ fundamental rechtfertigen konnte. Aber dieses Argumentationsziel – und damit auch die Umformung einer hermeneutischen in eine ›praktische‹ Poetik! – tritt seit Petrarca in den Hintergrund. Die Exegese der alten Poeten selbst gewinnt eine derartige Dynamik, daß sie die exegetische (platonistische) *Philosophie* des frühen Humanismus aus sich entläßt. Erkennbar wird diese Dynamik zuerst an dem gewaltigen Aufwand[75], mit dem die spätantiken Belege für die allegorische Dichterinterpretation nach Mussato gesammelt und ergänzt[76], über die Patristik hinaus auf die philosophische Vergil- und Platonexegese der Spätantike ausgedehnt werden[77], mit dem schließlich das Programm der Chresis immer wieder kirchlichen Einwänden entgegengehalten wird[78].

Die Rezeption der paganen Vergildeutung rückte Deutungen in den Blick, die bei aller Bemühung nicht in Kongruenz mit der christlichen Heilsgeschichte zu bringen waren: der Aufstieg der Seele aus den Affekten, eine Tugendsystematik, vor allem die kosmologischen Entwürfe der Philosophenschulen. Boccaccio hat vor diesem Faktum als erster die Verschmelzung der beiden Hermeneutiken durchbrochen[79]: wo die Oberfläche (cortex) der alten Poesie keine Anstöße gebe, habe das exegetische Bemühen nicht in erster Linie auf ›Theologie‹ zu zielen. Die Abweichung vom Normalen gibt also – wie der ›Anstoß‹ durch biblische ›historia‹ in der Schrifthermeneutik – die interpretatorische Regel dafür, wo an der Deutungseinheit mit der biblischen Offenbarung festzuhalten ist. Der pagane Poet traktiere im übrigen physiologia und ethologia (ethische Wahrheiten); die physiologia umfasse vor allem kosmologische Lehren[80].

Hier liegt ein erster Versuch vor, Naturphilosophie und Ethik unter dem Schutz der durch Mussatos Thesen ›sakral‹ gewordenen Poeten zu etablieren. Schon Salutati hat diese Absicht in seinem großen, mit den *Genealogien* Boccaccios konkurrierenden Werk über die Deutung des Herkulesmythos zum Programm erhoben: nicht mehr ein mythologisches Kompendium, sondern einen exegetisch-philosophischen Traktat über das Verhältnis von Leib und Seele und über das System der Tugenden legt Salutati vor[81]. »Wahrheiten schließen Wahrheiten nicht aus«[82], formuliert Salutati kirchlichen Einwänden gegenüber abschließend diese Wendung der Dichterexegese; ihre Fortbildung im Quattrocento wiederholte in der umfassenden Vergilallegorese Cristofero Landinos noch einmal eine spätantike Kommentarform, löste sich dann bei Marsilio Ficino und Pico della Mirandola aus der Exegese[83]. Der Renaissancephilosophie aber hatte sie ihre hermeneutische Prägung gegeben.

Die Abtrennung des philosophischen vom theologischen Deutungsziel hatte die Identitätsthese (Bibel = alte Poesie) hinter sich gelassen. Wenn trotzdem noch bei Boccaccio nachdrücklich an ihr festgehalten wird[84], hatte dies zweifellos auch taktische Gründe; doch stellte die Trennung auch vor ein wirkliches Problem. Was konnte nach Ausgliederung der ›philosophischen Wahrheit‹ noch der theologischen Schrifthermeneutik verbleiben, gemessen an dem seit der Scholastik ungebrochenen Universalitätsanspruch der Theologie, der in seiner nominalistischen Unbedingtheit eher noch zugenommen hatte? Es handelt sich bei dem Problem also erneut um eine Rückwirkung der poetischen Hermeneutik auf die biblische.

Die Lösung Salutatis ist revolutionär zu nennen; sie hat alsbald in der platonistischen Theologie Caldieras, sodann in der christlichen Theologie des Humanismus weiten Nachhall gefunden[85]:

> sicut habet divina scriptura dilectionem dei et proximi, qua componitur et in quam quicquid est in ipsa compositum resolvatur, sic secularis, ut ita dixerim, et humana poetica creatorem habet et creaturam, in quos aut in quorum actus quicquid obtegit redigatur. (*De labor. Herc.*, hg. Ullman, S. 82)

Biblische Exegese hat in der Liebe zu Gott und zum Nächsten ihr Objekt, ja ihre hermeneutische Regel (quicquid est in ipsa) – eine Reduktion der Theologie von ihren dogmatischen und aristotelischen Verwissenschaftlichungen, die bei Valla, Erasmus, den Humanisten der devotio moderna und nicht zuletzt bei den Reformatoren stets wiederholt wird. Und diese

Reduktion ist deshalb so vollständig, weil sie nicht nur die (Natur-)Philosophie (creatura), sondern den creator und sein Verhältnis zur creatura, also die gesamte ›Dogmatik‹, Theologie im bisher gewohnten Verständnis, an die humana poetica abtritt. In der Tat lösen schon im Hercules-Traktat, sodann in den Briefen Salutatis – wie in der späteren Philosophie des Quattrocento – trinitarisch-dogmatische Rekonstruktionen *als* Dichterexegesen häufig die ethischen und kosmologischen Deutungen ab.

5. Philosophie und Theologie erhalten in der exegetischen Verschränkung der Klassiker mit der Bibel neue Konturen – aber der grundsätzlich hermeneutische Umgang mit Poesie ändert sich hierbei nicht. Und doch hat diese Verschränkung auch die Voraussetzungen für die Rezeption der aristotelischen Poetik geschaffen. Die folgenden Beobachtungen zeigen, daß dieser Vorgang auch die Freisetzung des Bibeltextes für die humanistische Philologie und Übersetzungstätigkeit umschloß.

a) Der Prozeß setzt mit einer begrenzten apologetischen Argumentation ein, die schon bei Mussato zu beobachten war: die Text-›Oberfläche‹ (cortex) der paganen Poesie war zu rechtfertigen. Bei Mussato geschah das durch die globale Integration in den Biblizismus. Boccaccio (*Geneal.* 14,9 und 14,13) erweitert – nach der schon mehrfach beobachteten Methode – das spätantike Beweismaterial und zieht hierbei gegen den Vorwurf des mendacium die alte Diskussion um veritas und fictio anläßlich der *Pharsalia* des Lucan heran (14,13). Dieser Rückgriff erwies sich deshalb als folgenreich, weil nur in dieser Diskussion eine Spur der aristotelischen Differenzierung zwischen τὰ γενόμενα und οἷα ἂν γένοιτο καὶ τὰ δυνατὰ κατὰ τὸ εἰκὸς fortlebte: am Beispiel Lucans umschrieben die *Commenta Bernensia*[86], Laktanz[87] und Isidor[88] die antike Dichotomie zwischen veritas und venustas (decor). Nun steht diese Dichotomie (I) quer zu der anderen, durch die poetische Hermeneutik überkommenen Scheidung von veritas und integumentum, wie sie am Beispiel des Pseudofulgentius (o. I 10) zitiert wurde (II):

I	veritas	–	decor/fictio
	(historia)		(verisimile)
II	veritas	–	littera/cortex
	(spiritus)		(integumentum)

Boccaccio argumentiert nun (14,13), diese Ambivalenz von ›veritas‹ ausnutzend, folgendermaßen[89]: 1) Poetische Fiktion wird im Sinne von I gegen den Vorwurf des mendacium verteidigt. 2) Poetischer decor wird, im Rahmen der erörterten Bibelpoetik, mit der littera nach II identifiziert: der Gegner der alten Poesie muß dann zugeben, daß auch die meisten biblischen Texte ›Fiktionen‹ sind – die meisten: genannt werden die Propheten und die Apokalypse; die Tendenz, in der Schrift zwischen poetischen und prosaischen Textstufen zu unterscheiden (vgl. o. II), verstärkt sich.

Folgenreich wird erst wesentlich später die hier erstmals durch die Verschmelzung der beiden spätantiken Traditionen erreichte These vom ›Fiktions‹-Charakter der Schrift-Oberfläche. Nicht nur wird sie seit dem 16. Jh. eine Rechtfertigung der antikisierenden Bibeldichtung ermöglichen; sie wird auch seit der Gegenreformation die deistische Relativierung des AT fördern. Den Übergang bezeichnet hier gerade die Verteidigung der Poesie aus der Haltung christlicher Apologetik. So argumentiert Scaliger in seiner *Declamatio contra Poetices calumniatores*[90], die mit jeder Poesie verbundene superstitio finde sich gerade auch in den Geschichten des AT. Die pagane Poesie wird hier zum Bollwerk gegen den ›Atheismus‹[91].

3) Nun – da auch Poesie als integumentum auf eine spirituelle Wahrheit verweisen muß – ist für Boccaccio das Feld gesichert, dessen Untersuchung er vor allem betreibt: die poetische Fiktion. Bezeichnenderweise hat sich an diesem Punkt auch die Wertung Lucans verändert: war dieser – dem integumentum-Konzept (II) entsprechend – im Mittelalter (noch bei Dante) deshalb als Nicht-Poet bezeichnet worden, weil seiner historia die tiefere Bedeutung fehle[92], so kann nun (*Geneal.* 14,13) erstmals das antike Urteil wieder nachvollzogen werden: es fehle der poetische Apparat. Und dessen Wesen zeichnet Baccaccio am Beispiel der *Aeneis* nach. Seiner Analyse aber dient die Rezeption der vier Arten von poetischen Fiktionen[93], die Macrobius in seiner poetischen Hermeneutik genannt hatte: Boccaccio unterscheidet (14,9) nun neben dem verisimile die allegorisch aufzulösende Vermischung von Wahrheit und Fiktion, die Parabel-Formen und die ›leere‹ Fiktion der Lügenmärchen[94]. Der Verständnishorizont war hiermit für die Aristotelesrezeption vorbereitet; die Bemühungen vor allem Robortellos um eine Funktionsbestimmung der Allegorie innerhalb der mimetischen Kategorien sind hier vorweggenommen.

b) Wenig später führt eine Paralleldiskussion über die Textoberfläche der Schrift zu einem erstaunlich ähnlichen Ergebnis. Salutati hatte noch in seinem Hauptwerk über den Herkulesmythos, konservativer und theologisch konformer als Boccaccio, an dem Unterschied des sprachlichen Gewandes beider ›sakraler‹ Corpora festgehalten: die littera der Schrift sei – im Unterschied zum Kleid der Poesie – stets auch als solche wahr[95]. Ja, Salutati rezipiert hier, als einziger in der Poetik-Kontroverse des frühen Humanismus, die grundlegende spätantike Unterscheidung der beiden Hermeneutiken: die Bibelexegese sehe sich auf typologische, temporale Signale verwiesen (Salutati sieht sie als futurische Verweisungen), die der paganen Poesie fremd seien (›Prophezeiung‹, etwa die Hinweise der *Aeneis* auf Augustus, geschehe dort stets ex eventu)[96].

Erst mit einem seiner letzten Briefe (epist. 23 an Giovanni di Samminiato von 1405)[97] hat Salutati Boccaccios für Schrift und Poesie gemeinsamen Fiktionsbegriff übernommen: quid enim est Divina Scriptura, quantum ad loquendi formam attinet, nisi fictum aliquid, quod de virtute sermonis falsum est?[98] (In diesem Zusammenhang verweist Salutati, über Boccaccio hinausgehend, auf die zuständige ars, die nicht Rhetorik sei, sondern die poetica vel poetria; er verweist auch auf die ›Poetik‹ des pater Aristoteles).

Mit dem gemeinsamen Fiktionsbegriff muß auch die störende Tradition von einer hermeneutischen Differenz beider Corpora (Schrift: stets wahr; Poesie: okkasionell wahr) beseitigt werden – Boccaccio hatte, sich allein der poetischen Fiktion zuwendend, diese Frage beiseitegelassen. Salutati löst auch dieses Problem auf eine revolutionäre, Positionen des Historismus vorwegnehmende Weise. Die Exegese selbst, sowohl der Schrift wie der paganen Poesie, wird nun als eine unendliche Pluralität ›richtiger‹ Interpretationen aufgefaßt[99], welche die Geschichte nicht ausschöpfen könne:

> cum poetarum figmenta posita sint in medio, nec uni homini, licet doctissimo, sed toti posteritati relicta sint: quis audeat affirmare quod, quisquis ille fuerit qui semel aliquid ipsorum exponens attigerit, reliquos quibus illud idem relictum sit a iure atque facultate expositionis excludat? (*Labor. Herc.*, hg. Ullmann, S. 46)

Garantiert wird diese Rezeptionshermeneutik durch eine Interpretationsprovidenz, in der Gott seine ›eigene‹ Offenbarung zu unendlichen Deutungsmöglichkeiten multipliziert hat, in der er die paganen Autoren ihnen unbekannte (»unbewußte«) Wahrheiten poetisch umkleiden läßt – die Interpretation weiß hier erstmals mehr als der Autor, und Salutati hat die oben (III 3) dargestellten Harmonisierungsversuche zwischen dem vorchristlichen Geheimwissen der prisci poetae und der biblischen Offenbarung hinter sich gelassen:

> Illa cum autorem habeat spiritum sanctum, ad infinitos sensus ordinata est. Nec potest excogitari veritas littere congruens quam illa infinita sapientia de cuius throno processit ab initio non intenderit. Hec autem, in quantum hominis est inventum, sic ad id quod intenditur ordinatur quod ad rerum omnium autore deo ad aliud quod homo non cogitat quandoque relata sit, aliquando solum id quod homo voluit habeat importare. Sed quia infinite sunt rerum similitudines, possunt non inconvenienter ad alia trahi, quo desinant qui plures expositiones viderint admirari. (*Labor. Herc.*, hg. Ullman, S. 87)

Die Textgestalt der Schrift ist nun als Fiktion im Sinne der Poesie etabliert worden; sie hat sich ferner von exegetischer Determiniertheit emanzipiert. Schließlich aber löst Salutati ihre Form – Prosa oder Poesie – selbst von der ›Offenbarung‹. Dieser Schritt erst hat, wie auf der Seite der paganen Klassik Boccaccios Überwindung der Dichterexegese, die hermeneutische Blockierung einer praktischen Poetik aufgehoben. Salutatis Argumentationsgang (epist. 23, hg. Novati, *Fonti* Bd XVIII S. 198 f.) ist ›moderner‹, scholastischer als Boccaccios Deduktion, aber er führt zu einem vergleichbaren Ergebnis: 1) Der Gegner (Dominici) hatte die Identität von Bibel und »poema« durch eine Distinktion bestritten: poema sei ein operationales Mittel des Ausdrucks (instrumentum), und als solches kategorial von

›Offenbarung‹ zu scheiden. 2) Salutati akzeptiert diese Distinktion, aber er radikalisiert sie: sprachliche Verlautbarung in welcher Form immer könne nur für den Schöpfergott im Sinne eines Werkzeugs Instrument sein (Salutati spielt hierbei mit dem Begriff ›instrumentum‹ für ›Testament‹ = Bibel); Menschen, also auch die inspirierten Verfasser des Schrifttextes, bringen das ›Instrument‹ sprachlicher Form bei seiner Benutzung allererst hervor: die Sprachgestalt ist auch von der durch Menschen formulierten Offenbarung abzuheben: »non enim theologus, ut theologus, versus facit, sed ut poeta.«

3) Damit ist die Dignität der Offenbarung und ihr gesamter exegetischer Reichtum scharf von der sprachlichen Form geschieden: diese – und nur diese – unterscheidet sich nicht mehr von ›Poesie‹ und ›Prosa‹, von den antiken Gattungen:

> poema quidem inventio est hominis fictum aliquid vel ut fictum referens; Divina vero Scriptura nec hominis inventum est nec fictum nec ut fictum aliquid, sed ut verissimum, distorta licet et impropria dicendi ratione relatum.

Für die Transtextualität der Offenbarung selbst hat Salutati noch keinen Begriff zur Verfügung; aber sie ist bereits nur mehr ›bezogen‹ auf alle sprachlichen Erscheinungsformen. Veritas ist mit keinem Text mehr identisch, sie kann über »die poetischen Texte der Schrift, der Heiden, der christlichen Dichter«[100] erreicht werden. Die Textgestalt der Bibel ist hiermit der Philologie geöffnet, ihre Formen der Literatur; die Poetik kann sich aus ihrer hermeneutischen Gefangenschaft lösen[101].

Salutatis Erörterungen bezeichnen das virtuelle Ende des hieronymianischen Theorems vom ›Supertext‹ Offenbarung; die Bibelphilologie knüpfte nach ihm mit Valla an eben dem Punkt an, an dem Hieronymus ihre spätantike Entwicklung seit Origenes mit seiner Vulgata und deren Ausgliederung aus aller vergleichbaren ›Literatur‹ abgeschlossen hatte. Bis zu den reformatorischen Übersetzungen tritt dabei noch, gleichsam als Residuum des alten Begriffs von der Mehrstöckigkeit des Schrifttexts, die humanistische Paraphrase auf. Erasmus hat sie seiner Edition des NT (1516) keineswegs als weitere, lateinische Übersetzung beigegeben, sondern als ein Supplement, das er dem bloßen Text gegenüber als notwendig empfand: die Paraphrasen schwanken zwischen philologischen Periphrasen, Kommentierung und Erbauung.

Radikaler, und von der Kirche sogleich bekämpft, ist die nunmehr literarisch mögliche Fortbildung der biblischen Tradition. Bekämpft wird sie nicht etwa in Form der Bibelepisierung, sondern sobald sie mit dem Anspruch auftritt, ein archäologisch und historisch komplettiertes ›Bibelwerk‹ (etwa in Form der Geschichtsschreibung, später auch des Romans oder des aufklärerischen Traktats) darzustellen. Dies ist zum ersten Mal bei der *Epitome*[102] *in Sacram Judeorum Historiam* Aurelio Brandolinis (1499) der Fall, deren Erscheinen sogleich von der Kurie verhindert wurde[103].

Brandolinis *Apologia* richtete nichts aus, aber ihre Argumentation ist bezeichnend. Die *Epitome*, versichert Brandolini, sei ein erlaubtes literarisches Unternehmen wie die spätantike Bibeldichtung; sie beziehe zudem nur ›historisches‹ (prosaisches) Material ein – die schon bei Mussato vorgezeichnete, von Salutati geforderte Unterscheidung sprachlicher Formen im Schrifttext ist hier zu einem literarischen Ergebnis gelangt. Endlich sei die literarische Umgestaltung der Schrift nach den höchsten literarischen Ansprüchen ein Gebot der pietas – Brandolini rezipiert also als erster im Frühhumanismus das *vor*hieronymianische Postulat der ›Stiltheologie‹ (vgl. o. I 6). Von der historischen Komplettierung der Bibel und ihren theologischen Folgen schweigt die *Apologia* wohlweislich. Mit der *Epitome* beginnt eine – noch nicht untersuchte – Tradition antidogmatischer, später aufklärerischer Bibelumformungen, deren letzter (ebenfalls von Rom indizierter) Vertreter vor der historisch-kritischen Auffassung des AT Beruyers galanter Roman *Histoire du Peuple de Dieu* (1728) zu sein scheint.

c) Hat es einen Einfluß der Theorie Mussatos und der durch sie ausgelösten Entwicklungen auf die poetische *Praxis* der Frührenaissance gegeben? Wenn zu Recht von einer hermeneutischen Blockierung der ars poetica im technischen Sinne gesprochen wurde, so kann ein solcher Einfluß nur hemmend gewesen sein. Und wirklich lassen sich die hier nachgezeichneten Diskussionen ja auch als Folie des Mißverhältnisses zwischen der traditionsbelasteten neulateinischen Poesie und ihrer vulgärsprachlichen Konkurrentin verstehen. Aber zumindest jener Teil der Diskussion verdient Beachtung, in dem die hier skizzierte Neubegründung der Poesie sich tatsächlich nach-paganen und nach-skripturalen Werken gegenübersah.

Mussato wie Petrarca sind im Zuge ihrer Globaldefinition noch bestrebt, auch die aktuelle Poesie ihrem hermeneutischen Inbegriff zuzuordnen – und zwar als Poesie der tempora christiana bevorzugt dem Kanon christlicher Poesie der Spätantike. Rudimente eines solchen Katalogs liegen schon in Epistel 18 (samt ›declaratio‹) des Mussato vor, vollständig tritt er zuerst bei Petrarca in Erscheinung[104]. Nach den christlich-spätantiken Dichtern fügt Petrarca auch sich selbst (mit seiner ersten Ekloge) an: auch seine Dichtung fordere die Deutung (die er in Selbstkommentierungen gegeben hat). Dieser Katalog gehört zum Tradierungsgut der Diskussion; die letzten Erweiterungen erfährt er bei Francesco da Fiano[105] und Salutati[106].

Dieser obligate, auch kirchlich akzeptable Kanon poetischer Praxis aber stand im Grunde quer zu den Motiven und den Tendenzen der neuen Poetologen: 1) Seit Mussato war man als Vorkämpfer einer weder von der Schrift noch vom Mythos abgeleiteten Dichtung aufgetreten, und die Energie der Programme zielte deutlich auf eine Rehabilitierung der paganen Poesie. Man kann diesen Zwiespalt geradezu als eine der Ursachen für die Lähmung der beginnenden neulateinischen Dichtung ansehen: sacrum carmen und die Konkurrenz mit den antiken Gattungen durchkreuzten einander.

Bei Petrarca[107] stehen beide Programme im Proömium zur *Africa* nebeneinander, und sie werden nur durch die ererbte Technik der recusatio und des maius opus balanciert: ab v. 10 wird Gott für die Zukunft ein sacrum carmen versprochen; das antik-epische Thema (v. 1ff.) hat ›zeitlichen‹ Vorrang. Deutlicher spricht sich das Unbehagen Petrarcas an Stil und Form des sacrum carmen in seiner poetologischen Ekloge 10 (*Laurea occidens*) aus[108]. Aber auch die erwähnte Liste der kanonischen christlichen Poeten enthält, hinter einem raffiniert abgewandelten Topos verborgen, diese Kritik. Petrarca weist dort den Kritiker zurück, der geistlichen Inhalt nur deshalb zurückweise, weil er in goldenen Gefäßen (als Poesie) gereicht werde, nicht in irdenen. Zugrunde liegt das paulinische Bild vom Apostel als irdenem Gefäß; die spätantike Poesie hatte es seit Prudentius als Demutstopos auf sich appliziert. Aber schon im Mittelalter wurde das Bild zur Kritik an der Bibeldichtung verwendet[109] – und Petrarca distanziert sich von dieser Tradition durch den Anspruch eben des *goldenen* Gefäßes: der Demutstopos ist zur Literaturkritik am sermo humilis aktualisiert worden.

2) Nach der globalen Definition von ›Poesie‹ mußte die begriffliche Trennung von ›hermeneutischer‹ und ›praktischer‹ Dichtung gerade im Verhältnis von Bibel und biblisch gebundener Dichtung schwierig sein. Schon Mussato beschäftigte diese Frage in seiner ›declaratio‹ (vgl. o. II); bei Petrarca (*Fam.* 10,4) werden noch die biblischen Bücher, die Kirchenväter und die altchristlichen Poeten als *einer* (poetischen) Form zugehörig gereiht. Erst Salutati hat die Trennung vollzogen; sie geschieht bei ihm im Zuge der Ablösung einer literarischen Form von der Offenbarung. (Und zwar exemplifiziert Salutati die Differenz im Rahmen seiner oben referierten Argumentation gerade am Beispiel der poetischen Bibelparaphrasen des Juvencus)[110].

3) Schließlich aber gab es durch die ganze Zeit des Frühhumanismus hindurch ein Fortleben der exegetisch-rhetorischen Poesie – unterhalb der antiken Formen und erbaulich-liturgischen Charakters –, wie sie anfangs (I 10) skizziert wurde. Von Mussato bis Erasmus haben gerade die humanistischen Propagatoren der paganen Klassiker stets auch in dieser Weise gedichtet (schon Mussato wechselte von seinen Priapeen zum Marienhymnus); und es gelang ihnen nicht, die sich an Augustin anlehnende theologische Ästhetik (vgl. o. I 12)[111] dieser poetischen aedificatio mit ihrem poetologischen Globalprogramm zu vermitteln. Der Versuch Salutatis, den Erbauungsbegriff auf die pagane Poesie zu übertragen[112], bleibt eine Ausnahme. Die rhetorisch-exegetische Meditation der Spätantike erreicht als poetische Tradition jenseits und gleichsam unterhalb der humanistischen Poetik den Barock[113].

Erst Boccaccio kann eine von biblischen Sujets gelöste – wenngleich noch theologisch zu deutende – Poesie als Möglichkeit aktueller Dichtung proklamieren; in ihr sei auch die Einführung eines paganmythischen Apparats gestattet. Dies geschieht in unmittelbarem Zusammenhang mit der Forderung, auch ›Physiologie‹ und ›Ethologie‹ als Deutungsziel der alten Dichtung anzuerkennen (vgl. o. III 3). Dieser – zunächst exegetischen – Tendenz zur platonistischen Philosophie ist der stärkste Impuls für die lateinische Dichtung des Quattrocento und des beginnenden Cinquecento zu verdanken[114]. Die *Urania* Pontanos ist das erste Beispiel einer solchen platonistisch-kosmologischen Epik; bald wird sie durch die Rezeption des Lukrez bis zu den paganisierenden Naturhymnen des Marullo führen. Die großen Vergil-Kontrafakturen der Jahrhundertwende (Sannazaro und Vida) haben dann sowohl durch die Befolgung der aristotelischen Poetik wie durch die Vermeidung theologischen Anstoßes das Postulat Boccaccios eingelöst. Bereits Salutati hatte im Zuge seiner Polemik die hermeneutischen Begründungen mit einem unbefangenen »placet mihi stilus«[115] unterbrochen. Einer Auswertung der seit dem Mittelalter kaum zitierten Autorität des Aristoteles zu den nun brennenden Fragen über Wahrscheinlichkeit, Disposition und Stilhöhe der fungibel gewordenen materia poetica stand nichts mehr im Wege. Salutati hat auch hier den Bann gebrochen. Noch nicht die Katharsis, wohl aber die Bestimmung aller Poesie als Lob und Tadel (*Poet.* 1448 b 25) bot ihm einen ersten, von Exegese unbelasteten, handlungsorientierten Zugang zur ›Poetik‹. Der Schrift über den Herkulesmythos hat er die erste nachantike Definition der Poesie vorangestellt, die ein Aristoteleszitat enthält:

> Est enim finis tum vituperatione, tum laude prodesse taliter quod delectet taliterque delectare quod prosit. Officium autem erit laudare seu vituperare per metrum sufficienter et idonee quo prodesse valeant et iuvare cum immutatione verborum et rerum, ut cum unum dicere videantur, aliud tamen secreto sensu relinquant omnibus intelligendum. (hg. Ullman, S. 70)

Vergleicht man diese Bestimmung mit der Zusammenstellung des Pseudo-Fulgentius (o. I 10), so scheint die Veränderung minimal: der horazische Dual wie das integumentum-Konzept kehren wieder (die aedificatio ist verschwunden). Doch hinter dem einen Aristoteles-Satz verbirgt sich die Anstrengung und das Ergebnis der hermeneutischen Poetik des Frühhumanismus.

Von der Generation der Erasmus, Colet, Vives und Budé aus rückwärts betrachtet, bedürfte das hier gezeichnete Bild einer kleinen Ergänzung. Der entscheidenden Formulierung des neuen Deutungsziels der Poesie hat Boccaccio sogleich (*Geneal.* 15,9) eine beflissene Versicherung seiner Rechtgläubigkeit in Form eines Credo folgen lassen. So auch Salutati (sowohl in Epist. 15 wie 24); die Kette läßt sich fortsetzen. Soweit die Diskussionen der Frührenaissance mit ihrer Globalpoetik auch das Bildungsprogramm eines christlichen Humanismus verfolgten, wurde dies schon um 1500 von platonistischen Positionen auf die – wiederum spätantike! – Defensivlinie von Augustins *De doctrina christiana* zurückgenommen. Dieser Vorgang kann von Salutatis

24. Brief an über Erasmus' *Enchiridion* bis zu Vives *Veritas fucata* und schließlich Budés Palinodie *(De transitu Hellenismi)* gezeigt werden[116]. Die militante Kirche der Reformation und Gegenreformation hat die aristotelische Enttheologisierung der ars poetica eher gefördert. Die spätantiken Autoren hat sie auf der Basis des augustinischen Bildungskonzepts noch bis zum Ende des 17. Jh. in den Schulen lesen lassen[117]. Die paganen Klassiker aber, theologisch domestiziert zwar, aber noch im 16. Jh. zuweilen als »porci Trojani« (Budé) verdächtigt, hat sie solange gepflegt, bis die Kunstreligion der europäischen Klassik diese Tradition aufzunehmen und die Autoren neu zu rezipieren in der Lage war.

Anmerkungen

* Diese Untersuchung wurde durch Gespräche mit K. Krautter († 24. 10. 1984) angeregt. Wertvolle Hinweise verdankt sie P. L. Schmidt (Konstanz).

1 P. O. Kristeller, *Renaissance Thought*, New York 1955, S. 74.

1a Vgl. Verf., »Exegese – Erbauung – Delectatio« S. 55f. (s. Anm. 7).

2 H.-R. Jauss, *Ästhetische Erfahrung und literarische Hermeneutik I*, München 1977, S. 106.

3 Ebd. S. 142.

4 Vgl. M. Fuhrmann, *Einführung in die antike Dichtungstheorie*, Darmstadt 1973, S. XIV.

5 Ebd. S. 195f.

6 Eine solche Untersuchung stellt sich in die Tradition der seit Thode (1885) und von Pastor (1886) unternommenen Versuche, in der Frührenaissance die Kontinuität eines geistlichen (›patristischen‹) Humanismus zu erkennen. Diese Tradition hat wesentlich zum Pluralitätskonzept Kristellers beigetragen, ist jedoch seit H. Barons *Crisis of the Early Renaissance* und ihrer politischen Interpretation des florentinischen Humanismus in den Hintergrund getreten. Es fehlt noch an einer hinreichenden Kenntnis der spätantiken Literatur; Ausnahmen sind die Darstellungen zur Präsenz des Augustin (Ch. Béné, *Erasme et St. Augustin*, Genève 1969) und des Basilius (L. Schucan, *Das Nachleben von Basilius Magnus ›Ad adolescentes‹*, Genf 1973) in der Renaissance. Speziell zur Dichtungslehre der Frührenaissance liegen nach den Zusammenfassungen von S. Battaglia, »Introduzione alla teoria di poeta teologo«, in *Cultura e scuola* 13/14 (1965) S. 72ff. und A. Buck, »Dichtungslehren der Renaissance und des Barock«, in *Neues Handbuch der Literaturwissenschaft – Renaissance und Barock*, 1. Teil, Frankfurt 1972, S. 28–60, jetzt Detailstudien zu Mussato und Petrarca (G. Ronconi, *Le origini delle dispute umanistiche sulla poesia (Mussato e Petrarca)*, Roma 1976) und Boccaccio (R. Stefanelli, *Boccaccio e la poesia*, Napoli 1978) vor. – Der Verfasser ist vor allem der großangelegten Interpretation der frühhumanistischen Philosophie und Hermeneutik von Ch. Trinkaus, *In our Image and Likeness*, 2 Bde, London 1970, verpflichtet.

7 Das folgende Referat verzichtet weitgehend auf die Angabe von Belegen; für sie wird auf die Spezialstudien des Verf. verwiesen: »Metapher – Exegese – Mythos«, in *Poetik und Hermeneutik* IV (1971), S. 157ff.; »Exegese – Erbauung – Delectatio«, in *Formen und Funktionen der Allegorie*, hg. W. Haug, Stuttgart 1979, S. 52ff.; »La meditazione poetica – una forma retorico-teologica tra tarda antichità e barocco«, in *La poesia tardoantica – tra retorica, teologia e politica*, Messina 1984, S. 75ff.; »Non in sua voce – Augustins Gespräch mit Gott in den Confessiones«, in *Poetik u. Hermeneutik* XI (1984), S. 213ff. Gute Zusammenfassung der meisten Positionen bei P. Klopsch, *Einführung in die Dichtungslehren des lateinischen Mittelalters*, Darmstadt 1980.

8 Von der Definition poetischer Praxis *nach* den Klassikern, wie sie Konstantin in seiner ›offiziellen‹ Poetik (Brief an Optatianus Porfyrius) ausspricht, bis zu den Theorien des Cento läßt sich seit dem 4. Jh. verfolgen, daß eine Produktionspoetik für sinnlos gehalten wird; jedes weitere Dichten, das eigentlich nicht mehr vorkommen sollte (so Konstantin), versteht sich selbst als exegetisch.

9 Maßgebliche Darstellung für den Frühhumanismus (ein knappes Kapitel über die

spätantiken ›Vorläufer‹ enthaltend): D. C. Allen, *Mysteriously meant*, Baltimore/ London 1970.

10 Neben dem Referat bei Curtius und R. Bachem, *Dichtung als verborgene Theologie*, Bonn 1956, ist jetzt heranzuziehen: H. Dörrie, »Die andere Theologie – Wie stellten die frühchristlichen Theologen des 2.–4. Jh. ihren Lesern die griechische Weisheit (den Platonismus) dar?«, in *Theologie und Philosophie* 56 (1981) S. 1–46.

11 Hierzu noch der beste Kommentar bei G. G. Meerssemann, »In libris gentilium non studeant«, in *Italia medievale e umanistica* 1 (1958) S. 1–13.

12 Zum Gesamtphänomen vgl. jetzt Chr. Gnilka, *Chresis*, Basel 1984.

13 Ein noch nicht exegetischer Zugriff, den die kirchliche Orthodoxie bald abdrängte und der erst, wie sich zeigen wird, in der Frührenaissance wieder unternommen wird: z. B. die Mythenidentifikation seit dem hellenistischen Judentum (AT – griechischer Mythos), welche dieser Stufe entspricht, wird seit der Bibelexegese (vgl. unten 7) vermieden und ist vor ihrer Blüte in der Renaissance nur in wenigen Resten faßbar (Avitus, Dracontius, *Ecloga Theoduli*, Dante).

14 Gute Darstellung der Zusammenhänge bei P. G. Van der Nat, »Zu den Voraussetzungen der christlichen lateinischen Literatur«, in *Entretiens sur l'antiquité classique* (Fondation Hardt) 23 (1977) S. 191 ff.

15 Vgl. hierzu Verf., *Die Bibelepik der lateinischen Spätantike* I, München 1975, S. 198.

16 Vgl. hierzu Verf., *Bibelepik* S. 179 ff.

17 Vgl. Verf., »Exegese – Erbauung – Delectatio« S. 62 ff.

18 Dieses ›naturgemäße‹ Bedürfnis nach Dichtung (pro insita consuetudine vel natura) war auch von christlich-spätantiken Dichtern in Anspruch genommen worden: vgl. Sedulius, epist. 1,5 f.

19 Vgl. Verf., »Non in sua voce« S. 236 ff.

20 Vgl. E. De Bruyne, *Études d'esthétique mediévale*, 3 Bde, Brügge 1947, Bd 2, S. 125 ff.

21 Im folgenden sei für die Datierungen sowie Ablauf und Sinn der Dichterkrönung Mussatos auf die grundlegenden Ausführungen P. L. Schmidts (*Die Tragödie Senecas und ihre Rezeption bis zum frühen Humanismus*, erscheint in der Wissenschaftlichen Buchgesellschaft) verwiesen. Schmidt wird auch die bis zum Cento gesteigerte Ovidimitation der poetischen Episteln darstellen. – Die Texte Mussatos werden zitiert nach der Edition von J. G. Graeve/P. Burmann, *Thesaurus antiquitatum et historiarum Italiae* VI, pars 2, Leiden 1722.

22 »Non« in den Editionen.

23 Vgl. noch epist. 18, 52 und 152 (dort zur Apologie des Boethius; vgl. u. Anm. 37).

24 Mussato zitiert hier den Marienhymnus des altchristlichen Dichters Sedulius (v. 11 f.).

25 Vgl. die Wiederaufnahme von v. 22 in v. 42: »altera iam pridem Philosophia fuit«.

26 Mussato beruft sich zum ersten Argument ausdrücklich auf eine Etymologie Isidors (v. 20; vgl. *etym.* 8,7,9); hinter ihm aber steht, wie Ronconi, S. 32 gezeigt hat, schon bei Mussato die Kenntnis der aristotelischen *Metaphysik* (983 b, 25–33; vgl. v. 49) und der augustinisch-varronischen Tradition. – Das zweite Argument zitiert fast wörtlich das hieronymianische ›Entsprechungssystem‹ (vgl. v. 26).

27 Vgl. die Weiterbildung des Arguments in epist. 18.

28 Mussato wird es in epist. 4 ausführlicher darstellen; auch der Gegner Giovannino von Mantua akzeptiert es.

29 Invenere sacri quondam figmenta Poetae,
Alliciant animos mystica verba bonos,
Quos magis attentos facit admiranda Poesis,
Quum secus intendit, quam sua verba sonent. (v. 31–34)

30 Mussato setzt hier die mit der spätantik-mittelalterlichen Ablehnung der Poesie (vgl. I 4 und 8) verbundene Diskussion um fictio (mendacium – veritas) der Poesie voraus; vgl. Stefanelli, S. 130ff. Die Gegner sind bereits bei Mussato zugleich Scholastik und Averronismus und Medizin (Naturwissenschaft); vgl. Buck, »Dichtungslehren« S. 113ff.

31 Vgl. zu ihnen Verf., »Metapher – Exegese – Mythos« (o. Anm. 7) S. 160ff. und E. R. Curtius, *Europäische Literatur und lateinisches Mittelalter*, Bern [5]1965, S. 262ff.

32 Das »Buch des Aristoteles« (epist. 4,69) belege die Dichtung als altera philosophia. Häufig ist hier ein frühes Zeugnis der ›Poetik‹-Rezeption vermutet worden; vgl. G. Vinay, »Studi sul Mussato«, in *Giornale storico della letteratura italiana* 126 (1949) S. 136. Der Kontext spricht jedoch für *Metaph.* 982 b 18.

33 Zu ihr Curtius, S. 223, Ronconi, S. 35ff. und vor allem A. Galetti, »La ›ragione poetica‹ di Albertino Mussato e di poetiteologi«, in *Festschrift R. Renier*, Torino 1912, S. 335ff.

34 *De civ. dei* 6,8,15: tamen theologia fabulosa dicitur et cum omnibus huiuscemodi interpretationibus suis reprehenditur, abicitur, improbatur.

35 *Comm. in Metaph.* I, 4 a, 2. Nur im ornatus moralischer Wahrheiten kann das integumentum paganer Poesie nach Thomas aufgefaßt werden: *Expos. in primam ad Timoth.* IV 2 a, 3.

36 Vgl. I 4.

37 *Introductio ad Theol.* 2,67.

38 Des Augustin (seiner Theaterkritik in den *Confessiones*) und des Boethius (Vertreibung der Musen am Beginn der *Consolatio philosophiae*).

39 Vgl. bereits Mussato, epist. 7,60ff.

40 Vgl. S. 56f. Graeve/Burmann.

41 Vgl. epist. 18,151ff. sowie die erste und zweite Ekloge.

42 Vgl. Solil. 2, das mit der invocatio des Heiligen Geistes beginnt und in v. 10 die Rechtfertigung des Dichters im Gericht durch die Poesie von Juvencus übernimmt. Soliloquium 5 mündet dann in eine Palinodie der autonomen Poesie.

43 Saltem perpetuae Maiorum parcito famae
Virgilii, Enniique & semper viventis Homeri
Laude sub aeterna, quam nec Jovis ira, ne ignes,
Nec poterit ferrum, nec edax abolere vetustas. (v. 126–129)

44 Vgl. bereits die Unterscheidung epist. 18,123f.:
Ne decus aeternum divinis Vatibus aufer,
Neve tuis, eadem quos illustratio dignos.
pertulit ...

45 Vgl. zu ihr Ronconi, S. 57 Anm. 39 und vor allem G. Billanovich, *Storia della cultura Veneta*, Bd 2, Vicenza 1976, S. 77f.; nach ihm ist die Declaratio nicht von Mussato, sondern von Mitgliedern seines Kreises verfaßt worden.

46 Ad sextum respondetur: quod, quemadmodum aliae Scientiae in Practicam et Theoricam dividuntur; sic et Poetica Scientia Theorica est, cum quis super veritatem aliquam fabulam fingit, sicut faciebat Dominus Noster Jesus Christus in

Parabolis. Poetica verò Practica est, quum quis, quae dicta, vel acta sunt, super alia significatione in metra describit, ut illi Arator et Sedulius. Secundum igitur Theoricam Poetica est divina, secundum autem Practicam est ut aliae Scientiae artificiales. (S. 58 Graeve/Burmann)

47 Hierbei wird wiederum eine der spätantiken Grenzziehungen zwischen den Gegnern nachvollzogen. Mussato hatte sich (in dem ersten, verlorenen Brief an Giovannino) zunächst auf den Vergil-Cento der Proba (4. Jh.) als Beweis der prinzipiellen Identität von Klassiker und Bibel bezogen; der Gegner führt dagegen das Verdikt des Hieronymus (vgl. I 11) an, und Mussato gibt diese Autorität preis (epist. 18,169ff.).

48 Auf diesen Sachverhalt zielt der Hinweis Curtius', daß die globale Rechtfertigung der Poesie bei Mussato so wenig seine eigene poetische Praxis betreffe (*Europäische Literatur* S. 227).

49 Als eine »superba e rischiosa affermazione« ist sie den Zeitgenossen erschienen; vgl. G. Billanovich, »Pietro da Monteforte«, in *Medioevo e Rinascimento – Studi in onore di B. Nardi*, Bd 1, Firenze 1955, S. 20.

50 In seiner *Invektive gegen einen Arzt*, daneben aber auch in Briefen (z. B. *Fam.* 10,4; *Sen.* 2,2 sowie *Epist. metr.* 2,10 »ad quendam convitiatorem«), endlich in den ›asketischen‹ Schriften *De otio religioso* und *De sui ipsius et multorum ignorantia*.

51 Im 14. und 15. Buch seiner *Genealogia Deorum Gentilium*.

52 In der endgültigen Fassung von *De laboribus Herculis* sowie in mehreren Briefen.

53 Zur Ergänzung ist auf die neue Untersuchung speziell zum Verhältnis von Rhetorik und Poetik von C. Kallendorf zu verweisen: »The Rhetorical Criticism of Literature in Early Italian Humanism from Boccaccio to Landino«, in *Rhetorica* 1 (1983) S. 33–59.

54 Der ausführlichste Katalog in der Polemik Dominicis gegen die neue Poetologie (*Lucula noctis* cap. 6, hg. E. Hunt, Notre Dame 1940, S. 45ff.).

55 Vgl. *Geneal.* 14,18.

56 Vgl. Trinkaus, *In our Image* Bd 2, S. 577.

57 Vgl. zu Petrarca E. F. Rice, *The Renaissance Idea of Wisdom*, Cambridge/Mass. 1958, S. 34.

58 Vgl. vor allem Boccaccio, *Geneal.* 14,18.

59 *Fam.* 10,4,1 zitiert Mussatos Programm: »theologie quidem minimum adversa poetica est ... parum abest, quin dicam theologiam esse poeticam de deo.« Zu Petrarca vgl. Ch. Trinkaus, *The Poet as Philosopher*, London 1979, S. 102 und Ronconi, S. 64.

60 *Invect. c. medic.*, hg. P. G. Ricci, Roma 1950, S. 72.

61 Vgl. *Geneal.* 14,12 (über die obscuritas) und 14,18 (mit einer Anspielung auf Sedulius' Rechtfertigung der Poesie).

62 »Contra oblocutores poetarum«, hg. I. Tau, »Il Contra oblocutores di Francesco da Fiano«, in *Archivio italiano per la storia della pietà* 4 (1965) S. 253–350.

63 Vgl. Trinkaus, *In our Image* Bd 2, S. 714f.

64 Bei Boccaccio, *Geneal.* 14,8.

65 Vgl. die Erweiterung der spätantiken Autoritäten bei Petrarca, *Invectiv.*, S. 71f. und Bocc., *Geneal.* 14,8; vgl. auch Salutati, *De labor. Herc.*, hg. B. L. Ullman, S. 79ff.; Zu Landino Trinkaus, Bd 2, S. 713ff. *Geneal.* 14,13 wird bereits von einer völligen inhaltlichen Übereinstimmung abgerückt.

66 Vgl. zu Petrarca Ronconi, S. 61f.; zu Boccaccio Stefanelli, S. 22ff.

67 Vgl. *Invect.*, S. 66.
68 Vgl. *Invect.*, S. 71f.
69 *Geneal.* 15,8.
70 *Geneal.* 14,13.
71 *Geneal.* 14,18.
72 Vgl. G. Billanovich, »Pietro Piccolo da Monteforte« S. 50.
73 »Epistolario«, hg. F. Novati, in *Fonti per la storia d'Italia*, Bde 15–18 (Roma 1891–1911), Bd 15, S. 302.
74 I 140ff. (hg. R. G. Williams, S. 12).
75 Er ist noch umfassender als die Rezeption der negativen und positiven Urteile der Spätantike zur Poesie überhaupt (vgl. o. III 1).
76 Vgl. Petrarca, *Invect.*, S. 58f., Boccaccio, *Geneal.* 14,10 (eine bisher nicht erkannte Zitatkette aus dem *Cento Probae*); 14,13 (Laktanz; Servius), Salutati, »Epistolario«, hg. Novati, *Fonti* Bd 15, S. 301 (Donat, Priscian).
77 Hierbei wird auch die von Mussato noch respektierte Grenze vor dem biblischen Vergil-Cento (gezogen durch das Verdikt des Hieronymus gegen den Cento der Proba) wieder überschritten: vgl. Salutati, *De labor. Herc.*, hg. B. L. Ullman, S. 84.
78 Vgl. noch Salutati, »Epistolario«. hg. Novati, *Fonti* Bd 15, S. 324.
79 Eine erste Andeutung findet sich schon *Geneal.* 14,13.
80 *Geneal.* 15,14.
81 Vgl. B. L. Ullman, *The Humanism of Coluccio Salutati*, Padova 1963 und R. G. Witt, »Coluccio Salutati and the Concept of the Poeta Theologus«, in *Renaissance Quarterly* 30 (1977) S. 538–563.
82 »Epistolario«, hg. Novati, *Fonti* Bd 18, S. 184.
83 Vgl. die Übersicht bei Trinkaus, Bd 2, S. 712–775.
84 Vgl. *Geneal.* 14,8.
85 Vgl. Trinkaus, Bd 1, S. 51ff.
86 Lucanus dicitur a plerisque non esse in numero poetarum, quia omnino historiam sequitur, quod poeticae arti non convenit. (hg. H. Usener, S. 9)
87 Multa in hunc modum poetae transferunt non ut in deos mentiantur, quos colunt, sed ut figuris versicoloribus venustatem ac leporem carminibus suis addant. Qui autem non intelligunt quomodo aut quare quidque figuretur, poetas velut mendaces et sacrilegos insecuntur. (*Div. inst.* 1,11,36)
88 Officium autem poetae in eo est ut ea, quae vere gesta sunt, in alias species obliquis figurationibus cum decore aliquo conversa transducant. Unde et Lucanus ideo in numero poetarum non ponitur, quia videtur historiam composuisse, non poema. (*Etym.* 8,7,10)
89 Vgl. auch die Interpretation C. Koelbs (»Aristotle, Boccaccio and the problem of the incredible«, in *Canadian Review of Comparative Literature* 11 (1984) S. 1ff.), der den starken Kontrast dieser Ambivalenz zu der Poetik des Aristoteles betont und B's Erörterung der pagan-poetischen Fiktion als Bemühen interpretiert, »to embrace those elements as part of a conception of a secularized *figura*« (S. 5); vgl. ferner Kallendorf, S. 37ff.
90 Hg. V. Hall, »Scaliger's Defense of Poetry«, in *Publications of the Modern Language Association of America* 63 (1948) S. 1125–1130.
91 Ebd. S. 1127f.
92 Vgl. G. Martelotti, »La difesa della poesia«, in *Studi sul Boccaccio* 4 (1967) S. 265–279.

93 Macrob. *Somn. Scip.* 1,2.
94 Vgl. hierzu R. L. Montgomery, »Allegory and the Incredible Fable«, in *Publications of the Modern Language Association of America* 81 (1966) S. 45–55.
95 Vgl. *Lab. Herc.* (hg. B. L. Ullman), S. 70.
96 Hiermit wird ein Deutungsproblem der *Aeneis* berührt, das erst die Typologie-Debatte zu Vergil seit 1960 wiederentdeckt hat.
97 Hg. Novati, *Fonti* Bd 18, S. 170ff.
98 Ebd. S. 178.
99 Salutati konnte hierbei an die ›erbauliche‹ und deshalb pluralistische Bibel-Hermeneutik Augustins in den letzten Büchern der *Confessiones* anknüpfen.
100 Epist. 23 (hg. Novati, *Fonti* Bd 18, S. 200).
101 Auch die hermeneutische Methode der Allegorie kann nun bis zur Spätrenaissance sich zu einer eigenen und frei applizierbaren Form wandeln. Zu dieser Entwicklung und den Endstufen der hermeneutischen Allegorie im Zeichen des sich durchsetzenden Aristotelismus vgl. K. W. Hempfer, »Allegorie als interpretatives Verfahren in der Renaissance«, in *Italien und die Romania in Humanismus u. Renaissance*, hg. K. W. Hempfer/E. Straub, Wiesbaden 1984, S. 51ff.
102 Die Gattungsbezeichnung knüpft an die spätantiken historischen Breviarien an.
103 In Teilen herausgegeben von Trinkaus, Bd 2, S. 602ff.
104 *Fam.* 10,4.
105 Ed. Tau, S. 262.
106 Epist. 24 (hg. Novati, *Fonti* Bd 18, S. 231).
107 Zum Problem bei Mussato vgl. oben S. 114ff.
108 Hg. G. Martelotti, S. 33: »non studium Musae, fragilis vox« (v. 318).
109 Vgl. Amarcius (ed. K. Manitius) III 271: »non bene tornatis opponunt regia vasis.«
110 Epist. 23 (hg. Novati, *Fonti* Bd 18, S. 199): Quod quidem optime fatetur sentitque Hieronymus. cum enim epistola, quam supra commemini, ad Magnum oratorem urbis Rome multos enumeraret qui rerum divinarum tractatibus poetica vel gentilia miscuissent, tandem subintulit: Iuvencus presbiter sub Constantino hystoriam domini Salvatoris versibus explicavit: nec pertimuit Evangelii maiestatem sub metri lege mittere. videturne tibi Hieronymum sentire tecum, metrum scilicet instrumentum esse commune et non potius precipuum poetarum? quid enim erat in evangelica Iuvenci hystoria quod Hieronymus ab allegatione poetarum defenderet, nisi quod rem sanctissimam versibus, quod poetarum est, alligasset? verum te oro quis vult aliquam divine Scripture portionem, licet versibus sit composita, licet poetica ratione, qua falso sub cortice verborum vera claudantur, relata sint, esse poemata? aliud enim esse poema, aliud relatum esse ad stili poeticam rationem.
Der Kommentar Novatis z. St. wie auch die von ihm zitierte Interpretation Castellanis gehen an der Sache vorbei.
111 Ansätze zu einer Reflexion über eine solche Gegen-Ästhetik finden sich vor allem in Petrarcas Schrift *De otio religioso*, die selbst die Form einer Meditation zu Psalm 45 aufweist. Vgl. hierzu J. E. Seigel, *Rhetoric and Philosophy in Renaissance Humanism*, Princeton 1968, S. 31ff. und E. F. Rice, *The Renaissance Idea of Wisdom*, Cambridge/Mass. 1958, S. 33.
112 Epist. 15 (hg. Novati, *Fonti* Bd 15, S. 302).
113 Zu diesem Zusammenhang vgl. Verf., »La meditazione poetica«.
114 Vgl. zu diesem Zusammenhang E. Garin, *Medioevo e Rinascimento*, Bari [3]1966 und vor allem F. Tateo, *Tradizione e realtà nell' umanesimo italiano*, Bari 1967.

115 Epist. 15 (hg. Novati, *Fonti* Bd 15, S. 301).
116 Vgl. vorerst zu Erasmus Ch. Béné, *Erasme et Saint Augustin*, Genève 1969 und H. Holeczek, *Humanistische Bibelphilologie als Reformproblem bei Erasmus v. Rotterdam, Thomas More u. William Tyndale*, Leiden 1975; zu Budé J. Bohatec, *Budé und Calvin – Studien zur Gedankenwelt des französischen Frühhumanismus*, Graz 1950; zu Vives den Kolloquiumsband *Juan Luis Vives*, hg. A. Buck (Wolfenbütt. Abh. z. Renaissanceforschung 3), Hamburg 1981.
117 So noch in der *Ratio studiorum* Tamisiers (1698).

Winfried Wehle

Arkadien
Eine Kunstwelt

I

Das 16. Jahrhundert hat das alte Europa durch neue Welten erweitert: eine *über* der alten, den planetarischen Raum mit der Sonne im Mittelpunkt; eine andere *neben* der alten Welt: America. Columbus und Kopernikus haben sie bleibend ›modernisiert‹. Nicht zuletzt dadurch stellten sie die Entdeckung einer weiteren Welt in den Schatten. Sie ging gleichzeitig mit ihnen, aber *in* der alten Welt selbst vor sich: Humanistische Gelehrsamkeit entdeckte den Weg nach Arkadien. Dieses Land liegt nur im Reich der menschlichen Vorstellung. Und es will, wie der Dichter sagt, mit der Seele gesucht sein. Scheint deshalb die Behauptung nicht gewagt, daß auf seine Weise auch Arkadien die Welt verändert hat; daß mit ihm auf der Landkarte der menschlichen Selbstauslegung ein neuer Erdteil in Besitz genommen wurde?

Die Verschwiegenheit und Unmerklichkeit von kulturellen Verschiebungen machen es schwer, den Anteil Arkadiens an der Gestalt der Neuzeit zu beziffern. Seine lange und verschlungene Inkubationszeit tut ein übriges. Seine Verniedlichung zum koketten Kostüm in der Anakreontik spricht ebenso dagegen wie sein Niedergang im 19. Jh., als es mit der Idylle ins Halbdunkel der Literaturgeschichte zurücktrat. Doch diese Erschöpfungserscheinungen gipfeln in einer weit grundsätzlicheren Abkehr. Am Vorabend der Romantiken tritt das subjektivistische Lebensgefühl unwiderruflich aus der künstlichen Natur dieses Landes aus. Es will sich in der wahren Natur selbst niederlassen. Darin hat es nicht zuletzt das vernichtende Urteil unserer Gegenwart vorbereitet. Wenn heute einer zum ›Schäferstündchen‹ geht, hat er mit Arkadien wenig mehr im Sinn. Allenfalls die Oper oder ein paar Studentenlieder halten es noch künstlich am Leben. Uns hat diese Welt, so scheint es, nichts mehr zu sagen. Heißt dies nicht, die arkadische Idee habe längst ausgedient? – Im Gegenteil: vieles spricht für die These, daß ihre Bedeutung im 18. Jh. so gewachsen war, daß das schäferliche Gewand zu eng und verspielt geworden war. Gedanke und Gestalt mußten sich trennen. Die poetischen Lebensvorstellungen traten ins Leben selbst über: Um die Wende zum 19. Jh. formiert sich der Gedanke neu als sozialrechtliche Avantgarde! Deren Siegeszug ist bis heute ungebrochen. Als ihre augenblicklich letzte, schwärmerische Entfaltung dürften ›grüne‹ bzw. ›alternative‹ Lebensvorstellungen gelten. Sie stehen, ohne es wohl zu wissen, mit arkadischer Lebenslehre zumindest dort in Einklang, wo sie sich im Namen von neuer Solidarität und postmoderner Gefühlszuwendung ins Recht setzen.

Der eindeutige Niedergang hat wesentlich dazu verführt, die Akte Arkadiens für endgültig geschlossen zu halten. Wenn es aber tatsächlich bis heute fortlebt, dann muß sein ursprünglicher Beweggrund in der Entdeckungsgeschichte dieser ›neuen Welt‹ am ehesten aufgehoben sein. Eine solche Rückwendung zu den Anfängen könnte gewissermaßen vor Ort prüfen, ob und wie es Gegenwärtiges noch erreicht. Eines immerhin ist auffällig genug: das Land der Schäfer und Nymphen begann etwa um die Wende vom 15. zum 16. Jh. Gestalt anzunehmen. Damit fiel es mit dem Aufzug neuzeitlichen Denkens zusammen. Diese Gleichzeitigkeit erscheint aber alles andere als zufällig. Sie legt vielmehr die Auffassung nahe, daß Arkadien damals geradezu eine zeitgenössische Modernität war und als solche *ein* privilegierter Schauplatz, auf dem die Neuzeit erstritten wurde.

Das schlichte und müßige Leben in diesem Lande widerspricht dem nur auf den ersten Blick. In der durchsichtigen Art und Weise, *wie* es sich darbietet, steigert es nur die Aufmerksamkeit für das, *was* es zu sagen hat. Beides ist neuartig und begründet wesentlich seinen ›modernen‹ Charakter: Arkadische Schäferdichtung führt einerseits einen neuen Umgang mit Kunst ein. Insofern findet an ihr und durch sie ein gewandeltes ästhetisches Bewußtsein zu sich. Andererseits macht sie sich ein neues Bild vom Menschen. Der Schäfer ist, ebenso wie der Schelm und Narr, ein literarischer homo novus. Beide sprengen den ›goldenen Schnitt‹ der nach antiken Vorbildern erneuerten Dichtkunst. Diese hätte den niederen Rängen seiner Bewohner allenfalls den Raum der Komödie bieten können. Kleine Leute wie sie konnten sich, poetologisch gesehen, höchstens lächerlich machen. Leidenschaftlich erhabene Empfindungen dagegen hatte die Theorie für sie nicht vorgesehen. Schäfer und Schäferin aber bezeugen sich eine Liebe, die durchaus Größe hat. Allein sie wird nicht, wie beim Ritter, im Ausmaß heldischer Bewährung, sondern in der Leidensfähigkeit zum Ausdruck gebracht. Der Arkadier führt um die Gunst seiner Dame vielmehr einen wahrhaft passiven Kampf. Und doch bringt ihn erst dieses unheroische Heldentum auf die Seite der dignitas hominis. Indem er sich bis zum Äußersten, seinem Liebestod, Tatenthaltung auferlegt gegenüber dem, was er gerade am meisten begehrt, erzwingt er die neue soziale Tugend der Pietà. Ohne dieses ›sanfte Gesetz‹ Arkadiens wäre das große ›Daseinsprogramm der Humanität‹ nicht denkbar, mit dem die Renaissance die Neuzeit maßgeblich auf den Weg gebracht hat[1].

Was dabei an Altem und Neuem, an Übergängen und Ablösungen ins Spiel kommt, läßt sich freilich nicht in einem einzigen Anlauf auseinanderlegen. Da Arkadien zuerst von Dichtern (wieder) betreten und besiedelt wurde, darf es vor allem anderen als ein poetisches Land gelten. Sein gewaltiger Anklang beim Publikum muß also einen seiner Gründe in seinem zeitgemäßen ›schönen Schein‹ haben. Er soll hier im Blickpunkt stehen. –

Die Grundfrage lautet, wie sich ›Modernes‹ in den Künsten damals hat äußern können und wie es sich erfassen und darstellen läßt. Sofern arkadische Literatur eine neue Kunstperiode mit eingeleitet hat, ist mit hermeneutischer Wahrscheinlichkeit anzunehmen, daß das Neue, das sie stiftet, dem Gängigen in einem Akt der Überbietung oder Ablösung erst abzuringen war. Das Überwundene bildet dabei dennoch, und sei es nur als überschrittene Grenze, einen maßgeblichen Einzugsbereich seiner neuen Entwürfe. Diese wechselseitigen Abhängigkeiten lassen die Vermutung zu, daß der Erfolg Arkadiens, gerade da es ein neues Verständnis von literarischer Fiktion fordert, offensichtlich einem latent bereits gewandelten ästhetischen Bedürfnis entsprochen haben muß. Die Aufmerksamkeit aber für eine neuartige Kunstgestalt einzunehmen hieß damals, sie von einer allegorischen Einstellung abzuziehen[2]. In und an Arkadien findet damit eine richtungsweisende Auseinandersetzung um einen neuen Fiktionsbegriff statt.

II

Was aber kann ›fiktiv‹ in arkadischen Texten heißen? Zunächst entscheidet darüber der Begriff des Fiktiven selbst. Ihm ist unlängst eine bemerkenswerte Würdigung zuteil geworden[3]. Diese hat es namentlich aus der Gefangenschaft der Zweier-Beziehung von Fiktivem vs. Realem befreit, in der es vor allem die Autonomie-Ästhetik einzuschließen schien. Dadurch konnte es wieder als mittleres Glied eines dreigliedrigen Modells zurückgewonnen werden, in dem Reales, Fiktives und Imaginäres zusammenspielen[4]. Dieser Dreierbeziehung liegt eine zu allen Zeiten verfügbare Anschauungsform von Wirklichkeit zugrunde. Sie sichert theoretischem, theologischem und ästhetischem Denken ein gleichsam dreidimensionales Weltbild. Ein Sachverhalt kann je nachdem dadurch als Gegebenheit, als Möglichkeit oder als (ewige) Idee vorgestellt werden. Da Fiktives aber nicht ohne einen Begriff für Reales und Imaginäres auskommen kann, bleibt die Verlagerung ihres Schwerpunktes nicht ohne Auswirkung auf die anderen: sie bilden zusammen eine Art Organon-Modell[5]. Die in unserer Moderne selbstverständliche Vorrangstellung des Fiktiven in der Kunst kommt jedoch erst mit ihrer Unabhängigkeitserklärung im frühen 19. Jh. zustande. Mit Hilfe des Werkbegriffs vermochte sie einer offenen Lebenswelt die Geschlossenheit einer Kunstwelt entgegenzusetzen. Diese Auffassung ist also ›nur‹ eine historische Errungenschaft.

Im Mittelalter war die Trias ganz anders besetzt. Dantes *Vita nuova* mag dafür beispielhaft genannt sein. Die Dichtung des amor gentile ist dort in ein Erkenntnisschema eingelassen, das beim Sehen und Schauen der Herrin ansetzt (Ebene des ›Realen‹). Deren Bild aber hat sich im Denken (der memoria) von den sinnenhaften Eindrücken abgelöst (Ebene des ›Fiktiven‹) und wird seinerseits wieder zur Substantia eines inneren Erschaffens, das im visionären ›Sinnen‹, in der Kontemplation, zu ihrem innersten Wesen aufsteigt (Ebene des ›Imaginären‹). Am Ziel der poetischen Gedankenführung steht ihre Idee; Dichtung erfüllt sich damit als ein Mittel der Ideenschau. Wo Imaginäres allerdings Fiktives und Reales so unter sich bringen darf, wird diese Auslegung der Beziehung zu einer – sehr allgemeinen – Bestimmung für allegorisches Sprechen.

Dem nachmittelalterlichen Aristotelismus dagegen stellte sich dieses Schema vor allem im Problem des Gegenstandes der Kunst. Die Grenze der Dichtung nach ›unten‹ bildet das geschichtlich Wahre (›Reales‹). Seine res factae gehen aber die Geschichtsschreibung an. Die res fictae dagegen, zumal in Epos und Tragödie, greifen nach ›wunderbaren‹ Gegenständen. Sie reichen bis hinauf zum Mythos. Sie entrücken Spiel und Publikum zur Erfahrung enthusiastischer Erhabenheit (›imaginäre‹ Ebene). Allerdings kann dieser dionysische Drang nicht entfesselt werden, ohne sich einer strengen Bindung durch die Vernunft des Wahrscheinlichen zu unterwerfen (Ebene des ›Fiktiven‹). Solange Epos und Tragödie also im Mittelpunkt der Dichtkunst standen, wurde im Widerstreit zwischen maraviglioso und verosimile immer um eine zeitgemäße Vereinbarung von Imaginärem und Fiktivem gerungen[6]. Zu dieser Klärung wäre es aber kaum gekommen, wenn der Vorrang des Imaginären, d. h. eine allegorische Sinnzuweisung, nicht fragwürdig geworden wäre.

In der mittleren Stellung des Fiktiven ist darüber hinaus auch seine vermittelnde Aufgabe angelegt. Seine Zwecksetzung erfülle sich in der ›Irrealisierung von Realem und dem Realwerden von Imaginärem‹; sein Ziel in der ›Umformulierung formulierter Welt‹[7]. So wenig aber das Geschäft des Fingierens in der bloßen Wiederholung von Wirklichkeit erledigt sein kann, so wenig kann andererseits seine ›Zweckhaftigkeit‹ wirksam werden, wenn es nicht zuvor seine unmittelbare ›Zwecklosigkeit‹ sicherstellt. Mit mindestens zwei Maßnahmen haben ästhetische Fiktionen diesen Freiraum einzunehmen versucht. Die eine ist im Namen des Fiktiven selbst angesprochen: das Moment des Machens und Gestaltens. Das Reale wird, wo es fiktional ergriffen ist, zu bewußter Gestalt erhoben: Fiktion ist daher mit einer Überarbeitung von Wirklichem verbunden. In diesem Sinne ist sie zugleich Ausdruck für die Überwindung von Gegebenem. Der erwirtschaftete ästhetische Mehrwert kann sich als Fiktion aber letztlich erst dann bestätigen, wenn er Reales nicht nur modelliert, sondern ein eigenes ›Modell von Realität‹ daraus zu machen weiß[8]. Dann bürgt der Kunstcharakter für eine (nur) der Kunst mögliche Verwirklichung des Wirklichen.

In seiner Zwecklosigkeit ist Fiktives also gegen ein vergleichbares Reales abgesetzt. In bezug auf Imaginäres bewirkt Fiktives dessen Anschein als Reales[9]. Daß es überhaupt dem Nicht-Wirklichen Gehör schenkt, ist wohl nur dadurch erklärbar, daß der ästhetische Genuß, den Fiktives verheißt, letztlich aus dem Imaginären kommt. Unterscheiden sich Fiktionen der Künste von denen des begrifflichen Denkens nicht am entschiedensten dadurch, daß sie unser Empfinden ansprechen und befriedigen? Die ›Alten‹ konnten sich dazu noch ganz unbefangen bekennen. Ihr Vergnügen (delectare) war von vornherein unter moralischen Begleitschutz (prodesse) gestellt. Seit die ›Moderne‹ freilich jede direkte Unterweisung abgelehnt und das Häßliche kunstfähig gemacht hatte, schien der ›alte‹ Genuß deplaziert. Umso bemerkenswerter ist, daß er jedoch selbst dort noch behauptet werden konnte, wo ein Kunstwerk nur zählen sollte, wenn es sich kritisch und emanzipatorisch gegen ›das schlecht Bestehende‹ wandte[10]. Wenn also nach wie vor ›Ergötzen‹ im Spiel ist, dann wird die Frage nach dessen Ursache unumgänglich. In einer Regelmäßigkeit der Form, in der Kraft der Bilder, dem Wohlklang und der Erhabenheit der Sprache oder in der Überraschung der Sinne und Vorstellungen kann sich ästhetischer Genuß aber wohl kaum erschöpfen. Er läge noch zu nahe bei kunstgewerblicher Machart oder dem Gag. Seine Wirksamkeit scheint dann erst befriedigend aufgefangen, wenn man sie als Äußerungsformen nimmt, deren wahrer Beweggrund im Imaginären zu Hause ist. Der Genuß, mit dem eine ästhetische Fiktion lockt, befriedigt letztlich ein anthropologisches Bedürfnis nach dem Vollkommenen[11]. Es verspricht Teilhabe an einem im Realen unverwirklichten, im Bereich des Fiktiven zwar zur Ansicht gebrachten, aber allein im Imaginären beheimateten Idealen. Wohl von daher konnte das Schöne lange Zeit für das Wahre und Gute gehalten werden. Ein Grund auch dafür, warum im 19. Jh., als Gott für tot erklärt wurde, Dichtung als schöpferische Handlung, in den Avantgarden sogar als Heilsplan für eine – verkommene – Weltordnung angesehen werden konnte.

So sehr aber ein literarisches Kunstwerk in seinem ›schönen Schein‹ seine fiktive Verfassung auch entblößen mag – ob sie als solche angenommen wird, entscheidet dennoch erst »eine je historische soziokulturelle Situation, für die und innerhalb derer Fiktion Fiktion ist«[12]. Wenn das Publikum nicht mitmacht, ginge der ganze Kunstaufwand leer aus. Seine Wirksamkeit hängt fraglos von einer ästhetischen Einstellung auf seiten des Wahrnehmenden ab. Literarische Texte hätten aber schwerlich den Ausstieg aus dem Realen riskiert, wenn sie nicht annehmen durften, daß ihr Publikum ihnen ins Reich der Fiktion folgt. Ja ihre Verankerung im Zusammenhang des Lebens ist so fest, daß ihnen geradezu die Verbindlichkeit eines ›Kontrakts‹ zukommt. Zwar ist es uns mehr oder weniger freigestellt, uns auf Kunstwerke einzulassen. Entscheidet man sich aber dazu, ist der Umgang gewöhnlich weder willkürlich noch zufällig. Leser und Zuhörer haben Regeln und Gesetze des fiktiven Spiels einzuhalten. Deshalb will auch der rechte Umgang mit Kunst gelernt sein. Insofern verfügt eine ästhetische Einstellung ihrerseits über eine eigene ›Poetik‹.

Wer daher eine Kompetenz für Fiktives besitzt, der, so läßt sich folgern, muß zugleich auch eine dazugehörige Performanz beherrschen. Wie sich jedoch Fiktives gegen Reales und Imaginäres absetzt, ist auch das Wahrnehmungsverhalten von Fiktivem gegenüber dem von Realem und Imaginärem unterscheidbar. Man stößt auf diesem Wege geradezu auf eine Art ästhetische Gesetzlichkeit: dem dreidimensionalen ›Welt-Bild‹ der Kunst antworten drei Elementareinstellungen ihres Publikums. Um in der Nähe Arkadiens zu bleiben, seien sie mit Begriffen der Zeit und für diese Zeit bezeichnet. Die humanistische Rechtfertigung der dichterischen ›Lügen‹ stützte sich keineswegs allein auf den Nachweis von ihrer moralischen Nützlichkeit. Dem zur Seite stand meist gleichwertig eine genaue ›Gebrauchsanweisung‹. Sie legte Adressatenkreis, Zeit und Art des Umgangs mit dem Text fest. Diese Situierung war dort besonders entwickelt, wo es um die Rechtfertigung vergleichsweise unseriöser Fiktionen ging wie in der Novellistik. Sie war zu ihrer Zeit ebenfalls eine Modernität, die den vorgegebenen Kanon sprengte. Der Umgang mit ihr war deshalb traditionell nur für ein *Otium* vorgesehen[13]. Dieses bezeichnet jedoch so etwas wie eine grundlegende kulturelle Verhaltensweise, die den Umgang mit Fiktivem regelt. Ihr liegt der Gedanke zugrunde, daß sich jede ernsthafte menschliche Tätigkeit selbst gefährdet, wenn sie sich monomanisch verhärtet. Die Entspannung, die Muße hier schaffen soll, ist deshalb eine Notwendigkeit der geistigen Hygiene. Wird der Bogen überspannt, heißt ein geläufiger Vergleich, reißt er. Aber nicht Nichtstun verschafft den nötigen Ausgleich; auch Muße will tätig erfüllt und geordnet sein. Unter ihren vielfältigen Angeboten nimmt der Verkehr mit den Musen eine hohe Stelle ein. Dies gilt namentlich für die ›schöne‹ Literatur. Zwar soll auch sie lediglich den müßigen Stunden vorbehalten sein. Wenn sie aber lebensweltliches Handeln unterbricht, dann um gerade dieses zum Gegenstand ästhetischen Behandelns selbst zu machen[14].

Was dadurch bezweckt werden kann, bestimmt sich aus dem, was Otium zu allen Zeiten negiert hat: das *Negotium*. Auch Negotium meint nicht eigentlich eine ausgeübte Tätigkeit, sondern den kulturell geregelten Umgang mit dem Realen. Wohin jemand durch seinen Stand, sein geistiges und materielles Vermögen, seine Ausbildung, Erziehung, sein Verhältnis zur Tradition gehört, all dies legt das Gesetz dessen fest, was sich gehört – zumindest noch in der Zeit, aus der Arkadien kommt. Negotium ist mithin eine zweckgemäße Erfüllung des ›Realen‹. Die Renaissance hat das Interesse der Dichtung am Negotium ihrer Gegenwart allerdings von vornherein in feste Bahnen gelenkt. Der hohe Rang von Epos und Tragödie bindet die Blicke bevorzugt an die ›Geschäfte‹ der gesellschaftlichen und staatlichen Führer. Zwar wird ihr Verhalten ästhetisch gesteigert; als ihr reales Profil scheint dennoch ein – idealisiertes – Bild des höfisch-ritterlichen Standes hindurch. Sein Negotium ist im Umbruch begriffen; als solches wird es literarisch zur Rede gestellt – auch in Arkadien. Spätere Epochen setzen andere Prioritäten. Nicht zuletzt schlägt sich dies in der Bevorzugung anderer Gattungen nieder.

Wie jedoch der Verkehr mit Fiktivem und Realem jeweils eigene Umgangsformen verlangt, unterscheidet sich auch die Berührung mit einem Imaginären vom Otium, das den Schönen Künsten vorbehalten ist. Gerade wo Beziehungen mit einem Vollkommenen aufgenommen werden sollen, haben alle Zivilisationen diesen Kontakt mit dem Unbegreiflichen strengen Regeln unterworfen. Die am wenigsten faßbare Erfahrungsweise von Welt ist gewöhnlich bis ins Detail kodifiziert. Ein Perfektum ist nicht zu fassen; es muß daher in kultischen Riten einen sinnlich faßbaren Ersatz schaffen. Wo solche stellvertretenden Handlungen eingeführt, gepflegt und vollzogen werden, findet das Imaginäre seine idealtypische Erfüllung im *Sacerdotium* (religio). Aber gehören im weiteren Sinne dazu nicht genauso gut die Ekstase des inspirierten Dichters, der ›Übermut‹ des siegreichen Helden, die Verzückung des Mystikers, Traumdeutungen, Wahrsagungen und Eingebungen von Sehenden? Ihr Verhalten ist, wenn auch nicht für jeden nachzuahmen, sichtbarer Dienst an der Vergegenwärtigung eines unsichtbaren Imaginären im Leben.

Alle diese Begegnungen mit dem Numinosen vollziehen sich jedoch eigentlich stets als Negation des Realen. Wenn Negotium Vollzug von Realität ist, dann Sacerdotium ausdrückliche Absage ans praktische Interesse. Es duldet keine Arbeit neben sich. Das geht weit über das Otium der Literatur hinaus. Es nimmt regelmäßig wiederkehrende Stunden und Tage für sich in Anspruch und will ein Bestandteil des öffentlichen Lebens sein. Dem zeitlichen entspricht ein räumlicher Anspruch. Kultische Stätten setzen der Größe und Macht des Imaginären ein Gleichnis. Ob im Mittelpunkt einer Gemeinde oder strikt von ihr getrennt, sie überragen ihre Umgebung und weisen dadurch auf das Überragende schlechthin. An Tempeln und Altären unterwerfen sich die, die sich sonst die Erde untertan machen, der Herrschaft eines Größeren. Sonntagskleidung und Sprache des Rituals ergänzen sich zu jener »Ausnahmesituation«[15], die das Imaginäre offenbar gebieterisch verlangen darf. Den dichtesten Ausdruck gewinnt das Sacerdotium im Typus des Priesters und der Priesterin. Sie sind von nützlichen Geschäften befreit. Umso unbedingter können sie sich dem Dienst am Vollkommenen weihen. In bezug auf ein Imaginäres, das ernst genommen wird, verkörpern sie das, was der Cortegiano in bezug auf seine historische Realität: einen Idealtypus.

Zwischen Hofmann und Priester aber steht damals der Dichter. Er ist nicht nur ein allgemeiner Anwalt des Fiktiven. An ihm lassen sich auch die damaligen Grundforderungen für eine angemessene Einstellung zu literarischen Fiktionen ablesen. Er nimmt einerseits teil am Leben: sein traditioneller Raum war über lange Zeit der Hof und die kultivierte Gesellschaft in seinem Bannkreis. Seine Schöpfungen andererseits verlangen nach Freistellung von unmittelbaren Lebensinteressen. Das Mäzenatentum hatte ihm diesen Abstand ermöglicht[16]. Es versetzt ihn, soweit die Rücksichten auf den Gönner dies zulassen, in die Lage, reale Verhältnisse frei nach Maßgabe imaginärer zur Rede zu stellen und fiktiv auszutragen. Das Publikum muß im kleinen dieses Spiel auf den Registern seiner Welterfahrung mitmachen. –

Nur am Rande sei hinzugefügt, daß in Priester, Dichter und Hofmann (höfischem Ritter) sich also drei kulturelle Idealtypen der Zeit personifiziert haben[17]. Sieht es aber nicht so aus, als ob sie eine historische Ausprägung genau des Amtes vorstellen, welches das historisch Reale vom Hofmann, das Fiktive vom Dichter und das Imaginäre von Priester und Priesterin, zumindest im Schrifttum, erwartet?

III

Unter diesen Voraussetzungen läßt sich auf die Frage zurückkommen, ob und wie an Arkadien ein neues Bewußtsein des Fiktiven aufgehen konnte. Das Land der singenden Schäfer ist nicht nur uns, sondern war auch seinem Publikum in der Renaissance fremd. Es entsprang keineswegs einer kulturmüden Schwärmerei fürs Landleben, wie es später in der Empfindsamkeit und der Natursehnsucht des 18. Jhs. scheinen mochte[18]. Arkadien ist nicht ein Land der Natur, sondern der Literatur. Jacobo Sannazaro weist im Epilog seiner *Arcadia* (um 1500) darauf hin, wo er diese »geistige Landschaft«[19] gefunden hat: sie ist ein Gut der ›renatae litterae‹, humanistischer Fund einer Erfindung der Antike. Keiner der lateinischen und volkssprachlichen Eklogen-Dichter des Quattrocento sah Arkadien noch als kargen Gebirgszug im Peloponnes. Bereits Vergil hatte es an diesen Ort um seines mythologischen Prestiges willen verlegt: es ist die legendäre Heimat des Hirtengottes Pan. Nicht der Hirtenstab – die Syrinx, Pans Flöte, ist das Emblem der Arkadier. Schon für Vergil verschwamm ihr Land im »goldenen Dunst der Ferne«[20]. Um wieviel mehr mußte es erst eintausenddreihundert Jahre später als ein verklärtes Anderswo erscheinen, als keine Landkarten, sondern allein noch die Schriften der Alten einen Weg dahin wußten.

Wie jedoch Vergil die Hirten Theokrits erst ganz zu literarischen Gestalten gemacht hatte, vollzog sich auch die vergilisierende Bukolik des Spät- und Nachmittelalters als ein Akt der Umwandlung. Dante, Petrarca, Boccaccio gaben die Muster[21]. Sie machen den bei Vergil angelegten allegorischen Einsatz der bukolischen Materie zum Regelfall. In der Gemeinschaft wettsingender Hirten ließ sich ein Vorbild für eine neu zu begründende geistige Elite versinnbilden. Als der Humanismus sich zu einer wahren Bildungsreform ausweitete, wurde auch der Brückenschlag zu den unvergleichlichen Gipfeln der antiken Kultur geregelt[22]. Das Ergebnis ging in die Lehre der Imitatio ein. Waren die Alten auch unerreichbar, konnte ihr Studium doch wenigstens hoffen lassen, ihrer Kunstfertigkeit nahe zu kommen. Jeder Stein ihres kulturellen Gebäudes wurde dazu abgetragen, untersucht, bestimmt; die Erkenntnisse gesammelt, in Exzerpta und Loci-communes-Heften katalogisiert und in Schulübungen musterhaft nachgeahmt. Am Ende dieser humanistischen Aufbereitung schien die klassisch-lateinische Sprachkunst in eine ›Summa‹ ihrer Mittel und Verfahren überführt[23].

Diese bewundernde Zerlegung leitete aus der Aneignung jedoch schon zu einer Überarbeitung über. Aus dem Abstand des Spätmittelalters waren überdies die historischen Unterschiede der großen lateinischen Autoren geschwunden. Die Studia humanitatis hoben sie unterschiedslos auf dieselbe Ebene klassischer Vorbildlichkeit. Bereits diese stoffliche Dekomposition ging deshalb weit über eine bloße Imitatio hinaus. Sie bereitete den Boden für eine Rekomposition im Geiste der Neuzeit. Das humanistische Arkadien ist eines ihrer Produkte! Die neulateinische und die ihr folgende volkssprachliche Eklogendichtung des Quattrocento hat auf diesem Felde die Entwicklungsarbeit geleistet. Das bukolische Genus stand, nach dem Vorbild Vergils, auf der niedrigsten Stilebene. Seine breite Einsatzfähigkeit empfahl es andererseits für viele sich bietende Gelegenheiten[24]. Beides machte es als Übungsmuster für den Rhetorikunterricht geeignet[25]. Mehr als in anderen Fällen scheint die Form der Ekloge dadurch frühzeitig eine hohe Konventionalisierung erfahren zu haben. Dieses feste bukolische Grundinventar wiederum muß als das eigentliche stoffliche Einzugsgebiet Arkadiens gelten. Ergänzend trat hinzu, daß die Hochkonjunktur der Ekloge in der zweiten Hälfte des 15. Jh. auch ihrer Anpassungsfähigkeit an aktuelle Themen zuzuschreiben war. Mit der Scuola Guarinia[26] in Ferrara (zw. 1430 und 1460) kehrte sie zu den antiken Modellen selbst, mit den Schülern Guarinos an die frische Luft der Gegenwart zurück. Dieser Zug zeichnet sich in der volkssprachlichen Bukolik eher noch deutlicher ab. Ein besonders anschauliches Beispiel für ihre Technik der verhüllenden Enthüllung bietet das *Pastorale* von P. J. De Jennaro aus den achtziger Jahren des 15. Jhs.[27]. Schon in diesem vor-arkadischen Zustand nimmt die bukolische Schreibweise dadurch zunehmend Aufgaben jenseits der »Klammern der Allegorie«[28] an.

Damit jedoch aus einem schulmäßigen Vorrat das »neue Arkadien« der Renaissance[29] erstehen konnte, bedurfte es gewissermaßen eines qualitativen Sprungs. In Jacobo Sannazaros *Arcadia* (gedruckt 1502/1504) ist er Ereignis geworden. Als er um 1480 im neapolitaner Dichterkreis Eklogen zu verfassen begann, waren alle wesentlichen Bestandteile eines genus bucolicum in ein festes Repertoire eingebracht. Die bukolische Tradition hatte dazu vor allem den idyllischen Lustort, Arkadien selbst die Schäfer, Nymphen, Satyrn und ihre besondere Begabung für Gesang und Liebe beigetragen. Die Abgeschiedenheit von Land und Leuten gab Gelegenheit, Arkadien je nachdem als Fluchtort, als Exil oder als Wunschland gegenüber einer gelebten Stadt- und Hofwelt auszugeben. Umgekehrt nährte ein mißversöhntes Jetzt den Gedanken an ein Damals, als alles besser war: ans Goldene Zeitalter. Und wer sich auf das Niveau dieser Schäfer begeben wollte, dem stand dafür auch die richtige Sprache des stilus humilis zu Gebote.

Sannazaro ist aus diesem pastoralen Fundus nicht herausgetreten. Seine Innovation entsprang vielmehr dem neuen Interesse, mit dem er es ergriff. Am Ursprung seiner ›Revolution‹ steht nicht der Hofmann Sannazaro, nicht der Adlige, nicht der Politiker oder der Panegyriker. Diese Praxis einer persönlichen und zeitgeschichtlichen Besetzung der Ekloge fehlt nicht. Beherrschend jedoch wird der Dichter Sannazaro. Arkadien ist ihm vor allem anderen ein stilistisches und ästhetisches Anliegen. Je höher die antike Kultur zu Buche stand, desto dringender mußte das Bedürfnis werden, auch das Volgare zur Literaturfähigkeit zu erziehen. Diese questione della lingua bildet seit Dantes *De vulgari eloquentia* eines der Pflichtprobleme humanistischer Kulturarbeit. Ihr gilt auch Sannazaros oberstes Interesse. Was aber will es bedeuten, wenn er angesichts einer schon rund einhundertfünfzigjährigen Bemühung um die Wiederherstellung der Eklogenliteratur sein dichterisches Ich am Ende der *Arcadia* wagt sagen zu lassen, der erste in diesem Jahrhundert gewesen zu sein, ›der die schlummernden Wälder wieder erweckt und den Hirten die längst vergessenen Lieder wieder zu singen gelehrt hat‹ (131, 15)[30]? Hält er sich gar für den Vergil seiner Zeit, wie Prosa X nahelegt[31]? Doch nicht Hochmut – Treue zum Vorbild läßt ihn so sprechen. So wie Bukolik damals überwiegend gehandhabt wurde, kam sie meist in die Nähe von Gelegenheitsdichtung und Gebrauchslyrik. Sannazaros Anspruch ist deshalb Protest eines humanistischen Philologen, der sie wieder auf den Geist Vergils verpflichtet wissen will[32]. Der schlichte Stil (»umile suono«; 129, 5) der Ekloge ist die erste Bewährungsprobe eines dichterischen Curriculums; seine Vollendung der erhabene Stil des Epos. Sannazaros eigene Berufung paßt sich genau diesem Vergilschen Vorbild an[33]. Aufenthalt in pastoralen Gefilden heißt deshalb soviel wie Lehrzeit der Dichtkunst.

Aber so wie Vergil Theokrits Idyllik erst auf einen haltbaren poetischen Rang gehoben hat[34], so unterwirft auch Sannazaros vorgebliche Rückbeziehung auf die Quellen die pastorale Materie einer folgenreichen Interpretation im Sinne der zehnten Ekloge Vergils. Sannazaros Geheimnis seines unvorhergesehenen Erfolgs: er hat aus arkadischer Bukolik ein bukolisches Arkadien gemacht. Diese Verwandlung hat sich allerdings auf vielen Ebenen und keineswegs als geplanter Prozeß ereignet. Teils ist er dem Autor im Verlaufe der stufenweisen Ausarbeitung seiner *Arcadia* in einer Art ›work in progress‹ selbst erst aufgegangen und als solcher in der endgültigen Fassung anwesend. Teils auch hat ihn erst die Rezeption vollendet und damit das Werk endgültig auf die Seite der Renaissance-Moderne gebracht[35]. Der Sprung über die Tradition hinaus läßt sich daher am ehesten dort fassen, wo er die Konvention verletzt. Am augenfälligsten wird dies im Titel, im Prolog und in den ersten (sechs) Kapiteln. Niemals zuvor wurde Arkadien, obwohl als schmückende Zutat und nützliche Ausstattung im poetischen Rüstzeug vorhanden, so entschieden und rein zu dichterischer Gegenwart selbst gemacht. Sannazaro erreicht dies, indem er aus der Vollständigkeit der Topoi eine Einheitlichkeit des Stils und des Tons macht. Sein Werk entwickelt als erstes ein rhetorisch geschultes Empfinden für das aptum der bukolischen Einzelteile: es harmonisiert Ausdruck und Interesse. Dadurch erst konnte Arkadien als ästhetische Figur geboren werden. In dieser zweiten Stilisierung nach Vergil wird es in die Zukunft eingehen.

Sannazaro erzielt dieses Ergebnis mit ›klassischen‹ Mitteln. Zunächst wählt er nur *die* bukolischen Versatzstücke aus, die sich zu einem gelehrten locus amoenus fügen und auf die ferne Abkunft aus dem Garten Eden anspielen[36]. Den flüsternden Wäldern, kristallklaren Bächen, springenden Quellen, duftenden Wiesen, kühlen Hainen, anmutigen Hügeln, fruchttragenden Bäumen – bei angenehmsten Witterungsverhältnissen – entsprechen die Menschen dieser amönen Natur. Den Schäfern ist ihr Handwerk allenfalls Attribut, nicht Aufgabe. Was von ihrem Tagwerk bleiben durfte, dient meist der couleur locale oder ist Anknüpfungspunkt ihrer Unterhaltung. Ihr ursprüngliches Berufswissen muß in Gestalt von Gesetzestafeln im Pan-Tempel (Prosa X, 7ff.) aufbewahrt werden. Der sonntäglichen Natur entspricht die weitgehende Freiheit ihrer Bewohner von Arbeit. Zumindest sieht dieses Arkadien soweit davon ab, daß sich die Prioritäten zwischen wirklichem und arkadischem Schäfertum geradezu umkehren: Musik und Gesang, dort allenfalls Begleitumstand, werden hier zur Hauptsache. Lange Zeit blieb hinter den singenden und musizierenden Schäfern nur noch die Gestalt des Gallus, des Dichters aus Vergils zehnter Ekloge sichtbar. Anlaß und Gegenstand der Gesänge ergänzen diese Ablösung Arkadiens von jeder leibhaftigen Schäferei. Ihnen zufolge sind Hirten in aller Regel – unglücklich – verliebt. Erfüllte Liebe würde ja keine ›Geschichten‹ machen. Wenn ihre Hauptbeschäftigung den Musen gilt, dann ist der Lebensinhalt wesentlich Liebesklage. Eine solche thematische Engführung wiederum bleibt nicht ohne Auswirkungen auf den modus dicendi. Wo es so andächtig um die sprachliche Erfassung eines betrübten Gemüts geht, ist der weltläufige Eklogenton zu unsensibel. Folgerichtig versetzt ihn Sannazaro mit jener Sprechweise, in der sich ein ungestilltes Liebesverlangen und die Weltabgeschiedenheit einer sympathetischen Natur bereits kunstvoll verbunden hatten: im Petrarkismus[37]. Die wirkliche Leistung Sannazaros besteht darin, daß er die antike Formensprache der Bukolik mit der damals höchsten Sprachkultur des Volgare zu verschmelzen wußte. Er hat der petrarkistischen Sprache der Innerlichkeit damit einen Rezeptionsweg erschlossen, der über den heroisch-galanten Roman hinaus noch einer bürgerlichen Empfindsamkeit erlauben wird, sich ihr Gemütsleben zurechtzulegen.

Die Versöhnung von alter und neuer Tradition hatte jedoch ihren Preis. Sie war nur möglich, wenn einerseits die Ekloge ihre lebensweltlichen Dienstleistungen in den Hintergrund stellte. Andererseits drang in den weltverdünnten Raum der petrarkistischen Lyrik die vergleichsweise farbigere Lebensnähe des Hirtenstandes ein. Sannazaro schafft damit ein ›neues Arkadien‹, das die Art einer Idealantike hat[38]. Die übernommenen Stilelemente sind darin so aufeinander abgestimmt, daß man fortan von einem ›arkadischen Ton‹ sprechen darf. Seine Herkunft aus humanistischer Antikebegeisterung, seine Sprache, die von niemandem gesprochen wurde, verleihen Arkadien die Gebildetheit einer Kunstwelt.

IV

Allerdings mußte einiges hinzukommen, um neuzeitliches Bewußtsein darin aufzunehmen. Und wiederum geht dies auf eine folgenreiche Überschreitung der damaligen Eklogen-Praxis zurück: Sannazaro hat seine zwölf Hirtengedichte durch Prosateile eingefaßt. Auch dafür läßt sich eine Vorlage, sogar im engeren Bereich volkssprachlicher Liebesdichtung finden: in Dantes *Vita nuova* und Boccaccios *Ameto* beispielsweise. Im Grunde hat er ihr Verfahren nur auf die Eklogen übertragen. Aber erneut enthielt die Anwendung einer Tradition den Anstoß zu deren Veränderung. Der Prosa-Rahmen ist nicht bloß Zutat; er wurde vielmehr organisch aus den bukolischen Gesängen entfaltet und ganz auf sie abgestimmt. Zunächst sein Stil: im Prinzip besteht kein Unterschied der Stillage zwischen gebundener und ungebundener Sprache. Im übrigen entfaltet sich die Prosa aus rudimentären Ansätzen in der Eklogen-Praxis des Quattrocento selbst[39]. In aller Regel unterschied diese, auch typographisch, zwei Sänger. Ihr Wettgesang enthielt also ein minimales szenisches Moment. Die Prosa hat diese Veranlagung ausgefaltet, aus den Gedichten ausgelagert und als Erzählung verselbständigt. Auf diese Weise wurde aus den erzählerischen Elementen Erzählung, aus den szenischen Inszenierung. In dieser formalen Erweiterung aber lag ein maßgebliches Stück der arkadischen Zukunft begründet. Das Mehr an Darbietungsordnung stattete den Text mit mehr Selbstbewußtheit als Text aus. Wenn dann, wie in der zweiten Hälfte der *Arcadia*, der Anteil des Narrativen ausgebaut wird, schlägt das hybride Gebilde in ein romaneskes um. Die Aufnahme Sannazaros in Spanien wird auf diesem Wege den Schäferroman hervortreiben (Torquemada; Montemayor, Cervantes; D'Urfé). Wer hingegen, wie in Italien, das szenische Element steigert, kommt zum Schäferspiel[40]. Es wird sich später in der Gattung der Tragi-Komödie regelgerecht zu begründen suchen (Beccari, Argenti, Lollio, Tasso, Guarini – sowie die Theoretiker des Cinquecento). Das weiterwirkende Moment dieser Prosa hat sich aber schon in zwei herausragenden Strukturmerkmalen der *Arcadia* selbst niedergeschlagen. Sie gehen in den poetologischen Grundriß arkadischer Dichtung ein; aber nur, weil Sannazaros Werk sie in seinem Fortgang gerade durchkreuzt und sie damit erst auffällig macht. Er verleiht dem Text dadurch eine Brechung, auf die es, rückblickend gesehen, in erster Linie ankam. Diese Merkmale sind: die Zusammenfassung des Erzählerischen in einem (persönlichen) Erzähler und des Szenischen in einer (geschlossenen) Sprechsituation.

Arkadien wird vom Prolog an als Rückblende eines erzählenden Ich auf eigenes Erleben ausgegeben. Die vorgeblich ungefügen Lieder (»rozze ecloghe«; 3,4) wollen Wiedergabe der dortigen Schäfer sein, die das Ich dem Publikum zugänglich macht. Mit wenigen Strichen ist das Erzählte damit motiviert. Die Eklogen, der ursprüngliche Ausgangs- und Mittelpunkt, setzen dadurch nicht mehr, wie bisher, als gleichsam absolute Welt- und Liebesklage ein, die erst der Empfänger in präzise Wunschfiguren zu übersetzen hatte. Sie sind jetzt vielmehr eingebettet in einen eigenen Kontext. Bei aller verbleibenden Dunkelheit der Anspielungen besitzen sie einen Rahmen, der sie aus sich selbst auslegbar macht. In dieser Richtung hat sie jedenfalls ihr Publikum gelesen und weiterentwickelt. Das erzählende Ich steht überdies im Zentrum der Perspektive. Da es jedoch zugleich Schäfer unter Schäfern ist, erlebt es das Leben nicht von außerhalb, wie neben ihm der Schelm, sondern von innerhalb. Seine Sicht geht – vorläufig – ganz darin auf. Zeichenhaft verzichtet es in diesem Sinne auf einen Namen. Öfter als es *ich* sagt, sagt es *wir*: der Erzähler führt sich als ein kollektives Ich ein. Er leidet und fühlt mit den unglücklichen anderen; spricht aus, was alle empfinden.

Heutige Erwartungen an einen persönlichen Erzähler haben zu vielfältigen Versuchen geführt, in der Abfolge der Gesänge und der Prosa einen roten Faden ausfindig zu machen. Auch die scharfsinnigste Untersuchung war aber gezwungen einzugestehen[41], daß bei aller Bündigkeit eine Reihe von unauflösbaren Brüchen bestehen bleibt[42]. Dabei wird vom Text eine Erzähllogik erwartet, die ihm und seiner Zeit noch fremd war. Man verdeckt dadurch eher seine historische Eigenart. Denn zumindest bis zur sechsten Ekloge steht der Ich-Erzähler noch ganz im Zeichen bukolischer und petrarkistischer Wahrnehmung. Das heißt, das ›Gesetz‹ seiner arkadischen Welterfahrung ist eindeutig lyrisch bestimmt. Es herrscht, auch grammatisch, ein Imperfekt des Märchens, eine in der Vergangenheit stillstehende Zeit. Zwar läßt Aurora stetig ein morgendliches Licht aufgehen, Luna es wieder verlöschen. Aber ein Tag folgt dem anderen so (»passando in cotal guisa più e più giorni«)[43], daß dieses Nacheinander im Grunde den Gleichklang des arkadischen Sonntagslebens ausdrückt. Es ist mehr ein Kreisen um gleichbleibende äußere und innere Fixpunkte. Arkadische Zeiterfahrung erinnert damit sehr an die kreatürliche Zeit primitiver Gesellschaften. Das Erzählen geht zwar an diesem Auf und Ab nicht vorbei; seine eigentliche Ordnung bestimmt jedoch eindeutig die Wiederkehr thematischer Episoden. Sie gehören zum Repertoire und können deshalb in freier Folge aufgerufen werden. Ihre Verknüpfung untereinander hat rhapsodischen Charakter.

In dieser Weise bringt Kapitel VI ein weiteres Standardthema ins Gespräch. Ein Schäfer Carino stößt zu einer müßig lagernden Gruppe, darunter das Ich. Er ist auf der Suche nach einer entlaufenen Kuh – Motive dieser Art dienen der bequemen Herbeiführung von Begegnungshandlungen. Das Tier selbst ist schnell vergessen. Nach Art des Landes fordern sich die Anwesenden zum Wechselgesang auf. Als Gegenstand bietet sich das Nächstliegende an: »perché la vacca da Carino smarrita mi fa ora rimembrare di cosa che poco mi aggrada«, sagt einer, »di quella intendo cantare« (42,10). Und es folgt, konventionell eingeleitet, die konventionelle Klage von der schlechten Welt. Dem stellt ein Alter das Bild des Goldenen Zeitalters entgegen, das seit der Antike zum Themenvorrat der Bukolik gehört[44]. Die Vorstellung, daß früher alles besser war, verlegt in eine ferne Vorzeit all die Wunschbilder, die die Gegenwart unerfüllt läßt. Sannazaro hat auch in diesem Fall nur einen Topos der Antike verarbeitet. Dante, Poliziano, Lorenzo de' Medici u. a. hatten sich vor ihm bereits darauf berufen. Nichts deutet bis zum Ende des 6. Prosimetrums darauf hin, daß davon ein Umschlag der *Arcadia* ausgehen wird, der ganz Arkadien verändern und zu dem befähigen wird, was es in der Folge geworden ist.

Die Wendung setzt nahezu unvorbereitet im siebten Abschnitt ein (47ff.). Sie findet bezeichnenderweise nicht in Arkadien selbst, sondern in der Sichtweise des Ich statt. Das auslösende Moment war der Rückblick auf das Goldene Zeitalter. Das galt – schon immer – als Ausdruck für einen kulturellen Idealzustand. Zum ersten Mal wird es jedoch nicht nur als ein geläufiges Gegenbild zu allen möglichen bestehenden Verhältnissen, sondern als ureigene Dimension Arkadiens aufgefaßt[45]. In einer Art momentaner Evidenz des erzählenden Ich springt das Goldene Zeitalter aus seiner bukolischen Selbstverständlichkeit heraus und gibt sich als mythische Erfüllung genau dessen zu erkennen, was in Arkadien nur als Klage anwesend ist. Das Land der Schäfer verliert mit einem Schlage seine zeitliche Unschuld. Es rückt in einen weiteren Horizont ein, der es vom Zusammenhang mythischer Weltalter her neu aufschließt. Stellvertretend für das Arkadienbild insgesamt tritt das erzählende Ich in die Erfahrung von Geschichtlichkeit ein. Der naiven Selbstzuwendung in den ersten sechs Teilen der *Arcadia* ist fortan der Boden entzogen. Das elegische Glück, ganz seinem Kummer und Leid leben zu können, kommt mit dem Goldenen Zeitalter unter einen, man möchte sagen, letzthinnigen Maßstab. Er setzt Arkadien unwiderruflich zu einer bloßen Vorstufe eines höheren Glücks herab. Seinen Bewohnern stellt sich damit grundlegend die Befriedigung in Zweifel, die sie aus ihrem Selbstmitleid ziehen konnten. Je mehr sie das Goldene Zeitalter als ihr eigentliches Lebensideal ins Bewußtsein aufnehmen, desto weniger können sie bei der Schmerzsüße ihrer Konflikte stehenbleiben. Eine Lösung drängt in den Vordergrund.

Die *Arcadia* hat diesen Umschlag ihres Weltbildes zwar nicht ausdrücklich besprochen. Aber der Ich-Erzähler hat zeichenhaft darauf geantwortet. Der Blick auf das Goldene Zeitalter löst bei ihm eine Art Parallelverschiebung aus: ›Nur mit größtem Mißbehagen mag ich mich der früheren Zeiten erinnern‹ (VII, 2). Wie Arkadien insgesamt öffnet sich auch seine eigene schäferliche Existenz plötzlich auf eine Dimension der Vergangenheit: Der Erzähler deckt seinerseits seine historische Identität auf! Der Autor wählt dazu das epische Verfahren der nachträglich eingeholten Vorgeschichte. Dabei besetzt das Ich seine arkadische Kollektivform jedoch gleich dreifach. In zwei Fällen benutzt es dazu die für die kommende Schäferliteratur lange Zeit verbindliche Form der Autobiographie. Zuerst wirft der Erzähler radikal das bukolische Gewand ab und nennt seinen wirklichen Namen (Sannazaro) sowie seine reale Herkunft (Neapel). Dem fügt er den Abriß einer Geschlechterchronik bei. Sie reicht bis hin zu den politischen und wirtschaftlichen Wirren des Königreichs Neapel, die ihn ins arkadische Exil getrieben haben. Diese Durchbrechung der Fiktion aber reinigt ihre Sprechweise von jeder vordergründigen Verwendung als Zweckallegorie, mit der persönliche Interessen an den richtigen Mann zu bringen waren (Beispiel: das *Pastorale* von De Jennaro). Dieser Verstoß gegen den allegorischen Brauch steigert umgekehrt gerade die Aufmerksamkeit für den fiktiven Status des Gebildes. In dem Maße wie der Erzähler reale Identität gewinnt, muß Arkadien andererseits seine Zeit- und Raumferne aufgeben. Sein erdachtes Anderswo erscheint plötzlich als persönlicher Fluchtraum des Erzählers vor einer getrübten Realität. Von da an wird es fast immer am Rand der Lebenswelt liegen, in der es dichterische Gestalt gewinnt. Zum ersten Mal auch – und mit allen Konsequenzen – kommt es dem Erzähler nicht nur als literarische Maskierung handfester Zwecke, sondern als selbstwertiges Gegenbild zu seiner geschichtlichen Wirklichkeit in den Sinn.

Aber – es ist dennoch nicht jedermann zugänglich, und auch nur auf verschlungenen Pfaden zu erreichen. Denn *eine* Bedingung müssen alle Pilger nach Arkadien erfüllen: Was immer sie sonst noch umtreiben mag, sie müssen (unglücklich) verliebt sein. Sannazaro beeilt sich, dem realen Lebenslauf seines Erzählers eine beispielhafte arkadische Vita zur Seite zu stellen. Der unmittelbare Anlaß seines pastoralen Aufenthalts ist eine nach allen Regeln der damaligen Liebesliteratur zusammengestellte amouröse Leidensgeschichte. Sie hat ihn aus Neapel vertrieben (48ff.). Die *Arcadia* verschmelzt darin Trobardorviten, die *Vita nuova* Dantes und Verwandtes zu einem arkadischen Modellebenslauf. Kaum ein literarischer Schäfer, der danach seine Anwesenheit in Arkadien nicht auf eine ähnliche Vorgeschichte zurückführte.

Der Rückblick auf die (fingierte!) Neapolitaner Jugendliebe bringt das Ich freilich zurück zum Anlaß aller Leiden: zur Geliebten (VII, 17). Hat ihm seine Flucht ins sentimentale Exil Linderung gebracht? In einer klassischen Questione d'amore wägt er Vor- und Nachteile ab. Ausgerechnet in Arkadien wollte er die Ungenannte vergessen, wo dort doch über kaum etwas anderes als über jedermanns Liebe gesprochen wird. Die Entfernung erweist sich als – petrarkistische – Selbstbestrafung, da sie ihm nicht einmal den schmerzlichen Trost ihres Anblicks gewährt. Die Schlußfolgerung ist eindeutig: in einem Akt brutaler Desillusionierung zerreißt er abermals die sorgfältig geknüpfte arkadische Textur. ›Ich glaube‹, sagt er, ›daß die einsamen Gegenden dieses Landes nichts für junge Leute aus vornehmen Städten sind; hier können es allenfalls wilde Tiere aushalten!‹ (VII, 18). Zwar werden andere pastorale Liebhaber darüber ganz anders denken und von den Schönen dieses Landes eine Erhörung erwarten, die sich draußen so verbietet. Entscheidend aber ist, daß sich die künstliche Welt Arkadiens nicht nur zum Horizont des Goldenen Zeitalters, sondern auch zu dem der Realität hin in Position gebracht hat – und aus beiden Richtungen abgewertet wird! Das weitere Verhalten des Erzählers läßt daran keinen Zweifel. Der Einbruch der Vergangenheit hat seine arkadische

Gegenwart in einem Maße erschüttert, daß eine Lösung seines mitgebrachten Zerwürfnisses nicht mehr hier, sondern erst wieder außerhalb, nicht in der Beschaulichkeit Arkadiens, sondern in der Zukunft der Stadtkultur möglich scheint. Von diesem Augenblick an hat die Liebeshandlung der *Arcadia* einen Knick. In mehreren Anläufen verdichten sich die Anzeichen für eine Abwanderung aus dem schäferlichen Exil, zurück nach Neapel (vgl. XI, 2ff.). Zwar läßt das Ich offen, wie es seine Liebes-Vita bereinigen will, zumal die Geliebte in der Zwischenzeit wohl den Tod der Beatrice und der Laura gestorben ist. Aber sein Verhalten hat in Arkadien eine neue Denkrichtung eingeführt. Die Eklogen des ersten Teils erwecken nicht selten den Eindruck, als ob die Liebe in erster Linie dem Gesang und nicht der Gesang der Liebe zu dienen habe. Mit der Blickwendung auf ein Goldenes Zeitalter sowie auf eine Realität kann sich Arkadien jedoch nicht länger bei dieser Problemvergessenheit aufhalten. Bei den Nachfolgern Sannazaros tritt daher die Not des Sagens eindeutig hinter die Not der Lösung zurück.

Das Goldene Zeitalter ruft jedoch neben der historischen und pastoralen Vita des Erzählers noch eine dritte Identifizierung hervor. Wiederum tritt in einem Akt der Namensnennung das kollektive Ich aus dem Chor der Schäfer heraus und nennt sich neben Sannazaro zugleich auch *Sincero* (VII, 27). Es ist kein Name, der wie Logisto, Elpino, Montano oder Fronimo nach Arkadien gehört. Es ist Sannazaros Künstlername im Kreise der Neapolitaner Akademie um Giovanni Pontano. Wenn man so will, stattet er das Ich, bisher arkadischer Sänger unter Sängern, mit einer ›akademischen‹ Identität aus. Sie würdigt ihn als humanistischen Dichter. Wissen und Gelehrsamkeit (»coltissimo giovene«; 131, 16) verleihen ihm einen Rang unter den Besten der Bildungselite am Hof der Aragoneser. Sein Künstlername erklärt daher zugleich die hohe dichterische Berufung und Ambition des Autors. Wer in Arkadien aber einen solchen Anspruch äußert, bringt sich in einen ausdrücklichen Gegensatz zu den »rozze ecloghe da naturale vena uscite« (Prolog, 4), die dort Geltung haben. Ihre volksliedhafte Unkultiviertheit (»selvatichezza«; 129, 4) und Schlichtheit (»umile suono«; 129, 5) gerät damit unter massive Bildungsvorbehalte. Für jemand, der nicht in Arkadien geboren ist, kann die Kunst dieses Landes allenfalls Station auf seiner sentimentalen und poetischen Bildungsreise sein (»A la sampogna«; 131, 16). Sobald deshalb hinter dem Ich das Mitglied der Neapolitaner Dichterakademie hervortritt, ist dessen arkadische Existenz ein weiteres Mal gebrochen.

Die ganze Tragweite dieser Erweiterung kommt jedoch erst ans Licht, wenn man mit den ersten Kommentatoren der *Arcadia* im Cinquecento (hier mit G. Massarengo)[46] *Ergasto*, einen ihrer Schäfer, als arkadisch verschlüsselte Figuration des Ich nimmt. In der Tat nimmt dieser Ergasto unter den Arkadiern eine Führungsrolle ein. Im Rahmen ihrer Kunst verkörpert er nicht nur mögliche Perfektion (»la nova armonia, i soavi accenti, le pietose parole«; XII, 1). Er ist es auch, der ihre Begrenztheit offenbart. Und prophetisch sieht er hinter dem »pastoral ruvido stile« Arkadiens (XI,V.113 ff.) einen erhabeneren Ausdruck vorscheinen. Zugleich ist Ergasto der Zeremonienmeister pastoraler Lebenskultur. Er veranstaltet Spiele, Gedächtnisfeierlichkeiten, Tempelbesuche. Wenn er also ein alter ego des Autors ist, dann repräsentiert er all die dichterischen Ambitionen, die sich in Arkadien, d. h. mit dem Genus Bucolicum erfüllen lassen. Die Technik dieser poetischen Versetzung zumindest war dem Autor nicht unbekannt. Boccaccio hatte sie im *Ameto*, einer der maßgeblichen Vorlagen für die *Arcadia*, bereits praktiziert. Im Kreise seiner Dichterkollegen war es zudem Gewohnheit, ein Pseudonym (›Sincero‹) anzunehmen und sich in Autor und Dichter zu verdoppeln.

Mit dem Moment, wo Sincero aber Ergasto überlagert, sieht sich der arkadische Gesang zum bloßen Vorspiel dessen herabgesetzt, was sich erst im Namen von Sincero verwirklichen lassen wird. Zwar spielt Ergasto seine Rolle bis zum Ende durch, Sincero tritt wieder hinter ihn zurück. Aber die sich selbst genügende Kunst der Schäfer ist mit ihm an eine höhere Norm verwiesen, die von außerhalb kommt und über Arkadien hinausführt. Wenn in den abschließenden Partien (XI und XII) das Ich sich daher aufmacht, zuerst im Traum, dann in einer mythologisierenden Reise durch die Unterwelt sich von Arkadien abzuwenden und nach Neapel zurückzukehren, gewinnt dieses epische Geschehen seine Bedeutung erst aus dem Zusammenhang der akademischen Vita des Ich. Als es am Ende schließlich aus dem unterirdischen Reich der Nymphen, Sinnbild für den läuternden Durchgang durch das Reich der sinnenhaften Liebe (und, möglicherweise, der politischen Ungnade, in die die Familie der Sannazaro gefallen war), herausfindet und die ›ewigen Mauern der göttlichen Stadt‹ (Neapel; XII, 47) wahrnimmt, stößt es auf die »Schäfer« Barcinio, Summonzio und Meliseo. Schon die alten Kommentare haben sie als Sannazaros Neapolitaner Dichterfreunde Chariteo, Summonte (den Herausgeber der *Arcadia*) und Pontano entschlüsselt[47]. Aus Ergasto ist also endgültig Sincero geworden. Der natürliche Gesang der Schäfer wird abgelöst vom akademischen des Dichters. Die Gegenwart Arkadiens verblaßt, die Zukunft liegt in der Stadt.

V

Sannazaros *Arcadia* hat mit den neuartigen Prosa-Partien die Grundlage dafür geschaffen, daß aus einer Sammlung von Eklogen eine arkadische Schreibweise wurde. Die Einführung einer Ich-Erzählsituation verleiht den Einzelteilen narrative Ordnung, Motivation, sogar eine einfache Darbietungslogik, die modernem Erzählen so wichtig sind. Weithin Geschichte gemacht hat aber wohl etwas anderes. Wenn es in diesem handlungsarmen Werk eine Art Handlung gibt, dann das Werden des Textes als Bewußtwerdung seiner Fiktionalität. Im Ich-Erzähler ist dieser Vorgang Gestalt und Geschehen geworden. So wie er zu Beginn eingeführt wird, ist er für sich nichts und namenlos, ganz eins mit den Arkadiern. Weder die Sprache, mit der er spricht, noch das Leben, das er führt, unterscheiden ihn von den anderen. Seine kollektive Unbestimmtheit macht ihn zum sich selbst sagenden Organ der arkadischen Gemeinde – einer Leerform. Der Ausblick auf das Goldene Zeitalter aber bricht den elegischen Zauber des »vergoldeten Alltags«[48]. Wie Narziß durch sein Spiegelbild zu sich selbst kommt, sich dabei aber mit sich entzweit, wird das wiedergebende Ich in seiner bisherigen Rolle fragwürdig. Die Folge ist eine beispielhafte Pluralisierung seiner Identität. Es schließt seinen Aufenthalt in Arkadien in drei Ebenen der Anwesenheit auf, die durch seine drei Namen bezeichnet sind. Ergasto, der Modellschäfer, versinnbildlicht in hohem Maße arkadisches Erlebnis. Sofern man in ihm einen Statthalter des Autors sehen darf, stellt er in dieser Rolle jedoch keinesfalls persönliche Erfahrungen dar. Er vereinigt auf ihn vielmehr das ganze literarische Vorstellungsvermögen, mit dem die dichterische Phantasie diese künstlichen Wesen ausgestattet hat. Nur in diesem Sinne nimmt er die Rolle eines ›erlebenden Ich‹ wahr. Bezeichnenderweise kann dieses unter seinem pastoralen Namen Arkadien nicht verlassen. Seine Erlebnisse sind nicht real und taugen nichts für die Realität. Wer Arkadien überschreiten will, muß sich davon lossagen. Sincero bezeugt es. Er läßt pastorale Liebe und pastoralen Gesang, die beiden Mittelpunkte seines Daseins, hinter sich. Er geht über das Liebesproblem in der Art der Stilnovisten und Petrarkisten hinaus. Der »soave stile e 'l dolce canto« (XI; 106, 1), der zu höherem Ruhme führt (vgl. Ergastos Ekloge XI; 106 ff.), bedarf der göttlichen Eingebung und des kultivierten Raumes von Hof und Akademie. Darbietungslogisch gesehen ist die *Arcadia* ein Rückblick von Sincero auf seine arkadische Vorstellung als Ergasto. Das Imperfekt markiert ihn als das eigentliche erzählende Ich. Seine Rückschau steht für den Abstand, die reflexive Brechung, die notwendig sind, um aus der Naturbegabung der Arkadier für Gesang (und Liebe) eine Kunst zu machen. Insofern vertritt Sincero den Dichter. Er vermittelt zwischen Ergasto, der arkadischen Einfalt, und Sannazaro, dem höfischen und akademischen Raffinement Neapels.

Mit diesem aber tritt neben dem erlebenden und dichtenden zuletzt auch noch das historische Ich des Autors in das Kunstwerk ein. Daß damit nur scheinbar die Illusion des Werkes zerstört wird, zeigt ein Blick auf das Leben des Autors. Über seine Geschlechterchronik im Buch hinaus (VII; 47, 3 ff.) war der Umgang mit den Musen für den ›Ritter‹ Sannazaro die eigentliche Quelle zum Erhalt seines ständischen und materiellen Anspruchs. Seine Familie war von Königin Johanna von Neapel enteignet worden. Sein Treuedienst für die Aragoneser auf dem Thron Neapels, Ferdinand I., Alfons I., Ferdinand II. sowie Alfons II., mit dem er 1501 nach Frankreich ins Exil geht, hat ihn 1499 wieder in den Besitz eines Gutes (das Dorf Mergellina) und ständischer Privilegien gebracht. Dies aber war vor allem das Verdienst des *Dichters* Sannazaro in einer humanistisch aufgeschlossenen Umgebung. Sincero hat am Ende Arkadien zwar im Rücken und Neapel vor sich. Will er freilich Teil dieser Realität selbst werden, ist seine reale Identität angesprochen: aus Sincero muß Sannazaro werden. Wie für Ergasto und Sincero ist auch für ihn Dichtung Leben, nur auf der Ebene des Lebens selbst.

Dieser Vielschichtigkeit des Ich kommt man jedoch mit der Anwendung der Lehre von einem vielfachen oder allegorischen Schriftsinn kaum mehr bei. Zum einen entfaltet sich seine Pluralität nicht über einen schrittweisen Aufstieg vom Konkreten zum Abstrakten. Wenn es hier eine Stufenfolge gibt, dann höchstens in absteigender Ordnung: die biographische und akademische Ebene entsteht gerade aus der Auflösung der ersten, der arkadischen, die im Goldenen Zeitalter einen mythischen Punkt der Lebensferne anerkennt. Zum anderen ist die Vielschichtigkeit in diesem Falle nicht in der Sache oder im Begriff, sondern im Betrachter selbst veranlagt. Nicht so sehr das Dargestellte ist Ursache der Mehrdeutigkeit, sondern der Darstellende selbst, dem dies durch das Darstellen erst zur Erfahrung wird. Die Auffächerung seiner Anwesenheiten läßt ihn die fiktionale Sprechordnung des Textes im Text entdecken. Auf ihre Weise veranstaltet die *Arcadia* damit eine Einführung in die Unterscheidung von Autor, dem realen Urheber des fait littéraire, von Erzähler, dem im Werk formulierten Sprachhandelnden und von Erlebendem, dessen Existenz durch die Vorstellung der beiden anderen gewährleistet wird. Heutiger Erzählforschung mag die Einsicht schlicht erscheinen. Damals leistete sie jedoch einen wegweisenden Ansatz zur Neubestimmung der Dichtkunst von der Seite ihres Sprechvorganges her. Niemand zu dieser Zeit hatte bessere Voraussetzungen zu dieser Entdeckung als die Arkadier: Ihr Lebensinhalt war wesentlich Dichtung; und es gibt weit und breit keinen Ort, wo diese sich selbst so zum Gegenstand hätte machen können. Der Erzähler der *Arcadia* entwickelt an seiner arkadischen Fiktion einen neuen Begriff für die Bedingungen von Fiktionalität insgesamt.

Durch seine Pluralität wurde jedoch darüber hinaus der Grundriß Arkadiens selbst erst eigentlich vermessen. Bisher war es eher ein Motivvorrat, bestenfalls ein Ausstattungsstück bukolischer Interessenwahrnehmung oder eine Einlage bei höfischen Festspielen[49]. Der zündende Funke kam, als es als eine Welt für sich in Erscheinung trat. Jedem Kundigen waren seine Einzelheiten vertraut. Doch erst die *Arcadia* entdeckte eine ihnen innewohnende ›Syntax‹. Sie hatte die Versatzstücke des bukolischen modus dicendi auf *eine* stilistische Ebene gebracht und sie in Arkadien als ihrer Bildungsheimat angesiedelt. Die dort gesprochene Sprache war zwar künstlich, Land und Leute erfunden. Aber sie paßten zueinander und beglaubigten sich gegenseitig. Sie erzeugten die Illusion von einem Lebensraum, der zwar nicht in der Wirklichkeit, doch in den Sehnsüchten seiner Liebhaber bündig war.

Aber es mußte mehr hinzukommen, um es zu einem Wunschland zu machen. Diese besondere Attraktivität verdankt es der Idee von einem Goldenen Zeitalter. Niemals zuvor konnte es so ursprünglich erfahren werden wie vom Arkadien Sannazaros aus. Das Goldene Zeitalter hatte die gleiche Natur wie Arkadien, nur ideal bereinigt. Der kulturhistorisch erste Zustand des Menschengeschlechts und die einfache Lebensweise Arkadiens stimmten wie Urbild und Abbild zusammen. Es ist, was das Land der Schäfer einst einmal war. Damit rückt es von Arkadien ab und erscheint wie sein mythischer Ursprung. In dessen jetzigem Zustand bleibt ihm nur noch eine Ahnung von seiner einstigen Herrlichkeit. Das Goldene Zeitalter reiht sich damit ein in die Familie menschlicher Paradiese. Aber es verleiht dem Wünschen der Arkadier ein Ziel; seine Glücksverheißung kommt in die Position einer arkadischen Jenseitsvorstellung. Seitdem bildet das Goldene Zeitalter einen letzten Grund Arkadiens. Ja der Blick dorthin zurück öffnet sich nur dem, der es vom Land der Schäfer aus sucht. Dem widerspricht nicht, daß einige wie Alberto Lollio in der *Aretusa* (Ferrara 1563) die Età del' òro zum Zwecke eines durchsichtigen Fürstenlobs bemühen. Die vorbildlichen Tugenden am Hof der Este hätten diesen Menschheitstraum bereits damals und dort wieder Wirklichkeit werden lassen (76/77). Arkadien jedenfalls bleibt von da an mit der großen Geschichtsbewegung verknüpft. Der jeweilige Jetztzustand der Welt kann leicht als Ergebnis eines Verfallsprozesses begriffen werden, der einst im Goldenen Zeitalter eingesetzt und es Stufe um Stufe bis zum eisernen herabgewürdigt hatte. Der Abstieg vom Einst zum Jetzt wurde von Polizianos *Stanze per la Giostra* bis zum Satyr in Tassos *Aminta* auf die Formel zugespitzt, das wahrhaft Goldene Zeitalter sei das eiserne, denn da zähle nur Gold[50].

Da mit dem letzten Zeitalter jedoch die eigene Gegenwart gemeint ist, zieht dieses Schema der Weltalter unvermeidlich jenen anderen Horizont nach Arkadien herein, dem seine Liebesflüchtigen gerade entkommen wollten, die Realität. Fraglos war auch sie in der allegorisierenden Bukolik angesprochen. Aber sie war dort, mehr oder minder gekonnt, nur gemeint, nicht beim Namen genannt. Im ›neuen Arkadien‹ dagegen war sie unmittelbar und gleichsam offiziell vertreten. Dadurch mußte sich das Verhältnis zur Schäferwelt grundlegend ändern. Das eine schied als bloße Verkleidung des andern aus. Arkadien stieg zu einer Art Gegensatzzusammenhang mit der Wirklichkeit auf. Im Ansatz vervollständigt es sich zur Geschlossenheit einer ›Materie‹, vergleichbar der »Matière de Bretagne«. Deshalb konnten die verschiedensten Gattungen und Künste auch aus ihr schöpfen und seine Stoffbereiche neben die von Epos/Tragödie und Komödie treten.

In Zukunft wird es kaum eine literarische Verarbeitung Arkadiens geben, die nicht sorgfältig auf eine Anbindung ihrer erfundenen an die geschichtliche Welt achtet. Ja schon Sannazaros Arkadien wurde als so eindeutig artifiziell empfunden, daß es geradezu wieder an die Lebenswelt des Publikums herangerückt werden mußte. Allein so schien gesichert, daß es sich betroffen fühlen konnte. Wie Sannazaros Schäferland irgendwo bei Neapel gedacht war, so das von Montemayors *Diana* »en los campos de la principal y antigua ciudad de León«[51]. Tassos Aminta wurde auf der Po-Insel Belvedere aufgeführt, dem

Ferrareser Lustort. Dessen Naturkulisse vermählte sich mit Arkadien und pastoralisierte damit raffiniert die Wirklichkeit.

Die *Arcadia* hat also eine Entwicklung sowohl selbst erfahren, als auch angestoßen: ihre Schreibweise hat eine ›Welt‹ hervorgebracht. Goldenes Zeitalter, Arkadien und Realität treten zu einer Weltformel zusammen. Sie gibt dem pastoralen Kunstland, aus Kopf und Buchstaben der Antike entsprungen, eine eigene Geschichte und Zukunft, einen Himmel und die dazu passende Hölle der Liebesqualen. Sie entwirft ein Leben, das auf eigene Art lebenswert ist. Vor allem hat sich die ›società pastorale‹[52] des ›neuen Arkadien‹ einem Gesellschaftsmodell verschrieben, das langfristig seine besondere Anziehungskraft ausmachen wird[53]. Zu ihren fiktionsstiftenden Maßnahmen gehört beispielsweise seit Sannazaro auch der retour des personnages, wie bei Balzac. Seit Ergasto/Sincero haben die Arkadier eine eigene, wenn auch konventionalisierte Biographie. Die Vervollständigung eines arkadischen Eigenlebens bewirkt nicht zuletzt die Anwesenheit der Frau. Sie ist bei Sannazaro diskret aber durchgehend; in der *Arcadia* noch folgenlos, für die Nachfolger aber *das* eigentlich erregende Moment von Handlung. Wenn die Schäfer auch wie Petrarkisten über ihr Gefühl sprechen, deren Enthaltsamkeit ist nicht ihre Sache. Darin gehen sie radikal über trobadoreske Schranken hinaus. Wer unter die Schäfer geht, will eine Lösung und in diesem Sinne eine Realisierung seiner Liebe. Ja er glaubt sogar, sie mit Berufung auf das Goldene Zeitalter als geradezu arkadisches Naturrecht einfordern zu dürfen. Crisostomo in der Marcela-Episode des *Don Quijote* hat damit bitter ernst gemacht[54].

Sannazaro griff die Ekloge vorrangig als ein humanistisches Problem des Stils, des rhetorischen Genus und der Questione della Lingua auf – mit dem Erfolg, daß das sprachlich harmonisierte Material die Totalität einer eigenständigen Kunstwelt zum Vorschein kommen ließ. Die im Werk selbst stattfindende Entdeckung dieser im Stoff ruhenden organischen Schlüssigkeit rundet Arkadien schon bei Sannazaro, erst recht aber nach ihm, zu einem dreidimensionalen ›Modell von Realität‹ aus. Dazu war es jedoch notwendig, seine Selbstentfremdung aufzuheben, wie sie ihm die Allegorie oder das höfische Kostüm auferlegten: man mußte es als fiktive Setzung allererst sehen lernen. Bei allen Pioniertaten der *Arcadia* – als Kunstwerk ist dies eine ihrer wichtigsten. Die literarische Schäferei hatte vor allem anderen ihren fiktiven Eigenwert einzunehmen, ehe ihr enormes Potential für zeitgenössische Fragestellungen aufgehen konnte[55]. Erst dann ließen sich Land und Stadt, Natur und Zivilisation, Gemüt und Verstand, Mann und Frau, Eros und Caritas einander gegenüberstellen und ihre widerstreitenden Ansprüche vor dem allgegenwärtigen Gedanken an die paradiesischen Zustände im Goldenen Zeitalter austragen. Daß die Lösungen, die dabei zustande kamen, sich selbst wieder im höchsten Maße widersprachen, mag, wie sich genauer zeigen ließe, hier etwa die *Diana* Montemayors belegen. Sirenos Liebeskampf findet keinen Ausweg, der in der Natur seiner Liebe gelegen hätte. Erst mit Hilfe der Zauberin Felicia

(240ff.) und ihrer »agua encantada«, nicht aus eigener Kraft, wird er Herr seines Willens – aber in Freiheit *von* Liebe (265)! Tasso hingegen stellt Silvia, die ›Heldin‹ seines *Aminta*, unerbittlich vor das Gesetz des ›Erlaubt ist, was gefällt‹ und erläßt ihr die Entscheidung nicht. Guarini beeilt sich, im *Pastor fido* Tassos brisanten Vorstoß mit einem ›Erlaubt ist, was sich ziemt‹ wieder gegenreformatorisch in Zucht und Ordnung zu bringen.

VI

Daß erst eigentlich seit Sannazaro die Kunstwelt der Schäfer sich auch als Fiktion zu behaupten weiß, zeigt schließlich eine letzte Besonderheit. Der Erzähler kam durch die Ausfaltung seiner dreifachen Anwesenheit im Text zur Erfahrung seiner Identität. Mit seiner Hilfe wiederum entdeckte sich Arkadien als eine dreidimensionale Welt. Erscheint diese darin aber nicht geradezu wie eine historische Umsetzung des Zusammenhangs von Imaginärem, Fiktivem und Realem, wie er eingangs abgesteckt wurde? So rein und ausdrücklich treten seine Komponenten selten heraus; meist wohl nur an geschichtlichen Schwellen, wenn ihre Verhältnisse neu geordnet werden müssen. Sofern Arkadien ein »jenseitiges Diesseits«[56] darstellt, stünde das Goldene Zeitalter für das arkadische Jenseits. Dafür spricht seine mythische Verfassung. Es ist, wie andere Paradiese auch, verloren, vergangen[57]; ein Glück, das auf Erden nur als Wunsch beständig ist. Auch Arkadien hat seine Götter, Heiligen, Priester und Altäre: eine klassische Besetzung des Imaginären. Aus diesen Gründen kommt bezeichnenderweise niemand in Arkadien auf den Gedanken, das Goldene Zeitalter selbst Wirklichkeit werden zu lassen. Die *Arcadia* hat auch dafür ein Zeichen gegeben: nur auf der Ebene des Schäfers Ergasto lebt der unwiederbringliche Gedanke. Sincero und Sannazaro hingegen suchen ihre Ideale gerade woanders zu verwirklichen. So bedurfte es auch eines kargen Hirtenmahles, um Don Quijote unvermittelt in eine Rede auf das Goldene Zeitalter ausbrechen zu lassen (I, 11). Der Autor der *Galatea* kannte die ›Grammatik‹ der Schäferdichtung.

Arkadien selbst war damit als ein Zwischenreich eingesetzt, das genau dem Fiktiven entspricht. Als Ausarbeitung dichterischer Phantasie hat es sich zur Seite der Realität hin so weit von jener armseligen Schäferei entfernt, wie sie bei Ruzzante stellvertretend für eine ganze Richtung der derben Komödie verlacht wird. Andererseits, ohne ein schematisches Zivilisationswissen über den Hirtenstand ließen sich die literarischen Schäfer kaum verlebendigen. Sie bleiben auch in der Kunst transparent auf den Hintergrund ihres anspruchslosen Berufsbildes. Einige von dessen Merkmalen waren jedoch wie geschaffen für eine fiktionale Umsetzung. Die mehr vermutete als angeborene Sangeslust der Arkadier war zwar selbst in Arkadien gelegentlich weniger Eingebung des Hirten- als des Weingottes (wie in der ›favola pastorale‹ *Il Sacrificio* des

A. Beccari, 1554; IV, 8). Aber ihr Gesang lud dazu ein, in ihnen Diener der Musen, Vertreter des Dichters zu sehen; in ihren schattigen Hainen den Ort, wo die Pflege von Sprache und Gefühl zur wichtigsten Sache der Welt werden durfte. Und ihre Muße, die auszufüllen (fast) ihre ganze Arbeit ausmachte, ist in ihr letztlich nicht genau jenes Otium vergegenständlicht, das als eines der Grundmerkmale des Fiktiven zur Geltung gebracht werden konnte? Denn die Arkadier singen nicht nur. Ebenso unvoreingenommen sind sie bereit, jederzeit jedermann zuzuhören. In der arkadischen Lebensgemeinschaft darf man darauf vertrauen, daß der andere für die eigene Liebesgeschichte da ist (»i pastori ... *a vicenda*/Scopriano i proprj amor'«, *Il Sacrificio*, Prolog) und daß, was zu sagen ist, ernstgenommen wird, weil es im Prinzip auf jeden zutreffen kann. Steht das Verhalten der Arkadier darin aber nicht Modell für eine ideale Einstellung im Umgang mit sprachlichen Fiktionen?

Arkadiens dritte Seite, seine Berührung mit der ›Wirklichkeit‹ ergänzt dies. Sie bedarf zunächst der Klarstellung. Was kann ›Wirklichkeit‹ aus arkadischer Sicht heißen? Sie war zuallererst ein rhetorischer und stilistischer Begriff. Nach dem Rad des Vergil stand den ›kleinen Leuten‹ des schäferlichen Milieus (Tasso, *Aminta*, Prolog V.32) nur die einfache Redeweise des stilus humilis zu, den Großen die erhabene des stilus gravis, wie ihn Epos und Tragödie verlangen. In einem naheliegenden Umkehrschluß ließ sich damit gleichfalls das Publikum festlegen, auf das es ankam. Die Elite des Hofes und des Patriziats sah sich und sollte sich in den Heroen der hohen Gattungen wiedererkennen. Castelvetros Poetik hat dieses Wechselspiel von Stil- und Gesellschaftsebene kritisch offengelegt[58]. Zumindest bis Charles Sorels ›Anti-Roman‹ *Le Berger extravagant* (1627ff.) weiß sich also die Welt, die draußen vor Arkadien liegt, sprachlich definiert. Die Arkadier urteilen über sie deshalb auch ganz nach diesen Vorstellungen: Sie selber weisen sich durch ›einsame Ebenen‹, ›Schilfrohr‹ und ›Hütten‹ aus; die anderen charakterisieren ›pompöse Gemächer‹, ›Buchsbäume‹, ›Gold- und Marmor-Paläste‹ (*Arcadia*, Prolog, 2–4). Der Flöte und Schalmei hier entsprechen Pauken und Trompeten dort (*Aminta*). Die Gegensätze des Stils prägen sich auch den Gegenständen der Rede ein: Von Anfang an zeichnet die arkadische Welt ein Kontrastbild zur Welt der hohen Literatur. Beide nehmen daher an der Realität, wie sie wirklich ist, noch keinen ernsthaften Anteil. Sie setzen sich zwar gegeneinander ab; auf diese Gegenweltlichkeit kommt es an. Aber sie liegen beide auf derselben Ebene der Imagination. Weder Arkadien, noch die hohe Welt des Epos, die es ausgrenzt, urteilen deshalb mimetisch. Daran ändert vorläufig nichts, daß die Dichtungstheoretiker des Cinquecento das Pastorale für das verosimile der Regelschönheit einzunehmen versuchen. Erst als im 18. Jh. Arkadien für eine erste Kulturstufe der Menschheit gehalten wurde und die Idylle sich von der Schäferpoesie gelöst hatte, kannte die Frage nach Wahrheit bzw. Wahrscheinlichkeit einen kulturgeschichtlichen Grund[59]. Für lange Zeit hatte daher der (eingeschränkte) Personenverkehr zwischen ›weltlichem‹ und ›schäferlichem‹

Bezirk die Aufgabe, zwei unterschiedliche Zustände von Welt auseinanderzuhalten. Beide aber werden elementar von der Literatur formuliert. Genau besehen zieht Arkadien seine Grenzen nicht zu ›der‹ Wirklichkeit, sondern zum Bild der Wirklichkeit, wie es der hohe Stil zeichnet. Wenn die literarische Schäferei dagegen etwas Kritisches einzuwenden hat, dann nicht durch eine wahrheitsgetreuere Erfassung der tatsächlichen Verhältnisse. Sie zeichnet vielmehr eine Kontrafaktur zu einem »mondo cavalleresco in dissoluzione«[60], wie ihn die Literatur formuliert. Seinem heroischen Ideal stellt sie das ›sanfte Gesetz‹ Arkadiens gegenüber. Immerhin gehören epische und pastorale Materie zur selben Hof- und Festkultur; beide hatten somit dasselbe Publikum. –

Von dem Zeitpunkt an, wo die Pastoralia um ihres Eigenwertes willen wahrgenommen werden wollen, leisten sie einen außerordentlichen Beitrag zur Ausbildung eines neuzeitlichen ästhetischen Bewußtseins. Zugespitzt gesagt: Arkadien macht, zumindest seit Sannazaro, die fiktive Verfassung der Sprachkunst zum Gegenstand einer Fiktion. Es kommt dadurch als Welt für sich zu Bewußtsein. So verstanden weist es nicht vorrangig immer schon über sich hinaus, sondern zunächst in sich hinein und in diesem Sinne auch auf sich hin[61]. In seinem geschlossenen Lebensbild meint das Dargestellte zunächst durchaus, was es vorstellt. Als Modell von Realität wird es gewissermaßen als Gleichnis seiner selbst zugelassen. In dieser Eigendeutigkeit liegt die entschiedenste Modernisierung der bukolischen Tradition. Denn an ihr bricht sich die allmähliche Ablösung von einer allegorisch geprägten Ästhetik und leitet eine neuzeitlich autonome ein. Der Begriff von Autonomieästhetik könnte dem allerdings noch kaum gerecht werden. Insbesondere wo er dazu dient, den Gang des ästhetischen Bewußtseins zu gliedern, fielen für ihn Bukolik und Arkadien unterschiedslos unter ›vorautonome Kunst‹. Einer der einschneidendsten Umschwünge der Kunst- und Kulturgeschichte, die Abspaltung einer Neuzeit von einem Mittelalter, müßte dadurch unter den Tisch dieser Theorie fallen. Mit Arkadien dagegen wird das entstehende Bewußtsein von Fiktionalität geradezu thematisiert. Es lehrt, ein Kunstwerk stabil zu seinen eigenen Bedingungen zu sehen und eine Sinnhaftigkeit in erster Linie von ihm selbst zu verlangen. Eingeschränkt sieht sich dadurch freilich die Auffassung, die res fictae der Dichter hätten in erster Linie dazu zu dienen, einen festen, vorgegebenen Wert an den Mann zu bringen. Die duplex sententia des allegorischen Textbegriffs[62] setzt ein gültiges Sinnsystem bereits voraus. Es verwandelt den Text in eine poetische Suchstruktur nach einer festgelegten Größe. Wird hingegen der Fiktionswert heraufgesetzt, steigert er die Aufmerksamkeit für den Eigensinn des Dargestellten.

Historisch gesehen vollzog sich diese Ablösung nie als ein radikales Entweder-Oder. Vielmehr ging das eine als Dekomposition aus dem anderen hervor. Der schäferliche Sänger, Sinnbild des Dichters, verwandelt sich mehr und mehr zum singenden Schäfer, der ganz in seine »Liebeshändel« (Harsdörffer) eingeht. Tasso illustriert dies im Prolog des *Aminta* mit Witz und Anmut.

Amor, eine der volkstümlichsten Allegorien, spricht diesen Part selbst. Er, der sonst seine göttlichen Pfeile und Blitze unsichtbar auf seine Opfer niedergehen läßt, muß, weil ihm die Nymphe Silvia trotzig widersteht, nicht nur höchstpersönlich auftreten, sondern sich in Gestalt eines Schäfers auf die Ebene seiner Figuren hinabbegeben, um seine Macht noch zu erzwingen. Demonstrativ legt er (V. 46ff.) Flügel, Köcher und Bogen ab und erklärt, wohl sehr zum Vergnügen der Zuschauer, schäferliche Weidenrute und Hirtenstab zu seinen amourösen Werkzeugen. Der Dichter treibt ein ergötzliches Spiel mit der Allegorie. Zeichenhaft hebt sie sich in der Fiktion und nicht diese in der Allegorie auf. Der Text stiftet Fiktionscharakter gerade dadurch, daß er ein allegorisches Zitat abarbeitet. Im übrigen trifft das auch für die Lösung des Liebesstreits zu. Als Aminta und Silvia am Ende schließlich selig vereint sind, hat dies nicht das Walten Amors, sondern Amintas bedingungsloser Liebesdienst bewirkt. Nicht die Flammen der Leidenschaft, das Gesetz des Gottes, sondern pietà, das Gesetz der Menschlichkeit siegt. Die Fiktion Arkadien kennt Lösungen, von denen die arkadische Allegorie kaum etwas wußte. Aber das ist ein anderes Kapitel.

Anmerkungen

1 H. Blumenberg, *Säkularisierung und Selbstbehauptung*, Frankfurt/M. 1974 (Stw 79), S. 158.

2 Einer der wenigen, der auf diesen Aspekt des Problems aufmerksam wurde und ihn knapp historisch einordnet, ist R. R. Grimm, »Arcadia und Utopia« (in *Utopieforschung II;* hg. v. W. Vosskamp, Stuttgart (Metzler) 1983; S. 82–99); bes. Abschnitt III. In dieser Problembestimmung war ihm Maria Corti richtungsweisend vorausgegangen. Vgl. ihr in diesem Zusammenhang bedeutendes Buch *Metodi e fantasmi*, Milano [2]1977; bes. S. 289ff. (*»Il codice bucolico«*), S. 298 u. ö.

3 *Funktionen des Fiktiven*; hg. v. D. Henrich und W. Iser, München 1983 (Poetik und Hermeneutik X).

4 Vgl. dazu grundsätzlich D. Henrich u. W. Iser, »Entfaltung der Problemlage« (9–14) sowie W. Iser, »Akte des Fingierens. Oder: Was ist das Fiktive im fiktionalen Text?« (S. 121–151).

5 Verwandt dem, das K. Bühler für den Funktionszusammenhang des sprachlichen Zeichens entworfen hat (*Sprachtheorie*, Stuttgart [2]1965, S. 28).

6 Vgl. W. Wehle, »Eros in Ketten – Der Widerstreit von ›maraviglioso‹ und ›verosimile‹ als ein Grundverhältnis des Klassischen«, in F. Nies/K. Stierle (Hgg.), *Französische Klassik*, München 1985 (Romanistisches Kolloquium III); S. 167–201.

7 Iser, »Akte des Fingierens« S. 124.

8 Wie W.-D. Stempel treffend aus der Untersuchung und Auswertung alltagsrhetorischer Einstellungen entwickelt hat (vgl. »Fiktion in konversationellen Erzählungen«, in *Funktionen des Fiktiven* S. 331–356).

9 Iser, »Akte des Fingierens« S. 124.

10 Diese ›Rettung‹ des ästhetischen Genusses gegen die Forderung nach nur kritisch-reflexiver Negation der bestehenden Verhältnisse (Adorno) schließt sich H. R. Jauss' Plädoyer an (*Ästhetische Erfahrung und literarische Hermeneutik*, Frankfurt/M. 1982, S. 44ff.).

11 Mit H. R. Jauss, »Das Vollkommene als Faszinosum des Imaginären«, ebd. S. 303ff.

12 Anschließend an R. Warning (»Der inszenierte Diskurs – Bemerkungen zur pragmatischen Relation der Fiktion«, in *Funktionen des Fiktiven* S. 183ff.), der diese – unverzichtbare – Seite in einer Bestimmung des Fiktiven systematisch als ›Kontrakt‹ entwickelt hat (hier und zum Folgenden S. 192ff.).

13 Vgl. die auf Arkadien bezogene antike Tradition in der Zusammenfassung bei Th. Rosenmeyer, *Green Cabinet*, Berkeley 1969, S. 65–97. Zum Otium-Begriff, wie er bei Catull ursprünglich entworfen wurde, vgl. I. Borszak, »Otium Catullianum«, in *Antike Lyrik*, hg. v. W. Eisenhut, Darmstadt 1970; R. J. Frank, »Catullus 51: Otium versus virtus«, in *Transactions and Proceedings of the American Philology Assoc.* 99 (1968) S. 233–239.

14 Für den Fall der Novellistik, vgl. W. Wehle, *Novellenerzählen – Französische (und italienische) Renaissancenovellistik als Diskurs*, München [2]1984, Kap. VI.

15 Von I. Nolting-Hauff in bedeutungsgleicher Funktion bereits im Aventiureschema des Artusromans aufgedeckt (*Die Stellung der Liebeskasuistik im höfischen Roman*, Heidelberg 1959, S. 16).

16 Vgl. dazu die herausragende Studie von M. Warnke, *Hofkünstler – Zur Vorgeschichte des modernen Künstlers*, Köln (Du Mont) 1985.

17 Die anregende und ergiebige Diskussion um einen sich rundenden Typenkreis

literarischer Protagonisten von A. Jolles bis C. Wiedemann muß an anderer Stelle geführt werden. Zumindest hingewiesen sei auf A. Jolles, »Die literarischen Travestien. Ritter-Hirt-Schelm«, in *Blätter für Deutsche Philosophie* 6 (1932–33) und C. Wiedemann, »Heroisch-Schäferlich-Geistlich – Zu einem möglichen Systemzusammenhang barocker Rollenhaltung«, in *Schäferdichtung*, hg. W. Vosskamp, Hamburg 1977, S. 96–122.

18 W. Preisendanz hat das Verdienst, in diese schwer zu fassende Schwärmerei gattungstheoretische und kulturhistorische Ordnung gebracht zu halben. Vgl. »Spuren der Idylle im Zeitalter des Realismus«, in *Auf den Weg gebracht*, hgg. v. H. Sund und M. Timmermann, Konstanz 1979, S. 419–431.

19 B. Snell, »Arkadien, die Entdeckung einer geistigen Landschaft«; in ders., *Die Entdeckung des Geistes*, Hamburg 1955, S. 371 ff. E. A. Schmidt ist darüber und über das Problem in einer kritisch-erhellenden Revision aus hermeneutischer Perspektive hinausgegangen (»Arkadien: Abendland und Antike«, in *Antike und Abendland* 21 (1975–76) S. 36–57; mit einem bemerkenswerten Vergleich von Vergil und Sannazaro).

20 Snell, »Arkadien« S. 372.

21 Mit K. Krautter, *Die Renaissance der Bukolik in der lateinischen Literatur des XIV. Jhs.: von Dante bis Petrarca,* München 1983 (Theorie und Geschichte der Literatur und der Schönen Künste 65).

22 E. A. Schmidt, »Arkadien« S. 50; 56.

23 Einen besonderen Hinweis verdienen auch in diesem Zusammenhang die Studien von Maria Corti in *Metodi e fantasmi* (S. 281 ff.), die viel dazu beigetragen haben, Arkadien aus der quellen- und stoffgeschichtlichen Betrachtungsweise zu lösen und es in eine poetologisch-ästhetische zu überführen.

24 Vgl. W. Krauss, »Über die Stellung der Bukolik in der ästhetischen Theorie des Humanismus«, in *Archiv für das Studium der Neueren Sprachen und Literaturen* 174 (1938) S. 183 ff., sowie M. Stracke, *Klassische Form und neue Wirklichkeit – Die lateinische Ekloge des Humanismus*, Gerbrunn 1981.

25 Vgl. G. Billanovich, »Scuola di rettorica e poesia bucolica nel '300«, in *Italia medioevale e umanistica* 6 (1963) S. 203–234; 7 (1964) S. 279–324.

26 Dazu A. Tissoni-Benvenuti, »Schede per una storia della poesia pastorale nel secolo XIV: La scuola guariniana a Ferrara«, in *In ricordo di Cesare Angelini*, Milano 1979, S. 96–131.

27 Ed. E. Percopo unter dem problematischen Titel *La prima imitazione dell' ›Arcadia‹*, Napoli 1894. Die stil- und entstehungsgeschichtlichen Verhältnisse rückt M. Corti zurecht in »Le tre redazioni della ›Pastorale‹ di P. I. De Jennaro con un escursus sulle tre redazioni dell' ›Arcadia‹«, in *Giornale storico della lett. ital.* 131 (1954) S. 305–351.

28 W. Krauss, »Stellung der Bukolik« S. 184.

29 So hat nicht zu Unrecht H. Petriconi der eingetretenen Veränderung terminologisch Rechnung zu tragen versucht (»Das neue Arkadien«, in *Antike und Abendland* 3 (1948) S. 187–200).

30 »in questo secolo stata prima a risvegliare le adormentate selve, et a mostrare a' pastori di cantare le già dimenticate canzoni«; zit. nach Jacobo Sannazaro, *Opere volgari*, a cura di A. Mauro, Bari 1961 (Scrittori d'Italia N° 220), S. 3–132; hier S. 131. Mitbenutzt wird die quellengeschichtlich reichhaltige Ausgabe von M. Scherillo, Torino 1888.

31 Ed. Mauro, S. 82.

32 So auch die mit Überzeugung vorgetragene These von M. Corti in *Metodi e Fantasmi.*

33 Den Nachweis führt W. J. Kennedy, *Jacopo Sannazaro and the Uses of Pastoral*, Hanover/London 1983 (Univ. Press of New England).

34 Vgl. dazu, mit Bezug auf Petriconi und E. A. Schmidt, U. Töns, »Sannazaros Arcadia – Wirkung und Wandlung der vergilischen Ekloge«, in *Antike und Abendland* 23 (1977/78) S. 143–161.

35 Dies ist der fruchtbare Ansatz von R. R. Grimm, »Arcadia und Utopia« S. 83ff.

36 Bildet den besonderen Blickpunkt der weitgespannten und innovativen Untersuchung von Danielle Boillet, »Paradis perdus et retrouvés dans L'*Arcadie* de Sannazaro«, in *Ville et Campagne dans la littérature italienne de la Renaissance II: le courtisan travesti*, ed. A. Rochon, Paris 1977 (Centre de Recherche sur la Renaissance italienne 6; S. 11–140). Sie sieht in der Übertragung der stilnovistischen Liebesauffassung auf den – episierenden – Rahmen der Bukolik ein soziologisches Motiv. Die Ersetzung des ritterlichen Helden durch einen schäferlichen spiegele die Funktionsumschichtung des Adels wider, der nicht mehr als Soldat, sondern als Hofmann, nicht mit dem Schwert, sondern mit verbaler Kultur um seine Stellung kämpft. Die Verbindung Arkadien – Eden hat jedoch bereits M. Corti als konstitutiv angesetzt (vgl. *Metodi e Fantasmi*, S. 286).

37 Indirekt durch die Quellennachweise in der Ed. Scherillo bereits nahegelegt. G. Folena hat seinen prägenden Charakter linguistisch gesichert (*La crisi linguistica del Quattrocento e L'»Arcadia« di J. Sannazaro*, Firenze 1952; Einl.; Kap. 1; Kap. 3); M. Corti (*Metodi* S. 294 u. ö.) strukturell; zuletzt nachdrücklich und systematisch D. Boillet, »Paradis perdus« S. 33ff.

38 U. Töns, »Sannazaros Arcadia« S. 147.

39 Dies zeigen die im Anhang der *Arcadia* (Ed. Scherillo) und De Jennaros *Pastorale* zugänglich gemachten Eklogen der Zeit. Hinzuweisen ist zugleich auf die (nicht wieder veröffentlichten) *Bucoliche elegantissimamente composte da Bernardo Pulci* (etc.), Firenze 1481. Vgl. dazu M. Corti, *Metodi e Fantasmi*, Kap. 17, S. 327ff.

40 Das die gattungs- und problemgeschichtliche Würdigung von E. Bigi ins rechte Licht gesetzt hat (»Il dramma pastorale del Cinquecento«, in *Il teatro classico italiano nel '500*, Roma 1971; Accademia nazionale dei Lincei, Heft N° 138, S. 101–120).

41 Vgl. etwa D. Boillet, »Paradis perdus«.

42 Von P. Schunck gesehen und als Merkmal der *Arcadia* auch in Rechnung gestellt. Er zieht daraus den Schluß, daß die Geschlossenheit des Buches in der Einheit seines Tones besteht (»Sannazaros Arcadia«, in *Romanistisches Jahrbuch* 21 (1970) S. 93–106; hier bes. S. 102ff.).

43 Ed. Mauro, S. 11.

44 Zur außerordentlich umfangreichen Literatur über dieses Thema vgl. an dieser Stelle zumindest zwei maßgebliche Arbeiten von H. Petriconi, »Über die Idee des goldenen Zeitalters als Ursprung der Schäferdichtungen Sannazaros und Tassos« (in *Die Neueren Sprachen* 38 (1930) S. 265–283) sowie H.-J. Mähl, *Die Idee des Goldenen Zeitalters im Werk des Novalis*, Heidelberg 1965.

45 Dazu und zur antiken Praxis vgl. E. A. Schmidt, »Arkadien, Abendland und Antike«, S. 49.

46 Zur Behauptung und ihrer Begründbarkeit vgl. die Angaben bei W. J. Kennedy,

Jacopo Sannazaro, S. 117 (und Anm.). Bereits diskutiert von Scherillo in seiner Ausgabe der *Arcadia*, S. CCIIIf.

47 Vgl. den Kommentar von Scherillo, Ed. Arcadia, S. CXCII.

48 Ausdruck von B. Snell, »Arkadien« S. 372. – In dieser Wende der Komposition, die eine solche der Aussagestruktur nach sich zieht, hat mit Entschiedenheit H. Petriconi den Schlüssel des Neuen Arkadien gesehen (»Über die Idee des Goldenen Zeitalters«). Ohne sich darauf zu beziehen, beruht die Argumentation von D. Boillet auf derselben Einschätzung (»Paradis perdus«).

49 Wie das betagte, keineswegs aber obsolete Standardwerk von E. Carrara, *La Poesia pastorale*, Milano o. J. [1909] (Storia dei Generi Letterari Italiani) deutlich macht (etwa S. 205ff.).

50 A. Poliziano, *Stanze per la giostra*, Buch I, Str. 20/21; T. Tasso, *Aminta*; II, 1; V. 57/58.

51 *Los siete libros de la Diana*, ed. F. Lopez Estrada, Madrid [5]1970 (Clásicos Castellanos 127), S. 7.

52 E. Carrara, *Poesia pastorale* S. 189.

53 Ein Aspekt, der hier ausgespart ist. Der entschlossenste Versuch, die ästhetische Modernität Arkadiens auch als sittliche zu würdigen, ist K. Garber zu verdanken, der ihrem Modellcharakter einen utopischen Horizont zuschreibt (»Arkadien und Gesellschaft – Skizze einer Sozialgeschichte der Schäferdichtung als utopischer Literaturform Europas«, in *Utopieforschung* II, S. 37–81).

54 Dazu E. Köhler, »Wandlungen Arkadiens: die Marcela-Episode des Don Quijote (I, 11–14)«, in *Literaturgeschichte als geschichtlicher Auftrag*. W. Krauss zum 60. Geburtstag, Berlin 1961.

55 Eine Auffassung, die sich mit der von W. Iser (*Spensers Arkadien – Fiktion und Geschichte in der englischen Renaissance,* Krefeld 1970) einig weiß. Er hat ihre Effektivität jüngst am Beispiel von Shakespeares *As you like it* weiter entfaltet und erhärtet (»Dramatisierung des Doppelsinns in Shakespeares *As you like it*«, in *Das Gespräch*, hgg. v. K. Stierle und R. Warning, München 1984 (Poetik und Hermeneutik XI), S. 335–360).

56 B. Snell, »Arkadien« S. 392.

57 Vgl. dazu H. Petriconi, »Die verlorenen Paradiese«, in *Romanistisches Jahrbuch* 9 (1959) S. 167ff.

58 *Poetica d'Aristotele vulgarizzata* (...) [1570]; Nachdruck München 1967 (Poetiken des Cinquecento 1, Ed. B. Fabian), S. 123 v. ff. Vgl. dazu W. Wehle, »Eros in Ketten«, S. 178f.

59 Vgl. W. Preisendanz, »Spuren der Idylle« S. 423.

60 L. Russo, »La Dissoluzione del mondo cavalleresco: Il ›Morgante‹ di Luigi Pulci«, in *Belfagor* 7 (1952) S. 36–54.

61 Verwandte Schlußfolgerungen bereits bei M. Corti »Codice bucolico« S. 298, durchaus schon mit den entsprechenden methodologischen Konsequenzen.

62 Dazu H. R. Jauss, »Entstehung und Strukturwandel der allegorischen Dichtung«, in *Grundriß der romanischen Literaturen des Mittelalters* Bd VI, 1, Heidelberg 1968, S. 146–244. Grundlegend ebenfalls das von W. Haug veranstaltete und herausgegebene Sammelwerk *Formen und Funktionen der Allegorie*, Stuttgart 1979.

ERZÄHLFORM UND VIELFALT DER WELTEN

Cesare Segre

D'un miroir à l'autre: la lune et la terre dans le *Roland Furieux*

1. La découverte du *Somnium* de L. B. Alberti, faisant partie des *Intercenales*[1], et de sa fonction de modèle pour l'épisode lunaire du *Roland Furieux*, a permis de dégager de façon beaucoup plus claire les traces de la réflexion sur les thèmes de la Renaissance existant dans le poème. A côté de l'influence de Lucien – auteur qu'affectionnaient les écrivains les plus libres de l'époque – et des rapports éventuels avec Erasme, il faut maintenant tenir compte aussi d'Alberti et lui assigner un rôle important. J'en discuterai par la suite; pour le moment, il suffit d'affirmer que l'épisode de la Lune est celui où l'Arioste montre davantage son intérêt pour les inventions de la Renaissance.

2. Il est cependant indispensable d'étudier cet épisode dans le contexte complet de la séquence à laquelle il appartient[2]. Par séquence, j'entends une partie de texte unitaire quant aux personnages et à l'action, dont les frontières sont marquées par de brusques changements de sujet soulignés par le poète lui-même. Dans notre cas, de XXXIII, 96 à XXXV, 31. C'est une séquence de longueur exceptionnelle, dont l'acteur est Astolphe et le sujet ses voyages aériens au-dessus de la France, de l'Afrique et, finalement, vers la Lune.

Les précédents de cette séquence sont les voyages dans l'autre monde, au moins pour la série: voyage d'approche – hospitalité à l'entrée de l'autre monde – descente en enfer et montée au paradis terrestre et au ciel. De toute évidence, l'Arioste fait allusion à ce paradigme lorsqu'il attribue au Prêtre Jean ou Sénape l'expédition, malheureuse, vers l'autre monde, en désaccord avec toute tradition connue où, d'ordinaire, le protagoniste était Alexandre le Grand (plusieurs textes ont pour titre *Iter Alexandri ad Paradisum*). Astolphe réussit donc là où Sénape avait échoué.

Les éléments paradigmatiques sont tout aussi nombreux dans la partie qui se déroule dans l'au-delà: ainsi l'entrée en enfer à travers une caverne – l'entretien avec des damnés – le paradis terrestre placé au sommet d'une montagne, où sont montés déjà Enoch et Elie et où se trouve la source du Nil – l'arrivée au ciel à travers la sphère du feu. Dans ce cadre, il n'est donc pas étonnant que les références à la *Divine Comédie*, déjà remarquées par les commentateurs, soient si nombreuses.

Pourquoi un si long détour, au lieu d'une montée directe vers la Lune? Il est probable que l'Arioste ait voulu insérer dans son poème une *nekyia*, comme l'avaient fait Homère et Virgile, mais en s'inspirant de modèles médiévaux, tels *Huon d'Auvergne* et *Guerrin Meschino*, dont les héros visitent eux aussi l'enfer[3]. En effet, c'est en suggérant une comparaison entre ces modèles implicites et sa propre élaboration que l'Arioste met en lumière la modernité de son texte.

Il suffit de remarquer: 1) le ›non achevé‹ de sa description. En effet, la visite d'Astolphe à l'enfer se réduit à sa rencontre avec Lydie (une sorte d'anti-Didon), après quoi il décide de rebrousser chemin, repoussé par la fumée; quant aux cieux, il n'atteint que le premier, celui de la Lune, d'où il redescend sur la Terre; 2) la conception terrestre et laïque[4]: Lydie, punie parce qu'elle n'a pas cédé à l'amour d'Alceste, fait penser plus au refus individualiste de la femme aimée par Nastagio degli Onesti qu'à la sexophobie propre aux voyages en enfer. Le mythe païen des Parques ne prévoit pas la grâce chrétienne, et le temple de l'Immortalité a l'air de ne récompenser que les vertus de la bonne société; 3) le but pratique du voyage (récupérer la raison de Roland) qui, par ce fait même, s'interrompt au ciel de la Lune. On peut ajouter que le voyage s'interrompt aussi parce que la Lune épuise tous les intérêts théoriques du poète.

3. Aprés cette analyse sommaire de la séquence, venons-en aux trois sections qui nous intéressent davantage: le récit de Lydie, la vallée des choses perdues, les personnifications (les Parques, la Mort, la Nature, le Temps) et leur explication. La mise en rapport de ces trois sections, que d'ordinaire on étudie séparément, va peut-être nous fournir des bases pour une interprétation d'ensemble de la séquence.

Comme on le sait, dans la vallée de la Lune sont rassemblées toutes les choses perdues par les hommes[5]:

> ciò che si perde qui, là si raguna (XXXIV, 73, 8).

Dans les vers qui précèdent, l'Arioste nous donne une taxinomie de ces choses perdues:

> ciò che si perde o per nostro diffetto,
> o per colpa di tempo o di Fortuna (XXXIV, 73, 6–7),

taxinomie fondée d'ailleurs plus sur les causes que sur la nature de ces pertes. Le verbe *perdere* (XXXIV, 73, 6; 75, 2; 82, 2; 85, 1) recouvre en fait plusieurs sens[6] que l'Arioste ne distingue pas mais dont il est utile de dresser ici l'inventaire:

(1) cesser d'avoir: richesses, bijoux, œuvres d'art;

(2) produire sans résultat ou avec des résultats précaires: larmes et soupirs, amours non partagés, projets et désirs vains, cadeaux et poèmes pour les puissants, flatteries, traités (parmi lesquels la donation de Constantin), complots, vols et faux, aumônes post mortem;

(3) gaspiller: le temps dans le jeu et l'oisiveté; alinéa et encore, à la forme réfléchie:

(4) cesser d'exister, s'épuiser: royaumes, renommée, beauté.

Si l'analyse sémantique n'intéresse l'Arioste que superficiellement, ce qui l'intrigue décidément, c'est le fonctionnement différent du concept de ›perte‹. Dans le cas de la raison, nous avons un couple oppositif: raison/folie. La raison foisonne sur la Lune, parce qu'elle s'y accumule au fur et à mesure qu'elle est perdue sur la Terre; ici, par contre, il y en a bien peu, d'autant plus que »mai per esso a Dio voti non fêrse« (XXXIV, 82, 6). Inversement, la folie ne se trouve que sur la Terre: »sol la pazzia non v'è poco né assai [sur la Lune]; Ché sta qua giù, né se ne parte mai« (XXXIV, 81, 7–8).

Il est évident que, sur la Terre, à la diminution de la raison correspond l'augmentation de la folie, et vice versa sur la Lune, de sorte que la Lune devient le dépôt de ce qui rendrait parfaits les hommes, s'ils savaient le garder. Ce qui nous intéresse ici, c'est le fait que la *perte*, dans les sens (2) et (3) est la conséquence de la perte de la raison, qui est donc la perte première:

Altri in amar lo perde [il senno], altri in onori,
altri in cercar, scorrendo il mar, ricchezze,
altri ne le speranze de' signori,
altri dietro alle magiche schiocchezze;
altri in gemme, altri in opre di pittori,
et altri in altro che più d'altro aprezze (XXXIV, 85).

Par contre, pour les valeurs (1) et (4), la *perte* dépend de la fragilité des choses humaines, et notamment de l'action du temps, à laquelle d'ailleurs (on le verra) contribue la folie aussi.

Le rapport entre les trois sections de la séquence dégagées ci-dessus est désormais évident. Dans l'épisode de Lydie, il est question de l'autre côté de la folie amoureuse, des larmes et des soupirs perdus: bref, on décrit un cas limite de l'ingratitude (qui est définie *error*: XXXIV, 12, 8; 15, 2, donc une sorte de folie symétrique de celle qui frappe celui qui en est la victime) qui rend si souvent inutiles les efforts des hommes. Le concept d'ingratitude est souligné à plusieurs reprises[7]: »per esser stata al fido amante mio, Mentre io vissi, spiacevole et ingrata« XXXIV, 11, 5–6; »le femine ingrate« XXXIV, 13, 2; »Più lungo ancor saria gli uomini dirti, A' quai l'essere ingrato ha fatto danno« XXXIV, 13, 5–6; »Questa mia ingratitudine« XXXIV, 43, 1.

Dans l'épisode mythologico-allégorique qui couronne la séquence, c'est par contre le problème du temps et de l'éternité qui domine. L'extinction des royaumes et de la renommée, la perte des richesses et des bijoux dépendent de l'action irréparable du temps. Mais il faut remarquer que l'instrument principal du temps est l'oubli (*oblivion* XXXV, 15, 4; *oblio* XXXV, 19, 8; 21, 8). Et l'oubli, qui affecte surtout les princes et les seigneurs, est à son tour le résultat d'une espèce de folie, parce que, comme on le verra mieux par la suite, c'est bien à cause de leur manque de libéralité envers les poètes qu'ils sont privés de l'immortalité accordée par la poésie:

(...) Dio questi ignoranti ha privi
de lo 'ntelletto, e loro offusca i lumi;
che de la poesia gli ha fatto schivi,
acciò che morte il tutto ne consumi (XXXV, 24, 1–4).

De cette façon, la folie se propage du centre de la séquence vers sa périphérie, et nous révèle en même temps que son champ d'action est constitué surtout des rapports sociaux: d'amour et de cour.

On ne saurait tirer de cette séquence du *Furieux* une philosophie de l'Arioste. Au-dessus de ces pages flotte sa célèbre ironie, à laquelle s'ajoute, comme on le verra, une ironie plus secrète, non dépourvue de malice. En tout cas, on ne peut pas nier que les matériaux employés sont pour la plupart d'origine philosophique.

4. Dans le *Furieux*, les notions d'ordre ›astronomique‹ concernant la Lune, tout en étant plutôt traditionnelles, sont utilisées savamment. Attribuer à la Lune, comme le faisait Pline, les mêmes dimensions qu'à la Terre (XXXIV, 70, 5–6); imaginer qu'elle est formée d' »un acciar che non ha macchia alcuna« (XXXIV, 70, 4), c'est-à-dire qu'elle est bien semblable à un miroir[8]: voilà ce qui permet à l'Arioste de souligner le concept de spécularité par rapport à la Terre. Même les aspects du paysage, naturel et non, ont un caractère spéculaire:

Altri fiumi, altri laghi, altre campagne
sono là su, che non son qui tra noi;
altri piani, altre valli, altre montagne,
c'han le cittadi, hanno i castelli suoi,
con case de le quai mai le più magne
non vide il paladin prima né poi:
e vi sono ample e solitarie selve,
ove le ninfe ognor cacciano belve (XXXIV, 72).

Ils sont spéculaires et, en même temps, supérieurs, comme le soulignent les comparaisons (*altri* [c'est-à-dire ›bien différents‹] *che non; mai le più magne*).

Ce qui nous intéresse davantage, c'est le fait que l'Arioste crée une spécularité qui est double, au sens moral et symbolique: de la Lune par rapport à la Terre, de la Terre par rapport à la Lune. Si la Lune est le miroir de la Terre, il n'est pas moins vrai que la Terre est le miroir de la Lune[9]. Bref, la Terre aussi est un monde ›autre‹: ce n'est qu'une question de perspective.

5. L'épisode lunaire est d'inspiration platonicienne: c'est pour cela aussi que l'Arioste va beaucoup plus loin que Lucien et Alberti, chez qui l'intention satirique et morale l'emporte sur les problèmes topologiques et philosophiques. (On remarquera en passant que, chez Alberti, la vallée des choses perdues ne se situe pas dans la Lune, mais dans le monde des rêves). Pour l'Arioste, le monde de la Lune est une sorte de monde des archétypes:

Tu déi saper che non si muove fronda
là giù, che segno qui non se ne faccia.

Ogni effetto convien che corrisponda
in terra e in ciel, ma con diversa faccia (XXXV, 18, 1–4).

Mais la façon d'envisager ces archétypes n'est pas univoque. D'une part (XXXIV, 88 – XXXV, 30) on rencontre sur la Lune, préétablis et déterminés, les faits des hommes: les fils enroulés sur le fuseau des Parques, la renommée dispersée dans le Léthé, les quelques noms sauvés par les cygnes préfigurent ce qui va se passer sur la Terre: autant de signifiés dont les faits des hommes ne sont que les signifiants. De l'autre, le rapport se renverse dans la vallée des choses perdues (XXXIV, 73–81), où se conserve, comme un reflet métaphorique, tout ce qui a été perdu sur la Terre. Voilà la double spécularité ou, mieux, la complémentarité[10]. Il faut remarquer surtout le rapport conservation-perte: à la conservation de la raison (perdue sur la Terre) correspond l'oubli des choses humaines dans le Léthé.

Dans l'épisode des choses perdues est donc mise en œuvre une formule Terre → Lune, dans celui des Parques et du Léthé une formule Lune → Terre. Dans le premier, c'est la métaphore qui domine; dans le second, l'allégorie.

Les métaphores de la première scène sont tirées pour la plupart du *Somnium* d'Alberti:

Vidi un monte di tumide vesiche,
che dentro parea aver tumulti e grida (XXXIV, 76, 3–4):

»sunt ea quidem pergrandes vesice, plene licentia, mendaciis atque sonitu tibiarum et tubarum« (*Somnium*, 89–90),

où il est question des empires de l'Antiquité. Ou bien:

Ami d'oro e d'argento appresso vede
in una massa, ch'erano quei doni
che si fan con speranza di mercede (XXXIV, 77, 1–3):

»Proximo stant beneficia, atque ea quidem sunt hami argentei aureique« (*Somnium*, 90–91).

Et encore:

Di nodi d'oro e di gemmati ceppi
vede c'han forma i mal seguiti amori (XXXIV, 78, 1–2):

»Tum prope adsunt manice atque compedes ignite, quas dicunt esse amores« (*Somnium* 92–93).

Mais parfois l'Arioste rend plus expressive l'image:

V'eran d'aquile artigli; e che fur, seppi,
l'autorità ch'ai suoi dànno i signori (XXXIV, 78, 3–4):

»adsunt plumbee quedam ale, quas dicunt esse auctoritates hominum« (*Somnium* 91–92), où les serres suggèrent l'idée du vol et de la cruauté, tandis que les ailes de plomb ne renvoient qu'à l'insuffisance finale du pouvoir. L'Arioste, en particulier, prolonge les séries métaphoriques, en descendant à un niveau de langue familier, comme s'il voulait outrer le sarcasme: en effet, il s'agit là de mots et de syntagmes appartenant à la langue commune. Les poèmes à la louange des seigneurs sont des *cicale scoppiate* (XXXIV, 77, 7); les faveurs capricieuses *(fumi)* des princes sont des *mantici* (78, 5); les services dans les »misere corti« sont des *bocce rotte* (79, 7); les aumônes données par un legs sont des *versate minestre* (80, 1), etc. J'ajoute (mais j'y reviendrai) que ce *vanitas vanitatum* mondain concerne expressément le panorama éthico-politique de l'expérience concrète de l'Arioste dans les cours, et aboutit à la réprobation de la donation légendaire de Constantin, représentée comme une montagne de fleurs »ch'ebbe già buono odore, or putia forte« (80, 6).

Le ton de la partie allégorique est plus élevé (et moins imagé). L'allégorie des Parques était trop connue: elle ne stimulait pas l'imagination, et se rapportait à des niveaux trop éloignés de celui de l'expérience personnelle. C'est pour obvier à la banalité de cette scène que l'Arioste, dans cette seule occasion, va jusqu'à exploiter des allusions eschatologiques. Il écrit:

> Sceglier le belle fila ha l'altra [Parca] cura,
> perché si tesson poi per ornamento
> del paradiso; e dei più brutti stami
> si fan per li dannati aspri legami (XXXIV, 90, 5–8).

Après la parenthèse élogieuse dont je parlerai par la suite, l'allégorie se ranime un peu là où l'Arioste imagine que sur le Léthé voltigent des corbeaux et des vautours qui, après avoir saisi des plaques portant le nom de personnages illustres, sont bientôt forcés de les lâcher dans la rivière[11]. Ici, c'est l'indignation qui aiguillonne le poète: il suffit de lire les octaves 20–21 du chant XXXV, où les oiseaux qui planent sur la rivière sont identifiés aux »buffon, cinedi, accusatori«, »cortigian gentili« qui »sanno imitar l'asino e 'l ciacco«, qui sont »inerti e vili, Nati solo ad empir di cibo il sacco«. Mais ces images nous ramènent au même champ métaphorique qui, on vient de le voir, avait été déjà utilisé dans la description de la vallée des choses perdues[12].

6. Les octaves consacrées au thème de la sagesse représentent un intervalle entre l'aire de la métaphore et celle de l'allégorie. J'ai déjà montré que le problème de la sagesse et de la folie occupe en fait une place centrale dans l'ensemble de la séquence.

On se souviendra que dans la partie métaphorique domine le schéma Terre → Lune, et, dans la partie allégorique, le schéma Lune → Terre. Pour ce qui est de la raison, on remarque un phénomène semblable à celui de vases communicants. La raison des hommes – comme celle de Roland et d'Astolphe – passe de la Terre à la Lune en rapport de l'augmentation de la folie sur la Terre. Et, de la Lune, la raison peut être ramenée sur la Terre – où sont donc présentes en proportions variables soit la raison soit la folie – tandis que sur la Lune il n'existe que la raison (voir 3).

En utilisant spirituellement une image alchimique (la sagesse représentée comme un »liquor sottile e molle« (XXXIV, 83, 1), que l'on empêche de s'évaporer en le gardant dans des fioles de dimensions différentes), l'Arioste reste fidèle au type d'invention exploité déjà dans la vallée des choses perdues: il s'agit toujours, c'est évident, de métaphores.

Il est intéressant de remarquer que l'alternance quantitative de folie et de raison est déterminante pour tous les comportements auxquels on fait allusion dans la vallée des choses perdues et dans la partie allégorique de la séquence. Car tout ce que les hommes ont perdu sur la Terre a été perdu à cause des différents types de folie, à moins qu'il ne s'agisse que des effets du temps (»ciò che si perde o per nostro diffetto, O per colpa di tempo e di fortuna« XXXIV, 73, 6–7; voir 3).

Je tiens à souligner que la centralité de la raison, identifiée à la capacité de régler et mener à bonne fin les choses humaines, est issue des théories d'Alberti. C'est là une morale nouvelle, anthropocentrique et, dirais-je, sociocentrique. Et c'est dans la cour de la Renaissance que l'Arioste voit la synthèse la plus complète de la société[13]. Il y a donc un rapport très étroit entre le choix de la raison comme principe de moralité et le choix de la cour comme paradigme de la société.

C'est parce que la folie est le contraire de la raison qu'elle acquiert un tel intérêt dans la spéculation d'Alberti. Comme on l'a déjà remarqué[14], la conception de la folie est bien différente chez Erasme qui, par le biais du paradoxe, déplace sans cesse les frontières, et même le jugement, entre les deux termes opposés. Ce qui correspond à une conception plus moderne, mais moins utilisable sur le plan moral: voilà pourquoi l'Arioste – qu'il ait connu ou non l'*Eloge de la folie*[15] – reste plus proche d'Alberti.

7. Il faut maintenant insérer dans notre analyse de la séquence une partie du texte à laquelle je n'ai pas encore fait allusion, et qui pourrait ne paraître qu'un simple prétexte élogieux dans l'invention de l'Arioste: il s'agit des octaves 3–9 du chant XXXV. Aucun autre poète n'aurait osé formuler l'éloge hyperbolique de son protecteur (dans ce cas, Hippolyte d'Este) après une telle attaque contre la flatterie: c'est comme inviter les lecteurs à ne pas prendre au sérieux les éloges qui suivent[16].

Les octaves en question sont très bien éclaircies par le discours de Saint-Jean aux octaves 18–30 du même chant XXXV, qui achèvent d'un ton catégorique notre séquence. Dans le mécanisme du Temps et de l'oubli, Saint-Jean introduit par son autorité un autre élèment, l'œuvre des grands poètes. Il suffirait d'affirmer que les poètes, par leurs vers, sauvent de l'oubli les seigneurs qui les protègent: ce serait déjà un grand éloge de la poésie.

Mais Saint-Jean va beaucoup plus loin. En célébrant leurs seigneurs, dit-il, les poètes les gratifient d'une renommée que bien souvent ils n'ont pas méritée:

Non fu sì santo né benigno Augusto
come la tuba di Virgilio suona.
L'aver avuto in poesia buon gusto
la proscrizione iniqua gli perdona.
Nessun sapria se Neron fosse ingiusto,
né sua fama saria forse men buona,
avesse avuto e terra e ciel nemici,
se gli scrittor sapea tenersi amici (XXXV, 26).

Mais il y a plus: les poètes vont jusqu'à renverser les données du réel ou, pour mieux dire, à créer une réalité nouvelle consacrée par leurs vers et livrée à l'éternité:

Omero Agamennòn vittorioso,
e fe' i Troian parer vili et inerti,
e che Penelopea fida al suo sposo
dai Prochi mille oltraggi avea sofferti.
E se tu vuoi che 'l ver non ti sia ascoso,
tutta al contrario l'istoria converti:
che i Greci rotti, e che Troia vittrice,
e che Penelopea fu meretrice (XXXV, 27).

En plaçant l'éloge d'Hippolyte entre deux séries d'octaves consacrées à la flatterie (XXXIV, 77–79 et XXXV, 13–14), l'Arioste applique hardiment une technique commune dans le *Furieux*, celle de faire suivre à des affirmations (ou des implications) d'un certain signe des affirmations (ou des implications) du signe contraire: un ›rajustement de tir‹ constant qui permet d'atteindre une tranche très vaste de la réalité ou, parfois, de suggérer ce qu'il serait dangereux de dire, de démentir ce qui vient d'être dit. Ce qui n'est pas tellement loin de l'attitude erasmienne.

Dans ce passage, en particulier, l'alternance d'affirmations contraires rend explicite que la victoire sur l'oubli n'a que peu de rapports avec les mérites de ceux qui sont célébrés par les poètes. Ce qui est important, c'est que les seigneurs sachent en cultiver l'amitié.

Cette conclusion n'est pas en contradiction avec les sarcasmes contre les flatteurs, que l'Arioste distingue clairement des poètes: les flatteurs (aussi bien que les courtisans et les bouffons) sont les corbeaux, les vautours et les corneilles incapables de sauver la renommée de leurs seigneurs (XXXV, 13, 20–21); les poètes, par contre, sont les cygnes qui réussissent dans cette entreprise (XXXV, 14–15, 22–23), mais qui sont très rares:

Son, come i cigni, anco i poeti rari,
poeti che non sian del nome indegni (XXXV, 23, 1–2);

sono i poeti e gli studiosi pochi (XXXV, 30, 2).

On a proposé de voir, dans ces conclusions, une revendication, presque syndicale, des droits des grands écrivains[17], qui méritent assurément la faveur de ceux qui les accueillent et les protègent, puisqu'ils sont si nécessaires à leur immortalité[18]. Cela est à tel point vrai que l'éloge de la poésie est confié à Saint-Jean, qui se présente justement comme écrivain:

> Gli scrittori amo, e fo il debito mio,
> ch'al vostro mondo fui scrittore anch'io (XXXV, 28, 7–8).

Mais il n'y a pas de doute que la pensée de l'Arioste se propose un but plus élevé, malgré son éloge du mensonge qui est, essentiellement, une plaisanterie. Par le discours de Saint-Jean, l'Arioste substitue une spécularité (ou une complémentarité) à l'autre. La spécularité (ou complémentarité) Terre/Lune est remplacée maintenant par la spécularité réalité/poésie: la réalité, réfléchie dans la poésie, renforce ses valeurs, ou peut-être en fonde-t-elle de nouvelles. Nous touchons enfin à la véritable complémentarité, entre mondes semblables et différents: même la complémentarité Terre/Lune n'est qu'une invention de la poésie, et elle existe en fonction de la poésie.

Notes

1 L. B. Alberti, *Intercenali inedite* a cura di E. Garin, Firenze 1965, pp. 25–29. Pour les rapports entre les deux épisodes, cf. M. Martelli, »Una delle *Intercenali* di Leon Battista Alberti fonte sconosciuta del *Furioso*«, in *La Bibliofilia* 66 (1964) pp. 163–70; C. Segre, »Leon Battista Alberti e Ludovico Ariosto« [1965], in *Esperienze ariostesche,* Pisa 1966 pp. 85–95; en général, sur l'influence de Alberti sur l'Arioste, cf. L. Pampaloni, »Le *Intercenali* e il *Furioso*: noterella sui rapporti Alberti Ariosto«, in *Belfagor* 29 (1974), 3, pp. 317–25 et G. Ferroni, »L'Ariosto e la concezione umanistica della follia«, in *Atti dei Convegni Lincei – Convegno internazionale su Ludovico Ariosto,* Roma 1974 pp. 73–92.

2 Fondamental pour les sources de la séquence: P. Rajna, *Le Fonti dell'Orlando Furioso,* Firenze 1900 pp. 528–48.

3 Cf. Rajna, *op. cit.* pp. 529–38.

4 Cf. M. Santoro, »La sequenza lunare nel *Furioso:* una società allo specchio«, in *Atti dell'Accademia Pontaniana,* N. S., 23 (1975) pp. 327–50 (p. 328).

5 »L'Arioste imagine que la lune est quelque chose comme le bureau des objets perdus sur la terre«, H. Hauvette, *L'Arioste et la poésie chevaleresque à Ferrare au début du XVIe siècle,* Paris 1927 p. 187.

6 Du point de vue lexical, Alberti est un peu plus riche. Il emploie *perdere* (*Somnium* 65), *amittere (ibid.* 64, 73, 77) et la périphrase »res omnes desiderate atque expectate« (*ibid.* 103).

7 Alberti a déjà mis en rapport l'ingratitude des femmes et la vallée des choses perdues. En effet, la rivière des larmes est traversée grâce à des »damnate ... vetule, que dum vitam agebant iuvencule superbe et dure, vetule superstitiose atque malefice fuere«, *Somnium* 113–15.

8 Cette conception était répandue: cf. G. Savarese, »Lo spazio dell'impostura: il *Furioso* e la luna«, in G. Papagno et A. Quondam (édd.), *La corte e lo spazio: Ferrara estense,* Roma 1982 pp. 717–37 (p. 724). Comme le remarque Savarese p. 725, dans la première rédaction du *Roland Furieux* (1516) l'Arioste est plus explicite: »(...) come uno acciar che non ha macchia alcuna; *Parea di vetro in altra parte*« (XXXI, 70, 5).

9 Cette conclusion, qui évidemment n'est pas explicitée par l'Arioste, semble annoncée dans ce morceau de Pietro Pomponazzi, cité dans E. Garin, *Lo zodiaco della vita. La polemica sull'astrologia dal Trecento al Cinquecento,* Bari 1976, p. 114: »Le cose inferiori diffondono immagini e forme nell'aria, fino al cielo, e di là sono riflesse e riverberate nelle zone inferiori, *come da specchio a specchio.* In tal modo gli oggetti si possono vedere in distanza«.

10 Aussi, selon Antoine Mizauld, *Harmonia superioris Naturae mundi et inferioris,* Paris 1577, qui d'ailleurs évoque des théories plus anciennes, est-il possible »coelestia in terris reperiri, sed modo terreno, et in coelis terrestria, secundum causam et modum coelestem« (cité dans Savarese, *art. cit.,* p. 737).

11 Pampaloni, *art. cit.*, a signalé que pour cet épisode aussi l'Arioste a tiré quelques suggestions d'Alberti, en particulier de l'*intercenalis Fatum et fortuna.*

12 On peut ajouter que la flatterie est considérée expressément comme une forme de folie par Alberti: cf. Ferroni, *art. cit.,* p. 74.

13 Cf. Santoro, *art. cit.,* pp. 335–36.

14 Cf. Ferroni, *art. cit.,* pp. 73–74.

15 C. Ossola, »Métaphore et inventaire de la folie dans la littérature italienne du XVIe siècle«, in *Folie et déraison à la Renaissance,* Bruxelles 1976, pp. 171–96 (pp. 173–75; 183–84) donne une réponse affirmative.

16 A propos de ce panégyrique, Hauvette, *op. cit.,* p. 259, reconnaît que »la critique moderne a quelque peine à n'y pas apercevoir une nuance de moquerie«, mais il préfère prendre au sérieux ses expressions hyperboliques. Plus complexes et plus nuancées les considérations de R. M. Durling, *The Figure of the Poet in Renaissance Epic,* Cambridge 1965, p. 149; Santoro, *art. cit.,* p. 349; K. W. Hempfer, »Überlegungen zu einem Gültigkeitskriterium für Interpretationen und ein komplexer Fall: die italienische Ritterepik der Renaissance«, in K. W. Hempfer et G. Regn (édd.), *Interpretation. Das Paradigma der europäischen Renaissance-Literatur. Festschrift für A. Noyer-Weidner,* Wiesbaden 1983 pp. 1–31 (23–27).

17 P. Renucci, *La cultura,* tomo 2, vol. II de *Storia d'Italia. Dalla caduta dell'Impero romano al secolo XVIII,* Torino 1974, pp. 1288–89.

18 La gloire terrestre remplace, dans une conception laïque, l'immortalité de l'âme: cf. Renucci, *op. cit.,* p. 1289.

Ilse Nolting-Hauff

Pikaresker Roman und ›menippeische Satire‹

Die ›menippeische Satire‹ und der pikareske Roman sind von M. Bachtin – wenn auch nicht in gleicher Weise – der karnevalesken Literatur zugerechnet worden[1]. Da der pikareske Roman zu den zukunftsträchtigen Romanformen gehört, die innerhalb der spanischen Renaissanceliteratur oder im Anschluß an sie neu entstehen, ist damit zugleich eine weitere Perspektive der Untersuchung gegeben: es geht letztlich um den Zusammenhang zwischen karnevalesker Literatur und Genese des neueren Romans. Die Bachtinsche Themenstellung soll hier aber auf den Entstehungskontext *einer* Romangattung beschränkt und in Form einer stärker text- und gattungsorientierten Analyse angegangen werden. In diesem Zusammenhang sind einige Vorbemerkungen zum nicht ganz unumstrittenen Gattungsstatus der menippeischen Satire und zum derzeitigen Stand der Diskussion über die Genese des pikaresken Romans notwendig.

Für die klassische Philologie gelten als menippeische Satiren vor allem die Schriften des Begründers Varro, von denen nur Fragmente erhalten sind, die *Apocolocyntosis Divi Claudii* von Seneca (?) und, in schon etwas erweiterter Auslegung des Begriffs, das *Satyricon* von Petronius[2]. Als hauptsächliches, wo nicht einziges Unterscheidungskriterium gegenüber der Verssatire gilt das Prosimetrum. Im übrigen läßt sich angesichts der prekären Überlieferungslage und des notorischen Charakters der Menippea als Misch- und Antigattung nur sagen, daß die menippeische Satire offenbar zur narrativen Präsentation und zur Fiktionalität in Form von Mythenparodie tendierte; der von N. Frye behauptete Vorrang der weltanschaulichen vor der Sittensatire läßt sich für Varro und Lukian belegen.

Die Postulierung einer nachantiken Gattungsgeschichte der Menippea bei Bachtin (wesentlich später auch bei N. Frye) hat der Romantheorie neue Perspektiven eröffnet. Sie war jedoch mit einer nicht unproblematischen Erweiterung des Gattungsverständnisses verbunden. Z. B. vereinnahmt Bachtin nicht nur Lukian, dessen vielgestaltiges und populäres Werk der lateinischen Menippea und ihren griechischen Vorläufern nahesteht, und der später aufgrund der Überlieferungslage zum wichtigsten Vorbild der nachantiken Prosasatire in sämtlichen europäischen Literaturen wurde, und den gesamten Lukianismus mit gewissen Vorbehalten für die menippeische Satire, sondern auch mittelalterliche Texte wie die *Coena Cypriani* und die *Goliasapokalypse*[3].

Für die spanische Literatur des 16./17. Jahrhunderts stellt sich das Problem insofern in einfacherer Weise, als die ›menippeische Satire‹ dort ausschließlich in Form einer relativ homogenen Textreihe vertreten ist, die von den satirischen Dialogen Lukians und den ihrerseits von Lukian beeinflußten *Colloquia* des Erasmus ausgeht und sich zunehmend narrativ anreichert. Die Bezeichnung dieser Textreihe, der der Gattungscharakter nicht abgesprochen werden kann, ist wohl hauptsächlich ein terminologisches Problem. Aufgrund der an Bachtin anschließenden Fragestellung der Untersuchung lag es nahe, trotz gewisser Bedenken auch den Bachtinschen Terminus zu übernehmen.

I

Die langwierige und nicht immer ergiebige Diskussion über Genese und mutmaßliche Gattungsvorbilder des *Lazarillo de Tormes* und damit des pikaresken Romans hat vor einer Reihe von Jahren durch eine Entdeckung A. Blecuas und zwei daran anschließende Aufsätze von B. König unerwarteten Auftrieb erhalten[4]. Danach scheint es, als sei die entscheidende Anregung, der die neue Romangattung ihre Entstehung verdankt, von einer wenig bekannten spanischen Prosabearbeitung des *Baldus* von Folengo ausgegangen, die 1542 erschien. Genauer gesagt, geht es um zwei Zusätze der spanischen Bearbeitung, nämlich um die Lebensberichte der beiden Nebenfiguren Falcheto und Cingar, die der Bearbeiter in mehr oder weniger enger Anlehnung an Apuleius verfaßte. Wichtig ist vor allem der Lebensbericht des Schelms und »Meisterdiebs« Cingar, in dem Strukturkomponenten des mittelalterlichen Schwankzyklus und der *Metamorphosen* des Apuleius bereits in ähnlicher Form kombiniert werden wie im *Lazarillo*: die Schwankliteratur liefert die Schelmenfigur und die Struktur der episodischen Handlungssequenzen, während die Ich-Form und die übergeordneten Formen der narrativen Vermittlung hier noch deutlicher als im *Lazarillo* an Apuleius orientiert sind[5].

Die Entdeckung besagt zunächst, daß die mehrfach behauptete und widerlegte genetische Beziehung zwischen Ritterroman und pikareskem Roman doch existiert, wenn auch in anderer und weit entfernterer Weise, als zuweilen angenommen wurde[6]. Bestätigt wird ferner die Vermutung M. Kruses, daß wesentliche Strukturkomponenten des pikaresken Romans, insbesondere die des Lebensberichts in Ich-Form, auf die *Metamorphosen* des Apuleius zurückgehen[7], allerdings mit der Modifikation, daß dieser Einfluß durch die humanistische Apuleius-Rezeption vermittelt ist.

Die Bedeutung der neuentdeckten Texte steigert sich jedoch noch, wenn man sie in eine Bachtinsche Perspektive rückt. Dann fällt nämlich auf, daß bereits die Gattungsbasis des pikaresken Romans, der ja selbst laut Bachtin zu den karnevalesken Gattungen gehört, ihrerseits ein fast vollständiges Repertoire älterer karnevalesker Gattungen enthält: zu einer antiken (repräsentiert durch die *Metamorphosen* des Apuleius) und zwei mittelalterlichen Gattungen (Vagantendichtung und Schwankliteratur) käme mit der makkaronischen

Dichtung auch noch eine Variante der humanistischen Karnevaleske hinzu, die ihrerseits als Travestie der mittelalterlichen Ritterepik wieder ein mittelalterliches Element aufweist.

Auch der extrem hybride Charakter des *Baldo* fällt in diesem Zusammenhang auf: die Bearbeitung, die drei Bücher umfaßt, präsentiert sich nämlich nicht als selbständiges Werk, sondern als viertes Buch einer Prosakompilation, die den traditionsreichen Titel »Reynaldos de Montalván« führt und offenbar die Umsetzung eines »zweitrangigen« italienischen Versepos ist[8]. Den Gattungsrahmen bildet also der spätmittelalterliche Prosaroman in seiner Eigenschaft als Nachfolgeform der französischen Chanson de geste, ein Rahmen, der hier bereits auf Bearbeitungen der italienischen Ritterepik erweitert erscheint[9]. Diesem Kontext, der in spanischer Perspektive vermutlich mit dem des Ritterromans identisch war, ist der *Baldo* insofern angeglichen worden, als der Bearbeiter die Sprachkomik des Originals fast völlig eliminiert und die grotesken und phantastischen Elemente stark reduziert, das *parodistische* Gattungsprofil also fast völlig aufgegeben hat. Zugleich hat er aus Gründen des Anstands einiges gekürzt und nach eigenem Eingeständnis – quasi zum Ausgleich – eine Reihe von humanistischen Bildungsfrüchten in seinen Text aufgenommen, zu denen auch die Apuleius-Reminiszenzen der Falcheto- und der Cingar-Vita gehören[10]. Auch die Lukian-Tradition ist vertreten, und zwar in Form einer Kurzversion des bekannten Colloquiums von Erasmus über französische und deutsche Gasthäuser, das in die Cingar-Vita eingebaut ist[11]. Im zweiten und dritten Buch verläßt der Bearbeiter dann die makkaronische Vorlage völlig und macht seinen Protagonisten zum Helden einer Ereignisserie, die im wesentlichen den vier letzten Büchern der *Aeneis* nachgebildet ist[12], aber auch Raum für Zitate aus Prudentius, Plinius, Aesop und Lucan läßt, um seinem Text zum guten Ende noch den Habitus eines Fürstenspiegels zu verleihen (nach Blecua ein »aspecto no infrecuente en los libros de caballerías«). Dabei greift er zwecks Exemplifizierung der wahren Herrschertugenden auf den ›unerschöpflichen Fundus der Volkserzählung‹ zurück[13].

Die Vielzahl der inkorporierten Diskursformen, die von Vergil bis zum makkaronischen Epos und von der *Psychomachia* bis zum Volksschwank reichen, machen den *Baldo* zu einem »verwilderten Roman« par excellence[14] und zu einem Musterbeispiel von Redevielfalt im Sinne von Gattungsvielfalt. Die karnevalesken Züge der makkaronischen Vorlage, wie groteske Körperlichkeit und Parodie des epischen Stils, werden allerdings eher abgeschwächt, und die spezifisch makkaronische Form *stilistischer* Redevielfalt entfällt fast völlig[15]. Trotzdem war die ›Konvergenz der Gattungen‹ sowohl antiker als auch mittelalterlicher Provenienz, die sich hier in Extremform manifestiert, sicher eine wesentliche Voraussetzung für die Entstehung des neueren Romans[16].

Daß die ersten Prototypen der neuen Romanform gerade in Spanien entstanden, d. h. in einem kulturell ›verspäteten‹ Teil Europas, könnte damit zusammenhängen, daß die extreme Gattungsvielfalt sich hier in einem humanistisch infizierten, aber vergleichsweise marginalen Bereich des Ritterromans realisiert und nicht auf einer Ebene hoher literarischer Elaboration, wie bei Rabelais oder im italienischen romanzo. Die hierarchisierende Verarbeitung und Integration der inkorporierten Diskurse blieb in Spanien einem weiteren Schritt der literarischen Entwicklung vorbehalten, der im *Lazarillo* und im *Don Quijote* paradoxerweise sowohl mit einer gewissen Reduktion der Gattungsvielfalt als auch mit einer Rekarnevalisierung auf stilistischer und ideologischer Ebene verbunden zu sein scheint[17].

Wie weit diese Annahmen zutreffen, kann allerdings erst entschieden werden, wenn geklärt ist, ob der *Baldo* ein exotischer Einzelfall ist, oder ob die terra incognita des spanischen Ritterromans weitere Überraschungen ähnlichen Typs bereithält. Die Entdeckungen von Blecua und König zeigen jedenfalls, wie wichtig, dem cervantinischen Verdikt zum Trotz, die spanischen Ritterromane für die Genese des neueren Romans gewesen sind[18].

II

Die Nachfolgeformen der menippeischen Satire stehen in der spanischen Literatur des 16. Jahrhunderts in engem Zusammenhang mit den religiösen Reformbestrebungen des Erasmismus und halten sich zunächst auch formal eng an die Form des satirischen Dialogs. Die wichtigsten Modelltexte sind die *Totengespräche*, die satirischen Unterweltsreisen und der Hahnendialog Lukians sowie die *Colloquia* des Erasmus, die, wie bereits erwähnt, ihrerseits von Lukian beeinflußt sind[19]. Die spanischen Satiren kontaminieren meistens mehrere Vorlagen, eine Tatsache, die sich auch im Umfang bemerkbar macht.

Die Phänomene der Gattungsvielfalt und der Gattungskonvergenz sollen im folgenden an den spanischen Nachfolgeformen der menippeischen Satire und ihren Beziehungen noch etwas weiter verfolgt werden. Dabei geht es zunächst um einen weiteren Nachtrag zur Genese des pikaresken Romans, vor allem aber um Parallel- und Konvergenzphänomene, die *nach* dem Erscheinen der ersten pikaresken Romane zwischen den beiden Textreihen auftreten.

Als Rahmenfiktion besonders beliebt ist neben dem Unterweltsgespräch (Alfonso de Valdés, *Diálogo de Mercurio y Carón*, ca. 1528) vor allem der Hahnendialog, der u. a. die beiden bedeutendsten Prosasatiren der Zeit angeregt hat, nämlich *El Crótalon* (1555), der dem Humanisten Cristóbal de Villalón zugeschrieben wird[20], und den *Coloquio de los perros* (1613) von Cervantes. In einigen weiteren Texten des 17. Jahrhunderts, die sich auch sonst stärker vom lukianischen Vorbild emanzipieren, wird der dialogische durch einen narrativen Rahmen abgelöst, der der ursprünglichen Form der Menippea näher steht (Quevedo, *Sueños* und *La Hora de todos*, Vélez de Guevara, *El diablo cojuelo*). Der Hahnendialog tritt zu einem relativ späten

Zeitpunkt noch einmal in romanesker Erweiterung auf (A. Enríquez Gómez, *El siglo pitagórico y vida de don Gregorio Guadaña*, 1644).

Im Kontext des spanischen Erasmismus erfährt die menippeische Satire eine weitgehende Didaktisierung und damit einen Verlust an karnevaleskem Potential. Schon innerhalb der Kritik an Kirche und Feudalismus nimmt die sachliche Auseinandersetzung einen weit bedeutenderen Raum ein, als man von einer karnevalesken Gattung erwarten würde. Hinzu kommt die Propagierung eines neuen christlichen Frömmigkeitsideals, das keinerlei dialogischer Ambiguierung unterliegt, sowie, vor allem bei Alfonso de Valdés und in *El Crótalon*, ein Element politischer Propaganda (beide Texte enthalten einen apologetisch akzentuierten Bericht über die Italienkriege Karls V.). Vom späteren 16. Jahrhundert an entfällt der explizite Antiklerikalismus aus naheliegenden Gründen fast völlig, die noch vorhandenen Reste erasmistischer Vorstellungen werden durch (aufrichtige oder opportunistische) Orthodoxiebeteuerungen der Autoren teils relativiert, teils sogar ersetzt. Das didaktische Element bleibt also als solches erhalten, wenn auch in anderer Form; es ist jedoch nicht überall gleich stark ausgeprägt, sondern geht, vor allem bei Quevedo und Cervantes, mit Tendenzen zu einer erneuten Karnevalisierung der Gattung einher[21].

Die Bedeutung der Lukian-Tradition für die Genese des pikaresken Romans ist ein vieldiskutiertes, aber noch keineswegs abgeschlossenes Thema. Daß der *Lazarillo* der erasmischen Satire nicht nur die Basisthemen seiner Polemik, sondern auch eine Reihe von satirischen Einzelmotiven einschließlich deren witziger Aufbereitung verdankt, hoffen wir, in einer kürzlich erschienenen Arbeit nachgewiesen zu haben[22]. Die lukianisch-erasmische Satire gehört also ebenfalls zu den zahlreichen ›Stimuli‹, deren Zusammentreffen der pikareske Roman seine Entstehung verdankt. Sie scheint der neuen Gattung auch einige zentrale Merkmale der Erzählstruktur geliefert zu haben. Dabei muß zunächst von der Ichform und der exzentrischen Perspektive abgesehen werden, die zwar auf die menippeische Satire zutreffen, die der pikareske Roman aber wahrscheinlich direkt oder indirekt aus den *Metamorphosen* des Apuleius übernommen hat. Jedoch weist die Erzählform des *Lazarillo* auch einige wichtige Strukturmerkmale auf, die weder in den *Metamorphosen* noch in der Cingar-Vita enthalten sind: dies gilt vor allem für die autobiographische Form der Ich-Erzählung und die ironische Funktionalisierung der Erzählerrolle.

In seiner Eigenschaft als fiktive Autobiographie orientiert der *Lazarillo* sich zunächst am Diskursschema der christlichen Autobiographie in der Tradition der *Confessiones* von Augustinus (eine gleichwertige Tradition der *weltlichen* Autobiographie existierte im frühen 16. Jahrhundert noch nicht). Die Anleihen sind jedoch begrenzterer Natur als seinerzeit von H. R. Jauß angenommen[23], sie beschränken sich auf einige autobiographische Topoi wie Angaben über Geburt und Herkunft, Verlassen des Elternhauses, Hinweise auf providentielle Fügung und zusammenfassende Wertung einzelner Lebensabschnitte durch den Erzähler. Als Muster haben auch sicher nicht die *Confessiones* des Augustinus selbst gedient, eher schon die stärker faktenorientierten lateinischen Autobiographien vom Typ der *Vita* Guibert de Nogents oder der *Historia calamitatum* Abailards[24]. Ein wirklich massives Eindringen von Strukturelementen der religiösen Konfessionsliteratur findet erst im *Guzmán de Alfarache* statt: der bekehrte Erzähler, der aus der Distanz überlegener Einsicht auf seine sündige Jugend zurückblickt und über sie reflektiert, findet sich erst dort und noch nicht im *Lazarillo*. Die Didaktisierung, die mit dem *Guzmán de Alfarache* auch den pikaresken Roman erreicht, ist ein historisch folgenreicher Vorgang vor allem insofern, als dieser Roman später zum maßgeblichen Gattungsmuster des außerspanischen pikaresken Romans wurde.

Zwar nicht das autobiographische Strukturmuster selbst, wohl aber seine Fiktionalisierung kann nun mit einiger Wahrscheinlichkeit von der menippeischen Satire abgeleitet werden, da diese auf die mehr oder weniger travestierende Fiktionalisierung pragmatischer Textsorten wie Brief, Testament oder Reisebericht geradezu abonniert ist[25]. Im *Lazarillo* würde das Travestiemoment darin bestehen, daß der fiktive Autor der Lebensbeschreibung nicht etwa ein Kleriker oder ein Adliger, sondern ein Angehöriger der Unterschicht ist. Auf weitere karnevaleske Momente wie die Stilisierung des fiktiven Autors als ›naiver Erzähler‹ und die ironische Funktionalisierung der Erzählerrolle im Sinne erzählerischer Ambivalenz ist die *Lazarillo*-Forschung erst relativ spät aufmerksam geworden[26]. Die entsprechenden Verfahren müssen wohl vom Travestiemoment getrennt werden, da sie keineswegs in allen pikaresken Romanen vorkommen. Auch hier liegt eine Herleitung aus der menippeischen Tradition nahe, wobei insbesondere an die zahlreichen naiven Sprecher und Erzähler der humanistischen Satire von den *Epistolae obscurorum virorum* bis zum *Moriae encomium* und den *Colloquia familiaria* gedacht werden könnte[27]. Insgesamt drängt sich also der Eindruck auf, daß das bereits sehr reichhaltige Spektrum der karnevalesken Gattungsmuster des pikaresken Romans noch um ein weiteres – eben die menippeische Satire bzw. ihre lukianisch-erasmische Nachfolgeform – erweitert werden muß.

Es ist also nicht weiter erstaunlich, daß es zwischen pikareskem Roman und menippeischer Satire auch im Verlauf ihrer Gattungsevolution zu vielfältigen Interaktionen kommt. Besonders auffällig sind die Kontaminationen zwischen lukianischem Dialog und pikareskem Lebensbericht in *El Crótalon*, im *Coloquio de los perros* und in *El siglo pitagórico*. Ein Einfluß in umgekehrter Richtung scheint im Mittelteil von Quevedos *Buscón* vorzuliegen, der als fast handlungslose Serie satirischer Porträts konzipiert ist und sich damit strukturell den ›menippeischen‹ Jenseitsvisionen der *Sueños* nähert[28]. Im folgenden werden wir zwei der genannten Fälle etwas genauer untersuchen, nämlich *El Crótalon* und den *Coloquio de los perros*.

III

El Crótalon ist offenbar kurz nach dem *Lazarillo* entstanden und wurde 1871 erstmals publiziert. Daß er im 16. Jahrhundert nicht gedruckt wurde, ist wohl vor allem der Radikalität der antiklerikalen Polemik zuzuschreiben. Als ›monströses‹ Buch (Bataillon[29]) und Extremfall von Gattungs- und Redevielfalt scheint er im Gattungssystem der spanischen Literatur des 16. Jahrhunderts eine ähnliche Position eingenommen zu haben wie der *Baldo*, mit dem ihn auffällige Übereinstimmungen nicht nur thematischer Art verbinden. Die antiken und humanistischen Referenztexte sind dieselben, zum Teil auch die wörtlich übernommenen Textpassagen[30]. Mit dem Lebensbericht des Alexandro im vierten Buch enthält der *Crótalon* sogar, ebenso wie der *Baldo*, einen ›präpikaresken‹ Text, der zwar aus chronologischen Gründen nicht mehr als Vorläufer des *Lazarillo* angesehen werden kann, aber offenbar auch nicht von diesem beeinflußt ist. Insgesamt scheint die Gattungskonvergenz, von der schon die Rede war, sich hier nicht nur innerhalb einer (notorisch gattungsmischenden) menippeischen Satire, sondern auch als Grenzverwischung zwischen dieser und einem »verwilderten Roman« zu manifestieren.

Wie bereits erwähnt, präsentiert der *Crótalon* sich als Neuauflage von Lukians Hahnendialog (Ὄνειρος ἢ Ἀλεκτρυών). Dialogpartner sind der Schuster Miçilo (Mikyllos) und sein Hahn, der sich als eine Reinkarnation des Philosophen Pythagoras entpuppt und von seinen früheren Existenzen berichtet. Natürlich geht es im *Crótalon* nicht mehr um die pythagoräische Seelenwanderungslehre, auch wenn sie als Grundlage des Rahmenmotivs beibehalten wird. Die Philosophiekritik Lukians wird vielmehr, wie auch sonst in der humanistischen Satire, zu antischolastischer und antiklerikaler Polemik umfunktioniert. Zugleich wird das Vorbild beträchtlich erweitert: während der Hahn bei Lukian nur über zwei seiner zahlreichen vergangenen Existenzen nähere Angaben macht, und dies in ganz skizzenhafter Form, äußert sich sein Pendant im *Crótalon* weit ausführlicher. Es kommt mehrmals zu ausgearbeiteten Lebensberichten, die sehr verschiedenartigen, oft recht prominenten literarischen Lebensläufen nachgebildet sind: z. B. dem des lukianischen *Lügenpropheten*, dem des Esels bei Apuleius (beide in Canto 4), dem des Liebhabers einer Zauberin nach dem Muster von Ariosts Ruggiero (Canto 5 und 6) und dem der Nanna in den *Ragionamenti* des Aretino, der sogar auf zwei verschiedene Existenzen des Hahns – als Courtisane und als Nonne – aufgeteilt wird (Canto 7 und 8)[31]. Außerdem hat der Hahn im *Crótalon* als Frosch am homerischen *Frosch-Mäusekrieg* teilgenommen und in der Rolle von Lukians Menippos Himmel und Unterwelt bereist (Canto 12–16). Zwischendurch läßt der Hahn auch andere Erzähler zu Wort kommen oder berichtet über Ereignisse, an denen er nur als Zeuge beteiligt war. Dadurch und durch die eingeschobenen Diskussionen über allgemeine moralische und lebensphilosophische Themen ergeben sich weitere Gelegenheiten, folkloristische und literarische Materialien vielfältigster Art einzubringen. Wichtigster Gewährsmann ist weiterhin Lukian, daneben Vergil und Lucan, die, wie im *Baldo*, Elemente der Unterweltsbeschreibung liefern. Außerdem fallen die zum Teil ziemlich umfangreichen Einschübe novellesken Charakters auf, die unter anderem wiederum auf Lukian *(Toxaris)*, vor allem aber auf einigen berühmten Liebesgeschichten des *Orlando furioso* basieren. Hier sind neben der Alcina-Episode die Erzählung des Gastgebers und die Geschichten von Ricciardetto, Bradamante und Fiordispina und von Olimpia und Bireno zu nennen, die unter Veränderung der Figurennamen in die ›Gesänge‹ 3, 9 und 12–13 des *Crótalon* eingingen. Auch die Geschichte der Rosicler (Canto 15–16), deren hauptsächliche Vorbilder die 10. Metamorphose Ovids und die Judith-Geschichte des Alten Testaments sind, enthält einige Ariost-Reminiszenzen[32]. Durch diese Einschübe wird in den *Crótalon* ein ganz unparodistisches Element chevaleresker und romanesker Erotik eingeführt, das sogar in einer Nachfolgeform der menippeischen Satire aus dem Rahmen fällt.

Wie man sieht, kann sich *El Crótalon* in seiner Eigenschaft als literarisches mixtum compositum durchaus mit dem *Baldo* messen. Zwar bleibt die jeweilige Gattungsdominante (hier lukianischer Dialog, dort ›Ritterroman‹ bzw. nivellierte Epenparodie) erhalten, die Elemente der Mixtur sind jedoch weitgehend die gleichen. Antike, humanistische und folkloristische Tradition sind gleichermaßen vertreten, dabei spielen vor allem Epik und Epenparodie eine bedeutende Rolle; ein Element der mittelalterlichen Epik wird durch die Vermittlung des makkaronischen Epos bzw. des italienischen romanzo eingebracht. Daß das italienische Versepos in dieser zukunftsträchtigen Mischung aus mittelalterlichen und humanistischen Elementen ebenfalls vorkommt, ist natürlich auch in anderer Hinsicht nicht unwichtig: schließlich gehören der *Baldus* und vor allem der *Orlando furioso* zu den wichtigsten Referenztexten des *Don Quijote*. Bedeutsam ist aber auch, daß das Gattungsspektrum des *Crótalon*, ähnlich wie das des *Baldo*, einen Text enthält, den man als ›präpikaresk‹ bezeichnen kann.

Der Lebensbericht des Alexandro im 4. Canto des *Crótalon* ist, wie bereits angedeutet, eine freie Bearbeitung der satirischen Erzählung Ψευδομάντις von Lukian, in der das Porträt des Sektengründers und falschen Propheten Alexandros entworfen wird. Der Autor des *Crótalon* hat seine Vorlage gründlich aktualisiert, mit dem Ergebnis, daß die beiden Texte nur noch in den allgemeinen Figurenmerkmalen des religiösen Charlatanismus und in einigen Einzelmotiven koinzidieren, zum Beispiel denen, die das Verhältnis des Protagonisten zu seinen jeweiligen weiblichen Adepten betreffen. Im übrigen sind die Unterschiede beträchtlich. Die Aktivitäten des Alexandro bewegen sich notgedrungen in einem weit engeren Bereich als die seines griechischen Vorbilds: während Alexandros eine falsche Epiphanie inszeniert und für den angeblichen neuen Gott eine Kultstätte mit einem Orakel errichtet, begnügt sein spanisches Pendant sich damit, als Mitglied einer Gaunerbande zu agieren oder als angeblicher Prophet und Wanderheiliger dem abergläubischen Volk das Geld aus der Tasche zu ziehen. Später wird er trotz mangelhafter Lateinkenntnisse Geistlicher, betätigt sich zeitweilig als Hauslehrer, führt dann ein angenehmes, kaum durch religiöse Pflichten beeinträchtigtes Leben als Landpfarrer und erliegt schließlich frühzeitig den Folgen zu guten und reichhaltigen Essens.

Auf die Nähe des Alexandro-Kapitels zum *Lazarillo* ist mehrfach hingewiesen worden[33]. Die Parallelen sind in der Tat auffällig: es handelt sich um einen satirisch funktionalisierten Lebensbericht in Ich-Form[34], der Protagonist ist Angehöriger der Unterschicht und versucht sozial aufzusteigen, er führt ein Wanderleben und durchquert verschiedene Schichten der zeitgenössischen Gesellschaft, wobei er sich seinen Unterhalt durch kurzfristiges Eingehen von Dienstverhältnissen und durch Betrügereien verschafft; schließlich erreicht er eine relativ saturierte, aber moralisch anrüchige Position. Auch für die Verwandtschaft des pikaresken Romans mit den *Metamorphosen* des Apuleius gibt der *Crótalon* interessante Hinweise. Dort folgt nämlich der Bericht über die Eselsexistenz des Hahns, der einige der Erfahrungen des Lucius in den *Metamorphosen* verwertet, unmittelbar auf den Lebensbericht des Alexandro.

Trotzdem kann das Alexandro-Kapitel nur als ›präpikaresker‹ Text bezeichnet werden. Das wichtigste Kriterium ist wohl die konsequente satirische Funktionalisierung, die verhindert, daß der Text an irgendeiner Stelle den Status einer autonomen oder auch nur autonomiefähigen Erzählung erreicht. Die Erzählweise ist stark resümierend, einzelne Ereignisse und Interaktionen mit anderen Figuren werden nur angedeutet, so daß die typische Schwankstruktur der pikaresken Romanepisode nur im Ansatz erkennbar wird. Auch die Figur des Protagonisten geht ganz in ihrer satirischen Funktion auf: die Satire setzt weit mehr an seinen verschiedenen gesellschaftlichen ›Rollen‹ an als an den Milieus, in denen er sich jeweils bewegt. Im pikaresken Roman ist die Gewichtung umgekehrt[35].

Wenn man von der Ausschließlichkeit der satirischen Funktionalisierung absieht, scheinen dem Alexandro-Kapitel vor allem diejenigen Merkmale der pikaresken Erzählform zu fehlen, die auch die Cingar-Vita noch nicht aufweist, nämlich die Selbständigkeit als Text, die autobiographische Fiktion und – im Verhältnis speziell zum *Lazarillo* – die naive Stilisierung der Erzählerrolle. Da dem Zuviel an satirischer Funktionalisierung im *Crótalon* ein völliges Fehlen satirischer Funktionen im »Cingar« gegenübersteht, könnte man beide Texte wohl mit etwa gleichem Recht als präpikaresk einstufen.

Eine Verbindung zwischen extrem kompositem Gattungscharakter und präpikaresker Erzählform ist also im *Crótalon* in ähnlicher Weise gegeben wie im *Baldo*. Der von Bachtin postulierte Zusammenhang von Redevielfalt und Roman wird damit zunächst in eindrucksvoller Weise bestätigt. Der historische Befund legt aber zugleich nahe, daß der eigentliche Schritt zur Romanform über die Verselbständigung eines Teiltextes erfolgte. Dieser lieferte offenbar den narrativen Strukturzusammenhang, in dessen Rahmen die Redevielfalt der Vorlagen romanspezifisch organisiert werden konnte[36].

IV

Der *Coloquio de los perros* erschien 1613 als Teil der *Novelas ejemplares*. Er ist vermutlich einige Jahre früher, aber nach 1603, entstanden. Durch die Zugehörigkeit zu einer Novellensammlung und durch den vollständigen Titel (*Novela y coloquio que pasó entre Cipión y Berganza, perros del Hospital de la Resurrección* ...) ist er als Text von hybridem Gattungscharakter gekennzeichnet. Somit scheint er die Tradition der extrem kompositen Texte von der Art des *Baldo* und des *Crótalon* zu einer Zeit fortzusetzen, in der die Konsolidierung der neuen Erzählgenera innerhalb der spanischen Literatur bereits sehr weit fortgeschritten war.

Auffällig ist zunächst die komplizierte Rahmentechnik. Das *Hundegespräch* erscheint nämlich als Binnentext innerhalb der vorletzten Novelle der Sammlung, *El casamiento engañoso*. Diese dient also als Rahmenerzählung für einen Dialog, eine eigentümliche Umkehrung der üblichen Verhältnisse im Novellenzyklus[37]. Sowohl *El casamiento* als auch der *Coloquio* sind ihrerseits wieder als Rahmenerzählungen angelegt, in denen der Protagonist seinem jeweiligen Gesprächspartner ein markantes Erlebnis, das erst kurze Zeit zurückliegt *(El casamiento)*, bzw. seine Lebensgeschichte erzählt *(Coloquio)*. Dabei werden in beiden Fällen Elemente sowohl der menippeischen als auch der pikaresken Tradition verarbeitet: pikareske Schwankgeschichte und erasmisches Colloquium in *El casamiento*[38], lukianischer Dialog, Lebensbericht und die nochmals als Ich-Erzählung eingefügte Verwandlungsgeschichte im *Coloquio*[39].

Als lukianischer Dialog ist der *Coloquio de los perros* schon durch das Rahmenmotiv der redenden Tiere und die damit verbundenen Formen karnevalesker Weltdarstellung ausgewiesen (verkehrte Welt, exzentrische Perspektivierung der Satire). Referenztext im engeren Sinne ist offenbar der Hahnendialog, jedenfalls wird das Reden der Hunde am Ende des *Casamiento* und am Anfang des *Coloquio* in ganz ähnlicher Form thematisiert wie das Reden des Hahnes am Anfang von Ὄνειρος ἢ Ἀλεκτυών. . Dem Verfahren des Hahnendialogs (und des *Crótalon*) ähnlich ist auch die Verbindung von quasiautobiographischer Form des Berichts und kommentierendem Gespräch sowie die lockere, von Thema zu Thema wechselnde Gesprächsführung. Die zahlreichen poetologischen Erörterungen, mit denen der Kommentar aufgeladen wird, und die offenbar in einigen Fällen auch als Ironiesignale fungieren[40], haben natürlich kein Vorbild bei Lukian. Der Bericht seinerseits bezieht sich nur auf verschiedene Phasen *einer* Existenz, da der Hund Berganza im Gegensatz zum Hahn des Schusters Mikyllos keine Seelenwanderung durchmacht. Die Phasenaufteilung ergibt sich wie bei Apuleius und im pikaresken

Roman daraus, daß Berganza als »perro de muchos amos« häufig den Herrn, den Ort und das Milieu wechselt und als Hund eines Metzgers, einer Gruppe von Hirten, eines reichen Kaufmanns, eines Büttels, eines Trommlers, einiger Zigeuner, eines Morisco und eines Dramendichters vielfältige Erfahrungen sammeln kann, bevor er als Begleithund des Almosensammlers im Auferstehungshospital von Valladolid Aufnahme findet und seinem späteren Gesprächspartner Cipión begegnet. Dabei verweist das Verwandlungsmotiv, das den ›novellistischen‹ Kern des *Coloquio* bildet[41], auf Apuleius, der ausdrücklich zitiert wird (S. 294[42]). Auch Handlungsstruktur, Figurenkonzeption und einige rekurrente Einzelmotive entsprechen mehr den *Metamorphosen* als dem pikaresken Roman: die episodischen Handlungssequenzen sind nur teilweise schwankhaft, und die Ich-Figur des Berganza spielt in ihnen meistens eine eher passive Rolle, auch das Hungermotiv wird nur mäßig akzentuiert[43].

Daß auch der pikareske Roman, dem Cervantes ja bekanntlich kritisch gegenüberstand[44], als Muster gedient hat, ist daran zu erkennen, daß Berganzas Erzählung ausdrücklich als Lebensbericht gekennzeichnet ist, allerdings als mündlicher Lebensbericht wie die Cingar- und die Alexandro-Vita, nicht als schriftliche Autobiographie. Als pikareske Reminiszenzen sind ferner das Motiv der Herrensuche[45] und die Darstellung des Unterschichts- und Gangstermilieus vor allem in der Alguacil-Episode anzusehen. Auch der Status von *El casamiento engañoso* als pikareske Novelle wirkt sich natürlich als Verstärkung pikaresker Konnotationen des *Coloquio* aus.

Komplizierter liegen die Verhältnisse für die gesellschaftskritische Funktionalisierung des Lebensberichts und den offenen Schluß des *Coloquio.*

Als Erbe verschiedener Gattungen karnevalesken Ursprungs ist der *Coloquio* zunächst ein kritischer Text im Sinne einer Satire ›von unten‹. Er enthält Literatursatire, die sich gegen den Schäferroman (aber auch gegen unklassische Tendenzen der Dramen- und Ependichtung) wendet, vor allem aber Gesellschaftskritik, die als solche eher am pikaresken als am lukianischen Modell orientiert ist. Die Tragweite der Kritik erscheint allerdings als stark reduziert. Kritisiert werden vor allem Unterschichts- und Außenseiterexistenzen – Metzger, Schafhirten, unmoralische Bedienstete, Gangster, Prostituierte, Hexen, Zigeuner, moriscos, Komödianten. Die Justizsatire befaßt sich nur mit der Korruptheit der Schreiber und Büttel. In diesem Zusammenhang kommt es sogar mehrfach zu einer vorbehaltlosen Reproduktion ›offizieller‹ Diskurse, die nicht einmal mehr komisch stilisiert sind: dies gilt vor allem für die Passagen über die Zigeuner und die moriscos (S. 312–319)[46]. Auch die Reden der vier Insassen des Auferstehungshospitals am Ende des *Coloquio* (S. 330 ff.) sind eher als ›Satire von oben‹ einzustufen. Formal hängt die Episode, die nur notdürftig in den Lebensbericht integriert wurde, zwar mit der satirischen Narrenliteratur des 16. Jahrhunderts zusammen, ebenso wie die »Narrenspitäler«, die als Subgenus der menippeischen Satire in der Barockliteratur große Beliebtheit erlangten[47]. Der Tendenz nach ist die Episode aber wenig karnevalesk, sie koinzidiert nämlich mit der ›offiziellen‹ antiwissenschaftlichen Polemik des nachtridentinischen Spanien: Objekte der Satire sind neben einem Dichter, der ein Versepos über den Gral verfaßt hat, ein Alchimist, ein Mathematiker und ein Projektemacher[46]. Substantiellere Kritik scheint in einer Stelle der Hirtenepisode und in der Kaufmannsepisode vorzuliegen, sie wird jedoch nur in verklausulierter Form angedeutet. Im ersten Fall (S. 232) geht es offenbar um die Korruption der höheren Ränge von Justiz und Verwaltung, im zweiten (S. 238ff.), wenn die Deutung Molhos richtig ist, um die Aufstiegsambitionen reicher conversos. Auch der Panegyricus auf die Jesuiten (S. 242–244) dürfte einige versteckte Spitzen enthalten. Dabei befand Cervantes sich offenbar in Übereinstimmung mit mindestens einem Teil der öffentlichen Meinung[48]. Daß er trotzdem eine äußerst vorsichtige Ausdrucksweise für angebracht hielt, läßt Schlüsse auf den geringen kritischen Spielraum zu, der der spanischen Literatur zu seiner Zeit noch geblieben war.

Der offene Schluß des *Coloquio* könnte ebenfalls als Anleihe beim pikaresken Roman angesehen werden. Die Fortsetzbarkeit ist jedoch an sich noch kein Spezifikum des pikaresken Romans, allenfalls gilt dies von der Ankündigung einer Fortsetzung als Schlußfloskel, die sich wohl als Folge der konstitutionellen Unabschließbarkeit des pikaresken Lebensberichts herausbildete. Im *Coloquio* geht es aber gar nicht um eine Fortsetzung der Erzählung Berganzas, die durchaus möglich gewesen wäre und zwei Jahrhunderte später mit den *Nachrichten von den neuesten Schicksalen des Hundes Berganza* (1814) von E. T. A. Hoffmann auch tatsächlich geschrieben wurde[49]. Angekündigt wird vielmehr ein Lebensbericht Cipións, also eine Fortsetzung nichtpikaresken Typs (auch der Hahnendialog endet mit der Ankündigung, daß das Gespräch zu einem späteren Zeitpunkt weitergeführt werden soll). Dabei ergibt sich zugleich die Frage, ob die Textstruktur des *Coloquio diese* Form der Fortsetzung überhaupt als sinnvoll erscheinen läßt, nachdem die Pointe des Ganzen – die Herkunftsgeschichte der beiden Hunde – bereits in der Erzählung Berganzas vorgekommen war. In diesem Zusammenhang muß das im Titel angesprochene Verhältnis von ›menippeischer‹ und ›novellistischer‹ Komponente des *Coloquio* noch etwas genauer untersucht werden.

Gattungsbasis des *Coloquio* ist nach dem bisherigen Befund der satirische Dialog lukianischen Typs, angereichert durch Anleihen bei den benachbarten karnevalesken Diskurstypen des Pikaro-Romans und der *Metamorphosen* des Apuleius sowie durch punktuelle, meist kritische Bezugnahmen auf zeitgenössische Diskursformen wie die des Schäferromans, des poetologischen Traktats, des Gaunerjargons, des religiösen und des naturwissenschaftlichen Diskurses. Die ›Novellenkomponente‹ ist zunächst durch den novellesken Rahmen (s. o.) und die Lebensgeschichte Berganzas vertreten; beide scheinen mit der lukianischen Basis ohne weiteres vereinbar zu sein. Hinzu kommt aber, als Novellenkomponente par excellence, ein systemfremdes Element innerhalb des Lebensberichts, nämlich die Begegnung Berganzas mit der Hexe Cañizares, die in ihm einen der beiden verzauberten Söhne ihrer Freundin Montiela wiederzuerkennen glaubt und ihm die mutmaßliche Geschichte seiner Herkunft erzählt (S. 286ff.). Die Erzählung der Cañizares steht als Verwandlungsgeschichte der Haupthandlungssequenz der *Metamorphosen* nahe und weist wie diese deutlich märchenhafte (also nichtpikareske) Strukturen im Sinne des Märchenmodells von Propp auf: Verzauberung, Verlassen des Elternhauses, Rückkehr incognito, Wiedererkennung, Bedingung der Entzauberung (Erfüllung der Bedingung, Entzauberung)[50]. Die Märchenstruktur bleibt allerdings defizient, und zwar insofern, als die beiden Schlußfunktionen zwar in den entsprechenden Eröffnungsfunktionen »Verzauberung« und »Bedingung der Entzauberung« impliziert, aber im Text des *Coloquio* nicht enthalten sind. Zugleich wird die Märchenkomponente innerhalb des Rahmendialogs dadurch nachdrücklich relativiert, daß die Betroffenen selbst die Glaubhaftigkeit der Verwandlungsgeschichte in Zweifel ziehen (S. 309ff.)[51].

Durch ihre hypothetische Vorgeschichte erhalten die beiden Dialogsprecher Cipión und Berganza einen verstärkten, wenn auch ebenfalls nur hypothetischen Aktantenstatus, der in die Zeitebene des Gesprächs hineinreicht. Sie werden also als Figuren weit über dasjenige Maß hinaus semantisch profiliert, das bei einer satirischen persona des Autors üblich ist. Die Profilierung wird aber nur so weit getrieben, als sie sich mit der Dialogform noch vereinbaren läßt: bei einer vollständigen Verwandlungsgeschichte wäre das nicht mehr der Fall gewesen.

Wichtig im Hinblick auf den ›novellistischen‹ Charakter der Verwandlungsgeschichte ist schließlich noch, daß sie als nachgeholte Vorgeschichte eingebracht wird. Cervantes bedient sich hier des ordo artificialis, den Heliodor in den Roman eingeführt hatte und der sich seit Boccaccio auch in der Novellenliteratur findet – vor allem auch in mehreren der *Novelas ejemplares*. Der *Coloquio de los perros* präsentiert sich also als ein Text, der faktisch auf der Grenze nicht nur von zwei, sondern von drei verschiedenen Gattungen operiert: lukianischer Dialog, Novelle und Roman. Jedoch dürfte der Roman als Systemreferenz hier vor allem insoweit in Betracht kommen, als die cervantinische Novelle allgemein auf Strukturmuster aktueller Romangattungen bezogen ist[52].

Insgesamt ist das Verhältnis der Gattungskomponenten im *Coloquio* etwa folgendermaßen zu charakterisieren: strukturelle Dominante ist der lukianische Dialog, jedoch bleibt ein Spannungsverhältnis auf mehreren Ebenen der Textstruktur bestehen, das im Sinne Bachtins als »dialogisch« interpretiert werden kann. Die Dialogizität betrifft allerdings nicht so sehr den ideologischen Aspekt: hier könnte man eher sagen, daß der systemkritische Ansatz des pikaresken Romans im Sinne einer weitgehenden Bestätigung offizieller Diskurse korrigiert wird. Dagegen besteht auf der Ebene der Textstruktur eine Spannung zwischen Dialogform und ›novellistischem‹ Handlungskern, die sich darin äußert, daß die Novellenstruktur der Dialogform zuliebe defizient bleibt.

Auf der Ebene der Textsemantik findet sich ein analoger Widerspruch zwischen dem Wahrheitsanspruch, wie er durch die pikareske Rahmennovelle und den satirischen Wirklichkeitsbezug des Hundegesprächs implizit erhoben wird, und der Fantastik des Verwandlungsmotivs. Dieser Widerspruch wird strukturell und thematisch aufgefangen – strukturell vor allem durch die komplizierte Rahmentechnik, die eine mehrfache Delegierung der Erzählerrolle und eine vorsichtig dosierte Steigerung der Irrealität von einer Erzählebene zur anderen erlaubt, thematisch durch die Zweifel an der Glaubwürdigkeit des Erzählten, die auf *allen* Erzählebenen von den jeweiligen Zuhörern, zum Teil auch von den Sprechern selbst geäußert werden. Sogar die Hexe Cañizares zweifelt daran, ob der Gebrauch ihrer Hexensalbe ihr zu einer wirklichen Begegnung mit dem Teufel verhilft oder ihr eine solche nur halluzinatorisch vorspiegelt[53].

Das im Text selbst vorgezeichnete ›Zögern‹ (»hésitation«), das dem Leser eine endgültige Entscheidung zwischen zwei angebotenen Formen des Wirklichkeitsverständnisses erspart und beide in einem prekären Gleichgewicht hält, wird bekanntlich im 19. Jahrhundert, ebenso wie die mehrfache Delegierung der Erzählerrolle, zu einem zentralen Verfahren der fantastischen Literatur[54]. Der *Coloquio de los perros*, der im Kontext der deutschen Romantik mehrfach rezipiert wurde[55], stellt also auch einen überzeugenden Beleg für den von Bachtin behaupteten Zusammenhang zwischen menippeischer Satire und fantastischer Novelle dar[56]. Zugleich belegen die genannten Verfahren aber auch die Ausgewogenheit, mit der im *Coloquio de los perros* heterogene Gattungskomponenten literarisch verarbeitet und ästhetisch funktionalisiert werden[57]. Der *Coloquio* erscheint damit nicht mehr einfach als hybrider Text, obgleich er das durchaus auch ist und im Vergleich zum *Baldo* und zum *Crótalon* das karnevaleske Element sogar beträchtlich verstärkt. Er erscheint vor allem als ein Beispiel *organisierter* Redevielfalt[58], wobei in das Spektrum der heterogenen Komponenten auch mehrere narrative Gattungen eingehen.

Zu ähnlichen Ergebnissen würde man gelangen, wenn man den *Lazarillo* oder den *Don Quijote* in Bachtinscher Perspektive mit den beiden »verwilderten« Texten der Jahrhundertmitte vergleichen wollte: auch in diesen beiden Haupttexten der spanischen Literatur wird Redevielfalt unter Rekurs auf narrative Strukturmuster wie schwankhafter Lebensbericht und Ritterroman organisiert, auch in ihnen würden neben den Tendenzen zu Pluralisierung und karnevalesker Entgrenzung die gleichfalls vorhandenen Tendenzen zur Vereinheitlichung und Disziplinierung zum Vorschein kommen, die bei Cervantes ja sogar durch Anleihen beim Neoaristotelismus abgestützt wurden[59].

Wenn man die weitergehende Frage stellen wollte, warum die neuen Romangattungen gerade in Spanien und nicht im Bereich einer der anderen, avancierteren europäischen Literaturen ausgebildet wurden, so kann die Antwort natürlich nur tentativ ausfallen. Offenbar ist paradoxerweise gerade die sogenannte kulturelle Verspätung Spaniens ein begünstigender Faktor gewesen, ebenso wie die relativ geringe Dauer und Intensität der humanistischen Phase, in der der Erasmismus als religiöse Reformbewegung eine zentrale Stellung einnahm. Aus dieser Situation ergab sich nämlich

1. daß Spanien im 16. Jahrhundert noch über einen Ritterroman verfügte, als die Nachfolger der mittelalterlichen Ritterepik in den anderen europäischen Literaturen nur noch als Unterhaltungsliteratur oder aber in der literarisch hochelaborierten Form der italienischen Versepik präsent waren,
2. daß die Blütezeit des Ritterromans in Spanien in die gleiche Zeit fiel wie die Rezeption des italienischen und des nordeuropäischen Humanismus,
3. daß die menippeische Satire bzw. der lukianisch-erasmische Dialog in der Literatur des spanischen Humanismus dominieren, allerdings in einer stark didaktisierten Form, die die karnevalesken Impulse nur abgeschwächt zur Geltung kommen läßt.

Aus den früheren Darlegungen ergibt sich, daß alle genannten Faktoren für die Genese der neuen Romanformen in Spanien wichtig gewesen sind: das Vorhandensein des Ritterromans als einer quasi-literarischen Romanform, die als Orientierungsmuster dienen konnte, ebenso wie die gleichzeitige Präsenz mittelalterlich und humanistisch geprägter Erzählgattungen und die Möglichkeit ihrer wechselseitigen Durchdringung. Die relativ geringere Intensität des karnevalesken Elements könnte ihrerseits die Tendenz sekundärer Vereinheitlichung und formaler Integration bei der literarischen Elaboration der angesammelten Material- und Redevielfalt, die von der zweiten Hälfte des 16. Jahrhunderts an stattfand, begünstigt haben.

Letztlich scheint also die relative kulturelle Rückständigkeit Spaniens zu Beginn des 16. Jahrhunderts dafür verantwortlich zu sein, daß die spanische Literatur zwar keinen mit *Gargantua* und *Pantagruel* vergleichbaren Extremfall karnevalesker Literatur hervorgebracht hat, wohl aber die Prototypen einer neuen, zukunftsweisenden Romanform, die erst im 18. Jahrhundert allgemeineuropäische Bedeutung erlangte.

Anmerkungen

1 Zur menippeischen Satire vgl. vor allem M. Bachtin, *Probleme der Poetik Dostoevskijs*, München 1971, S. 121–154, zum pikaresken Roman (»Schelmenroman«), der von Bachtin unter den karnevalesken Gattungen mehr am Rand erwähnt wird, S. 178. Vgl. auch die Ausführungen zu den »beiden stilistischen Linien des europäischen Romans« in *Die Ästhetik des Wortes*, Frankfurt a. M. 1979, S. 251 ff., vor allem S. 272.

2 Vgl. u. a. J. P. Sullivan, »Die Menippeische Satire«, in *Propyläen Geschichte der Literatur*, Bd 1 (Die Welt der Antike, Berlin 1981), S. 402–404.

3 Vgl. *Poetik Dostoevskijs* S. 126 und 152 f. sowie *L'œuvre de François Rabelais et la culture populaire au Moyen Age et sous la Renaissance*, Paris 1980, S. 286 ff. und 384 ff.

4 A. Blecua, »Libros de caballerías, latín macarronico y novela picaresca: La adaptación castellana del ›Baldus‹ (Sevilla 1542)«, in *Boletín de la Real Academia de Buenas Letras de Barcelona* 34 (1971/72) S. 147–239; B. König, »Der Schelm als Meisterdieb«, in *Romanische Forschungen* 92 (1980) S. 88–109 und »Margutte – Cingar – Lázaro – Guzmán – Zur Genealogie des *pícaro* und der *novela picaresca*«, in *Romanistisches Jahrbuch* 32 (1981) S. 287–305.

5 Zur »confluencia de estímulos« im *Lazarillo* vgl. F. Lázaro Carreter, Lazarillo de Tormes *en la picaresca*, Barcelona [2]1978, S. 47 und Blecua, »Libros de caballerías« S. 224; zum Verhältnis von einzelnen ›Stimuli‹ und modellhafter Vorwegnahme zentraler Strukturprinzipien des pikaresken Romans s. König, »Margutte« S. 289 f. – Die Frage der Priorität wird von Blecua nach einigem Lavieren zugunsten des *Lazarillo* bzw. eines angeblichen »Ur-Lazarillo« entschieden (»Libros de caballerías« S. 222 f.), während König, z. T. im Anschluß an Lázaro Carreter, für die Priorität der Cingar-Vita optiert (»Margutte« S. 296).

6 U. a. von A. González Palencia, »Leyendo el Lazarillo de Tormes«, in *Del* Lazarillo *a Quevedo*, Madrid 1946, S. 11.

7 M. Kruse, »Die parodistischen Elemente im *Lazarillo de Tormes*«, in *Romanistisches Jahrbuch* 10 (1959) S. 292–304.

8 Zu Publikationsform und Quellenlage vgl. die Angaben bei Blecua, »Libros de caballerías« S. 147 ff. sowie König, »Der Schelm als Meisterdieb« S. 98 und »Margutte« S. 288, Anm. 4.

9 Vgl. den Hinweis bei König, daß die französische Epik des Mittelalters für die spanischen Autoren des 16. Jahrhunderts eine Domäne der italienischen Versepik war (»Margutte« S. 286, Anm. 4).

10 Zu den Bearbeitungsprinzipien des *Baldo* vgl. Blecua, »Libros de caballerías« S. 154 ff. und König, »Margutte« S. 287 f.

11 Vgl. den bei Blecua abgedruckten Text der Cingar-Vita, »Libros de caballerías« S. 179–201, hier S. 183–187. Übrigens enthält schon der *Baldus* von Folengo mit der Unterweltsreise des Helden und der ›Kürbisapotheose‹ des Merlin Cocaio eine beachtliche menippeische Komponente.

12 Vgl. König, »Margutte« S. 287 f.

13 Vgl. Blecua, »Libros de caballerías« S. 224–228 (Zitate auf S. 227 f.).

14 In einem sehr perspektivenreichen Aufsatz erklärt K. Stierle die Entstehung des neueren Romans als Folge der »Verwilderung« des spätmittelalterlichen Prosaromans zu einer hybriden Erzählform und der dadurch neu eröffneten Möglichkeiten,

narrative Subjektivität zu artikulieren und auszuspielen (»Die Verwilderung des Romans als Ursprung seiner Möglichkeit«, in H. U. Gumbrecht (Hg.), *Literatur in der Gesellschaft des Spätmittelalters,* Begleitreihe zum GRLMA 1, Heidelberg 1980, S. 253–313, hier S. 258). Dabei wird die Verbindung zwischen dem Roman des Spätmittelalters und Cervantes vor allem über die italienische Renaissanceepik und den durch sie ausgelösten Epenstreit hergestellt (der *Orlando furioso* setzt nach Stierle »den eigentlichen Anfangspunkt des modernen Romans«, ebd. S. 259). Die direktere Verbindung über den spanischen Ritterroman bleibt dagegen ausgespart, obgleich sie in eine etwas erweiterte, stärker an Bachtin angenäherte Fassung der These ohne weiteres hätte eingehen können: wie unsere Darlegungen zeigen, führt das Zusammentreffen mittelalterlicher und humanistischer Gattungen in der spanischen Renaissanceliteratur in einigen Fällen zu einem noch weit höheren Grad an ›Textverwilderung‹ als die Kontamination von Epos und Roman im Spätmittelalter. In diesen Fällen ist zudem der Zusammenhang der ›Verwilderung‹ mit der Genese der neuen Romangattungen unmittelbar ersichtlich (s. u. Anm. 16).

15 Zu den verschiedenen Formen der »Redevielfalt« vgl. Bachtin, *Die Ästhetik des Wortes* S. 192 ff. und *Poetik Dostoevskijs* S. 132–134.

16 Das gilt sogar in sehr vordergründiger Weise insofern, als offenbar nicht nur die Autoren des *Lazarillo* und des *Guzmán de Alfarache*, sondern auch Cervantes den *Baldo* gekannt und benutzt haben (zu Cervantes vgl. Blecua, »Libros de caballerías« S. 239 sowie, zum *Coloquio de los perros* S. 175 ff.; s. auch unten Anm. 42).

17 S. u. S. 185 und 194.

18 Für eine Neubewertung der historischen Rolle des Ritterromans plädiert u. a. K. Kohut, der zugleich auch auf die Synthese mittelalterlicher und humanistischer Komponenten im *Caballero del Febo* verweist (»Humanismo y novelas de caballerías«, in *Iberoromania* 10 (1979) S. 63–76). In diesem Zusammenhang sind auch die Hinweise von König auf die Verbreitung moralisierender Erzählerkommentare im spanischen Ritterroman wichtig (»Der Schelm als Meisterdieb« S. 101 f., vgl. auch Kohut, »Humanismo y novelas de caballerías« S. 72 f.). – Zur »Schlüsselstellung des mittelalterlichen Romans in der europäischen Literaturgeschichte« allgemein s. R. R. Grimm, »Rezeptionsweisen des Ritterromans in der Neuzeit«, in *Literatur in der Gesellschaft des Spätmittelalters* S. 315–334, hier S. 315, sowie Verf., »Märchen und Märchenroman« in *Poetica* 6 (1974) S. 129–174.

19 Hierzu äußert sich besonders detailliert C. Robinson, *Lucian and his Influence in Europe*, London 1979, S. 168–197.

20 Zum derzeitigen Stand der Verfasserfrage vgl. die Einleitung von A. Rallo zu ihrer Ausgabe des *Crótalon*, Madrid 1982, S. 13 ff. Für die Datierung dürfte maßgeblich sein, daß im Text des *Crótalon* eine Anspielung auf die erste *Lazarillo*-Fortsetzung von 1555 vorkommt; vgl. die Angaben bei Rallo S. 24.

21 Zum karnevalesken Element bei Quevedo (allerdings nur für den *Buscón*) vgl. E. Cros, *L'Aristocrate et le carnaval des gueux – Etude sur le* Buscón *de Quevedo*, Montpellier 1975. Zum *Coloquio de los perros* s. u. S. 191 ff.

22 Vgl. Verf., »›La vida de Lazarillo de Tormes‹ und die erasmische Satire«, in K. Hempfer/G. Regn (Hgg.), *Interpretation – Das Paradigma der europäischen Renaissance-Literatur – Festschrift für A. Noyer-Weidner*, Wiesbaden 1983, S. 83–104. Die entsprechende These ist schon älteren Datums, war aber von M. Bataillon in seinem Standardwerk *Erasmo y España* (Mexico ^{2}1966) mit einigermaßen nachhaltiger Wirkung in Zweifel gezogen worden.

23 Vgl. »Ursprung und Bedeutung der Ich-Form im ›Lazarillo de Tormes‹«, in *Romanistisches Jahrbuch* 8 (1957) S. 290–311. Die These von Jauß wurde von mehreren Seiten in wohl zu apodiktischer Form kritisiert (s. z. B. Kruse, »Die parodistischen Elemente« S. 297ff.). In Wirklichkeit sind die meisten der bisher formulierten Ursprungsthesen im Sinne einer »confluencia de estímulos« durchaus vereinbar.

24 Die letztere ist sogar, ebenso wie der *Lazarillo*, in Briefform abgefaßt. Jedoch besagt diese Übereinstimmung nicht viel, da, wie V. García de la Concha kürzlich wieder hervorgehoben hat, die Briefform und die Berufung des Autors auf den Wunsch eines Auftraggebers als Prologstrategien seit der Antike weit verbreitet sind (vgl. *Nueva lectura del* Lazarillo – *El deleite de la perspectiva*, Madrid 1981, S. 48).

25 Hierzu vgl. u. a. H. Castrop, *Die varronische Satire in England 1660–1690*, Heidelberg 1983, S. 26f.

26 Zur systematischen Vieldeutigkeit des Textes vgl. vor allem H. Baader, »Lazarillos Weg zur Eindeutigkeit oder Juan de Luna als Leser und Interpret des anonymen ›Lazarillo de Tormes‹«, in *Interpretation und Vergleich – Festschrift für Walter Pabst*, Berlin 1972, S. 11–33. Zur ›Unzuverlässigkeit‹ des Erzählers und zum Status der Erzählerrede als »fremder Rede« s. auch Verf., »La vida de Lazarillo de Tormes« S. 85f.

27 Hinsichtlich des *Moriae encomium* wird dies bereits von Jauß vorgeschlagen (»Ursprung und Bedeutung der Ich-Form« S. 307f.). Zu möglichen Beziehungen zwischen der Erzählform des *Lazarillo* und der lukianisch-erasmischen Dialogtradition vgl. auch Lázaro Carreter, *Lazarillo de Tormes* S. 28ff. und 47ff.

28 Zu den Lukianreferenzen und zur additiven Textstruktur der *Sueños* vgl. Verf., *Vision, Satire und Pointe in Quevedos »Sueños«*, München 1968, S. 41f., 66ff. und passim.

29 *Erasmo y España* S. 667.

30 Vgl. die Hinweise bei Blecua, »Libros de caballerías« S. 224f., Anm. 4.

31 Zu Quellen und Bearbeitungsprinzipien des *Crótalon* vgl. die Einleitung von Rallo, S. 41ff. (Auf die prestigeträchtigeren antiken Referenztexte weist der Autor selbst jeweils im Kapitelvorspann hin).

32 *Orlando furioso* VI–VIII, XLIII, XXV, IX–XI. Vgl. die Angaben bei Rallo, ebd. S. 47 und 51ff. und bei M. Chevalier, *Arioste en Espagne*, Bordeaux 1966, S. 87–91.

33 Vgl. die Angaben bei Rallo, S. 54, 140f. und 224 sowie Verf., »La vida de Lazarillo de Tormes« S. 96ff.

34 Die Ich-Form ist eine Neuerung des *Crótalon*; der Ψευδομάντις Lukians ist in Er-Form verfaßt.

35 Daß die Alexandro-Vita mit dem Tod des Protagonisten endet, ist durch das menippeische Rahmenschema der Seelenwanderung bedingt. Das Faktum wird dadurch zugleich bagatellisiert und komisch entwertet. – Die einseitige Ausrichtung auf antiklerikale Satire und die entsprechende relative Enge des gesellschaftlichen Spektrums im Alexandro-Kapitel ist kaum als relevantes Unterscheidungsmerkmal anzusehen, da auch die pikaresken Romane selbst in dieser Hinsicht beträchtliche Unterschiede aufweisen.

36 Zum Status des Romans als »künstlerisch organisierte Redevielfalt« vgl. Bachtin, *Die Ästhetik des Wortes* S. 155ff. hier S. 157.

37 W. Pabst schreibt dem *Coloquio* darüber hinaus eine implizite Rahmenfunktion für die *Novelas ejemplares* insgesamt zu. Vgl. *Novellentheorie und Novellendichtung*, Hamburg ²1967, S. 131ff.

38 Hierzu vgl. u. a. Verf., »Die betrügerische Heirat. Realismus und Pikareske in Defoes *Moll Flanders*«, in *Poetica* 3 (1970) S. 409–420.

39 Hierzu vgl. zuletzt R. S. El Saffar, *Novel to Romance: A Study of Cervantes's* Novelas ejemplares, Baltimore/London 1974, S. 63 f.

40 Zu dieser Funktion der »glose prolixe« vgl. E. Molho, Einleitung (»Remarques«) zu der zweisprachigen Ausgabe von *El casamiento engañoso y Coloquio de los perros*, Paris 1970, S. 45 und passim.

41 S. u. S. 192 ff.

42 Der *Coloquio* wird zitiert nach der Ausgabe der *Novelas ejemplares* von F. Rodríguez Marín, Bd 2, Madrid 1957, S. 209–340. – Auch der an Apuleius orientierte Lebensbericht des Falqueto aus dem *Baldo* könnte Cervantes einige Anregungen geliefert haben (vgl. die Auflistung von Parallelen bei Blecua, »Libros de caballerías« S. 175 f.).

43 Zu erwähnen ist auch noch, daß Berganza, wie der Lucius der *Metamorphosen*, mehrfach in Lebensgefahr gerät (vgl. u. a. S. 221, 259, 277).

44 Hierzu vgl. zuletzt F. Lázaro Carreter, »Para una revisión del concepto ›novela picaresca‹«, in C. H. Magis (Hg.), *Actas del tercer congreso internacional de hispanistas*, Mexico 1970, S. 27–45, hier S. 44 f.

45 Dieses Motiv wird jedenfalls im *Coloquio* wesentlich stärker akzentuiert als bei Apuleius, vgl. u. a. S. 221 f., 233 ff., 259, 278, 316.

46 Zum Konformismus der entsprechenden Passagen vgl. Molho, »Remarques« S. 48 f. und 55.

47 Vgl. etwa die *Casa de locos de amor* (1627), die vermutlich von Quevedo stammt, und das *Narrenspital* (1681) von Johann Beer.

48 Vgl. Molho, »Remarques« S. 27 ff und 31 ff.

49 S. u. Anm. 55.

50 Strukturformel nach V. Propp: A ↑ ... ↓ X E P-Lö L (Kodierung nach der deutschen Ausgabe *Morphologie des Märchens*, München 1972). Zur Anwendbarkeit des Modells auf literarische Erzähltexte vgl. Verf., »Märchen und Märchenroman« S. 129 ff. und 135 ff.

51 Die Argumentation hat nach Molho ›paralogischen‹ Charakter (»Remarques« S. 65), wird also ihrerseits wieder relativiert.

52 Dies ist bei Cervantes bekanntlich in weit höherem Maß der Fall als bei Boccaccio. Vor allem die Liebesnovellen der *Novelas ejemplares* sind strukturell als Kurzversionen von Liebesromanen hellenistischen Typs zu betrachten. Für die pikaresken Novellen liegt der Fall etwas anders, da das Vorbild dort stärker modifiziert wird.

53 Zu den entsprechenden Positionen der Magie-Diskussion im 16. Jahrhundert vgl. Molho, »Remarques« S. 60–62.

54 Vgl. T. Todorov, *Introduction à la littérature fantastique*, Paris 1970, S. 37 ff. Zu den Plausibilisierungsverfahren des *Coloquio* und des *Casamiento* s. auch Molho, »Remarques« S. 83 ff.

55 In den *Nachtwachen des Bonaventura* sowie in der Berganza-Novelle und im *Kater Murr* von E. T. A. Hoffmann. Vgl. W. Brüggemann, *Cervantes und die Figur des Don Quijote in Kunstanschauung und Dichtung der deutschen Romantik*, Münster 1958, S. 209–213 und 216–219.

56 Zum Weiterwirken der menippeischen Satire in der fantastischen Erzählung und im philosophischen Märchen der Romantik vgl. *Poetik Dostoevskijs* S. 153.

57 Zum symmetrischen Aufbau der Episodenreihe und zu den zahlreichen Analogie-

und Oppositionsbeziehungen zwischen den Episoden vgl. Molho, »Remarques« S. 19ff.

58 S. o. Anm. 36.

59 Der Aspekt der Disziplinierung wird von U. Schulz-Buschhaus in Auseinandersetzung mit dem oben (Anm. 14) zitierten Aufsatz von Stierle stark betont. Vgl. »Überlegungen zur literarhistorischen Epochenschwelle zwischen Mittelalter und Renaissance«, in *Zeitschrift für romanische Philologie* 100 (1984) S. 112–129, hier S. 121f.

Ludwig Schrader

Frühformen des modernen Romans
Über Rabelais, seine Vorbilder und seine Nachahmer

I

Die »Pluralität der Welten« ließe sich auf überaus plastische Weise sogleich an der Episode exemplifizieren, in der bei Rabelais der Erzähler die Welt in Pantagruels Mund entdeckt und sich vor Erstaunen kaum fassen kann: »Jésus! (dis-je), il y a icy ung noveau monde«. Sein Gesprächspartner, ein Bewohner eben dieser ›neuen Welt‹, erklärt hingegen, die seinige sei die ältere, eine »terre neufve« liege dem Vernehmen nach vielmehr »hors d'icy« (II, 22, [32], S. 171)[1]. Doch bevor diese Art von Relativismus näher betrachtet wird, seien einige allgemeine Bemerkungen vorausgeschickt, mit denen ein Rahmen abgesteckt und einige grundsätzliche Probleme charakterisiert werden sollen.

Nichts liegt näher, als in der Frührenaissance, hier der französischen, den Anfangspunkt der »Moderne« auch im Hinblick auf die lange Prosaerzählung zu suchen. So legitim dies ist, so groß ist die doppelte Gefahr des Anachronismus: die Gefahr, den alten Autor gleichsam zu nahe heranzuholen – wie es J.-L. Barrault in seiner Rabelais-Bearbeitung tun wollte: »Et son époque est la nôtre«[2], und sicher tun durfte – oder ihn geradezu zum Propheten zu erklären: »Il avait prévu l'exploration de la Lune«[3], was man wiederum nur Barrault abnehmen darf. Unsere Forschung muß sich vor einer Art finalistischer Betrachtungsweise in acht nehmen, die die Resultate einer späteren Rezeption womöglich schon einer bewußten intentio auctoris zuschlagen möchte. Damit soll keinem naiven Historismus das Wort geredet werden, als gäbe es keine hermeneutischen Bedingtheiten und Projektionen. Doch kann man diese immerhin zu durchschauen versuchen – etwa anhand unseres Titels, der den Verhältnissen des französischen XVI. Jahrhunderts, Rabelais und seiner damaligen Aufnahme, wohl nur bedingt gerecht wird. Soweit nämlich Urteile der Zeitgenossen bekannt sind, taten sich jedenfalls die Gelehrten unter ihnen außergewöhnlich schwer, Rabelais als Erzähler den Rang zuzuerkennen, den er heute genießt. Meinungen über ihn sind ganz überwiegend theologischer oder moralischer Natur – Rabelais wird sowohl von der Sorbonne wie von Calvin verurteilt, er wird gelegentlich als Lutheraner, auch als Calvinist angesehen, er wird andererseits als Humanist und als Arzt ernst genommen (1537 nimmt er am Bankett zu Ehren von Étienne Dolet teil), offenbar auch als Versdichter. Die Humanisten wiederum scheinen jedenfalls von *Pantagruel*, dem zuerst erschienenen der fünf Bücher seines Erzählwerkes, als gänzlich unernstem Werk enttäuscht gewesen zu sein. Wenn Étienne Pasquier unseren Autor in die Nähe Lukians oder Demokrits rückt, wenn er schreibt:

> Il n'y a celuy de nous qui ne sçache combien le docte Rabelais en folastrant sagement sur son Gargantua et Pantagruel gaigna de grace parmy le peuple[4],

wenn Du Bellay horazisch von »L'utiledoux Rabelais«[5] spricht, dann deuten solche Äußerungen, ebenso wie die vorher erwähnten, oft heftigen Verurteilungen, auf Rabelais' Bekanntheit, teilweise auch darauf, daß sein Erzählwerk bereits für die Zeitgenossen von einiger Polyvalenz war. Dies gilt aber vor allem im Hinblick auf Gedanken und Meinungen. Die von vielen Vertretern der heutigen Forschung, etwa von F. Gray, J. Paris, F. Rigolot oder G. Defaux[6] herausgearbeitete dominierende Ambiguitätsstruktur bei Rabelais – die Thematisierung statt der Lösung, die Bewegung, nicht die Entscheidung zwischen gegensätzlichen Möglichkeiten, die Offenheit des Sinnes – ist ein Resultat erst moderner Beobachtungen. In ihrem Gefolge kann guten Gewissens darauf verzichtet werden, das Gedanklich-Philosophische und das vermeintlich Mimetische bei Rabelais, also seine Haltung zu Staat und Kirche und dergleichen und den ja oft gern als unmittelbar gesehenen Realitätsbezug – etwa in den geographischen Daten – immer und überall in einem positiv-einlinigen Sinn, dem der »klaren Aussage«, der »deutlichen Wiedergabe« auffassen zu wollen.

Ohne daß hier eine Geschichte der Rabelais-Deutung samt universitärer Forschung geliefert werden soll, seien doch zwei Namen erwähnt, die zueinander in einer Distanz von einem Jahrhundert und in beiderseits charakteristischen Kontexten stehend, eine ›dynamische‹, Ambivalenzen gerade nicht ausschließende Auffassung von *Gargantua und Pantagruel* gleichsam vorbereitend vertreten haben: Regis und Spitzer. G. Regis, Zeitgenosse der Romantiker, mit Tieck, dem *Quijote*-Übersetzer, befreundet, schreibt im monumentalen Kommentar zu seinem deutschen Rabelais über den Prolog zu *Gargantua*:

> Der Verf. spricht darin drey Hauptanliegen aus:
> 1) Die Leser sollen sich nicht mit der Schale seines Buchs benügen, sie sollen in den *Sinn* eindringen, der hinter seinen Fictionen verborgen liegt; aber 2) auch keinen fremdartigen, weit hergeholten eigenmächtig hineintragen; und 3) mehr der Wein- als der Oelweisheit vertrauen. Indem sich Rab. gegen Folgerungen, die man aus Nummer 1) ziehen könnte, durch den zweyten Satz schlau zu verwahren sucht, wird er *absichtlich* doppelsinnig [...]. Ueberhaupt ist die ganze Einkleidung wahrhaft poetisch angelegt, um dem *Verstand*, der grübelnden Deutung die Fährte zu trüben[7].

Dies also aus einer Zeit, als die Autonomie der Kunst postuliert und die ›romantische‹ Literatur, so Dante, Cervantes oder Calderón, neu entdeckt worden war – und zwar im Namen der Phantasie, aber auch unter dem Zeichen ihrer Komplexität und Schwerverständlichkeit[8]. Und Spitzer, dessen berühmtes Buch über die Wortbildung bei Rabelais (1910) ganz im Zeichen der

Autonomie des Sprachlichen steht – wohl doch unter dem Eindruck der damaligen Modernität, etwa des Symbolismus –, schreibt in seinem letzten Aufsatz über Rabelais: Rabelais' Werk

> potrebbe esser chiamata un' epopea del Rinascimento sulla conoscenza umana, ma, direi, solo *sull' atto del conoscere* e non sui *risultati* pratici di tale attività[9].

Damit ist das Stichwort ›Renaissance‹ nochmals gefallen. Auch hierzu einige Anmerkungen, weil die Bedeutung ja nur in großen Zügen festliegt und die Grenze zum ›Mittelalter‹, gerade im Hinblick auf Rabelais, oft Diskussionsgegenstand ist – man denke an Bachtins aufsehenerregendes, wichtige Punkte wie den Humanismus freilich zu gering veranschlagendes Buch über die »karnevaleske« Struktur des Rabelais'schen Erzählwerkes[10]. Hinweise darauf, daß Vorbereiter, Vorläufer-Phänomene, Zwischenstufen existieren, verdienen alle Beachtung – darunter etwa die wichtige Erkenntnis, daß die gargantuinischen Chroniken, praktisch gleichzeitig mit Rabelais' *Pantagruel* erschienen, aber als noch mittelalterlich geltend, längst Elemente der Parodie auf die mittelalterliche Epik enthalten[11]. Dennoch gibt es klare Einschnitte, die schwer relativierbar sein dürften: das ausgeprägte allgemeine Selbst- und Epochenbewußtsein des Renaissance-Humanismus, das ja zur bis heute geläufigen Drei-Zeitalter-Lehre führte und bei Rabelais explizit thematisiert wird[12] – dieses Epochenbewußtsein beruht wesentlich darauf, daß die Antike »zum erstenmal als eine von der Gegenwart abgeschnittene Totalität und deshalb als ein ersehntes Ideal angesehen« wurde »statt als eine sowohl benutzte wie gefürchtete Wirklichkeit«[13]; die Neuentdeckung, mindestens die Neubewertung der antiken Texte einschließlich der frühchristlichen, im Zusammenhang mit dem Dialog, den der Humanist mit dem hinter dem alten Text erwarteten antiken Autor führt; eine Konzeption dieses lesenden Individuums, die christlich bleibt, oft mit aller Entschiedenheit, etwa im erasmischen Sinne, aber eben mit dem Gedanken der Chance – oder: Notwendigkeit – einer Orientierung im Diesseits engstens verknüpft ist, einer Orientierung in Selbstbestimmung und ohne Schema der glücklichen Führung. Gegenüber dem lange dominierenden positiv-optimistischen Renaissance-Bild eines Michelet oder eines Burckhardt – »la découverte du monde, la découverte de l'homme«[14] – ist auf eine inzwischen wesentlich differenziertere Sicht aufmerksam zu machen, mit der im übrigen die Theorie einer strukturellen Ambiguität von Renaissance-Texten korrespondiert. Mit Garin zu sprechen:

> Geboren auf dem Boden der Kultur – vor allem auf dem der Kunst – hält die Bewegung der Renaissance ausschließlich auf diesem Feld ihren »positiven« Wert der Eroberung und Sicherung bestimmter menschlicher Werte und theoretischer wie moralischer Fortschritte gegen eine Wirklichkeit durch, die diese Werte und Fortschritte in einer von tiefgehenden Krisen durchwühlten und gequälten Welt verneinte. Saturns Reiche, das »Goldene Zeitalter« werden sehnlichst erwünscht, eben weil sie so weit von dieser Erde verbannt zu sein scheinen[15].

Auf die Gefahr hin, das Bekannteste zu wiederholen, sei hier an eine von Hegels Bemerkungen über das »Romanhafte« erinnert, mit der Garins Äußerung einige – sicher unbeabsichtigte – Affinitäten hat: die »in neueren Romanen agierenden Helden«, so Hegel, »stehen als Individuen mit ihren subjektiven Zwecken der Liebe, Ehre, Ehrsucht oder mit ihren Idealen der Weltverbesserung [...] [der] Prosa der Wirklichkeit gegenüber, die ihnen von allen Seiten Schwierigkeiten in den Weg legt«[16]. Die Welt und nicht minder die mögliche Pluralität der Welten in den »neueren Romanen«, so läßt sich festhalten, ist jedenfalls nicht unproblematisch und nicht von vornherein nur glückverheißend. Hegel hatte allerdings kaum Rabelais im Sinn, der in der *Ästhetik* gar nicht vorkommt, sondern wohl auch an der zitierten Stelle den *Don Quijote* von Cervantes. Die im *Don Quijote* explizit verkündete parodistische Abrechnung mit dem trivialisierten Ritterroman, Don Quijotes Isolation, seine Ernstnahme des Phantastisch-Fiktiven, sein Wahn, in einer in der Tat »prosaischen« Welt literarische, ungemein ehrenwerte, aber archaische Vorstellungen verwirklichen zu wollen – »literarische« Ideale, weil sie eben aus Ritterromanen stammten (an denen sich interessanterweise auch ›echte‹ fahrende spanische und katalanische Ritter inspirierten[17]) –: solche und andere Züge ließen das Werk leicht, manchmal fast klischeehaft, von der Romantik bis zu Lukács als den ersten neuzeitlichen Roman erscheinen[18], und die Suggestion, die von einem derart autoritativ abgesegneten Image ausgeht, ist nicht zu unterschätzen. Dies könnte zur Absicht führen, Rabelais und sein Erzählwerk ausschließlich unter gewissermaßen cervantistischen oder solchen Kategorien zu sehen, die an *Don Quijote* erhärtet wurden. Der Akzent läge dann auf dem Verhältnis des *Gargantua und Pantagruel* zu vorheriger Erzählliteratur, besonders zum italienischen komischen Epos – Pulci, Folengo – und zu den gargantuinischen Chroniken, auf der Thematisierung des Erzählens und des Wahrheitsanspruchs vor allem in den Prologen, auf der Orakelreise Panurges als des modernen Individuums, das sich in der Welt zurechtfinden muß und auf sich selbst zurückverwiesen wird, spätestens durch den berühmten zweideutigen Orakelspruch der Göttlichen Flasche: »*Trinch*« (V, 44, S. 452) und den Kommentar ihrer Priesterin Bacbuc: »[...] en vin est vérité cachée. La dive Bouteille vous y envoye, soyéz vous mesmes interpretes de vostre entreprinse« (V, 46, S. 454). Natürlich ist diese Akzentuierung berechtigt, natürlich müssen die erwähnten Punkte besprochen werden. Nur macht der Hinweis auf *Don Quijote* gleichzeitig Unterschiede deutlich, in denen vielleicht der größere Nutzen des gedachten – in der Forschung übrigens nie systematisch und in größerem Umfang angestellten – Vergleiches liegt. Parodie auf die Ritterromane bei Rabelais? Nur in gewisser Weise: ja[19]; schon die unmittelbaren Vorlagen trugen eben parodistische Züge. Rabelais mag sie darin überbieten, etwa bei gewissen riesenhaften Leistungen und Dimensionen Gargantuas oder Pantagruels, in der Schilderung von Schlachten, in der oft fatalen Geschicklichkeit seines Panurge, etwa gegenüber dem Cingar Folengos. Aber mindestens ebenso wichtig ist es, daß Rabelais gegen die Chroniken nicht eigentlich polemisiert und schon gar nicht, wie Cervantes, aus einer neoaristotelischen Haltung heraus[20]. Er schließt eher ironisch an sie an, indem er ihr Schema und teilweise ihre Motive weiterbenutzt. Die ironische Distanzierung ist dabei von Anfang an, schon zur Zeit des *Pantagruel*, überdeutlich, aber eine Bücherverbrennung wie *Don Quijote*, I, 6 gibt es nicht. Im *Prologue de l'auteur* zu *Pantagruel* heißt es stattdessen:

> Et le monde a bien congneu par expérience infallible le grand émolument et utilité qui venoit de ladicte *Chronique Gargantuine*: car il en a esté plus vendu des imprimeurs en deux moys, qu'il ne sera achepté de Bibles de neuf ans.
>
> Voulant doncques moy, vostre humble esclave, accroistre voz passetemps davantaige, je vous offre de présent ung aultre livre de mesmes billon, sinon qu'il est ung peu plus équitable et digne de foy que n'estoit l'aultre (II, S. 6)

– eine im Vergleich zu Cervantes eher milde Tonlage.

Eine stärkere, vielleicht die entscheidende Differenz liegt in folgenden Punkten: Cervantes schreibt einen Anti-Roman, der, wie die Rezeption zeigt, über seinen Anlaß und historischen Ort weit hinausreicht – mit der Kritik an den Ritterromanen allein hätte die Nachwelt schon bald nicht mehr viel anfangen können. Viel konnte sie dagegen anfangen, und das gilt vor allem für die Gegenwart, mit der durchgehenden schöpferischen Infragestellung des Erzählens, des Verhältnisses von Wahrheit und Erfindung, also mit *Don Quijote* als ›Literaturroman‹. Auch *Gargantua und Pantagruel* hat, wie angedeutet, diese Züge, nur verbinden sie sich hier auf eine ziemlich komplizierte Weise mit dem, was die eingangs erwähnten Zeitgenossen in erster Linie hervorhoben: mit dem Programmatisch-Gedanklichen aus Humanismus und Renaissance, und zwar weit über Literartheoretisches hinaus. Die ›Überwindung‹ der Chroniken, um es noch einmal von Cervantes her zu formulieren, liegt nicht darin, daß die Lächerlichkeit ihrer Ernstnahme demonstriert würde, sondern ihr einfaches Handlungsschema mit dem bekannten Ablauf: Stammbaum, Geburt, Kindheit – Jugend und Erziehung – Heldentaten und der aus dem komischen italienischen Epos angeregte Kreis von Freunden und Begleitern, beides wird beibehalten, einschließlich der gigantisch-märchenhaften Züge, und dient als Rahmen für eine vielfach ans Szenische reichende Verlebendigung von ›Themen‹, die Rabelais als erasmisch orientiertem Humanisten und Verehrer Budés[21] mehr als geläufig waren: die neuen Bildungsideale; eine in den sprachlichen Mitteln wenig zimperliche Kritik an dem, was ihnen entgegenstand; eine gemäßigt reformistische Grundhaltung (»évangélisme«) in Religionsfragen und dergleichen. Im *IV. Buch* übrigens gibt es Rückgriffe auf ein anderes anonymes populäres Werk, den *Disciple de Pantagruel*, eine Abenteuererzählung, die sich ihrerseits an Rabelais' *Pantagruel* angeschlossen hatte – sie gehört wohl zu den Werken, von denen sich Rabelais im Widmungsbrief zum *IV. Buch* distanziert, indem er jede Autorschaft abstreitet[22].

Die Grenzen zwischen »bloßer trivialer Abenteuererzählung« und »höherem, da mit gelehrten Elementen versehenem und sprachlich anspruchsvollerem Roman« sind bei Rabelais offensichtlich nicht scharf. Dasselbe gilt nun auch im Hinblick auf die eben angesprochenen, bekannten und an sich klar erscheinenden humanistischen ›Themen‹, genauer: für die Grenzen zwischen vermutlich intendierter programmatischer Ernstnahme, burlesker Übersteigerung und möglicher Infragestellung. *Gargantua und Pantagruel* ist nicht durchgehend als »bloße narrative Illustration« zu festen Botschaften, etwa zu bestimmten Gedanken von Erasmus, aufzufassen. Mit Verlebendigung ist gemeint, daß sprachliche und kompositorische Mittel – etwa: die Wortbildung und der Dialog – Gedankliches zu dynamisieren und gleichsam offenzuhalten vermögen. Wir haben an anderer Stelle den Nachweis versucht, daß eines der spektakulärsten Anliegen der Humanisten, nämlich die Deutung von Texten, von Rabelais immer wieder thematisiert und auch verallgemeinert wird (z. B. in der Orakel-Auslegung als nicht nur philologischer, sondern existentieller Aufgabe), und dies eben nicht in einem naiv-optimistischen Sinne, nach dem der in seiner reinen Gestalt restituierte Text auch in seiner Bedeutung klar wäre. Rabelais' Erzählwerk ist im Gegenteil voller Anspielungen und ganzen szenischen Ausgestaltungen, die gerade die – auch von anderen Humanisten erkannte – Problematik und Unsicherheit der Deutung betreffen, unter Verwendung einer offensichtlich bewußt eingesetzten hermeneutischen Terminologie. Man denke nur an das »Enigme en prophétie« am Ende des *Gargantua* und die divergierenden Deutungen Gargantuas (der Text meine die Verfolgung der »créance Evangelicque«) und Frère Jeans (der Text sei eine Beschreibung des »jeu de paulme«), mit Vokabeln wie »lecture«, »désigné«, »signifié«, »exposition«, »stille«, »allégories«, »intelligences«, »sens enclous« und »obscures parolles« (I, 56, S. 312 f.)[23].

II

Damit soll nicht das Bild eines larmoyanten, an allem schier verzweifelnden Rabelais gezeichnet, aber einige Vorbereitung darauf getroffen werden, daß ›Pluralität der Welten‹ bei Rabelais ein komplexes Phänomen sein kann. Wir betrachten im folgenden eine Reihe von Episoden, die es erlauben, von bestimmten Bewegungen zu anderen Welten – oder von der Heranholung anderer Welten – zu sprechen, wobei außer der nächstliegenden räumlichen auch eine zeitliche Perspektive zu berücksichtigen sein wird.

Zuerst zu Pantagruel »et de ce que l'auteur veit dedans sa bouche«, der Stelle, auf die wir eingangs anspielten. Wie bekannt, hat sich Rabelais hier an Lukians *Wahrer Geschichte* und dem dortigen Erlebnis im Bauch des Wales inspiriert, bis in die Details hinein, etwa das erste Zusammentreffen mit Bewohnern der anderen Welt, die bei Lukian wie bei Rabelais Gemüsegärtner sind. Von Stackelberg hat in seiner Analyse mit Recht auf die um so bemerkenswerteren Unterschiede zwischen Vorlage und Rabelais' Adaptation hingewiesen: Bei Lukian sind auch die Bewohner der neuentdeckten Welt Schiffbrüchige wie der Erzähler; der dortige Gesprächspartner ist sich

> seiner abenteuerlichen Lage voll bewußt; [...] ganz rationalistisch erklärt er, wie er zu seiner derzeitigen Existenz im Innern des Walfisches gekommen ist. [...] Das einzige, was Befremden erregen könnte, ist die Vermutung des Alten, daß er doch eigentlich schon tot sein müßte. Die Bewußtseinslage des Bewohners der ›anderen Welt‹ ist bei Lukian eine völlig andere als bei Rabelais. Rabelais' Kohlpflanzer spricht wie ein Bauer aus der Touraine, ganz wie Maître Alcofribas zuhause und ganz in seinem Stile. Das Erstaunen des Erzählers ist hier ein Erstaunen angesichts des Vertrauten in einer unvertrauten Welt. Die Selbstverständlichkeit der Rede des Bauern ist viel verblüffender als alles andere[24].

Dem ist kaum etwas hinzuzufügen – außer einem Hinweis anläßlich der interessanten Formel »terre neufve«, mit der der Kohlbauer in Pantagruels Mund die für ihn ›draußen‹ liegende Welt des »auteur« meint. In Saulniers Ausgabe heißt es dazu richtig, aber enorm lakonisch: »Allusion à l'Amérique, récemment découverte« (II, 22, [32], S. 171), während von Stackelberg, substantieller, bemerkt, in der Episode spiegele sich »unter anderem auch die Erschütterung des Weltbildes jener Zeit durch die Entdeckungen«[25]. Dem kann man nachgehen, um Rabelais sozusagen nicht nur diachronisch, gegenüber Lukian, sondern auch synchronisch, z. B. gegenüber den Berichten von H. Cortés, dem Eroberer von México, zu situieren. Dessen *Carta segunda de relación* war 1524 gedruckt erschienen; unabhängig davon, ob und wie Rabelais sie kannte, ist sie jedenfalls unmittelbar zeitgenössisch und sei hier des Vergleiches wegen erläutert. Weniger Erschütterung als große Verwunderung bestimmt den Grundtenor, will der Text doch berichten von »tierras y provincias sin cuento«, von einer »grandísima provincia muy rica, llamada Gulúa«, von »Timixtitán« (Tenochtitlán), einer Stadt »más maravillosa y rica que todas« – in zwölf Zeilen kommt grande/grandísimo sechsmal vor, maravillosa dreimal[26]. Mag dies auch der Anpreisung halber derart superlativisch formuliert sein, – wir zitieren aus dem vorangestellten Résumé – so setzt sich die Tonlage im eigentlichen Bericht gleichwohl fort, namentlich in der Beschreibung der Hauptstadt des Aztekenreiches, ihrer »grandeza, extrañas y maravillosas cosas«, die eigentlich nicht zu fassen seien:

> no podré yo decir de cien partes una de las que dellas se podrían decir; mas como pudiera, diré algunas cosas de las que vi, que, aunque mal dichas, bien sé que serán *de tanta admiración que no se podrán creer, porque los que acá con nuestros propios ojos las vemos no las podemos con el entendimiento comprender.*

Eine Möglichkeit wenn nicht des Verstehens, so doch des Beschreibens ist auch hier der Vergleich mit dem Bekannten, mit Spanien: »Es tan grande la ciudad como Sevilla y Córdoba« – »Tiene otra plaza tan grande como dos veces la ciudad de Salamanca« – »Venden colores para pintores cuantas se pueden hallar en España« und so weiter[27].

Rabelais geht ganz ähnlich vor. Er betont mit Superlativen das Überraschende und die großen Dimensionen, auch er vergleicht mit Bekanntem: »et y veiz [...] de grans prez, de grans forestz, de fortes et grosses villes, non moins grandes que Lyon ou Poictiers« – »et là trouvay les plus beaulx lieux du monde, beaulx grands jeux de paulme, [...] et une infinité de cassines à la mode Italicque« (II, 22, [32], S. 170ff.). Nur hat sein »auteur«, anders als Cortés, lauter Bekanntes, eigentlich nicht im einzelnen Verwunderliches vorgefunden – mit Ausnahme einer kurzen Anspielung auf das Schlaraffenland[28]. Dennoch: Zu verwundern ist nicht so sehr, wie die andere Welt beschaffen, sondern daß die andere Welt vorhanden ist. Wo Cortés seinem Adressaten, Karl V., die Neue Welt als Teil seines Reiches zu Füßen legt[29], heißt es bei Rabelais unterkühlt: »Et là commençay à penser qu'il est bien vray ce que lon dit que la moityé du monde ne sçait comment l'aultre vit« (II, 22, [32] S. 173). Dieser Lakonismus ist auch deshalb bemerkenswert, weil ja die behaupteten Größenverhältnisse – mehr als 25 Königreiche befinden sich in Pantagruels Mund – aller Beschreibung spotten, aber ohne jeden Ausdruck der Verwunderung mitgeteilt werden. Cortés kann sich nicht lassen vor Begeisterung über die Großartigkeit des Gesehenen, Rabelais' »auteur« analysiert eher knapp, daß zum Beispiel besonders hohe Felsen, die er gesehen habe, wohl Pantagruels Zähne seien (II, 22, [32] S. 171). Innerhalb der gewagtesten Fiktion hat gleichsam alles seine bekannte Ordnung. Die Welt in Pantagruels Mund ist nicht, wie es einem einfachen Renaissance-Bild entsprechen könnte, enthusiastische Wiedergabe exotischer Entdeckungen, sondern bereits eine skeptische, die Existenz zweier Welten thematisierende Replik. Ferne und Nähe werden als solche zum Thema gemacht, und sie werden verfremdet: eine vollständig andere Welt wird in der Nähe und als alltäglich-überschaubar erfahren: »Die Verfremdung durch das Mittel der Selbstverständlichkeit ist die denkbar größte«[30].

Umgekehrt kann die Nähe die Züge der Ferne annehmen, wie es beim Pikrocholinischen Krieg am Ende des *Gargantua* der Fall ist. Der Krieg fängt klein und in gut verifizierbaren provinziellen Dimensionen an: in der Umgebung von Chinon, Rabelais' »pays de vache«. Orts- und Flurnamen gibt es in solchem Maße wirklich, daß A. Lefranc (seines Zeichens Historiker) hierauf eine These vom Realismus Rabelais' stützte. Was dabei zu kurz kam, war die unmittelbar nach dem ersten Kriegsanlaß einsetzende Ausweitung aller Dimensionen ins Ungeheuerliche, wobei die Größe des Riesen Gargantua samt seinen Heldentaten alle übrigen Vergrößerungen nur besonders augenfällig macht. Am Anfang steht eine eher belanglose morgendliche Meinungsverschiedenheit zwischen Fladenbäckern und Weinbauern aus verschiedenen Dörfern – es fängt ›realistisch‹ an, könnte man sagen. Die Fladenbäcker, unterlegen, kehren, statt wie üblich zu Markte zu ziehen, um und beklagen sich bei ihrem Schloßherrn. Der ist freilich schon kein kleiner Landadeliger mehr, sondern »König Picrochole III.«, der in kürzester Zeit »seize mille quatorze hacquebutiers« und »trente cinq mille et unze avanturiers« aufbietet, dazu 914 Geschütze. »En la bataille se tint le roy et les princes de son royaulme« (I, 24, S. 165f.; die Ziffern nach der Ausgabe letzter Hand). Es gibt einen Krieg, der den Ortsnamen nach immer noch auf einer winzigen Fläche in der Touraine spielt, aber europäische Ausmaße hat. Die riesigen und dabei übergenauen Zahlenangaben, sicher eine Karikatur der Hyperbeln in der mittelalterlichen Epik (auf die auch explizit angespielt wird[31]), die Verwandlung von Schlössern in befestigte Städte, der militärische Apparat mit genau aufgezählten Waffenarten und Truppenteilen, der Versuch, durch einen Abgesandten den Frieden zu retten – alles dies ist, gemessen am Anlaß und am ländlichen Personal, als parodistisch und wohl auch für die Nachwelt noch komisch wirkend zu charakterisieren. Diese Etikettierung deckt aber nur ungenügend, was wir oben mit szenischer Verlebendigung und Schwierigkeit der Grenzziehung ansprachen: wir meinen die – von Spitzer so eindrucksvoll beschriebene – Tendenz zur über alle mimetischen Notwendigkeiten hinausgehenden Verselbständigung der sprachlichen Mittel und andererseits den Umstand, daß es trotz aller Ambiguität Passagen von unbestreitbar theoretisch-explizitem Charakter gibt. Beide Phänomene, der »langage du conteur« und der »langage de l'humaniste«[32], treten im Pikrocholinischen Kriege durchaus getrennt auf. Man denke an I, 25, S. 169ff. mit der Litanei der Mönche – »*Im im, im, pe, e, e, e, e, e, tum* [usw.]«, an die anaphorisch aufgereihten Schreie der von Frère Jean ins Jenseits Beförderten und Verwandtes, man denke zum anderen an die Rede Gargantuas an die Besiegten, mit den wohlgesetzten biblischen und antiken Beispielen für sein Verhalten:

> Je consydere que facilité trop enervée et dissolue de pardonner es malfaisans leur est occasion de plus legierement de rechief mal faire, par ceste pernicieuse confiance de grace.
>
> Je consydere que Moyse, le plus doulx homme qui de son temps feust sus la terre, aigrement punissoyt les mutins, les mutins et seditieulx au peuple d'Israel.
>
> Je consydere que Jules Cesar, empereur tant debonnaire que de luy dict Ciceron que sa fortune rien plus souverain n'avoit si non qu'il pouvoit, et sa vertus meilleur n'avoit si non qu'il vouloit tousjours saulver et pardonner à un chascun; icelluy toutesfoys, ce non obstant, en certains endroictz punit rigoureusement les auteurs de rebellion.
>
> A ces exemples, je veulx que me livrez avant le departir: premierement ce beau Marquet, qui a esté source et cause premiere de ceste guerre [...] (I, 48, S. 276f.)

Gelehrte Berufung auf Antikes und tendenziell sich verselbständigende sprachliche Gestaltung werden aber vielfach auch verbunden, etwa in einem ›negativen‹ Kontext, wenn die Ratgeber Picrocholes dem Tyrannen mit ihren an Plutarchs *Vita Pyrrhi* XIV und Lukians *Navigium seu vota* orientierten Ratschlägen suggerieren: »nous vous rendons le plus heureux, et plus chevalureux prince qui oncques feut depuis la mort de Alexandre Macedon« (I, 31,

S. 193), wobei sie ihn mit Hilfe von Augustus' »Festina lente« absurderweise noch zu mäßigen behaupten (I, 31, S. 196).

Die Welteroberungs-Vision, die vor Picrochole entsteht – gleichzeitig eine Satire auf die imperiale Politik Karls V. aus französischer Sicht –, reicht von der leichten Erledigung seines Gegners Grandgousier über Bayonne nach Saint-Jean de Luz, wo Schiffe bestiegen werden, nach Spanien, das sich sogleich ergeben werde, nach Nordafrika, Italien, bis weit in den Orient einerseits und nach Nordeuropa andererseits, »bis zum Eismeer«: eure Soldaten, so die Ratgeber an einer Stelle,

> vous ont pris Bretaigne, Normandie, Flandres [usw.]. Puis ont donné fierement ensemble sus Lubek, Norwerge [usw.] jusques à la Mer Glaciale. Et, ce faict [...] ont vaincu et dominé Prussie, Polonie, Lithvanie, Russie, Valache, la Transsylvane et Hongrie, Bulgarie, Turquie, et sont à Constantinople (I, 31, S. 198).

Ähnlich wie bei der Welt in Pantagruels Mund liegt die komische Herausforderung in einer betonten Selbstverständlichkeit, hier derjenigen, mit der sprachlich-assoziative geographische Evokationen von Picrochole alltäglich genommen werden. »Was werden wir trinken in dieser Wüste?« (Regis), fragt er, als er im Geiste gerade die drei Arabien besiegt hat, und er zögert nicht, »la Carmaigne, Surie et tout Palestine« noch vor der Abreise als Belohnung zu verteilen (I, 31, S. 199).

Man kann so viel festhalten: Pluralität der Welten heißt vor allem Verknüpfung von Welten in einer doppelsinnigen Bewegung zwischen Ferne und vertrauter Nähe. ›Ferne‹ hat dabei offenbar nichts mehr mit dem naiven, arbiträren Exotismus etwa der *Chroniken* zu tun, der freilich bei Rabelais vorausgesetzt wird. Das Neue scheint zu sein, daß mit geographischen Dimensionen bewußt und durchschaubar gespielt wird, und dies ist gewiß als eine Reaktion auf die Erweiterung der realen Welt durch die Entdeckungen auffaßbar: die schlicht märchenhafte Fiktion war durch die Berichte der Eroberer überholt worden. – Wenn wir recht sehen, gilt Derartiges nicht nur für die eine oder andere Episode, sondern auch für die Lokalisierungen der einzelnen Bücher selbst, die man vielleicht zu sehr unter dem Zeichen der ›Inkonsequenz‹ sieht. *Pantagruel*, der zuerst erschienene Teil, beginnt an unbestimmtem Ort, doch ist Gargantua, der Vater des Titelhelden, mit »Badebec, fille du roy des Amaurotes en Utopie« (II, 2, S. 16f.) verheiratet. Ohne große Reisen gelangt der jugendliche Pantagruel zum Studium nach Poitiers und in andere Universitätsstädte Frankreichs. In Paris erhält er den berühmten Bildungsbrief seines Vaters (II, 8), der »De Utopie« zeichnet. Später erfährt Pantagruel, »que son père Gargantua avoit esté translaté au pays des Phées par Morgue, comme fut jadis Enoch et Hélye« [erst später, interessanterweise, heißt es: »Ogier et Artus«] (II, 15, [23], S. 125f.), und er wird in Utopien gebraucht, weil Feinde eingefallen sind. Utopien liegt spätestens jetzt in der Ferne: man reist über See via Canarische Inseln und Kap der Guten Hoffnung, und dann »par Meden, par Uti, par Uden, par Gelasim, par les Isles des Phées, et jouxte le royaume de Achorie« (II, 15, [24], S. 130): Es steht mit diesen gräzisierenden Ortsnamen schlecht für die Verfechter eines Rabelais'schen Realismus im geographischen Sinne[33]; die Reise geht ins vorsätzlich Unbestimmbare (wobei die griechischen Namen einen Hauch von humanistischem Programm bedeuten – Griechisch gehörte zum eigentlich Neuen und Exklusiven). Andererseits hat ›Utopie‹ nichts Exotisches (und mit dem Entwurf von Thomas Morus nur den Namen gemeinsam). Der anschließend verfaßte *Gargantua*, nach der Abfolge Vater-Sohn in Gesamtausgaben aber allgemein vor *Pantagruel* gesetzt, spielt im Prinzip in Frankreich. Gargantua wird in der Touraine geboren, studiert in Paris und führt den Pikrocholinischen Krieg wieder in der Touraine – in den besprochenen Dimensionen. In der Gegend auch ist Thélème zu denken. Im *III. Buch* sind wir zu Beginn, in ›richtigem Anschluß‹ an *Pantagruel*, in Utopien bzw. im besiegten Dipsodien. Panurge wird dort Schloßvogt, er stellt dort die berühmte Heiratsfrage. Die besuchten Orakel liegen aber, ohne daß dies eigens thematisiert würde, wieder (von III, 16 an) bei Chinon, und man hat sich Gargantuas und Pantagruels Hofhaltung ebendort vorzustellen. Auch im Großen also finden wir die Ferne – Utopien, Dipsodien –, die nicht unvertraut ist, und in entgegengesetzter Bewegung, die Ausweitung eines Lokalgeschehens hin zu großen Distanzen: Panurges Heiratsfrage führt zur Meerfahrt des *IV.* und des *V. Buches* mit allem, was zur Seefahrt gehört: Unwettern, Monstren, anderen seltsamen Erscheinungen. Auch wenn sich diese beiden Bücher insbesondere mit den allegorischen Inseln – Orten einer hier nicht im einzelnen zu verfolgenden Satire auf Kirche und Justiz – abheben, mit dem allgemeinen Spiel zwischen Ferne und Nähe nehmen sie an Strukturen der ersten drei Bücher teil.

Es ist aber fraglich, ob diese Bewegungen, so weiträumig sie sind, so sehr sie Replik auf Entdeckungsreisen der Renaissance sein, auch der Freude am Prodigiösen ironisch entgegenkommen mögen, ob sie allein räumlich zu verstehen sind[34] und nicht mindestens an einigen Stellen mit Zeitlichem eng korrespondieren, das heißt mit bestimmten humanistischen Themen. Wir denken an das Bemühen um unmittelbaren Zugang zur Antike, an die Idee vom bildenden Dialog mit dem antiken Autor. Man geht wohl nicht zu weit, wenn man Rabelais' Verfremdung von Nähe und Ferne, die Veränderung ihres ›normalen‹ Verhältnisses, mit jener auf zeitlich Entferntes gerichteten Erwartung und ihren Problemen in Verbindung bringt. Man kann es konkreter fassen:

Die Antike ist außerordentlich nahe in Epistémons Unterweltbericht, nahe gerade dadurch, daß das von Epistémon besuchte Jenseits – in burleskem ›Synkretismus‹, wenn man so will – nicht allein mit antiken, sondern auch mit mittelalterlichen und nahezu zeitgenössischen Gestalten bevölkert ist. Eine Parodie auf Mittelalterliches verbindet sich mit dem Umkehrungsprinzip Lukians, des von den Humanisten besonders Geschätzten (die auf Erden

Armen haben es unten besser, die Reichen schlechter). Die Wiederbelebung Epistémons (dem der abgeschlagene Kopf wieder anwächst) geht auf die *Quatre fils Aymon* zurück (wohl eher als auf die Auferstehung des Lazarus)[35], im Jenseits gibt es französische epische Helden, es gibt Teufel, mit denen Epistémon gut ausgekommen sein will – aber der Struktur nach ist es Lukians Unterwelt, die über ihr Personal herangeholt wird:

> Car je veis:
> Alexandre le Grand qui repetassoit de vieilles chausses, et ainsi gaignoit sa pauvre vie.
> Xercès cryoit la moutarde.
> Darius estoit cureur de retraictz.
> [...]
> Lancelot du Lac esteit escorcheur de chevaulx mors. Tous les chevaliers de la Table Ronde estoient pauvres gaingnedeniers à tirer la rame et passer les rivières de Coccytus, Phlégéton, Styx, Achéron et Léthé, quand messieurs les diables se veulent esbatre sur l'eau [...]. [...]
> Neron estoit vielleux, et Fierabras estoit son varlet
> [...] (II, 20 [30], S. 160).

Auch an anderen Stellen findet eine derartige Integration des zeitlich eigentlich Fernen statt. Man erinnere sich an die Applikation antiker Texte oder Verfahren bei Gargantuas Erziehung (I, 21) oder bei Panurges Orakel-Befragungen (III, 12, u. ö.). Doch geht hier der Weg über Beispiel-Texte, und der Imitationscharakter wird hervorgehoben. Unmittelbar wird die Antike einbezogen etwa am Ende des *III. Buches*, wo vom »Pantagruelion« – dem Hanf – als Beispiel menschlichen Neuerungsgeistes die Rede ist (Pantagruel gilt als Erfinder aller Verwendungsmöglichkeiten). Ein renaissancemäßiger Fortschrittsoptimismus, die Eroberung der Welt durch technische Erfindungen betreffend, wird gern hieraus belegt. Die Götter machen sich Sorgen und vergleichen Pantagruel mit Otos und Ephialtes:

> Pantagruel nous a mis en pensement nouveau et tedieux, plus que oncques ne feirent les Aloïdes, par l'usaige et vertus de son herbe. [...] moyenant laquelle pourront les humains [...] s'asseoir à table avecques nous et nos déesses prendre à femmes, qui sont les seulx moyens d'estre deifiez (III, 51, S. 347),

woraufhin sie sich zur Beratung begeben. Nicht Zitat, auch nicht einheitlich-durchgehende Jenseits-Allegorie (die nichts Neues wäre), sondern Integration einer »eigentlich in der Antike spielenden Episode« liegt im *IV. Buch* vor, wenn die »isle des Macræons« besucht wird. Dort wird, unter Tempelruinen, ›jonisch‹ gesprochen und im Anschluß an Plutarchs *De defectu oraculorum* über den möglichen prophetischen Charakter des vorangegangenen Sturmes gehandelt. Man erklärt Pantagruel und seinen Gefährten:

> En ceste obscure forest que voyez, longue et ample de plus de soixante et dixhuict mille parasanges, est l'habitation des Dæmons et Heroes, les quelz sont devenuz

vieulx, et croyons [...] que hier en soit mort quelqu'un, au trepas duquel soyt excitée celle horrible tempeste que avez pati (IV, 26, S. 129).

Die antikische Umgebung und derartige Auskünfte regen Pantagruel zu langen gelehrten Äußerungen über den Tod Guillaume du Bellays an (zu dessen Gefolge Rabelais selbst gehört hatte) und dann zur Erinnerung an den Tod des Pan nach Plutarch (IV, 27f.). Die Abfolge: Besuch ›in einer antiken Welt‹ mit Unterrichtung über die Heroen – Applikation auf Guillaume du Bellay – Evokation Pans, Vergleich seines Todes mit dem Tode Christi –, diese Abfolge dynamisiert sozusagen in Quintessenz humanistische Positionen, nämlich den Gang zur Antike, die dort erhaltene, in diesem Falle stoische Belehrung, nicht Selbstzweck, sondern zur ethischen Anwendung bestimmt, die de facto vollzogene, wenn auch de jure weiter heikle Integration der Antike ins Christentum. Die Komposition ist wohl nicht ganz zufällig entstanden. (Die Gleichung Tod des Pan – Tod Christi übrigens relativ neu[36]). Getragen wird das Ganze wesentlich von Pantagruel, der ja vielfach, gerade im Hinblick auf das *IV. Buch*, als stoischer Weiser gesehen wird, und von Epistémon. Panurge, der Sprachbegabte, liefert nur einige etymologische Spielereien, während Frère Jean dem Geschehen verständnislos gegenübersteht: Plutarch und *De defectu oraculorum*, in den drei Kapiteln dramatisiert und mit Reflexionen begleitet, »n'est poinct matiere de breviaire« (IV, 28, S. 135).

Wenn an späterer Stelle derselbe Frère Jean vorschlägt, daß die ›Musen‹ mit Salutschüssen gegrüßt werden, dann ist es etwas anderes, ein satirischer Witz, denn es handelt sich um den »Antiparnasse« Ganabin, ein von Räubern bewohntes gefährliches Terrain, auf dem man lieber nicht landet. Das für das *IV. Buch* dominierende satirisch-allegorische Schema wird freilich auch hier durch eine unmittelbar wirkende Beziehung zur Antike bereichert. Der vorsichtige Pantagruel sagt nämlich:

Je sens [...] en mon âme retraction urgente, comme si feust une voix de loing ouye, laquelle me dict que ne y doibvons descendre. Toutes et quantes foys qu'en mon esprit j'ay tel movement senty, je me suis trouvé en heur [...].

– C'est, dist Epistémon, comme le Daemon de Socrates, tant celebré entre les Académiques (IV, 66, S. 265).

Man könnte schließlich in solchen Zusammenhängen auch den Tempel der Dive Bouteille am Schluß des *V. Buches* ins Spiel bringen. Wir lassen die Frage der Authentizität und die quellenmäßige Herleitung (aus Colonna, für Details aus antiken Geographen) einmal beiseite, ebenso den parodistischen Bezug dieses Endes zur Suche nach dem Gral. Der berühmte Orakelspruch fällt in einer denkbar antikischen Umgebung, von der nicht in Bericht oder Zitat die Rede ist, sondern die als solche erlebt und mit anderen antiken Denkmälern in Verbindung gebracht wird. Der Erzähler sagt etwa:

[...] jettay mes yeux à la contemplation du magnificque temple et considerois l'incrédible compacture du pavé, auquel, par raison, ne peult estre ouvrage comparé quiconcque, soit ou ait esté dessous le firmament, fust-ce celuy du temple de Fortune en Preneste, au temps de Sylla; ou le pavé des Grecz appelé *Asserotum*, lequel fit Sosistratus en Pergame (V, 37, S. 428 f.)[37].

Auch wenn, wie am Anfang bemerkt, die nacharistotelische Modernität der letzten anderthalb Jahrhunderte den Blick für die Besonderheiten eines vor den Neoaristotelismus fallenden Werkes wie *Gargantua und Pantagruel* geschärft hat, so bleiben doch Probleme, vor allem die trotz aller Modernität, sagen wir: trotz der *Préface de Cromwell*, nicht leicht zu interpretierende Gleichzeitigkeit von Ernst und Komik. Mit Recht ist sie als Charakteristikum der Renaissance hervorgehoben worden[38], und von ihr mit Bezug auf Rabelais zu sprechen ist fast ein Topos. Aber für das Verständnis vieler einzelner Stellen bleibt die Beurteilung dieser Mischung schwierig.

Thélème z. B. wird nicht von Gargantua, dem erasmisch geprägten König, entworfen, sondern von Frère Jean, dessen Stärke die humanistische und höfische Bildung gerade nicht ist. Bleibt die utopische Abtei dennoch, als was sie lange gesehen wurde, nämlich die Utopie ohne Zwang[39], ist sie, wie kürzlich entwickelt, Zeichen des Überganges von »courtoisie« zu »civileté«[40], ist sie gar, statt fortschrittlich, »kollektivistisch«[41] – oder muß man die Person ihres Gründers mit betrachten und Thélème einen erheblichen Hauch von Unernsthaftigkeit zuschreiben, wie auch anderen Stellen, die man so gern völlig ernst nähme, etwa dem Erziehungsbrief[42] Gargantuas an Pantagruel mit dem nie zu schaffenden humanistischen Pensum (II, 8) oder den besprochenen bewegten Worten Pantagruels zum Tode Pans, die eben vom Erzähler sogleich ironisch kommentiert werden (IV, 28)[43]?

Das hier Gemeinte ist terminologisch nicht leicht zu fassen. Auerbach spricht vom »Prinzip des Durcheinanderwirbelns der Kategorien des Geschehens, des Erlebens, der Wissensbezirke, der Proportionen und der Stile«, von einer »ganz neuen Mischung«, vom »grotesk Gelehrten«[44], von Stackelberg von einem durchgehend parodistischen Umgang Rabelais' mit allen Anregungen, und er unterstreicht, dies sage »überhaupt nichts aus über die ideelle Position des Autors«. Das heißt aber auch, daß jedenfalls diese Art von Parodie oder »produktiver Ironie«[45] nicht grundsätzlich als Instrument der Zerstörung zu betrachten ist. Sie ergreift nicht allein von den Humanisten Abgelehntes, zum Beispiel schlechtes Latein von Sorbonne-Theologen oder aggressive Politik, etwa diejenige Picrocholes, sondern eben auch das ›Positive‹, den Humanismus selbst. – Natürlich stellt sich die Frage, ob halb paradoxe Vokabeln wie die gerade zitierten oder weiter oben verwendeten (Ambiguität usw.), so sehr sie einer vermutbaren damaligen Mentalität und inneren Problemen des Humanismus entsprechen, auch Einheit Stiftendes adäquat zu bezeichnen vermögen. Rabelais' Text ist ja nichts weniger als chaotisch, sondern er folgt ohne Zweifel durchgehenden Prinzipien. Zu ihnen gehört auf der Ebene der Handlungsführung etwa das Schema der Reise, der Bildungs- und

Abenteuerreise in den beiden ersten, das der Suche nach Wahrheit in den drei letzten Büchern. Kontinuität verbürgen trotz mancher Einwände[46] die Hauptgestalten, und sicher gibt es konstante, wenn auch gegenüber unterschiedlichen Zeitläuften unterschiedlich geäußerte gedankliche Elemente[47]. Aber das alledem übergeordnete Prinzip ist tatsächlich die permanente, die einzelnen Bücher verbindende Thematisierung und Gestaltung von Vielfalt, Heterogenität und Mehrdeutigkeit – wie wir es am Spiel mit Nähe und Ferne zu erläutern versuchten.

III

Rabelais ist mit alledem eine bedeutungsvolle und aus heutiger Sicht zukunftweisende – aber auch einzigartige und einsame Erscheinung. Es hat keinen zweiten Rabelais gegeben, und es gab keine sofortige, von Rabelais bewirkte ›Ablösung‹ des Ritterromans. Wir wollen versuchen, den Abstand zwischen *Gargantua und Pantagruel* und einigen der anregenden sowie der von Rabelais seinerseits angeregten Erzählwerke zu kennzeichnen. Er liegt auch in der narrativen Darbietung und in den Personen.

Wir erwähnten, daß in den *Chronicques*, wie vorher bei Folengo oder Pulci, parodistische Züge bereits vorhanden sind. Man müßte jetzt hinzufügen: parodistische Züge im engeren Sinne des Wortes. Sie bestehen in der ›Herabtransformierung‹ epischer Elemente und epischer Sprache in eine alltägliche, burleske Welt, so wie es Folengo deutlich ankündigt, wenn er sich statt auf Melpomene oder Thalia auf »Pancificae tantum Musae« berufen möchte:

Phantasia mihi plus quam phantastica venit
historiam Baldi grassis cantare Camoenis,
altisonam cuius phamam nomenque gaiardum
terra tremat baratrumque metu sibi cagat adossum.
Sed prius altorium vestrum chiamere bisognat,
o macaronaeam Musae quae funditis artem.
An poterit passare maris mea gundola scoios,
quam recomandatam non vester aiuttus habebit?
Non mihi Melpomene, mihi non menchiona Thalia,
non Phoebus grattans chitarinum carmina dictent;
panzae nanque meae quando ventralia penso,
non facit ad nostram Parnassi chiacchiara pivam.
Pancificae tantum Musae doctaeque sorellae,
Gosa, Comina, Striax Mafelinaque, Togna, Pedrala,
imboccare suum veniant macarone poëtam,
dentque polentarum vel quinque vel octo cadinos[48].

Dies ist für den halbwegs Eingeweihten noch heute als komisch nachvollziehbar. Es wird aber auch deutlich, wo ein Unterschied zu Rabelais liegt: Folengo parodiert, nicht zuletzt in der makkaronischen Sprache, das hohe ernste Epos, nicht aber das Erzählen als solches, den Wirklichkeitsanspruch der Fiktion. Der parodistische Duktus, jedermann klar, wird gleichmäßig durchgehalten. Wirft man einen Blick auf die *Chronicques*, so erhält man in dieser Hinsicht einen anderen, aber ähnlich eindimensionalen Befund, nämlich den Wahrheitstopos:

> [...] nous prendrons Tristan de Lyonnoys, Ysaye le Triste, Huon de Bordeaulx [usw.] et tous les chevaliers de la Table Ronde, et autres semblables, dont en y a assez pour approuver la verité de ceste presente hystoire, comme vous verrez plus a plain[49].

Man kann in dieser Berufung auf literarische Gestalten, die Literarisches beglaubigen sollen, erzählerische Ironie erkennen, muß sich aber vergegenwärtigen, daß die hier zitierten *Admirables* kurz nach dem *Pantagruel* erschienen, von dem sie ganze Passagen übernehmen, so daß auch in den Prolog einiges aus Rabelais eingeflossen sein kann. Die *Chronicques du grant roy Gargantua* beginnen ohne Umschweife: »Tous bons chevaliers et gentilz homes vous debuez scavoir que au temps du bon roy Artus [...]«[50]. Beides ist nichts gegen die Doppelbödigkeit, selbst die moderne Forschung noch auf unterschiedliche Wege führende Art, in der Rabelais seine vier oder seine fünf Bücher präsentiert, namentlich in den Prologen, aber auch mit der Gestalt seines bzw. seiner Erzähler, dem als Chronist auftretenden Alcofribas des *Pantagruel*, dem allwissenden, den Leser vielfach ansprechenden Erzähler des *Gargantua*, dem Augenzeugen und Reiseteilnehmer des *IV. Buches* mit ›subjektiver Perspektive‹, den wir, mit Abstrichen, im *V. Buch* wiederfinden, während die Erzählerinstanz des *III. Buches* im Zusammenhang mit dem überwiegenden Dialogcharakter stark zurücktritt[51]. Schon der Prolog zu *Pantagruel* – zu dem Teil des Werkes, der gern als den *Chronicques* noch sehr nahestehend betrachtet wird – entwickelt zusammen mit dem Widmungs-Dixain von Hugues Salel und dem Schlußkapitel eine Bewegung zwischen dem Anspruch auf Nutzen und Wahrheit und der Zerstörung eben dieses Anspruchs, nebst offenbleibender, in späteren Prologen, etwa dem zu *Gargantua*, zweifellos deutlicherer Verweisung des »beschimpften«[52] Lesers auf sich selbst:

> Bonsoir, Messieurs. Pardonnate my: et ne pensez pas tant à mes faultes que vous ne pensez bien ès vostres.
>
> Si vous me dictes: »Maistre, il sembleroit que ne feussiez grandement saige de nous escrire ces balivernes et plaisantes mocquettes«, je vous responds que vous ne l'estes guères plus de vous amuser à les lire (II, 23 [34], S. 178).

So der Schluß, nachdem der Prolog von den wundersamen Heilkräften der *Chroniken* gesprochen und drastisch den Wahrheitsanspruch des ihnen überlegenen *Pantagruel* betont hatte[53].

Blicken wir auf zwei Rabelais-Imitationen, den schon erwähnten *Disciple de Pantagruel*, der von 1538 an, erstmalig also vor Rabelais' *III. Buch*, in mindestens 15 Ausgaben erschien, und die *Mitistoire barragouyne* von Guillaume des Autelz. Der *Disciple* ist in der Ich-From geschrieben. Held des Werkchens ist Panurge, ein Panurge freilich, der mit Rabelais' Gestalt nichts gemein hat außer dem Namen; vielleicht wurde er »arbitrairement baptisé Panurge par un artifice publicitaire qui le plaçait [...] dans la zone d'attraction d'une littérature à succés«[54]. Die Erzählung von Panurges Reisen zu allerlei phantastischen Inseln konnte sich an den Schluß des Rabelais'schen *Pantagruel* anschließen, wo ja entsprechende Erwartungen geweckt werden. Die Darbietung des als überwiegend populär einzustufenden Werkes, dessen sporadische gelehrte Elemente eher aufgesetzt wirken, ist eindimensional:

> l' ›histoire‹ de la navigation errante n'est pas même un embryon d'intrigue, elle fonctionne par associations d'idées, ne laissant jamais oublier qu'elle est proférée par un récitant, conscient de jouer le rôle d'un artisan en narrations à qui son public demande un ouvrage traditionnel.[55]

Man täte dem Werk Unrecht, wollte man es ausschließlich von Rabelais her beurteilen, aber der Kontrast wirkt verdeutlichend: es ›fehlt‹ der stilistische Reichtum, es ›fehlt‹ jene Doppelbödigkeit, die Rabelais durchgängig charakterisiert. Die »formules de véridiction« sind durchschaubar, wohl auch für ein nicht gebildetes Publikum. »De toute évidence, il ne s'agit pas ici, comme chez Rabelais par exemple, de faire la satire d'affirmations dogmatiques, de superstitions intenables«[56]. Es mag gleichwohl etwas vom »sel rabelaisien« geblieben sein, das man nicht verschweigen sollte: der Vorspann, Titel und Prolog, enthält durchaus die Elemente einer reflexiven Thematisierung des Wahrheitsanspruchs. Der Titel kündigt an

> LE VOYAGE & Navigation que fist Panurge [...] & de plusieurs choses merveilleuses *difficiles à croyre qu'il dict avoir veues,* dont il faict Narration [...], & plusieurs *aultres Joyeusetés pour inciter les lecteurs & auditeurs à Rire.*

Wir heben die möglichen Ironie-Signale hervor. Auch im Prolog ist der Wahrheitsanspruch nicht ganz ohne Witz: Er wolle, so der Ich-Erzähler (eben Panurge, vielleicht doch mit einem Anflug des zwielichtigen Charakters, den er bei Rabelais hat) der Wahrheit eng folgen, doch wieder nicht so eng, daß er ihr auf die Hacken tritt oder ihr das Kleid beschmutzt ...[57].

Auch Des Autelz schickt seiner *Mitistoire* eine Wahrheitsbeteuerung voraus – einem Werk, das nicht wie der *Disciple* nur einige, im wesentlichen grobe Anleihen bei Rabelais macht, sondern als durchgehendes Rabelais-Pastiche gelten kann. Nach dem *Proeme* richtet es sich an

> vous, Messieurs les gens de bien appellez en Latin *Ventres pigri,* ou en Grec (i'ay appris du Grec dea) γαστέρες ἀργοί, apres que vous serez las de lire les Rabelairies de Pantagruel. Et nonobstant la Court n'entend point que vous aiguisiez la rondeur de vos esprits, pour y espelucher quelque point mis mal à poinct: car tout a esté faict pour vous faire rire: si vous ne voulez rire, pleurez, que m'en chault il? Messieurs les Neosophes, qui iurez par la trouppe des neuf putains que nos risees constristeroient Democrite, ie vous iure moy par la montagne qui ressemble à vne mitre, et la petite

fontaine qui ressemble vn ωμεγα [sic], que noz plainctes tant amoureusement hullees, feroient rire les plus desesperment Heraclites.

Das Spiel mit dem Wahrheitsanspruch korrespondiert mit diesem halb und halb rabelais-artigen Ton, der jedenfalls die gelehrte Anspielung mit dem Deftigen zu verbinden weiß: Homer hat, so heißt es im *Proeme*, ebenfalls geschwindelt, besser und erfolgreicher noch als die Epiker, die *Huon de Bordeaux* oder *Ogier le Danois* erfunden haben: es gab nämlich »ceux qui ont cherché de belles allegories sur le pas d'vne mousche« – man kann sich hier an Rabelais' Prolog zu *Gargantua* erinnern, wo ja ebenfalls die Homer-Allegorese lächerlich gemacht wird. Er, der Autor, wolle demgegenüber sein Bestes versuchen, schließlich sei er Diener der Protagonistin Fanfreluche gewesen, – hier klingt der Prolog zu *Pantagruel* nach, in dem »Alcofribas Nasier« sich als Gefolgsmann Pantagruels darstellt. Daß seine, Des Autelz', Geschichte als gänzlich wahr befunden werde, sei im übrigen »chose presque impossible, veu l'incredulité du monde«[58]. – Auch für die eigentliche Erzählung hat sich Des Autelz nach Handlungsschema und Einzelepisoden eng und, so merkwürdig es klingt, hier und da noch übertreibend, an Rabelais angelehnt. Erwähnt sei die von Fanfreluche selbst zum besten gegebene, überaus konkrete Liebesgeschichte ihrer Eltern: die erst siebenjährige »belle Bietrix«, »qui sçauoit vn bien petit de l'art Poëtique du bon vieil temps«, erhält ein billet doux ihres Verehrers Trigory und lädt ihn sehr direkt ein:

Voila des amours tantost faictes, non pas ces chiarderies d'Amadis de Gaule, de Grece d'enfer. Mon pere ayant leu cela, ne faillit de venir, et à son entree alla brotequiner ma mere. De beau plein sault le luy fit vingt cinq fois sans debloquer [...][59].

Wie bei Rabelais verbindet sich auch bei Des Autelz das parodiert Abenteuerliche mit gelehrten Elementen, besonders anläßlich des Paris-Aufenthaltes von Gaudichon, der dort sogar – wie Rabelais' Pantagruel – einen programmatischen, freilich recht trocken geratenen Ermahnungsbrief seines Vaters bekommt. Anders als beim *Disciple* hat man es hier mit einem Rabelais näher stehenden Satellitenwerk zu tun – näher stehend nicht ohne Reserven, denn es bleibt kaum etwas offen; es fehlt gänzlich jene hermeneutische Thematik, die Rabelais' Werk durchzieht und wesentlich an der erwähnten Ambiguität beteiligt ist.

IV

Wir wollen abschließend noch einmal an die Gefahr des Anachronismus erinnern. Wenn wir Rabelais nicht moderner machen wollen, als er ist, dann sollte sich diese Vorsicht besonders auf seine Charaktere beziehen. Gestalten wie Gargantua, Pantagruel, vor allem Panurge, auch Frère Jean, stellen sicher auf unterschiedliche Weisen Aspekte des modernen Individuums dar – wenn man unter ›modern‹ die Notwendigkeit versteht, sich in einer zwar räumlich und um eine neue historische Dimension erweiterten, an Entfaltungsmöglichkeiten bereicherten, aber gleichzeitig auch ›leerer‹ gewordenen, säkularisierten Welt zu orientieren. Die Erziehung und Studien Gargantuas und Pantagruels – im übrigen evangelisch-frommer Figuren –, ihre Rolle als Könige und Anführer, besonders Panurges als existentiell empfundenes Heiratsproblem und die sich daran anschließende Suche nach Antwort und Erkenntnis samt Rückverweisung auf sich selbst: das dokumentiert zweifellos einen solchen modernen Aspekt. Gleichwohl wird die Neuzeit bei Rabelais nicht mit einem Schlage und mit ihren sämtlichen Zügen eingeläutet. Diese Reserve betrifft insbesondere die Psychologie von Rabelais' praktisch nur männlichen Gestalten. »Rabelais gibt uns im allgemeinen keine psychologischen Einblicke in seine Charaktere. Sie sind fast ausschließlich von außen gesehen und tun sich nur im Dialog kund«[60]. Man wird Mary E. Ragland-Sullivan darin beipflichten, daß »Rabelais was not concerned with the invention or development of believable characters«[61]. Er folgte keiner aristotelischen oder neoaristotelischen Wahrscheinlichkeitsregel, und er ist auch kein Realist im Sinne des XIX. Jahrhunderts. Wir greifen nochmals auf Auerbach zurück:

> Ohne Zweifel ist der Mensch in Rabelais' [Werk] allen Möglichkeiten offener, mit allen Aspekten spielender Weltansicht freier als zuvor in seinen Gedanken, im Geltendmachen seiner Instinkte und Wünsche. Ist er darum stärker individuell? Das ist nicht leicht zu entscheiden. Zumindest hängt er weniger fest in seinem eigentümlichen Wesen, er ist proteischer, eher geneigt in eine andere Haut zu schlüpfen; und die gemeinsamen, überindividuellen Züge, zumal die animalischen, instinktiven, werden sehr stark hervorgehoben. Rabelais hat sehr energisch ausgeprägte und eindeutige Typen geschaffen, aber er ist nicht immer geneigt, sie eindeutig festzuhalten[62].

In der Tat: es ist nicht leicht zu entscheiden. Dem Terminus »Typ« würden wir für die Hauptgestalten nicht zustimmen, dazu erscheinen sie als zu komplex. Aber im Anschluß an Auerbachs Feststellung von den »überindividuellen Zügen« läßt sich sagen, daß diese Gestalten etwas Archaisches bewahrt haben, dem mit realistischer Individualpsychologie schwer beizukommen ist. Die Riesen sind (dies ein wichtiger Unterschied zu früheren literarischen Riesen[63]) sympathisch, man kann den Gigantismus mit einer idealbildlichen Funktion in eine symbolische Verbindung bringen[64], es gibt Passagen, in denen die Riesenhaftigkeit vergessen scheint – aber Riesen sind sie, und die Verbindung ihrer Dimensionen mit ihrer Bildung, etwa mit Pantagruels Auftritten als Gelehrter, behält etwas tief Irreales. Für Panurge, die rätselhafteste Figur des Werkes, dessen dämonische Geschicklichkeit mit humanistisch-gelehrten Zügen einhergeht, konstatierte bereits Regis eine »im Grund rein *heidnische* Sinnesart« und eine »altgriechische« Rachsucht[65] in der Hammel-Episode des *IV. Buches*. Dies war vermutlich nicht im Sinne eines Forschungsprogrammes gemeint, hat aber in den letzten Jahrzehnten ein bestätigendes Echo gefunden. Viele der Formeln, die man für Panurge vorgeschlagen hat, gehen in diese Richtung eines komplexen, aber nicht im landläufigen Sinne personal-individuellen Modells: Panurge wurde als literarischer Nachfahr des Hermes, des Odysseus gedeutet, als Luzifer, als pícaro, als Vertreter des melancholischen Temperaments, was hier ohne Diskussion[66] nur erwähnt werden soll, denn es vermag gut die obige Bemerkung zu stützen: Rabelais ist nicht Balzac, und Vorsicht ist am Platze.

Anmerkungen

1 Zitate aus Rabelais nach folgenden Ausgaben: I = *Gargantua* [[1]1534?]. Première édition critique faite sur l'*editio princeps*. Hgg. R. Calder/M. A. Screech, Préface par V. L. Saulnier, Genève – Paris 1970 (Textes Littéraires Français. 163). – II = *Pantagruel* [[1]1532]. Première publication critique sur le texte original. Hg. V. L. Saulnier, Genève [2]1965 (Textes Littéraires Français. 2); in [ ] die Kapitelziffern nach der Ausgabe letzter Hand von 1542. – III = *Le Tiers Livre* [[1]1546]. Hg. M. A. Screech, Paris – Genève [2]1974 (Textes Littéraires Français. 102). – IV = *Le Quart Livre* [Teilausgabe 1548, vollständige Ausgabe 1552]. Hg. R. Marichal, Lille – Genève 1947 (Textes Littéraires Français. 10). – V = *Le Cinquiesme et Dernier Livre* [Teilausgabe 1562, vollständige Ausgabe 1564], nach *Œvres complètes*. Hg. P. Jourda, Bd 2, Paris 1962 (Classiques Garnier).

2 J.-L. Barrault, *Rabelais – »Jeu dramatique« en deux parties tiré des cinq livres de François Rabelais,* Paris 1968, S. 12.

3 Ebd.

4 In einem Brief von 1555, nach M. de Grève, *L'interprétation de Rabelais au XVIe siècle,* Genève 1961 (Travaux d'Humanisme et Renaissance. 47 – Etudes Rabelaisiennes. 3), S. 135. Auch die vorherigen Hinweise nach diesem Standardwerk, passim. Vgl. ferner, u. a. für das positive Urteil Montaignes, den Abschnitt *Prodesse et delectare* bei W. Distelbarth, *François Rabelais – Aspekte seiner Erzählkunst*, Diss. Tübingen 1974, S. 29 ff.

5 Joachim Du Bellay, *Musagnoeomachie* 219 (1550), ebenfalls nach de Grève, S. 85.

6 Vgl. F. Gray, »Ambiguity and Point of View in the Prologue to *Gargantua*«, in *Romanic Review* 56 (1965) S. 12 ff. bzw. in *Rabelais*, Hg. A. Buck, Darmstadt 1973 (Wege der Forschung. 284), S. 397 ff.; M. de Diéguez, »Rabelais (François)«, in *Encyclopaedia Universalis* Bd 13, Paris 1968, S. 903 ff.; M. Beaujour, *Le jeu de Rabelais,* o. O. 1969 (L'Herne. 2); J. Paris, *Rabelais au futur,* Paris 1970; F. Rigolot, »Rabelais présentateur de ses œuvres«, in *Revue des Sciences Humaines* N. S. 37, 147 (1972) S. 325 ff.; ders., *Les langages de Rabelais,* Genève 1972 (Etudes Rabelaisiennes. 10); A. Buck, »Einleitung« zu: *Rabelais,* bes. S. 25; G. Defaux, *Pantagruel et les sophistes – Contribution à l'histoire de l'humanisme chrétien au XVIe siècle,* La Haye 1973 (Archives Internationales d'Histoire des Idées. 63); F. Gray, *Rabelais et l'écriture,* Paris 1974; R. C. La Charité, »The Drum and the Owl – Functional Symbolism in Panurge's Quest«, in *Symposium* 28 (1974), bes. S. 155. – Vgl. demgegenüber die Skepsis von M. A. Screech, »Introduction« zu *Gargantua,* zit. Ausg. S. LXVII: »Il [Rabelais] apprécie pleinement le comique de l'ambiguïté. Mais, pour l'essentiel, pour les domaines moral, spirituel et intellectuel, les romans de Rabelais ne sont pas ambigus«.

7 *Meister Franz Rabelais der Arzeney Doctoren Gargantua und Pantagruel* aus dem Französischen verdeutscht, mit Einleitung und Anmerkungen [...] herausgegeben durch G. Regis, II, 1, Leipzig 1839, S. 4; Sperrung dort.

8 Vgl. Verf., »Dante und Calderón bei August Wilhelm Schlegel«, in *Italia Viva – Studien zur Sprache und Literatur Italiens – Festschrift für Hans Ludwig Scheel,* Hgg. W. Hirdt/R. Klesczewski, Tübingen 1983, S. 381 ff.

9 L. Spitzer, »Ancora sul prologo al primo libro del *Gargantua* di Rabelais« (1965), in *Rabelais*, Hg. A. Buck, S. 445; Hervorhebung dort.

10 M. Bakhtine, *L'œuvre de François Rabelais et la culture populaire au Moyen Age et*

sous la Renaissance, traduit du russe par A. Robel, Paris 1970; nach Bachtin ist Rabelais wesentlich vom mittelalterlichen Karneval her, einem Zustand der Freiheit von Normen und Autoritäten, zu verstehen. Grenzen zwischen Mittelalter und Renaissance werden gleichwohl gezogen: am Ende des Mittelalters »s'amorce le processus d'affaiblissement mutuel entre la culture comique et la grande littérature. [...] Le rire populaire pénètre dans l'épopée, accroît ses proportions dans les mystères« (S. 104; vgl. S. 140). Und: »le rire du Moyen Age, au niveau de la Renaissance, est devenu l'expression de la conscience nouvelle, libre, critique et *historique* de l'époque« (S. 81; Hervorhebung dort). (Sehr optimistisch und nicht recht belegt S. 71 die Überzeugung, schon die Zeitgenossen hätten Rabelais im Bachtin'schen Sinne verstanden).

11 Vgl. J. von Stackelberg, *Von Rabelais bis Voltaire – Zur Geschichte des französischen Romans,* München 1970, S. 54.

12 Vgl. Distelbarth, *François Rabelais* S. 171: »Der *Gargantua* gestaltet [...] nicht den Übergang zwischen Mittelalter (der Generation Grandgousiers) und Renaissance (der Generation Pantagruels), den der Gargantua-Brief des *Pantagruel* andeutet, sondern umgreift die ganze Entwicklung, innerhalb welcher sich Mittelalter und Renaissance unvermittelt gegenübertreten. Dieser Gegensatz wird unter Verzicht auf eine glaubwürdige Chronologie als scharfer Kontrast zweier Epochen gestaltet«.

13 E. Panofsky, *Die Renaissance der europäischen Kunst,* übersetzt von H. Günther, Frankfurt a. M. ²1984, S. 116. – Zur Abgrenzungsfrage vgl. u. a.: H. U. Gumbrecht, »Literarische Gegenwelten, Karnevalskultur und die Epochenschwelle vom Mittelalter zur Renaissance«, in ders. (Hg.), *Literatur in der Gesellschaft des Spätmittelalters.* Begleitband zum GRLMA, I. Heidelberg 1980, S. 95 ff. (Systemtheoretisch orientierter Entwurf, Wandlung von Verhaltensnormen als wesentliches Kriterium); A. Buck in seiner Rezension von W. Kölmel, *Aspekte des Humanismus,* Münster 1981, in *Wolfenbütteler Renaissance Mitteilungen* 6, 2 (1982), bes. S. 61 (Verhältnis zur Antike als Kriterium); ferner E. Benson, »Rabelais' Developing Historical Consciousness in His Portrayal of the Dipsodean & Picrocholine Wars«, in *Etudes Rabelaisiennes* 13 (1976) S. 147 ff.

14 J. Michelet, *Histoire de France au seizième siècle: Renaissance.* Réforme [1855], Hg. R. Casanova, »Introduction« zu *Renaissance,* in *Œuvres complètes,* Bd 7, Hg. P. Viallaneix, Paris 1978, S. 51. J. Burckhardt lobt Michelets Formel als »treffende Ausdrücke« und übernimmt sie als Titel für den vierten Abschnitt seiner *Cultur der Renaissance in Italien* [1860]; vgl. Ausg. Berlin 1956, S. 151 und 311, Anm. 610.

15 E. Garin, »Die Kultur der Renaissance«, in *Weltgeschichte – Eine Universalgeschichte,* Hgg. G. Mann/A. Nitschke, Bd 6, Gütersloh 1979, S. 433. Von ganz anderen Voraussetzungen und teilweise im Anschluß an Spitzer kommt J. Paris zu verwandten ›pessimistischen‹ Auffassungen; vgl. *Rabelais au futur,* S. 62 f. mit Vokabeln wie »doute«, »angoisse«, »inquiétude fondamentale«.

16 Hegel, *Ästhetik.* Mit einer Einführung von G. Lukács, Hg. F. Bassenge, Bd 1, Frankfurt am Main ²o. J., S. 567.

17 M. de Riquer, *Caballeros andantes españoles,* Madrid 1967 (Colección Austral. 1397), S. 168 ff.

18 Vgl. G. Hoffmeister, *Spanien und Deutschland – Geschichte und Dokumentation der literarischen Beziehungen,* Berlin 1976 (Grundlagen der Romanistik. 9), S. 123 ff.; G. Lukács, *Die Theorie des Romans,* Neuwied am Rhein 1963, S. 103 f.

19 Vgl. von Stackelberg, *Von Rabelais bis Voltaire* S. 47 ff. (enge Anlehnung der Handlungsführung in *Gargantua* und *Pantagruel* an spätmittelalterliche Romane;

»die Bücher IV und V« insgesamt »doch zweifellos so etwas wie eine ›Quête‹«); J. Bichon, »L'enracinement de ›Pantagruel‹ dans les genres médiévaux«, in *Travaux d'Humanisme et Renaissance,* Bd 177, Genève 1980 (Etudes Rabelaisiennes), S. 87 ff. (über den Prolog zu *Pantagruel* und seine aus der Predigt stammenden Züge). Eine Untersuchung Rabelais'scher Schlachten als Parodien auf mittelalterliche Epik bei S. Liston, *Rabelais and Medieval Epic Parody:* Gargantua *and* Pantagruel, Diss. Michigan State University 1974. Über das offenbar unterschätzte Verhältnis Rabelais' zu den Grands Rhétoriqueurs und die damit zusammenhängenden parodistischen Züge kürzlich F. Rigolot, *Le texte de la Renaissance – Des rhétoriqueurs à Montaigne,* Genève 1982, Kap. 3.

20 Vgl. *Don Quijote* I, 47; dazu T. D. Stegmann, *Cervantes' Musterroman »Persiles« – Epentheorie und Romanpraxis um 1600 (El Pinciano, Heliodor, »Don Quijote«) – Mit einer »Persiles« – Bibliographie,* Hamburg 1971 (Geistes- und Sozialwissenschaftliche Dissertationen. 15), bes. S. 175 f.; vgl. Verf., »Don Quijote: Der fahrende Ritter zwischen Ideal und Wirklichkeit«, in Forschungsinstitut für Mittelalter und Renaissance, *Das Ritterbild in Mittelalter und Renaissance,* Düsseldorf 1985 (Studia humaniora. 1), S. 149 ff. – Der französische Anti-Roman des XVII. Jahrhunderts hat sich offenbar weit stärker an Cervantes als an Rabelais orientiert; vgl. zur romantheoretischen Bedeutung des Don Quijote u. a. H. Wentzlaff-Eggebert, *Der französische Roman um 1625,* München 1973 (Münchener Romanistische Arbeiten. 35), S. 63 ff. und S. Thiessen, *Charles Sorel – Rekonstruktion einer antiklassizistischen Literaturtheorie und Studien zum »Anti-Roman«. [...],* München 1977 (Münchener Romanistische Arbeiten. 45), S. 124 ff., S. 145 ff., S. 153 ff.;Rabelais nur sporadisch: »Schon Rabelais hatte ...« (S. 145: Parodie der Wahrheitsbeteuerung; S. 159: Parodie der »deplacierten Gelehrsamkeit«; S. 214: Parodie der moralisierenden Ovid-Kommentare). Es bestätigt unseren Versuch einer Abgrenzung, daß K. Stierle Rabelais nicht in seine Geschichte der »Verwilderung« des Romans einbezieht, ihn also nicht beispielsweise Ariost an die Seite stellt (»Die Verwilderung des Romans als Ursprung seiner Möglichkeit«, in *Literatur in der Gesellschaft des Spätmittelalters* [wie Anm. 13], S. 253 ff.

21 Hierzu zuletzt M.-M. de la Garanderie, »Rabelais et Budé«, in *Mélanges Franco Simone,* Bd 4, Genève 1983, S. 151 ff.

22 *Le disciple de Pantagruel (Les navigations de Panurge).* Edition critique, Hgg. G. Demerson/Chr. Lauvergnat-Gagnière, Paris 1982 (Société des Textes Français Modernes). Vgl. Rabelais, IV, «A [...] Mon Seigneur Odet«, S. 8, ferner das »Privilege du Roy«, d. h. Heinrichs II., vor dem *III. Buch* von 1552, III, S. 4 f.

23 Verf., »Rabelais und die Rezeption der Antike« S. 26 ff. Vgl. auch M. Butor-D. Hollier, *Rabelais ou c'était pour rire,* Paris 1972 (Thèmes et textes), S. 38 ff.: »Le rire et l'interprétation«.

24 Von Stackelberg, *Von Rabelais bis Voltaire* S. 63 f., dazu E. Auerbach, »Die Welt in Pantagruels Mund«, in E. A., *Mimesis – Dargestellte Wirklichkeit in der abendländischen Literatur,* Bern und München [3]1964 (Sammlung Dalp. 90), S. 250 ff.

25 Von Stackelberg, *Von Rabelais bis Voltaire* S. 62.

26 H. Cortés, *Cartas de relación de la conquista de México,* México [4]1961 (Colección Austral. 547), S. 35.

27 Ebd .S. 74. Zum Vergleich mit dem Bekannten s. auch die Vorlage von H. U. Gumbrecht, der auf einen »gänzlich unflexiblen Prozeß der Sinnbildung« schließt, den Conquistadores allerdings sogar das Staunen abspricht (S. 233).

28 Mit Recht weist Ch. A. Lemeland, »La bouche et l'estomac des geants«, in *Romance Notes* 16 (1955) S. 184, darauf hin, daß die »Véracité du paysage« hier zerstört wird – nimmt man den Rahmen der Episode hinzu, empfiehlt sich freilich von Anfang an Vorsicht mit dem ›Realismus‹.

29 Ebd. S. 35f.

30 Von Stackelberg, *Von Rabelais bis Voltaire* S. 64.

31 Vgl. I, 25, S. 175; von Stackelberg, S. 52f.

32 Vgl. F. Rigolot, *Les langages de Rabelais* S. 22ff. und S. 55.ff.

33 Ein allgemeines Interesse Rabelais' an den zeitgenössischen Entdeckungsreisen braucht man deshalb nicht in Abrede zu stellen; erneut bewiesen wird es von J.W. Romer, *François Rabelais and the New World: A Study of Geography and Navigation in Rabelais's Romance,* Diss. University of North Carolina 1977.

34 Vgl. Distelbarth, *François Rabelais* S. 169f.: »der Raum der drei ersten« Bücher habe »nichts Befremdliches«. »Auch die Reise zum Orakel der Dive Bouteille bringt nur scheinbar eine räumliche Erweiterung«.

35 Vgl. II, Saulniers »Introduction« S. XVIII und Anm. 3.

36 Nachweis von Screech, »The Death of Pan and the Death of Heroes in the Fourth Book of Rabelais – A Study in Syncretism«, in *Bibliothèque d'Humanisme et Renaissance* 17 (1955) S. 36ff.

37 Zur Authentizitätsfrage vgl. den auch sonst unentbehrlichen état présent von F.-R. Hausmann, *François Rabelais,* Stuttgart 1979 (Sammlung Metzler. M 176), S. 44ff.; S. 49, u. E. zu Recht: »es erscheint legitim, das *C. L.* in eine ganzheitliche Betrachtung der Werke Rabelais' mit einzubeziehen«. Zur Architekturbeschreibung vgl. G. Goebel, *Poeta faber – Erdichtete Architektur in der italienischen, spanischen und französischen Literatur der Renaissance und des Barock,* Heidelberg 1971 (Beiträge zur neueren Literaturgeschichte. III, 14) und A. Buck, *Die Rezeption der Antike in den romanischen Literaturen der Renaissance,* Berlin 1976 (Grundlagen der Romanistik. 8), S. 37ff.

38 Vgl. aus jüngerer Zeit M.E. Ragland, *Rabelais and Panurge – a psychological approach to literary character,* Amsterdam 1976, S. 99: »Rabelais as product of Renaissance thinking plays at being a humanist all the while playing at mocking the seriousness with which many Renaissance thinkers approached the game of writing and learning«; M. Walter, »François Rabelais – Vom Volksbuch zum Weltbuch«, in *Realismus in der Renaissance – Aneignung der Welt in der erzählenden Prosa,* Hg. R. Weimann, Berlin und Weimar 1977, bes. S. 444: »Alles verträgt sich mit allem: die Verflechtung der Gegensätze, das Spiel mit dem Unwahrscheinlichen und Alogischen, Umkehrungen und groteske Deformationen. Alles rückt in die Reichweite des Möglichen, wenn es darum geht, das gesteigerte Lebenstempo einer Welt erfassen zu wollen, die selbst durch Unruhe und beständigen Wechsel charakterisiert wird«.

39 R. Falke, *Persönliche Freiheit und die Utopien*, Diss. Hamburg 1954, vgl. bes. S. 101.

40 H. U. Gumbrecht, »Literarische Gegenwelten, Karnevalskultur und die Epochenschwelle vom Spätmittelalter zur Renaissance« S. 139ff.

41 A. Glucksmann, *Les maîtres penseurs,* Paris 1977, nach der Rezension von K. Heitmann, in *Wolfenbütteler Renaissance Mitteilungen* 2, 2/3 (1978) S. 40, auch mit einem Hinweis auf dieselbe Skepsis Rigolots, *Les langages de Rabelais* S. 92. Der Argwohn lautet: »Thélème stellt sich ihm [Glucksmann] nicht als Ablösung mittelalterlicher Disziplinierung durch Freiheit, sondern als Ersatz eines Zwanges durch

einen anderen dar«. Vgl. ferner U. Schulz-Buschhaus über Gumbrecht in seinem Besprechungsaufsatz »Überlegungen zur literarhistorischen Epochenschwelle zwischen Mittelalter und Renaissance« in *Zeitschrift für Romanische Philologie* 100 (1984) S. 126ff. mit starker Betonung, daß in Thélème »nicht eine märchenhaft ahistorische Befreiung von den Normen, sondern [...] das utopisch verkleidete Programm einer Ersetzung der *Fremddisziplin* durch eine radikalere, d. h. psychisch tiefgreifendere *Selbstdisziplin*« stattfindet.

42 Er wird als Parodie, als »inside joke between Rabelais and his fellow humanists« interpretiert von G. J. Brault, »›Ung Abysme de science‹: on the Interpretation of Gargantua's Letter to Pantagruel«, in *Bibliothèque d'Humanisme et Renaissance* 28 (1966) S. 615ff., Zitat S. 617. Vgl. auch die in dieselbe Richtung gehenden Hinweise bei L. K. Donaldson-Evans, »Panurge ›perplexus‹ – Ambiguity and Relativity in the *Tiers Livre*«, in *Etudes Rabelaisiennes* 15 (1980) S. 78.

43 Ein szenisch-dramatisches Pendant ist Des Périers' *Cymbalum Mundi* (1537), das sich beharrlich einer Festlegung seiner weltanschaulichen Ausrichtung entzieht; es ist nicht einmal ausgemacht, daß Merkur in den drei Dialogen, in denen er auftritt, derselbe ist und daß die vier Dialoge zusammen ein geschlossenes Werk darstellen; vgl. Verf., »Hermes im Humanismus – Mythologische Anmerkungen zu Alfonso de Valdés, Guillaume Budé und Bonaventure Des Périers«, in *Italien und die Romania in Humanismus und Renaissance – Festschrift für Erich Loos,* Hgg. K. W. Hempfer/ E. Straub, Wiesbaden 1983, S. 229ff.

44 Auerbach, *Mimesis* S. 259, S. 262, S. 270.

45 Von Stackelberg, *Von Rabelais bis Voltaire* S. 27; vgl. S. 39ff. mit Abstrichen an der Zielgerichtetheit von Rabelais' Satire; »produktive Ironie«: bei Auerbach, S. 268. – Vgl. das Kapitel »Komische Verfahrensweisen im Werk Rabelais'« bei Hausmann, *François Rabelais* S. 108ff., mit der Unterscheidung zwischen einer allgemeinen, das Werk als Ganzes kennzeichnenden parodistischen Struktur und einzelnen parodistischen Episoden.

46 M. A. Screech, *Rabelais,* London 1979, u. a. S. 223, wo Charakterisierung und Funktion der Rabelais'schen Gestalten für jedes Buch getrennt gesehen werden; vgl. unsere Rez. in *Romanische Forschungen* 93 (1981) S. 255ff.

47 Sie betrachtet E. Köhler als Prinzip der Einheit; vgl. »Die Abtei Thélème und die Einheit des Rabelais'schen Werkes« (1959), in E. K., *Esprit und arkadische Freiheit – Aufsätze aus der Welt der Romania,* Frankfurt a. M. 1972 (Wissenschaftliche Paperbacks. Literaturwissenschaft), S. 142ff. (Beibehaltung der Thematik von Thélème – Willensfreiheit vs. Determination – bis zum Ende und Entscheidung für die erste; im übrigen, u. E. nicht recht überzeugend, »echte Einheit von Inhalt und Form« [S. 157]).

48 Teofilo Folengo, *Baldus* ([1]1517) I, nach Folengo – Aretino – Doni, Bd 1: *Opere* di Teofilo Folengo, Hg. C. Cordié, Milano-Napoli 1977 (La Letteratura Italiana. Storia e Testi. 26, 1), S. 71f. Luigi Pulcis *Morgante* ([1]1481) beginnt mit einer Anrufung Gottes: er möge einen Engel schicken »che m'accompagni e rechimi a memoria/una famosa, antica e degna istoria«, zitiert nach Pulci, *Morgante,* Hg. F. Ageno, Milano – Napoli 1955 (La Letteratura Italiana. Storia e Testi. 17) S. 3. Vgl. Hausmann, *François Rabelais* S. 64ff.

49 *Les croniques admirables du puissant roy Gargantua,* Hg. M. Françon. Préface de H. Dontenville, Rochecorbon 1956, S. 3.

50 Nach dem Abdruck bei Regis II, 1, S. LXXXV.

51 Vgl. Distelbarth, *François Rabelais* S. 66 ff.: »Erzählerstandpunkt und Darstellungstechniken«.
52 Vgl. S. Jüttner, »Der beschimpfte Leser«, in *Romanische Forschungen* 86 (1974) S. 96 ff.
53 Hierzu Rigolot, »Rabelais présentateur de ses oeuvres« (oben Anm. 6).
54 *Le disciple de Pantagruel,* zit. Ausg., »Introduction«, S. XLI.
55 Ebd., S. XIXf.; vgl. S. LIII: »Le style populaire du *Disciple*«.
56 Ebd. S. XXXVIII.
57 Ebd. S. 1 f.
58 Guillaume Des Autelz, *Mitistoire barragovyne de Franfrelvche et Gaudichon*, Lyon 1574, Nachdruck 1850, S. A iij.
59 Ebd S. 4 f.; vgl. M. L. M. Young, *Guillaume des Autelz – A Study of His Life and Works,* Genève 1961 (Travaux d'Humanisme et Renaissance. 48), S. 98 ff.
60 Distelbarth, *François Rabelais* S. 68. Ein Gegenbeispiel ist Rabelais' Generationsgenossin Hélisenne de Crenne mit ihren in zehn Auflagen, zuerst 1538 erschienenen *Angoisses douloureuses qui procedent d'Amours.* Fehlen bei Rabelais Frauengestalten, die neben Gargantua, Pantagruel oder Panurge bestehen können – mit Galemelle oder Badebec wäre nicht viel Staat zu machen –, so ist Hélisennes Protagonistin und Ich-Erzählerin eine Frau in der Nachfolge von Boccaccios *Fiammetta*; die gelehrt-mythologische Stilisierung wie die Bezüge zum Ritterroman verbinden sich hier mit ausgeprägter moralistisch-psychologischer Reflexion. M. Mercier, *Le roman féminin*, Paris 1976 (Collection SUP. Littératures modernes. 11), spricht von »le premier roman personnel (féminin) de la littérature française« (S. 34).
61 M. E. Ragland-Sullivan, »Panurge and Frère Jean: Two Characters Cast from the Same Mold?«, in *Kentucky Romance Quarterly* 28 (1981) S. 73.
62 Auerbach, *Mimesis* S. 264.
63 Von Stackelberg, *Von Rabelais bis Voltaire* S. 46.
64 Hausmann, *François Rabelais* S. 108.
65 Regis II, 1, S. 248 und S. 576.
66 Vgl. Verf., *Panurge und Hermes – Zum Ursprung eines Charakters bei Rabelais,* Bonn 1958 (Romanistische Versuche und Vorarbeiten. 3); M. Downes, »Panurge, Ulysse et les ›Gens curieux‹«, in *Études Rabelaisiennes* 13 (1976) S. 139 ff.; T. Cave, »Panurge and Odysseus«, in *Myth and Legend in French Literature – Essays in Honour of Alan John Steele*, Hgg. K. Aspley/D. Bellos/P. Sharratt, London 1982, S. 47ff.; G. Defaux, *Le curieux, le glorieux et la sagesse du monde dans la première moitié du XVIe siècle – L'exemple de Panurge (Ulysse, Démosthène, Empédocle)*, Lexington 1982 (French Forum Monographs. 34); R. Griffin, »The Devil and Panurge«, in *Studi Francesi* 16 (1972) S. 329 ff.; R. C. La Charité, *Recreation, Reflection and Re-Creation – Perspectives on Rabelais's Pantagruel*, Lexington 1980 (French Forum Monographs. 19); D. G. Coleman, *Rabelais – A Critical Study in Prose Fiction*, Cambridge 1971, S. 151 f.; G. Sorrell, *Panurge, the Protean Rouge – A Study in Rabelaisian Mutations,* Diss. University of Wisconsin, Madison 1978; O. Pot, »La mélancolie de Panurge«, in *Études de Lettres* 1984, no. 2, S. 89 ff. Vgl. unseren Bericht über Äußerungen zu Panurge aus den letzten 30 Jahren: »Panurge: théories récentes – observations méthodologiques – conséquences possibles«, demnächst in den Akten des Colloque International du C. N. R. S., Université François Rabelais, Centre d'Etudes Supérieures de la Renaissance: *François Rabelais 1484–1984*, Tours, 24–29 septembre 1984.

Hans Ulrich Gumbrecht

Wenig Neues in der Neuen Welt
Über Typen der Erfahrungsbildung in spanischen Kolonialchroniken des XVI. Jahrhunderts

1. *Die Pluralität der spanischen Welten*

Keine der europäischen National-Geschichten zeigt so eindrucksvoll wie die spanische Geschichte, daß der Weg der mittelalterlich-christlichen Kultur in die Neuzeit über eine Erweiterung, Verfremdung, Vervielfältigung der Erfahrungshorizonte führte, welche die Welt bis dahin begrenzt hatten. Nirgends spielte die humanistische Vergegenwärtigung der antiken Welt aber auch eine so untergeordnete Rolle wie gerade in Spanien. Zusammengenommen machen uns die beiden Sachverhalte bewußt, daß der Epochenbegriff ›Renaissance‹ *eine* – und zwar die unter geistesgeschichtlicher Perspektive besonders naheliegende – Facette frühneuzeitlicher Mentalität in besonderer Weise hervorhebt – in ungebührlicher Weise sogar hervorhebt, sobald man (was oft der Fall ist) ›Renaissance‹ und ›Frühe Neuzeit‹ als zwei verschiedene Namen für dieselbe Sache ansieht[1].

Die spanische Geschichte (und wir meinen hier tatsächlich schon die *spanische* Geschichte, nicht mehr die Geschichten einzelner Königreiche auf der iberischen Halbinsel) zwischen 1450 und 1550 erscheint dann als geradezu idealtypisches Paradigma des Epochenübergangs vom Mittelalter zur Frühen Neuzeit, wenn man diesen Epochenübergang nicht mehr von einem Wandel der Erfahrungsgegenstände abhängig macht (wie es der Renaissance-Begriff tut), sondern von einem *Wandel der Grundstrukturen in den Prozessen der Erfahrungsbildung*. Erst mit dieser Verschiebung der historiographischen Perspektive wird nämlich der Zusammenhang zwischen der neuzeitlichen ›Pluralität der Welten‹ und dem Epochenübergang plausibel. Die mittelalterliche Kultur stand unter der Prämisse, daß den Phänomenen der von Gott geschaffenen Welt ihr jeweiliger Sinn – seit dem Schöpfungsakt – inhärent sei, und ging aus von einer im Normalfall unproblematischen Erschließbarkeit dieses kosmologischen Sinns der Phänomene für den Menschen. In dem Maß, wie die Außenhorizonte einer geschlossenen Welt überschritten wurden, wie sich die für das Leben im christlichen Europa relevanten Umwelten vervielfachten, wie schließlich heteronome Sinnstrukturen in die Sphäre des christlich-mittelalterlichen Europa eindrangen, geriet die Prämisse von der Phänomen-Immanenz des kosmologischen Sinns in eine lang anhaltende Krise. Sie wurde dort zuerst überwunden, wo man den *Menschen als Instanz der Sinngebung* und die *Welt als den – für eine Vielzahl von Deutungen offenen – Gegenstand menschlicher Sinnbildung* zu erleben begann. Nichts anderes beinhaltet übrigens die so erzählte Geschichte des Epochenübergangs als die Substitution des *›mittelalterlichen Symbolrealismus‹* durch die *›frühneuzeitliche Subjektivität‹*[2].

Die militärische, wirtschaftliche und kulturelle Expansion des christlichen Europa, welche als Folge und Symptom seiner Prosperität doch auch zugleich der Anfang vom Ende des Mittelalters war, hatte auf der iberischen Halbinsel besonders früh, nämlich schon im XI. Jahrhundert, eingesetzt. Denn die bis heute so genannte *›Re-Conquista‹* war in Wirklichkeit keine Wieder-Eroberung eines vom Islam bloß ›besetzten‹ christlichen Gebiets, sondern die in Schüben fortschreitende Verdrängung einer überlegenen Kultur, welche auf dem europäischen Kontinent seit Jahrhunderten Fuß gefaßt hatte und gerade dort (eben in jenen Jahrzehnten, als die *Conquista* begann) zu besonders erstaunlicher Entfaltung gelangt war. Wo immer sich das christliche Spanien dem Wissen der Besiegten öffnete – und das war vor allem in der zweiten Hälfte des XIII. Jahrhunderts unter Alfons dem Weisen der Fall – überragte es – wenigstens für kurze Zeiträume – die intellektuellen Leistungen des zentraleuropäischen Mittelalters. Darüber hinaus ist offensichtlich, daß keine unter den Expansionsbewegungen der mittelalterlichen Christenheit deren Bild vom ›kulturell Anderen‹ so nachhaltig geprägt hat wie eben die Eroberungszüge an ihrer Westflanke. Die Heiden der volkssprachlichen Epen jedenfalls ›sind‹ Muslime, und nicht zufällig hat sich bis heute die (filiationsgeschichtlich kaum belegbare) Hypothese nie definitiv abweisen lassen, daß auch die Grundelemente der höfischen (Gegen-)Kultur aus dem Islam stammten.

Man kann jedenfalls behaupten, daß jene Konstellation kollektiver Erfahrungsbildung, welche wir als wichtigste Voraussetzung für den Durchbruch hin zu frühneuzeitlicher Mentalität ansehen, in den mittelalterlichen Königreichen auf der iberischen Halbinsel besonders früh – und dann permanent – gegeben war. Eben dieser Konstellation muß man wohl die Schwierigkeiten zuschreiben, mit denen sich die Historiker immer wieder konfrontiert sehen, wenn sie einzelne Ereignisse, einzelne Texte aus der spanischen Geschichte des XIII., XIV. und XV. Jahrhunderts mit den in der Mediävistik gängigen typologischen Begriffen erfassen wollen. Nirgends – etwa – ist die Genealogie als Prinzip der Herrscher-Sukzession so früh in Frage gestellt worden wie in Kastilien, nirgends finden sich eher als dort quellenkritische Erwägungen in der mittelalterlichen Historiographie. Solche ›mittelalterliche Subjektivität‹ scheint zunächst jegliche Stabilität der Herrschaft verhindert zu haben – noch um 1450 erinnern die Kriege zwischen den iberischen Königreichen und (innerhalb der Königreiche) die Rivalitäten einzelner Geschlechter im Kampf um die Herrschaft in ihrer Struktur durchaus an die Lage in Italien. Doch diese Parallele gilt allein im Hinblick auf die politische Situation; Spaniens Kultur hielt zur selben Zeit keinen Vergleich mit dem italienischen Renaissance-Humanismus aus. Das wußten am besten jene durchaus vereinzelten Gelehrten und Autoren, die sich inmitten der permanenten Kriegswirren bemühten, wenigstens ein Bild von der anderen, ganz neuen Kultur zu gewinnen.

In weniger als zwei Jahrzehnten – zwischen 1474 und 1492 – erstand aus solchem Chaos der erste moderne Staat, die vorherrschende Weltmacht im XVI. Jahrhundert. Man verbindet diesen wahrhaft unglaublichen Aufschwung, welcher den Übergang vom Mittelalter zur Neuzeit in geradezu dramatischer Weise verdichtet, mit der Herrschaft der ›*Katholischen Könige*‹, mit den Namen Fernando von Aragón und Isabel von Kastilien, durch deren Eheschließung zum ersten Mal seit Jahrhunderten die bedeutendsten Besitztümer und Machtpotentiale der iberischen Halbinsel vereint wurden. Humanistische Bildung war es nun gewiß nicht, um die Fernando und Isabel die anderen europäischen Herrscher ihrer Epoche überragten, und die Machiavelli bewog, im *Principe* Fernando ausdrücklich als Inkarnation des neuen Herrschers zu feiern[3]. Vielmehr legen ihre Taten den Eindruck nahe, daß sich unter der Herrschaft von Fernando und Isabel jene eigenartige, in der spanischen Geschichte so früh zu beobachtende ›mittelalterliche Subjektivität‹ zu *frühneuzeitlicher Zweckrationalität des politischen Handelns* konkretisiert hatte. Gewiß, diese These ist kühn, doch sie ließe sich durch eine Fülle von Detailbeobachtungen illustrieren und belegen, aus denen wir hier nur ein Beispiel – die Bedeutung des Wappens Fernandos von Aragón – herausgreifen wollen. Es zeigte den Gordischen Knoten (und schon die Auswahl dieses Motivs aus der Alexander-Überlieferung ist nicht ohne Signifikanz), welcher durch die Devise ›Tantum montat‹ kommentiert war. Bemerkenswert an Alexanders Handeln in diesem Exempel ist die Entkoppelung einer Aufgabe, eines Zwecks (›Lösen des Knoten‹) von einer Form der Aufgaben-Bewältigung (›Aufdröseln des Knotens‹), also die Negation einer Einheit von einem *Zweck* und *einem* Mittel, welche vor Alexander jedermann als in der Einheit der Aufgabe untrennbar verbunden angesehen hatte. Das Durchschlagen des Gordischen Knotens setzt eine Trennung von Zweck und Mitteln voraus, durch die allererst der Blick auf eine Pluralität von funktionsäquivalenten Lösungsmöglichkeiten frei wird, unter denen Alexander eben die einfachste – und drastischste – auswählt.

Im mittelalterlich-kosmologischen Weltbild waren die Ziele des menschlichen Lebens von Gott gesetzt, und ebenso wenig wie die Ziele des Lebens waren den Menschen die Wege, diese Ziele zu erreichen, zur Auswahl anheimgestellt. Vielmehr müssen wir voraussetzen, daß Ziele und Wege ihrer Verwirklichung als Elemente einer und derselben Kosmologie kaum prägnant unterscheidbar waren. Fernando und Isabel hingegen, das zeigen all ihre bedeutenden politischen Handlungen und Strategien, steckten ihre Ziele bewußt selbst ab, machten also aus den Zielen Zwecke des Handelns, und konnten deshalb nicht nur unter verschiedenen ›Mitteln zum Zweck‹ auswählen, sondern auch die Wert-Relation zwischen eingesetzten Mitteln und angestrebtem Zweck immer wieder überdenken. Genau diese Flexibilität in der Korrelierung von Zwecken und Mitteln bewunderte Machiavelli an Fernando von Aragón: daß er Religion als einen ›Mantel‹ seiner Politik zu nutzen wußte, daß er seine Truppen in beständiger Bewegung hielt, nicht etwa, um stets den einen oder anderen strategisch wichtigen Punkt zu erreichen, sondern – ganz allgemein – um seine Gegner im Ungewissen über die eigene Strategie zu halten.

Gewiß war es eine Folge dieser mentalen Beweglichkeit und des in ihr fundierten politischen Handelns, daß sich das spanische Reich der Katholischen Könige seit Beginn des XVI. Jahrhunderts auf *drei Welten an seinen Außenhorizonten* öffnete. Zum einen auf die neue Kultur *Italiens*, wo das Königreich Aragón schon im XIV. Jahrhundert erhebliche Besitztümer erworben hatte, ohne daß über lange Jahrzehnte ein wirklicher Prozeß der Aneignung des Humanismus durch die Spanier in Gang gekommen wäre. Erst nach 1500 wurden auch für mehr und mehr Spanier die fremden Sprachen des Altertums zu einer Passion, und in der Gestalt von Garcilaso machten nun auch jenseits der Pyrenäen die Ideale des formenbewußten Poeten und des Renaissance-Höflings von sich reden. Bildete die fremde Welt Italiens für das neue Spanien einen kulturellen Horizont der *Vergangenheit*, so prägte die über dynastische Verbindungen hergestellte Beziehung zu einer zweiten Welt, die zunächst nur politische Nähe zu den *Niederlanden*, den *Alltag der spanischen Gegenwart* nach 1500. Von dort kamen die wesentlichen Impulse einer entschlossen durchgesetzten Reform des religiösen Lebens, welche am Ideal des ›Laienpriestertums‹ orientiert war, an der Umstellung der Vermittlung von Glaubensinhalten auf direkte Erfahrung in der Lektüre der Heiligen Schriften, auf ethische Disziplinierung des Lebens. Die dritte Welt, in die sich Spanien seit dem Ende des XV. Jahrhunderts hineinbewegte, war *Amerika*, jener Kontinent, welcher, als man ihn endlich als einen neuentdeckten Kontinent identifiziert hatte, konkreter denn irgendeine andere zeitgenössische Erfahrung die Frage nach der Revisionsbedürftigkeit und Revidierbarkeit der überkommenen Kosmologie provozierte. Bald schon bildete die neuentdeckte ›Neue Welt‹ für das spanische Königreich auch in einer spezifischen Weise den *Zukunftshorizont* des Handelns: denn die europäischen Kriege, in denen Karl V. und Philipp II. die Hegemonie ihrer Krone zu erhalten suchten, waren finanzierbar nur mit Krediten, die zunächst in der Erwartung künftiger Edelmetallimporte aus den amerikanischen Kolonien problemlos flossen.

Keines der epochemachenden Ereignisse aus der Regierungszeit der Katholischen Könige übrigens veranschaulicht ähnlich eindrucksvoll wie die Entdeckung Amerikas den Sachverhalt, daß die Neuzeit in Spanien nicht unter dem Horizont humanistischer Gelehrsamkeit anbrach, sondern als Folge subjektzentriert-zweckrationalen Handelns. Schon im Jahr 1486 hatte Kolumbus in Córdoba Gelegenheit gehabt, Fernando und Isabel sein Projekt zur

Erschließung eines neuen Seewegs nach Indien vorzutragen; und so groß das Interesse der spanischen Krone an einer solchen Verbesserung der Infrastruktur ihres Handels angesichts einer damals verschärften Konkurrenz mit Portugal auch gewesen sein mochte, schon das Faktum dieses Empfangs ist erstaunlich. Denn im Jahr 1486 war Kolumbus nicht mehr als ein exzentrischer Abenteurer obskurer Herkunft, dessen Pläne kurz zuvor auf Anraten der in allen Fragen der Navigationstechnik hochkompetenten Berater des portugiesischen Königs verworfen worden waren. Auch in Spanien versammelte man schon 1487 eine Expertenkommission an der Universität Salamanca, welche Fernando und Isabel dringend abriet, auf die Vorschläge des Kolumbus einzugehen (heute wissen wir, daß er die Entfernung zwischen der iberischen Halbinsel und China aufgrund einer Reihe von Berechnungsfehlern tatsächlich erheblich unterschätzt hatte). Dennoch erteilten ihm die Katholischen Könige zunächst keine definitive Absage, und auf die Frage, warum – wohl vor allem – Isabel von Kastilien sich im Frühjahr 1492 entschloß, dann doch die geplante Expedition mit drei Karavellen auszustatten, wissen die Historiker keine bündige Antwort. Man könnte freilich vermuten, daß diese Entscheidung auf der Grundlage der neuzeitlichen Motivations-Figur des ›kalkulierten Risikos‹ getroffen wurde. Die Fähigkeit, ein ›kalkuliertes Risiko‹ eingehen zu können, setzte nicht nur – wie wir schon gesehen haben – eine Trennung der Zwecke von den Mitteln und die Bereitschaft voraus, verschiedene zur Anwendung geeignete Mittel untereinander zu vergleichen, sie stellte darüber hinaus eine Korrelation zwischen der Wahrscheinlichkeit der Verwirklichung des angestrebten Zwecks und der Obergrenze der dafür vernünftigerweise einzusetzenden Mittel her. Die mit dem Unternehmen des Kolumbus verbundene Verlust-Gefahr mag nun der Katholischen Königin im Frühjahr 1492 gegenüber Gewinn-Chancen deshalb auf ein vertretbares Maß reduziert erschienen sein, weil »das Unternehmen ... größtenteils von privaten Geldgebern finanziert wurde und der wichtigste ›Beitrag‹ der Königin darin bestand, daß sie die Stadt Palos de Moguer quasi als Buße für ein uns nicht näher bekanntes Vergehen gegen die Krone dazu ›verurteilte‹, auf eigene Kosten Kolumbus für den Zeitraum von zwölf Monaten zwei Schiffe plus Mannschaft zur Verfügung zu stellen«[4]. Nicht die Tatsache, daß Kolumbus 1492 – allen berechtigten Einwänden frühneuzeitlicher Wissenschaft entgegen – einen neuen Kontinent entdeckte, macht die Modernität von Isabels politischem Handeln aus, sondern die uns rekonstruierbare Gewißheit, daß auch ein Fehlschlag dieser Expedition die Finanzen des spanischen Staats kaum in Unordnung gebracht hätte.

Wir haben – einleitend – gesehen, wie Subjektivität des Denkens und Handelns gerade in der spanischen Geschichte Voraussetzung für die Erschließung neuer Welten, mithin für den Übergang vom Spätmittelalter zur Frühen Neuzeit war. Damit ist noch längst nicht behauptet, daß die Struktur solcher Subjektivität schon eine hinreichende Grundlage für die Erfahrung der *Fremd-*

heit neuer Welten bot. Die Suche nach Spuren der Erfahrungsbildung in den Kolonialchroniken des XVI. Jahrhunderts wird unter der Frage stehen, ob es die allererst die Entdeckung ermöglichenden Zwecke waren oder die Exotik des unter diesen Zwecken Entdeckten, welche in den Köpfen der Eroberer und Kolonisatoren dominierten.

2. *Erfahrung vs. Eroberung*

»Tuvieron la mar como el río de Sevilla«, vermerkte Kolumbus am 8. Oktober 1492, wenige Tage nachdem seine Expedition zum ersten Mal Land gesichtet hatte, in seinem Bordbuch (das uns allein durch eine fünfzig Jahre später entstandene Kompilation des Kolonialhistoriographen Fray Bartolomé de las Casas überliefert ist). »Y después junto con la dicha isleta están huertas de árboles las más hermosas que yo ví tan verdes y con sus hojas como las de Castilla en el mes de abril y mayo«[5], lesen wir unter dem Datum des 14. Oktober 1492. In einem Brief an die Katholischen Könige, der von seiner dritten Expedition berichtete, beschrieb Kolumbus die Insel Trinidad unter ganz ähnlicher Perspektive: »Y allí hobiera muy buen puerto si fuera fondo, y había casas y gente y lindas tierras, atán fermosas y verdes como las huertas de Valencia en marzo.« Vierundzwanzig ›Indianer‹, die ihm östlich von dieser Siedlung in einem Kanu rudernd begegneten, sah er »de muy lindo gesto y fermosos cuerpos y los cabellos largos y llanos, cortados a la guisa de Castilla, y traían la cabeza atada con un pañuelo de algodón tejido a labores y colores«[6].

Die Mündung des Guadalquivir in Sevilla, die kastilische Baumblüte in den Monaten April und Mai, die Huerta von Valencia und die Haartracht der Kastilier – das sind Erinnerungsbilder und recht konventionelle Wissenselemente, mittels derer Kolumbus wohl nicht nur ›der Nachwelt‹ (als kollektivem Adressaten des Bordbuchs, der seinen Nachruhm sichern sollte) und den Katholischen Königen seine Erfahrungen von der ›Neuen Welt‹ vermittelte, sondern durch die er gewiß seine Erfahrungen allererst gebildet hatte. Solche Wissenselemente können Gegenstände der Wahrnehmung, welche das Bewußtsein ›thematisiert‹, also in das Zentrum seiner Aufmerksamkeit gerückt hat, interpretieren und in gestalthafte neue Erfahrung umsetzen, indem sie ihre eigene Struktur eben auf die thematisierten Wahrnehmungsgegenstände projizieren, was dann bedeutet, daß nur jene Merkmale des thematisierten Wahrnehmungsgegenstands erfaßt und bewußt werden, zu denen es Äquivalente in der Struktur des interpretationsrelevanten Wissenselements gibt. Wer sich vom Meer der Karibik an die Mündung des Guadalquivir und von den Haarschöpfen der Eingeborenen an die Haartracht der Kastilier erinnern ließ, auf den mußte die Neue Welt erstaunlich vertraut wirken. Ähnlich scheint es Hernán Cortés gegangen zu sein, als er zum ersten Mal die Hauptstadt der Azteken betrat, wenn er auch deutlicher als Kolumbus das eigene Verdienst durch eine Steigerung der Proportionen ins Gigantische hervorhob:

Tiene cuatro entradas, todas de calzada hecha á mano, tan ancha como dos lanzas jinetas. Es tan grande la ciudad *como Sevilla y Córdoba.* Son las calles della, digo las principales, muy anchas y muy derechas ... Tiene esta ciudad muchas plazas, donde hay continuos mercados y trato de comprar y vender. Tiene otra plaza tan grande *como dos veces la ciudad de Salamanca,* toda cercada de portales al rededor, donde hay cotidianamente arriba de sesenta mil ánimas comprando y vendiendo; donde hay todos los géneros de mercadurías que en todas las tierras se hallan, así de mantenimiento como de vituallas, joyas de oro y de plata, de plomo, de laton, de cobre, de estaño, de piedras, de huesos, de conchas, de caracoles y de plumas; véndese tal piedra labrada y por labrar de diversas maneras. Hay calle de cazas donde venden todos los linajes de aves que hay en la tierra, así como gallinas, perdices, codornices, lavancos, dorales, zarcetas, tórtolas, palomas, pajaritos en cañuela, papagayos, búharos, águilas, falcones, gavilanes y cernícalos, y de algunas aves destas de rapiña venden los cueros con su pluma y cabezas y pico y uñas[7].

Was wir hier vermissen, ist das Staunen der Konquistadoren; was uns verblüfft, ist die Selbstverständlichkeit, mit der sie jedem Wahrnehmungsgegenstand aus der neuen Welt eine Erfahrungsgestalt aus der alten Welt zuordneten. An Aspekten der Fremdheit auf dem entdeckten Kontinent waren sie so wenig interessiert, daß sie immun schienen gegen alle sich aufdrängenden Anlässe zur Revision ihrer Erfahrungsprämissen. So wissen wir, daß Kolumbus 1506 in der festen Überzeugung starb, einen neuen Seeweg nach Indien erschlossen zu haben, obwohl mittlerweile neben den Gelehrten in der Heimat auch seine Begleiter auf den Reisen Anlaß zum Zweifel gefunden hatten. Diese Zweifel wollte – und konnte – Kolumbus von sich fernhalten, indem er auf seiner zweiten Expedition feierlich einen Eid auf die Erfahrung schwor, daß eine Insel, auf der man gelandet war, tatsächlich – wie er behauptete – Cathay sei. In Wirklichkeit muß es sich um das heutige Cuba gehandelt haben[8]. Wo man geographisches und ethnologisches Wissen der mittelalterlichen Kosmologie, deren einzelne Elemente fast immer aus den Heiligen Schriften deduziert und fast nie in direktem Erleben konstituiert worden waren, auch entgegen abweichender Anschauung unangetastet ließ, da konnte die alte Kosmologie Orientierungsrahmen für das Handeln der Eroberer bleiben und mithin die Gestalt spezifisch kolonialer Institutionen prägen. Auf einen solchen, gänzlich unflexiblen Prozeß der Sinnbildung verweisen die Geschichte des Prädikats und des Begriffs ›Kannibale‹ und der – bis in unsere Gegenwart selten angezweifelte – Glaube an die Allgegenwart von Menschenfressern auf dem südamerikanischen Subkontinent zum Zeitpunkt seiner Entdeckung durch die Europäer.

Kolumbus hört das Wort *caribes* zuerst von einem Stammesfürsten, (›señor rey‹), den er zum Gastmahl eingeladen hatte. Am 26. Dezember 1492 schreibt er in das Bordbuch seiner ersten Reise:

El señor ya traía camisas y guantes que el Almirante (sc. Kolumbus) le había dado y por los guantes hizo mayor fiesta que por cosa de las que lo dió. En su comer, con su honestidad y hermosa manera de limpieza se mostraba bien ser de linaje. Despues de haber comido que tardó buen rato a estar a la mesa trujeron ciertas hierbas con que se fregó mucho las manos. Creyó el Almirante que lo hacía para ablandarlas y dieronle aguamanos. Después que acabaron de comer llegó a la playa el Almirante y el Almirante envió por un arco turquesco y un manojo de flechas y el Almirante hizo tirar a un hombre de su companía que sabía de ello; y el señor como no sepa que sean armas, porque no las tienen ni las usan le pareció gran cosa. Aunque diz que el comienzo fué *sobre habla de los de Caniba, que ellos llaman caribes,* que los vienen a tomar y traen arcos y flechas *sin hierro*, que todas aquellas tierras no habían memoria de él ni de acero ni de otro metal salvo de *oro y de cobre* aunque cobre no había visto sino poco el Almirante. El Almirante le dijo por señas que los reyes de Castilla mandarían destruir a los Caribes y que a todos se los mandarían traer las manos atadas. Mandó el Almirante tirar una lombarda y una espingarda, y viendo el efecto que su fuerza hacían y lo que penetraban quedó maravillado. Y cuando su gente oyó los tiros cayeron todos en tierra[9].

Kolumbus war so sicher, daß es sich bei dem Wort ›caribes‹ eigentlich um ›caniba‹ handeln mußte, weil es für die letztere Bezeichnung einen Ort und eine Identität in seiner geographischen Vorstellungswelt gab. Die ›canibas‹ waren die Völker unter der Herrschaft des Großen Khan, welche in ›Indien‹ anzutreffen ihn natürlich keineswegs verwunderte. Mit der Fama des Großen Khan aber waren Berichte der den ›caribes‹ benachbarten Stämme über deren Grausamkeit durchaus vereinbar. Deshalb sollte das Versprechen die ›canibas/caribes‹ bald ›mit gebundenen Händen‹ nach Spanien zu bringen, gewiß nicht allein den Gast des Kolumbus beruhigen und beeindrucken; eine solche Tat mußte auch ihm und seiner Mannschaft als lohnend – weil ruhmesträchtig – erscheinen. Tatsächlich versuchte er später, im Bericht über seine zweite Expedition, die Katholischen Könige genau für dieses Projekt zu gewinnen:

porque entre las otras islas las de los Caníbales son mucho grandes y mucho bien pobladas, parecerá acá que tomar de ellos y de ellas y enviarlos allá a Castilla non sería sino bien, porque quitarles habían una vez de aquella inhumana costumbre que tienen de comer hombres ... Aun entre estos pueblos que no son de esas costumbres se ganaría gran crédito por nosotros, viendo que aquéllos prendiésemos y cativásemos de quien ellos suelen recibir daños y tienen tamaño miedo que del hombre solo se espantan[10].

Bald sollten die spanischen Eroberer in jeder Kultstätte des neuen Kontinents – mindestens – eine Schlachtbank für Menschenopfer mit verdächtigen Blutspuren sehen, bald waren unzählige Leser in Europa von ihren Kannibalismus-Schilderungen fasziniert. Der bloße Verweis auf einen Hörfehler und auf die von Kolumbus internalisierte Kosmologie erklärt eine solche Faszination nicht. Sie mußte in tieferen Dispositionen und Anlässen fundiert sein[11], – zu denen vielleicht die vom christlichen Mythos des Abendmahls mehr als nur konnotierte, aber dennoch auch verdrängte Anthropophagie gehörte.

Wenn Kolumbus – und viele derer, die ihm folgten, – in der neuen Welt so wenig Neues fanden, so lag das nicht allein – und nicht einmal primär – daran, daß sie die neue Welt mit Elementen des Wissens über die ihnen vertraute Welt interpretierten. Denn kein Prozeß der Erfahrungsbildung kann anders als mit einer Deutung des Neuen durch das Vertraute beginnen. Vielmehr modifizierte Kolumbus die Elemente seines Vor-Wissens wohl deshalb so wenig, weil er allzu gut wußte, was er *finden wollte.* Auf eine dieser vorgegebenen Aufmerksamkeitsrichtungen, auf *Gold und Silber*, verweist etwa die Digression, welche von einem Detail in der zitierten Beschreibung der Waffen der ›caribes‹ abzweigt. Daß ihn die ›Indianer‹ vor allem als *potentielle Sklaven* und als *potentielle Konvertiten* interessierten, beweisen die folgenden Sätze aus dem Bordbuch unter dem Datum des 11. Oktober 1492:

> Ellos todos a una mano son de buena estatura de grandeza y buenos gestos, bien hechos. Yo vide algunos que tenían señales de feridas en sus cuerpos, y les hice señas qué era aquello, y ellos me amostraron cómo allí venían gente de otras islas que estaban acerca y les querían tomar y se defendían. Yo creí e creo que aquí vienen de tierra firme a tomarlos por captivos. Ellos deben ser *buenos servidores* y *de buen ingenio*, que veo que muy presto dicen todo lo que les decía, y creo que *ligeramente se harían cristianos*; que me pareció que ninguna secta tenían. Yo, placiendo a Nuestro Señor, llevaré de aquí al tiempo de mi partida seis a V.A. para que deprendan fablar. Ninguna bestia de ninguna manera vide, salvo papagayos en esta isla[12].

Die Frage nach der Bereitschaft der ›Indianer‹ zur Konversion scheint ebenso abhängig vom Problem der Einschätzung ihres Gebrauchswertes als Sklaven wie von der religiös-politischen Verpflichtung zur Missionierung – nicht zufällig werden sie in einem Atemzug mit wilden Tieren und Papageien genannt.

In den Jahren, welche zwischen den Expeditionen des Kolumbus und den Eroberungszügen von Hernán Cortés verstrichen, institutionalisierte sich nicht allein dieser Stil der ›Erfahrungsbildung‹; auch die Motivationsrichtungen, unter denen sich die Spanier ihre neue Welt aneigneten, variierten kaum. Die Gier des Hernán Cortés nach den Reichtümern der Azteken prägte seine bereits angeführte Schilderung von den Märkten ihrer Hauptstadt. Als Glaubenskämpfer präsentierte er sich bei der Darstellung von aztekischen Kultstätten:

> Hay tres salas dentro desta gran *mezquita*, donde están los principales ídolos, de maravillosa grandeza y altura, y de muchas labores y figuras esculpidas, así en la cantería como en el maderamiento, y dentro destas salas están otras *capillas* que las puertas por do entran á ellas son muy pequeñas, y ellas asimismo no tienen claridad alguna, y allí no están sino aquellos religiosos, y no todos; y dentro destas están los bultos y figuras de los ídolos, aunque, como he dicho, de fuera hay tambien muchos. Los mas principales destos ídolos, y en quien ellos mas fe y creencia tenian, *derroqué de sus sillas y los fice echar por las escaleras abajo, é fice limpiar aquellas capillas donde los tenian, porque todas estaban llenas de sangre, que sacrifican*, y puse en ellas imágenes de nuestra Señora y de otros santos, que no poco el dicho Muteczuma y los naturales sintieron ...[13]

›Schlimmer‹ können wir uns das Verhalten gegenüber einer ›fremden Kultur‹ (als leicht hypokrite ›aufgeklärte Menschen‹ des XX. Jahrhunderts) kaum vorstellen. Unsere Entrüstung gelingt umso leichter, wenn wir vergessen, daß dieser durch seine markanten Motivationsrichtungen so enorm reduktive Habitus der Fremdinterpretation zur wichtigsten Voraussetzung für die weltweite Dominanz christlich-europäisch-abendländischer Kultur wurde. Er machte eine Überlegenheit – besser: eine Durchsetzungsfähigkeit – der spanischen Konquistadoren und ihres Gefolges aus, welche auch die kaum meßbare Überzahl der Amerikaner nie aufwiegen konnte[14]. Als Montezuma, der Aztekenherrscher, Kunde von der Landung der Spanier erhielt, hatte er gemäß dem kosmologischen Wissen seiner Kultur konkreten Anlaß zu glauben, daß es sich um die Heimkehr von Göttern und Heroen aus der Vorzeit der eigenen Geschichte handelte, die als unmittelbar bevorstehend angekündigt war. Doch Montezuma wollte Gewißheit, er wollte seine Herrschaft nicht unnötig aufs Spiel setzen. Deshalb sandte er den Ankömmlingen Zauberer und Diener entgegen, welche ihnen Menschenfleisch und andere mit Menschenblut benetzte Speisen anbieten sollten. Hinter dieser Vorsichtsmaßnahme stand die folgende Erwartungsalternative: handelte es sich tatsächlich um die zurückkehrenden Götter, so könnte ihnen kein Zauber etwas anhaben, und sie würden die angebotenen rituellen Speisen essen; sollten aber je Fremde ins Reich der Azteken eingedrungen sein, so müßten sie dem Zauber erliegen und würden das grausige Mahl verschmähen. Natürlich entsprach das Verhalten von Cortés und seinem Gefolge *keiner* der beiden Alternativen: der Zauber scheint keine Wirkung auf sie gehabt zu haben, aber sie kosteten auch nicht von dem Menschenfleisch (stattdessen spuckten manche von ihnen darauf, andere mußten sich übergeben). Von dem Augenblick an, in dem Montezuma von dem für ihn ambivalenten, mit seinem Wissen nicht interpretierbaren Verhalten der Ankömmlinge erfuhr, befiel ihn und seine Berater eine wahre Lähmung des Denkens und des Handelns, in welcher der Untergang des Aztekenreiches begründet war. Die aztekische Geschichtsschreibung über das Ende der eigenen Welt vermerkt an der entsprechenden Stelle: »Montezuma war verwirrt und bestürzt; er war von Grauen erfüllt und dachte nicht daran, was mit der Stadt geschehen würde. Auch die Einwohner waren entsetzt und besprachen untereinander das Geschehen. In den Straßen versammelte sich das Volk, es gab Streit und Gerüchte, es wurde geweint und geklagt. Die Leute waren niedergeschlagen, sie gingen gebeugten Hauptes einher und begrüßten einander unter Tränen«[15].

Gewiß gab es wenige Konquistadoren, welche den Humanitätsstandards von Intellektuellen unserer Gegenwart genügt hätten. Doch weniger abstoßende und kurzweiligere Kolonialhistoriographen als Kolumbus und Hernán Cortés lassen sich allemal finden. Die größten Sympathien außerhalb Spaniens genoß seit jeher Fray Bartolomé de las Casas – den freilich spanische Patrioten bis heute bezichtigen, einer der Väter jener ›*Leyenda negra*‹ zu sein, welche die

Fama von religiösem Fanatismus und Grausamkeit zur nationalhistorischen Identität Spaniens machte. Weit über die Grenzen Spaniens hinaus war Las Casas schon zu Lebzeiten durch eine *Brevissima Relacion de la Destruycion de las Indias* berühmt geworden, die erst 1552 als Buch erschien, obwohl sie nach der Absicht ihres Autors auf ein Ereignis des Jahres 1542 bezogen war, nämlich auf die Ratifizierung neuer Kolonialgesetze durch Karl V., deren Haupttendenz es war, die Menschen der Neuen Welt im Namen christlicher Ethik gegen die Übergriffe der Eroberung und beginnenden Kolonisierung zu schützen. Sein schriftstellerisches Hauptwerk hingegen, die *Historia general de las Indias*, in der aus derselben Perspektive die Geschichte Amerikas seit dem Jahr 1492 unter Einbeziehung aller zur Verfügung stehenden Quellen erzählt und analysiert werden sollte, konnte Bartolomé de las Casas nicht abschließen. Gewiß rechtfertigt Las Casas' Ziel seinen oft mit dem Postulat ›historiographischer Objektivität‹ konfligierenden Rückgriff auf die Mittel schärfster Polemik – dennoch sollten wir nicht vergessen, daß in die von Las Casas geschürte Entrüstung des frühneuzeitlichen Europa auch Neid gegenüber dem spanischen Weltreich und die Hypokrisie der Zuspätgekommenen einflossen. Viel wichtiger für uns ist allerdings die Beobachtung, daß seine so leidenschaftlich verfochtene, ethisch hochstehende Intention Bartolomé de las Casas ebenso den Zugang zu potentieller Alteritätserfahrung versperrte, wie es Habgier und militärischer Missionseifer in den Berichten des Kolumbus und des Hernán Cortés getan hatten. »En estas ovejas mansas«, heißt es zu Beginn der *Brevissima Relacion*, »y de las calidades susodichas por su Hacedor y Criador así dotadas, entraron los españoles, desde luego que las conocieron, como lobos e tigres y leones cruelísimos de muchos dias hambrientos«[16]. Klarer könnte die seinen Diskurs fundierende semantische Basisopposition nicht artikuliert sein. Sie steht am Anfang einer Tradition europäischer Ethnologie und Literatur, in der die Einwohner des neuen Kontinents zur Inkarnation des Prinzips von der ›verfolgten Tugend‹ wurden. Während die konzeptuelle Armut seines Denkens und die vom Zwang zum Handeln auferlegte Sparsamkeit des Interpretierens einen Hernán Cortés verpflichteten, die ›Indianer‹ als Feinde der Christenheit, als ›Heiden‹ zu sehen und mit den Mohammedanern als der – zumal für Spanier – dominanten Inkarnation dieser Kategorie im sozialen Wissen zu identifizieren, sieht man schon an der biblischen Metaphorik, mit der sich die genannte semantische Basisopposition bei Las Casas artikuliert, daß sein Diskurs die Eingeborenen in den paradiesischen ›Stand der Unschuld‹ rücken mußte. Genau in diesem Sinn hat er dann auch den Bericht des Kolumbus über seine erste Begegnung mit den Menschen der Neuen Welt umgestaltet:

> Viendo el Almirante y los demás su simplicidad, todo con gran placer y gozo lo sufrían; parábanse a mirar los cristianos a los indios, no menos maravillados que los indios dellos, cuánta fuese su mansedumbre, simplicidad y confianza de gente que nunca cognoscieron, y que, por su aparencia, como sea feroz, pudieran temer y huir

dellos; cómo andaban entre ellos y a ellos se allegaban con tanta familiaridad y tan sin temor y sospecha, como si fueran padres y hijos; cómo andaban desnudos, como sus madres los habían parido, con tanto descuido y simplicidad, todas sus cosas vergonzosas de fuera, *que parecía no haberse perdido o haberse restituído el estado de la inocencia, en que un poquito de tiempo, que se dice no haber pasado de seis horas, vivió nuestro padre Adán.* No tenían armas algunas, sino eran unas azagayas, que son varas con las puntas tostadas y agudas, y algunas con un diente o espina de pescado, de las cuales usaban más para tomar peces que para matar algún hombre, también para su defensión de otras gentes, que diz que les venían hacer daño[17].

Der pragmatische Stellenwert der hier eingebrachten *Genesis*-Anspielung ist nicht sicher zu bestimmen: textimmanent läßt sich jedenfalls – anhand der Verbform ›parecía‹ – nicht entscheiden, ob die ›paradiesische Unschuld‹ den Menschen des neuen Kontinents als Metapher oder als Prädikat attribuiert werden sollte. Las Casas' Rezipienten scheinen zu der zweiten Möglichkeit geneigt zu haben, und sie prägte als Sinnprämisse langfristig *einen* Typ der Einstellung und des Verhaltens von Europäern gegenüber den amerikanischen Kulturen ebenso nachhaltig wie das mit der Ersetzung des Namens ›caribe‹ durch das dem Kolumbus vertrautere ›canibe‹ für eine *andere* Attitüde der Fall gewesen war.

Die semantische Basisopposition von der ›Unschuld der Indianer‹ und der ›Grausamkeit der Spanier‹ macht Bartolomé de las Casas zu einem für unsere Gegenwart sympathischen Kolonialhistoriographen, doch ihre Wiederkehr macht von Kapitel zu Kapitel die Lektüre seiner Bücher auch monoton. Abwechslungsreichere Chroniken über die Neue Welt hatten während des XVI. Jahrhunderts vor allem Autoren verfaßt, welche den amerikanischen Kontinent entweder nie oder doch sehr lange Zeit vor der Aufzeichnung ihrer Berichte gesehen hatten. Bernal Díaz del Castillo etwa begann gegen 1568, aus seiner Erinnerung als Augenzeuge im Gefolge von Hernán Cortés die Eroberung des Aztekenreichs während der frühen zwanziger Jahre zu erzählen. Da sein Diskurs – wie die *Cartas* von Cortés – weitgehend an die Abfolge der Erlebnisse und Ereignisse in Mittelamerika gebunden scheint, läßt sich sein Text immer wieder mühelos mit Cortés Darstellungen konfrontieren. Dabei tritt zum einen eine verständliche Tendenz des bis dahin unbekannt gebliebenen Mitstreiters hervor, die Gestalt von Hernán Cortés zu entheroisieren; vor allem aber geraten die Szenen von Bernals Chronik bunter, detaillierter, exotischer. In jenem Kapitel, das bei ihm dem Besuch der Kultstätte im Zentrum der Aztekenhauptstadt gewidmet ist, finden wir anstelle der von Cortés behaupteten Zerstörung von Götzenbildern und statt einer verschüchterten Reaktion Montezumas auf seiten der Spanier nicht mehr als einen durchaus vorsichtigen Ansatz missionarischer Rede, den die Drohgebärden der Azteken abrupt unterbrechen. Im Hinblick auf das Thema der Menschenopfer jedoch muten die Ausführungen von Bernal Díaz del Castillo gegenüber dem Vorwissen anderer Autoren an wie das Protokoll ethnologischer Spurensicherung:

... y estaban allí unos braseros con incienso, que es su copal, y con tres corazones de indios de aquel dia sacrificados, é se quemaban, y con el humo y copal le habian hecho (sc. a su ídolo) aquel sacrificio; y estaban todas las paredes de aquel adoratorio tan bañadas y negras de costras de sangre, y asimismo el suelo, que todo hedia muy malamente. ... y este Tezcatepuca era el dios de los infiernos, y tenia cargo de las ánimas de los mejicanos, y tenia ceñidas al cuerpo unas figuras como diablillos chicos, y las colas dellos como sierpes, y tenia en las paredes tantas costras de sangre y el suelo todo bañado dello, que en los mataderos de Castilla no habia tanto hedor; y allí le tenian presentado cinco corazones de aquel dia sacrificados ...
... y todo estaba lleno de sangre, así paredes como altar, y era tanto hedor, que no viamos la hora de salirnos afuera, y allí tenian un tambor muy grande en damasia, que cuando le tañian el sonido dél era tan triste y de tal manera, como dicen instrumento de los infiernos, y mas de dos leguas de allí se oia; y decian que los cueros de aquel tambor eran de sierpes muy grandes; é en aquella placeta tanian tantas cosas muy diabólicas de ver, de bocinas y trompetillas y navajones, y muchos corazones de indios que habian quemado, con que zahumaban aquellos sus ídolos, y todo cuajado de sangre, y tenian tanto, que los doy á la maledición; y como todo hedia á carniceria, no viamos la hora de quitarnos de tan mal hedor y peor vista ...[18]

Es kann uns nun nicht darum gehen, von Fall zu Fall zu überprüfen, ob sich Hernán Cortés oder ob sich Bernal Díaz del Castillo an die Wahrheit gehalten hat. Vielmehr wollen wir verstehen, warum der Bericht des Bernal Díaz del Castillo soviel reicher an – erfundenen oder wahren – Einzelheiten, an – fingierter oder authentischer – Erfahrung kultureller Fremdheit geriet. Der in dieser Hinsicht markante Kontrast zu den Briefen seines ›capitán‹ muß, so glauben wir, durch den Umstand bedingt gewesen sein, daß das Interesse von Bernal Díaz del Castillo an der Welt der Azteken beim Abfassen seiner Chronik wohl ein distanzierteres und diffuseres gewesen sein muß als das von Hernán Cortés, welcher seine Erlebnisse (oder was er dafür ausgab) in unmittelbarer räumlicher, zeitlicher und affektiver Nähe zu dieser Welt notierte. Mit anderen Worten: es scheint, daß es sich ein Autor erst aus räumlicher Distanz und bei geringer Prägnanz der Darstellungsintention leisten kann, auch auf Aspekte der fremden Welt einzugehen, welche für seine Reaktion auf die fremde Welt keine oder bloß geringe Relevanz haben.

Genau diese Vermutung trifft jedenfalls auf jene Serie von Büchern eines italienischen Humanisten unter den Beratern der Katholischen Könige zu, Peter Martyr von Anghiera, deren erster Teil 1503 in Alcalá unter dem Titel *De Orbe Novo* erschien. Peter Martyr von Anghiera hatte den amerikanischen Kontinent selbst nie gesehen, doch in seinen Darstellungen, die zunächst im Auftrag italienischer Adliger oder Kirchenfürsten entstanden, konnte er nicht nur auf die stets rasch im Druck verbreiteten Berichte und Briefe der ersten Entdecker und Eroberer zurückgreifen, sondern nach der Gründung des staatlichen *Consejo de las Indias*, dessen Mitglied er wurde, auch auf nicht für die Öffentlichkeit bestimmte Geheiminformationen und Dokumente. Wo immer aber seine Erzählungen und Beschreibungen über den Informationsgehalt benutzter Augenzeugenberichte hinausgingen, hat Peter Martyr von Anghiera Elemente kosmologischen Wissens benutzt, wie es schon lange vor dem Entdeckungs-Jahr 1492 verfügbar gewesen war. Doch während der Quellenwert seiner Darstellung deshalb den Augenzeugen-Berichten notwendig unterlegen blieb, verschmolzen bei Anghiera die Distanz zum neuen Kontinent und seine humanistische Vorbildung zu einem intellektuellen und diskursiven Habitus, welcher – zumindest – mehr *Möglichkeiten* des Fremderlebens und seiner Umsetzung in innovative Erfahrung offenließ als das Gros der frühen Reisetagebücher. Daß man Anghiera diese Leistung – trotz aller offensichtlichen Irrtümer und Projektionen – nicht absprechen kann, wollen wir mit einem Zitat aus dem vierten von acht Teilen seines Werks belegen. Es bestätigt, daß sich auch der humanistische Gelehrte – er freilich allein in der Welt seiner Imagination – dem neuen Kontinent nicht anders denn über Wissenselemente aus der eigenen kulturellen Tradition nähern konnte. Doch weil er sich weder von den Eingeborenen bedroht fühlen, noch die Absicht hegen mußte, sie als Beute und zukünftige Sklaven nach Spanien mitzubringen, stand er nicht unter dem Zwang, jeden Deutungsprozeß mit einer – motivationsrelevanten – Identifizierung durch Bekanntes möglichst bald zu schließen. Umgekehrt, auf Anghiera scheinen die in direkter Erfahrung gewonnenen Berichte über die Neue Welt gerade deshalb eine Faszination ausgeübt zu haben, weil sie den Gedanken nicht – zumindest nicht gänzlich – verboten, daß die Menschen des eben entdeckten Kontinents von der christlichen und von den (vermeintlich) vertrauten Welten bekannter ›Heidenvölker‹ verschieden waren:

> Die Götzendiener heißen dort Quines, in der Einzahl Quin; sie leben unverheiratet und sittenstreng; man verehrt sie in banger Ehrfurcht.
>
> Die Gebeine ihrer getöteten Feinde hängen jene Heiden, nachdem sie das Fleisch vorher selbst gegessen haben, in Bündel verschnürt gleichsam als Siegeszeichen zu Füßen der Götzenbilder auf und setzen die Ehrennamen der Sieger dazu.
>
> Und dann berichtet man noch etwas Bemerkenswertes, was Deine Heiligkeit gerne hören wird. Ihre Knaben und Mädchen bringen sie im Alter von einem Jahr in die Tempel, wo die Priester ihnen unter frommen Zeremonien aus einem Krug etwas Wasser *in Kreuzform* über den Kopf schütten und sie damit *offensichtlich* taufen. Die Worte, die sie dabei sprechen, *sind nicht zu verstehen*, aber ihre Bewegungen und *leisen* Sprüche darf man *beobachten und anhören*.
>
> Sie halten es *nicht* so wie die Mohammedaner oder Juden; denn sie sind *nicht* der Meinung, ihre Tempel würden dadurch entweiht, daß Andersgläubige an ihren heiligen Handlungen teilnehmen[19].

Einen frühen Höhepunkt erlangte dieser besondere diskursive Habitus zur Aneignung des Fremden schon im Jahr 1535 mit der Veröffentlichung des ersten Teils einer *Historia general y natural de las Indias*, deren Autor Fernández de Oviedo war. Vermutlich ist es auf eine Intrige von Bartolomé de las Casas zurückzuführen, daß die weiteren Teile seines Werks zu Lebzeiten des Autors nicht gedruckt – und deshalb erst um die Mitte des XIX. Jahrhunderts zugänglich – wurden. Fernández de Oviedo hatte Amerika zwar in eigener Anschauung kennengelernt; doch als von Karl V. ernannter königlicher Kolonialhistoriograph bemühte er sich durch persönliche Gespräche, ausführliche Lektüren und – vor allem – den ständigen Vergleich einzelner Informationen um Systematisierung und Bereicherung seiner primären Erinnerungen.

Außerdem scheinen diese markanten Tendenzen in der Darstellung des Fernández de Oviedo einer gewandelten Disposition der Leser von Kolonialchroniken in der zweiten Hälfte des XVI. Jahrhunderts zu entsprechen; mehr und mehr trat das Interesse am Wissen von einer fremden Welt an die Stelle des Bedürfnisses nach Vergegenwärtigung von Geschehen, nach Apologie und Kritik des Handelns. Eben deshalb taucht in den spanischen Literaturgeschichten ein zweiter Garcilaso auf, der sich schon zu Lebzeiten – im späten XVI. und frühen XVII. Jahrhundert – durch den Namenszusatz ›el Inca‹ von dem Ritter-Poeten aus der Zeit Karls V. absetzen konnte. Er war im Jahr 1539 als Sohn eines Kapitäns aus dem Gefolge von Gonzalo Pizarro und einer Enkelin des vorletzten Inkas geboren worden. 1560 schiffte er sich nach Spanien ein, wo er zunächst in dem kleinen andalusischen Ort Montilla, seit 1588 dann in Córdoba das beschaulich-bescheidene Leben eines ›hidalgo‹ bis zu seinem Tod am 24. April 1616 geführt zu haben scheint. Daß seine exotische Genealogie – ganz anders als die Herkunft der ›cristianos nuevos‹ – dem Inca Garcilaso ein besonderes Leser-Interesse sicherte, zeigt schon der Titel seiner ersten Buchveröffentlichung, in der diese Genealogie hervorgehoben wird, ohne daß sie in einem Zusammenhang mit dem Inhalt des Werks stünde: *La Traducción* del Indio *de los Tres Diálogos de Amor de León Hebreo.*

Etwa zwei Jahrzehnte später – in den Jahren 1609 und 1617 – erschienen in Lissabon jene beiden Werke, die den Inca Garcilaso berühmt machen sollten und als deren Autor er die Attraktivität seines Namens wie seiner Biographie allererst nutzte: die *Primera parte de los Comentarios Reales* und die *Historia General del Perú*. Im Proömium und im ersten Kapitel zu den *Comentarios Reales* präsentierte sich Garcilaso einerseits stolz als »natural de la ciudad del Cozco, que fué otra Roma en aquel Imperio«[20], und von diesem Identitäts-Aspekt wurde eine in doppelter Hinsicht spezifische Kompetenz abgeleitet: als ›gebürtiger Inca‹ könne er, Garcilaso, das Wissens-Panorama der Kolonialchroniken um ergänzende Angaben über seine Heimat bereichern; darüber hinaus sei er aufgrund seiner überlegenen Sprachkompetenz zu einer Reihe von Korrekturen und Erklärungen berufen. Auf der anderen Seite aber hob der Inca Garcilaso seine feste Absicht hervor, das Werk ganz auf der Grundlage seiner zweiten, christlichen Identität zu gestalten: »no con pretensión de otro interés mas que de servir a la república, para que se den gracias a Nuestro Señor Iesu Cristo y a la Virgen María su Madre«. Er trieb die Bescheidenheit – die Vorsicht? – so weit, daß er ostentativ Distanz nahm von den komplizierten und prekären Diskussionen philosophisch-kosmologischen Charakters (etwa über die Pluralität der Welten), welche die Entdeckung des amerikanischen Kontinents ausgelöst hatte: »no es aqueste mi principal intento, ni las fuerzas de un indio pueden presumir tanto«.

Diesen Vorsatz zur Vorsicht scheint der Inca Garcilaso sehr bald aufgegeben zu haben – freilich in höchst unverfänglicher Weise. Was sich schon in der Perspektivierung seiner Geburtsstadt Cuzco als ›neuem Rom in jenem Reich‹ abzeichnete, nämlich ein Bestreben, die Geschichte der Incas an die europäische Geschichte als eine Parallele zu assimilieren, um sie schließlich der europäischen Gegenwart als eine zweite Vorgeschichte zuzuordnen, das geriet ihm auch zur Basis für seine Beantwortung der Frage, ob der neu entdeckte Kontinent eine ›Neue Welt‹ sei. Und seine Lösung dieses Problems, von dem er zunächst vorsichtig Abstand genommen hatte, fiel dann auch tatsächlich so aus, daß man sie nur als Ausweis für die Orthodoxie des Autors verstehen konnte:

> ... mas confiado en la infinita misericordia digo, que a lo primero se podrá afirmar que no hay más que un mundo, y aunque llamamos Mundo Viejo y Mundo Nuevo, es por haberse descubierto éste nuevamente para nosotros, y no porque sean dos, sino todo uno. Y a los que todavía imaginaren que hay muchos mundos, no hay para qué responderles, siendo que se estén en sus heréticas imaginaciones hasta qué en el infierno se desengañen dellas[21].

Bis in die Pronomina und Verbalmorpheme hinein läßt sich die Entschlossenheit des christlichen Inca Garcilaso belegen, die Geschichte des amerikanischen Reichs aus der Perspektive der Spanier zu schreiben (aus dem Blickwinkel jener Kultur, für die der amerikanische Kontinent eben ein ›neu entdeckter Kontinent‹ war). Mit viel mehr Emphase und mit viel größerer Gewißheit als ein Jahrhundert zuvor betonte man in Spanien um 1600 die Vereinbarkeit dieser Entdeckung mit der überkommenen christlichen Kosmologie. Denn diese Kosmologie war – spätestens seit dem Tridentinum – der spanischen Gesellschaft wieder als verbindlicher Rahmen der Erfahrung und des Handelns auferlegt worden, als ein Rahmen, welcher die zuvor erschlossenen Räume neuzeitlicher Subjektivität in spezifischer Weise begrenzte und transformierte. Unter solcher Konstellation reduzierter, aber nicht gänzlich unterbundener Möglichkeit der Fremderfahrung in den drei Welten am Horizont des spanischen Reichs entstand die klassische Kultur des Siglo de Oro, sie prägte jene für die spanische Klassik tragende Mentalität, die man – positiv – ›christlichen Humanismus‹ genannt hat, aber auch – weniger positiv – als Zusammenspiel von ›inszenierter Kosmologie‹ und reprimierter Subjektivität beleuchten kann[22].

Spezifisch begrenzt waren damit jedenfalls auch die Räume der Alteritäts-Erfahrung auf den zwei konstitutiven Diskurs-Ebenen der Chroniken des Inca Garcilaso. Er präsentierte Erzählungen zur Geschichte der verschiedenen

Vorgänger-Reiche der Incas und des Inca-Reichs selbst, und diese Erzählungen alternierten mit ›ethnologischen‹ Beschreibungen der jeweiligen Sitten und Gebräuche. Deutlich ist das Bestreben des Autors, den Hiat im geschichtlichen Verlauf weg von der spanischen Eroberung und hin zum Sieg der Incas über ihre unmittelbaren Vorgänger zu verschieben, so daß eine geradezu ›teleologische‹ Erzählstruktur wachsender Annäherung an das Christentum entsteht. Entsprechend war Garcilaso auf der diskursiven Ebene der Beschreibung bemüht, einen Kontrast zwischen der angeblich barbarischen Unkultur – vor allem den anthropophagen Riten – in den Vorgänger-Reichen und der Zivilisation der Incas herzustellen, um diese letzteren gleichsam als ›Christen avant la lettre‹ zu präsentieren. Das in diesem Verfahren deutlich werdende Darstellungs-Interesse lenkte dann seine Aufmerksamkeit auf – für uns gänzlich marginal wirkende – Form-Ähnlichkeiten zwischen christlichen und indianischen Symbolen:

> Los españoles, cuando ganaron aquella imperial ciudad e hicieron templo a nuestro sumo Dios, la (sc.: la cruz) pusieron en el lugar que he dicho, no con más ornato del que se ha referido, que fuera muy justo la pusieran en el altar mayor muy adornada de oro y piedras preciosas, pues hallaron tanto de todo, y aficionaran a los indios a nuestra santa religión con sus propias cosas, comparándolas con las nuestras, como fué esta cruz, y otras que tuvieron en sus leyes y ordenanzas muy allegadas a la ley natural, que se pudieran cotejar con los mandamientos de nuestra santa ley, y con las obras de misericordia, que las hubo en aquella gentilidad muy semejantes, como adelante veremos. Y porque es a propósito de la cruz, decimos, e como es notorio, por acá se usa jurar a Dios y a la cruz para afirmar lo que dicen, así en juicio como fuera de él ...[23]

Die Umformung der Inka-Geschichte zur Vorgeschichte des spanischen Weltreichs ist Teil einer bemerkenswerten Konvergenz-Bewegung auf drei Ebenen: denn sie vollzieht sich zum einen in jenen Jahrzehnten, in denen der Import von Edelmetallen als Zerstörung der spanischen Wirtschaft wirksam zu werden begann und mithin auch nicht mehr einen Zukunftshorizont des Handelns konstitutierte. Zugleich aber sah man die Eroberung der Neuen Welt nicht länger als Gegenwarts-Geschehen an, sondern als Ereignis der näheren Vergangenheit, welches sich aufgrund seiner Folgen – und eben nicht mehr nach moralischen Kriterien – beurteilen ließ. Der Inca Garcilaso machte zunächst eine Erfolgsbilanz auf: »la porfía de siete u ocho años que gastó el buen Colón en su demanda, y los diez y seis mil ducados prestados han enriquecido a España y a todo el mundo viejo de la manera que hoy está«[24]. Nur wenige Seiten später scheinen dann Erfahrungen aus seinem eigenen Alltag Zweifel an solcher Bewertung geweckt zu haben. Wir stoßen auf die zu Beginn des XVII. Jahrhunderts gängige Meinung, nach der die amerikanischen Reichtümer zur moralischen Dekadenz der spanischen Gesellschaft geführt haben sollen, um schließlich eine zweite, wiederum in den wirtschaftlichen Folgen der Entdeckung fundierte Beurteilung des Ereignisses zu finden:

> ... si han crecido las rentas de los ricos para que ellos vivan en abundancias y regalos también han crecido las miserias de los pobres para que ellos mueran de hambre y desnudez, por la carestía que el mucho dinero ha causado en los mantenimientos y vestidos; que aunque sea pobremente, ya los pobres del día de hoy no se pueden vestir ni comer por la mucha carestía; y que ésta es la causa de haber tantos pobres en la república, que mejor lo pasaban cuando no había tanta moneda, que aunque entonces por la falta de ella eran las limosnas más cortas que las de ahora, les eran más provechosas por la mucha barata que había en todo[25].

Die Chroniken des Inca Garcilaso zeigen uns, wie – als Folge der Restitution eines mittelalterlich-christlichen Sinnhorizonts – die potentielle Fremdheit des amerikanischen Kontinents auch dort in die Statik der Schöpfungs-Kosmologie zurückgeholt werden konnte, wo sowohl die Erfahrungsfülle als auch die Distanz des Autors Raum für die Konstitution eines Wissens von der fremden Welt gelassen hätten. In den zuletzt zitierten Passagen glauben wir jedoch die Elemente einer anderen Erfahrung ausmachen zu können, die sich auf das Geschehen in Europa bezieht und nur in einem mittelbaren Zusammenhang mit der Conquista stand, nämlich die Voraussetzungen für die Erfahrung vom *Warencharakter des Geldes*. Aber eben diese Erfahrung zu vollziehen, scheint der spanische *Staat* bis Ende des XVII. Jahrhunderts nicht fähig gewesen zu sein. Solche Unfähigkeit wurde zum Auslöser für eine – nicht nur wirtschaftliche – Krise, deren Fernwirkungen sich noch in der spanischen Gesellschaft unserer Gegenwart ausmachen lassen. Hier rächte sich die Arretierung des während der ersten Hälfte des XVI. Jahrhunderts so eindrucksvollen Aufbruchs in die Neuzeit durch die Re-Institutionalisierung der bereits überwundenen christlich-mittelalterlichen Kosmologie, jene Arretierung begonnener Erfahrungsprozesse, die es wohl auch verhinderte, daß die Neue Welt für die Spanier zu einem Raum neuer Erfahrungen wurde.

3. Zur Pragmatik der Alteritätserfahrung

Was wir in den frühen Berichten über die Entdeckung und Eroberung Amerikas beobachtet haben, scheint eine universale, *metahistorisch gültige Struktur* zu sein. Wo immer Menschen es sich leisten können, identifizieren sie – zumal dann, wenn ihnen der Druck zum Reagieren und Handeln auferlegt ist, – das potentiell Fremde und Neue mit Elementen des vertrauten Wissens, wie sie in vorgängigen Erfahrungen gebildet wurden. Gewiß kam es den Konquistadoren zugute, daß zu ihrem ›mentalen Rüstzeug‹ – wie es französische Historiker nennen würden – Kategorien und Wissenselemente gehörten, die man über die Jahrhunderte der Re-Conquista in der Begegnung mit ›Heiden‹ ausgebildet hatte. Projektion solcher Kategorien auf die – nur potentiell fremde – Welt des amerikanischen Kontinents wurde zur Grundlage für die überlegene Entschlossenheit ihres Handelns.

Die so gerne gepriesene *Curiositas* der Neuzeit war es jedenfalls nicht, welche Kolumbus, Cortés oder Pizarro ungezählte bedrohliche, ja eigentlich ausweglose Situationen bestehen ließ. Und *Curiositas* – als die nicht oder kaum an konkreten Zwecken orientierte Gier nach neuen Erfahrungen – war es auch nicht, die zur Entdeckung des amerikanischen Kontinents geführt hatte. Vielmehr legt es die – spanische – Vorgeschichte der Expeditionen des Kolumbus nahe, stattdessen die in Subjektivität fundierte Unterscheidung von Zwekken und Mitteln zu ihrer Realisierung (und in ihrer Folge die Hypostasierung subjektiver Zwecke wie die Vervielfältigung der auf sie zu beziehenden Mittel) als Voraussetzung für die frühneuzeitliche Erschließung neuer Welten anzusehen[26].

Unsere Rede von der ›Vielfalt der neuzeitlichen Welten‹ impliziert freilich stets die Erfahrung von der Alterität dieser Welten, und die auf den vorausgehenden Seiten entfalteten Befunde legen die Frage nahe, ob nicht zwischen dem Erleben des potentiell Fremden und der Erfahrung von dessen Fremdheit deutlicher zu unterscheiden ist, als dies unter Kulturhistorikern üblich scheint. Alteritätserfahrung im neuzeitlichen Sinn setzt jedenfalls nicht allein *Subjektivität* als Instanz der Weltdeutung voraus (mit der allererst ein *Freiraum* für das Erleben verschiedener Welten in ihrer Verschiedenheit entsteht), sondern ebenso die *Entlastung* von der Verpflichtung zu unmittelbarem Reagieren und die *Wertschätzung* eines nicht schon im Blick auf spezifische Anwendungssituationen vollzogenen *Wissenserwerbs*. Als sich Napoleon Bonaparte im Jahr 1797 entschloß, eine Gruppe von Wissenschaftlern in den Troß seiner Ägypten-Expedition aufzunehmen, da scheint seine Maßnahme tatsächlich diese *dreifache Bedingungskonstellation neuzeitlicher Alteritätserfahrung* erfüllt zu haben, und deshalb läßt sich die Entzifferung der Hieroglyphen-Schrift als mittelbare Nebenwirkung seiner Expedition kaum mehr auf militärische oder wirtschaftliche Zwecke zuordnen. Doch Napoleons Unternehmung war jene grundlegende Umbewertung und moralische Positivierung des Wissens und des Wissenserwerbs vorausgegangen, die wir ›Aufklärung‹ nennen und heute mehr noch als die Entdeckungen der Frühen Neuzeit zur wichtigsten Voraussetzung unseres Selbst-Bewußtseins hypostasieren.

Wer die Geschichte der sehr früh – nämlich schon um die Mitte des XVI. Jahrhunderts – in México und Lima gegründeten südamerikanischen Universitäten, ja der gesamten Bildungsinstitutionen in den spanischen Vizekönigtümern bis hinein ins XIX. Jahrhundert verfolgt, der wird den Eindruck bestätigt finden, daß mit der Entdeckung des amerikanischen Kontinents die geistes- und mentalitätsgeschichtliche Stunde der Alteritätserfahrung noch längst nicht gekommen war[27]. Kein Ziel wurde dort mit mehr Eifer verfolgt als der Import, die Reproduktion und die Erhaltung des in Europa gebildeten und auch dort weiterhin verbreiteten Wissens. Was immer sich als Feld neuer Erfahrungen institutionalisierte und in der Praxis bewährte – so die Anwendung von in Europa unbekannten Heilpflanzen – konnte lange Zeit nicht die

Dignität europäischer Wissenschaft erlangen. Und noch die das Streben nach politischer Unabhängigkeit seit dem XVIII. Jahrhundert flankierenden Entwürfe eigenständiger ethnischer und sozialer Identität konstituierten sich aus jenem aufklärerisch-romantischen Bild vom ›guten Wilden‹, als dessen Matrix seit Las Casas der biblische Paradiesesmythos belegt ist.

Ob solche konzeptuelle Trennung und chronologische Distanzierung zwischen der Erschließung neuer Welten und der Positivierung der Alteritätserfahrung allein im Blick auf die spanische Geschichte notwendig ist, wagen wir nicht zu entscheiden. Aber wir halten es – selbstredend – für lohnend, dieser Frage im Rahmen der Arbeit an einem neuen kulturgeschichtlichen Bild von Renaissance und Früher Neuzeit mit Geduld und Akribie nachzugehen. Ebenfalls in Spanien, wo eine zunächst von uns ganz selbstverständlich erwartete Alteritätserfahrung im XVI. und frühen XVII. Jahrhundert *nicht* einsetzte, griff just in den Jahren vor der Entdeckung Amerikas eine *Alteritätsobsession* um sich, die bisher wohl deshalb übersehen wurde, weil man es gewohnt ist, die Neuerungen der Neuzeit auf der Haben-Seite der Geschichte abzubuchen. Wir meinen die Erfahrung von der radikalen – interpretatorisch nicht aufhebbaren – *Fremdheit des Bewußtseins von alter ego,* welche gegen 1500 in Spanien zum schrecklichen Ende des bis dahin meist friedlichen Zusammenlebens der christlichen, der jüdischen und der islamischen Kultur führte. Zur Modernität im politischen Handeln der Katholischen Könige, so hatte schon Machiavelli bemerkt, gehörte ihre Fähigkeit, hinter dem ›Schein‹ (dem ›Mantel‹) gewisser Handlungen ihre Intentionen, die von ihnen angestrebten Zwecke zu verbergen. In dem Maß, wie sich diese Kompetenz entwickelte und vervollkommnete, scheint das bis dahin unproblematische Vertrauen geschwunden zu sein, daß mit dem Akt der Konversion aus Angehörigen der islamischen und der mosaischen Religion Christen würden. Sollte die Konversion und die Ausführung bestimmter symbolischer Handlungen für die Konvertiten nicht ein – anderer – ›Mantel‹ sein, unter dessen Schutz sie gänzlich unbehelligt jüdische und islamische Formen der Frömmigkeit pflegen konnten? Dieser Zweifel bewirkte eine doppelte Verschiebung der Zielrichtung des Missionseifers und der religiösen Kontrolle. Nicht mehr den Muslimen und Juden galt nun die Aufmerksamkeit der christlichen Orthodoxie, sondern den konvertierten ›cristianos nuevos‹; nicht mehr Taufe und Sakramentenempfang wurden mit Akribie registriert, sondern all jene Auffälligkeiten in der Lebensform der Konvertiten, welche den Verdacht auf geheime Heterodoxie nährten.

Der Institutionalisierung der Inquisition in Spanien, so berichten die zeitgenössischen Historiographen, ging ein Besuch der Katholischen Könige in Sevilla voraus, bei dem sie durch eigene Erfahrung und durch Berichte auf solche Symptome aufmerksam wurden. So mußten sie feststellen, daß sich der Geruch der Speisen in den ehemals von Juden, jetzt von ›cristianos nuevos‹ bewohnten Vierteln der Stadt nicht verändert hatte; so hinterbrachte man ihnen, daß viele Konvertiten weiterhin am Samstag alle Anzeichen der sonst für sie so charakteristischen Geschäftstüchtigkeit vermissen ließen. Wenig später wurde die Inquisition in Spanien eingerichtet – und zwar zunächst als ein sehr kompliziertes – und für das späte XV. Jahrhundert auf höchste Objektivität abgestelltes – *Rechtsverfahren zur Aufdeckung der Bewußtseinsinhalte von Konvertiten.*

Doch der durch dieses Verfahren vorgezeichnete Weg von der beobachteten Alterität des Verhaltens hin zur verschwiegenen Heterodoxie des Bewußtseins (oder hin zur Bestätigung der durch die Taufe angezeigten Orthodoxie) sollte sich als ein unendlicher Weg, als Pfad einer nicht abschließbaren Interpretation erweisen. Bald wurden Juden und Muslime aus dem spanischen Königreich ausgewiesen, und wenig später hatte man die Verfahrensanweisungen für die Inquisitoren so modifiziert, daß sie schneller zu einer Exekution der Verdächtigen führen konnten.

Weil solche Unmenschlichkeit nichts anderes ist als der Ausdruck unerträglicher Ohnmacht gegenüber jener Alteritätsobsession, auf die man sich mit der Erforschung des Bewußtseins von alter ego unter den Bedingungen neuzeitlicher Subjektivität eingelassen hatte, blieb sie den Einwohnern der Neuen Welt – um den Preis anderer Leiden – weitgehend erspart. Die grausame Entschlossenheit der mordenden Konquistadoren machte Konversionen und die Prüfung der Orthodoxie von Konvertiten überflüssig, und die Bürokratie der Vizekönigtümer hielt die ›Indianer‹ in einer Distanz zu den entstehenden Kolonial-Gesellschaften, welche einzuhalten ohnehin deren spontaner Tendenz entsprach. So setzt zugleich mit der frühneuzeitlichen Subjektivität nicht nur die Obsession der Fremdheit des Bewußtseins von alter ego ein, sondern auch die bis in unsere Gegenwart reichende Geschichte von Maßnahmen und Institutionen, durch welche die Erfahrung von der Unaufhebbarkeit solcher Bewußtseinsalterität immer wieder verdrängt wurde.

Anmerkungen

1 Im hier gegebenen Rahmen kann der historische Hintergrund der Entdeckung, Eroberung und Kolonisierung des amerikanischen Kontinents selbstverständlich nur in groben Strichen und in striktester Ausrichtung auf die spezifische Thematik dieses Artikels skizziert werden. Vgl. ergänzend – und sozusagen zur ›Rehabilitierung‹ des Vfs. – H. U. Gumbrecht, Eine *Geschichte der spanischen Literatur*, Frankfurt 1987.

2 Diese Möglichkeit der Darstellung des Epochenübergangs vom späten Mittelalter zur frühen Neuzeit ist ausführlich begründet und – wenigstens in Ansätzen – ausgeführt in H. U. Gumbrecht, »Literarische Gegenwelten, Karnevalskultur und die Epochenschwelle vom Spätmittelalter zur Renaissance«, in ders. (Hg.): *Literatur in der Gesellschaft des Spätmittelalters.* Begleitband zum Grundriß der romanischen Literaturen des Mittelalters, I. Heidelberg 1980, S. 95–145, sowie in ders.: »Lachen und Arbitrarität / Subjektivität und Ernst. Der *Libro de buen amor*, die *Celestina* und der Sinnbildungsstil der frühen Neuzeit«, in *Wolfram-Studien* 7 (1982), S. 184–213.

3 Vgl. zur Charakterisierung der Herrschaft der Katholischen Könige unter derselben Perspektive H. U. Gumbrecht, »The Body vs. the Printing Press: Media in the Early Modern Period, Mentalities in the Reign of Castile, and another History of Literary Forms«, in *Poetics* 14 (1985), S. 209–227.

4 F. Gewecke, Nachwort zu Christoph Kolumbus: *Bordbuch*, Frankfurt 1981, S. 320f.

5 Zitiert nach der Ausgabe von I. B. Anzoátegui, *Cristóbal Colón, Los cuatro viajes del almirante y su testamento,* Madrid [5]1971, S. 27 und 33.

6 Colón, *Los cuatro viajes,* S. 173f.

7 F. Cortés, *Cartas de relación sobre el descubrimiento y conquista de la Nueva España.* Biblioteca de autores españoles Bd 22, S. 32.

8 Vgl. Nachwort zu Christoph Kolumbus: *Bordbuch*, S. 326.

9 Colón, *Los cuatro viajes,* S. 110f.

10 Ebd. S. 160f.

11 Vgl. die einschlägigen Überlegungen von C. W. Thomsen, *Menschenfresser in der Kunst und Literatur, in fernen Ländern, Mythen, Märchen und Satiren, in Dramen, Liedern, Epen und Romanen,* Wien 1983, S. 77ff. und 111ff.

12 Colón, *Los cuatro viajes,* S. 30f.

13 *Cartas de relación,* S. 33.

14 Vgl. zur These von der überlegenen Interpretationskompetenz der Eroberer T. Todorov, *La conquête de l'Amérique. La question de l'autre,* Paris 1982, S. 59ff.

15 Übersetzt nach M. León Portilla, *The Broken Spear. The Aztec Account of the Conquest of Mexico,* Boston 1966, S. 135.

16 B. de las Casas, *Brevísima relación de la destruición de las Indias.* Biblioteca de autores españoles Bd 110, S. 136.

17 B. de las Casas, *Historia de las Indias.* Biblioteca de autores españoles Bd 95, S. 142 (Kursiven vom Vf.).

18 B. Díaz del Castillo, *Verdadera historia de los sucesos de la conquista de la Nueva-España.* Biblioteca de autores españoles Bd 26, S. 90f.

19 Zitiert nach der Ausgabe von H. Klingelhöfer: *Peter Martyr von Anghiera, Acht Dekaden über die Neue Welt*, Bd 1, Darmstadt 1972, S. 372f.

20 *Obras completas del Inca Garcilaso de la Vega* II. Biblioteca de autores españoles Bd 133, S. 3.
21 *Obras completas del Inca* II, S. 7.
22 So die Perspektive, unter der in Eine *Geschichte der spanischen Literatur* die Literatur der spanischen Klassik dargestellt wird (vgl. das den Jahren 1556–1700 gewidmete Kapitel).
23 *Obras completas del Inca* II, S. 45.
24 *Obras completas del Inca Garcilaso de la Vega* III, Biblioteca de autores españoles Bd 134, S. 24.
25 *Obras completas del Inca* III, S. 27.
26 Vgl. dazu das dem Problem der Relevanz gewidmete Kapitel in A. Schütz/Th. Luckmann, *Strukturen der Lebenswelt* I, Neuwied 1975, S. 186 ff. (vor allem 200 ff.).
27 So das Ergebnis eines Siegener Hauptseminars im Wintersemester 1984/85.

SPRACHEN DER VIELFALT UND VIELFALT DER SPRACHEN IM LYRISCHEN GEDICHT

Klaus W. Hempfer

Probleme der Bestimmung des Petrarkismus Überlegungen zum Forschungsstand

Klaus Friedrich zum 60. Geburtstag

Es dürfte wenige Untersuchungen zur europäischen Lyrik zwischen dem 15. und dem 17. Jahrhundert geben, in denen der Terminus ›Petrarkismus‹ nicht in irgendeiner Weise Verwendung findet. Die Bedeutung dieses Terminus scheint dabei eine so offensichtliche zu sein, daß in der kaum mehr überschaubaren Literatur zum ›europäischen Petrarkismus‹ – dessen vielfältige Realisationsmodi bekanntlich ja nicht auf die Lyrik beschränkt sind, sondern der, in bestimmten Zusammenhängen, auch auf andere Gattungen wie etwa Epos und Drama ausgreift – nicht gerade häufig der Versuch unternommen wird, Extension und Funktion dieses Begriffs näher zu bestimmen. So findet sich in Baldaccis Standardwerk *Il Petrarchismo italiano nel Cinquecento* zwar eine Reflexion der Angemessenheit des Begriffs ›Antipetrarkismus‹, wie ihn Graf geprägt hat[1], doch sucht man vergeblich nach einer expliziten Klärung des Titelbegriffs, wenngleich im Vorwort zur ersten Auflage der ›Petrarkismus‹ als ein »fenomeno letterario di ancora oggi incerta identificazione«[2] charakterisiert wird.

Nun liegen natürlich eine Reihe expliziter Definitions- bzw. Charakterisierungsversuche vor, die, genauso wie die nicht reflektierten und als scheinbar unproblematisch verstandenen, aber gleichwohl divergierenden Verwendungen dieses Konzepts, gerade die von Baldacci festgestellte Unsicherheit bestätigen. Die Schwierigkeiten mit der Bestimmung des für den literarhistorischen Diskurs offenkundig unverzichtbaren Petrarkismusbegriffs – Schwierigkeiten, die Hoffmeister zu der entmutigenden Feststellung veranlaßt haben, »daß es fast hoffnungslos« erscheine, »eine zutreffende Definition zu finden«[3] –, resultieren zum einen sicherlich aus der Komplexität der in Frage stehenden historischen Phänomene, sie resultieren aber auch aus den impliziten oder expliziten theoretischen Voraussetzungen, auf denen die Definitionen beruhen. Bei der im folgenden versuchten Bestandsaufnahme vorliegender Petrarkismusbestimmungen wird sich einmal mehr erweisen, wie stark auch und gerade in den historischen Wissenschaften die Sicht der »Fakten« abhängig ist von – im wesentlichen impliziten – theoretischen Annahmen, die *als solche* einer kritischen Reflexion unterzogen werden müssen, weil sie von den Fakten selbst gar nicht in Frage gestellt werden können, insofern sie deren Interpretation immer schon bedingen.

1 *Normative Bestimmungen des Petrarkismus*

> Il Petrarchismo è una malattia cronica della letteratura italiana. A cominciare dai tempi stessi del poeta che gli diede il nome, e a venir giù sino a quelli dei nonni o bisnonni nostri, ogni secolo della nostra storia letteraria se ne mostra, non voglio dire infetto, che potrebbe parere troppo irriverente verso la causa prima e non volontaria del male, ma soprappreso, o colpito, in varii modi e con diversità di grado e di effetti. È una specie di febbre ricorrente, da cui non so se possiam dirci ancora in tutto e per sempre guariti, ma che già più d'una volta c'ebbe a tornar perniciosa [...].
>
> Ebbe petrarchisti il Trecento; èbbene il Quattrocento, e non pochi, ma il secolo in cui il petrarchismo galla, lussureggia, trionfa e strabocca, è il Cinquecento: così che quando si parla di petrarchismo, subito la mente corre a quel secolo, come se a quello esso appartenesse strettamente ed in proprio[4].

Diese ›Definition‹ Grafs, die sich zu Beginn eines wegen seiner Materialfülle, insbesondere zum Antipetrarkismus, noch immer wertvollen Aufsatzes von 1888 findet, formuliert drastisch eine bis in neuere Publikationen verbreitete Position, den Petrarkismus nicht deskriptiv, sondern normativ zu fassen oder doch zumindest die Deskription in Abhängigkeit von einer normativen Setzung vorzunehmen. Die ›Krankheitsmetaphorik‹ findet sich bis hin zu H. Friedrich, der von der »epidemieartigen Ausbreitung«[5] des Petrarkismus spricht und Petrarca und die Petrarkisten in folgenden Oppositionen zu- bzw. gegeneinander stellt:

> Repetierende Routine, ja eine Art Fachsprache der Liebesthemen ist an die Stelle seelischer Wahrheit getreten. Ein Hang zur Verniedlichung macht sich bemerkbar [...]. Auffallende, manieristisch gehäufte Stilfiguren werden beliebt [...] Eilfertig und in völliger Beliebigkeit holt man die Metaphern Petrarkas herbei [...]. Seit der Jahrhundertmitte nimmt die Metaphernwucherung zu, dieses verläßlichste Kennzeichen manieristischen Dichtens[6].

Daß solche Wertungen einen deskriptiven Kern besitzen, sei nicht bestritten, denn sicherlich gibt es im Petrarkismus etwa ›Repetition‹, doch ist es eine andere Frage, ob diese als »Routine« in Opposition zu »seelischer Wahrheit« eine historisch adäquate Qualifizierung erfährt. Hinzu kommt das Problem der Unterschiedlichkeit der einzelnen ›Petrarkismen‹ bereits in Italien, etwa des Quattrocento-Petrarkismus und des sogenannten *bembismo*, wobei letzterer, als Gegenreaktion auf die ›manieristischen‹ Tendenzen der von Mario Praz als »scuola flamboyante« bezeichneten Petrarkisten des ausgehenden 15. Jahrhunderts[7], wohl kaum unter die Kategorie der »Verniedlichung« zu subsumieren ist[8].

Die wesentlich negative Einschätzung des dem Petrarkismus insgesamt zugrunde liegenden *imitatio*-Prinzips[9] hat insbesondere für den striktesten Vertreter dieses Prinzips, Bembo, bis in neueste Publikationen hinein eine historisch adäquate Analyse verhindert; er ist eben nun einmal, in der Formulierung Grafs, »non vero poeta, ma studiatore e rifacitor di poeti«, wenngleich gesehen wird, daß er für seine eigene Epoche etwas ganz anderes war, nämlich »antesignano, corago e campione del Cinquecento«[10].

Eine weitere normative Kategorie, mit der der Petrarkismus, allerdings nicht erst in der Moderne, sondern seit den antipetrarkistischen Strömungen des 16. Jahrhunderts[11] belegt wird, ist diejenige der Unaufrichtigkeit. Berdan (1909) beispielsweise dient diese Kategorie zur Unterscheidung eines ›echten‹ Petrarkismus, für den er den englischen Ausdruck *Petrarchism* vorschlägt und der dadurch charakterisiert sei, daß »the author, *carried away* by his admiration, unconsciously and not servilely copies his master, or honestly translates him«, während der *Petrarchismo*, für den er bewußt den ausländischen Namen beibehält, als »an insincere literary fashion« eingestuft wird[12]. Als Beispiel für den ersteren nennt er Wyatt, als Beispiel für den letzteren könne »any of the Elizabethan soneteers« angeführt werden[13]. Dem italienischen Petrarkismus des 16. Jahrhunderts ergeht es nicht besser als den Elisabethanern; zwar werden dessen verschiedene Ausprägungen erkannt, verfallen aber dem generellen Verdikt: »all of them equally insincere«[14]. Ja selbst Petrarca bleibt nicht ungeschoren:

> But this insincerity can be pushed back even to Petrarch himself. At Arqua, as an old man, he rewrote his poems, altering lines; so that the *Canzoniere* is rather *a work of art than a record of objective fact*[15].

Auch wenn in diesem Zitat der Unaufrichtigkeitstopos der Petrariksmus-Kritik zum Eigentor des Kritikers wird, der am Kunstwerk bemängelt, daß es ein Kunstwerk sei, so macht diese Extremformulierung doch die Historizität einer im literarhistorischen Diskurs vielfach als universell präsupponierten Relation von ›Literatur‹ und ›Leben‹ deutlich, deren normative Kraft auch in wesentlich nuancierteren Formulierungen durchschlägt und die Einsicht in die für den Petrarkismus spezifische Beziehung von ›Literatur‹ und ›Leben‹ erschwert.

2 *Petrarkismus als Nachahmung Petrarcas*

Frei von normativen Vorgaben ist demgegenüber die folgende Definition von Wilkins:

> The word ›Petrarchism‹ may properly be used, if the widest possible application is desired, to mean ›productive activity in literature, art, or music under the direct or indirect influence of the writings of Petrarch, the expression of admiration for him, and the study of his works and of their influence‹[16].

Das eingeschränkte Konzept des »Renaissance Petrarchism« wird definiert als »the writing of lyric verse under the direct or indirect influence of Petrarch in a period beginning in his lifetime and ending about 1600[17].«

Auch diese beiden Definitionen haben ihre Schwierigkeiten. So läßt sich der Renaissance-Petrarkismus wohl kaum auf das Verfassen von Lyrik einschränken, denn eindeutig als petrarkistisch identifizierbare Elemente bis hin zu wörtlichen Petrarca-Zitaten finden sich im Renaissance-Epos, etwa im *Orlando Furioso*[18], genauso wie in der Dramatik der Zeit – z. B. in Shakespeares *Romeo and Juliet*[19] – und in weiteren Gattungen[20]. Eine gewisse Schwierigkeit beruht ferner in der konkreten historischen Bestimmung des ›indirekten‹ Bezugs auf Petrarca, etwa wenn französische oder englische Autoren des 16. Jahrhunderts nicht bestimmte Texte oder Verfahren Petrarcas nachahmen, sondern solche der späteren italienischen Petrarkisten, etwa der »scuola flamboyante«; in diesem Falle müßten sich die bei Petrarca selbst nicht nachweisbaren Elemente bzw. Strukturen als im Rahmen des *Canzoniere* mögliche oder mit diesem verträgliche Prozeduren erweisen lassen, d. h. die Feststellung einer indirekten Abhängigkeit von Petrarca setzt letztlich die Rekonstruktion eines ›petrarkistischen Systems‹ voraus. Schließlich wäre der Begriff des ›Einflusses‹ zu präzisieren, weil in dieser allgemeinen Formulierung natürlich auch die antipetrarkistische Dichtung – verstanden im Sinne eines komisch-parodistischen Bezugs auf Petrarca – unter einem direkten oder indirekten Einfluß Petrarcas steht.

Ist die engere Definition in ihrer Einschränkung auf Lyrik zu eng, so ist die weitere sicherlich zu weit. Ein produktiver Bezug in verschiedenen Künsten auf das Werk Petrarcas insgesamt als Definiens für ›Petrarkismus‹ würde nämlich bedeuten, daß man beispielsweise auch den Einfluß der lateinisch-humanistischen Schriften Petrarcas, der zunächst ja ein wesentlich größerer war als derjenige seiner volkssprachlichen (Liebes-)Dichtung[21], unter diesen Begriff subsumieren müßte, was wohl kaum sinnvoll wäre.

Andererseits ist natürlich der Bezug auf Petrarca bzw. das *imitatio*-Prinzip generell ein für die petrarkistische Dichtung konstitutives Verfahren, das nicht umsonst in nahezu allen Bestimmungsversuchen in irgendeiner Weise auftaucht[22]. Nun ist jedoch dieses Prinzip im Sinn der Nachahmung von Musterautoren als solches wesentlicher Bestandteil der gesamten humanistisch-klassizistischen Ästhetik bis zum Ende des 18. Jahrhunderts und darüber hinaus, und der rigorose Petrarkismus Bembos basiert bekanntlich ja gerade auf der Übertragung dieser humanistischen *imitatio*-Konzeption auf die volkssprachliche Dichtung, wie man an dessen *Prose della volgar lingua* in aller Deutlichkeit ablesen kann[23], d. h. dieses Konzept bedarf einer Spezifizierung, um eine hinreichende und nicht nur notwendige Bedingung für die Definition von ›Petrarkismus‹ abzugeben. Dabei genügt auch nicht, wie schon gesagt, die Einschränkung auf die Nachahmung Petrarcas bzw. der volkssprachlichen Dichtung Petrarcas oder auch nur des *Canzoniere*[24]. Außer den oben angeführten Gründen spricht hiergegen auch die spezifische Rolle, die Petrarcas volkssprachliche Dichtung im Cinquecento für die Konstitution einer italienischen Dichtungssprache gespielt hat. Die zentrale Bedeutung von Bembos

Prose in diesem Zusammenhang ist bekannt, und so bezieht sich etwa auch Bigi in seinem Versuch über den »Petrarchismo ariostesco« auf eben diesen Text[25]. Dabei faßt er alles als petrarkistisch auf, was dem an Petrarca orientierten Sprach- und Stilideal, wie es in den *Prose* formuliert wird, entspricht, und zwar auch dort, wo Ariost ganz andere ›Inhalte‹ vermittelt als Petrarca. Ganz deutlich wird dies etwa bezüglich des *Orlando Furioso* formuliert:

> [...] se ci si accinge ad indagare il petrarchismo del *Furioso* con la speranza di scoprirvi precisi riecheggiamenti psicologici del ›dissidio‹, non si può non rimanere delusi, chè invero troppa distanza rimane per questa parte fra il poeta di Laura e il cantore di Angelica e di Bradamante[26].

Die Bezüge, die Bigi dann herausstellt, finden sich »specialmente nella zona fonetica e grammaticale«, wo er letztlich nicht mehr belegt als die von Bembo geforderte Toskanisierung der Dichtersprache[27]. Selbstverständlich hebt Bigi nicht nur auf solche Phänomene ab[28], doch veranschaulicht sein Aufsatz exemplarisch die Doppelrolle, die Petrarca für die italienische Literatur des Cinquecento spielte und die zumindest dann in ihre Komponenten zerlegt werden muß, wenn man den Petrarkismus als eine bestimmte Erscheinung *auch* der nichtitalienischen Literaturen begreifen will: Zu unterscheiden ist nämlich zum einen zwischen Petrarca in seiner Funktion als Modell für die italienische Dichtungssprache generell, für deren *toscanità* unter phonologischem, morphologischem und lexikalischem Aspekt, und zum anderen in seiner Funktion als Modell für eine spezifische Art von Dichtung, die nicht an ein bestimmtes Diasystem einer bestimmten Nationalsprache gebunden ist[29]. Die eminente Rolle Petrarcas als »modello di lingua« jenseits seiner Rolle als »modello di poesia« ist nun nicht etwa nur in den *Prose* kodifiziert, sie läßt sich beispielsweise auch an der über Jahre sich hinziehenden Auseinandersetzung zwischen Castelvetro und Caro ablesen, die sich an der Kritik Castelvetros an Caros Canzone »Venite all'ombra de' gran Gigli d'oro« entzündete und sich zu einer der heftigsten literarischen Fehden des Jahrhunderts entwickelte. Bei der Canzone Caros handelt es sich um ein Preisgedicht auf das französische Königshaus, das sich weder auf einen spezifischen Text Petrarcas noch auf für Petrarcas Lyrik charakteristische poetische Verfahren zurückbeziehen läßt[30], das von Castelvetro gleichwohl etwa bezüglich des Wortschatzes unter dem Gesichtspunkt des »Il Petrarca non userebbe« kritisiert wird, wogegen dann im wesentlichen die Argumentation Caros gerichtet ist[31].

3 Der Petrarkismus als ›System‹

Wenn also die Definition des Petrarkismus als direkte oder indirekte Nachahmung Petrarcas kaum ausreichend ist, stellt sich die Frage, wie man den zweifelsohne konstitutiven Bezug auf Petrarca adäquater formulieren kann. In der Kritik taucht in diesem Zusammenhang vielfach der Begriff des ›petrarkistischen Systems‹ auf, ohne daß die Implikate dieses Begriffs allerdings immer ausreichend präzisiert würden. So verstand bereits Pyritz den Petrarkismus als »zweites erotisches System von internationaler Geltung nach dem Minnesang«[32], eine Definition, die von Forster (1969) explizit aufgenommen wird[33], auch wenn es ihm fraglich erscheint, »whether petrarchists themselves were conscious of the existence of such a thing«[34]; gleichgültig jedoch, wie man diese Frage beantwortet – ich werde unten andeuten, daß ein solches ›Bewußtsein‹ existiert –, der Systembegriff ist für Forster »a useful critical tool«[35]. Ohne methodische Konsequenzen erscheint der Begriff des »sistema petrarchistico« gelegentlich auch bei Baldacci[36], während er bei Quondam im wesentlichen nur auf das Sprachsystem, auf Petrarca als »modello di lingua« bezogen ist. Sicherlich zu Recht wird festgestellt, daß über die Theorie und Praxis Bembos »la proposta del modello-Petrarca si trasforma [...] in codificazione di uno specifico *sistema linguistico*, rigidamente *normativo* e selettivo«[37], doch ist es wohl überspitzt zu behaupten, »l'egemonia del sistema linguistico petrarchistico« erlaube nur eine »scrittura [...] entro gli opposti poli della ripetizione mimetica e della mascheratura, perché non è possibile, all'interno dell'organizzazione disciplinare della letteratura cinquecentesca, un'esperienza di scrittura praticata *come se non* esistesse quel sistema egemone[38].« Auch wenn man den Petrarkismus nur als *normatives* System für die *Sprache* der Dichtung – nicht der Literatur des 16. Jahrhunderts insgesamt – begreift, bedarf diese Feststellung der Nuancierung, wie bereits die Kontroverse zwischen Caro und Castelvetro belegt und wie sich aus dem Streit in der Zeit um die Rolle des *uso* hinsichtlich der Fixierung der sprachlichen Norm ergibt[39].

Daß Petrarca im 16. Jahrhundert selbst in Italien nicht als ausschließliches »modello di poesia« fungiert, ist noch offenkundiger. So betont etwa Hugo Friedrich, daß die Lyrik des Cinquecento weit facettenreicher sei[40], als dies eine Perspektive suggerieren könne, die die gesamte ›ernste‹ Lyrik der Epoche *a priori* als petrarkistisch begreift. Schwierigkeiten macht in diesem Zusammenhang nicht nur die Dichtung Michelangelos, die man sinnvoll weder einfach dem Petrarkismus noch gar dem Antipetrarkismus zuordnen kann, für die statt dessen gern ein *dantismo* geltend gemacht wird[41], sondern etwa auch die Burleskdichtung, die, wie Schulz-Buschhaus zeigt, keineswegs durchgängig als Petrarkismus-Parodie, als »mascherata« des petrarkistischen Systems zu begreifen ist[42], wobei die Probleme der lateinischen Dichtung einmal ganz ausgespart seien[43].

Schon für die italienische Lyrik des 16. Jahrhunderts ist also wohl mit einer Mehrzahl von ›Systemen‹ zu rechnen, was natürlich die Problematik der Rekonstruktion dieser ›Systeme‹ aufwirft, weil nicht einfach von einem bestimmten vorgegebenen Corpus ausgegangen werden kann, das nur strukturiert zu werden braucht. Es ergibt sich hier eine ähnliche Problematik wie bei der Bestimmung von ›Gattungen‹, wo ja auch *a priori* keine Merkmale angegeben werden können, die für die Gattung konstitutiv sind, andererseits aber auch nicht einfach induktiv von bestimmten konkreten Texten auszugehen ist, weil man vor der Definition der Gattung nicht sagen kann, ob einzelne Texte überhaupt zu ihr gehören oder nicht bzw. eine Überlagerung verschiedener Gattungsstrukturen darstellen usw.[44] Um eine methodologische *impasse* handelt es sich freilich nur solange, als man im Argumentationsschema des »hermeneutischen Zirkels« verharrt, der entweder einen »logischen Zirkel« darstellt und dann in jeder wissenschaftlichen Untersuchung, also auch einer geisteswissenschaftlichen, zu vermeiden ist, oder aber nur in spezifischer ›Bildlichkeit‹ die jeder wissenschaftlichen Untersuchung zugrunde liegende Relation von (Arbeits-)Hypothesen und Beobachtungssätzen meint, die als solche nicht zirkulär ist[45]. In unserem speziellen Fall kommt, wie in der Mehrzahl analoger Fälle, hinzu, daß es ja schon ›Vorstrukturierungen‹ gibt, d. h. daß die jeweiligen Bestimmungsversuche des ›petrarkistischen Systems‹ nicht nur auf die Texte selbst angewiesen sind, sondern als *tertium comparationis* auf das Selbstverständnis der Epoche und die bisher vorgenommenen wissenschaftlichen Rekonstruktionen Bezug nehmen können. Solchermaßen hat sich jede neue Bestimmung des ›petrarkistischen Systems‹ nicht nur gegenüber den Texten selbst zu rechtfertigen, sondern auch hinsichtlich des Selbstverständnisses der Epoche und der bisherigen wissenschaftlichen Theoriebildung über diesen Gegenstandsbereich. Dabei kann sich ein Fortschritt nicht nur durch die Entdeckung neuer ›Fakten‹ bzw. durch das Auftreten von ›Anomalien‹ (d. h. von Phänomenen, die die Theorie nicht erklären kann), sondern etwa durch die Einsicht ergeben, daß in eine Theorie Präsuppositionen eingegangen sind, die im Rahmen dieser Theorie *a priori* dem Bestätigungsverfahren entzogen sind, die sich aber gleichwohl als falsch erweisen können und ggf. die Gesamttheorie ›zum Einsturz‹ bringen. Die angeschnittene Problematik kann hier nicht vertieft werden[46], es ging nur um die schlichte Feststellung, daß wir es bei der Untersuchung eines spezifischen Objektbereichs nie mit einer *tabula rasa* zu tun haben, sondern daß immer schon Vorstrukturierungen dieses Objektbereichs aufgrund expliziter oder impliziter theoretischer Annahmen vorliegen, deren Reflexion genauso wichtig sein kann wie das Entdecken neuer ›Fakten‹, wobei diese neuen ›Fakten‹ vielfach erst aufgrund neuer Theorien gesehen werden oder, wie Popper einmal formuliert hat: »Beobachtung ist stets *Beobachtung im Licht von Theorien*«[47].

Um auf unseren konkreten Gegenstand zurückzukommen: Es liegen natürlich bereits eine Mehrzahl von Bestimmungsversuchen des ›petrarkistischen Systems‹ vor. Diese kranken z. T. daran, daß sie sich auf die Aufzählung allgemeiner rhetorischer Verfahren wie Antithesen, Anaphern, Parallelismen, Vergleichen u. ä. beschränken[48], die als solche natürlich weder für Petrarca noch für den Petrarkismus als distinktiv gelten können. Demgegenüber hat man immer wieder versucht, eine ›Dominante‹ dieses Systems herauszustellen. Bereits der vielkritisierte Pyritz[49], der trotz seiner zeitgebundenen Wertungen

Wesentliches herausgearbeitet hat, hebt auf die bestimmenden Antinomien in Petrarcas Dichtung ab, die auch die petrarkistische Dichtung, wenngleich modifiziert, charakterisieren. Für Pyritz ist Petrarcas Dichtung nicht mehr, wie bei den Trobadors, »Werbung um Hingabe«, aber auch nicht »bloße anbetende Verehrung«, wie bei den Stilnovisten; »ihr Kennzeichen ist ein ewiges Schwanken zwischen beidem, verhüllter Sinnenglut und seelisch-resignativem Preis der Keuschheit, die kein Wunsch befleckt«[50]. Pyritz spricht vom »dunkle(n) Grundton schmerzlich-süßer Melancholie«[51], und er sieht in der »petrarkistischen *acedia*« das Grundprinzip der Antithetik des *Canzoniere*[52].

Ähnliche Formulierungen finden sich bei Forster:

> [...] he wants both passion and purification, and cannot always balance the two. He longs to be free of his hopeless devotion and knows that he cannot escape. The *fundamental* note of his poetry is therefore *melancholy* and resignation [...]. He designates this state of affairs by a characteristic *antithetical paradox*. He speaks of »dolendi voluptas«. This and similar conflicts find expression in a wide range of *antitheses* which run through his whole poetry and are characteristic of his work[53].«

In der in *De remediis* so benannten »dolendi voluptas quaedam«[54] sieht auch Keller den »caractère spécifique« der petrarkischen Dichtung, und auch er hebt auf die Bedeutung der *acedia* ab:

> Sans y être nommée, l'*acedia* est un des thèmes majeurs du *Canzoniere*, et des ›topoi‹ tirés de la doctrine de la mélancolie, transformés souvent en métaphores poétiques, traversent toute l'œuvre lyrique de Pétrarque[55].

Überzeugender noch charakterisiert B. König in seiner Auseinandersetzung mit Stierles Interpretation von »Solo e pensoso« die für Petrarca spezifische Behandlung der Minnethematik:

> Die innere Zustimmung zu den *funesta cum voluptate* genossenen Qualen der Liebe: dies ist Petrarcas Wendung der alten Minnethematik[56].

Wie Pyritz oder Keller zeigen, erfährt diese Zentralthematik bei den Petrarkisten wohl eine Veränderung[57], doch betrachten sie sie nichtsdestoweniger als wesentliches Ingrediens dieser Dichtung. Daß das ›petrarkistische System‹ entscheidend über seine Liebeskonzeption charakterisiert ist, betont auch Dassonville. Für ihn ist die Unerreichbarkeit der Dame eine *conditio sine qua non* dieses Systems:

> [...] si jamais l'idole attendrie consentait à descendre de son piédestal et à s'incarner pour accorder ses faveurs, l'amour cesserait à l'instant même d'être pétrarquiste[58].

Hoffmeister, der einerseits den Petrarkismus als direkte oder indirekte Nachahmung Petrarcas begreifen möchte, wendet sich nun andererseits dagegen, ihn an eine bestimmte Liebesauffassung zu binden, an die »platonisch-fatalistische Konzeption«, wie er sagt. Man würde solchermaßen nämlich »die fast unbegrenzten Variationsmöglichkeiten des Petrarkismus« übersehen, »die durch das Prinzip der aemulatio a priori mitgegeben sind, durch Kontakte mit anderen Liebesvorstellungen, z. B. der sinnlich-hellenistischen [...] verwirklicht und durch die Rezeption in außeritalienische [sic !] Kulturen abgewandelt werden«[59]. Hoffmeister erliegt hier der schlichten Verwechselung von abstraktem ›System‹ und konkreter Realisation dieses Systems im einzelnen Text bzw. in Gruppen von Texten, wo es natürlich zu Systemüberlagerungen etc. kommen kann, doch sind solche Überlagerungen eben erst beschreibbar, wenn man angeben kann, was sich hier ›überlagert‹. Im übrigen setzt Hoffmeister implizit das voraus, was er explizit negiert, nämlich daß sich die Liebesauffassung des Petrarkismus von anderen unterscheide, insofern sich die Variationsmöglichkeiten des Petrarkismus, wie er sagt, durch Kontakte mit *anderen* Liebesauffassungen verwirklichen. Die Liebesauffassung, die für das ›petrarkistische System‹ spezifisch ist, darf freilich nicht *a priori* mit *der* Liebesauffassung der europäischen Lyrik zwischen dem 15. und 17. Jahrhundert gleichgesetzt werden, denn bekanntlich wird in diesem Zeitraum ja nicht nur Petrarca direkt und indirekt nachgeahmt, sondern u. a. eben auch die antike Liebesdichtung, und damit ist automatisch mit einer Interferenz mehrerer Liebesauffassungen zu rechnen, wobei es sicherlich wenig sinnvoll wäre, auch noch das unter den Petrarkismus subsumieren zu wollen, was ganz woanders herkommt und in grundsätzlicher Opposition zu dem bei Petrarca Vorfindlichen steht. Die Konstruktion eines ›petrarkistischen Systems‹ setzt nun keineswegs voraus, daß alles bei Petrarca Vorfindliche in das ›System‹ zu integrieren versucht wird, weil solchermaßen ›System‹ und eine spezifische Realisation dieses Systems – der petrarkische *Canzoniere* – identifiziert würden, was das Systemkonstrukt tautologisch und damit funktionslos werden ließe. So finden sich zum einen bei Petrarca Texte, wie noch näher zu erläutern sein wird, die sich nicht als Realisation eines wie auch immer definierten und als solchem distinktiven ›petrarkistischen Systems‹ ausweisen lassen, und zum anderen ist die petrarkische *Lösung* der dilemmatischen Liebessituation im Kontext der christlichen Reuevorstellung, die Absage an die Liebe zu einer »cosa mortale« angesichts der eigentlichen, heilsgeschichtlichen Bestimmung des Menschen, wie sie sich etwa in *Canz.* CCCLXV manifestiert[60], nicht für ansonsten in deutlicher Anlehnung an Petrarca konstituierte *canzonieri* zu generalisieren. Wenn nun aber der Begriff des ›Petrarkismus‹ überhaupt einen Sinn haben soll, dann muß eine Ähnlichkeitsrelation zwischen den in irgendeiner Weise als ›petrarkistisch‹ eingestuften *canzonieri* und dem *Canzoniere* Petrarcas selbst bestehen, eine Ähnlichkeitsrelation, die nur über das Konstrukt eines petrarkistischen Systems zu definieren ist, d. h. über eine bestimmte Menge von Elementen und Strukturen, die petrarkistisches Dichten von anderen Modi poetischer Vertextung unterscheidet. Daß ein solches System nicht nur ein idealtypisches Konstrukt darstellt – was es als theoretisches Konzept natürlich ist[60a] –, sondern daß es zugleich eine Modellierung des expliziten Wissens um Prozesse poetischer Kommunikation darstellt, läßt sich gerade an der Lyrik der Pléiade zeigen, die von Anfang an durch die gleichzeitige Verfügbarkeit verschiedener Modelle lyrischer Vertextung charakterisiert ist. Ich kann diese Problematik hier nicht näher ausführen, doch sei sie kurz an zwei paradigmatischen Texten erläutert. Ronsards Elegie »A son livre« sowie Du Bellays »Contre les pétrarquistes« können als Beispiele für ein Wissen um die Differenzqualität petrarkistischen Dichtens fungieren, das es erlaubt, das Konstrukt eines ›petrarkistischen Systems‹ an ein epochales Selbstverständnis rückzukoppeln.

Mit der »Elégie à son livre« läßt Ronsard in der *Amours*-Ausgabe von 1560 das zweite Buch der Sammlung beginnen[61]. Diese »Elégie« konstituiert nun in mehrfacher Weise eine Palinodie an die frühe Liebeslyrik der »Amours de Cassandre« (1552/53), die in der Ausgabe von 1560 gleichwohl das erste Buch füllt. Hier interessiert nur die explizite Absage an Petrarca *und* dessen Nachfolger, die auf zwei Argumenten beruht: der Rechtfertigung einer Pluralität von Geliebten und des Eintretens für die *jouissance*, die sexuelle Vereinigung als eigentlichem Ziel des Liebeswerbens[62], wobei die Berechtigung für den ›Wechsel‹ der Dame gerade mit deren sexueller ›Verweigerung‹ begründet wird:

> Mais quand elle devient de pis en pis toujours,
> Plus dure, & plus cruelle, & plus rude en amours,
> Il la faut laisser là, sans se rompre la teste,
> De vouloir adoucir une si sotte beste[63].

Ronsard ist sich der völlig unpetrarkischen Wendung seiner Liebeskonzeption bewußt, wenn er Petrarcas Darstellung der Liebe als rein literarische Fiktion ›entlarvt‹:

> Ou bien il jouissait de sa Laurette, ou bien
> Il estoit un grand fat d'aymer sans avoir rien,
> Ce que je ne puis croire, aussi n'est-il croiable:
> Non, il en jouissait, puis l'a faitte admirable,
> *Chaste, divine, sainte:* aussi tout amant doit
> Loüer celle de qui jouissance il reçoit[64].

Gerade dadurch, daß die behauptete ›Tatsächlichkeit‹ der *jouissance* von deren Negation im literarischen Diskurs unterschieden wird, markiert Ronsard die Differenzqualität eines erotischen Modells, dessen alleinige Verbindlichkeit er aufzuheben trachtet: »[...] Pétrarque sur moy N'avoit authorité pour me donner sa loy«[65]. Bestimmt bei Ronsard die Ausgrenzung sinnlicher *jouissance* und die Spiritualisierung der Dame – und damit der Liebesrelation insgesamt – das Zentrum *petrarkischen* Dichtens, wobei durch den Verweis auf ›Nachfolger‹ bereits eine systemhafte Verfestigung dieser Liebeskonzeption mitbehauptet wird, hebt Du Bellay in »Contre les Pétrarquistes« (1553) auf generelle Phänomene des *petrarkistischen* Diskurses ab, die diesem die Distinktivität eines eigenständigen Dichtungssystems zuweisen. Du Bellay charakterisiert als spezifische Merkmale dabei nicht nur ein antinomisches Liebeskonzept, das sich wesentlich in der Schmerzliebe konstituiert, die ihrerseits über eine spezifische Bildlichkeit vermittelt wird[67], er erwähnt auch bestimmte narrative Konstituenten einer petrarkistischen Sammlung wie Geburt und Tod der Geliebten[68], sowie eine spezifische Naturdarstellung[69] oder die rekurrenten Schönheitsattribute der besungenen Geliebten[70].

Entscheidender noch ist, daß er verschiedene Modelle von Liebeslyrik zumindest in Andeutung ausdifferenziert:

Cestuy, voulant plus simplement aymer,
Veult un Properce et Ovide exprimer,
Et voudroit bien encor se transformer
En l'esprit d'un Tibulle:
Mais cestuy-là, comme un Pétrarque ardent,
Va son amour et son style fardant,
Cest autre après va le sien mignardant,
Comme un second Catulle.

Quelque autre encor la terre dédaignant
Va du tiers ciel les secrets enseignant,
Et de l'Amour, où il se va baignant,
Tire une quinte essence:
Mais quant à moy, qui plus terrestre suis,
Et n'ayme rien, que ce qu'aymer je puis,
Le plus subtil, qu'en amour je poursuis,
S'appelle jouissance[71].

Hier werden nicht nur die Musterautoren der römischen Elegie als potentielle Dichtungsmodelle dem Modell Petrarca gegenübergestellt (»Mais [...]«), in feiner Ausdifferenzierung wird der Neoteriker Catull eigens genannt und, wichtiger noch, ein Unterschied zwischen der Nachahmung Petrarcas, dem petrarkistischen Diskurs also, und der platonischen Liebeskonzeption gemacht, auf die zweifelsfrei mit »tiers ciel« und »quinte essence« referiert wird. In völliger Umkehrung seiner Position aus *Deffence et Illustration de la langue françoyse* setzt Du Bellay in diesem Text gegen die antiken und italienischen Modelle die ›heimische Tradition‹ (»Noz bon ayeulx«), die den ungekünstelten Ausdruck der *jouissance* erlaube[72]. Wenn sich Du Bellay in der zitierten Stelle gleichermaßen von der antiken wie der petrarkistischen und platonistischen Tradition der Liebeslyrik distanziert, heißt dies also keineswegs, daß er diese verschiedenen Modelle identifiziert, im Gegenteil: Er benennt sie als jeweils unterschiedliche Ausprägungen des erotischen Diskurses, die er gleichermaßen im Hinblick auf ein postuliertes Natürlichkeitsideal ablehnt, das er nur in der heimischen Tradition angemessen realisiert findet. Daß dies nicht die ›eigentliche‹ Position Du Bellays darstellt, sondern daß es sich vielmehr um ein für den Renaissancediskurs typisches Paradoxon handelt, macht die Schlußstrophe in direkter Anrede an die Geliebte deutlich:

Si toutefois Pétrarque vous plaist mieux,
Je reprendray mon chant mélodieux,
Et voleray jusq'au séjour des Dieux
D'une æle mieux guidée:
Là dans le sein de leurs divinitez
Je choisiray cent mille nouveautez,
Dont je peindray voz plus grandes beautez
Sur la plus belle Idée[73].

Diese Strophe nimmt nicht nur den zunächst vollzogenen Ausgrenzungsprozeß unterschiedlicher lyrischer Diskurse zurück und postuliert damit deren prinzipielle Verfügbarkeit, thematisiert also das Prinzip einer Pluralität von Diskurswelten, die zueinander in einem Diskrepanzverhältnis stehen, sie artikuliert zugleich die prinzipielle ›Ausspielbarkeit‹ unterschiedlicher Diskurssysteme in ein und derselben Diskurs*realisation*, insofern die zunächst oppositiv gesetzten Diskurstypen (Nachahmung Petrarcas vs. ›Platonismus‹) nunmehr kombiniert erscheinen (›Pétrarque‹ und »Idée«), was genau der Struktur von *L'Olive* und insbesondere deren Schluß entspricht, wo die petrarkische und platonische Lösung der dilemmatischen Liebessituation unverbunden nebeneinander bestehen bleiben[74]. Bis zu welchem Extrem das Ausspielen verschiedener Typen des erotischen Diskurses in ein und derselben Sammlung getrieben werden kann, könnte eine eingehendere Analyse der *Sonets pour Hélène* zeigen, in denen etwa auf die explizite Absage an den Platonismus (I, 42 und 43) dessen Akzeptanz folgt (I, 46), die ihrerseits durch einen Rückfall in die petrarki(sti)sche Schmerzliebe aufgehoben wird[75] (I, 47 und 48), als deren Transzendierung im Folgetext die Möglichkeit sinnlicher Vereinigung erscheint (I, 49) usw.[76].

Sowohl aus den expliziten metapoetischen Äußerungen wie aus der Struktur der Sammlungen selbst läßt sich demnach ein zeitgenössisches Wissen um die fundamentale Differenz verschiedener Möglichkeiten von Liebesdichtung ableiten, wobei Texte wie Ronsards »A son livre« oder Du Bellays »Contre les Pétrarquistes« explizit jene Grenze markieren, die dem petrarkistischen Diskurs gezogen ist: das *ausdrückliche* Verlangen nach physischer *jouissance* und die Darstellung deren erfolgreicher Realisation. Wenn in konkreten Sammlungen diese Grenze überschritten wird, dann setzt ein adäquates Verständnis ein Wissen um das Wissen von dieser Grenzüberschreitung voraus, und die vordergründige Heterogenität, ja Widersprüchlichkeit von Sammlungen wie den *Sonets pour Hélène* spiegelt keine biographische Realität[77], sondern manifestiert ein rekurrentes Phänomen von Renaissance-Literatur: die Konstitution diskrepanter Diskurse als Abbildung der im System der Diskurse vorgegebenen Alternativen von Wirklichkeitsmodellierung[78].

Um zum Petrarkismus zurückzukommen: Wenn man als distinktives Merkmal des ›petrarkistischen Systems‹ ein bestimmtes, im Grundsätzlichen auf Petrarca zurückgehendes Liebeskonzept annimmt, dann erhalten auch die in der Kritik so vielfach herausgestellten typisch petrarkistischen Themen, Motive und Stilfiguren ihre funktionale Spezifität, was letztlich bereits von Du Bellay erkannt wurde. Auch dieser Zusammenhang wird von Pyritz und Forster hervorgehoben, insofern etwa die Antithese als Stilfigur die sprachliche Realisation des antinomischen Liebeskonzepts darstellt. Hiermit soll freilich nicht behauptet werden, daß sich alle Motive und Stileme, über die sich petrarkistisches Dichten realisiert, unmittelbar funktional auf die antinomische Liebesthematik beziehen lassen. Dies gilt natürlich insbesondere von Metrik und Gedichtform sowie bestimmten Stilfiguren wie der Anapher oder dem Parallelismus, aber auch von dem idyllischen Vokabular, das gerade im 16. Jahrhundert selbst als charakteristisch für das Dichten in der Manier Petrarcas angesehen wurde[79]. Es wird also zu unterscheiden sein zwischen Systemkomponenten, die inkompatibel mit Komponenten anderer synchroner Systeme sind und die damit als systemdifferenzierend fungieren, auch wenn sie ggf. in konkreten Texten ›gemischt‹ auftreten, und solchen, die durchaus auch in anderen Systemen vorkommen können, obgleich sie in paradigmatisch petrarkistischen Texten eine auffällige Rekurrenz aufweisen.

Schließlich ist bei der Rekonstruktion des ›petrarkistischen Systems‹ zu bedenken, daß durch die Imitationspraxis insbesondere bestimmte Bildbereiche auch dann, wenn sie nicht in Zusammenhang mit einer spezifischen Liebeskonzeption stehen, als solche sozusagen in metapoetischer Funktion als Petrarkismus-Signal, als Zitate des ›petrarkistischen Systems‹ fungieren. Auf diesen Aspekt hebt insbesondere Dassonville ab:

> En 1550 le pétrarquisme était depuis longtemps déjà, un système de signes organisés de façon à être perçus par un public pour qui désormais les termes n'avaient pas tant d'importance en eux-mêmes que dans leur référence à une tradition et n'avaient de signification que par les relations qu'ils entretenaient les uns avec les autres. Chacun d'eux avait sa latitude et sa longitude sur la Carte du Tendre.
>
> Ni la chasse, ni le chevreuil, ni la flèche n'avaient plus leur sens littéral mais étaient autant de signes que le lecteur replaçait dans une relation significative: insouciance naïve – surprise – atteinte – blessure incurable[80].

Neben wörtlichen Zitaten beruht auf dieser ›Systemmarkierungsfunktion‹ bestimmter durch den Imitationsprozeß stereotypisierter Elemente und/oder Strukturen deren besondere Funktion in als solchen nichtpetrarkistischen Kontexten wie etwa in zahlreichen Stellen des *Orlando Furioso*, wo es gerade darauf ankommt zu erkennen, daß hier petrarkistische Elemente ›ganz anders‹ verwendet werden[81]. Würde man dies nicht berücksichtigen, ließen sich selbst eindeutige Parodien des Petrarkismus nicht als solche aufweisen, sondern müßten als Erweiterungen des Systems begriffen werden.

Es können hier nicht einzelne Merkmale des ›petrarkistischen Systems‹, wie sie etwa Forster im Anschluß an Pyritz zusammenstellt[82], hinsichtlich ihrer Distinktivität diskutiert werden, doch bleibt zu überlegen, inwiefern das ›petrarkistische System‹ überhaupt auf ›Liebesdichtung‹ eingeschränkt werden darf. Es genügt ein Blick auf Petrarcas oder Bembos *Canzoniere*, um zu zeigen, daß sich hier Texte finden, die Themen behandeln, die nichts mit einer wie auch immer zu spezifizierenden Liebesthematik zu tun haben; bezeichnende Beispiele wären etwa Petrarcas »Gloriosa columna [...]« (X), dessen »Italia mia [...]« (CXXVIII) oder Bembos Sonette auf die Geburt des Sohns des Herzogs von Urbino (XXXIX–XLI)[83]. Zu einer adäquaten Beurteilung dieser Gegebenheit dürfen solche ›Nichtliebestexte‹ nicht isoliert betrachtet werden, sondern als Bestandteile eines Gedichtzyklus, ein Aspekt, der in der vorliegenden Forschung nicht ausreichend berücksichtigt wurde. Nicht für das einzelne Gedicht, wohl aber für den *canzoniere* als spezifisch strukturiertem Zyklus von Gedichten ist die Liebesthematik konstitutiv. Dabei ist bereits der Begriff ›Liebes*thematik*‹ in gewisser Weise inadäquat, denn in einem *canzoniere* werden eben nicht einfach Themen ›abgehandelt‹, sondern es wird eine – wenn auch ggf. nur sehr rudimentäre – ›Geschichte‹ erzählt, die auf bestimmten Situationen und Ereignissen beruht, die in zeitlichen, kausalen und anderen Relationen zueinander stehen, d. h. die ›Liebesthematik‹ konstituiert sich auf der Basis eines *narrativen* Substrats. Wie etwa die Einleitungsgedichte der *canzonieri* von Petrarca, Boiardo, Bembo oder Gaspara Stampa zeigen können, ist dieses narrative Substrat typologisch als Ich-Erzählung zu bestimmen, für die die Opposition von erzählendem und erlebendem Ich konstitutiv ist. Wenn es nun seit Petrarca wiederholt der Fall ist, daß in einem *canzoniere* nicht nur die Liebeserfahrung des erzählenden Subjekts vermittelt wird, sondern auch ›andere Erfahrungen‹, dann lassen sich diese gleichwohl nicht als distinktiv für petrarkistisches Denken ausweisen. Es ist vielmehr umgekehrt so, daß die Identität eines petrarkistischen Zyklus auf einem narrativen Substrat beruht, das über einen spezifisch strukturierten Diskurs eine ›Geschichte‹ konstituiert, wobei diese ›Geschichte‹ der Vermittlung einer bestimmten Liebesauffassung dient. Die ›anderen Erfahrungen‹ stehen außerhalb dieser ›Geschichte‹ – was natürlich nicht heißt, daß sie funktionslos seien[84] – und damit außerhalb des für die Sammlung insgesamt konstitutiven Prinzips. *Möglich* sind sie innerhalb eines petrarkistischen *canzoniere*, ohne daß dieser in einzelne Gedichte zerfällt, aber gerade dadurch, daß ein solches kohärenzstiftendes Prinzip existiert, nur sind sie nicht als *notwendige* Merkmale petrarkistischen Dichtens auszuweisen.

4 Funktionale Bestimmungen des Petrarkismus

Neben strukturellen Bestimmungsversuchen, die den Petrarkismus als ein System oder auch einfach nur als ein Repertoire von Elementen und Strukturen begreifen, gibt es auch funktionale Ansätze, ohne daß deren wesentlich verschiedener definitorischer Charakter immer erkannt wurde. So macht etwa Hoffmeister (1973) eine Opposition auf zwischen der Bestimmung des Petrarkismus als »System *oder* Scherz«[85], wobei auf der Hand liegt, daß etwas ein ›System‹ sein kann und doch dem ›Scherz‹ dient, oder umgekehrt ›Scherze‹ nicht notwendig ohne ›System‹ sein müssen. Zieht man die Einsicht der allgemeinen Systemtheorie zu Rate, wonach ›Systeme‹ durch eine spezifische Menge von Elementen, Strukturen und Funktionen charakterisiert sind[86], dann stellen »System« und »Scherz« keine Alternativen mehr dar, sondern der »Scherz« wäre als *Funktion* des petrarkistischen Systems zu begreifen. Nun ist es freilich mehr als fragwürdig, ob sich mit diesem bzw. verwandten Begriffen[87] *die* Funktion *des* Petrarkismus angeben läßt, wohl aber dürfte es sich um *eine* der *möglichen* Funktionen handeln, wie etwa an Serafino dell'Aquila gezeigt werden konnte[88]. Adäquater für eine funktionale Bestimmung des Petrarkismus dürfte ein Spielbegriff sein, wie er insbesondere bei Forster entwickelt wird und der noch keine prinzipielle Vorentscheidung hinsichtlich ›Ernst‹ oder ›Scherz‹ impliziert:

> [...] what for Petrarch himself was deadly serious became for his successors a game, which like all games can be serious or not as circumstances require[89].

Die von Forster aufgeworfene Frage, inwieweit der Petrarkismus ein Spiel im Sinn der »transactional psychology« sei, ist bisher unbeantwortet geblieben[90]. Andererseits wurde gerade für die englische Lyrik des 16. Jahrhunderts sowohl unter poetologischem wie unter sozialgeschichtlichem Aspekt die Bedeutung des Spielbegriffs erwiesen. Enzensberger konnte zeigen, wie das elisabethanische Liebessonett zeitgenössisch immer wieder als »toy« charakterisiert wird[91], während Stevens die höfische Realität des »game of love« und die durch sie bestimmte Gebrauchsfunktion von Literatur untersucht hat[92]. Nun können diese Ergebnisse ganz sicherlich nicht für *den* europäischen Petrarkismus generalisiert werden, denn sowohl die Poetologie wie die sozialgeschichtlichen Bedingungen sind im 16. Jahrhundert etwa in Italien oder Frankreich anders als in England, doch können diese Arbeiten als Beispiele dafür dienen, wie der als solcher letztlich wenig aussagekräftige, da zu allgemeine Spielbegriff einer Präzisierung zugeführt werden kann, die ihn historisch ›griffig‹ macht.

Über diesen generellen Ansatz hinausgehend konnte W. Weiß speziell anhand von Wyatts Petrarca-Adaptationen zeigen, wie sich auffällige Veränderungen gegenüber den Vorlagen eben aus der spezifischen Gebrauchsfunktion der Texte im »game of love« begründen lassen[93], was darauf hindeutet, daß für die Beschreibung der diachronen und diatopen Variationen petrarkistischen Dichtens nicht nur innerliterarische Kategorien wie etwa die *aemulatio* heranzuziehen sind. Damit meine ich nun freilich nicht den Rekurs auf jenen *passe-partout* einer aberwitzig undifferenzierten ›Literatursoziologie‹, die glaubt, mit dem aufsteigenden Bürgertum und dem funktionslos werdenden Adel so ziemlich alle literarischen Erscheinungen zwischen dem 14. und dem 19. Jahrhundert erklären zu können, sondern konkrete Bestimmungen des jeweiligen sozio-kulturellen Gesamtsystems in ihren *möglichen*, apriorisch keineswegs festliegenden Rückwirkungen auf das literarische System bzw. ein literarisches Teilsystem wie den Petrarkismus.

Für das Cinquecento findet sich ein andeutungsweiser Versuch der Rückbindung des Petrarkismus an gesellschaftliche Bedingungen im übrigen wiederum schon bei Graf, der eine Relation zwischen der besonderen Verfeinerung, ja Künstlichkeit des Lebensstils des Jahrhunderts und der Künstlichkeit petrarkistischen Dichtens herzustellen versucht:

> A dirla in una parola, è la cortegiania del secolo XVI, presa nella sua duplice e più larga significazione di forma di coltura e forma di vita, che leva sugli altari il Petrarca, e in molteplici guise ne promuove il culto[94].

Ausgehend von dieser Feststellung Grafs wäre zu überlegen, inwiefern sich vom *gioco*-Begriff des *Cortegiano*[95] ein funktionaler Zusammenhang zum Petrarkismus herstellen läßt, doch dürfte sich dieser weniger hinsichtlich des Petrarkismus speziell als vielmehr generell hinsichtlich der prinzipiellen Verfügbarkeit unterschiedlicher Diskurse und unterschiedlicher Positionen innerhalb ein und desselben Diskurses formulieren lassen[96].

Neben Ansätzen, die dem Petrarkismus im wesentlichen sozialgeschichtlich begründete Funktionen zuordnen bzw. sein Aufkommen und seine Bedeutung von bestimmten sozialgeschichtlichen Gegebenheiten aus ›erklären‹, gibt es natürlich auch Versuche einer innerliterarischen Funktionsbestimmung, wobei sich die Ergebnisse der beiden Tendenzen keineswegs ausschließen müssen. Bereits bei Cian, der den Petrarkismus als »una vera palestra di arte e di stile, una scuola di educazione del gusto e della tecnica, scuola anche, pei migliori, di bellezza«[97], bestimmt, deutet sich eine Konzeption an, die dann vor allem von Forster entwickelt wird. Er begreift den europäischen Petrarkismus wesentlich als »training in poetic diction«[98], der durch die leichte Imitierbarkeit seiner Modelle[99] in einzelnen Nationalliteraturen die Abstoßung der alten poetischen Norm und die Konstitution einer neuen volkssprachlichen Dichtung befördert habe. Es ist offenkundig, daß diese Bestimmung, die ›die‹ bzw. eine der Funktionen petrarkistischen Dichtens im Rahmen der Evolution der literarischen ›Reihe‹ selbst angibt, durchaus mit Funktionsbestimmungen vermittelbar ist, die auf die gesellschaftliche bzw. sozialgeschichtliche Rolle petrarkistischen Dichtens, d. h. auf seine Funktion im sozio-kulturellen Gesamtsystem, abheben. Nicht umsonst finden sich bei Forster die beiden erwähnten Bestimmungen nebeneinander, und eine Berücksichtigung der in vielfacher Hinsicht unterschiedlichen literarhistorischen Traditionen und gesellschaftlichen Gegebenheiten in den einzelnen europäischen Nationalliteraturen dürfte eine notwendige Voraussetzung für die adäquate Bestimmung der Transformationen sein, die das ›petrarkistische System‹ im jeweiligen Verwendungszusammenhang erfährt. Ein Beschreiben und ggf. Erklären von *Veränderungen* setzt freilich voraus, daß es gelingt, Systemdominanten zu erstellen, auf denen die Distinktivität des ›Systems‹ gegenüber anderen literarischen Teilsystemen beruht. Hierzu gibt es verschiedene Möglichkeiten. Diese reichen von der Analyse expliziter metapoetischer Äußerungen der Zeit selbst, wie sie oben skizziert wurde, über die Untersuchung des Bedeutungsspielraums von *petrarcheggiare, pétrarquiser* etc. und deren verschiedenen Ableitungen, die vergleichende Interpretation von durch eindeutige intertextuelle Bezüge konstituierten Einzeltextparadigmen wie »Pace non trovo [...]«, »Solo e pensoso [...]« etc.[100], die Durchsicht der Petrarca-Kommentare des Cinquecento mit ihren spezifischen Akzentsetzungen[101], bis hin zu den Parodien petrarki(sti)scher Lyrik im Kontext der Burleskdichtung und der Parodie des Kommentarwesens, wie sie vor allem Nicolò Francos *Il Petrarchista* (1539) liefert, insofern zu erwarten steht, daß Parodien durch verzerrende Intensivierung gerade jene Merkmale herausstellen, die zeitgenössisch als besonders charakteristisch erachtet wurden[102].

Aufgrund der spezifischen Eigenschaften von Systemen, nämlich daß keine ein-eindeutige Abbildung zwischen der Menge der Strukturen und der Menge der Funktionen oder, etwas weniger exakt formuliert, keine notwendige Beziehung zwischen Strukturen und Funktionen besteht[103], d. h. die gleichen Strukturen verschiedene Funktionen erfüllen können und umgekehrt ein und dieselbe Funktion mittels verschiedener Strukturen realisiert werden kann, ergibt sich, daß Systemtransformationen sowohl nur struktureller oder nur funktionaler als auch struktureller und funktionaler Natur sein können. Und dies heißt wiederum, daß Strukturen und Funktionen des ›petrarkistischen Systems‹ unabhängig voneinander eruiert werden müssen, da sich eine Strukturbestimmung einer Funktionsbestimmung weder notwendig vor- noch nachordnen läßt. Wenn dem so ist, dann sind die Beziehungen zwischen Strukturen und Funktionen jeweils nur konkret am historischen Material auszumachen, nicht aber in strukturalistischer oder funktionalistischer Perspektive vorzuentscheiden.

Bei den vorstehenden Überlegungen ist ein dynamischer Systembegriff vorausgesetzt. Es liegt auf der Hand, daß, wenn überhaupt, nur ein solches Verständnis der historischen Variabilität petrarkistischen Dichtens gerecht werden kann. Ob die Konstruktion eines ›petrarkistischen Systems‹ freilich überhaupt historisch adäquat operationalisierbar ist, wird entscheidend davon abhängen, ob die skizzierten Modi der Rekonstruktion dieses Systems die erwarteten Ergebnisse liefern – oder nicht.

Anmerkungen

1 Vgl. Baldacci ('74['57]), 45f., mit Bezug auf Graf ('26[1888]), 36ff.
2 Ebd. S. 9.
3 Hoffmeister ('73), 2.
4 Graf ('26), 3f. Wie Graf begreift etwa auch Fletcher ('34) den Petrarkismus als »literary disease« mit dem Symptom des Ausbruchs von »conceits« auf verbaler und/oder logischer Ebene (vgl. insb. S. 220).
5 Friedrich ('64), 313.
6 Ebd. S. 314.
7 Praz ('35/'43), 23.
8 Vgl. hierzu die Analyse des Einleitungsgedichts zu Bembos *Canzoniere* in Noyer-Weidner ('74), der als entscheidendes Merkmal den episch-didaktischen Überbietungsanspruch bezüglich des entsprechenden Petrarca-Textes herausarbeitet.
9 Vgl. hierzu unten S. 255ff.
10 Graf ('26), 6. Zur neueren Bembo-Kritik und deren Verwurzelung in romantischer, in Italien vor allem von Croce propagierter Erlebnis- und Genieästhetik vgl. Noyer-Weidner ('74), 314ff. (dort auch der Hinweis auf die bedeutsame Ausnahme des Artikels von Elwert ('59)). Ein vorsichtiges Gegensteuern gegen den Antibembismus der neueren Kritik unter Rekurs auf die historische Bedeutung Bembos findet sich bereits in Cian ('38), der nicht als »difensore o apologista del petrarchismo« auftreten möchte, der jedoch meint, daß es keinen Sinn habe, »quella deplorazione fieramente retorica che è da tempo consuetudinaria« weiter zu betreiben (S. 21).
11 Vgl. hierzu unten S. 262ff.
12 Berdan ('09), 704 (Herv. K.W.H.).
13 Ebd.
14 Ebd. S. 705.
15 Ebd. (Herv. K.W.H.).
16 Wilkins ('50), 327.
17 Ebd. S. 328.
18 Vgl. etwa *Orlando Furioso* XXIV, i-iii, wo sich neben zwei Petrarca-Zitaten auch ein eindeutiges Bembo-Zitat findet. Trotz Bigi ('53) bleibt die spezifische Funktionalisierung petrarkistischer Elemente im *Orlando Furioso* noch zu untersuchen. Vgl. hierzu auch unten S. 265.
19 Vgl. Leimberg ('68).
20 Vgl. den – allerdings nicht unproblematischen – Artikel von Kennedy ('74).
21 Wilkins ('50), 328.
22 Vgl. etwa Graf ('26), 5f., der im *imitatio*-Prinzip das offensichtlichste, wenngleich nicht das einzige Merkmal des Petrarkismus sieht; ferner Baldacci ('74), 9 und passim, sowie Friedrich ('64), der den Petrarkismus als »einen Typus nachahmender Dichtung« bestimmt (S. 312).
23 Zu diesem Problem vgl. insbesondere Baldacci ('74), 11ff.
24 Für letztere Möglichkeit entscheidet sich Hoffmeister ('73), der vorschlägt, den Petrarkismusbegriff »einzuengen auf die direkte oder indirekte Nachahmung des ›Canzoniere‹« (S. 4).
25 Vgl. Bigi ('53), insb. S. 33–37.

26 Ebd. S. 45.

27 Ebd. S. 47. Im Zusammenhang eines Vergleichs der verschiedenen Fassungen des *Orlando Furioso* spricht Bigi explizit von »correzioni ›toscane‹ per le quali è possibile stabilire un preciso riscontro con le preferenze del Bembo« (ebd.).

28 So geht er etwa auch auf rhetorische und metrische Verfahren ein, doch bleibt auch hier die Charakterisierung vielfach zu allgemein, als daß sie sich als spezifisch petrarkisch oder bembesk bezeichnen ließe (vgl. etwa S. 58).

29 Als einer der wenigen verweist Vallone auf die Notwendigkeit dieser Unterscheidung im Zusammenhang seiner Skizze des »petrarchismo napoletano«: Die beiden Aspekte »non sembrano identificarsi o convogliarsi verso uno stesso esito od una naturale concordanza. Gli è che Petrarca appare ora come modello di lingua, ora, non di rado disgiunto da quello, solo come modello di poesia.« (Vallone ('61), 364).

30 Was nicht heißt, daß eine detaillierte Analyse nicht einzelne Parallelen zu Petrarca ausmachen könnte. Auf das Problem des ›Charakteristischen‹ ist zurückzukommen.

31 Vgl. die von Caro selbst verfaßte *Apologia degli Accademici di Banchi di Roma contro M. Lodovico Castelvetro da Modena* (1558), (abgedruckt in A. Caro, *Apologia. Gli Amori di Dafne e Cloe. Rime,* Milano [2]1878, S. 17ff.). Auf die *Apologia*, die Castelvetros erste Kritik mit abdruckt, antwortet dieser mit *Ragioni d'alcune cose segnate nella Canzone Di Messer Annibal Caro. Venite a l'ombra de gran Gigli d'oro,* Venezia: Andrea Arrivabene 1560.

32 Pyritz ('62), 60.

33 »the second great international system of conventional love, between the chivalric love of the middle ages and the romantic love of the eighteenth and nineteenth centuries« (Forster ('69), 2).

34 Ebd. S. 22.

35 Ebd.

36 Vgl. etwa Baldacci ('74), 7.

37 Quondam ('74), 212.

38 Ebd S. 214f.

39 Vgl. etwa Castiglione (1973), 190ff. (I, 29ff.) oder Speroni (1975).

40 Vgl. Friedrich ('64), 312.

41 Vgl. etwa Baldacci ('74), 249ff. Einen partiellen *dantismo* – neben einem *classicismo* – stellt Vallone auch bei den Neapolitanern fest (Vallone ('61), 364ff.).

42 Vgl. Schulz-Buschhaus (Ms.).

43 Allodoli z. B. verweist darauf, daß es »curioso« sei, »che i petrarchisti così platonici nei loro versi italiani diventavano (e l'esempio dell'Ariosto è calzante) sensuali e lubrici se poetavano in latino all'oraziana o all'ovidiana. Ariosto infatti tiene Migilla fra le braccia, se scrive in latino, e molto strettamente la tiene, mentre in italiano è ›nel dir lento e restío‹, ossequioso, devoto all'alta beltade.« (Allodoli ('38), 78).

44 Vgl. hierzu Hempfer ('73), 128ff.

45 Vgl. hierzu Göttner ('73), insb. S. 141ff., und Stegmüller ('75), 63ff.

46 Vorausgesetzt werden die genetische Epistemologie Piagets und die Kuhn-Stegmüllersche Konzeption von Theoriendynamik. Vgl. Piaget ('67), Kuhn ('76), Stegmüller ('73); speziell zum Problem der Präsuppositionen im Rahmen wissenschaftlicher Argumentation Hempfer ('81).

47 Popper ('71 [[1]'34]), 31, A. 1.

48 Vgl. etwa Bigi ('53), 37; Fedi ('75), 34f.; Vallone ('61), passim u. a.

49 Eine Ausnahme macht Forster, der sich explizit positiv auf die Arbeiten von Pyritz bezieht.
50 Pyritz ('62), 57.
51 Ebd.
52 Pyritz ('63 [1'36]), 142.
53 Forster ('69), 3f. (Herv. K.W.H.).
54 *Francisci Petrarchae Operum Tomus I,* Basel 1554. Repr. New Jersey 1965, S. 211 aus: *De Remidiis,* II, 93. Zit. bei Keller ('74 [1'73]), 90.
55 Keller ('74), 90f.
56 König ('80), 262.
57 Pyritz ('62), 83: »Charakteristisch aber ist es für die ganze Artung des Petrarca-Epigonentums, daß man das Leidmoment der Liebe gegenüber dem Lustmoment immer stärker betonte und herausarbeitete, und andererseits, daß in der ewigen Spannung zwischen Leid- und Lusterfahrung ein neuer Reiz gefunden wird, so stark, daß der natürlich-menschliche Wunsch nach Ausgleich und Harmonie dagegen gar nicht aufkommen kann.«
58 Dassonville ('73), 587.
59 Hoffmeister ('73), 3.
60 Zitate nach Petrarca (1964).
60a Rainer Warning argwöhnt, daß es sich um ein ›normatives‹ Konzept handeln könnte; einen solchen Verdacht versuche ich durch die folgenden Präzisierungen auszuräumen. Vgl. den Beitrag von R. Warning in diesem Band S. 337ff.
61 Vgl. Ronsard (1963), 251ff.
62 Vgl. »A son livre«, V. 33ff.
63 Ebd., V. 61–64.
64 Ebd., V. 49–54.
65 Ebd., V. 41f.
66 Vgl. Du Bellay (1965), 70ff.
67 Ebd., V. 4ff.; 9ff.; 41ff.; 97ff.; 105ff.
68 Ebd., V. 33ff.
69 Ebd., V. 81ff.
70 Ebd., V. 17ff.; 49ff.
71 Ebd., V. 121–136.
72 Vgl. V. 145ff.
73 Ebd., V. 201–208.
74 Vgl. Du Bellay (1974), Nr. CVII–CXIII, wo zunächst das petrarkische Reue- und Erlösungsmotiv und eine entsprechend begründete Absage an die irdische Liebe erscheint (CVIIff.), während mit CXII und CXIII die platonische Lösungsmöglichkeit ›nachgetragen‹ wird. Ley ('75) verkennt eben dies.
75 Daß sich ›Schmerzliebe‹ und platonische Liebeskonzeption im Grundsatz ausschließen, der Platonismus freilich als eine der Lösungen der dilemmatischen Liebessituation des Petrarkismus fungieren kann, vgl. Regn (1987) sowie das dritte Buch von Bembos *Asolani*, das die Überwindung der Auffassung von der Liebe als Leid (Buch I) und von Liebe als Freude (Buch II) im Kontext des Platonismus darlegt (vgl. Bembo ('78 [1'60]), 455ff.)
76 Vgl. Ronsard ('63), S. 407–412.
77 Vgl. hierzu die Bemerkungen von H. Weber in seiner Einleitung zu Ronsard ('63), XXXVff.

78 Diese These bedürfte natürlich einer im vorliegenden Kontext nicht möglichen Ausführung. Zu einem analogen Befund am Beispiel des *Orlando Furioso* vgl. Hempfer (1983), 19ff. Was meine Divergenz zu R. Warning (vgl. in diesem Band S. 337ff.) betrifft, so würde ich sie schlagwortartig dergestalt zusammenfassen, daß sich für mich nicht der Petrarkismus durch ›Dialogizität‹ charakterisiert, sondern die (Liebes-)Lyrik der Epoche, die aufgrund der im System der Diskurse vorgegebenen Alternativen zu ›polylogen‹ Systemrealisaten (den einzelnen Sammlungen) führen kann, aber nicht muß. Zu einer ausführlicheren Darstellung der hier nur skizzierten Problematik vgl. Hempfer ('86).

79 Vgl. hierzu Graf ('26), 41ff. und Schulz-Buschhaus ('68), 91, A. 3.

80 Dassonville ('72), 178f.

81 So muß etwa Bigi, der, wie gesagt, davon ausgeht, daß man den Ariostschen Petrarkismus nicht an den petrarkischen *dissidio* knüpfen dürfe, weil es diesen bei Ariost nicht gebe, beiläufig doch feststellen, daß der entscheidende Unterschied in der Verwendung der gleichen rhetorischen Mittel in deren thematischer Refunktionalisierung liege, indem aus dem *dissidio* bei Ariost eine »sorridente armonia« werde (Bigi ('53), 54f., A. 2). Vgl. dagegen Hempfer ('86).

82 Forster faßt Petrarcas »conceits« unter folgenden Gruppen zusammen: »1 External: praise of the lady, the lady's accomplishments; objects belonging to the lady; celebration of the place of lovers' meeting; meeting the beloved in dreams. 2 Internal: the nature of love; relation between lovers; the effects of love; rejection of the beloved; death motifs. 3 Love as cosmic phenomenon.« (Forster ('69), 8f.). Es liegt auf der Hand, daß diese Themen/Motive nur in Funktion einer bestimmten Liebeskonzeption distinktiv sein können, nicht aber als solche.

83 Die Numerierung der Bembo-Texte nach Bembo ('78).

84 Diese ›anderen Erfahrungen‹ haben vielfach eine Referentialisierbarkeit in der historischen Wirklichkeit und erfüllen solchermaßen u. a. Authentisierungsfunktionen hinsichtlich der ›Liebesgeschichte‹. Die Relation verschiedener thematischer Bereiche ist, soweit ich sehe, in der bisherigen Forschung nicht eingehender behandelt worden, wie überhaupt der Sammlungscharakter petrarkistischer *canzonieri* erstaunlich vernachlässigt wurde und erst in jüngsten Publikationen eine stärkere Berücksichtigung erfährt: vgl. etwa Santagata ('79), Dunlop ('76), Hope ('79), Jones ('76) und insbesondere Regn (1987).

85 Hoffmeister ('73), 2f.

86 Vgl. etwa Klaus ('69), s.v. ›System‹.

87 Vgl. Hoffmeister ('73), 2f.

88 Vgl. Bauer-Formiconi ('67).

89 Forster ('69), 66.

90 Ebd. S. 174. Forster bezieht sich explizit auf E. Berne, *Games People Play – The Psychology of Human Relationships,* London 1966, insb. S. 166ff.

91 Vgl. Enzensberger ('62), 142–150. Am auffälligsten vielleicht der Titel einer Sammlung von Robert Tofte, *Laura – The Toys of a Traveller; or the Feast of Fancy* (1597).

92 Stevens ('61), insb. S. 154ff.

93 Vgl. Weiß ('83).

94 Graf ('26), 10.

95 Vgl. Castiglione (1973), insb. S. 98ff. (I, XI–XIII).

96 Vgl. hierzu die grundlegenden Feststellungen in Ferroni (1980).

97 Cian ('38), 21.
98 Vgl. Forster ('63); wieder abgedruckt in Forster ('69), 61 ff.
99 Vgl. Forster ('69), 73 f. und 83.
100 Dies setzt freilich voraus, daß man auch die ›richtigen‹ Texte zusammenstellt, d. h. diejenigen, zwischen denen der jeweils *dominante* intertextuelle Bezug existiert, da man sonst ggf. gänzlich falsche Oppositionen aufmacht, indem man einen Text auf eine Vorlage bezieht, die er gar nicht zum generellen strukturellen ›Muster‹ hat, sondern auf die er allenfalls als auf eine der vielen sekundären Reminiszenzen rekurriert.
101 Ansätze hierzu in Baldacci ('74), 49 ff.
102 Solche Modi zur Rekonstruktion der Dominanten des ›petrarkistischen Systems‹ werde ich an anderer Stelle zu präzisieren versuchen.
103 Vgl. hierzu Klaus ('69), s.v. ›System‹.

Bibliographie

Allodoli (1938):
Allodoli, E., »L'antipetrarchismo del Cinquecento«, *Annali della cattedra petrarchesca* 8 (1938) S. 67–95.

Baldacci (1974):
Baldacci, L., *Il petrarchismo italiano nel Cinquecento,* Milano/Napoli 1957.

Bauer-Formiconi (1967):
Bauer-Formiconi, B., *Die Strambotti des Serafino dell'Aquila – Studien und Texte zur italienischen Spiel- und Scherzdichtung des ausgehenden 15. Jahrhunderts,* München 1967.

Bigi (1953):
Bigi, E., »Petrarchismo Ariostesco«, *Giornale Storico della Letteratura Italiana* 130 (1953), 31–62; wieder abgedruckt in E. Bigi, *Dal Petrarca al Leopardi – Studi di stilistica storica,* Milano/Napoli 1954, S. 47–76.

Berdan (1909):
Berdan, J. M., »A Definition of Petrarchismo« *Publications of the Modern Language Association of America 24* (1909) S. 699–710.

Castiglione (1973):
Castiglione, B., *Il libro del Cortegiano, con una scelta delle opere minori,* a cura di B. Maier, Torino 1955, Rist. 1973.

Cian (1938):
Cian, V., »Il maggior petrarchista del Cinquecento, Pietro Bembo«, in *Annali della cattedra petrarchesca* 8 (1938) S. 1–42.

Dassonville (1973):
Dassonville, M., »Réflexions sur le Pétrarquisme«, in *Missions et démarches de la critique – Mélanges offerts au Professeur J. A. Vier,* Paris 1973, S. 587–593.

Dassonville (1972):
Dassonville, M., »Apropos du Pétrarquisme et de Ronsard«, *L'Esprit créateur* 12 (1972) S. 178–182.

Du Bellay (1965):
Du Bellay, J., *Divers Jeux rustiques,* éd. p. V. L. Saulnier, nouvelle édition augmentée, Paris/Genève 1965 ([1]1947).

Du Bellay (1974):
Du Bellay, J., *L'Olive,* texte établi avec notes et introduction par E. Caldarini, Genève 1974.
Dunlop (1976)
Dunlop, A., *The concept of structure in three Renaissance sonnet sequences,* Diss. Abstr. XXXVIII (1977/78) 774 A, (Diss. univ. of North Carolina, Chapel Hill 1976).
Elwert (1958):
Elwert, W. Th., »Il Bembo imitatore«, in W. Th. Elwert, *Studi di letteratura veneziana,* Venezia/Roma 1958, S. 111–145.
Enzensberger (1962):
Enzensberger, Chr., *Sonett und Poetik,* Diss. München 1962.
Fedi (1975):
Fedi, R., »Petrarchismo prebembesco in alcuni lirici dell'Ariosto«, *Paragone-Letteratura* 310 (1975) S. 26–48.
Ferroni (1980):
Ferroni, Giulio, »›Sprezzatura‹ e simulazione«, in *La Corte e il »Cortegiano«, I – La scena del testo,* a cura di Carlo Ossola, Roma 1980, S. 119–147.
Fletcher (1934):
Fletcher, J. B., »Petrarchism«, in J.B.F., *Literature of the Italian Renaissance,* New York 1934, S. 217–227.
Franco (1539/1979):
Franco, Nicolò, *Il Petrarchista,* a cura di R. L. Bruni, Exeter 1979 ([1]1539).
Forster (1963/1969):
Forster, L. W., »European Petrarchism as Training in Poetic Diction«, *Italian Studies* 18 (1963) S. 19–32 (wieder abgedruckt in Forster (1969), 61 ff.)
Forster (1969):
Forster, L. W., *The Icy Fire – Five Studies in European Petrarchism,* Cambridge 1969.
Friedrich (1964):
Friedrich, H., *Epochen der italienischen Lyrik,* Frankf./M. 1964.
Graf (1926):
Graf, A., »Petrarchismo ed antipetrarchismo«, A.G., *Attraverso il Cinquecento,* Torino 1926, S. 1–70.
Hempfer (1973):
Hempfer, K.W., *Gattungstheorie,* München 1973.
Hempfer (1981):
Hempfer, K. W. »Präsuppositionen, Implikaturen und die Struktur wissenschaftlicher Argumentation«, in *Wissenschaftssprache,* hg. v. Th. Bungarten, München 1981, S. 309–342.
Hempfer (1983):
Hempfer, K. W., »Überlegungen zu einem Gültigkeitskriterium für Interpretationen und ein komplexer Fall: die italienische Ritterepik der Renaissance«, in *Interpretation – Das Paradigma der europäischen Renaissance-Literatur,* Wiesbaden 1983.
Hempfer (1986):
Hempfer K. W., »Intertextualität, Systemreferenz und Strukturwandel: die Pluralisierung des erotischen Diskurses in der italienischen und französischen Renaissance-Lyrik (Ariost, Bembo, Du Bellay, Ronsard)« Vorlage zum Kolloquium *Modelle des literarischen Strukturwandels,* Passau 13. 10. bis 16. 10. 1986.

Hoffmeister (1973):
Hoffmeister, G., *Petrarkistische Lyrik*, Stuttgart 1973.
Hope (1979):
Hope, G. R., *Poetics of the Sonnet Sequence*, Diss. Abstr. XL (1979/1980) 1500 A, (Diss. Univ. of Pennsylvania 1979).
Göttner (1973):
Göttner, H. J., *Logik der Interpretation*, München 1973.
Jones (1976):
Jones, A. R., *The Lyric Sequence – Poetic Performance as Plot*, Diss. Abstr. XXXVII (1976/77) 6464A–6465A (Diss. Cornell Univ. 1976).
Keller (1974):
Keller, L., »›Solo e pensoso, seul et pensif, solitaire et pensif‹ mélancolie pétrarquienne et mélancolie pétrarquiste«, in L. K. (Hg.), *Übersetzung und Nachahmung im europäischen Petrarkismus – Studien und Texte*, Stuttgart 1974, S. 89–103 (zuerst in *Studi Francesi* 17 (1973) S. 3–14).
Kennedy (1974):
Kennedy, W. J., »Petrarchism in Short Narrative Poetry of the Renaissance«, *Comparative Literature* 26 (1974) S. 318–333.
Klaus (1969):
Klaus, G., *Wörterbuch der Kybernetik*, 2 Bde., Frankf./M. 1969.
König (1980):
König, B., »Petrarcas Landschaften – Philologische Bemerkungen zu einer neuen Deutung«, *Romanische Forschungen* 92 (1980) S. 251–282.
Kuhn (1976):
Kuhn, Th. S., *Die Struktur wissenschaftlicher Revolutionen*, 2. rev. und um das Postskriptum von 1969 ergänzte Auflage, Frankf./M. 1976.
Leimberg (1968):
Leimberg, Inge, *Shakespeare ›Romeo und Julia‹ – Von der Sonett-Dichtung zur Liebestragödie*, München 1968.
Ley (1975):
Ley, R., *Neuplatonische Poetik und nationale Wirklichkeit – Die Überwindung des Petrarkismus im Werk Du Bellays*, Heidelberg 1975.
Noyer-Weidner (1974):
Noyer-Weidner, A., »Lyrische Grundform und episch didaktischer Überbietungsanspruch in Bembos Einleitungsgedicht«, *Romanische Forschungen* 86 (1974) S. 314–358.
Petrarca (1964):
Petrarca, F., *Canzoniere*. Testo critico e introduzione di Gianfranco Contini. Annotazioni di Daniele Ponchiroli, Tornio 1964 (Nuova Universale Einaudi 41).
Piaget (1967):
Piaget, J. (Hg.), *Logique et connaissance scientifique*, Paris 1967.
Popper (1971):
Popper, K., *Logik der Forschung*, vierte verbesserte Auflage, Tübingen 1971 ([1]1934).
Praz (1935–1943):
Praz, M., »Petrarchismo«, in *Enciclopedia di scienze, lettere e d'arte*, Rom 1935–1943, Bd 27, S. 23 f.
Pyritz (1962):
Pyritz, H., »Petrarca und die deutsche Liebeslyrik des 17. Jahrhunderts«, in H. P., *Schriften zur deutschen Literaturgeschichte*, Köln 1962, S. 54–72.

Pyritz (1963):
Pyritz, H., *Paul Flemings Liebeslyrik – Zur Geschichte des Petrarkismus,* Göttingen 1963 ([1]1936).
Quondam (1974):
Quondam, G. M. A., *Petrarchismo mediato – Per una critica della forma antologica,* Roma 1974.
Regn (1987):
Regn, G., *Torquato Tassos zyklische Liebeslyrik und die petrarkistische Tradition,* Habilitationsschrift München 1983, Tübingen 1987.
Ronsard (1963):
Ronsard, P. de, *Les Amours,* hg. v. H. u. C. Weber, Paris 1963.
Santagata (1979):
Santagata, Marco, *Dal sonetto al Canzoniere,* Padova 1979.
Schulz-Buschhaus (1968):
Schulz-Buschhaus, U., »Antipetrarkismus und barocke Lyrik«, *Romanistisches Jahrbuch* 19 (1968) S. 90–96.
Schulz-Buschhaus (Ms.):
Schulz-Buschhaus, U., »Spielarten des Antipetrarkismus bei Francesco Berni«, unveröffentlichtes Manuskript.
Speroni (1975):
Speroni, S., *Dialogo delle lingue,* herausgegeben, übersetzt und eingeleitet von H. Harth, München 1975.
Stegmüller (1973):
Stegmüller, W., *Probleme und Resultate der Wissenschaftstheorie,* Bd II, 2: *Theorienstruktur und Theoriendynamik,* Berlin/Heidelberg/New York 1973.
Stegmüller (1975):
Stegmüller, W., *Das Problem der Induktion: Humes Herausforderung und moderne Antworten – Der sogenannte Zirkel des Verstehens,* Darmstadt 1975.
Stevens (1961):
Stevens, J., »The Game of Love«, J. S., *Music and Poetry in the Early Tudor Court,* London 1961, S. 154 ff.
Vallone (1961):
Vallone, A., »Di alcuni aspetti del Petrarchismo napoletano (con inediti di Scipione Ammirato)«, *Studi petrarcheschi* 7 (1961) S. 355–375.
Weiß (1983):
Weiß, W., »Petrarkismus am Hofe Heinrichs VIII: Sir Thomas Wyatts Übersetzungen aus dem *Canzoniere*«, in K. W. Hempfer/G. Regn (Hgg.), *Interpretation – Das Paradigma der europäischen Renaissance-Literatur,* Wiesbaden 1983, S. 201–216.
Wilkins (1950):
Wilkins, E. H., »A General Survey of Renaissance Petrarchism«, *Comparative Literature* 2 (1950) S. 327–342.

Wolfgang Preisendanz

Gattungshorizont des Epigramms und ›style marotique‹

On peut dire sans le flater, non seulement que la Poësie Françoise n'avoit jamais paru avec les charmes & les beautez naturelles dont il l'orna, mais aussi que dans toute la suite du XVIe Siecle il ne parut rien qui aprochât de l'heureux génie, & des agréments naïfs, & du sel de ses Ouvrages. Les Poëtes de la Pleïade sont de fer en comparaison de celui-là ...

Dictionaire historique et critique par Mr Pierre Bayle

I

Mustert man die Rezeptionsgeschichte Marots, so zeigt sich einmal mehr, mit welcher Unbeirrbarkeit autoritative Urteile und Charakterisierungen von Generation zu Generation weitergegeben werden. Seit dem 17. Jahrhundert wird Marots Dichtung nach dem Stereotyp gekennzeichnet, das Boileau (»Imitons de Marot l'élégant badinage«) und die Scudéry (»Il n'y aura jamais d'esprit plus ingénieusement badin que le sien«) vorgegeben haben. Fontenelle übernimmt das Statement der Scudéry wörtlich, und Sainte-Beuve ersetzt lediglich badinage durch das fortan dominierende Äquivalent: »Une causerie facile, semée par intervalles de mots vifs et fins, est presque le seule mérite qui le distingue«. Ebenso stereotyp werden diesem »esprit badin« und dieser »causerie facile« die Prädikate der Naivität bzw. Natürlichkeit bzw. Simplizität zugeordnet, und zwar ohne Rücksicht auf den beträchtlichen Begriffswandel von Naivität vom 16. bis zum 19. Jahrhundert: »Une veine grandement fluide et naturelle« (Colletet); »des agréments naïfs, et du sel« (Bayle); »une grande simplicité sans aucune affectation« (Bailly); »la naïvete, le tour heureux, la grace naturelle« (Sénecé); »une manière aisée et naïve« (Niceron); »cette aimable simplicité« (Mallet); »ce charme [qui] tient à une naïveté de tournure et d'expression« (La Harpe); »Dans Marot, la naïveté devint de la grâce« (Saint-Marc Girardin); »la naïveté satirique ou gracieuse« (Philarète Chasles)[1]. Badinage und causerie, Charme und Grazie, Natürlichkeit, Zwanglosigkeit und Naivität (in allen Abschattungen dieses Begriffs) sind die immer wieder aufgegriffenen Bestimmungen: Bestimmungen, die natürlich untereinander eine altehrwürdige, d. h. auf die Antike zurückgehende Konstellation bilden – einmal als Züge, die vornehmlich das genus medium kennzeichnen, zum anderen und insbesondere als Merkmal der in dieses genus fallenden Gattungen der Epistel und der Satire in ihrer Horazischen Faktur.

Bedenkt man nun dieses antike Erbe in der »causerie facile«, so muß man den Eindruck gewinnen, daß im Prozeß der Rezeptionsgeschichte selbst dort, wo Marots als des ersten französischen volkssprachlichen (und d. h. nicht neulateinischen) Epigrammatikers gedacht wird, wo seine Epigramme neben den Episteln als der andere Gipfel seines Werks gelten, doch zunehmend die Episteln das fundamentum in re des angedeuteten traditionellen ›Signalements‹ seiner Dichtkunst bildeten. Gewiß können »élégant badinage« bei Boileau und »esprit ingénieusement badin« bei der Scudéry auch auf den Epigrammatiker gemünzt sein, sofern im Zug der Aufwertung des badiner in der 2. Hälfte des 17. Jahrhunderts[2] darunter ja gerade die Fähigkeit pointierten Ausdrucks, die Prägung von »bons mots«, die »productions d'esprit, où la raillerie et le mot pour rire sont dans toute leur force«[3] mitgemeint sein könnten. Aber die Ersetzung von badinage durch causerie markiert dann doch ziemlich deutlich die Tendenz zur Identifikation der Marotischen Kunst mit dem Bild seiner Episteln und macht denkbar, daß bereits bei Boileau und der Scudéry mit badinage primär das Elegante und Ingeniöse scherzhafter Plauderei vor Augen stand.

Diesen Eindruck untermauert die wiederum stereotype und dabei bunte Reihe der Autoren, die als Erben und Nachfolger Marots herausgehoben wurden: Regnier, Voiture, La Fontaine, Boileau, Chaulieu, Voltaire ... Es sind Autoren, die zugleich auf Marot als den Repräsentanten eines spezifischen »esprit gaulois« zurückbezogen wurden; eines »esprit gaulois«, der vielfach als Grund der im wesentlichen auf Frankreich beschränkten Rezeption Marots angenommen wurde. Repräsentant dieses »esprit gaulois« ist er auch für L. Spitzer: es sei Marots Verdienst, den »Ton der ›causerie‹« in die französische Dichtung eingeführt zu haben als »etwas sehr Französisches, nämlich etwas, was mehr ist als Prosa, aber weniger als hohe Dichtung und in der Mitte bleibt als ein Genre, das einen Menschen spiegelt, der in einer gefühlsmäßigen Mittellage lebt. Dies wird nun eine Unterströmung der französischen Literatur bleiben«[4]. Natürlich ist für Spitzer La Fontaine der nächste markante Weitervermittler dieses Tons der causerie, wozu dann freilich K. Stierle vermerkt hat, daß all die für diesen Ton angeführten Charakteristika im Zusammenhang mit ihrem »traditionellen, gattungsbedingten Ort«, nämlich mit der am Beispiel Horaz' orientierten Epistel- und Satirendichtung zu sehen sind[5].

Indessen geht es mir hier nicht um die prekäre Ableitung eines an sich wohl schon prekären »esprit gaulois« aus dem »ton de la causerie familière«[6] in den Episteln von Marot (und nicht nur in ihnen: erläutert doch Spitzer die Einführung der causerie in die französische Dichtung nicht anhand einer Epistel, sondern anhand der »Ecloque au Roy, soubz les noms de Pan et

Robin«). Mein Punkt ist die bereits angesprochene Crux der Rezeptionsgeschichte: Die Episteln und die Epigramme gelten ihr einhellig als die Pfeiler von Marots Ruhm; mit seiner Epigrammatik erscheint er als der moderne Neubegründer und zugleich schon Meister dieser Gattung, mit seinen Episteln als Quelle einer fortan evidenten Strömung in der französischen Literatur und, mehr noch, als Richtungsweiser für den Stil des Französischen. Schon La Bruyère sah mit Rücksicht auf »les ouvrages de Marot, si naturels et si faciles« in der Pléiade einen Holzweg: »ils l'ont retardé dans le chemin de la perfection«; Marot dagegen, »par son tour et par son style, semble avoir écrit depuis Ronsard: il n'y a guère, entre le premier et nous, que la différence de quelques mots«[7]. Aber so obligat auch Rang und Geltung seiner Epigrammatik betont wurden, so deutlich sind es im Grunde seine Episteln gewesen, an denen sich alle näheren Bestimmungen des ›style marotique‹ orientiert haben.

Das aber ist insofern eine problematische Gleichschaltung, als causerie bzw. der sich in ihr entfaltende esprit badin schwerlich vereinbar scheinen mit den konventionellen Vorstellungen vom Epigramm, zu denen doch in allererster Linie das Junctim von concinnitas und brevitas gehört. Und ebensowenig scheinen sich die stereotypen Prädikate der naïveté, der simplicité, des naturel mit den Merkmalen des Epigramms vereinbaren zu lassen, derentwegen es schon immer der Tradition des acutum dicendi genus zugeordnet wurde[8], also mit den Merkmalen des urbanum, sal, argutum, ingeniosum. Alle Kriterien der Rhetorik, an die man die Definitionen und Theorien des Epigramms zurückband, scheinen doch das Prolixe auszuschließen, das aber der Epistel schon in der antiken Poetik eingeräumt wurde. Weil sie Spielraum der argutia ist, hängt die Renaissance der Epigrammatik im 15./16. Jahrhundert zusammen mit der humanistischen Hochschätzung des stilus argutus, der Sprachgeste der argutia, die zusammen mit urbanitas und sal ihr Integral in der elegantia hat; das Epigramm gilt als Syndrom des – nach Cicero oder Quintilian – elegans, urbanum, ingeniosum, facetum und insbesondere der brevitas. Hergeleitet wird die Kürze und Bündigkeit des Epigramms aus seiner Urfunktion als materielle, räumlich beengte Auf- oder Inschrift; wo dann der Begriff des Epigrammatischen das Moment des acumen in sich aufnimmt, meint brevitas nun stets die dem acumen selbst eigene Zugespitztheit und Gerafftheit, in welcher die Sukzessivität, die Diskursivität der Sprache so weit wie möglich aufgehoben wird.

Im »Traitté de l'Epigramme« des *Art poétique* von Guillaume Colletet (1658)[9] liest man beispielsweise: »l'Epigramme, pour estre excellente, doit estre courte, gracieuse, subtile, et pointuë« (S. 75). Bezieht man diese Bestimmungen auf ihren Ort in der Rhetorik zurück, so betrifft Kürze, Bündigkeit den Umfang (»afin de l'approcher le plus qu'il est possible de l'inscription, dont elle [l'Epigramme, W. P.] a pris son nom et sa source«, S. 75); Grazie (für Colletet bestes Äquivalent des venustum oder suave, S. 76) betrifft die Zugehörigkeit zum hilare/laetum genus dicendi als Spielraum der scherzhaftwitzigen urbanitas; Subtilität (ausdrücklich mit argutia gleichgesetzt, S. 78) betrifft die Dominanz von puritas und perspicuitas über den Ornatus (»un langage naïf, naturel, et sans fard, net et familier«, S. 54, »l'exclusion de la pompe et du haut appareil«, S. 57). Pointiertheit schließlich meint den Aspekt der nicht in der Metaphorik, sondern im Wort- und Gedankenspiel liegenden Überraschung, Unerwartetheit, Verfremdung im Sinn des aristotelischen Xenikon (Rhet. III, 2, 1404^{b}). All dies definiert das Epigramm als Kombination von hilare und acutum genus dicendi auf der Grenze des genus medium und des genus humile (Colletet S. 54f.): an letzterem partizipiert es durch die perspicuitas, an ersterem durch die witzige urbanitas. Die Ausrichtung auf die Pointe ist aber das Entscheidende: »le Poëte Epigrammatique se propose d'abord qu'il ne fera rien qui vaille, ny qui frappe l'esprit, si apres avoir rendu son Epigramme succincte, gracieuse, et subtile, dans la pensée, et dans l'elocution mesme, il n'en tire enfin une conclusion artificieuse, surprenante, et dont la pointe vive et aiguë soit capable d'émouvoir et d'enlever l'esprit du Lecteur« (S. 83). Zwar soll sich die subtilité oder argutie nicht nur am Ende manifestieren, »mais en toute l'estenduë du corps de ce petit Poëme, dont elle est comme l'esprit et la vie, les nerfs et le sang qui l'anime« (S. 78). Aber die Schlußpointe als »conclusion artificieuse, surprenante« ist gleichwohl »le grand secret, et comme le couronnement de l'Epigramme« (S. 83).

Diese Charakterisierung ist ebenso prägnant wie unoriginell; sie hat sich seit Robortello, Minturno, Scaliger in ganz Europa durchgesetzt und im Kontext des Conceptismo vollends ihre Plausibilität gewonnen, ohne diese späterhin einzubüßen. Sie ist so normativ geblieben, daß ein Großteil der Epigramme der Planudea und Palatina nicht mehr so recht mit dem Begriff des Epigramms zu vermitteln waren und Martials Epigramme als Archetyp der Gattung erscheinen mußten – wenigstens bis hin zu Batteux und Herder, die (letzterer gegen den ganz auf Martial eingeschworenen Lessing) eben mit Rücksicht auf die Anthologia Graeca die seit der Spätrenaissance geltende Norm korrigierten[10]. Was nun aber Marot betrifft, so zeigt sich in der Rezeptionsgeschichte wie auch in der Forschungsliteratur die in Rede stehende Problematik: Man hebt die Episteln und die Epigramme als die einander ebenbürtigen und kapitalen poetischen Leistungen heraus, man würdigt die Epigramme nach Maßgabe der Norm, die zwischen Scaliger und Colletet aufgestellt wurde, und man leitet nichtsdestoweniger von der Schreibart der Episteln, von der causerie das Charakteristikum seiner Lyrik her.

Ich habe bis hier im Blick auf die Rezeptionsgeschichte den Sachverhalt problematisiert, daß bei aller Auszeichnung des Epigrammatikers Marot es doch der Stil seiner Episteln ist, der das Paradigma geliefert hat, aus dem sich das Gesamtbild seiner Lyrik ergab. Ich muß nun aber diese Problematisierung relativieren: sie ist nur solange berechtigt, als man den Epigrammen Marots jene Kriterien und Normen unterstellt, die sich erst in den Poetiken bzw. Epigrammtheorien seit der zweiten Hälfte des 16. Jahrhunderts herausgebildet hatten; Normen und Kriterien, die dann freilich auch in der seitherigen epigrammatischen Praxis ihre Bestätigung fanden. Die Frage ist jedoch, wieweit es angemessen ist, Marots Epigramme in die Perspektive eines Begriffs vom Epigramm und einer Epigrammatik zu rücken, in welchen sich Stabilisierung des Gattungsbegriffs, Homogenisierung der epigrammatischen Schreibweise und Reduktion von Spielarten verbanden. Und das hieße, daß die erwähnten Inkompatibilitäten (von Causerie und Concinnität, Naivität und Subtilität, Natürlichkeit und Eleganz usf.) nur unter der Voraussetzung einer Vorstellung vom Epigramm Geltung hätten, zu welcher sich Marots Epigramme gleichsam asymptotisch verhalten. Redequalitäten und stilistische Aspekte, die sich auf den ersten Blick auszuschließen scheinen, könnten sich unter diesen Umständen als vereinbar erweisen im Sinn einer Bipolarität von Epistelstil und epigrammatischer Struktur. Um diese Perspektive zu fundieren, seien einige historische Fakten in Erinnerung gerufen.

II

Die Renaissance des Epigramms ist bekanntlich eine Folge der humanistischen Ausrichtung am klassischen Altertum und der damit einhergehenden Kanonisierung der Gattungen der antiken Poetik. Der eben erfundene Buchdruck ermöglichte die Verbreitung der maßgeblichen antiken Autoren und Muster: vermutlich 1470 erschienen in Rom, 1471 in Ferrara die Epigramme Martials, bis 1500 folgten weitere 21 Ausgaben; zwischen 1534 und 1554, also im Zeitraum von Marots Martial-Imitationen, kam es nochmals zu 15 Editionen. Eine ähnliche Verbreitung erfuhren die Gedichte Catulls, die von diesem zwar nicht als Epigramme bezeichnet worden waren, im Zuge der Wiedergeburt der Epigrammatik im 15. und 16. Jahrhundert aber genauso als Epigramme angesehen wurden, wie man vorhumanistische volkssprachliche Gedichte kleineren Umfangs als quasi-epigrammatische Formen zu sehen pflegte: Strambotti, Madrigale, Balladen, Rondeaux, Dizains, Huitains usf.

Denn mit dem ersten Druck der *Anthologia Planudea* durch Laskaris 1494 in Florenz trat eine thematische und stilistische Vielfalt antiker Epigrammatik in den Blick, die abgesehen von der relativen Kürze kaum inhaltliche oder formale Gattungskriterien zu erkennen gab. Daß im Epigramm bei Beachtung der konstitutiven brevitas ›alles ging‹, war die folgenreiche Auswirkung des Beispiels der Planudea, bis dann gegen Ende des 16. Jahrhunderts neben anderen Poetikern vor allem Scaliger jene strenge Gattungsnorm inaugurierte, die das Epigramm zu einem Favoriten des Conceptismo machte und die, wie gesagt, auch späterhin die Grundlage der Epigrammtheorien blieb, obgleich sie sich mit Rücksicht auf die Planudea und (seit 1604) die Palatina als restriktiv erweist. Natürlich hat der denkwürdige Status des Epigramms in der neulateinischen wie in der volkssprachlichen Literatur der Renaissance auch seine –

komplexen – literatursoziologischen Gründe; z. B. im Fall von Marot die von italienischen Einflüssen bestimmte Abkehr vom ›grand genre‹ der ›Grands Rhétoriqueurs‹ im Umkreis der Höfe von Franz I. oder der Margarete von Navarra, wovon noch die Rede sein muß. Aber zunächst einmal erklärt ihn die in der antiken Hinterlassenschaft demonstrierte Mannigfaltigkeit oder gar Heterogenität epigrammatischer Sageweisen und Motive. Denn eben angesichts einer solchen Weiträumigkeit, Liberalität und spektralen Breite eines Gattungsbegriffs ergab sich die Möglichkeit, in der humanistischen Intention der Orientierung an antiken Modellen eine ganze Nomenklatur etablierter Gedichtformen in einem von der Antike legitimierten Gattungsnamen aufzuheben – wenigstens sofern es sich dabei um Gedichtformen handelte, die sich irgendwie über die obligate Kürze hinaus mit der etymologischen Bedeutung des Wortes Epigramm vereinbaren ließen.

Die erste französische Definition und Beschreibung des Epigramms gab 1548, vier Jahre nach Marots Tod, Thomas Sebillet in *Art poétique françoys*[11]. Mit dem Satz »Je commenceray à l'Epigramme comme le plus petit et le premier œuvre de Poësie; et duquel bonne part des autres soustenue rend tesmoignage de sa perfection et elegance« (S. 40) setzt er die Gattung (zu der er jedes Gedicht rechnet, das nicht mehr als 12 Verse hat) an die Spitze seiner Poetik. Man hat diese Poetik mit Recht »une codification des genres marotiques« genannt[12]; dies gilt selbstverständlich insbesondere für seine Beschreibung des Epigramms als der erst durch Marot in der französischen Literatur eingebürgerten Gattung. Denn wenn auch der antike Gattungsname durch Lazare de Baïf 1536 für einige seiner dizains und huitains beansprucht wurde, so sind es doch erst die anderthalb hundert, auf zwei Bücher aufgeteilten Epigramme in *Les Œuvres de Clément Marot* von 1538, die den Gattungsnamen fest etablierten. Allerdings beinhaltet diese Sammlung signifikanterweise viele Gedichte, die ursprünglich unter anderen Bezeichnungen erschienen waren: als blasons, envois, étrennes, dizains, huitains in *L'Adolescence Clémentine* 1532 oder unter dem Sammeltitel »Le Menu« in deren *Suite* 1534. Erst nach der Rückkehr aus dem italienischen Exil 1534 ersetzt der antike Gattungsname endgültig die Vielzahl überlieferter heimischer Bezeichnungen, wobei außer acht bleiben kann, was das Motiv dieser vereinheitlichenden Umtaufe gewesen sein mag: die Bekanntschaft mit den Strambottisten in Italien, die Blüte neulateinischer Epigrammatik im Humanistenkreis von Lyon oder die Anregung von Etienne Dolet. Entscheidend war letztlich wohl doch einerseits die Vielfalt dessen, was in der Antike auf den gemeinsamen Nenner Epigramm gebracht worden war, andererseits die Affinität dieses antiken Repertoires mit allerlei traditionellen französischen Gedichtgattungen[13]. In diesem Doppelaspekt zeichnete sich die Möglichkeit ab, autochthone Vorgaben und antiken Kanon humanistisch zu vermitteln. Gleichzeitig baute aber das antike Erbe von der Planudea über Catull bis zu Martial der Willkür, nun jedes kurze Gedicht als Epigramm auszugeben, dadurch vor, daß es bei aller Liberalität in puncto Materie und Stil doch ein konstitutives Moment zu erkennen gab: nämlich die – und sei es noch so untergründige, gebrochene oder transformierte – Wahrung der etymologischen Bedeutung des Wortes Epigramm. Auch Sebillet verweist auf diese Verbindlichkeit der Etymologie. Zunächst freilich nur mit Rücksicht auf die in ihr vorgezeichnete Beschränkung des Umfangs; aber indem er dann den Bezug des Epigramms zur »matiere prise« ein »deduire« nennt (S. 43), hat er doch das Konstitutive im Blick: den okkasionellen und punktuellen Anlaß, den à propos-Charakter, die Bündigkeit des Diskursiven, den deiktischen Gestus des Epigramms.

III

Daß Marots Epigramme, einschließlich derjenigen, die erst nachträglich zu diesem Namen kamen, dieses gattungsspezifische Moment aufweisen, zeigt schon der Blick auf die Liste der Überschriften. Fast ausschließlich beginnen sie mit den Präpositionen à, de, sur, contre, pour, so daß, wie mittelbar auch immer, die Genesis des Epigramms, seine ursprüngliche Gebrauchsfunktion transparent bleibt: Au Roy – Du lieutenant criminel et de Samblançay – Replique à la Royne de Navarre – D'Anne jouant de l'espinette – Sur la devise: Non ce que je pense – Pour estrener une Damoyselle – Contre Sagon – Response au huictain precedent – De l'entrée des Roy & Royne de Navarre à Cahors – Une Dame à ung qui luy donna sa Pourtraicture ... Alle Überschriften verweisen auf die – faktische oder fingierte – Von-außen-Bestimmtheit des Epigrammatisierens, verweisen auf einen okkasionellen ›Aufhänger‹. Der in solchen buchstäblich epigrammatischen Titeln markierte Referenztyp darf als das Kriterium angesehen werden, das für ein dizain, blason, envoi, estrenne usf. nun, in Erinnerung an die antike Urfunktion, die Neubezeichnung als Epigramm nahelegte. Jedoch zeigen die Titel auch, daß die deiktische Referenz der ursprünglichen Aufschrift-Funktion weitgehend ersetzt ist durch die Funktionen der Adresse, des Billets, des Kompliments, der Supplik, der Entschuldigung, der Beschwerde, der Replik usf. Hier ist nicht der Ort, die Beziehung zwischen Epigrammatik (bzw. Sonettdichtung[14]) und der Entfaltung der sogenannten Gelegenheitsdichtung im Horizont von Humanismus und Renaissance auch nur zu streifen. Vermerkt sei nur, wie unverkennbar bei Marot das Sprechen ›an die Adresse von ...‹ und ›bei Gelegenheit von ...‹, also die semantischen Gesten der Alterität (im Sinne Coserius[15]), des ex tempore und des à propos ein Äquivalent abgeben jenes gegenwärtigen Zeigefelds einer Sprecher und Hörer gemeinsam umschließenden Situation, welches die Voraussetzung deiktischer Rede bildet. Daß die semantischen Gesten der Alterität und des à propos – zumal wenn man die Affinität von sprachlicher Deixis und mündlicher Rede bedenkt – bedeutsam sein könnten für die oben angedeutete Bipolarität von Epistelstil und Epigrammatik, sei hier vorgreiflich erwähnt; ebenso das Faktum, daß alle semantischen Räume, in denen sich die Epigramme bewegen – Galanterie, Petrarkismus, Enkomiastik, Medisance, Fazetie, Calembourg, Anekdote, Satire – der Präsentation einer Adresse, eines »dictum ex tempore« (Quintilian, *Institutio oratoria* VI 3, 108–111), eines instantanen à propos dienen.

Komplement der modifizierten Aktualisierung der etymologischen Bedeutung von Epigramm ist die Diversität der Materie. »C'est un amas des choses espandues« heißt es in der Epistel »A Monseigneur le Grand Maistre de Montmorency luy envoyant un petit recueil de ses œuvres«[16]. Denselben Sachverhalt meint die Pléiade, wenn sie einigermaßen abschätzig von Marots »episseries« spricht. Aber gerade die Epigramme kehren diesen Aspekt durch ihre Reihenfolge in den *Œuvres* von 1538 auffälligst hervor. Das entspricht zwar wiederum der spektralen Vielfalt der epigrammatischen Motive und Diktionen in der Planudea[17]; aber im Gegensatz zu deren thematischer Ordnung präsentiert Marot das Durcheinander: das pêle-mêle erscheint als »un ordre défini et voulu comme tel«[18]. Die Diskontinuität der Inhalte profiliert den epigrammatischen Gestus als Einheit in der Mannigfaltigkeit. Bedenkt man, was F. Nies über das Badinage-Leitbild und die Kultur des Divertissement im Hinblick auf die Briefliteratur der Sévigné-Zeit gesagt hat, so liegt die Vermutung nahe, daß es neben dem textimmanenten Badinage-Aspekt dieses Bild eines pêle-mêle war, um dessentwillen Marot im folgenden Jahrhundert als »esprit le plus ingénieusement badin« gerühmt wurde, in dessen Manifestationen Witz, Charme und jene »naïvetez gracieuses« zusammenwirken, die Bouhours an Catull und an den frühen antiken Epigrammen rühmte[19]. Dieses für den Umkreis der Sévigné-Briefe markante Badinage-Ideal, das man in seinen Ausfaltungen unmittelbar auf Marots Epigramme zu applizieren versucht sein könnte, stand nun aber, wieder nach F. Nies, in Zusammenhang mit einer gesellschaftsgeschichtlich bedingten »Gegenästhetik der Variété«. Auch der style marotique steht in einer doppelten Opposition: einmal zur Poetik und Dichtung der Grands Rhétoriqueurs, in der er aufgewachsen war; zum andern zu der Entwicklung, die von der Rezeption italienischer Muster zur Poetik und Dichtung der Pléiade führte. Mehrmals spricht Marot in seinen Gedichten von seinem Verzicht auf den »plus haulte stile«, seinem »stile trop mince«, seiner »basseur«, seiner Weigerung, »une grande levée / De rhetorique« zu veranstalten, beruft er sich auf den Vorzug der »veine nayfve«[20].

Aber all dies verweist, jenseits partialer Opposition, letztlich auf den kollektiven Geschmack der ›Welt‹, in welcher Marots Leben und Werk zu verorten sind: auf das Milieu der humanistisch orientierten Höfe von Franz I. und von Margarete von Navarra. Vor allem die Epigramme haben dort, im Interaktionsraum Hof, ihren ›Sitz im Leben‹. Das Epigrammatisieren war am Hofe so beliebt und im Schwange wie das als Gesellschaftsspiel gepflegte Ersinnen ›sinnreicher‹ Devisen[21]; Franz I. selbst liebte es ja, Epigramme zu dedizieren. Man gewinnt den Eindruck, das Schmieden von Epigrammen, das Versenden epigrammatischer ›Billets‹ sei – unter Ausnutzung der ganzen

Vielfalt der Sprachsphären und Situationsmuster von der Enkomiastik über die Huldigung, die Galanterie, das Liebesgeständnis bis zur Kolportage und Fazetie – die Fortsetzung höfischer Interaktion, höfischer Selbstdarstellung und Kommunikation auf einer zweiten Ebene gewesen; nicht zuletzt angesichts der zahlreichen Marot-Epigramme, die Repliken auf andere Epigramme oder nachweisbar Produkt konkurrierender Verarbeitung ein- und derselben Okkasion sind, sogar Produkt regelrechter Wettbewerbe, wie der berühmte »concours des blasons«. Die Epigrammatik ist kurzum eine durch ihre Referenz auf eine außertextliche ›Spielwelt‹ wie durch das Gepräge des Konversationellen und Okkasionellen spezifizierte Gesellschaftsdichtung in buchstäblicher Bedeutung.

Deshalb aber läßt sie sich wiederum zurückbeziehen auf die humanistische Interpretation einer in der antiken Rhetorik konzipierten gesellschaftlichen Redekultur. Ich denke dabei an Ciceros Differenzierung des Scherzhaften, des badin also: »Duplex omnino est iocandi genus, unum inliberale, petulans, flagitiosum, obscenum, alterum elegans, urbanum, ingeniosum, facetum« (*De officiis ad Marcum Filium* I, 29, 104). Auf die Kriterien der zweiten, gebotenen Art lassen sich begriffsgeschichtlich alle in der Marot-Rezeption auftauchenden Prädikate seiner Schreibart zurückverfolgen. Und überdies kehren auch die Kriterien der ersten, verwerflichen Art wieder, wenn – wie z. B. bei La Bruyère – seine Entgleisungen und Auswüchse bedauert werden.

Indessen bleibt dieser Rekurs noch zu allgemein, zu unerheblich in bezug auf die gattungsspezifische Concinnität als Spielraum des »élégant badinage«. Jedoch ist auch in dieser Beziehung, wie bereits angedeutet, das Substrat antiker Rhetorik für den eben diskutierten Zusammenhang zwischen der modifizierenden Aktualisierung der Etymologie des Wortes Epigramm und der Virulenz der Epigrammatik in einer humanistisch inspirierten Hofgesellschaft leicht auszumachen, und zwar in Gestalt des argutia-Postulats[22]. Denn als Element der »urbane dicta« realisiert sich argutia vornehmlich als »dictum ex tempore«, als Demonstration einer geistreichen Redefähigkeit ad hoc, wie sie Quintilian (*Institutio oratoria* VI, 3, 110–111) im Kontext der Diskussion des urbanitas-Begriffs am Beispiel des Asinius Pollio erläutert hat: als unvordenklicher sprachlicher Einfall, als momentan sich einstellendes und aus der Situation sich ergebendes, überraschendes und amüsantes Wort. Der konversationelle Wert, den man aus diesem argutia-Begriff ableiten konnte, liegt auf der Hand. Er deckt sich mit dem, den das Zeitalter am Apophthegma auszeichnete:

> Optimum apophthegmatis genus est quo paucis verbis sensum non vulgarem significat, potiusquam exprimit, quale nemo facile possit studio fingere, quodque quo propius ac diutius contemplare, hoc magis ac magis delectat[23].

Man muß sich nur vergegenwärtigen, welch hohen Stellenwert in Renaissance und Humanismus das Apophthegma als Manifestation der argutia hatte, um zu erkennen, was funktionsgeschichtlich Epigrammatik und Apophthegmatik als »ex tempore dicta« verbindet. Wenn Erasmus von den Apophthegmata verlangt, »ut breviter, argute, salse, et urbane cuiusque ingenium exprimant«[24], so könnte dieser Satz in jeder Epigrammdefinition des 16. Jahrhunderts stehen.

Für Jacob Burckhardt war der Boom der Epigrammatik und der Epigraphik die Folge der für ihn mit der Renaissance beginnenden »Entdeckung des Individuums«: das Epigramm sei »als die konzentrierteste Form des Ruhmes« wie umgekehrt als wirksamstes Mittel des Spotts Epiphänomen einer auf individueller Geltung gründenden »Ruhmform«[25]. Das scheint mir heute, anders als vor drei Jahrzehnten, zu kurz und zu weit gegriffen. Zu kurz, weil sich Burckhardt nur an die neulateinische Epigrammatik hält; zu weit angesichts der Problematisierung, die seine These von der Entdeckung des Individuums mit der Zeit erfahren hat. Ich möchte daher, schon aufgrund der vom Thema und vom Bezugsrahmen dieser Vorlage gebotenen Bescheidung, vorsichtiger von der Entdeckung jenes je ne sais quoi sprechen, das Anlaß gab, dem Wort Esprit eine neue, spezielle, nüancierte Bedeutung zu geben. Ich spreche von einem je ne sais quoi, weil das Verhältnis von Begriff, Wort und Sache immer nur ungefähr und approximativ blieb – bei Esprit, der nur als deutsches Fremdwort die spezifische Bedeutung unverwechselbar bezeichnet, wie bei den entsprechenden Äquivalenten der anderen Sprachen: ingegno, agudeza, wit. Sie zielen allesamt ab auf das Wahrheitsmoment einer die analytische Sicht überspringenden synthetischen, intuitiven Heuristik, die man dann im 17. und 18. Jahrhundert durch die Gegenüberstellung von wit und judgement, Witz und Scharfsinn einzukreisen suchte. Das Phänomen scheint sich dennoch seit seinem Auftreten im Wort, im Begriff und erst recht in der Definition zu verflüchtigen. Und um wenigstens eine Vorstellung zu geben, woran ich denke, wenn ich von der Entdeckung des Esprit spreche, sei Valéry *(Mauvaises Pensées)* zitiert: »Un homme a de l'esprit quand il manifeste une certaine indépendance à l'égard de l'attente commune. Il produit une surprise qui le fait paraître sur le moment plus libre, plus rapide, plus perspicace que ses semblables. Ils demeurent étonnés et un peu scandalisés, comme le seraient une bande de quadrupèdes d'avoir vu s'envoler d'entre eux, et au-dessus des murs, qu'ils croient les enfermer, l'un d'eux, qui était secrètement ailé«. Und: »›L'esprit‹ fait quelque chose de rien, et fait de quelque chose, rien. – Il ajoute et retranche de l'existence. Ce qui lui est le plus difficile est de s'abstenir«[26].

Wie lassen sich diese pauschalen Befunde in meine Perspektive rücken? Hegel hat in bezug auf das Epigramm von einer »Poesie der Auffassung« gesprochen[27], von einer Poesie der Hinsicht, des égard, wie man genauso gut sagen kann. Beides impliziert als ›innere Form‹ des Epigramms die buchstäbliche Einheit und Begrenztheit eines Blickpunkts, die bündige Deduktion (Scaliger: »ex propositis aliquid deducens«[28]) suggestiver Aspekte. Die Epigrammatik richtet sich mithin auf eine Welt des Nebeneinander, des Vereinzelten, des Gesonderten. Aber diese Isoliertheit der Bezugspunkte wird ›aufgehoben‹ im totalisierenden Prinzip der vom Esprit motivierten Bezugnahme; eine Welt der Kontingenz und des Gesonderten bildet den Referenten und das Applikationsfeld des Esprit, der sich in allen Bezugnahmen selber mitdarstellt und mitthematisiert. Darin liegt der Unterschied zwischen der epigrammatischen Heuristik und der »gnomischen Apperzeption«, die ich vor drei Jahrzehnten als Formprinzip der Spruchdichtung erfaßt habe[29].

Im Folgenden soll nun versucht werden, das große Wort von der Entdekkung des Esprit wenigstens ansatzweise anhand von Marot-Epigrammen mit Rücksicht auf seine für Marot charakteristische Koexistenz mit naïveté, familiarité, badinage zu konkretisieren – in Engführung sozusagen. Dazu muß ich vorbeugend sagen, daß es sich nicht um eine systematische und exhaustive Darlegung handeln kann. Daß Epigramme für Textanalyse und Interpretation wenig hergeben, zeigt notorisch die diesbezügliche Literatur. Wo es in literarästhetischer Hinsicht um das Werk eines einzelnen Epigrammatikers geht, erweckt sie den Eindruck, es lasse sich nur synoptisch und summarisch von den Gedichten sprechen, nach dem Spruch: ein Ei gleicht dem anderen. Und wo es um die Gattungsgeschichte bzw. um die historische Dimension literarästhetischer Aspekte geht, entsteht der Eindruck einer geschichtlichem Wandel enthobenen Konstanz der Gattung, die stilistischer Variation und Evolution kaum Spielraum zu lassen scheint. Mit einiger, aber nicht maßloser Übertreibung: auch in diachroner Sicht scheinen sich die Epigrammatiker zu gleichen wie ein Ei dem anderen, wenn man von den gattungsübergreifenden Kategorien absieht, nach denen man thematisch unterscheiden kann, wie Satire, Invektive, Enkomiastik, Erotik, Epigraphik usf. Schließlich ist die literarästhetische Interpretation von Epigrammen mit einem Praktikabilitätsproblem geschlagen: makrostrukturelle und mikrostrukturelle Gesichtspunkte sind so schwer auseinanderzuhalten, daß es kaum einmal möglich ist, Paradigmatisches zu zitieren ohne dabei das ganze Epigramm zu präsentieren. Dies hat trotz der opportunen Kürze der Texte eine doppelte Crux zur Folge: einmal die Darbietungsform ›zerstreuter Bemerkungen‹, zum anderen die Disproportion von Textaufgebot und Besprechung; einer Besprechung, die mit schwer Beschreiblichem zu schaffen haben wird.

IV

Replicque de Marot á la Royne de Navarre

Mes creanciers, qui de Dixains n'ont cure,
Ont leu le vostre, & sur ce leur ay dit:
Sire Michel, sire Bonaventure,
La sœur du Roy a pour moy faict ce dict.
Lors eulx, cuydans que fusse en grand credit,

M'ont appellé monsieur à cry & cor.
Et m'a valu vostre excript aultant qu'or;
Car promis ont, non seulement d'attendre,
Mais d'en prester (foy de marchant) encor;
Et j'ay promis (foy de Clement) d'en prendre. (S. 169)[30]

Zunächst einmal ist dieses Epigramm gewiß nicht von dem Vorwurf Du Bellays betroffen, neun nichtige Verse dienten dem einzigen Zweck, die Plattform für den zehnten, die Pointe, zu bilden[31]. Vielmehr ist die Schlußpointe – daß die Gläubiger nicht nur stunden wollen, sondern sogar aufs neue zu leihen bereit sind – nur die letzte in einer kontinuierlichen Reihe allerdings sehr diskreter Pointen und Subtilitäten, die auszuwalzen freilich verdrießlich sein mag. Ich liste sie daher nur so knapp wie möglich auf: das diesmalige, wenngleich prosaische Notiznehmen der amusischen Gläubiger von einem dizain; der Doppelsinn des Wortes Kredit in seiner immateriellen und materiellen Bedeutung; der in der Anrede »monsieur« sich bekundende Respektzuwachs, den die Hyperbolik der populären Redensart »à cry et cor« auf die Sensation zurückbezieht, die das Vorzeigen des königlichen dizain für die Gläubigen bedeutet, so daß die Aufregung darüber wieder absticht von dem Lakonismus, mit dem der Schuldner das vorgezeigte »escript« erläutert; die Subtilität, daß er im Zitat seiner Worte zu den Herren Michel und Bonaventure von der Schwester des Königs von Frankreich und nicht von der mit ihr identischen Königin von Navarra spricht; schließlich und als Pointe in der Pointe die inkommensurable Entsprechung der aufs Zahlen bezogenen Bekräftigung »foy de marchant« und der aufs Einstecken bezogenen Beteuerung »foy de Clement« (wobei ich zwei Implikationen des »Clement« vielleicht hineinlese: erstens die Etymologie des Namens, zweitens – da es ja nicht »foy de Marot« heißt – die Anspielung, durch die Nennung des Vornamens, auf die Familiarität seiner Beziehung zur Adressatin). Denn natürlich lebt das ganze Epigramm von seinem Replikcharakter, seinem konversationellen Gepräge; und dieses wird bestimmt durch den Ton der Vertraulichkeit, so daß der Kontrast zwischen der noblesse der Adressatin und der »privaulté« der Beziehung evoziert wird (»Je vous estreine en privaulté/ D'ung ami plein de loyaulté«, Epigramm XCVII) – einer privaulté, die ja auch die Voraussetzung der vermeldeten Episode ist.

Au Roy

Tandis que j'estoys par chemin,
L'Estat sans moy print sa closture.
Mais (Sire) ung peu de Parchemin
M'en pourra faire l'ouverture.
Puis le Tresorier dit et jure,
Si de Parchemin puis avoir
Qu'il m'en fera par son sçavoir

De l'Or; c'est une grand Practique,
Et ne l'ay encores sceu veoir
Dans les fourneaux du Magnifique. (S. 211)

Wie die voranstehenden verflechten auch diese Verse Epistolarisches und Epigrammatisches. Nicht nur, weil sie sich wiederum durchaus als Brief geben. Auch inhaltlich entsprechen sie einer Reihe von Episteln, in denen es um pekuniäre Hilfe für den »dépourvu« bzw. um die Auszahlung seiner vom König ausgestellten »acquicts« geht. Und eine dieser Episteln, an den chancelier de France »pour se plaindre de Monsieur de Tresorier Preudhomme, faisant difficulté d'obeir a l'acquit despesché«, ist ebenfalls ein dizain wie unser Epigramm. Jedoch anders als in der kurzen Epistel weist dieses exemplarisch die Verschmelzung von Epistelsprache, Epistelton und Epigrammform auf. Was letztere betrifft, kann man gewiß von einer finalen Ausrichtung auf die Schlußpointe sprechen, auf die ›argute‹ Auffindung von Ähnlichkeit im Unähnlichen, nämlich zwischen einer Geldanweisung und alchimistischer Goldmacherei. Dabei ist die Pointe dieser Pointe, daß es sich bei dem »Magnifique« wohl um den berühmten Finanzmann Meigret handelt, dessen eigentliche Rolle als valet de chambre ›witzig‹ mit dem Hauptziel der Alchimie verglichen wird. Jedoch von Anfang an durchzieht den Text ein nach heutigen Begriffen sogar eher als humoristisch denn als witzig anmutendes Verhältnis von res und verba. Die Geldnot wird damit begründet, daß Marot reisehalber beim Abschluß des königlichen Haushalts abwesend war und vergessen wurde; in Wirklichkeit war sein Name im Etat gestrichen worden: der Bittsteller stellt sich naiv. Das diminutive »ung peu de Parchemin« insinuiert die Unbeträchtlichkeit des Postens im Rahmen des Gesamthaushalts und mithin die Unerheblichkeit einer nachträglichen Bewilligung; es spielt den Kontrast zum Gesamtvolumen des »estat« aus, der wegen eines Stückchens Pergament nur ein minimales Loch bekäme. Die Selbstverständlichkeit, daß der Tresorier auszahlt, was der König angewiesen hat, wird durch den Hinweis auf die Beteuerung dieses Verhaltens verumständlicht; auch darin steckt ein Sich-naiv-Stellen. Dasselbe gilt für die Erhebung der simplen Auszahlung zum »sçavoir«. Kurzum: der Verfasser ›verfremdet‹ seinen Bittbrief durch den Ton gespielter Naivität, und er zieht ihn ins Scherzhafte, indem er ihn dem König als Gelegenheit empfiehlt, durch ein Pergamentlein die »grand Practique« der Goldfabrikation zum Erfolg zu führen, die bislang auf alchimistischem Weg noch immer ergebnislos blieb.

Au dict Coq

Si le franc coq liberal de nature
N'est empesché avec sa Gelinotte,
Luy plaise entendre au chant que je luy notte
Et visiter la triste creature
Qui en sa chambre a faict ceste escripture
Mieulx enfermé qu'en sa cage Lynotte. (S. 126)

Ausschließlich unter den Begriff des Scherzhaften, des badin fällt diese ›poetische Imitation‹ eines Billets mit der Bitte um ärztlichen Hausbesuch – eine Imitation, die man sich gleichwohl als tatsächlich übermitteltes Ersuchen vorstellen kann. Aufhänger des badinage ist der Name des Arztes, aus dem die metaphorische Verfremdung entwickelt wird: die Vorbehaltlichkeit der Bitte mit Rücksicht auf eventuell vorgehende eheliche Pflichten des Hahns gegenüber dem Hühnchen, die metaphorische Anpassung der »escripture« als »chant« an die Kommunikation zwischen Hähnen, die Selbstapostrophierung als Kreatur, der Vergleich des Krankenlagers mit der Situation des gefangenen Hänflings, wobei zu erinnern ist, daß Lynotte in den Episteln als weiblicher Spitz- oder Kosename auftaucht. Das Moment durchgängiger Scherzhaftigkeit dominiert hier vollkommen über das Abzielen auf ein acumen, auf eine Schlußpointe.

A la femme de Thomas Sevin

La Mignonne de mon amy,
Bien fort à vous me recommande!
Vous n'estes pas femme à demy;
Hastes vous de devenir grande!
Grande par tout, car il demande
Entrer en la cité d'amours,
Se plaignant qu'il n'est qu'aux faulxbourgs.
Peu de marys ainsi se deulent,
Mais vont disant (tout au rebours)
Qu'ilz y entrent plus qu'ilz veulent. (S. 154)

Dieses Beispiel mag illustrieren, warum unter style de Marot immer wieder eine gewisse Portion Obszönität mitverstanden wurde. In der Tat ist ja die Materie – das unterschiedliche Ausmaß des Geschlechtsorgans bei jüngeren und älteren Frauen – sattsam bekanntes Thema von Zoten, derben Fazetien und Schwänken, ›schlüpfriger‹ Literatur. Potenziert zu sein scheint hier die drastische Thematisierung beeinträchtigten Geschlechtsverkehrs durch die abgefeimt euphemistische, weil aus einer ganz anderen literarischen Sphäre stammende Metapher »cité d'amours« und erst recht durch die Anschlußmetapher »faulxbourgs« für das, was im angesprochenen Fall noch vor der Ankunft ›am Ziel der Wünsche‹ liegt. Und trotzdem liefert dieses Epigramm ein eindrucksvolles Beispiel für das Zusammenspiel von Charme, Grazie, Delikatesse und Esprit oder, mit Cicero, der Vermeidung des »inliberale, petulans, flagitiosum, obscenum« durch eine ebenso subtile wie herzliche Perspektivierung der prekären Angelegenheit. Schon die (trotz der normalerweise ungeschliffenen Verbindung der Anrede mit dem bestimmten Artikel) ›zärtliche‹ Apostrophierung der Adressatin als »Mignonne« gibt allem Folgenden den Hauch einer intimen und also nicht bloßstellenden Offenherzigkeit. Die Ermunterung, sich mit der körperlichen Entwicklung zu beeilen, argumentiert zwar mit der Ungeduld eines legitimen Begehrens, aber sie rückt die Behebung des delikaten Handicaps doch ins Licht einer künftigen Vollkommenheit des amour conjugal; das physische Sich-Beeilen gewinnt angesichts der Unverfügbarkeit der körperlichen Entwicklung den Aspekt eines moralischen Entgegenkommens. Und in der zweiten Hälfte des Epigramms wird zu allem hin der prekäre Übelstand einer zu jung Vermählten relativiert und fast positiviert: einmal als ein sowieso nur transitorischer, zum andern im Hinblick auf das gegenteilige und noch mißlichere Problem, mit dem es die Überzahl der Ehemänner zu tun hat. Der Appell, im Ganzen und im Speziellen »groß« zu werden, schlägt um in Trost für die Angesprochene und in Vertröstung des Freundes. Daher ist in der Schlußpointe eigentlich nicht mehr die Adressatin, sondern der Freund der Angesprochene: er wird ermahnt, sich in Geduld zu üben.

De l'Entrée des Roy &
Royne de Navarre à Cahors

Prenons le cas, Cahors, que tu me doibves
Autant que doibt à son Maro Mantue;
De toy ne veulx, sinon que tu reçoives
Mon second Roy d'ung cueur qui s'esvertue
Et que tu soys plus gaye & mieulx vestue
Qu'aux aultres jours, car son Espouse humaine
I vient aussi, qui ton Marot t'amaine;
Lequel tu as filé, fait, & tyssu.
Ces deux trop plus d'honneur te feront pleine
D'entrer en toy, que moi d'en estre issu. (S. 207f.)

Esprit meint die Fähigkeit, etwas in eine ›ungemeine‹ Perspektive zu rücken, meint gedanklich-sprachliche Versatilität, meint die Disposition zu unvermuteten Wendungen. Der Anlaß des Epigramms ist schlicht: der Besuch des von Marot begleiteten navarresischen Königspaars im Winter 1537/38. Analysieren wir, was daraus gemacht ist. Daß es sich um den Geburtsort des Autors handelt, bietet die Möglichkeit, das Ereignis in Form einer Adresse an diesen zu thematisieren; einer Adresse, welche die Aufforderung zu festlichem Empfang der Majestäten jedoch aus der Verpflichtung der Vaterstadt gegenüber dem großen Poeten ableitet; aus einer Pflichtschuldigkeit, die freilich nur unterstellt (»Prenons le cas ...«) und zudem durch das (häufig bemühte) Spiel mit dem Namensgleichklang des Autors und des größten Sohnes von Mantua ironisch relativiert wird. Marot (da er immer wieder seinen Namen ins Gedicht einführt, erübrigt sich der Terminus ›epigrammatisches Subjekt, Ich‹) Marot spricht dann, als valet de chambre von Franz I., von Henri d'Albret als seinem zweiten König, mithin von seiner Loyalität für den, an dessen Hof er einst in prekärer Lage Zuflucht gefunden hatte. Aber alsbald wird dieser zweite König als Grund für einen festlichen Empfang in den Hintergrund gerückt durch die in dem »car« steckende semantische Wende; entgegen der Folge der Apostrophierung im Text ist es in erster Linie die dem König (im Unterschied zur

Religion) menschlich Anvermählte, die Königin und Literatin Margarete, die er seiner Vaterstadt ans Herz legt. Jedoch hat das Epigramm zwei Schwerpunkte: es gestaltet sich einerseits zur Huldigung, und es insinuiert gleichzeitig, über die Anspielung auf Vergil und Mantua hinaus, mit dem Nachsatz »qui ton Marot t'amaine«, wie stolz Cahors auf diesen Sohn sein sollte. Die Schlußverse korrelieren dann aber Selbstgefühl und Devotion des Poeten auf gehörige Art, indem sie die Ehre des königlichen Besuchs doch über die Ehre stellen, einen Marot hervorgebracht zu haben.

A Anne

L'heur ou malheur de vostre cognoissance
Est si douteux en mon entendement
Que je ne sçay s'il est en la puissance
De mon esprit en faire jugement;
Car si c'est heur, je sçay certainement
Qu'un bien est mal quand il n'est point durable;
Si c'est malheur, ce m'est contentement
De l'endurer pour chose si louable. (S. 311)

Zweihundert Jahre nach Marot hat Lessing aus der ursprünglichen Gebrauchsfunktion des Epigramms die Dichotomie von Erwartung und Aufschluß als gattungskonstitutives Strukturprinzip abgeleitet. So wie sich bei der ursprünglichen Auf- oder Inschrift die Erwartung, unter welchem Gesichtspunkt der Gegenstand wahrzunehmen sei, und deren Befriedigung durch die Aufschrift ablösten, so operiere auch das literarische Epigramm mit der Erweckung einer Erwartung und deren Stillung durch einen Aufschluß – einen Aufschluß jedoch, der nun anders als in »einer bloß einfältigen Anzeige« etwas Unvermutetes, Überraschendes enthalten müsse. Die Liaison von Epigramm und argutia läßt grüßen: erst im Durchkreuzen der Antizipation durch eine unerwartete Erwartungserfüllung zeichne sich das Epigramm als »Gattung intellektueller Schönheit« aus[32]. Genau auf eine solche (wie Lessing sagt) »enthymematische Einrichtung« des Verhältnisses von Erwartung und Aufschluß scheint das vorstehende Epigramm angelegt zu sein und sich insofern etwas von den bisherigen Beispielen abzuheben. Der Geliebten mit dem Zweifel zu kommen, ob es Stern oder Unstern bedeute, ihr begegnet zu sein, ist so irritierend, daß sie eine beschwichtigende Begründung dieses ungehörigen Zweifels erwarten darf. Sie erfolgt auch prompt mit dem axialen »Car«, das die Erklärung des »si douteux« bzw. des »je ne sçay [...] en faire jugement« einleitet. Nun muß natürlich in einem Liebesepigramm die Frage »heur ou malheur« so erläutert werden, daß für die Adressatin nicht der mindeste Verdacht bleibt, der Liebende empfinde die Beziehung nicht als Glück; sie darf erwarten, daß letztlich der Zweifel desavouiert wird. Und dieser nach den Spielregeln zwingenden Erwartung entspricht die zweite Hälfte mit einer ebenso ingeniösen wie intrikaten Argumentationsfigur: so nämlich, daß die

Antizipation der Adressatin (und mithin des Lesers / Hörers) zugleich durchkreuzt und bestätigt wird. Es ist im Grund der bei Petrarca zentrale »Gedanke des lustvoll bejahten Leidens« (R. Warning S. 328), der die Alternative »heur ou malheur« aufhebt. Er ist aber hier, im Epigramm, ganz auf die argute Elaboration lexikalischer und grammatikalischer Beziehungen gestellt. Nicht nur durch den folgernden, schließenden, deliberativen Zug der Verse im ganzen, sondern durchweg. Da steht »je sçay certainement« in Opposition zu »douteux«, tritt das »endurer« in Gegensatz zu »point durable«; da werden das »heur« der 5. und das »mal« der 6. Zeile in der 7. zu »malheur« kontaminiert – eine Kontamination, die jenseits der Wortbedeutung wiederum das »bien« und »mal« im 6. Vers chiastisch ineinander verschränkt. Die anfangs verlauteten Zweifel werden bestätigt, aber in einer Argumentation, die wortspielerisch den Unglücksaspekt zur Folie des Glücksaspekts macht, und umgekehrt. Insofern wird die Antizipation der Adressatin, ihr begegnet zu sein, müsse Glück bedeuten, durchkreuzt. Sie wird aber auch bestätigt, indem ihr selber die Entscheidung zugespielt wird: sie hat es in der Hand, den Unglücksaspekt des Glücks durch Beständigkeit zu dementieren oder andernfalls den Liebenden in seiner eigenen beständigen Liebe das Glück im Unglück suchen zu lassen. Nochmals: thematisch schließt sich dieses Epigramm an das Petrarca-Motiv des lustvoll bejahten Leidens an; aber der »Inszenierungstyp« ist ein anderer. R. Warning markiert auf S. 330 seiner Vorlage »eine monologische Introvertiertheit« als die »spezifisch Petrarkische Identität« von »Solo e pensoso«. Demgegenüber zeigt sich hier und generell eine epigrammatische Extrovertiertheit, die zugleich, in Rücksicht auf die Interiorisierung der Dialogizität qua Interferenz rivalisierender Sprachen bei Ronsard (R. Warning S. 339f.), eine entschieden extrovertierte Dialogizität mit sich bringt. Demnach ist es verfänglich, bei Marot einen Komplex petrarkisierender Epigramme zu statuieren; mag er sich auch, freilich nur in bezug auf Petrarcas Preisgabe des Namens der Herrin, einmal »son Disciple estimé« (LX) genannt haben. Denn trotz allen evidenten intertextuellen Referenzen und trotz unbestreitbarer dialogischer Beziehung zum Petarkismus ist es letztlich der Unterschied zwischen introvertiertem Sonett und extrovertiertem Epigramm, der das Attribut petrarkistisch dubios macht – ganz abgesehen vom Unterschied eines epigrammatischen Subjekts, das seinen auf ›rapports‹ gerichteten Esprit als gattungsimmanentes Referenzprinzip mitthematisiert.

Ich habe oben Colletet als einen frühen Vertreter einer Epigrammtheorie zitiert, nach der epigrammatische Sprachkunst zuerst und zuletzt die Kunst bedeutet, alle Redeelemente und alle semantischen Beziehungen auf das Überraschungsmoment der Schlußpointe hin zu funktionalisieren. Ich konnte als späteren Vertreter dieser Norm Lessing anführen, für den ebenfalls das plötzliche Hervorschnellen eines bis zuletzt hintangehaltenen Gesichtspunkts in der Schlußpointe das »wahre allgemeine Kennzeichen« epigrammatischer Kunst ist, die durch die »enthymematische Einrichtung« des Texts dafür zu sorgen hat, daß der Blick des Lesers am eigentlichen Gesichtspunkt des Verfassers »vorbei schießt« und die Antizipation des Lesers gleichsam entgleist. Es liegt nun wohl auf der Hand, daß Marots Epigramme trotz dem letzten Beispiel großenteils weit davon entfernt sind, in einer derartigen enthymematischen Behandlung des Verhältnisses »von Erwartung und Aufschluß« aufzugehen. ›Esprit‹ konzentriert sich hier nicht eindimensional auf das acumen des Schlusses; er artikuliert sich in und zwischen allen Zeilen durch die von der Versatilität des Blickpunkts erzeugte Beziehungsfülle.

Aber gleichzeitig ist auf alle Beispiele anwendbar, was als Charakteristikum der Episteln gilt: »c'est le ton de la causerie familière qui domine, avec les mots de tous les jours, les locutions populaires, les proverbes, les comparaisons et métaphores empruntées aux choses de la vie courante«[33]. Die Rezeptionsgeschichte zeigt und, so hoffe ich, die Textbeispiele belegen, daß dieser »ton de la causerie familière« der Kern dessen ist, was durchweg von naïveté sprechen ließ. Marot selbst hat – in »Deploration de Messire Florimond Robertet« – von »le nayf de ma Muse«[34] gesprochen, und etliche Stellen in anderen Gedichten bezeugen, daß Naivität in der Tat eine solche gesprächhafte Natürlichkeit der poetischen Rede meint. Meine Hypothese der Bipolarität von Epistolarischem und Epigrammatischem läßt sich nun so präzisieren, daß es die Interaktion von naïveté und esprit, also sich scheinbar ausschließender Momente ist, was Marots Epigrammen ihr eigentümliches Gepräge gibt.

Allerdings gilt es nun, den Aspekt der Naivität über seine Relevanz für den style de Marot hinaus zu erweitern. Voltaire hat, in einem Artikel über das Epigramm, eines der bekanntesten Epigramme Marots kommentiert:

Du Lieutenant Criminel de Paris
et de Samblançay

Lors que Maillart, Juge d'enfer, menoit
A Montfaulcon Samblançay l'ame rendre
A vostre advis lequel des deux tenoit
Meilleur maintien? Pour le vous faire entendre,
Maillard sembloit homme qui mort va prendre
Et Samblançay fut si ferme vieillart
Que l'on cuidoit (pour vray) qu'il menast pendre
A Montfaulcon le Lieutenant Maillart. (S. 129)

Dazu schreibt Voltaire: »Il faut prendre garde qu'il y a quelques épigrammes héroïques, mais elles sont en bien petit nombre dans notre langue. J'appelle épigrammes heroïques celles qui présentent à la fin une pensée ou une image forte et sublime, en conservant pourtant dans les vers la naïveté convenable à ce genre. En voici un de Marot. Elle est peut-être la seule qui caractérise ce que je dis [...] Voilà, de toutes les épigrammes dans le goût noble, celle à qui je donnerais la préférence«[35]. Was meint Voltaire, wenn er in diesem singulären Fall das Noble und Erhabene des Gegenstands der generellen Naivität der Gattung Epigramm gegenüberstellt, die gleichwohl auch in diesem Text gewahrt geblieben sei? Sicher bezieht sich das »dans les vers« nicht auf einen metrischen Aspekt, sondern auf das vorliegende Gedicht überhaupt. Dann aber kann mit der »naïveté convenable à ce genre« nur die Rückbindung an die ursprüngliche antike Epigrammatik und deren Konstitution als Inschrift, Aufschrift, als etwas sich an etwas Heftendes gemeint sein, als sich aus einem Vorhandenen ableitende, deiktische Rede: als »Poëme succinct, qui désigne et qui marque naïfvement« (Colletet, *Traitté de l'Epigramme* S. 31). Und in der Tat hat man von Perrault und Bouhours bis Herder genau in diesem Sinne von der Naivität der antiken Epigrammatik gesprochen[36]. Sie galt als naiv, weil die sprachliche Objektivation nicht von der Welt des poetischen Subjekts funktionell abhängig ist, weil sie das Gegenständliche nicht in eine expressive oder reflektierende Bewegung hineinzieht, weil die Geltung des subjektiven Blickpunkts an seine in der Vorsilbe »epi« steckende Genesis gebunden bleibt. Die Pointe, die erhellende Wirkung des Blickpunkts in dem von Voltaire bewunderten Epigramm lebt ganz und gar von der Tatsache eines Sprecher, Hörer und Gegenstand umschließenden gemeinsamen Horizonts. Daß ein bedrückter, von seinem Gewissen heimgesuchter Richter einen hoch erhobenen Hauptes der Hinrichtung entgegensehenden Verurteilten begleitet, daß sich Schuldgefühl und Bewußtsein der Unschuld so paradox zueinander verhalten, wäre ohne die Folie des bestimmten Falles ein blasses Thema. Nur ein Publikum, das im Bild ist, das z. B. realisiert, daß sich die Apposition »Juge d'enfer« auf die Rolle Maillarts im Leben Marots und auf die allegorische Darstellung seiner Verurteilung und Haft in »L'enfer« bezieht, kann den eigentlichen Sinn der Pointe unterbringen; ohne diese Verständigtheit über den Kontext der Bezugnahme sind bzw. wären die Hinwendungen an die Rezipienten belanglose Einschübe und die von Voltaire hervorgekehrte epigrammatische Perspektivierung von Heroischem und Erhabenem ohne Effekt, weil nur der deiktische Gestus, der Epigrammatik konstituiert, die Gewähr bietet, daß der Esprit als Prinzip, unabhängig von der Erheblichkeit und Verbindlichkeit seines Ertrags, interessieren kann.

»Tout y peut entrer« sagt Lenglet-Dufresnoy im Vorwort seiner Marot-Edition von 1731 über die »Epîtres«[37]. Für die Epigramme gilt dies nicht minder. Meine wenigen Beispiele können davon kaum einen Eindruck geben, zumal ich bis auf mein letztes Beispiel den ganzen Komplex der erotischen, ›galanten‹ Texte übergehen mußte und folglich auch deren Intertextualitätsaspekt, der so deutlich signalisiert wird, wo Epigramme mit »Hommes expers« (LVII) und »Painctres expers« (XCIX) beginnen. Daß alles Einlaß finden kann, macht die Epigrammatik zu einer dezidierten Poesie der diversité und variété, und zwar nicht nur hinsichtlich des pêle-mêle der Anlässe und Gegenstände, das die beiden Epigrammbücher der *Œuvres* von 1538 präsentieren. Bekanntlich hat die Rezeption der antiken Poetik im Humanismus zu einer gesteigerten Ausdifferenzierung der poetischen Gattungen geführt. Wie im Gegenzug dazu veranstaltet Marot in den Epigrammen und Episteln ein

Rendezvous sonst separater, auf je eigene Materien, Themen und genera elocutionis festgelegter Gattungen. Ein formaler Pluralismus der Gattungen wird absorbiert in einem inneren, gattungsimmanenten Pluralismus. Darauf deuten, wie erwähnt, schon die Substitution einer Vielzahl von Gattungsbezeichnungen durch die wiederentdeckte Bezeichnung Epigramm und die weitgehende Verdrängung von Ballade, Chanson, Rondeau durch die Epigrammdichtung. Nun steht freilich Marots Gattungssystem von vornherein im Zeichen der Funktionsübergänge und der wechselseitigen Durchlässigkeit. Für das Verhältnis von Episteln und Elegien hat dies schon Sebillet festgestellt[38]. Aber längst nicht nur in dieser Beziehung demonstriert Marot die Konvertibilität und Kommutierbarkeit alternativer Genres mit dem Effekt einer interferierenden Generizität. Sie als Index einer »Pluralität der Welten« en miniature zu beschreiben, ist ein anderes Thema; vielleicht wäre es das vordringliche gewesen.

Anmerkungen

1 Ich entnehme die Zitatreihe der Zusammenstellung »Les jugements de la critique« in Clément Marot, *Œuvres poétiques*, hg. Y. Giraud, Paris 1973, S. 486–491.

2 Vgl. F. Nies, *Gattungspoetik und Publikumsstruktur – Zur Geschichte der Sévignébriefe*, München 1972, S. 102ff.

3 Ch. Perrault, *Parallèle des Anciens et des Modernes*, hg. H. R. Jauss, München 1964, III, 204.

4 *Interpretationen zur Geschichte der französischen Lyrik*, hgg. H. Jauss-Meyer / P. Schunck, Heidelberg 1961, S. 42.

5 »Poesie des Unpoetischen – Über La Fontaines Umgang mit der Fabel«, in *Poetica* 1 (1967), S. 512.

6 P. Villey, *Marot et Rabelais*, Paris 1967, S. 40.

7 *Les Caractères*, hg. R. Garapon, Paris 1962, S. 81.

8 Beispielsweise von Sidonius Apollinaris: »praeterea quod ad Epigrammata spectat, non copia sed acumina placent« (*Epistulae* VII, 11).

9 Zit. nach der Ausgabe von P. A. Jannini, Genf 1965.

10 Allerdings steht diese Korrektur in der Geschichte des seit der Renaissance permanenten Streits, ob denn alle Qualität des Epigramms an der Pointe, dem trait final, dem acumen hänge. Mehr als die Griechische Anthologie war es Catull, der gegen diese Auffassung ins Feld geführt wurde. Schon Montaigne (*Essais*, hg. A. Thibaudet, Paris 1937, II, 10, S. 393) gab Catull den Vorzug vor Martial; Colletet schlug sich auf die Seite der ›Martialisten‹ wie Poliziano, Pontanus und Scaliger.

11 Zit. nach dem Nachdruck der Ausgabe Paris 1555, Genf (Slatkine Reprints) 1972.

12 Ch. Kinch, *La poésie satirique de Clément Marot*, Paris 1940, S. 67.

13 Vgl. Colletet über die Gedichte von Mellin de Saint-Gelais »sous le titre de Sixains, de Huitains, de Dixains, et de Douzains mesme, comme on les appelloit, plustost qu'Epigrammes, dont le nom ne commença qu'alors d'estre en usage« (*Art poétique* S. 47).

14 Die Affinität von Epigramm und Sonett wird bekanntnlich seit der Renaissance immer wieder konstatiert: »Et quant tout est dict, Sonnet n'est autre chose que le parfait epigramme de l'Italien, comme le dizain du François«, heißt es bei Sebillet (*Art poétique* S. 45), und Colletet eröffnet den »Traitté du Sonnet« mit dem Hinweis, für manche (und er meint auch Sebillet) »le Sonnet n'est autre chose qu'une Epigramme bornée d'un certain nombre de Vers« (*L'Art poétique* S. 124).

15 »Thesen zum Thema ›Sprache und Dichtung‹«, in *Beiträge zur Textlinguistik*, hg. W.-D. Stempel, München 1971, S. 187f., 282f.

16 *Œuvres poétiques* S. 81.

17 H. U. Gumbrecht verdanke ich den Hinweis, daß man dieses Prinzip der diversité auch auf die spätmittelalterliche Literatur zurückbeziehen könnte, sofern in ihr die Auflösung der festen Zuordnung bestimmter Themenbereiche bzw. semantischer Felder zu bestimmten Gattungen um sich greift; vgl. dazu neben einer Reihe jüngerer Spätmittelalter-Studien Gumbrechts P. Zumthor, *Le masque et la lumière*, Paris 1978; H. Kuhn, »Aspekte des 13. Jahrhunderts«, in *Entwurf zu einer Literatursystematik des Spätmittelalters*, Tübingen 1980, S. 19–65.

18 C. A. Mayer in der Einführung zu Clément Marot, *Les Epigrammes*, édition critique, London 1970, S. 43.

19 *La Manière de bien penser dans les ouvrages d'esprit,* Paris 1687, S. 151.
20 *Œuvres poétiques* S. 72, 79, 96, 112.
21 Marot selbst führte zuerst »De bouche et cœur« und später »La mort n'y mord« als Devise.
22 Vgl. Th. Verweyen, *Apophthegma und Scherzrede,* Bad Homburg / Berlin / Zürich 1970, S. 11–156. – Zur argutia als Relatinisierung von acutezza/agudezza (als Ableitungen von acumen) siehe E. R. Curtius, *Europäische Literatur und lateinisches Mittelalter*, Bern / Zürich 1963, S. 297f.
23 Erasmus, *Apophthegmatum opus cum primis frugiferum* [...] Bl. α 3/b.
24 Ebd. Bl. α 2/a.
25 »Die Kultur der Renaissance in Italien«, in *Gesammelte Werke*, Basel / Stuttgart 1955–59, Bd 5, S. 112f., 190.
26 *Œuvres,* Paris (Pléiade) 1960, Bd 2, S. 794f.
27 *Ästhetik*, hg. F. Bassenge, Berlin 1955, S. 572.
28 *Poetices libri septem*, lib. III, cap. CXXVI.
29 Verf., *Die Spruchform in der Lyrik des alten Goethe und ihre Vorgeschichte seit Opitz*, Heidelberg 1952.
30 Ich zitiere mit Seitenangaben nach der in Anm. 18 genannten kritischen Ausgabe von C. A. Mayer; auf diese Ausgabe beziehen sich auch die römischen Ziffern = Nummern von Epigrammen, auf die nur verwiesen wird.
31 *Deffense et Illustration*, hg. H. Chamard, Paris 1948, II, 4, S. 109–11.
32 Lessing, »Zerstreute Anmerkungen über das Epigramm«, in *Sämtliche Schriften*, hgg. K. Lachmann / F. Muncker, Stuttgart 1895–1924, Bd 11, S. 211–315.
33 P. Villey, *Marot et Rabelais* S. 40.
34 *Œuvres poétiques* S. 226.
35 »Connaissance des Beautés et des Défauts de la Poésie et de L'Eloquence dans la langue française«, in *Œuvres complètes,* hg. L. Moland, Paris 1877–85, tome 23, S. 376.
36 Perrault: *Parallèle* I, 36; Bouhours: *La Manière de bien penser* S. 151; Herder: »Anmerkungen über das griechische Epigramm«, in *Sämtliche Werke*, hg. B. Suphan, Berlin 1877–1913, Bd 15, S. 347.
37 Zit. nach Ch. Kinch, *La poésie satirique de Clément Marot*, Paris 1940, S. 191.
38 *Art poétique françois* S. 59.

Jochen Schlobach

Metaphorische Variationen des Renaissancebewußtseins bei Joachim du Bellay

In seinem 1560 posthum veröffentlichten *Discours au Roy sur la Poésie* beschäftigt sich Du Bellay mit dem Verhältnis der Geschichtsschreibung zur Dichtung:

> Par un autre œuvre à part je vous feray notoire
> Ce qui se trouve escript des vertus de l'histoire,
> Qui vers nous de heraut sert à l'antiquité,
> Comme à nous quelque jour vers la posterité
> Ell' doit aussi servir. Mais suyvant la matiere
> De ce present discours, pour une gloire entiere
> Bastir à vostre nom, dire j'oseray bien
> Que le poëte il fault joindre â l'historien.
> Car bien que cestuy-cy d'un plus seur tesmoignage
> Depose à l'advenir des gestes de son aage,
> Et de ce qu'il a veu (car sans ce dernier poinct
> Le nom d'historien il ne merite point)
> Cestuy-la toutefois est trop plus admirable,
> Et son oeuvre n'est moins que l'histoire durable,
> Pource qu'en imitant l'autheur de l'univers,
> Toute essence & idee il comprend en ses vers.
> (VI, 165–66)[1]

Gegen Ende seines Lebens plant Du Bellay also eine exemplarische Geschichte Frankreichs, in der sich die sinnliche Anschauung des Historikers mit der schöpferischen Kraft des Dichters verbinden solle. Die Verwirklichung dieses Projektes blieb ihm zwar versagt, jedoch hat G. Gadoffre[2] zu Recht darauf hingewiesen, daß dieser Text in Verbindung mit dem Widmungsgedicht der *Antiquitez de Rome*[3] zu sehen ist und der Dichter eine solche ›poetische‹ Darstellung der Geschichte wohl schon in seinen früheren Werken erstrebt hat. Mehr als dies bisher geschehen ist, muß deshalb nach dem Geschichtsbild Du Bellays und den sprachlichen Formen, in denen es sich ausdrückt, gefragt werden. Gadoffre hat selbst insgesamt überzeugend die Bedeutung und die Strukturen der vom Dichter verwendeten Mythen als Netz von Bezügen im Spannungsfeld zwischen politischer Erfahrung und historischer Reflexion untersucht. Es gelingt ihm insbesondere, für die *Vision* am Ende der *Antiquitez* aufgrund konkreter Ereignisse und Auseinandersetzungen der Zeit und eindeutiger geographischer Identifikationen die historische Aussagekraft der Du Bellayschen Variationen antiker und christlicher Mythen zu verdeutlichen.

Das Du Bellaysche Werk soll im folgenden auf eine andere Form des uneigentlichen Sprechens befragt werden: Bekanntlich ist mit Begriff und Konzept der Renaissance als Epoche eine Metaphorik verbunden, die den Zeitgenossen systematische Zuordnungen der Einzelbilder anbot und auf orientierende Hintergrundmodelle über den Verlauf der Geschichte verweist. Es sind vor allem organisch-zyklische Bildfelder, in denen sich historische Verlaufsmodelle der Humanisten des 16. Jahrhunderts ausdrücken[4]. Da diese Bildlichkeit schon das eigene Epochenbewußtsein der Renaissancezeit im Schnittpunkt ihrer Vergangenheit und Zukunft bezeichnet hat und der Epochenbegriff selbst eindeutig aus dieser Metaphorik hervorgegangen ist, verdient ihre Analyse bei einem der großen Dichter des 16. Jahrhunderts von vornherein besonderes Interesse. Gefragt werden soll nach der geschichtstheoretischen Bedeutung dieser Bilder (und ihrer Variationen), die sich dem Leser der Zeit über ihre rein ästhetische Wirkung hinaus vermittelt haben.

Schon in der *Deffence et Illustration de la Langue françoyse* (1549) lassen sich durch eine Analyse der auf Zeitabläufe bezogenen Metaphorik geschichtstheoretische Modelle ausmachen, die für das humanistische Epochenbewußtsein durchaus repräsentativ sind: Offensichtlich steht dabei im Zentrum der Argumentation ein zyklisches Natur- und Geschichtsverständnis, das die Staats- und Kulturentwicklung in Analogie zu den organischen Naturvorgängen von Geburt, Wachstum, Reife, Alter und Tod begreift. Ausgangspunkt der Überlegungen Du Bellays ist (gegen spätmittelalterliche Korruptionstheorien) eine Betonung der ständigen Regenerationskraft der Natur, eine durchaus verdächtige, dem theologischen Weltverständnis wenig entsprechende Position, die auf die Tradition der »Aristotelischen Linken« (Bloch)[5] mit ihrer im Kern materialistischen These der »natura naturans« verweist[6]. Die Natur hat ihre Kraft und Aktivität nicht verausgabt[7]. Diese bis hin zu Fontenelle für die Modernisten in der »Querelle des Anciens et des Modernes« charakteristische Betonung der Konstanz der Natur ist notwendige Voraussetzung für den Nachweis eines ständigen Gesetzes der Regeneration auch im Bereich der Kulturen.

Am sinnfälligsten drückt sich diese ›organische‹ Geschichtsauffassung im Bildfeld Pflanze/Kultur aus, das Du Bellay in der *Deffence* – dabei im übrigen weitgehend Speroni folgend[8] – mit größter Ausführlichkeit ausmalt. Der naturphilosophische Hintergrund des humanistischen Renaissancebewußtseins und des ebenfalls aus einer Metapher hervorgegangenen Kulturbegriffs wird dabei sehr deutlich. In Kapitel I der *Deffence* hatte Du Bellay einleitend die These verworfen, daß die Pluralität der Sprachen ein Produkt der Natur und ihrer Inkonstanz sei. Ihre »diversité et confusion« (D. 12, auch der erste Begriff wird natürlich als negativ verstanden) sind hingegen das Produkt menschlichen Handelns (»vouloir et arbitre des mortelz«, D. 12). Darin ist ein allgemeines naturphilosophisch begründetes Gesetz zu sehen: »Ainsi donques toutes les choses que la Nature a crées, tous les Ars & Sciences en toutes les quatre parties du monde, sont chacune endroict soy une mesme chose: mais pour ce que les hommes sont de divers vouloir, ilz en parlent et ecrivent diversement« (D. 13). Schon in diesem ersten Kapitel benutzt Du Bellay das Bildfeld Pflanze/Kultur: »Donques les Langues ne sont nées d'elles-mesmes en façon d'herbes, racines & arbres« (D. 12). Nachdem er dann in Kapitel II die negative Kennzeichnung einer Sprache als barbarisch für relativierbar erklärt und natürlich für das Französische verworfen hat, steht er nun jedoch vor der Schwierigkeit zu begründen, warum dann das Französische gegenüber dem Griechischen und Lateinischen vergleichsweise »pauvre et sterile« (D. 23) sei. Die Antwort wird in einer ganzen Reihe von Bildern aus dem Bildfeld »Pflanze/Kultur« gegeben:

> Ainsi puys-je dire de nostre Langue, qui commence encores à fleurir sans fructifier, ou plus tost, comme une plante & vergette, n'a point encores fleury, tant se fault qu'elle ait apporté tout le fruict qu'elle pouroit bien produyre. Cela, certainement, non pour le default de la nature d'elle, aussi apte à engendrer que les autres: mais pour la coulpe de ceux qui l'ont euë en garde, & ne l'ont cultivée à suffisance, ains comme une plante sauvaige, en celuy mesmes desert ou elle avoit commencé à naitre, sans jamais l'arrouser, la tailler, ny defendre des ronces & epines qui luy faisoint umbre, l'ont laissée envieillir & quasi mourir. Que si les anciens Romains eussent eté aussi negligens à la culture de leur Langue, quand premierement elle commenca à pululer, pour certain en si peu de tens elle ne feust devenue si grande. Mais eux, en guise de bons agriculteurs, l'ont premierement transmuée d'un lieu sauvaige en un domestique: puis affin que plus tost & mieux elle peust fructifier, coupant à l'entour les inutiles rameaux, l'ont pour echange d'iceux restaurée de rameaux francz & domestiques, magistralement tirez de la Langue Greque, les quelz soudainement se sont si bien entez & faiz semblables à leur tronc, que desormais n'apparoissent plus adoptifz, mais naturelz. De la sont nées en la Langue Latine ces fleurs, ces fruictz colorez de cete grande eloquence, avecques ces nombres & cete lyaison si artificielle, toutes les quelles choses, non tant de sa propre nature que par artifice, toute Langue a coutume de produyre. Doncques si les Grecz & Romains, plus diligens à la culture de leurs Langues que nous à celle de la nostre, n'ont peu trouver en icelles, si non avecques grand labeur & industrie, ny grace, ny nombre, ny finablement aucune eloquence, nous devons nous emerveiller si nostre vulgaire n'est si riche comme il pourra bien estre, & de la prendre occasion de le mepriser comme chose vile & de petit prix? Le tens viendra (peut estre), & je l'espere moyennant la bonne destinée Francoyse, que ce noble & puyssant Royaume obtiendra à son tour les resnes de la monarchie, & que nostre Langue (si avecques Francoys n'est du tout ensevelie la Langue Francoyse) qui commence encor' à jeter ses racines, sortira de terre, & s'elevera en telle hauteur & grosseur, qu'elle se poura egaler aux mesmes Grecz & Romains, produysant comme eux des Homeres, Demosthenes, Virgiles & Cicerons, aussi bien que la France a quelquesfois produit des Pericles, Nicies, Alcibiades, Themistocles, Cesars & Scipions. (D. 24–28)

Dieser Text kann als beispielhaft stehen für die traditionelle Ausfüllung des zyklischen Bildfeldes Pflanze/Kultur, wie sie den französischen Humanisten durch ihre italienischen Vorläufer vermittelt wurde. Die Evidenz des systematisch durchgeführten Vergleichs besteht in zwei zentralen Elementen: erstens in einem organischen Verständnis von Sprache, zweitens jedoch in der wichtigen Funktion, die der Aktivität des Menschen zukommt, durch die das natürliche Wachstum gefördert werden kann. Alle Stadien des organischen Wachstums führt Du Bellay zunächst auf, um den eigenen Sprachzustand genauer zu fixieren, wobei eine gewisse Unsicherheit deutlich wird. Während er zunächst entsprechend seiner italienischen Vorlage schreibt, daß das Französische zu blühen beginne, macht er sich (wohl bei der Übersetzung der Metapher) bewußt, daß selbst dieser Beginn eigentlich noch nicht feststellbar sei (»ou plus tost [...] n'a point encore fleury«). Schließlich verlegt er gegen Ende des Textes den Entwicklungsstand der eigenen Sprache noch weiter bis zu dem unter der Erde wachsenden Samenkorn zurück, das erst in Zukunft aus der Erde keimen wird (»qui commence encore à jeter ses racines, sortira de terre«). Ziel der Sprachenentwicklung ist nach der Blüte die Ernte, wobei es die großen Autoren sind, die mit den Früchten verglichen werden. Auch Alter und Tod drohen, bei der kleinen Pflanze sogar bald, und zwar, wenn sie nicht gepflegt wird, noch vor der Blüte.

Das organische Wachstum allein kann also nicht die Blüte garantieren, nach dem zyklischen Gesetz kommt es nicht automatisch zu einem Kulturhöhepunkt. Erst die Schriftsteller sorgen wie die guten Bauern (»bons agriculteurs«) für eine reiche Ernte. Es bedarf schwerer Arbeit und Geschicklichkeit (»grand labeur & industrie«), um aus der rohen wilden Natur (»sauvaige«) eine reiche Kultur der Sprache (»culture«, »cultivé«) zu machen. Der moderne Kulturbegriff, der hier in seiner Genese greifbar ist, erweist sich als Metapher der bäuerlichen Aktivität an der Natur. Es gilt dabei, die Natur zu unterstützen (»arrouser«), vor allem aber auch darum, sie durch künstliche Intervention (»artifice«) zu korrigieren. Dabei zieht Du Bellay mit offensichtlichem Vergnügen die Analogie mit land- bzw. forstwirtschaftlichen Tätigkeiten als Begründung heran (»defendre des ronces & epines qui luy faisoint umbre«, »tailler« für Bäume usw.).

Eine Bildvariation ist für die Artikulation des Renaissancebewußtseins in Frankreich sehr bezeichnend und kehrt in den Texten besonders der französischen Humanisten auch häufig wieder[9]: das Bild der Veredelung von Obstbäumen durch Aufpfropfen neuer Äste auf einen alten Stamm. In diesem Bild drückt sich die Schwierigkeit der französischen Humanisten aus, das Renaissanceschema auf die eigene Geschichte zu übertragen. Nicht eine französische Vergangenheit ist wiedererstanden, sondern der Baum muß zuerst verpflanzt, schließlich durch neue Stämme veredelt werden. Ist solche »künstliche« Übertragung nur kunstvoll genug, wirkt sie wie eine bessere Natur.

Die skizzierte systematische Ausfüllung des Bildfeldes Pflanze/Kultur verbindet die Evidenz der organischen Naturvorgänge und ihrer Wiederholbarkeit mit der Beweiskraft landwirtschaftlicher Arbeit als menschlicher Erfahrung, um die Entwicklung der Kulturen zum Höhepunkt als naturgegeben möglich und wahrscheinlich, zugleich aber als Ergebnis menschlicher Aktivität darstellen zu können. Die dieser dynamischen Geschichtsauffassung zugrunde liegende Naturphilosophie bedeutete spätestens seit der theologischen Verdammung der averroistischen Aristotelesdeutung eine implizite Gegensetzung gegen das theologische Weltbild, die für Du Bellay im Jahre 1549 allerdings in seiner Konsequenz kaum durchdacht gewesen sein dürfte. So übernimmt er auch völlig unbefangen von Speroni die Lehre vom ständigen Wechsel der Dinge im Rhythmus von Anfang und Ende, von generatio und corruptio, eine Lehre, die im Grunde die These von der Unendlichkeit der Materie implizierte (»passer sans fin d'un etat en l'autre, etant la fin & corruption de l'un, le commencement & generation de l'autre« D. 57).

Der zitierte Text aus der *Deffence* enthält ein weiteres wichtiges Geschichtsmodell der Humanisten in einer speziellen, nationalen, französischen Ausprägung, das Du Bellay folglich auch nicht seiner Quelle entnehmen konnte: Die Verteidigung der französischen Sprache und die Hoffnung in ihre zukünftige Blüte zielen zwar primär auf die literarischen Hervorbringungen, die großen Werke als Früchte der Kultur, aber die Kulturentwicklung steht in engem Zusammenhang mit der Staatsentwicklung. Nach der traditionellen Theorie der vier Weltmonarchien war Rom die vierte, d. h. die letzte. Für Du Bellay wird die Blüte der Sprache und Literatur folglich begleitet sein von der universellen politischen Macht Frankreichs, das die Zügel der Monarchie (»les resnes de la monarchie«) erhalten soll. Ausgesprochen ist damit ein Anspruch auf Fortsetzung und geographische Verlagerung der vierten und letzten Monarchie (Rom) nach Frankreich, gerichtet gegen die entsprechende deutsche Interpretation des Schemas[10].

Die zyklische Epochenmetaphorik wird in der *Deffence* überlagert vom Bildfeld Bau/Sprache. Gegen die Benutzung des Lateinischen in seiner Zeit argumentierend meint Du Bellay, man könne nicht auf den Ruinen des Römischen Staates aufbauen und das Gebäude in seiner alten Größe wiedererrichten (»redifier cete fabrique« D. 80). Die Übersetzung dieser wieder von Speroni inspirierten Bildfolge erfährt bei Du Bellay nun allerdings eine wichtige Veränderung, an der ihm offensichtlich liegt. Die Theorie der Weltmonarchien wird eingefügt, wobei die konkrete metaphorische Aussage das traditionelle Schema durchbricht und die eben zitierte Hoffnung auf eine geographische Verlagerung der vierten Monarchie dementiert, denn die Römische Monarchie ist wie die Griechische bereits zu Ende gegangen (»la cheute de si superbes edifices conjointe à la ruyne fatale de ces deux puissantes monarchies« D. 79). Obwohl oder gerade weil die Idee einer Übernahme der Weltmonarchie Du Bellay offenbar sehr bewegt, wird sie bildlich unstimmig interpretiert, was hier auf eine unreflektierte Benutzung dieser Bilder schließen läßt.

Ein weiteres historisches Denkmodell, das Du Bellay in der *Deffence* anspricht, ist sogar konzeptionell unvereinbar mit der pflanzlich-organischen Geschichtsauffassung. Danach war für Frankreich die literarische Erneuerung insofern ›Renaissance‹, als ein Höhepunkt der bardischen Poesie in früher gallischer Zeit angesetzt und damit die Wiedergeburt in Frankreich geographisch genau gefaßt werden konnte: »Je pourroy' alleguer assez d'autres antiquitez, dont notre Langue aujourd'huy est ennoblie, & qui montrent les histoires n'estre faulses, qui ont dit les Gaulles anciennement avoir eté florissantes, non seulement en armes, mais en toutes sortes de sciences & bonnes lettres.« (D. 153). Die Unvereinbarkeit eines solchen Modells früher Blüte mit dem pflanzlichen Bildfeld des Wachstums von kleinen Anfängen zur Größe liegt auf der Hand. Das sich aus der Analyse der Epochenmetaphorik ergebende Geschichtsbild Du Bellays in der *Deffence* erscheint also diffus und widersprüchlich.

Wesentlich klarer und zugleich differenzierter stellt sich Du Bellays in der *Deffence* entwickelte Dichtungslehre dar. Für die Grundlegung des historischen Selbstverständnisses der Renaissanceautoren ist dabei im Kontext vor allem die (metaphorische) Begründung der Nachahmungslehre von Interesse, die von Du Bellay als fruchtbare Neubelebung des Geistes der antiken Autoren verstanden wird (»ceste energie, & ne scay quel esprit, qui est en leurs ecriz, que les Latins appelleroient *genius*« D. 40). Nicht Übersetzungen sondern produktive Nachahmung der Vorbilder sei notwendig, eine Darstellung nicht des Äußeren (»la peau & la couleur« D. 100), sondern des inneren Kerns (»la chair, les oz, les nerfz & le sang« D. 100). Es komme darauf an, sich wie in einer Metamorphose in die Vorbilder zu verwandeln (»se transformant en eux« D. 42), sie zu verschlingen, zu verdauen (»devorant«, »digerez« D. 42) und damit in das eigene Fleisch und Blut übergehen zu lassen (»les convertissant en sang & norriture« D. 42). Das Spiel mit der platonischen Reinkarnationsmetapher und den Speisemetaphern genügt Du Bellay jedoch offenbar nicht, seine Vorstellung von produktiver Nachahmung verständlich zu machen, und in ausdrücklicher Wiederaufnahme des Bildfeldes Pflanze/Kultur bezeichnet er die Nachahmung antiker Vorbilder, die Übernahme ihrer »plus rares & exquises vertus«, als neue Äste, die man einem alten Baum aufpfropft (»comme grephes [...] entoint« D. 42–43).

Diese dreifache Überschneidung von Bildfeldern zur Kennzeichnung des Verhältnisses der modernen Autoren zu den antiken Vorbildern, wird von einem zeitgenössischen Leser bemerkt und als unangemessene Metaphorisierung des Gegenstandes kritisiert (»ou proprieté seroit mieux convenante«)[11]. Aber Du Bellay braucht offensichtlich die verschiedenen Bildfelder, um die Nuancen seiner Nachahmungslehre darzustellen und tastet die einzelnen Bilder auf ihre Aussagekraft ab. Die Vielfalt der bildspendenden Bereiche hat hier Differenzierung der Aussage zum Ziel und erreicht sie.

Im gleichen Jahr wie die *Deffence* (1549) erscheint Du Bellays erster Gedichtband *L'Olive*, eine Sonettsammlung petrarkistisch geprägter Liebeslyrik, an dem sich eine theoretische Forderung produktiver Imitation der Vorbilder verifizieren und bestätigen läßt. Während sich in der *Deffence* aristotelische und platonische Philosophie vermischen[12], drückt sich in den Themen dieser Dichtung als orientierendes Weltbild eine Symbiose platonischer und christlicher Elemente aus, die G. Gadoffre und K. Ley mit je etwas anderer Akzentsetzung analysiert haben. In Liebesgedichten sind zunächst kaum Äußerungen des Geschichtsbewußtseins zu erwarten. Entsprechend findet sich in dem Gedichtband nur ein einziger – allerdings wichtiger – Beleg, in dem der Renaissancegedanke zum Ausdruck kommt:

Ce fut alors que les Dieux & l'année
Firent sur toy, ma terre fortunée,
Renaistre l'or de l'antique saison.
(I, 108)

Eindeutiger als in der *Deffence* wird hier die Erneuerung in Frankreich als schon vollzogen angesehen, und auch das Wort »renaître« erscheint (unseres Wissens sogar erstmals im Französischen) zum Ausdruck eines Bewußtseins der Erneuerung[13]. Die im vorangehenden Terzett erwähnten Nymphen suggerieren, daß es sich um kulturelle Erneuerung handelt. Bezogen ist die Aussage auf das Hesiodsche Schema der Metallzeitalter und den Mythos vom Goldenen Zeitalter, in dem sich schon im Spätmittelalter Erneuerungshoffnungen artikuliert hatten. Aber offensichtlich ist diese Idee überlagert von einer Anspielung auf Platons Theorie vom ›Großen Jahr‹ (»L'année«) als dem Gesetz, das den zyklischen Geschichtsprozeß bestimmt. Die Erneuerungsvorgänge im Zyklus des ›Großen Jahres‹, der Jahreszeiten (»saison«) und der ebenfalls zyklisch verstandenen Palingenese des Menschen sind übertragbar auf die politische oder kulturelle Erneuerung und werden von den Humanisten auch häufig als Bildspender für das neue Epochenbewußtsein wirksam[14]. In der Liebeslyrik der *Olive* werden die zyklischen bildspendenden Bereiche nur in dem einen zitierten Beleg direkt auf geschichtliche Abläufe bezogen, und auch dort nur aus einer rein subjektvermittelten Perspektive. Dennoch werden zyklische Erneuerungsvorgänge häufiger als Bildspender benutzt. Bildempfänger sind dann das lyrische Ich oder die Geliebte, so wenn im Sonett XXXI die Geliebte mit der Sonne verglichen und die Stimmung des Liebenden im Zyklus der Jahreszeiten charakterisiert wird (I, 53).

In *L'Olive* setzt die Liebesthematik eine in der Natur durch Analogien vorgegebene Bezüglichkeit zwischen Individuum und Universum, zwischen Mikro- und Makrokosmos voraus. Durch die Poesie können die verschiedenen Zyklen angenähert werden, und die Geliebte und das lyrische Ich sind die Zielpunkte, in gewisser Hinsicht aber auch nur das Medium eines Bildes von der Welt, die von einem System von Analogien zusammengehalten wird. In welchem Maß die nach der platonischen Philosophie vorhandenen vielfältigen bildlichen Wechselbezüge auch dann indirekt eine Geschichtsvision assoziieren, wenn diese nicht direkt als Bildempfänger erscheint, bedürfte nach den Thesen von Ley und ihrer eher skeptischen Aufnahme einer eigenen Untersuchung im Kontext der figuralen oder allegorischen Deutbarkeit dieser Liebesgedichte[15].

Die Zuordnung der einzelnen Metaphern in diesem kosmologisch begründeten Metaphernsystem von analog gedachten Zeitzyklen ist weitgehend durch die Tradition festgelegt[16]. Du Bellay übernimmt sie allerdings in *L'Olive* häufig in Umkehrung des Bezuges. Dieser Kontrast zur erwarteten konventionellen Bildfolge, und vor allem auch zur natürlichen Evidenz der Bildfelder drückt dann umsomehr die Disharmonie der Gefühle im lyrischen Subjekt aus. So charakterisiert er seinen widersprüchlichen Seelenzustand im Bildfeld der Jahreszeiten als Winter im Frühling (der Jugend):

Aux plus beaux jours de mes verdes années
Un triste hiver sen'en moy renaissant.
(I,65)

Die natürliche harmonische Ordnung der Welt ist im subjektiven Empfinden des Menschen gestört[17]. Die intendierte Kontrastwirkung setzt freilich die traditionellen Metaphernbezüge voraus. Und natürlich liegt der Wunsch nach Wiederherstellung der harmonischen Weltordnung und nach einer Korrektur der subjektiven Zerrissenheit der Darstellung zugrunde.

Zum gleichen Zeitpunkt, im *Recueil de Poésie*, erscheint die zyklische Metaphorik bei Du Bellay systematisch bezogen auf die Person des französischen Königs. In einem Lobgedicht auf Henri II, geschrieben aus Anlaß des feierlichen Einzugs des Königs in Paris am 16. 6. 1549, wird dieser mit dem Frühling und dem lichtbringenden Morgen verglichen, der eine neue Zeit wiedererstehen lasse:

Comme un printemps il serene le jour:
Et semble bien qu'à si haulte rencontre
Renaisse au monde un plus joyeux sejour.
[...] Vien, Prince, vien: rends aux tiens la lumiere (...)
(III, 63)

Die Vorstellung der Wiederkehr einer besseren Zeit ist im Kontext stark topisch geprägt und deshalb nur begrenzt aussagekräftig für das Renaissancebewußtsein Du Bellays, denn die gleiche zyklische Bildlichkeit wird im unmittelbaren Zusammenhang auch auf François I. bezogen, der das Goldene Zeitalter, die in den Himmel geflüchtete Astrée wiedergebracht habe:

O grand FRANCOYS, des neuf Seurs adoré?
Tu as defaict ce vil monstre Ignorance,
Tu as refaict le bel aage doré:
Par toy premier au monde est revenue
La belle Vierge au vieux siecle cogneue.
(III, 70)

Nach dem Sieg über die Engländer wird unter den Valois ein Jahrhundert des Friedens erblühen: »Lors regnera la paix victorieuse [...] Ce nouveau siècle, à l'antique semblable, Verra fleurir le sceptre de Valois« (III, 73–74). Aus geschichtstheoretischer Sicht ist die Wiederholung der Erneuerung in der unmittelbaren Folge der Könige unstimmig – offenbar übernimmt Du Bellay hier die Topoi der enkomiastischen Literatur noch ohne sie zu reflektieren[18].

In den Du Bellayschen Texten des Jahres 1549 ist das Renaissancebewußtsein also in vielfältiger, zum Teil widersprüchlicher Weise präsent. Die theoretisch-polemische Schrift läßt ein diffuses Geschichtsbild erkennen, das mehrere Modelle zur Begründung der Imitationspoetik heranzieht und Metaphern aus verschiedenen Bereichen ohne größere Kohärenz benutzt. Die aristotelische, naturphilosophische Begründung der Erneuerung, die er von Speroni übernimmt, ist bereits überlagert von dem platonischen Modell, das in *L'Olive* omnipräsent ist[19]. Wenn hier auch nur in einem Beleg eindeutig kulturelle oder staatliche Erneuerung angesprochen wird, suggeriert doch eine Fülle von Bildern indirekt Erneuerungshoffnungen. Dennoch bleibt das Geschichtsbild Du Bellays zu diesem Zeitpunkt fragmentarisch, weil in der theoretischen Schrift eine tiefergehende historische Reflexion fehlt und in seiner Dichtung nur andeutungsweise Elemente einer (platonisch geprägten) Geschichtsvision vorhanden sind. Es sollte einer grundsätzlichen Infragestellung seiner Kunst zu Beginn der fünfziger Jahre und dem Romaufenthalt vorbehalten bleiben, die Synthese zwischen Geschichte und Poesie zu ermöglichen, die Du Bellay zu Ende seines Lebens in den eingangs zitierten Versen als sein Dichtungsideal bezeichnet hat.

Frühere Interpreten des Du Bellayschen Werkes haben den biographischen Aspekt seiner Entwicklung zu Beginn der fünfziger Jahre – Krankheit, Erfahrung der Isolierung, metaphysische Krise – betont. Man scheint heute umgekehrt dazu zu neigen, die topisch-literarischen Quellen dieses Versuchs einer Neuorientierung zu überschätzen. Der Kern seiner kritischen Selbstfindung ist jedenfalls die Erkenntnis, daß er bisher eine künstliche, konventionelle Dichtung produziert habe, die an seinen authentischsten Gefühlen vorbeigegangen sei. Petrarkismus[20] und platonische Liebesauffassung[21] werden ironisiert.

Zum wichtigsten Kriterium für eine neue Orientierung seiner Kunst wird für Du Bellay in dieser Zeit vor seiner Romreise die Rehabilitierung des christlichen Weltbildes mit dem Bemühen, sich aus der Gefangenschaft der antiken Mythologie zu befreien und für seine zukünftige Dichtung einen *merveilleux chrétien* zu suchen. Die Philosophen der Antike haben ihm keine Erkenntnis der Welt gebracht[22] und ihre Dichter mit ihren Göttern, Monstern, Orakeln[23] und der dahinterstehenden geheimen Botschaft für die Auserlesenen keinen moralischen Halt gegeben, sondern nur die Disharmonie zwischen Natur und Individuum verstärkt:

Que me sert voir tout le monde
En papier, ou je me fonde
A l'arpanter pas à pas:

Si en mon cœur je n'eu' onques
Mesure ou nombre quelquonques,
Accord, reigle ny compas?
(IV, 148)[24]

Der als grundsätzliche Alternative zur antiken Kunst gemeinte Versuch einer »Lyre chrétienne«[25] ist nun allerdings, jedenfalls in dieser Radikalität der Forderung folgenlos geblieben. Offenbar will sich die ästhetische Wirkung einer solchen christlichen Poesie nicht so recht einstellen: »Les vers de la Lyre Chrestienne / Nous semblent peu melodieux« (IV, 138), und der Dichter hat vergebens auf die Inspiration durch den christlichen Gott gewartet:

Mais (ô Seigneur) si tu ne tens
Les nerfz de ma harpe nouvelle,
C'est bien en vain que je pretens
D'accorder ton loz dessus elle.
(IV, 144)

Ohne daß Du Bellay dies irgendwo explizit erklärt hätte, läßt er denn auch die Forderung nach einem Verzicht auf die antike Überlieferung fallen. Er akzeptiert nun eine Synthese von christlichem Weltbild und heidnischen Formen (»La religion / Par noms payens deguizée« – IV, 175).

Aber unverkennbar ist in diesen Jahren des Übergangs eine Annäherung Du Bellays an christliche Wertmaßstäbe; insbesondere verlagern sich der Schwerpunkt seiner Thematik und die Maßstäbe für den Wert geschichtlicher Epochen von einer rein ästhetischen zu einer moralischen Dimension. Sehr schön drückt sich dieser Vorgang in einer Variation der organisch-pflanzlichen Metaphorik aus. In einem Sonett auf Loys Leroy hatte Du Bellay (1550) den Platoübersetzer und Historiographen als »nostre Platon François« und seine Erschließung der französischen Sprache für »l'éloquence et la doctrine Attique« gefeiert. Bisher habe man in der Dichtung die höchste Aufgabe gesehen, dabei aber das Wesentliche übersehen:

Jusqu'icy nous avons pour le fruict pris la fleur,
L'escorce pour le boys, pour le vif la couleur,
N'employant notre esprit qu'au labeur poëtique.
(II, 215)

Durch die Verlagerung des höchsten Wertes von der Blüte zur Frucht ließen sich im Bildfeld Pflanze/Sprache bzw. Kultur einleuchtend der Rang und die zeitliche Abfolge von Poesie und Philosophie im Kulturzyklus kennzeichnen. Nach Du Bellays christlicher Rückbesinnung erscheint nun in der *Lyre chrestienne* (1552) das gleiche Bild, um die heidnische Philosophie der Antike (als Blüte) gegenüber der christlichen Religion (als Frucht) abzuwerten (»d'avoir pris la fleur pour le fruict« IV, 143).

Das Geschichtsbild du Bellays in dieser Neuorientierung zu Beginn der fünfziger Jahre stützt sich auf das Alte Testament, nach dem er eine Abfolge von Hochkulturen, getrennt jeweils durch Zwischenzeiten oder Katastrophen, konstruiert[26]. Für eine Kennzeichnung der eigenen Zeit bot die christliche Geschichtsdeutung ihm die eher pessimistische Perspektive einer unwiederbringlichen Zeit (»le temps irréparable/Ne peult jamais retourner« V, 307) und der Unvorhersehbarkeit künftiger Geschichte:

O trop aveugle pensée!
Tu peus bien te souvenir
De la fortune passee,
Mais non prevoir l'advenir.
(V, 306)

Entsprechend dem fatalen Gesetz der Dekadenz alles Irdischen ist sogar eine (hier wohl im platonischen Sinn kosmologisch verstandene) Rückkehr zum ursprünglichen Nichts denkbar[27]. Auch die allerdings mit der Topik des Lobgedichts relativierbare Vision einer möglichen Dekadenz der französischen Sprache erscheint in den Texten dieser Zeit:

Peut estre aussi que les ans
Apress ung long & long âge
Par estrangers courtizans
Brouilleront nostre langage:
Adonques la purité
De sa doulce gravité
Se pourra trouver icy.[28]

Die Aussage ist hier, expliziert man ihren geschichtstheoretischen Kern im Kontext des Gedichts, eine Bestätigung des zyklischen Gesetzes und seine erstmalige Anwendung auf die Zukunft. Die schon eingetretene staatliche und sprachliche Erneuerung ist, allerdings erst in ferneren Zeiten, wieder von Dekadenz bedroht.

Im Geschichtsbild du Bellays – soweit man zu diesem Zeitpunkt überhaupt davon sprechen kann – überlagern sich also christliche, platonische und Elemente der zyklisch-humanistischen Geschichtsauffassung. Das Renaissancebewußtsein tritt in dieser Phase seiner Dichtung offensichtlich in den Hintergrund. Jedoch ist anzunehmen, daß die Beschäftigung mit den christlichen Geschichtsschemata, zu denen die humanistische Geschichtsauffassung in Konkurrenz stand, auch in diesem Bereich eine selbstkritische Bewußtmachung zur Folge hatte, die seine späteren Dichtungen voraussetzen.

Aber erst auf seiner vierjährigen Romreise (1553–1557) wird Du Bellay mit einer Wirklichkeit konfrontiert, die den Geschichtsentwurf der großen römischen Dichtungen überhaupt erst möglich gemacht hat. Für jeden Humanisten der Zeit bedeutete Rom zuallererst einmal die Stadt der antiken Größe. Der Aufenthalt in Rom zwang ganz selbstverständlich zur Konfrontation des livresken, bildungsvermittelnden Rombildes mit der Realität; die Ruinen – und sie waren im 16. Jahrhundert wesentlich fragmentarischer sichtbar als heute – sind das einzige, enttäuschende Zeichen eines physisch wahrnehmbaren Überlebens der Antike. Dieses Thema bestimmt schon im Titel greifbar den Inhalt der *Antiquitez de Rome*. Die unmittelbare Erfahrung der Ruinen, die Du Bellay immer wieder auch als eine sinnliche Wahrnehmung darstellt, führt ihn aber auch auf die Reflexion universalhistorischer Gesetzmäßigkeiten. Bisher nur indirekt erschließbare geschichtstheoretische Fragestellungen werden nun folgerichtig und – literarhistorisch gesehen – erstmals umfassend zum Gegenstand der Poesie. Unsere Analyse der Renaissancemetaphorik wird deshalb im folgenden mehr als für die frühen Werke auch die künstlerische Transposition der Geschichtstheorien im Auge haben.

Als zentrales Ausdrucksmittel für die Geschichtsvisionen Du Bellays in den *Antiquitez* erweist sich eindeutig das Bildfeld Menschenleben/Staat, fast leitmotivisch ziehen sich Einzelbilder aus diesem Bildfeld durch die Sammlung, einige Gedichte leben sogar ganz von einer ausführlichen Ausmalung der einzelnen Bildfolgen im zyklischen Bildfeld. Schon im Widmungsgedicht an den König bekundet Du Bellay die Hoffnung, daß es ihm gelingen werde, die staubigen Reste Roms aus dem Grab zu ziehen (»d'avoir hors du tumbeau/Tiré des vieux Romains les poudreuses reliques« A, 271) und damit Vorbote der Universalmonarchie in Frankreich zu werden:

Et peult estre, qu'à lors vostre grand' Majesté
Repensant à mes vers, diroit qu'ilz ont esté
De vostre Monarchie un bienheureux presage.
(A, 271)

Seine Dichtung hat also für das politische Rom wiederbelebende Funktion und löst gleichzeitig ein Dilemma, das in dem schon in der *Deffence* benutzten Bildfeld (Staatsgebäude) aus der Betrachtung der Ruinen unmittelbar hervorgegangen war. Die materiellen, baulichen Reste Roms sind nicht nach Frankreich transportabel, auf ihnen kann das Gebäude der französischen Monarchie nicht erbaut werden. Die Dichtung dagegen wird die Räume (wie die Zeit) überwinden und kann – so ist es in platonischer Ausführung des Bildfeldes erlaubt zu assoziieren – wie die Seele sich an anderem Ort wieder inkarnieren:

Ne vous pouvant donner ces ouvrages antiques
Pour vostre Sainct-Germain, ou pour Fontainebleau,
Je les vous donne (Sire) en ce petit tableau
Peint, le mieux que j'ay peu, de couleurs poëtiques.
(A, 271)

Ganz deutlich wird Du Bellays Vision vom Geschichtsverlauf als einer Wiedergeburt im Sinne der platonischen Seelenwanderungslehre[29] im Sonett V:

Qui voudra voir tout ce qu'ont peu nature,
L'art, & le ciel (Rome) te vienne voir:
J'entens s'il peult ta grandeur concevoir
Par ce qui n'est que ta morte peinture.

Rome n'est plus, & si l'architecture
Quelque umbre encor de Rome fait revoir,
C'est comme un corps par magique sçavoir
Tiré de nuict hors de sa sepulture.

Le corps de Rome en cendre est devallé
Et son esprit rejoindre s'est allé
Au grand esprit de ceste masse ronde.

Mais ses escripts, qui son loz le plus beau
Malgré le temps arrachent du tumbeau,
Font son idole errer parmy le monde.
(A, 278)

Gleich zu Beginn erscheint das antike Rom als das unübertroffene Modell staatlicher und kultureller Macht. Alles, was die Natur, die menschliche Aktivität und Gottes Wille bisher überhaupt haben leisten können, hat sich in Rom verwirklicht. Reflexionen über die Geschichte haben deshalb von diesem Prototyp des Staates und der Kultur auszugehen. Die geschichtstheoretisch wichtigste Aussage des Textes ist die Todesdiagnose Du Bellays für Rom; die »translatio«-Theorie ist nunmehr bildlich durchbrochen: Der Staatskörper Rom ist tot, die deutschen Ansprüche, als ›Heiliges Römisches Reich deutscher Nation‹ Rom fortzusetzen, werden scharf abgelehnt. Aber wenn auch der Körper dieses Staates längst begraben ist, so ist doch sein Geist in das All zurückgekehrt. Die literarischen Produkte als das Wertvollste, was verblieben ist und die wie die Seele unsterblich sind, irren in der Welt umher, um eine neue Inkarnation (eben in Frankreich) zu erleben.

Die römische Architektur als Besucher zu erleben, heißt also nur den Schatten, nur eine magische Erscheinung sehen, kann aber aus dem leblos gewordenen Körper eine Vorstellung von der Seele erschließen. Seine Dichtung über Rom ist für Du Bellay aber mehr als nur eine Beschreibung des Körpers und als eine poetische Transposition der Seele, sie fragt am Beispiel Roms nach dem Verlaufgesetz der Staaten und der Geschichte. Und die eindeutige Motivation für diese Frage ist nicht nur ein abstrakt philosophisches Interesse, sondern die Absicht, nach der zyklischen Geschichtsauffassung Vergleiche – »parallèles« – zur Gegenwart mit dem Ziel eigener staatlicher und kultureller Aufwärtsbewegung zu ziehen.

In vielen weiteren Gedichten der Sammlung spielt Du Bellay mit den antiken Palingenesevorstellungen für den Bildempfänger der Wiedergeburt Roms, z. B. in der folgenden Anspielung auf den Mythos von Orpheus:

Que n'ay-je encor la harpe Thracienne,
Pour réveiller de l'enfer paresseux
Ces vieux Cesars, & les Umbres de ceux
Qui ont basty ceste ville ancienne?
(A, 299)[30]

Das zyklisch verstandene Bildfeld Menschenleben/Staat eignet sich also offenbar besonders für die Du Bellaysche Geschichtsvision, die nunmehr im Kern auf das Dreiteilungsschema der Universalgeschichte hinausläuft, in dem allerdings die Renaissance als noch ausstehend bezeichnet wird. Diese Fixierung des Zeitpunkts der Erneuerung in der Zukunft ist neu gegenüber seinen früheren Diagnosen. Die Romerfahrung scheint also die Erkenntnis bewirkt zu haben, daß für Frankreich die Nachfolge des Römischen Reiches noch nicht gesichert ist. Aber gerade deshalb wird die geistige, kulturelle Wiederbelebung der antiken Autoren als lohnende Aufgabe angesehen, um damit einen Vorgriff auf die große staatliche Renaissance zu ermöglichen.

Das Bildfeld Pflanze/Kultur, dessen argumentative Präsenz wir in der *Deffence* bereits analysiert haben, findet sich in den *Antiquitez* wieder, wird jedoch in bezeichnender Weise modifiziert. In Sonett 30 (A, 304) vergleicht Du Bellay das Römische Reich mit einem Getreidefeld, dessen Wachstum er in allen Etappen ausführlich ausmalt: vom Samen, über das erste Grünen, die Halme, die Blüte zu würzigen Ähren. Mit Vers 10 wird jedoch diese natürliche Zeitfolge im Bildfeld brüsk unterbrochen und das Feld zur Beute der Barbaren, die nur wenige Spuren (»marques antiques«) hinterließen. Das *tertium comparationis* des Wachstums wechselt unerwartet von der Zeitstruktur auf die Vorstellung des abgeernteten Feldes, das entgegen dem traditionell positiv konnotierten Bildspender ›Ernte‹ hier das Gewaltsame, Zerstörerische betont. Eine kühne Umkehrung der vom Leser erwarteten typischen Fügung des Bildfeldes. Möglich wird diese Umdeutung durch einen Perspektivwechsel von der großen Frage des Verlaufs der Geschichte auf den kleinen zeitgenössischen Rombesucher, der die antiken Reste plündert: eine Ährenlese (»gleneur«) nach der Ernte, die aber doppelt negativ scheint – kümmerlich wenig ist zu finden, außerdem ist es aber moralisch verwerflich, diese Reste aufzusammeln, die einen symbolischen Wert im Sinne religiöser Reliquien haben.

Die eigenwillige Umdeutung des traditionellen Bildfeldes Jahrespflanze/Staat bedeutet auf der Ebene des bildempfangenden Bereichs für den zeitgenössischen Leser auch ein Weiterdenken der Zeitenfolge, sprich der Möglichkeit eines neuen Frühlings, neuer Saat und des Wachstums eines neuen Staates. Zwischen der Interpretation dieses Perspektivwechsels als Infragestellung der im zyklischen Bildfeld angelegten späteren Regeneration auf der einen Seite und einer letztlich doch durch die Evidenz des ständigen Jahreszeitenzyklus gegebenen Erwartung der Renaissance auf der anderen Seite bleibt die geschichtstheoretische Vision für die Zukunft ambivalent.

Der Perspektivwechsel zur subjektiven Sicht des Ährenlesers, dem sich das lyrische Ich natürlich verwandt fühlt, bedeutet aber auch eine neue Einfügung der eigenen Zeit in den historischen Zyklus: sie wird weiter noch als in schon analysierten Bildern zurückverlegt; die Zeit des Ährenlesens ist der Herbst, bis zum nächsten Frühling wird die Möglichkeit eines Winters assoziiert. Natürlich dürfte sich Du Bellay diese Deutungsmöglichkeiten nicht selbst bewußt gemacht haben. Am orientierenden Modell des kollektiv wirksamen Bildfeldzusammenhangs gemessen ergeben sich aber diese freilich assoziativ und ambivalent bleibenden Deutungsmöglichkeiten auf der Ebene des Bildempfängers. Ihre Ambiguität mag Teil eines ästhetischen Reizes gewesen sein, der während der großen politischen Auseinandersetzungen die schwankenden Selbsteinschätzungen zum Wert der eigenen Zeit auszudrücken vermochte.

Auch das engere Bildfeld Baum/Staat wird in den *Antiquitez de Rome* systematisch auf seine poetische, aber implizit auch geschichtstheoretische Aussagekraft hin ausgelotet. Das Sonett 28 vergleicht Rom mit einer Eiche:

Qui a veu quelquefois un grand chesne asseiché,
  Qui pour son ornement quelque trophee porte,
  Lever encor' au ciel sa vieille teste morte,
  Dont le pied fermement n'est en terre fiché,

Mais qui dessus le champ plus qu'à demy panché
  Monstre ses bras tous nuds, & sa racine torte,
  Et sans fueille umbrageux, de son poix se supporte
  Sur son tronc noüailleux en cent lieux esbranché;

Et bien qu'au premier vent il doive sa ruine,
  Et maint jeune à l'entour ait ferme la racine,
  Du devot populaire estre seul reveré.

Qui tel chesne a peu voir, qu'il imagine encores
  Comme entre les citez, qui plus florissent ores,
  Ce vieil honneur pouldreux est le plus honnoré.
(A. 302)

Die Eiche, so wird sofort präzisiert, ist vertrocknet, ohne Leben, ohne Verbindung zu den Wurzeln, längst ohne Laub und kann jeden Augenblick von einem Sturm zu Fall gebracht werden. Diese Bildfolge wird überlagert durch die entsprechenden Metaphern aus dem Bildfeld Mensch/Staat (bzw. Baum): der Kopf ist tot, der Fuß ist nicht fest auf dem Boden, der Körper ist halb geneigt, zeigt seine nackten Arme. Und dieses im Bildfeld Mensch/Staat gespenstisch wirkende Wesen wird bewundert von der abergläubischen Menge. Die Aussage auf der Ebene des Bildempfängers ist klar. Die Behauptung eines Überlebens Roms nach der Theorie der *translatio imperii* ist falsch, hält den materiell zwar noch sichtbaren, von den organischen Vorgängen dagegen abgeschnittenen Schein für das Sein und ist deshalb zu verwerfen.

Dieser negativen Aussage in 13 Versen des Sonetts steht eine optimistischere Aussage in Vers 10 gegenüber, daß nämlich schon mancher neue Trieb am alten Stamm Wurzeln geschlagen hat (»maint jeune à l'entour ait ferme la racine«). Dieses »jeune« und »vieil« im letzten Vers stehen sich klar antithetisch gegenüber, so daß indirekt der zehnte Vers zur zentralen geschichtstheoretischen Aussage des Gedichts wird. Dem Schein des würdigen Alters steht das Sein der neuen, aus dem Römischen Reich hervorgegangenen Nationalstaaten gegenüber. Die Translatio-Theorie ist abzulehnen. Frankreich kann und soll der am Stamm dieser Eiche wachsende Trieb werden, aus dem der universalhistorisch neue Baum wachsen wird[31].

Das von J. Trier als zentral für den Epochenbegriff »Renaissance« herausgestellte Bild vom Wiederwuchs eines jungen Triebes am alten Stamm (in der Traditionslinie von Livius, Rutilius Namatianus bis zu Machiavelli)[32] benutzt Du Bellay also, um seine nationalstaatliche Deutung der Renaissanceidee zum Ausdruck zu bringen. Die traditionsgegebene Metapher der Renaissance als wieder wachsendem Baum verwies, wie J. Trier auch gezeigt hat, in der Regel auf das gewaltsame Ende – sprich das Fällen des Baumes, den Einfall der Barbaren. Eine Vorstellung, die Du Bellay sehr originell korrigiert, indem er die Idee des Sich-selbst-überlebens des Römischen Reiches in den Vordergrund stellt. So wie er die gewaltsame Note in die an sich kontinuierliche natürliche Folge der Jahrespflanzen (Ernte durch die Barbareneinfälle) gebracht hatte, korrigiert er jetzt umgekehrt das traditionsgegebene Bild des abgeschlagenen Baumes, indem er ihn als sich selbst überlebendes groteskes Objekt abergläubischer Verehrung des Altüberkommenen darstellt.

Rom war nun freilich auch das Zentrum der Christenheit. Du Bellays Einblick gerade in diese durchaus reale Welt der Verweltlichung und der Korruption des Papsttums spiegelt sich bekanntlich in zahlreichen satirischen Sonetten der *Regrets*. Wie fügt sich diese Kritik an den realen römischen Zuständen ein in die geschichtsphilosophische Reflexion Du Bellays? Ein Sonett des *Songe*, der sich an die *Antiquitez de Rome* anschließt, thematisiert im Bildfeld Baum/Staat eine bezeichnende Verdopplung des römischen Staates. Das dichterische Subjekt hat die Vision eines immensen Baumes, der die sieben Hügel der Stadt überschattet, der durch die Barbareneinfälle gefällt und in zwei neuen Bäumen am Stamm des alten wieder gewachsen ist. (»J'ouy le tronc gemir sous la congnee,/Et vy depuis la souche desdaignee/Se reverdir en deux arbres jumeaux« *Songe*, V, A. 311). Von der Einheit der Romidee kann nicht mehr die Rede sein. Neben der staatlichen Wiedergeburt in den Nationalstaaten ist die Kirche die andere gewachsene Institution[33].

Wie entwickelt sich das Rom der Christenheit, ist es überhaupt einbezogen, ja einbeziehbar in das zyklische Gesetz vom Auf- und Abstieg, Geburt und Tod? War nicht die Frage nach der *corruptio* des Papsttums die Kernfrage der Reformation? Für Du Bellay, der nicht nur gläubiger Christ ist, sondern als hoher Beamter beim päpstlichen Hof verkehrt, war das Problem natürlich weitgehend tabuisiert; lange schien deshalb auch in der Du Bellay-Forschung das Verhältnis Du Bellays zur römischen Kirche mit dem Hinweis auf die kritisch-satirischen Sonette der *Regrets* beantwortet. G. Gadoffre hat dagegen in überzeugenden Interpretationen gezeigt, daß der *Songe*, vor dessen Hermetismus die Kommentatoren bisher weitgehend kapitulierten, als verschlüsselte Aussage Du Bellays zu den weltlichen Ansprüchen des Papsttums und als eine Art »pamphlet gallican«[34] gelesen werden muß. Einzelne Sonette des *Songe* beziehen sich sehr direkt auf den Wechsel der Päpste während Du Bellays Aufenthalt in Rom, sie artikulieren die Hoffnungen auf Erneuerung der Kirche bei der Wahl Marcellus' II. zum Papst (1555), der nur wenige Wochen sein Amt innehatte. Sie drücken Du Bellays Enttäuschung über den kriegerischen und um staatliche Macht kämpfenden Nachfolger, Paul IV, aus[35]. Das Rom der Päpste ist für Du Bellay erneuerungsbedürftig, aber es bedarf einer geistlich-moralischen Erneuerung, die durch weltliche Machtansprüche nicht erreicht werden kann.

Die zyklische Metaphorik eignet sich offenbar nicht zum Ausdruck dieser Positionen Du Bellays und der Zukunftsvisionen, die sie ihm suggerieren. Hier bezieht er sich auf die biblischen Texte und insbesondere auf die Apokalypseschilderungen, um den Verfall der Kirche oder Hoffnung auf ihre Erneuerung auszudrücken; so etwa auf das Neue Jerusalem in Gedicht 14 (A. 320)[36]. Neben diesem Bezug auf die christliche Eschatologie drücken im *Songe* auch solche Bilder und Mythen aus der heidnischen Antike seine Geschichtserwartungen aus, die sprunghafte, übernatürliche Erneuerung bezeichnen und folglich mit dem christlichen Heilsmodell traditionell besser vereinbar erscheinen (der Phönix in Sonett VII z. B.).

Es zeigt sich an der verschiedenen Zuordnung der hier herausgestellten metaphorischen Modelle in den *Antiquitez* eine Kohärenz und Durchdachtheit der Bildwahl, die in der *Deffence* noch gefehlt hatte. Es erweist sich aber vor allem auch Du Bellays Wille zur künstlerischen Gestaltung, zu bewußten Überschneidungen und Brechungen der Bildfelder, zur systematischen Erweiterung ihrer Aussagekraft und ihrer suggestiven Wirkung. Die kompositorische Trennung der *Antiquitez* (mit dem abgehobenen *Songe*) und der *Regrets* aus der Gesamtproduktion der römischen Zeit, die genetisch wie thematisch im Grunde zusammengehören, bestätigt diesen Willen Du Bellays, weil er die geschichtsvisionären Sonette zu einem Block macht, in dem sich die Vielfalt der Aussagen und künstlerischen Gestaltungsmittel dennoch zu einem Ganzen abrunden.

Die gleichzeitig entstandenen Sonette der *Regrets* mit ihrer Entdeckung der trivialen Wirklichkeit Roms, der banalen Welt des Alltags und der authentischen Gefühle des lyrischen Ich stellen zugleich Kontrast und notwendiges Komplement zu der großen geschichtlichen Perspektive der *Antiquitez* dar. Dieser Wechselbezug zeigt sich wohl auch daran, daß Du Bellay die geschichtstheoretische Perspektive am Ende der *Regrets* noch einmal wiederaufnimmt, und zwar in den Sonetten 174–190, den Lobgedichten auf Marguerite, die sich für unseren Kontext als eine Art Synthese zwischen der subjektiv kleinen Welt der *Regrets* und den großen Geschichtsvisionen der *Antiquitez* verstehen lassen.

Wie bereits gezeigt, drückt sich historisches Selbstverständnis in der Renaissancezeit oft in Widmungsgedichten oder panegyrischen Texten aus, und zwar nach einem doppelten Schema. Die gefeierte Person ist in ihrer Zeit entweder

Inkarnation der Macht und kulturellen Blüte. Oder umgekehrt wird der als dekadent dargestellten Zeit die gefeierte Person antithetisch als umso lobenswerter gegenübergestellt. Du Bellay hat sich in allen seinen Dichtungen dieser Form bedient, nirgends jedoch so gehäuft wie in den letzten Sonetten der *Regrets.* Bis auf das allerletzte Gedicht (191), das den König besingt und noch einmal den universellen Anspruch der französischen Monarchie unterstreicht (»rien n'est après Dieu si grand qu'un Roy de France«), sind diese Texte zum Lob und Ruhm Marguerites, der Schwester des Königs, bestimmt. Schon 1550 hatte Du Bellay Marguerite im Widmungsgedicht der 2. Auflage von *L'Olive* als die Jungfrau bezeichnet »qui la Vierge Astrêe/A faict encore en notre siècle entrée« (I, 10); sie ist eine »Minerve nouvelle« (V, 315). Diese Kennzeichnung der Schwester des Königs und Mäzenin der Dichter sowie das Spiel mit dem Blumennamen waren alles andere als originell und gehörten zum topischen Allgemeingut der Zeitgenossen. Für unseren Kontext ist jedoch der besondere Akzent der Verehrung, die Du Bellay für Marguerite offensichtlich empfindet, in ihrem Zusammenhang mit seinem Renaissancebewußtsein zu sehen. Insbesondere das Sonett 190 der *Regrets* kann als eine sich aus der neuen historischen Situation am Ende der fünfziger Jahre ergebende, eher skeptische Synthese der Geschichtsvision Du Bellays nach seiner Rückkehr aus Rom gelten, in der die zyklische Metaphorik in mehreren Bildfeldern systematisch erscheint. Frankreich war unter dem Licht François I. schwanger:

La France fut enceincte
Des lettres & des arts, & d'une troppe saincte
Que depuis sous Henry feconde elle a produict:
(R. 266)

Aber kaum hat diese Frucht das Tageslicht erblickt, ist sie bedroht vom Tode; wobei diese plötzliche Gefahr als unverständlich, als gegen das natürliche Gesetz dargestellt wird: »je ne sçay comment sa clairte fut esteincte,/ Et vid en mesme temps & son jour & sa nuict.« Der historische Augenblick wird damit im Bildfeld Lichtepoche als zweideutig, als offen für Licht und Finsternis dargestellt. Und Frankreich droht durch Kriege der Tod der gerade erst geborenen Kultur:

Phoebus s'en fuit de nous, & l'antique ignorance
Sous la faveur de Mars retourne encore en France,
Si Pallas ne defend les lettres & les arts.
(R. 266)

Eine Variation dieser Metaphorik mit einer im wesentlichen übereinstimmenden Aussage über die historische Situation bringt das posthum erschienene, vermutlich etwa zum gleichen Zeitpunkt geschriebene Sonett 19 der *Sonnets divers.* Kriege und Streben nach Geld haben die Dichtung ins Grab gebracht (»mis l'honneur des lettres au cercueil«); aber es wird kein ewiger Schlaf sein

(»éternel sommeil«), weil Marguerite die Dichter fördert und gegen alle Winde und Gewitter ihre Heimkehr ermöglicht (II, 269/70).

Die reale Erfahrung Roms, seine Reflexion über die Gesetzmäßigkeit der Universalgeschichte und vor allem die Einschätzung der eigenen Nation nach seiner Rückkehr stimmen Du Bellay eher skeptisch gegenüber den Chancen einer Fortsetzung des kulturellen Erneuerungsprozesses. Es ist Marguerite, die Tugend, Religiosität und Verteidigung der Wissenschaft und Künste inkarniert und insofern die Hoffnung auf dreifache Renaissance des Staates, der Kirche und der Kultur in sich vereinen kann. Die ihr gewidmeten Sonette am Ende der *Regrets* bedeuten denn auch viel mehr als die traditionellen panegyrischen Dichtungen und stehen nicht zufällig am Schluß der *Regrets.*

In der Reihenfolge *Antiquitez, Songe, Regrets* gelesen, erscheinen die Römischen Dichtungen Du Bellays wie ein zusammengehöriger Zyklus. Erstes und letztes Gedicht sind dem Lob der Monarchie gewidmet und bestimmen gleichzeitig den Platz des Dichters und seiner Dichtung zum Staat, an dessen Renaissance und kultureller Entwicklung zu arbeiten seine Aufgabe ist. Die *Antiquitez* fragen am Beispiel Roms nach den universellen Gesetzen der Geschichte, um Wunsch und Willen zur staatlichen Renaissance in Frankreich auszudrücken und zu begründen. Der *Songe* artikuliert Hoffnung wie Resignation gegenüber Rom als Kirche und transportiert in verschlüsselter Form Erwartungen auf ein erneuertes, gallikanisches Christentum. Die *Regrets* als Dichtung des die banale Wirklichkeit erfahrenden lyrischen Subjekts stehen antithetisch gegen diese poetische Reflexion über die Geschichte. Beide Sammlungen ergänzen sich jedoch als die zwei Ebenen, die Welt zu interpretieren, die Du Bellay in Rom selbst erfahren hat. Die Marguerite-Gedichte am Ende der *Regrets* verbinden diese beiden Ebenen.

Die Variationen der Renaissancemetaphorik, die wir hier in den markantesten Etappen seines Werkes verfolgt haben, erweisen also eine bedeutende Entwicklung Du Bellays von der eklektischen Rezeption verschiedener traditioneller Metaphernbezüge und der unreflektiert bleibenden Übernahme sehr verschiedener Modelle des Geschichtsverlaufs zum Versuch, eine ›poetische Geschichte‹ zu schreiben. Eine klare Diagnose schon erfolgter Renaissance erscheint unter dem Eindruck der literarischen Aufbruchstimmung und im Kontext des platonischen Palingenesemodells schon früh in *L'Olive.* Immer eindeutiger verlagert sich die Vorstellung der Renaissance als umfassender Erneuerung auf die Zukunft: die Geschichtsvisionen der *Antiquitez* prophezeien oder erhoffen doch wenigstens eine Reinkarnation der Seele Roms. Das Kriterium für die Erneuerung ist nun aber ebenfalls verschoben auf den Bereich der Staatsentwicklung und die Hoffnung Du Bellays, daß Frankreich die römische Monarchie fortsetzen werde.

Die Bestimmung Frankreichs zur universalen Monarchie ist eine der zentralen Konstanten des Du Bellayschen Geschichtsbildes, modifiziert sich jedoch ebenfalls in der Folge seines Werkes. In der *Deffence* geht es um die Erhaltung der letzten, der römischen Monarchie und ihrer *translatio* nach Frankreich. In den *Antiquitez* dagegen gehört der römische Staat längst der Vergangenheit an. Du Bellay antizipiert damit in seiner ›poetischen Geschichtsschreibung‹ Bodin, der die Theorie der Vier Monarchien noch 1566 meint, als erster widerlegt zu haben[37]. Klar getrennt von dieser nationalen Erneuerung, und aus naheliegenden Gründen stark verschlüsselt, beurteilte Du Bellay im *Songe* auch das klerikale Rom, dessen Verweltlichung er scharf kritisiert. Er schwankt im Wechsel der Päpste zwischen Hoffnungen auch auf die Erneuerung der Kirche und apokalyptischen Visionen, die ihrerseits nicht auf die Idee staatlicher und kultureller Renaissance übertragen werden. Die politisch nationale Akzentuierung der Erneuerungsidee bei Du Bellay und die Enttäuschung bei seiner Rückkehr nach Frankreich lassen das Bild einer Renaissance der Kultur zwar undeutlich werden und ihre historische Fixierung in eine fernere Vergangenheit zurückverlegen[38], aber es ist ihm selbstverständlich, daß die Dichtung die staatliche Renaissance antizipiert, ja Voraussetzung für sie ist.

Die Analyse der Metaphern, in die sich Du Bellays Geschichtsvisionen kleiden, hat zunächst erlaubt, die einzelnen Elemente seiner fast nur bildlich vermittelten Geschichtsauffassung zu einem hier freilich fragmentarisch bleibenden Mosaik zusammenzufügen. Die vielfältigen Variationen der zyklischen Renaissancemetaphorik erweisen sich in der *Deffence* als widersprüchlich, und zwar sowohl in ihrer inhaltlichen Aussage wie in ihrer konkreten Stimmigkeit. In den *Antiquitez* kommt es dagegen zu einer wahren Verschmelzung auch hier vielfältiger traditioneller Denkmodelle. Neben der eigenwilligen Umdeutung von Metaphern und der Auslotung ihrer geschichtstheoretischen Aussagekraft sind es natürlich die zahlreichen antiken, seltener christlichen Mythen, die diese Symbiose ermöglichen. Diese ›Poetisierung‹ der Geschichte schließt jedoch die Rekonstruktion des historischen Weltbilds Du Bellays nicht aus, sondern ermöglicht sie erst. Selbst der hermetisch anmutende *Songe* erweist sich als entschlüsselbar. Das Ausloten der Bedeutungen und Konnotationen in den traditionsgegebenen zyklischen Bildfeldern erhält bei stets klaren oder objektiv unentschiedenen Optionen in den zentralen politischen und geschichtstheoretischen Aussagen den Charakter einer Orientierung für die Zukunft und einer Vorwegnahme der Virtualität Renaissance. Das Verfahren zielt auf Erkenntnisgewinn *und* ästhetische Wirkung, auf die eingangs zitierte Synthese von Geschichte und Poesie.

Zugleich bricht in den beunruhigenden politischen Entwicklungen gegen Ende der fünfziger Jahre des 16. Jahrhunderts immer stärker der Konflikt des geschichtsbetrachtenden lyrischen Subjekts auf, das inmitten der großen historischen Visionen immer mehr seine subjektive Begrenzung empfindet. Die Gespaltenheit der Weltsicht führt denn auch kompositorisch zur Trennung der beiden Perspektiven in den beiden Gedichtbänden der *Antiquitez* und der *Regrets*. Eine Harmonisierung dieser existentiellen Gespaltenheit ist für Du Bellay in der Totalität des Epos offenbar nicht möglich. Sein Versuch, die erstrebte Symbiose von Geschichte und Dichtung zu verwirklichen, erweist sich als dem modernen Weltbild angemessener. Das Sonett war für Du Bellay, wie H. Weber im einzelnen gezeigt hat, eine Form, für die antithetisches Denken konstitutiv ist und der die Fähigkeit eignet, Vielfalt in die Einheit der literarischen Form einzubinden: »La construction de chaque sonnet et le schématisme apparent qu'elle révèle expriment, plus précisément encore, cet effort pour réduire la multiplicité confuse des impressions sentimentales à l'unité d'une forme qui se répète à travers de subtiles variations.«[39]

Was die künstlerische (Klein-)Form des Sonetts leistet, erweist sich in den größeren Kompositionsstrukturen als problematisch. Du Bellays Einordnung der einzelnen Sonette in die beiden Sammelbände der *Antiquitez* und der *Regrets* und ihre komplementäre Konstruktion ergibt eher eine Art Mosaik fragmentarisierter und durchaus gegensätzlicher Einzelteile. Aber seine Originalität und Modernität besteht wohl gerade darin, daß er sich darauf beschränkt, ein vielfarbiges Bild zu malen, ein »tableau/ Peint, le mieux que j'ay peu, de couleurs poëtiques« (A. 271)[40]. Die Kunst kann die Gespaltenheit der Perspektiven zu einer Einheit zusammenführen, wie in der Musik, wie in der Gesellschaft, wo Harmonie aus dem »accordant discord/D'un Luth bien accordé« (VI, 195) entsteht. Hatte nicht der Dichter schon in der *Complainte du desesperé* davon geträumt, daß sich das Gegensätzliche kontrapunktisch zur Einheit zusammenfügt:

> Mettez moy ou lon accorde
> La contr'-accordante chorde
> Par les discordans accords, (...)
> (IV, 103)

Die analysierten Variationen der zyklischen Erneuerungsmetaphorik und die zitierten expliziten Äußerungen Du Bellays zur eigenen Zeit im universalhistorischen Prozeß haben deutlich gemacht, daß die Renaissanceidee leitmotivisch sein Werk durchzieht. Sie verraten aber auch Ambivalenzen und widersprüchliche Antworten auf die Frage nach der eigenen Standortbestimmung zwischen Antike und nationalem Selbstbewußtsein, zwischen christlichem Weltbild und humanistischer Geschichtsauffassung. Was hier primär gezeigt werden sollte, war dabei vor allem, daß die zum Teil sehr eigenwillige künstlerische Verarbeitung des kollektiven Metaphernbestands zum Ausdruck von Erneuerung bei Du Bellay zugleich auch auf sein Zeitbewußtsein und seine Geschichtsreflexion verweist.

Anmerkungen

1 Wenn nicht anders angegeben, werden die Texte Du Bellays zitiert nach den *Oeuvres poétiques*, Hg. H. Chamard, *Société des Textes français modernes.* Die Referenzen in Klammern beziehen sich auf Band- bzw. Seitenzahlen. Aus der Fülle von Literatur zum hier untersuchten Problem seien genannt: Y. Bellenger, *Du Bellay: Ses Regrets qu'il fit dans Rome,* Paris 1975; H. Chamard, *J. Du Bellay,* Lille 1900; ders. *Histoire de la Pléiade,* Paris 1939, 4 Bde; G. Demerson, *La Mythologie classique dans l'oeuvre lyrique de la Pléiade,* Genf 1972; G. Gadoffre, *Du Bellay et le sacré*, Paris 1978; K. Ley, *Neuplatonische Poetik und nationale Wirklichkeit – Die Überwindung des Petrarkismus im Werk Du Bellays,* Heidelberg 1975; P. M. Martin, »Les Romes de J. Du Bellay à travers les *Antiquités de Rome* et les *Regrets*«, in *Etudes classiques,* 1983, S. 133–150; A. Roubichou-Stretz, *La Vision de l'histoire dans l'oeuvre de la Pléiade,* Paris 1973; J. Vianey, *Le Petrarquisme en France au 16e siècle,* Paris 1909; H. Weber, *La création poétique au 16e siècle en France,* Paris 1955; I. D. Mc Farlane, »Les réseaux d'images dans l'oeuvre de J. Du Bellay«, in *Textes et intertextes,* hg. A. Glauser, Paris 1979, S. 123–146.

2 *Du Bellay et le sacré* S. 224–229.

3 *Les Regrets et autres oeuvres poëtiques,* hgg. J. Jolliffe/M. A. Screech, Genf 1966, S. 271 (im folgenden abgekürzt R. bzw. A., bezogen auf die *Regrets* und die *Antiquitez*): »Que vous puissent les Dieux un jour donner tant d'heur, / De rebastir en France une telle grandeur / Que je la voudrois bien peindre en votre langage:«.

4 Vgl. Verf., *Zyklentheorie und Epochenmethaphorik, Studien zur bildlichen Sprache der Geschichtsreflexion in Frankreich von der Renaissance bis zur Frühaufklärung,* München 1980.

5 Vgl. E. Bloch, *Avicenna und die Aristotelische Linke*, Frankfurt [2]1963, (Ed. Suhrkamp, 22).

6 J. Du Bellay, *La deffence et illustration de la langue francoyse*, hg. H. Chamard, Paris 1948 (Société des Textes français modernes) S. 52/53, im folgenden abgekürzt D: »Il ne fault point icy alleguer l'excellence de l'antiquité, & comme Homere se plaignoit que de son tens les cors estoient trop petiz, dire que les espris modernes ne sont à comparer aux anciens.« Einen recht unbefangenen kritischen Ton schlägt Du Bellay auch im Buch I, Kap. X gegen die »vénérables druides«, sprich die Theologen seiner Zeit an, die den freien Zugang zu den biblischen Texten in der Nationalsprache verhindern (D. 67 ff.).

7 Ebd. S. 53: Als Begriffe erscheinen »vertu, vigueur et industrie«.

8 Vgl. z. B. für den Anfang des folgenden Textes die Vorlage von Sperone Speroni, zit. nach H. Chamard, D. 25, Anm. 1: »Io vi dico questa lingua moderna, tutto che sia attempatetta che nò, esser però anchora assai picciola & sottile verga: laquale non ha appieno fiorito, non che frutti produtti, che ella puo fare: certo non per difetto della natura di lei, essendo cosi atta à generar come le altre, ma per colpa di loro che l'hebbero in guardia, che non la coltivorno à bastanza; ma à guisa di pianta selvaggia, in quel medesimo deserto, ove per se à nascere cominciò, senza mai ne adacquarla, ne potarla, ne difenderla da i pruni che le fanno ombra, l'hanno lasciata invecchiare, & quasi morire.«

9 Vgl. *Zyklentheorie* S. 218.

10 In den *Œuvres de l'invention de l'autheur* (1552) präzisiert Du Bellay für Henri II,

daß er die römische Monarchie meint: »[Henri] tient en sa main/L'heur du monarque Romain« (IV, 171).

11 *Quintil Horatian*, zit. nach Chamard, D. 43 Anm. 2: »Tout le commencement du chapitre est de translation vicieuse & inconsequente, commençant par *manger*, moyennant par *planter* & finissant par *bastir*, en parlant tousjours de mesmes choses. Auquel vice tombent coutumierement ceux qui tousjours veulent metaphoriser ou il n'est besoing, & appliquer figures ou proprieté seroit mieux convenante, estimans l'oraison par tout figurée estre plus belle que la simple & egale & rarement entremeslée de telz ornemens.«

12 Platon und Aristoteles erwähnt Du Bellay mehrfach als die großen Autoritäten (vgl. z. B. D 61 und D 71). In beiden Fällen spricht Speroni nur von Aristoteles.

13 Allerdings nur in der Verbalform, bei Belon erscheint das substantivische »renaissance« erstmals 1553; vgl. *Zyklentheorie* S. 163–164; zu »renasci« ebd. S. 178–192. Das Verb »renaître« erscheint in *L'Olive* häufiger: Homer ist im Dichter wiedergeboren: (»Renaître en moy l'ame & l'esprit de luy« I, 44). In Sonett XXVII begleitet den Sonnenaufgang die Hoffnung auf die Geliebte (»Puis quand le ciel de rougeur se colore,/Ce que je puis de plaisir concevoir/Semble renaître avec la belle Aurore« I, 50). Der Dichter hofft wie der Phönix auf Wiedergeburt: »Tu me feras de moymesme renaistre« (I, 58). In den *Vers lyriques*, veröffentlicht im selben Jahr 1549, erscheint adjektivisch »renaissant« für die zyklische Folge der Jahrhunderte, die der Ruhm des Dichters überlebt, der »le long cours des siecles renaissans« nicht zu fürchten braucht (III, 54).

14 Vgl. *Zyklentheorie* S. 29–32.

15 Im Kontext ist neben dem Wort »renaître« selbst vor allem auch die Häufigkeit anderer Erneuerungsbegrifflichkeit in *L'Olive* zu sehen: »ancienne renouvelée poésie« (I, 12). Der Mythos vom Phönix drückt die Hoffnung auf die Liebe aus (I, 57/58). Eine Art Vermittlung zwischen den Palingenesevorstellungen im Mikrokosmos und denen im Makrokosmos stellt das Bild des Wiederlebens in den großen Werken der antiken Vorbilder dar. Sie können wieder leben, sich wieder inkarnieren: »Face le ciel (quand il vouldra) revivre/Lisippe, Apelle, Homere, qui le pris / Ont emporté sur tous humains espris / En la statue, au tableau & au livre« (I, 42). Aber auch hier ist die Perspektive Du Bellays in *L'Olive* die des lyrischen Subjekts, die seines Gefühls, das mehr als alle Kunst vermag: »L'art peult errer, la main fault, l'oeil s'ecarte./De voz beautez mon coeur soit doncq' sans cesse/Le marbre seul & la table & la charte« I, 43. Zu Leys Deutung des *L'Olive*-Zyklus vgl. *Neuplatonische Poetik* S. 71–114. Eher kritisch rezensieren ihn H. Lindner (*Zeitschrift für französische Sprache und Literatur*, 87, 1977, S. 250–54) und U. Schulz-Buschhaus (*Zeitschrift für romanische Philologie*, 96, 1980, S. 193–197). So diskussionswürdig und -bedürftig uns mit den genannten Rezensenten das methodische Vorgehen Leys bisweilen erscheint, so bestätigen sich trotz unseres völlig anderen Ansatzes über die zyklische Metaphorik der Humanisten die Ergebnisse Leys in zentralen Punkten (Omnipräsenz des platonischen Weltbildes, systematische Analogien zwischen Erneuerungsvorgängen in der Natur des menschlichen Lebens und kultureller/bzw. staatlicher Erneuerung).

16 Vgl. *Zyklentheorie* S. 160–178.

17 Ein weiteres Beispiel, in dem der Sinn von »renaître« paradox umgekehrt wird: »La n'est ma soif aux ondes périssante,/La mon espoir & se fuit & se suit,/La meurt sans fin ma peine renaissante(«I, 96). Vgl. auch Sonett XXVI: »La nuit m'est courte, & le

jour trop me dure/ [...] L'obscur m'est cler, & la lumière obscure, / Votre je suis & ne puis estre mien ...« (I, 49).

18 Auch in späteren Texten ist das Königslob sowohl für François Ier wie für Henri II topisch mit der Vorstellung der ›Wiedergeburt der Künste‹ (V, 290) bzw. der Wiederkehr des goldenen Zeitalters verbunden (V, 406).

19 Die platonische zyklische Metaphorik erscheint dabei zum Teil in bezeichnender christlicher Umdeutung, zum Beispiel, wenn das Leben als unwiederholbar gegen die zyklische Wiederkehr des Jahres abgehoben wird: »l'an qui fait le tour/Chasse noz jours sans espoir de retour.« (I, 122).

20 *A une Dame* (1553): »J'ay oublié l'art de petrarquizer/Je veulx d'amour franchement deviser/sans vous flater, & sans me deguiser« (IV, 205).

21 Ebd.: »Quelqu'autre encor' la terre dedaignant/Va du tiers ciel les secretz enseignant,/Et de l'amour ou il se va baignant,/Tire une quinte essence:/Mais quant à moy, qui plus terrestre suis/Et n'aime rien, que ce qu'aimer je puis,/Le plus subtil, qu'en amour je poursuis,/s'appelle jouyssance« (IV, 210/211).

22 *Discours sur la louange de la vertu et sur divers erreurs des hommes* (1552): »Que me sert la docte escolle/De Platon, ou que j'accolle/Tout cela que maintenoit/Le grand Peripatetique,/Ou tout ce qu'en son portique/Zenon jadis soustenoit« (IV, 147). Es sind offensichtlich die Philosophen, die ihn selbst orientiert haben.

23 Ebd. S. 147: »Que me sert-il que j'embrasse/Petrarque, Vergile, Horace,/Ovide, & tant de secrez,/Tant de Dieux, tant de miracles,/Tant de monstres & d'oracles/Que nous ont forgé les Grecz.«

24 Im *Discours sur la Louange de la Vertu et sur les divers erreurs des hommes.*

25 So der Titel eines Gedichts des Jahres 1552: *»La lyre chrestienne«,* (IV, 137–144).

26 Vgl. *Hymne Chrestien* (1552), (IV, 111–118); v. 17–46: Erschaffung der Welt, v. 47–54: Sintflut, v. 55–66: Abraham, v. 67–98: Gefangenschaft in Ägypten, Wanderung durch die Wüste, v. 99–160: Israel im Jordanland – Heldenzeit, v. 161–170: Bürgerkrieg, Babylonische Gefangenschaft.

27 Vgl. *La complainte du desespéré* (1552) (IV, 99):

Chacune chose decline
Au lieu de son origine:
Et l'an, qui est coustumier
De faire mourir & naistre,
Ce qui feut rien, avant qu'estre,
Reduict à son rien premier.

28 *Ode au Seigneur des Essays sur le Discours de son Amadis* (IV, 173).

29 Die Vermittlung einzelner Elemente dieser Bildlichkeit könnte, wie Jolliffe und Screech (A. 278) vermuten, über Buchanan, bzw. Vergil erfolgt sein, die systematische Ausmalung der Bilder durch Du Bellay verweist aber vor allem auf die neoplatonische Tradition.

30 Weitere Assoziationen aus dem Bereich des zyklisch verstandenen Bildfeldes Menschenleben/Kultur XXVII: »le demon romain/S'efforce encor d'une fatale main/Ressusciter ces pouldreuses ruines.« (A 301). Und im Sonett VII des abschließenden *Songe* schildert Du Bellay eine Vision des Phönix, »Et vy l'oyseau, qui la lumiere fuit,/Comme un vermet renaistre de sa cendre« (A, 313).

31 Auch in *L'Olive* erscheint das Bild des neuen Astes am alten Stamm: »Soutien aussi, vierge Tritonienne/De ton vieulx tige une branche nouvelle« (I, 115).

32 Vgl. *Zyklentheorie,* S. 92–94.

33 In den zwei Bäumen ist von einigen Interpreten auch eine Anspielung auf die Teilung des Reiches in West und Ost gesehen worden. Wir halten jedoch die Argumentation von Gadoffre, a. a. O., S. 163–64 für überzeugend, daß im Kontext des *Songe* hier das päpstliche Rom gemeint ist.

34 Gadoffre, *Du Bellay* S. 181.

35 Ebd. S. 179–180.

36 Zu den apokalyptischen Visionen im *Songe*, vgl. ebenfalls Gadoffre, *Du Bellay* 170ff.

37 J. Bodin, *Methodus ad facilem historiarum cognitionem*, 1566 in: *Œuvres philosophiques*, hg. P. Mesnard, Paris 1951, S. 424–431.

38 Es kommt in späten Texten auch zu einer Rückverlegung der »Renaissance« in die eigene Nationalgeschichte; Karl der Große erscheint als »aucteur de la science [...] Qui seul a retiré les lettres du cercueil« (VI, 232). François Ier führt dessen Werk nur fort: »heureux accroissement«. Parallel dazu scheinen ihm die frühen Stadien im Zyklus von besonderem ästhetischem Reiz:

Rien n'est plus beau que l'Aube rougissante,
Qu'un jour serain, qu'un plaisant renouveau,
Qu'un arbre en fleur, ny rien encor plus beau
Qu'en un beau corps une vertu croissante.
(VI, 61)

39 H. Weber, *La création poétique* S. 422.

40 An anderer Stelle überläßt Du Bellay es resignierend anderen (»plus scavans«), das große Gemälde der Taten des Königs in Krieg und Frieden zu malen, weil »l'ennui qui me ronge« und die Armut ihm seine frühere dichterische »fureur« genommen hätten. Es bleibe ihm nur die übriggebliebenen Ähren aufzulesen (VI, 15–16).

Rainer Warning

Petrarkistische Dialogizität am Beispiel Ronsards

I

»Die Sprache verwirklicht sich im poetischen Werk als unumstritten, unanfechtbar und umfassend. Alles, was der Dichter sieht, versteht und denkt, sieht, versteht und denkt er aus der Sicht der jeweiligen Sprache, in ihren inneren Formen, und es gibt nichts, das, um Ausdruck zu finden, den Wunsch nach einer anderen, fremden Sprache weckte. Die Sprache der poetischen Gattung ist die einheitliche und einzige ptolemäische Welt, außerhalb derer es nichts gibt und nichts zu geben braucht. Die Idee der Pluralität sprachlicher Welten, die gleichermaßen ausdrucksvoll und mit Sinn versehen sind, ist dem poetischen Stil verschlossen«[1]. Sprachenvielfalt, Sprachenrivalität, die Interaktion von eigener und fremder Rede, all dies ist, so M. Bachtin, der Lyrik unbekannt, verschlossen. Dialogizität ist dem Roman vorbehalten, Lyrik ist monologisch. Die jüngere und jüngste Bachtin-Rezeption hat die verborgene Normativität dieser Dichotomie aufgezeigt, sie genetisch zu erklären gesucht und in Textinterpretationen nachgewiesen, in welchem Maße sich die Kategorie der Dialogizität bzw., in der Terminologie J. Kristevas, die Kategorie der Intertextualität auch für Lyrik fruchtbar machen läßt. Ich möchte im folgenden an diese vornehmlich moderner Lyrik gewidmeten methodischen Vorgaben[2] anknüpfen, historisch aber zurückgehen auf ein Textcorpus, das auf den ersten Blick eher Bachtins These zu bestätigen scheint als die seiner kritischen Rezipienten: auf den Renaissance-Petrarkismus und damit auf eine Lyrik, die sich scheinbar ganz dem Gedanken der imitatio verschrieben hat, der Nachahmung der Sprache Petrarcas – gewiß mit den Freiheiten, die die imitatio-Lehre vorsieht, aber eben doch nur mit diesen Freiheiten, d. h. den Freiheiten der verba, die die substantielle Identität der res unangetastet läßt. Ich möchte im folgenden zeigen, daß dieses Konzept der imitatio einem angemessenen Zugang zu petrarkistischer Lyrik eher hinderlich als förderlich ist, daß es zumindest einer Interpretation bedarf, die seine historischen Prämissen freilegt, und daß mir das Dialogizitäts- bzw. Intertextualitätskonzept geeignet erscheint, diese Interpretation zu leisten. Damit ist die Fragestellung angezeigt, die die folgenden Textbeobachtungen leiten soll[3].

Textbasis ist eine Reihe von Sonetten der Ronsardschen *Amours* von 1552/1553. ›Reihe‹ ist dabei bereits als Begriff gemeint. Denn spätestens seit der Untersuchung M. Dassonvilles[4] zum Aufbau der einzelnen Zyklen und der verschiedenen Ausgaben weiß man, wie sehr sich Ronsard bei der Anordnung seiner Sonette zwar makrostrukturell von der ›Geschichte‹ einer entstehenden, sich entwickelnden und endenden Liebesbeziehung leiten ließ, mikrostrukturell aber vom Gesichtspunkt thematisch gebundener Serien, die sich in ihrer jeweiligen Binnensequenz wie auch in der Sequenzierung untereinander von dieser Fiktion einer zugrundeliegenden ›Geschichte‹ weithin lösten. Diente diese Fiktion seit den Trobadorviten einer Beglaubigungsfunktion und wurde sie über Dantes *Vita Nuova* bis hin zum *Canzoniere* Petrarcas zum Organisationsprinzip der Gedichtzyklen selbst, so beginnt bei Petrarca auch bereits eine Entfunktionalisierung dieses Verfahrens samt seinen strukturbildenden Momenten (Progression vom jugendlichen Irrtum zur Einsicht in diese Verirrung) durch die Wiederholung eines identischen Themas über mehrere Sonette hinweg. Diese Serialisierung greift im Petrarkismus rasch um sich und erreicht bei Ronsard ihren Höhepunkt.

Bei der uns interessierenden Serie handelt es sich um die Sonette 154–161 der Ausgabe von 1552[5]. Sie läßt sich beschreiben als ›Variationen über ein Thema von Petrarca‹. Das Petrarkische Thema ist das Sonett »Solo e pensoso« (*Canz.* 35), mithin der Text, der das Zentrum der Liebessprache Petrarcas, den Gedanken des lustvoll bejahten Leidens exemplarisch inszeniert und der in dieser exemplarischen Inszenierung als das Zentrum des *Canzoniere*[6] insgesamt gelten kann:

Solo e pensoso i più deserti campi
Vo mesurando a passi tardi e lenti,
E gli occhi porto per fuggire intenti
Ove vestigio uman l'arena stampi.

Altro schermo non trovo che mi scampi
Dal manifesto accorger de le genti;
Perchè ne gli atti d'allegrezza spenti
Di fuor si legge com'io dentro avampi:

Sí ch'io mi credo omai che monti e piagge
E fiumi e selve sappian di che tempre
Sia la mia vita, ch'è celata altrui.

Ma pur sí aspre vie né sí selvagge
Cercar non so ch'Amor non venga sempre
Ragionando con meco, et io con lui.

Ronsard hat dieses Sonett immer wieder aufgegriffen, nicht nur in unserer Serie, hier aber – eben serienkonstitutiv – gleich siebenmal hintereinander. Die einzige Ausnahme bildet Sonett 156. Ronsard hat es denn auch in der Ausgabe von 1578 aus der Serie herausgenommen und den *Amours diverses* zugeordnet, möglicherweise auch weil hier, wie Muret vermutet, eine Liebesbeziehung vor der zu Cassandra evoziert wird[7], mit Sicherheit aber im Interesse der thematischen Einheit der Serie in bezug auf das genannte Referenzsonett. Wenn ich im folgenden die einzelnen Texte kurz durchgehe, so kann ich mich stützen auf eine Vorarbeit von L. Keller[8], in der die Zitate als solche bereits identifiziert sind und die mir somit erlaubt, sogleich zu beginnen mit einer Interpretation unter der Fragestellung, wie das jeweilige Zitat neumontiert ist und welche Konsequenzen sich aus dieser Neumontage ergeben.

II

Das erste Sonett der Serie entfaltet das Thema in der Tradition der petrarkistischen sonetti de' contrari:

En ma douleur, las chetif, je me plais,
Soyt quand la nuict les feux du ciel augmente,
Ou quand l'Aurore enjonche d'Amaranthe
Le jour meslé d'un long fleurage espais.

D'un joyeux dueil sans faim je me repais:
En quelque part où seulet je m'absente,
Devant mes yeulx je voy tousjours presente,
Celle qui cause et ma guerre, et ma paix.

Pour l'aymer trop egalement j'endure
Ore un plaisir, ore une peine dure,
Qui d'ordre egal viennent mon cuœur saisir:

Et d'un tel miel mon absynthe est si pleine,
Qu'autant me plaist le plaisir que la peine,
La peine autant comme fait le plaisir.

Die Paradoxie von »peine« und »plaisir« ist das beherrschende Strukturmoment aller Konstitutionsebenen des Textes, von der pragmatischen über die semantische und die syntaktische bis hinab zur metrischen. Die Verfahrensweisen sind so offenkundig, daß sie hier im einzelnen ebensowenig aufgezeigt werden müssen wie die topischen Vorgaben des *Canzoniere*. Allein die Einarbeitung von »Solo e pensoso« soll kurz interessieren. Da das Sonett insgesamt die dolendi voluptas thematisiert, genügt ein relativ schwaches Signal (»seulet je m'absente«$_6$), um im Spektrum der Referenzsonette das zentralste aufzurufen, und dies natürlich nicht zufällig im Verlauf des zweiten Quartetts, also in etwa der Gedichtmitte. Wichtiger ist die Art und Weise, in der es eingearbeitet ist. Der Sache nach kehrt der Grundgedanke von gesuchter und doch nicht gefundener Einsamkeit wieder. Aber was bei Petrarca in kunstvoller Weise Implikat der Schlußpointe bleibt, eben die Paradoxie von Absenz und Präsenz, wird bei Ronsard lexikalisch manifestiert. Dem entspricht die Preisgabe des Gesprächsmotivs zugunsten des geschauten Bildes der Geliebten, womit der Referenztext auf die Ebene jener Sinnlichkeit gebracht wird, die sich schon in der Bildlichkeit des ersten Quartetts manifestierte und die das letzte Terzett mit dem ›bitteren Honig‹ wieder aufnimmt.

Diese metaphorische Sinnlichkeit aber ist nur ein Teil der umfassenden Rhetorisierung des gesamten Textes, und in dieser Rhetorisierung ist die spezifisch Petrarkische Identität unseres Referenztextes preisgegeben: eine monologische Introvertiertheit, die ihre verhaltene Emotionalität gerade aus dem Verzicht auf rhetorische Auffälligkeiten gewinnt.

Rhetorisierung der – petrarkisch vorgegebenen – monologischen Sprechsituation charakterisiert offenkundiger noch das nächste Sonett:

Or que Juppin epoint de sa semence,
Hume à longz traitz les feux accoustumez,
Et que du chault de ses rains allumez,
L'humide sein de Junon ensemence:

Or que la mer, or que la vehemence
Des ventz fait place aux grandz vaisseaux armez,
Et que l'oyseau parmy les boys ramez
Du Thracien les tançons recommence:

Or que les prez, et ore que les fleurs,
De mille et mille et de mille couleurs,
Peignent le sein de la terre si gaye,

Seul, et pensif, aux rochers plus segretz,
D'un cuœur muét je conte mes regretz,
Et par les boys je voys celant ma playe.

Der das Sonett zunächst beherrschende hohe Stil der »Or que«-Anaphorik impliziert einen Öffentlichkeitsbezug, der mit dem letzten Terzett jäh abbricht. Diese Inkonsistenz auf pragmatischer Ebene wiederholt sich auf der Ebene der Semantik. Bis ins erste Terzett hinein entfaltet das Sonett eine Sprache, die nicht die Petrarcas ist. Mit ihren Bildern greift sie über die mittelalterlich-christliche Tradition zurück auf Vergil (*Georgica* II$_{325\,f.}$; *Aeneis* III$_{69\,ff.}$) und über ihn hinaus auf finstere Mythen der antiken Welt, die, wie der von Tereus, Prokne und Philomele, erzählen von Vergewaltigung, Verstümmelung, Rache und Verwandlung (Ovid, *Met.* VI$_{424\,ff.}$). Nicht einfach sexuelle Erfüllung, sondern naturhafte Entladung, Heftigkeit, ja Brutalität konnotiert die Bilderwelt der Oktave, Fruchtbarkeit, Lebensfülle die des ersten Terzetts – eine sexualisierte Korrespondenzlandschaft, die das mit dem zweiten Terzett oppositiv angeschlagene »Solo e pensoso«-Thema nur um den Preis zu integrieren vermag, daß auch das melancholische »pensare« moduliert wird ins Physiologische der offenen Wunde (»playe«$_{14}$). Deutlich kontrastiert dieses Ende mit dem Schlußvers des Referenzsonetts, der, wie immer man ihn näherhin lesen will, mit dem Gesprächsmotiv die spirituelle Dimension der Minnemeditation nicht verläßt. Bei Ronsard wird diese Petrarkische Identität des Referenztextes mit dem Bild der Wunde buchstäblich ›beschädigt‹ – beschädigt aus der Perspektive einer Sexualität, die zwar triumphieren mag, in ihrem Triumph aber zugleich auch als verklagte erscheint. Deutlich signalisiert ist der Parallelismus der Verse 7 und 14: das stumme Leiden des Liebenden wird mit dem Lied der Nachtigall konfrontiert, aber dieses Lied ist seinerseits Klage, Anklage der Brutalität des Tereus, und demgemäß konnotiert auch die Wunde des Liebenden eine ›Verwundung‹, erlitten angesichts einer ungehemmt sich auslebenden Natur. Und so fügt sich denn der Text zwar formal zu einer oppositiven Einheit, aber seine semantische Bewegung kann nicht zur Ruhe kommen, weil diese Oppositionsstruktur nicht innerhalb einer einzigen Sprache operiert, sondern zwei heterogene Sprachen kombiniert. Zur Verdeutlichung ließe sich noch ein weiterer Referenztext Petrarcas anführen (*Canz.* 310, »Zefiro torna«), in dem ebenfalls die frühlingshaft erwachende Natur mit den Seufzern des einsam Liebenden kontrastiert. Selbst Prokne und Philomele werden evoziert – aber unter Ausblendung dessen, was Ronsard hereinnimmt: Tereus als Inkarnation des mythischen Terrors. So erweist sich gleich der zweite Text unserer Serie als besonders ergiebig für jenen historischen Schritt von Petrarca zum Petrarkismus, den ich hier aufzeigen möchte: dort die bei aller behutsamen Öffnung auf die Erotik der poeti antichi letztlich doch gewahrte Monologizität der dolendi voluptas, hier die dialogische Konfrontation von Introvertiertheit mit provozierenden Evokationen sich erfüllender Sexualität.

In weniger dramatischer Form führt die folgende Variation (Sonett 157) zu demselben Ergebnis:

Puissé-je avoir ceste Fére aussi vive
Entre mes bras, qu'elle est vive en mon cuœur:
Un seul moment gariroit ma langueur,
Et ma douleur feroit aller à rive.

Plus elle court, et plus elle est fuytive,
Par le sentier d'audace, et de rigueur,
Plus je me lasse, et recreu de vigueur,
Je marche apres d'une jambe tardive.

Au moins escoute et rallente tes paz:
Comme veneur je ne te poursuy pas,
Ou comme archer qui blesse à l'impourveue:

Mais comme amy piteusement touché
Du fer cruel, qu'Amour m'a decoché,
Faisant un trait des beaulx raiz de ta veue.

Auch hier ist das Widerspiel zweier Sprachen offenkundig. Das Petrarkische Thema findet sich einmontiert in die Allegorie der Liebesjagd, und zwar an markierter Position, nämlich zu Ende der Oktave und zu Beginn des Sextetts: der Jäger ist ermüdet (»Je marche apres d'une jambe tardive«$_8$) und bittet die Gejagte, ihre Schritte zu verlangsamen (»rallente tes paz«$_9$). Motiviert wird diese Bitte in enger Anlehnung an Ovid (*Met.* $I_{504\,ff.}$) mit dem Argument, nicht als Jäger folge er ihren Schritten, sondern als seinerseits von den Pfeilen Amors

Getroffener, womit freilich das Eingangsbild der Entfliehenden und verfolgten »Fére«$_1$ preisgegeben ist. Wieder also will die Verbindung der beiden Sprachen nicht kampflos gelingen. Der Sprecher beginnt mit den seit der Antike konventionalisierten Amor-Allegorien, muß aber unter dem Zwang des Petrarkischen Themas innerhalb dieser Sprache einen Rollenwechsel vornehmen: vom Jäger zum Getroffenen.

Gravierender indes ist wiederum das Schicksal des »Solo e pensoso«-Themas selbst. Übernommen werden können allein die für die Petrarkische Bewegungsmetaphorik typischen »passi tardi«$_2$, freilich verkürzt um ihre spezifisch Petrarkischen Konnotationen, die im Referenzsonett – A. Noyer-Weidner hat es gezeigt – durch den raffinierten Chiasmus (»solo e pensoso«$_1$/ »tardi e lenti«$_2$) eigens herausgearbeitet werden: »tardi« zielt, wie »pensoso«, auf die innere Verfaßtheit, die Gehemmtheit des im Liebesschmerz Befangenen, während »solo« wie »lenti« eher die Außenperspektive markieren[9]. Ronsard aber muß unter dem Zwang der Amor-Allegorie auf eben diese Entgegensetzung und damit auf den semantischen Kern des Referenztextes verzichten. Das »solo e pensoso« kann er überhaupt nicht aufnehmen, und die entsprechende Semantik von »tardi e lenti« ist um ihre Petrarkische Opposition gebracht, indem ersteres dem ermüdeten ›Jäger‹, letzteres der ›Gejagten‹ zugeordnet und damit beide gleichermaßen veräußerlicht werden.

Würden die Sonette 159–161 nicht wieder direkte Zitate unseres Referenztextes enthalten, könnte man versucht sein, die Serie mit Sonett 157 für abgeschlossen zu halten, denn Sonett 158 enthält kein solches Zitat:

Contre le ciel mon cuœur estoit rebelle,
Quand le destin, que forçer je ne puis
Me traisna voyr la Dame à qui je suis,
Ains que vestir ceste escorce nouvelle.

Un chaud adonq de moëlle en moëlle,
De nerfz en nerfz, de conduitz en conduitz,
Vint à mon cuœur, dont j'ay vescu depuis,
Or en plaisir, or en peine cruelle.

Si qu'en voyant ses beaultez, et combien
Elle est divine, il me resouvint bien
L'avoir jadis en paradis laissée;

Car des le jour que j'en refu blessé,
Soit pres ou loing, je n'ay jamais cessé
De l'adorer de fait, ou de pensée.

Überhaupt scheint sich dieser Text in seinem platonisierenden Sprachgestus ganz zu entfernen von der Petrarkischen Schmerzliebe, die sich ja in ihrer zumindest prätendierten Normenbezogenheit immer auch als Konfliktliebe darstellt. Indes, Platonismen finden sich schon bei Petrarca selbst, erst recht dann im Petrarkismus, und Ronsard zeigt, wie unproblematisch man von der geschauten Idealität zur Konfliktualität zurückgelangen konnte. Aber nicht auf dieser Ebene passiert schon das in unserem Zusammenhang Entscheidende. Wichtiger ist eine Beobachtung, die ich Keller verdanke. Keller nämlich hat die Serienzugehörigkeit unseres Textes darin entdeckt, daß das letzte Terzett rhythmisch, d. h. auf metrisch-syntaktischer Ebene das letzte Terzett von »Solo e pensoso« imitiert[10]. Das ist ein in seinen Implikaten und Konsequenzen, wie wir noch sehen werden, für das Selbstverständnis des Petrarkismus höchst bedeutsamer Sachverhalt. Petrarkistische Intertextualität darf nicht eingeschränkt werden auf die Ebene der Semantik, sondern sie operiert ebenso auf der Ebene der Metrik, ja sie setzt, was immer sie im thematischen Bereich zitiert und neu kombiniert, ein formales Zitat allemal schon voraus: das Zitat der Gattung und dies heißt, allem voran, der Gattung des Sonetts. »Sonnemoy ces beaux sonnetz«, heißt es bei Du Bellay, »non moins docte que plaisante invention italienne«, und kurz darauf fällt der Name, mit dem diese Gattung identifiziert wird: »Petrarque et quelques modernes Italiens« (*Deff.* Kap. II$_4$)[11]. Ich werde darauf zurückkommen.

Der Übergang zum nächsten Text ist ein Musterbeispiel dafür, wie sehr das petrarkistische Sonett bei aller Geschlossenheit immer auch zu sehen ist in der übergreifenden Struktur des Zyklus. Daß sich diese zyklische Struktur gegenüber dem Petrarkischen Geschichtssubstrat zu Variationsserien gelockert hat, habe ich eingangs bereits betont. Innerhalb der Serien ist die Abfolge in den meisten Fällen beherrscht vom Prinzip des Kontrasts der je aktualisierten Sprachen. Die Sequenz der Sonette 157/158/159 ist hierfür besonders aufschlußreich, folgt doch auf die platonisierende Erhöhung der Geliebten in Sonett 158 unvermittelt ein Registerwechsel, der gleich im ersten Vers mit »sainte Angelette«$_1$ signalisiert ist. Angelisch und dennoch irdisch, belebt die Geliebte, bald singend, bald weinend, hier ruhend, dort tanzend, die frühlingshafte Landschaft:

Voyci le bois, que ma sainte Angelette
Sus le printemps anime de son chant.
Voyci les fleurs que son pied va marchant,
Lors que pensive elle s'esbat seullette.

Io voici la prée verdelette,
Qui prend vigueur de sa main la touchant,
Quand pas à pas pillarde va cherchant
Le bel esmail de l'herbe nouvelette.

Ici chanter, là pleurer je la vy,
Ici soubrire, et là je fus ravy
De ses beaulx yeulx par lesquelz je desvie:

Ici s'asseoir, là je la vi dancer:
Sus le mestier d'un si vague penser
Amour ourdit les trames de ma vie.

Äußerst eng folgt dieser Text drei Petrarkischen Vorlagen (*Canz.* 162, 165, 112), und zwar sind es nicht zufällig Vorlagen, die sich durch eine bestimmte, pastoralisierende Motivik und ihr entsprechende Stilistika (insbesondere affektisch geprägte epitheta ornantia: »bel piede«, »candido piè«, »dolci passi«, »begli occhi«) auszeichnen. Ronsard forciert diese Tendenz durch eine Reihe von Diminutiva (»angelette«$_1$, »seullette«$_4$, »verdelette«$_5$, »nouvelette«$_8$), die, wie man weiß, schon wenig später mit der Anakreontik-Rezeption zu einem der wichtigsten Merkmale des von ihm sogenannten »beau stille bas«[12] werden. Unser Sonett zeigt, daß sich dieser Stil als solcher bereits früher entwickelte, daß er also genetisch nicht an die Rezeption der Anakreontik gebunden ist. Vielmehr nahm Ronsard hier Vorgaben Petrarcas und der italienischen Petrarkisten auf, um sie im Rückgriff auf liedhafte Traditionen der eigenen Volkssprache und also aus einem spezifisch französischen Nationalbewußtsein heraus zu imitieren[13]. Der »beau stille bas«, der bekanntlich insbesondere die Marie-Sonette prägen wird, erweist sich damit als ein gerade im Kontext unserer Fragestellung besonders reichhaltiges Phänomen. Zum einen öffnet sich Ronsards polylogische Lyrik mit ihm auf eine weitere, ins französische Mittelalter zurückreichende volkstümliche Liebessprache. Zum zweiten dialogisiert er seine eigene Lyrik unter dem Aspekt eines hohen und eines niederen Registers. Und zum dritten rivalisiert das neugewonnene Register als ein spezifisch nationalsprachliches mit dem italienischen Vorbild. Intertextualität beschränkt sich somit nicht auf die Ebene der dargestellten, der zitierten Liebessprachen, sondern sie erfaßt ebenfalls die Ebene der nationalsprachlich differenten darstellenden Sprachen selbst – eine Komplexitätssteigerung, die dem italienischen Petrarkismus versagt bleiben mußte und die zugleich erklärt, daß bald die eine, bald aber auch die andere Ebene intertextueller Bezugnahme dominieren kann.

So tritt im zuletzt betrachteten Text thematische Intertextualität bereits zurück hinter die dialogische Rivalität zweier Nationalsprachen. Der serienkonstitutive Referenztext ist präsent allein in einer auf die Geliebte bezogenen Wendung (»pensive elle s'esbat seullette«$_4$), wobei offenbleiben muß, ob Ronsard damit eine eigene Variante gefunden zu haben glaubte oder aber ob er auch hier nur wieder Petrarca zitiert, der seinerseits bereits das Motiv auch Laura attribuiert hatte (»Vederla ir sola coi pensier suoi 'nseme«, *Canz.* 160, 13). Deutlicher wird diese Umakzentuierung greifbar im folgenden Sonett:

1 Saincte Gastine, heureuse secretaire
2 De mes ennuis, qui respons en ton bois,
3 Ores en haulte, ores en basse voix,
4 Aux longz souspirs que mon cuœur ne peult taire:

5 Loyr, qui refrains la course voulontaire
6 Du plus courant de tes flotz vandomoys,
7 Quand acuser ceste beaulté tu m'ois,
8 De qui tousjours je m'affame et m'altere:

9 Si dextrement l'augure j'ay receu,
10 Et si mon œil ne fut hyer deceu
11 Des doulx regardz de ma doulce Thalie,

12 Dorenavant poëte me ferez,
13 Et par la France appellez vous serez,
14 L'un mon laurier, l'aultre ma Castalie.

Dieser vorletzte Text unserer Serie läßt das Petrarkische Thema ganz zurücktreten hinter die Aufwertung Frankreichs und des Französischen. Die abstrakte Einsamkeitslandschaft Petrarcas wird konkretisiert zu den geliebten Gefilden des Vendômois, der Gastine-Wald, eingeführt als »heureuse secretaire«$_{1}$ und damit als verstecktes Zitat von »Solo e pensoso«, entpuppt sich am Ende als Lorbeerlieferant, der Loir bekommt die Weihe der parnassischen Musenquelle, Cassandra die einer neuen Thalia (»Castalie«$_{14}$) und Ronsard selbst schließlich die eines neuen Apoll. Diesem Lob Frankreichs entspricht die Bereicherung des Französischen durch den Registerkontrast hoch/niedrig, den die vorherigen Texte bereits eingelöst hatten und auf den hier möglicherweise die – metasprachlich gelesene – Opposition »haulte voix« vs. »basse voix«$_{3}$ zielt. Das wäre dann eine erste Ankündigung dessen, was zu Beginn der *Continuation* von 1555 als »escrire haultement« vs. »escrire bassement« (I$_{9/10}$) auf den Begriff gebracht wird. Die konstitutiven Oppositionen des Petrarkischen Referenztextes sind damit entweder ganz preisgegeben (so die Opposition innerer Zustand versus äußerer Zustand) oder aber einer Überbietungsthematik untergeordnet, deren Öffentlichkeitsdimension das Einsamkeitsmotiv implicite negiert.

Beschlossen wird unsere Serie mit Sonett 161, das zugleich den Adressaten des ganzen Bravourstücks benennt: den Ronsard in freundschaftlicher Rivalität verbundenen Antoine de Baïf, der sich mit einer Imitation desselben Petrarkischen Referenztextes revanchierte (*Les Amours de Francine II*$_{121}$). Ihm, Baïf, dem neuen Hesiod, fingiert sich Ronsard unterlegen, unterlegen als der liebeskranke Petrarca-Zögling. Aber natürlich ist diese Reverenz nur Anlaß, die Serie mit einer höchst kunstvollen Variante zum Abschluß zu bringen:

1 En ce pandant que tu frappes au but
2 De la vertu, qui n'a point sa seconde,
3 Et qu'à longz traitz tu t'enyvres de l'onde
4 Que l'Ascrean entre les Muses but,

5 Ici, Bayf, où le mont de Sabut
6 Charge de vins son espaulle féconde,
7 Pensif je voy la fuite vagabonde
8 Du Loyr qui traisne à la mer son tribut.

9 Ores un antre, or un desert sauvage,
10 Ore me plaist le segret d'un rivage,
11 Pour essayer de tromper mon ennuy:

Mais quelque horreur de forest qui me tienne,
Faire ne puis qu'Amour tousjours ne vienne,
Parlant à moy, et moy tousjours à luy.

Ein breites Spektrum petrarkistischer Intertextualität kommt hier noch einmal zur Entfaltung. Es beginnt mit der Bezugnahme auf das unmittelbar vorhergehende Sonett. War der Petrarkische Referenztext dort nur in der Allusion der »heureuse secretaire«$_{1}$ präsent, so beherrscht er hier nach dem Signalzitat »pensif«$_{7}$ im zweiten Quartett das gesamte Sextett. Das erste Terzett entfaltet die Einsamkeitslandschaft, wobei wiederum auffällt, daß die Petrarkischen Pluralformen durch Singularformen, Petrarcas intensivierende Abstraktionen also ersetzt sind durch eine konkrete Szenerie – eben jenes schon im vorhergehenden Sonett besungene Vendômois. Mit »segret d'un rivage«$_{10}$ klingt noch einmal der Loir an, »horreur de forest«$_{12}$, als vage Gastine-Allusion lesbar, ist bereits einmontiert in den Auftakt des zweiten Terzetts, das sich der Vorlage bis hin zur Übersetzung annähert und dennoch – mit dem Schlußvers – seine dialogische Eigenständigkeit bewahrt. Semantisch folgt Ronsard ganz dem Vorbild, metrisch-syntaktisch aber nimmt er eine raffinierte Umstellung vor, die mit »tousjours«$_{14}$ die Einfügung des Moments immerwährender Betroffenheit erlaubt. »Ragionando con meco, et io con lui«$_{14}$, so heißt es bei Petrarca, »Parlant à moy, et moy tousjours à luy«$_{14}$ bei Ronsard – eine dezente und dennoch deutlich gesetzte Variante, die zu sehen ist im Gesamtkontext der aemulatio, wie sie in den beiden letzten und insbesondere nunmehr im letzten Sonett thematisiert ist: so liebeskrank ist das Ronsardsche Ich nicht, daß es Petrarcas Pointe nicht seinerseits noch pointieren könnte. Die Gastine und der antike Lorbeerhain, der Loir und die Musenquelle des Parnaß, Cassandra und Thalia, Baïf und Hesiod, Ronsard und Petrarca, sie alle werden gleichwertige Räume, Sprecher und Adressaten eines petrarkistischen Polylogs, der das Petrarkische Thema der ganzen Serie, das »Solo e pensoso«, eigentümlich dezentriert hat. Die Variationen setzen eine Perspektive auf ihr Thema, die nicht mehr eine italienische ist, sondern die eines selbstbewußten Franzosen, der in seiner Inszenierung petrarkistischer Dialogizität entschiedener sein kann als seine italienischen Vorgänger. K. Stierle hat gezeigt, wie sich im Italien des Cinquecento zwar ein emphatisches Jetztzeit-, nicht aber schon ein eigentliches Epochenbewußtsein herausbildete, letzteres vielmehr an die Erfahrung einer Epochenschwelle gebunden war, wie sie erst mit der französischen Rezeption einherging: »Eine Epochenschwelle der Renaissance konnte in Frankreich ganz anders erfaßbar werden als in Italien selbst. Die nachmittelalterliche Kultur, die sich dort über Jahrhunderte entwickelt hatte, kam in Frankreich an der Schwelle vom 15. zum 16. Jahrhundert neu in den Horizont der Wahrnehmung und wurde sogleich übernommen. (...) Erst aus französischer Perspektive konnte die Vorstellung von der Epochenschwelle zu einer dramatischen Verdichtung und Sinnfälligkeit kommen«[14]. Der Petrarkismus vermag, wie mir scheint, diese These prägnant zu illustrieren. Standen die Italiener noch weithin unter dem normativen Anspruch des Petrarkischen Vorbilds, so kann die französische Rezeption die Ablösungsprozesse, wie sie sich in Italien vollzogen, ihrerseits bereits voraussetzen. Und so bekommt denn erst hier, in Frankreich, der Petrarkismus die epochale Signatur eines Polylogs gleichberechtigter Liebessprachen: römische Erotik, petrarkische Schmerz- und platonische Verzichtliebe, heimische Pastoraltradition, all dies wird inszeniert im Glanz der wiedererstandenen französischen Nationalsprache.

III

Was die Renaissance selbst gern in der Metaphorik zyklisch-naturhafter Wiedergeburt beschrieb, war ein seine Geschichtlichkeit noch nicht reflektierender Prozeß der Entdeckung und Aneignung des Fernsten, des Fremdesten und Heterogensten. So fasziniert war man von der Fülle des Neuen, daß die Epoche wesentlich über dessen Aneignung zu charakterisieren ist, nicht schon über seine Systematisierung. Als eine Zeit der Öffnung und Bereicherung ihres Wissens von der Welt spannt die Epoche sich aus zwischen dem Ordnungswillen des Mittelalters und den neuen Systementwürfen des 17. Jahrhunderts. Dies gilt für alle Wissensgebiete, so auch für die Literatur. Mühelos läßt der Petrarkismus unter diesem Aspekt seine epochale Signatur erkennen: Petrarkismus ist ein Prozeß der Aneignung lyrischer Sprachen heterogenster Provenienz und ihrer versuchten Vermittlung mit dem zunächst noch gewahrten Zentrum Petrarca. In dem Maße aber, wie dieser Aneignungsprozeß fortschreitet, eine ganz Europa erfassende Dynamik entfaltet und den je schon entwickelten Stand in anderen Nationalliteraturen voraussetzt und miterfaßt, verliert dieses Zentrum seine prägende Kraft und wird es zum Pol eines spannungsvollen zwischensprachlichen Dialogs, der zu wechselseitigen Perspektivierungen und Relativierungen führt. Worin kann dann aber die Identität eines so gefaßten Petrarkismus bestehen, ja läßt sich überhaupt noch von einer Identität sprechen, wie sie der Begriff impliziert, d. h. im Sinne einer konstitutiven Bezogenheit auf Petrarca?

Offenkundig kann diese Bezogenheit dann nicht mehr gefaßt werden im Sinne einer kontinuierlich tradierten Semantik, so wie das die zeitgenössische poetologische Reflexion unter dem Konzept der imitatio gedacht hat. Mitbetroffen sind damit aber zugleich auch Antworten der neueren Petrarkismus-Forschung, sofern sie ein solches Denken in semantischen Kontinuitäten implizieren. Dies gilt insbesondere für den Versuch, die Heterogenität des Petrarkismus zu reduzieren auf die Homogenität eines semantischen Systems, d. h. auf einen Grundbestand semantischer Merkmale, die den direkten Anschluß des Petrarkismus an Petrarca erlauben würden. In einem unkritischen

Gebrauch durchzieht der Begriff eines ›petrarkistischen Systems‹, wie K. Hempfer zeigt[15], die Petrarkismus-Forschung bereits seit längerem. Hempfer selbst hat nun versucht, diesen unkritischen in einen kritischen Gebrauch zu überführen. Zentralproblem wird ihm dabei, wie erwartbar, die Verortung dessen, was nicht zu Petrarca paßt. So möchte er am liebsten die Nachahmung Petrarcas von der der antiken Erotiker trennen: »Die Liebesauffassung, die für das ›petrarkistische System‹ spezifisch ist, darf freilich nicht a priori mit *der* Liebesauffassung der europäischen Lyrik zwischen dem 15. und 17. Jahrhundert gleichgesetzt werden, denn bekanntlich wird in diesem Zeitraum ja nicht nur Petrarca direkt und indirekt nachgeahmt, sondern u. a. eben auch die antike Liebesdichtung, und damit ist automatisch mit einer Interferenz mehrerer Liebesauffassungen zu rechnen, wobei es sicherlich wenig sinnvoll wäre, auch noch das unter dem Petrarkismus subsumieren zu wollen, was ganz woanders herkommt und in grundsätzlicher Opposition zu dem bei Petrarca Vorfindlichen steht«[16]. Hempfer rechnet also mit der Verfügbarkeit verschiedener Systeme – darunter eines spezifisch petrarkistischen –, die sich im einzelnen Text wie auch in Textsammlungen überlagern können. Für das ›petrarkistische System‹ selbst wird eine Ähnlichkeitsrelation mit dem Petrarkischen *Canzoniere* gefordert, im übrigen aber Distinktivität, systemtheoretisch gesprochen also die Transformation des Petrarkischen Systems in einen neuen Systemzustand, der indes das System nicht zerstört. So verlockend der Ansatz dem Systemtheoretiker erscheinen mag, für die konkrete Arbeit am Text scheinen sich mir unabsehbare Probleme aufzutun. So müßte man einen vorkritisch als ›petrarkistisch‹ angesehenen Zyklus bzw. ein entsprechendes Sonett zunächst einmal befragen auf die in ihm realisierten Systeme, sodann deren Kombination untersuchen, um herauszufinden, ob das petrarkistische System dominiert oder etwa seinerseits von einem anderen dominiert wird, so daß von einem petrarkistischen Text dann eigentlich gar nicht mehr gesprochen werden dürfte. Kann aber diese Frage überhaupt noch in einem systemtheoretischen Bezugsrahmen verfolgt und entschieden werden? Das ganze Problem könnte sich freilich auch als ein Scheinproblem erweisen, wenn sich schon ein spezifisch ›petrarkistisches System‹ gar nicht identifizieren ließe. Und hier sehe ich in der Tat die Crux des Ansatzes. Hempfer benennt als Merkmale des ›petrarkistischen Systems‹ einmal ein antinomisches Liebeskonzept im Sinne der Petrarkischen »dolendi voluptas quaedam«, sodann die Verortung des Einzeltexts in einem Zyklus, der ein narratives Substrat aufweist. Mit solchen Merkmalen läßt sich nun zwar die postulierte Ähnlichkeitsrelation begründen, nicht aber das, worauf es ankäme: die Distinktivität eines ›petrarkistischen Systems‹ gegenüber Petrarca selbst[17].

Prinzipiell muß man sich darüber klar sein, daß das Konzept des Systems bzw. der Systemtransformation nicht geeignet ist, spannungsreiche Differenzen zwischen Petrarkischem und Petrarkistischem herauszuarbeiten. Es scheint daher am ehesten noch vertretbar, wo man an der Distinktivität des

Petrarkismus gegenüber Petrarca weniger interessiert ist als an übergreifenden Gemeinsamkeiten. So hat G. Regn bei seinem bisherige Urteile heilsam korrigierenden Nachweis einer zyklischen Organisation der ›prima parte‹ von Tassos *Canzoniere amoroso* zwar Hempfers Systembegriff übernommen, beschränkt ihn aber ausdrücklich auf den italienischen Cinquecento-Petrarkismus, der noch ganz im Zeichen der Petrarca-Exegese und der normbildenden Petrarca-Nachahmung stehe[18]. Das Problem der Absetzbarkeit eines ›petrarkistischen Systems‹ vom *Canzoniere* Petrarcas wird überlagert vom Interesse am Nachweis der beibehaltenen Nähe. Und dennoch ergeben sich auch dabei schon Schwierigkeiten hinsichtlich der Gewichtung ›systemkonstitutiver‹, ›systemmöglicher‹ und ›systemkompatibler‹ Merkmale, so daß Regn selbst des Preises eingedenk bleibt, der für den systemtheoretischen – und ich würde hinzufügen: wie jeden anderen – Ansatz zu zahlen ist. Im Blick auf den gesamteuropäischen Petrarkismus und zumal auf jene Richtungen, die gerade aus der spannungsvollen Distanz zu Petrarca ihren ästhetischen Reiz gewinnen, scheint mir jedenfalls dieser Preis – und auch Hempfer selbst läßt seinen Vorschlag mit einem entsprechenden Vorbehalt ausklingen – zu hoch. Der Gegenvorschlag lautet daher, die konstitutive Bezogenheit des Petrarkismus auf Petrarca nicht in einer sich durchhaltenden semantischen Tiefenstruktur zu sehen, sondern in einem Polylog, der die Sprache Petrarcas mit apetrarkischen Sprachen in je neue Beziehungen bringt.

Erst dann auch kann wohl ein Merkmal angemessene Würdigung erfahren, das ein semantisch orientierter systemtheoretischer Ansatz allzusehr zu vernachlässigen Gefahr läuft: die Form des Sonetts. Im Rezeptionsbewußtsein des Petrarkismus ist die Sprache Petrarcas engstens verbunden mit den lyrischen Gattungen des *Canzoniere,* insbesondere also, wie wir bei Du Bellay bereits sahen, mit der des Sonetts. Es ist das formale System dieser Gattung, das jene Kontinuität zwischen Petrarca und dem Petrarkismus herstellt, die man auf der Ebene eines semantischen Systems vergeblich suchen wird. Daß der Petrarkismus wesentlich Sonettkunst ist, weiß man. Weshalb er es ist, zeigt sich möglicherweise erst vor dem hier thematisierten Hintergrund der Pluralität lyrischer Sprachen, in deren renaissancehaft-euphorischer Aneignung wir ein erstes konstitutives Merkmal des Petrarkismus erkannten: das Sonett muß mit seinen überaus reichen Strukturierungsmöglichkeiten sozusagen das Unmögliche möglich machen, es muß das semantisch Heterogene gleichwohl zur Einheit zusammenzwingen. Von dieser Aufgabe ist es nur dort entlastet, wo petrarkistische Intertextualität die Ebene der Dialogizität, der spannungsvollen Konfrontation gleichgewichtiger Liebessprachen noch gar nicht voll erreicht, wo sie sich weithin im Rahmen der Sprache Petrarcas bewegt, deren Topik allenfalls anreichert, nicht aber mit der anderer Sprachen zu konfrontieren sucht. Es ist vornehmlich dieser Bereich, der den Petrarkismus negativen Werturteilen ausgesetzt hat, dem Vorwurf purer Epigonalität, einer sich zwar in ihrem Können zeigenden, gleichwohl aber leicht ermüdenden Kombinatorik. Erst jenseits dieses Bereichs, im Bereich des Kampfes rivalisierender Sprachen beginnt die Form des Sonetts ihre einheitsstiftende Gegenbewegung zu entfalten. Freilich bleibt diese Einheit prekär. Die metrische Form kann die Heterogenität der kombinierten Sprachen nicht tilgen. Sie stellt nur ein Dispositiv bereit zur je neuen hierarchischen Organisation dieser Kombination. Dabei wird im allgemeinen eine Sprache dominant gesetzt und die andere dergestalt semantisch entspezifiziert, neutralisiert oder konnotativ umcodiert, daß sich eine vordergründige Einheit ergibt, die indes stets die horizonthaft paratgehaltene Kontrastfolie mitzusehen zwingt. Ich habe dies eingangs insbesondere am zweiten Sonett der Ronsardschen Serie zu zeigen versucht. Die petrarkistische Einheit ist nicht mehr die Petrarkische Einheit des Gedankens, des Motivs, d. h. die im Bezugsrahmen ein und derselben Sprache artikulierte semantische Bewegung. Vielmehr handelt es sich um die formale Einheit einer Ermöglichungsstruktur wechselseitiger Perspektivierung und Relativierung der zitierten Sprachen. Das Sonett wird so zur »Arena«[19], in der der dialogische Kampf dieser Sprachen zum Austrag kommt.

Den Ablauf dieses Kampfes in der Verlaufsstruktur des Textes zu verfolgen, macht einen wesentlichen Reiz der Rezeption eines petrarkistischen Sonetts aus. Die Thema/Horizont-Relation, von der eben die Rede war, erfüllt sich rezeptionsästhetisch in einem permanenten Einstellungswechsel des Lesers. Die ihm dabei abverlangte Aufmerksamkeitsleistung wächst naturgemäß mit der Distanz der zitierten Sprachen, ist also beispielsweise in der Kombination petrarkischer Schmerzliebe mit platonischen Elementen geringer als im Dialog zwischen der Sprache des *Canzoniere* und der einer hedonistischen Sinnlichkeit. Am raffiniertesten aber ist die Kombination gerade dieser beiden Sprachen dort, wo scheinbar nur die eine herrscht, wo der Text im Zeichen eines apetrarkisch artikulierten erotischen Begehrens steht und wo dennoch der Dialog mit Petrarca gewahrt bleibt: in der Form des Sonetts. Einige der schönsten und bekanntesten Texte Ronsards gehören zu diesem Typ: das Metamorphosen-Sonett *Amours* 20, die Wunscherfüllungsphantasien wie *Amours* 127 oder 186, das Carpe-diem-Sonett *Hélène* II_{24}. Es ist nicht auszuschließen, daß sich die Beliebtheit gerade solcher Texte weithin dem klassisch-klassizistischen Mißverständnis einer vollkommenen Einheit von ›Inhalt‹ und ›Form‹ verdankt. In Wahrheit geht es auch hier um hybride Konstruktionen, wird auch hier Petrarca mit einer anderen Sprache dialogisiert. Er ist präsent allein in der Form, so wie im vierten Sonett unserer Serie das Petrarca-Zitat allein in der metrisch-rhythmischen Struktur des letzten Terzetts bestand. Aber das Zitat der Form zitiert zugleich die Sprache Petrarcas als dialogisierenden Hintergrund und verleiht damit der thematischen Sprache einer hedonistischen Sinnlichkeit ihren spezifisch petrarkistischen Charakter perspektivischer Bedingtheit.

IV

Im Rezeptionsbewußtsein der Petrarkisten ist nicht nur das Sonett, sondern auch der Zyklus so eng mit der Sprache Petrarcas verbunden, daß Zyklenbildung für den Petrarkismus konstitutiv bleibt. Aber in dem Maße, wie der Petrarkismus die Sprache Petrarcas dialogisiert, dialogisiert er auch das Petrarkische Strukturprinzip des Zyklus: die Geschichte des lyrischen Ichs als einer narrativen Progression vom Irrtum zur Wahrheit. Gewiß ist diese ideologische Struktur bereits im *Canzoniere* weithin aufgeweicht. Ich habe andernorts am Beispiel der Grußsonette (*Canz.* 108–111) verfolgt, wie insbesondere über Redundanzstrukturen die Dekonstruktion eines metaphysischen Seinsbegriffs die Identität des lyrischen Ichs fiktionalisiert und Serialität mit narrativer Progression zu rivalisieren beginnt[20]. Bei Ronsard scheint dieser Prozeß an einem Endpunkt angekommen. Die Serialität seiner Zyklen, von der oben schon die Rede war, reduziert die Geschichte auf das Merkmal einer Sprache des petrarkistischen Polylogs, eben die Petrarcas. Die anderen Sprachen kennen dieses Merkmal nicht, und so ist denn diese Geschichte nur noch präsent in typischen Stationen, Situationen, die lediglich zitiert und als Zitate in die umfassende Intertextualität eingebracht werden. Pointierter formuliert heißt das: der Ronsardsche Zyklus verfügt nicht mehr über ein narratives Substrat und folglich auch über kein anderes Konstitutionsprinzip als die Selbstbewegung seiner intertextuellen Kombinatorik.

Schon unsere ›Variationen über ein Thema von Petrarca‹ hatten gezeigt, daß das dominierende Sequenzprinzip das der Kontrastierung war. Im wesentlichen gilt dasselbe für den Zyklus insgesamt. Wie das Sonett im kleinen, so ist der Zyklus im großen der Schauplatz, die Arena dieser dialogischen Wechselbeziehung der zitierten Sprachen. Besonders charakteristisch hierfür ist das, was man als Dementi-Struktur bezeichnen könnte: zwei Sonette sind in unmittelbarer Folge oder auch – bei entsprechender Signalisierung – über größere Distanz hinweg in semantische Opposition zueinander gesetzt, so daß die Aussage des einen die des anderen dementiert und damit um ihre Repräsentativität bringt. So dementiert *Amours* 140 den exuberanten Platonismus von *Amours* 139 gleich im ersten Vers als »fol penser«. *Amours* 49 ist ein typisches Enumerationssonett, das dem Katalog physischer Vorzüge der Geliebten die geistigen als Inbegriff wahrer Vollkommenheit gegenüberstellt. *Amours* 72, das bekannte »nombril«-Sonett, nimmt in seinem Sextett die Aufzählung physischer Vorzüge in Kurzform wieder auf, kontrastiert sie nun aber nicht mit den geistigen, sondern läßt sie im »nombril« kulminieren, jenem »paradis, ou mon plaisir se niche«$_{14}$.

Solche Beispiele ließen sich vermehren, innerhalb der Zyklen wie auch im Verhältnis der Zyklen untereinander. Bezeichnend ist schon die Möglichkeit der zyklischen Pluralisierung an sich. Diese funktionalisiert – petrarkisch undenkbar – die Liebesbeziehung hin auf die Pluralität der Sprachen. Petrarcas

Dekonstruktion der Amortheologie vollzog sich im Modus einer Poesie der Erinnerung, in der die Identität der einen Beziehung verklärend ›aufgehoben‹ war. Bei Ronsard hat diese Dekonstruktion den Punkt erreicht, wo die Geliebte als substituierbar erscheint, wo sie als je neue Aktantenbesetzung eine je neue Sprachenkombinatorik ermöglicht. Hatte unsere eingangs analysierte Serie aus den *Amours* bereits das Nebeneinander von »haulte voix« und »basse voix« auf engstem Raum vorgeführt, der Zyklus insgesamt aber noch den hohen Stil favorisiert, so folgen mit der *Continuation* von 1555 und der *Nouvelle Continuation* von 1556 Zyklen im Zeichen des »beau stille bas«. Nicht zufällig thematisiert das Eingangsgedicht der *Continuation* eben diese Registerdoppelung und erst das dritte Sonett den Aktantenwechsel: nicht die »fille d'Anjou« (III$_5$) erfordert im Sinne der rhetorischen aptum-Lehre einen niederen Stil, sondern der Aktantenwechsel Cassandre/Marie wird sozusagen gebraucht, ist Voraussetzung für die Inszenierung des niederen Stils, der seinerseits, wie oben bereits erwähnt, engstens gebunden ist an die Aufnahme liedhafter Elemente der heimischen Tradition, an die Sprache der Neulateiner, vor allem aber an die *Anakreonteia.* 1554 hatte Henri Estienne den griechischen Text mit lateinischer Übersetzung veröffentlicht, eine weitere renaissancehafte Aneignung antiker Liebesdichtung, die, nunmehr voll rezipiert, zum zentralen Partner Petrarcas im petrarkistischen Dialog wird, ja die Sprache Petrarcas hier weithin dominiert. In den *Hélène*-Zyklen ist es dann wieder umgekehrt, Petrarkisches und Neuplatonisches dominiert über antike Erotik.

Die Komplexität intra- und interzyklischer Serialisierung ist damit freilich erst angedeutet. Neben der Marie in Anjou gibt es auch noch eine Marie in Paris, neben Cassandre und Hélène auch noch eine Sinope und eine Astrée, schließlich eine Reihe von namentlich überhaupt nicht mehr identifizierbaren »maistresses«, man verliert die Übersicht, Ronsard selbst scheint sie zu verlieren, er schafft Sammelbecken mit bezeichnenden Titeln wie *Les Meslanges* (1555) und *Second Livre des Meslanges* (1559), und selbst damit kommt keine Ordnung ins Ganze, weil er von Ausgabe zu Ausgabe Umstellungen vornimmt, hier tilgt, dort Neues einfügt, notfalls auch einfach den Namen der Adressatin ändert – zur Verzweiflung all jener Kommentatoren, die nach der Identität der je Apostrophierten fahnden und nicht merken, daß eben diese Frage bei Ronsard längst ihren Sinn verloren hat. Die von Ausgabe zu Ausgabe schwankende Gestaltung, die er seinen Zyklen verleiht, die je neue intra- und interzyklische Position, in der bestimmte Texte auftauchen, die Varianten, zu der solche Umstellungen zwingen, all dies sind nur Manifestationsformen jenes seriellen Prinzips, dessen zentrale semantische Konsequenz ich gleich zu Beginn am Beispiel der ›Variationen über ein Thema von Petrarca‹ aufzuzeigen suchte: Ronsards topische Kombinatorik ist nicht einfach rhetorische variatio, d. h. sie operiert nicht allein auf der Ebene der verba, sondern sie schlägt durch auf die der res. Indem sie heterogene Sprachen in dialogische Spannung zueinander setzt, kann sich diese res nicht mehr fügen zu einem selbstidentischen semantischen System, das tiefenstrukturell mit der Sprache des *Canzoniere* identisch wäre.

Dies hat weitreichende Konsequenzen für die Frage nach dem Status des involvierten Subjekts. In dem Maße, wie der petrarkistische Zyklus das Petrarkische Geschichtssubstrat durch Serialität ersetzt, also letztlich nur noch als Rahmen fungiert für eine offene Kombinatorik zitierter Sprachen, muß sich zwischen fingiertem und fingierendem Ich eine Spannung auftun, die Petrarca fremd ist. Insofern dieses Ich sein Begehren in einer Pluralität von Liebessprachen artikuliert, kann es in keiner dieser Sprachen ganz zuhause sein. Damit aber ist dem fingierenden Ich eben jene Instanz entzogen, mit der es traditionellerweise sein dichterisches Ethos legitimierte: die besungene Dame als göttliche Inspirationsquelle. Diese Spannung zwischen Identität und Differenz, die bei Petrarca erst ansatzweise greifbar wird, wenn Redundanzstrukturen die Progression des Geschichtssubstrats in Serialität überführen, diese Spannung also wird für den Petrarkismus konstitutiv. Mit ihr aber gerät eben jener Aspekt petrarkistischer Dialogizität in den Blick, den anzusprechen ebenfalls schon unsere Eingangsanalysen Gelegenheit boten: das Verhältnis von dargestellter Liebessprache zum volgare, zur Darstellungssprache des aneignenden Subjekts.

V

Die Renaissance ist nicht nur eine Epoche sprachlicher Pluralität, sondern ebenso eine Epoche vielfältiger Theorien über die Sprache. Mit den antiken Sprachen selbst rezipierten die Humanisten auch das, was seit der Antike über den Charakter der Sprache gedacht worden war. Dazu gehörte zuvörderst jene erstmals im Platonischen *Kratylos* systematisch erörterte Frage nach dem Verhältnis der Wörter zu den Dingen: ist es zu denken als ein naturgegebenes Ähnlichkeitsverhältnis oder aber als eine kulturell gesetzte Konvention, sind die Zeichen von den Sachen her motiviert, oder verhalten sie sich zu ihnen arbiträr? Die epochale Erfahrung einer Vielzahl von Sprachen schien die bei Platon von Hermogenes repräsentierte Position der Konventionalität zu stützen, als Dichter hingegen standen die Humanisten der des Kratylos näher. Dies zwar nicht in dem Sinne, daß man als Theoretiker für Arbitrarität, als Poet hingegen für Motivation war. Auch als Theoretiker ließ man sich von der ›realistischen‹ Position affizieren, auch als Poet konnte man die ›nominalistische‹ nicht gänzlich suspendieren. Und so führte denn die kratylistische Reflexion der Renaissance-Poetik zu einem Dichtungsverständnis, das sich am ehesten noch mit dem von G. Genette geprägten Begriff eines ›sekundären Kratylismus‹ bezeichnen läßt: wenn die Sprache nicht so ist, wie Kratylos sie dachte, kann man ihr vielleicht doch nachhelfen und durch Kunst sie dahin bringen, wo sie von Natur nicht ist[21].

Im Vorwort zu Ronsards *Françiade* findet sich ein kleiner Passus über die semantischen Effekte, die sich mit bestimmten Lauten erzielen lassen:

> Je veux bien t'advertir, Lecteur, de prendre garde aux lettres, & feras jugement de celles qui ont plus de son & de celles qui en ont le moins. Car A, O, U & les consonnes M, B & les ss, finissants les mots, & sur toutes les rr, qui sont les vrayes lettres Heroïques, font une grande sonnerie & baterie aux vers. Suy Virgile qui est maistre passé en composition & structure des carmes: regarde un peu quel bruit font ces deux icy sur la fin du huictiesme de l'Aeneide.
>
> Unà omnes ruere ac totum spumare, reductis
> Convulsum remis rostris stridentibus aequor.
>
> Tu en pourras faire en ta langue autant que tu pourras[22].

Seit dem *Kratylos* gilt phonetischer Symbolismus neben der Aktivierung etymologischer Bedeutungen als der wichtigste Quellbereich motivierten Sprechens. Er impliziert Natürlichkeit, Ähnlichkeit, mit Sokrates gesprochen die »Nachahmung des Wesens in Silben und Buchstaben« (424 b). Wie aber verträgt sich das mit der Vielfalt der Sprachen selbst? Ronsard exemplifiziert an Vergil, aber offenbar will er die genannten Lautsymbolismen nicht auf das Lateinische beschränkt sehen, sondern sie auch für die eigene Volkssprache in Anspruch nehmen – was er, wie wir bald sehen werden, tatsächlich auch tut. Welchen Status aber hat dann solcher Symbolismus? Offenbar nicht den einer naturgegebenen Ähnlichkeit. Aber auch nicht den einer gänzlich unpoetischen Arbitrarität. So erklärt sich die weite Form, in der Ronsard die Platonische Vorgabe interpretiert. Er behauptet nicht eine direkte Relation von Phonem und Semantem, wie sie sich im *Kratylos* selbst findet (426 c–d), sondern er schreibt lediglich bestimmten Lauten eine bestimmte Sinnlichkeit und über diese ein bestimmtes semantisches Potential zu. So wird gleichsam gegen das Wissen von der Arbitrarität des Zeichens eine Natürlichkeit suggeriert, eine ursprüngliche Ähnlichkeit von res und verba, die zu aktivieren der Poesie anheimgegeben ist.

Andere Details des Vorworts zur *Françiade* könnten zu ähnlichen Beobachtungen Anlaß geben, desgleichen der *Abbregé de l'art poétique françois.* Derartige Ambiguitäten, Gegenstrebigkeiten, ja Widersprüchlichkeiten sind aber keineswegs eine Eigentümlichkeit Ronsards, der hier vielmehr lediglich den Argumentationsstil der Renaissance-Poetiken generell übernimmt. Ein kurzer Blick auf die im französischen Bereich bekannteste und wichtigste, auf Du Bellays *Deffence et Illustration de la langue françoise* mag dies belegen. Sprachen gibt es viele, so heißt es dort gleich zu Beginn, und also sind sie konventionelle Setzungen, Hervorbringungen des »arbitre des mortelz« (I_1). Andererseits aber haben sie doch Züge je individueller Produkte der Natur – »chacune langue a je ne scay quoy propre seulement à elle« (I_5) –, die entstehen, aufblühen und vergehen, um sodann von einer neuen göttlichen Schöpfung abgelöst zu werden. Nichts dauert ewig, alles geht über von einem Zustand in den anderen, »etant la fin et corruption de l'un le commencement et generation de l'autre« (I_9). Bezeichnenderweise folgt gleich im ersten Kapitel die Definition der Sprachen als Kulturprodukte auf die Evokation des Turmbaus zu Babel. Kulturelle Diversifikation wird mythisch abgeleitet als Abfall vom Ideal eines, wie es später heißt, »seul langage naturel« (I_{10}). Wo immer sich eine Überführung der ambivalenten in eine hierarchisierende Bewertung abzeichnet, dominiert die naturhafte Sicht. So auch beim Zentralproblem der imitatio. Imitatio ist einerseits ein Prozeß kultureller Bereicherung, ein interkultureller Dialog, andererseits aber der Versuch, kulturelle Differenzen rückgängig zu machen, sich hineinzuversetzen in das Vorbild, es zu ›verzehren‹, zu ›verdauen‹ und in neue ›Nahrung‹ für poetische inventio zu verwandeln, in »ceste energie, et ne scay quel esprit, qui est en leurs ecriz, que les Latins appelleroient genius« (I_6). Die naturhafte Metaphorik steht somit in ursächlichem Zusammenhang mit dem Renaissance-Mythos vom Dichter als gottähnlichem Schöpfer. Daher auch die scharfe Differenzierung zwischen nachschöpferischer Imitatio und bloßer Übersetzung (I_8). K. Maurer hat sie zitiert anläßlich seiner These von der Übersetzung als eines »fremdbestimmten Textes«[23]. In der Tat ist für Du Bellay der Übersetzer fremdbestimmt, weil er im Zeichen jener Differenz steht, die mit der naturhaften Stilisierung der imitatio zur Nachschöpfung kassiert werden soll. Wenn aber die Selbstbestimmtheit des Imitators qua Neuschöpfers naturhaft gedacht ist, dann muß diese Tendenz schließlich auch in der Definition des Mediums selbst greifbar werden, in dem sich Selbstbestimmtheit artikuliert, eben der Volkssprache. Und so geht es denn auch bei der »illustration« dieser Volkssprache zwar einerseits um eine Anreicherung des Bestandes an verba, denen Priorität gegenüber den res zugesprochen wird (II_6). Andererseits aber darf sich diese Anreicherung keineswegs auf die »beauté des motz« beschränken; sie muß vielmehr die »force des choses« (I_8) miterfassen, will der Imitator nicht ins Übersetzen zurückfallen, sondern die Sprache zum Material seiner Neuschöpfungen machen. So erklärt sich, daß viele der einzelnen Empfehlungen zur Lexik, insbesondere zur Aktualisierung von Etymologien, zur Substantivierung des Adjektivs oder des Infinitivs, dann auch die zum Reim, wo stets an das Ohr appelliert wird, weniger einer ›nominalistischen‹ als einer ›realistischen‹ Sprachkonzeption verpflichtet sind. Ganz besonders deutlich zeigt sich dies beim Postulat der Anagrammatisierung von Eigennamen, das mit Berufung auf antike Vorbilder, insbesondere auf die Traumdeutung des Artemidoros Daldianos, begründet wird, sowie bei der Apologie der Antonomasie: »La grace d'elle est quand on designe le nom de quelque chose par ce qui lui est propre« (II_9). All das läßt sich unschwer der von M. Foucault der Renaissance zugeschriebenen Episteme der Ähnlichkeit zuordnen, jenem Zeichenrealismus, den er als einen ternären Motivationszusammenhang von Signifikant, Signifikat und Referent beschrieben hat: die Zeichen stehen nicht für etwas anderes, sondern sie sind den Dingen selbst eingeschrieben, sie bewahren etwas von jener vollkommenen Ähnlichkeit, wie sie vor der babylonischen

Sprachendispersion herrschte[24]. Von unserem Wissen, so Foucault, sei diese Episteme der Ähnlichkeit durch Welten getrennt. Allein die Literatur vermöge uns noch an sie zu erinnern. Vielleicht also ist es nicht zufällig, daß der Mythos vom Turmbau zu Babel gleich im ersten Kapitel der Du Bellayschen *Deffence* erscheint.

Freilich darf man darüber nicht vergessen, daß dieser Gedanke einer ursprünglichen Ähnlichkeit eben nur eine Argumentationsebene renaissancepoetologischer Reflexion beherrscht, daß mit seinen substantialistischen Implikaten sozusagen die Interessen der Poesie an motiviertem Sprechen gegen das Wissen von der grundsätzlichen Arbitrarität des sprachlichen Zeichens verteidigt werden. Diese Gegenstrebigkeit darf vor allem dann nicht übersehen werden, wenn in der poetischen Praxis motiviertes Sprechen zu scheinbar ungebrochener Herrschaft gelangt. So vermag z. B. die bereits erwähnte Arbeit von F. Rigolot[25] eindrucksvoll zu demonstrieren, daß die Ausbeute durchaus reich sein kann, wenn man nach Foucaults Episteme der Ähnlichkeit in den poetischen Texten der Renaissance Ausschau hält. Ausgehend von der Onomastik sucht er zu zeigen, wie bei Ronsard Eigennamen über die Figuren bzw. Verfahren der Homonymie, der Paronomasie oder der Anagrammatisierung einen ganzen Text motivieren[26], wie sehr also Ronsard jenen Kratylismus praktizierte, den er in *Hélène* (II_6) ausdrücklich zitiert: »Les noms (ce dit Platon) ont tresgrande vertu.« Natürlich sind diese Dinge im Prinzip seit langem bekannt, zumal ja gerade hier das Vorbild Petrarcas allgegenwärtig ist. Gleichwohl läßt sich schlecht ein unreflektiert-naiver Kratylismus für eine Poesie behaupten, deren poetologische Reflexion eben diese Naivität nicht kennt. Was also zu zeigen wäre, ist die renaissancespezifische Manifestationsform nicht eines naiven, sondern jenes sekundären Kratylismus, von dem ich oben mit Genette gesprochen habe. An ihm muß sich erweisen, ob jenes lyrische Ich, das, wie wir sahen, angesichts der Pluralität zitierter Sprachen seine Identität verliert, diese verlorene Identität in der zitierenden Volkssprache wiedergewinnt, oder aber ob dieses volgare eine Sprache der Inszenierung bleibt, die die Pluralität der inszenierten Sprachen selbst nur scheinbar zu zentrieren vermag.

VI

Ich will dieser Frage nachgehen am Beispiel eines Sonetts, das Ronsard in vier Versionen hinterlassen hat. Die erste findet sich im *Second Livre des Meslanges* aus dem Jahre 1559 und lautet wie folgt:

Si j'estois Jupiter, Sinope, vous seriez
Mon espouse Junon: si j'estois Roy des ondes,
Vous seriez ma Thetys, Royne des eaux profondes,
Et pour vostre maison la grand mer vous auriez:

Si la terre estoit mienne, avec moy vous tiendriez
L'empire sous vos mains, dame des terres rondes,
Et de sur une coche, en belles tresses blondes,
Par le peuple en honneur, Déesse, vous iriez.

Mais je ne le suis pas, et puis vous ennuyez
D'aymer les bonnets rons, gras troupeau de l'Eglise.
Ah! vous ne sçavez pas l'honneur que vous fuiez,

Ny les biens qui cachez dedans ce bonnet sont.
Si l'amour dans le monde a sa demeure prise,
Il ne la prit jamais que dans un bonnet rond.

Mit ihrem griechischen Namen Sinope, nach Ronsards eigenen Ausführungen im 15. Sonett der Sammlung etymologisierend lesbar als ›Blicktöterin‹, ›Augenblenderin‹, fügt sich die Adressatin bruchlos ein in den Kontext mythologischer Metamorphosen, der die Oktave beherrscht: Sinope zunächst als Juno, dann als Thetys, schließlich als Kybele. Dieses Zitat antiker Mythologie aber ist zugleich deutlich als muttersprachliche Neuschöpfung ausgewiesen, es wird Anlaß zur illustratio des Französischen. So finden sich zentrale Programmpunkte dieser illustratio eingelöst: in »coche«$_7$ haben wir einen Neologismus, in »Roy des ondes«$_2$ ebenso wie in »dame des terres rondes«$_6$ eine Antonomasie, und auf phonetischer Ebene schließlich findet die Erhabenheit der Göttermetamorphosen ihre motivierende Abstützung in den uns aus dem *Françiade*-Vorwort vertrauten Phonemen, die, wie im Epos, nun auch hier im Sonett für die »grande sonnerie & baterie« des hohen Stils einstehen. Unter ihnen fällt vor allem das von Ronsard so geliebte O auf. Die Nasalierung zu »on« stärkt nicht nur den Sonoritätseffekt, sondern erlaubt zugleich die Anbindung an den Eigennamen der divinisierten Geliebten, so daß »ondes«$_2$, »rondes«$_6$ und »blondes«$_7$ von »Junon«$_2$ her motiviert erscheinen. Bei den Konsonanten ist das M unübersehbar häufig, das B seltener, aber alliterativ markiert (»belles tresses blondes«$_7$), das scharfe Schluß-S erscheint als Eigenname bzw. als Apotheose ebenfalls mit zusätzlicher Markierung (»Thetys«$_3$, »Déesse«$_8$), und das R schließlich, dem Ronsard die höchste ›heroische‹ Wertigkeit, den Charakter der »vraye lettre Heroïque« zuschreibt, macht nicht allein durch Häufigkeit auf sich aufmerksam, sondern ist mit »terres rondes«$_6$ zugleich auch semantisch interpretiert: Rundheit ist für Ronsard Merkmal von Vollkommenheit, und offenbar sieht er diese Vollkommenheit in einer Ähnlichkeitsbeziehung zum R[27].

Syntaktisch ist die Oktave beherrscht von der »si«-Anaphorik, die ihrerseits raffiniert mit einer Amplifikation der Vergleiche selbst einhergeht: zunächst eineinhalb Verse, dann zweieinhalb Verse, schließlich das ganze zweite Quartett, die Evokation des Kults der Kybele. Mit Macht drängen so die Wunschphantasien hin auf die Antwort des Sextetts, das mit dem adversativen »Mais«$_9$ sogleich den Umschlag von Euphorie in Dysphorie signalisiert. Die mythologischen Bilder werden kontrastiert mit der Realität, statt Jupiter bzw. Neptun haben wir nur noch den »bonnet rond«$_{14}$, jene Kalotte also, die metonymisch verweist auf den von seiner geistlichen Pfründe lebenden Zölibatär Ronsard. Gewiß führt auch das Sextett den phonetischen Symbolismus fort, so etwa in dem vorletzten Vers mit der Insistenz auf M und R, vor allem aber in Vers 10, wo die Sequenz »bonnets rons, gras troupeau« nicht nur den im *Françiade*-Vorwort so favorisierten A, O, U-Vokalismus gleichsam in Engführung präsentiert, sondern zudem mit »ron, gras« den Eigennamen Ronsard anagrammatisiert. Aber all das ist offenbar bewußt um jenen poetisierenden Effekt gebracht, den die Oktave anstrebte. Dasselbe Verfahren der Motivation, dort in den Dienst vollkommener Harmonie von Wunsch und Wort gestellt, wird hier bis ins Burleske hinein trivialisiert. Was mit der Anagrammatisierung begann, setzt sich fort mit dem im Unterschied zur Ehrung der Kybele (Vers 8) höchst ambivalenten »honneur« von Vers 11, der »on«-Vokalismus verkommt zum rime pauvre »sont«$_{12}$/»rond«$_{14}$, und dieses abschließende »rond«, in dem die schwankhafte sexuelle Selbstanpreisung des Klerikers kulminiert, wirkt geradezu als Parodie auf jene Vollkommenheit des Runden, wie sie die Oktave mit »terres rondes«$_{6}$ feierte. Wenn aber ein Verfahren solchermaßen zum bloßen Spiel werden kann, dann verrät sich darin der Ausfall einer ideologischen Fundierung. Bei Petrarca wäre so etwas undenkbar, und es ist sicherlich kein Zufall, daß die Reduktion motivierten Sprechens auf einen spielerisch-ironischen Effekt einhergeht mit der unvermittelten Aufblendung der sozialen Realität des Sprechers selbst. Nicht daß die Selbststilisierung des höfischen Dichters bis hin zu Petrarca immer auch den realen Gegebenheiten entsprochen hätte. Entscheidend war, daß diese realen Gegebenheiten gar nicht in den Blick kamen, daß die poetische Fiktion selbst jene Sprecherrolle konstituierte, mit der sich die poetische Rede legitimierte. Gemessen an dieser Tradition ist petrarkistische Hofdichtung Spiel ohne Ethos. Ronsard spielt mit seinem Namen wie er mit seiner sozialen Rolle spielt, Sinope ist nicht die eine Laura, sondern Figurantin in einer Reihe substituierbarer Adressaten. Wenn nach dem Zeugnis Claude Binets Ronsard Cassandra Salviati allein um ihres Namens willen geliebt haben soll[28], so ist ein Text wie der vorige eher dazu geeignet, dieses kratylistische Argument in jener Gebrochenheit zu sehen, in der es Ronsard selbst bereits rezipiert hat. Darin liegt der Wert von Texten, die zu den weniger gelungenen und entsprechend auch weniger bekannten zählen. Gerade das Gebrochene, das Inkonsistente kann fürs Ganze höchst aufschlußreich sein.

Ronsard selbst war offenbar mit der ersten Version nicht zufrieden, er scheint gesehen zu haben, daß der Text als Sonett auseinanderfällt, daß das Sextett keine strukturelle Antithese zur Oktave bildet. Und so erscheint denn schon ein Jahr später, im zweiten Buch der *Amours* von 1560, die folgende Version:

Si j'estois Jupiter, Sinope, vous seriez
Mon espouse Junon: si j'estois Roy des ondes,
Vous seriez ma Thetys, Royne des eaux profondes,
Et pour vostre maison la grand mer vous auriez:

Si la terre estoit mienne, avec moy vous tiendriez
L'empire sous vos mains, dame des terres rondes,
Et de sur une coche, en belles tresses blondes,
Par le peuple en honneur, Déesse, vous iriez.

Mais je ne le suis pas, *et si ne le puis estre.*
Pour telles dignitez le ciel ne m'a fait naistre:
Mais je voudrois avoir changé de bonnet rond,

Et vous avoir chez moy pour ma chere espousée:
Tout ainsi que la nege au chaut soleil se fond,
Je me fondrois en vous d'une douce rousée.

Die Überarbeitung setzt dort an, wo sie not tut: im Sextett. Die fragwürdige Selbstanagrammatisierung Ronsards entfällt, die Verse 9 und 10 werden so zum – auch durch das neue Reimschema markierten – Gelenk des Gedichts, das mit den letzten vier Versen von der sozialen Realität des »bonnet rond« zur Metamorphosenreihe der Oktave zurückkehrt. Freilich macht schon das zweifache »mais«$_{9/11}$ deutlich, daß auch diese Version struktureller Prägnanz entbehrt. Von solcher Prägnanz kann erst gesprochen werden bei der dritten Fassung. In der Werkausgabe von 1584 erscheint sie im zweiten Buch der *Amours* unter den Marie-Sonetten, und mit dieser Umwidmung ist bereits die Strategie signalisiert, die Ronsard diesmal gewählt hat:

Si j'estois Jupiter, *Marie,* vous seriez
Mon espouse Junon: si j'estois Roy des ondes,
Vous seriez ma Thetys, Royne des eaux profondes,
Et pour vostre maison *les ondes* vous auriez.

Si la terre estoit mienne, avec moy vous tiendriez
L'empire sous vos mains, dame des terres rondes,
Et *dessus un beau* coche, en belles tresses blondes,
Par le peuple en honneur, Déesse, vous iriez.

Mais je ne *suis pas Dieu,* et si ne le puis estre.
Le ciel pour vous servir seulement m'a fait naistre,
De vous seule je prens mon sort avantureux.

Vous estes tout mon bien, mon mal, et ma fortune.
S'il vous plaist de m'aimer, je deviendray Neptune,
Tout Jupiter, tout Roy, tout riche et tout heureux.

Die Änderungen in Vers 4 (»les ondes« für »grand mer«) und Vers 7 (»dessus un beau coche« für »de sur une coche«) erklären sich offensichtlich aus den jeweiligen Kontexten der Oktave selbst, deren oben schon analysiertes lautsymbolisches Potential sie weiter anreichern. Die entscheidende Änderung aber, die des ersten Verses, ist struktureller Natur und erfaßt das ganze Sonett. Ronsard kontrastiert den antiken Gott mit der heimischen Marie, kontrastiert Ferne mit Nähe, Erhabenheit mit Vertrautheit[29], und er bereitet mit dieser markanten Opposition, wie sich das für ein gutes Sonett gehört, insgeheim schon die Gegenbewegung des Sextetts vor. Nicht mehr im Zeichen des »bonnet rond«, also des gesellschaftlichen Status des Sprechers steht dieses Sextett, sondern im Zeichen seiner Rolle als höfischer Liebhaber, im Zeichen höfischen Frauendienstes: »le ciel pour vous servir seulement m'a fait naistre«$_{10}$. Der Sprecher ordnet sich damit ganz der Angesprochenen unter, sie ist es, die über sein Schicksal entscheidet, sie verfügt über eine quasi-göttliche Allmacht, die den Irrealis der anfänglichen Wunschphantasien (Verse 1, 2, 5) überführt in den Realis des »S'il vous plaist de m'aimer, je deviendray Neptune, / Tout Jupiter, tout Roy, tout riche et tout heureux«$_{13/14}$. Die selbstironisch-saloppe Anagrammatisierung des Sprechers, wie sie uns im ersten Text begegnete, ist hier ersetzt durch eine Anagrammatisierung der Geliebten, wie sie für die Marie-Sonette generell charakteristisch ist (»Marie«$_{1}$/ »aimer«$_{13}$), der Name steht für die Macht einer Liebe, die Götter schaffen kann, wo keine sind. So vereinigt das Sonett in formaler Hinsicht den antithetischen Strukturtyp mit dem zyklischen, und damit ist bereits gesagt, daß es in der scheinbaren Rückkehr des Endes zum Anfang das antithetische Moment mitzuberücksichtigen gilt. Der Schritt vom Irrealis des Anfangs zum Realis des Endes geht einher mit einer Verkehrung der Abhängigkeitsverhältnisse dergestalt, daß das Glück des Liebenden gebunden wird an das Ethos des Dienstes, und damit kann das, was am Ende als Lohn winkt, nicht mehr identisch sein mit dem, was das Ich zunächst als Wunschvorstellung phantasiert. Vielmehr geraten die Setzungen der Oktave vom Ende her unter die ideologischen Prämissen höfischer Liebe: der seine Geliebten in quasi-göttlicher Allmacht phantasierende Jupiter muß zunächst seinerseits in diese Rolle eingesetzt sein von der wahrhaft allmächtigen Marie. Allein, gegen die damit sich abzeichnende Logik einer Synthese von Oktave und Sextett steht weiterhin die Macht der Bilder des Mythos, steht die Evokation einer sexuellen Abundanz, die sich mit dem Ethos des Dienstes letztlich nicht versöhnen läßt.

So ergibt sich auch hier wieder die uns bereits bekannte wechselseitige Perspektivierung der beiden inszenierten Sprachen, wobei die eigentliche Pointe dieser Version wohl darin zu sehen sein dürfte, daß Ronsard mit Jupiter nicht nur die antike Erotik und mit Marie nicht nur das Ethos höfischen Frauendienstes einbringt, sondern daß er diese Opposition auch stilistisch dramatisiert zu einem Dialog von hohem und niederem Stil. Zwar entbehrt das Sextett des für viele Marie-Sonette charakteristischen »mignardise«- und »douceur«-Vokabulars, aber es ersetzt unübersehbar die rhetorische Ostentation der Oktave durch eine stilistische Schlichtheit, die im Verzicht auf jegliche

Metaphorik, vor allem aber in einem Vokabular sich zeigt, das in versteckter, aber höchst raffinierter Weise schon rein lexematische Quantitäten zu motivieren sucht. So manifestiert sich die faktische Ohnmacht dessen, der kein Gott, sondern bloßer Diener ist, in einer dichten Sequenz monosyllabischer Lexeme (»Mais je ne suis pas Dieu ...«$_{9}$), was sodann den Einsatz der mehrsilbigen Lexeme für affektive Markierungen erlaubt (»seulement«$_{10}$, »avantureux«$_{11}$). Es gibt bei Ronsard nur wenige Beispiele für eine derart gelungene Kombination von ideologischer und stilistischer Dialogisierung innerhalb ein und desselben Sonetts.

Drei Jahre später, im zweiten Buch der *Amours* von 1587, begegnet uns der Text in einer letzten Version, und die Art, in der hier die Spannung wieder aufbricht, bestätigt rückwirkend, wie labil selbst die Lösung von 1584 geblieben war:

Si j'estois Jupiter, *Maistresse*, vous seriez
Mon espouse Junon: si j'estois Roy des ondes,
Vous seriez ma Thetys, Royne des eaux profondes,
Et pour vostre *palais* les ondes vous auriez.

Si *le Monde estoit mien*, avec moy vous tiendriez
L'empire de la terre aux mammelles fecondes.
Et dessus un beau coche, en belles tresses blondes,
Par le peuple en honneur, Déesse, vous iriez.

Mais je ne suis pas Dieu, et si ne le puis estre.
Le ciel pour vous servir seulement m'a fait naistre,
De vous seule je prens mon sort avantureux.

Vous estes tout mon bien, mon mal, et ma fortune.
S'il vous plaist de m'aimer, je deviendray Neptune,
Tout Dieu, tout Jupiter, tout riche et tout heureux.

Kybele erscheint hier als Herrscherin nicht mehr der »terres rondes«, sondern der »terre aux mammelles fecondes«$_{6}$. Das ist, unter allen Versionen, wohl das prägnanteste Beispiel für den phonetischen Symbolismus hohen Stils. Die Abundanz der Mater Magna verdichtet sich zu einem Bild, dessen Lautung an Intensität nicht zurücksteht hinter der seiner Semantik. Mit dieser seiner Intensität aber verleiht es der Oktave ein Gewicht, das die prekäre Balance der vorletzten Version wieder erschüttert. Antikisierende Wunschphantasie und höfischer Dienst treten wiederum deutlich auseinander zu zwei unversöhnlichen Sprachen, die Identität des Textes ist allein auf der formalen Ebene des Sonetts gerettet.

VII

Ein Sonett auf der Suche nach seiner Identität – so ließen sich unsere Befunde resümieren. Zu einem Abschluß ist diese Suche nicht gekommen. Die Vielfalt von Varianten, in denen sich der Text präsentiert, verweist auf die offene Kombinatorik heterogener Topiken, die im Prinzip immer nur zu vorläufigen, zu höchst prekären Einheiten führen kann – mit der bekannten Formulierung Valérys gesprochen, nicht zu einem »sonnet achevé«, sondern immer nur zu einem »sonnet abandonné«[30]. Das petrarkistische Sonett dementiert die Totalitätskonnotationen des klassischen Werkbegriffs. Vollendung, Abgeschlossenheit, Endgültigkeit implizieren den Substantialismus des imitatio-Gedankens, der Teilhabe des Scheins am Sein. Es ist eine Grundparadoxie der Renaissance, daß sie wie keine andere Epoche das gesamte Arsenal dieser substantialistischen Konzepte von Dichtung als imitatio umfassend zu kultivieren, ja neu zu institutionalisieren suchte, daß sie aber in dieser ›Wiedergeburt‹ nur scheinbar eine epochale Identität fand. Die vielzitierte Unterscheidung E. Panofskys zwischen den dem »Disjunktionsgesetz« unterworfenen Protorenaissancen des Mittelalters und der Renaissance des 16. Jahrhunderts, die erstmals über historische Distanzen hinweg die »Unsterblichkeit und Allgegenwart« der wiederauferstandenen klassischen Antike erfahren habe[31], verkennt nicht nur jenen Zitatcharakter, der dieser antikisierenden Renaissance-Identität insgeheim Differenz einschreibt, sondern sie verkennt vor allem auch die Spannungen, denen die zitierte Antike in der Kombination mit dem ebenfalls zitierten Mittelalter ausgesetzt wurde. Mit den Rom-Apotheosen Petrarcas beginnt das eine, die Geschichte einer epochalen Selbsttäuschung. Mit seinem *Canzoniere* aber beginnt, wie zögernd auch immer, zugleich auch das andere, jene Geschichte der Dekonstruktion des imitatio-Substantialismus, als welche die Geschichte des Petrarkismus lesbar ist.

Es gibt petrarkistische Sonette von faszinierender Schönheit. Ihr Gelungensein aber bemißt sich nicht an der Nähe zu Petrarca, sondern an der formdiktierten Fügung von Petrarkischem mit Nichtpetrarkischem zu einer dialogisch-spannungsvollen Einheit. In unserem zuletzt betrachteten Sonett ist die dritte Version unter diesem Kriterium zweifellos die gelungenste. Freilich sind die beiden früheren nicht Stationen auf dem Weg hin zu dieser. Ronsard selbst hat sie offensichtlich auch gar nicht als die gelungenste angesehen. Daß er eine weitere versucht hat, zeugt von der prinzipiellen Vorläufigkeit, unter der er die jeweils publizierte Fassung seiner Texte sah. Die Umwidmung an die uns unbekannte »Maistresse«$_1$ in der vierten Version hätte die weitergehenden, oben diskutierten Änderungen nicht erforderlich gemacht. Andererseits ist gerade diese Umwidmung für das Variationsprinzip selbst nicht belanglos. Denn was sich in der Leichtigkeit dokumentiert, mit der Ronsard solche Umwidmungen vornimmt, ist nichts Geringeres als der Grund für die prinzipielle Unabschließbarkeit: der Ausfall traditioneller Legitimationsinstanzen dieses Dichtens. Mit der substituierbar gewordenen Adressatin verliert der Text die Aura jener göttlichen Inspirationsquelle, als welche noch Petrarcas Laura fungieren konnte. Er verliert sein transzendentales Signifikat und damit das ideologische Fundament einer substantialistisch gedachten Werkidentität.

Die Pluralität der zitierten Sprachen – und gerade hierin kann dem Petrarkismus exemplarische Bedeutung für die Renaissance zugesprochen werden – ist eine dezentrierte. Sie findet auch dort nicht ein Zentrum, wo die Renaissancepoetiken es gesucht haben: in der humanistisch nobilitierten Volkssprache. Sprachliche und nationale Identität sollten sich hier wechselseitig stabilisieren. Auf der »abundance« des heimischen Bodens insistiert Du Bellay am Ende der *Deffence,* und es gelte sich der verschütteten Abundanz auch der heimischen Sprache zu besinnen, damit der Ruhm der Nation auch in dem ihr eigenen Idiom gefeiert werden könne (II_{12}). So soll die Volkssprache aufgewertet werden zum Medium nationaler Identität wie auch der Identität des sie Feiernden, also des von den Musen, und zwar wohlgemerkt von den heimischen, von den »Muses francoyses« (II_{12}) geküßten Dichters. So wird selbst der furor poeticus gleichsam nationalisiert, die Apologie der Volkssprache steigert sich zu einer Identitätseuphorie, in der der Gedanke der Differenz bis zu dem Punkte hin verdrängt ist, da die Aktivierung heimischer Abundanz scheinbar problemlos auch der »riches cornes d'abundance grecque et latine« (II_{12}) sich bedienen kann. Abundanz ist sprachlich nur denkbar in Kategorien substantieller Fülle, Kategorien der Ähnlichkeit von Wort und Sache, der Motiviertheit des sprachlichen Zeichens. Und in der Tat ist die Renaissance-Dichtung wesentlich bestimmt von diesem Faszinosum motivierten Sprechens. Den *Kratylos* konnte man zunächst rezipieren über den Kommentar zu Aristoteles' *Peri hermeneias (De interpretatione)* durch Ammonius Hermaeus, direkt erwähnt wird er neben Ronsard auch bei Du Bellay, bei Rabelais und vermutlich noch bei manch anderem[32]. Aber es ist doch, wie wir am Beispiel der Sinope-Varianten sahen, ein eigentümlich gebrochener Kratylismus, der Anagrammatisierungen bald dem erhabenen Stil einpaßt, bald aber auch ins Burleske hinüberspielt, der im Falle des phonetischen Symbolismus für das Französische dieselben semantischen Effekte postulieren zu können glaubt wie für das Lateinische und damit um die grundsätzliche Frage der Übertragbarkeit gleichsam sich herummogelt. Wenn der Kratylismus gleichwohl eine so offenkundige Faszination auf die Renaissance-Dichter ausübte, so offenbar deswegen, weil er Identität versprach, wo die historische Situation geprägt war von einer der antiken noch ganz unbekannten Pluralitäts- und Differenzerfahrung. Er sollte Mimesis und Pluralität versöhnen, er sollte dem Imitator gleichzeitig die schöpferische Dignität eines alter deus attribuieren, was die ›Natürlichkeit‹ des sprachlichen Mediums voraussetzte. Aber wenn nach dem bekannten Wort Wilhelm von Humboldts Sprachen Weltansichten sind, so gilt dies für die wiederbelebten Volkssprachen der Renaissance zweifellos nicht. Das volgare wird aufgewertet zur Darstellungssprache, die Weltansichten hingegen bleiben die der zitierten, der dargestellten Sprachen.

»Jeder Zitierende ist in Not«, hat Martin Walser unlängst gesagt[33]. Auch die Humanisten waren wesentlich Zitierende, und auch sie waren Zitierende aus Not. Gewiß wähnte man das Zitierte bei aller historischen Ferne von zeitloser Gültigkeit, sah man in ihm nicht abgeschiedene, nur noch sentimentalisch herbeigerufene Möglichkeiten, sondern eine Fülle von wiederentdeckten Schätzen. Aber gerade die differentielle Fülle dieser Schätze macht es unmöglich, sie zur Identität eines Schatzes zu fügen. Daher ist auch Foucaults Formel von der Episteme der Ähnlichkeit viel zu pauschal angesetzt, als daß sie eine renaissancespezifische Distinktivität könnte erkennen lassen. Zu dieser Distinktivität scheint mir wesentlich zu gehören, daß das Wissen um Ähnlichkeiten selbst ein zitiertes Wissen war, daß es zu den akkumulierten Schätzen zählte und also nicht als deren diskursorganisierendes Prinzip angesetzt werden kann.

Wahrscheinlich wird man der Renaissance als einer Übergangsepoche noch am ehesten gerecht, wenn man ganz darauf verzichtet, ihr eine einheitliche Episteme zuzusprechen, in dezentrierter Pluralität selbst also ihre epistemologische Signatur sieht. Auf die Mannigfaltigkeit ihrer ästhetischen Hervorbringungen wäre damit eine Perspektive gewonnen, die gewohnte Sehweisen und Hierarchien heilsam irritieren könnte. Die in der Epochendiskussion zu häufig favorisierten Objektbereiche, insbesondere also die ›klassische‹ Renaissance-Malerei, ließen sich dann nicht mehr isoliert betrachten, sondern sie wären in dialektischem Zusammenhang zu sehen mit jenen – vornehmlich literarhistorischen – Dokumenten, die Pluralität inszenieren und damit das ›Klassische‹ der Epoche relativieren, es indirekt als Zitat einer Mimesis-Ideologie kenntlich machen, die über kein epistemologisches Fundament mehr verfügt. Das spezifisch Neuzeitliche der Renaissance-Kunst wäre dann gerade dort zu gewärtigen, wo das Ästhetische sich aus den Fesseln der Mimesis zu lösen versucht, im Offenen also, im Heterogenen, im Diskontinuierlichen, in differentieller Pluralität. Wenn sich dabei, wie wir sahen, Gelungenes neben Mißratenem auf engstem Raum beieinander findet, so zeugt das von den Anstrengungen, derer eine solche Leistung bedurfte: die Konstitution eines ästhetischen Scheins, der sich fortan nicht mehr unter Berufung auf ein Sein legitimieren und eben darin als nicht substituierbar erweisen sollte.

Anmerkungen

1 M. Bachtin, *Die Ästhetik des Wortes,* hg. R. Grübel, Frankfurt 1979, S. 178.

2 Ich verweise auf die einschlägigen Untersuchungen von R. Lachmann, hier insbesondere auf ihre Abhandlung über »Bachtins Dialogizität und die akmeistische Mythopoetik als Paradigma dialogisierter Lyrik«, in *Das Gespräch,* hgg. K. Stierle/R. Warning, München 1984, Poetik und Hermeneutik XI, S. 489–515, sodann auf W. Preisendanz, »Die Pluralisierung des Mediums Lyrik beim frühen Brecht«, in *Lyrik und Malerei der Avantgarde,* hgg. R. Warning/W. Wehle, München 1982, S. 333–357, schließlich auf K. Stierle, »Babel und Pfingsten. Zur immanenten Poetik von Apollinaires *Alcools*«, ebd. S. 61–112 (ohne explizite Bezugnahme auf Bachtin).

3 Unter dieser Fragestellung schließt die vorliegende Studie an meine Petrarca-Abhandlung an: »Imitatio und Intertextualität. Zur Geschichte lyrischer Dekonstruktion der Amortheologie: Dante, Petrarca, Baudelaire«, in *Der ästhetische Schein,* hg. W. Oelmüller, Kolloquium Kunst und Philosophie 2, Paderborn 1982, S. 168–207; ebenfalls in *Interpretation – Festschrift A. Noyer-Weidner,* hgg. K. W. Hempfer/G. Regn, Wiesbaden 1983, S. 288–317. Auf die rein theoretischen Diskussionen des Dialogizitäts- bzw. Intertextualitätsbegriffs komme ich hier nicht mehr eigens zurück. Sie haben inzwischen einen Komplexitätsgrad erreicht, der die Brauchbarkeit des Konzepts in der Textinterpretation selbst zu verstellen droht. Ich will mich daher hinsichtlich terminologischer Differenzierung auf das Nötigste beschränken und die Füllung der eingeführten Begrifflichkeit weitgehend der Interpretation selbst überlassen. – Was den Fortgang der systematischen Diskussion betrifft, so verweise ich auf die entsprechenden Beiträge in *Dialogizität,* hg. R. Lachmann, München 1982, in *Dialog der Texte,* hgg. W. Schmid/W.-D. Stempel, Wien 1983, sowie in *Intertextualität – Formen, Funktionen, anglistische Fallstudien,* hgg. U. Broich/M. Pfister, Tübingen 1985.

4 »Pour une interprétation nouvelle des *Amours* de Ronsard«, in *Bibliothèque de l'Humanisme et de la Renaissance* 28 (1966) 241–270.

5 Soweit nicht anders vermerkt, wird Ronsard zitiert nach der Ausgabe von H. und C. Weber, *Les Amours,* Paris 1963.

6 Der *Canzoniere* wird zitiert nach der Ausgabe G. Carducci/S. Ferrari (1899), Neudruck Firenze 1956.

7 Siehe hierzu den Kommentar bei Weber S. 569. Zu Murets Hypothese siehe seinen Kommentar zu Ronsard, *Les Amours,* hg. H. Vaganay, Teil I, Paris 1910–14, Neudruck Genève 1970, S. 400.

8 »Solo e pensoso, Seul et pensif, Solitaire et pensif, mélancolie pétrarquienne et mélancolie petrarquiste«, in *Übersetzung und Nachahmung im europäischen Petrarkismus,* hg. L. Keller, Stuttgart 1974, S. 89–103. Keller hat inzwischen seine Petrarkismus-Studien fortgeführt mit einer Untersuchung zu inter- und intratextuellen Konstitutionsprinzipien in den *Amours* von Ronsard. So zeigt er, wie die Sonette I–XX der Sammlung von 1552 eine Art Exposition bilden, die sich als dichtes intertextuelles Beziehungsgeflecht um die Zentren Petrarca, Homer und Ovid darstellt. Keller spricht damit in allgemeinster Form jenes Spannungsverhältnis an, das ich im folgenden auf die im Petrarkismus rivalisierenden Liebessprachen perspektivieren will (»Il testo e le sue figure. Costituzione, configurazione e figure del testo in ›Les Amours‹ di Ronsard«, in *Intersezioni* 5 (1985) 251–271).

9 »Lyrik und Logik in Petrarcas Canzoniere«, in *Sprachen der Lyrik – Festschrift für H. Friedrich zum 70. Geburtstag,* hg. E. Köhler, Frankfurt 1975, S. 630–667, hier S. 636f.

10 »Solo e pensoso« S. 97, Anm. 26.

11 Ich zitiere die *Deffence et illustration de la langue françoyse* nach der Ausgabe von H. Chamard, Paris 1904, hier S. 221ff.

12 Siehe hierzu die programmatische Elegie *À son livre* am Ende der *Nouvelle continuation des Amours* von 1556, bei Weber S. 251ff., Zitat Vers 174.

13 Siehe hierzu A. Noyer-Weidner, »Ronsards Antike-Nachahmung und die mittelalterlich-französische Tradition«, in *Romanica – Festschrift für Gerhard Rohlfs,* hgg. H. Lausberg/H. Weinrich, Halle 1958, S. 319–335, sowie »Die innere Form der imitatio bei Ronsard«, in *Romanistisches Jahrbuch* 9 (1958), S. 174–193.

14 »Renaissance – Die Entstehung eines Epochenbegriffs aus dem Geist des 19. Jahrhunderts«, in *Epochenschwelle und Epochenbewußtsein,* hgg. R. Herzog/R. Koselleck, München 1986, S. 453–492, hier S. 458f.

15 »Probleme der Bestimmung des Petrarkismus. Überlegungen zum Forschungsstand«, in diesem Band S. 253–277.

16 Ebd. S. 261.

17 Diese Distinktivität vermag ich auch nicht zu erkennen, wo Hempfer sie an ein epochales Selbstverständnis rückzukoppeln sucht (S. 261ff.). Ronsards »Elégie à son livre« entwickelt das stilistische Register des »beau stille bas« (V. 174) im Rahmen einer Entgegensetzung von Petrarca einerseits und den antiken Erotikern andererseits. Ein Drittes, eben das postulierte ›petrarkistische System‹, wird nicht greifbar. Wo hingegen dieses Dritte der Sache nach in den Blick gerät, in Du Bellays »Contre les pétrarquistes«, da werden Petrarca *und* die antiken Erotiker gleichermaßen attackiert. Am deutlichsten geschieht dies in den auch von Hempfer zitierten Strophen V. 121ff., die ich aber anders lese, nämlich als Katalog der Vorbilder, die die Petrarkisten befolgten: Properz, Ovid, Tibull, Petrarca, Catull und schließlich, ohne namentliche Identifizierung, Platoniker. Daß Du Bellay in diesem Text die »prinzipielle Verfügbarkeit lyrischer Diskurse« thematisiert, scheint mir daher noch nicht der Punkt zu sein. Entscheidend ist die Subsumtion dieser »verfügbaren Diskurse« unter den Oberbegriff petrarkistischen Dichtens, das somit auch hier wiederum nicht als distinktes System oder Modell erscheint, sondern als synkretischer Rückgriff auf Petrarca wie auch auf das, »was ganz woanders herkommt«.

18 *Torquato Tassos zyklische Liebeslyrik und die petrarkistische Tradition,* München 1986. Ich beziehe mich im folgenden auf das methodische programmatische Einleitungskapitel über »Tassos zyklische Liebeslyrik als Forschungsproblem: Positionen und Perspektiven«.

19 Bachtin, *Die Ästhetik des Wortes,* S. 244.

20 S. o. Anm. 3.

21 *Mimologiques – Voyage en Cratylie,* Paris 1976, S. 36. Die Untersuchung Genettes schwankt zwischen einer Geschichte des Kratylismus und einer Poetik, die den systematischen Zusammenhang von Poetizität und Motivation zu erhellen sucht. Daher weist sie im historischen Bereich Lücken auf, zu denen auch die Renaissance zählt. Die folgenden Bemerkungen wollen primär auf dieses Desiderat hinweisen. Geschlossen werden kann die Lücke nur sukzessiv und unter Berücksichtigung der jeweils verschiedenen, immer auch von generischen Voraussetzungen mitbedingten Interessen der Autoren. Als Beispiel verweise ich auf das gehaltvolle Kapitel

»Linguistic comedy and linguistic wisdom« bei M. A. Screech, *Rabelais,* Ithaca 1979, S. 377–397. Historisch breiter, dafür aber wiederum systematisch enger angelegt ist Fr. Rigolot, *Poétique et onomastique – L'Exemple de la Renaissance,* Genève 1977. Eine systematische Darstellung des Gesamtkomplexes hätte die Aufgabe, die Einzelprobleme herauszuentwickeln aus dem sie fundierenden Substrat humanistischer Sprachphilosophie. Eine erste Einführung hierzu gibt St. Otto, *Renaissance und frühe Neuzeit,* Stuttgart 1984 (Geschichte der Philosophie in Text und Darstellung, hg. R. Bubner, Bd 3), insbesondere S. 107ff.

22 Zitiert nach Ronsard, *Œuvres complètes,* hg. P. Laumonier, Bd 16, Paris 1950, S. 347.

23 »Die literarische Übersetzung als Form fremdbestimmter Textkonstitution«, in *Poetica* 8 (1976), S. 233–57.

24 *Les Mots et les choses,* Paris 1966, S. 49–59.

25 S. o. Anm. 21.

26 Rigolot beschränkt sich dabei auf die Namen der Geliebten (Cassandre, Marie, Astrée, Hélène). Keller hat gezeigt, daß entgegen der Annahme Rigolots auch Ronsard selbst sich in subtiler Weise immer wieder den Texten eingeschrieben hat. (»Il testo e le sue figure«, s. o. Anm. 8).

27 Siehe hierzu die Belege bei D. McFarlane, »Aspects of Ronsard's poetic vision«, in *Ronsard the Poet,* hg. T. Cave, London 1973, S. 13–78, hier S. 24. McFarlane verweist u. a. auf die Verse 33/34 der *Hymne du ciel* (»... en la forme ronde/Gist la perfection qui toute en soy abonde«, in *Œuvres complètes,* hg. P. Laumonier, Bd 8, S. 140ff., hier S. 142), sowie auf das Sonett XLVIII der *Amours diverses* (Weber S. 479), in dem das Ei als Inbegriff der »forme ronde« gefeiert wird. Der Text weist eine geradezu euphorische R-Häufung auf. Natürlich wird in dem Moment, da sich der postulierte Lautsymbolismus solchermaßen konkretisiert findet, sofort auch der spekulative Charakter derartiger semantischer Interpretationen offenkundig: im *Kratylos* wurde das R nicht etwa für ›Rundheit‹ und ›Vollkommenheit‹, sondern für ›Bewegung‹ in Anspruch genommen (426 c–e).

28 »Il se delibera de la chanter, comme Petrarque avoit faict sa Laure, amoureux seulement de ce beau nom, comme luy mesmes m'a dit maintefois« (*Discours de la vie de Pierre de Ronsard,* 1586, hg. P. Laumonier, Paris 1910, S. 15).

29 Zu diesem Kontrast siehe auch R. A. Sayce, »Epilogue: a sonnet by Ronsard«, in *Ronsard the Poet,* S. 319–331, hier S. 327ff. Sayce sieht dieselbe Strategie eingelöst in »coche«$_7$ (statt eines erwartbaren »char«) als Gefährt der »Déesse«$_8$ sowie in den »belles tresses blondes«$_7$, die sowohl auf Marie verweisen wie auch die »flava Ceres« assoziieren könnten. Wenn aber Sayce unter Bezugnahme auf M. Raymonds *Poésie française et le maniérisme,* Genève/Paris 1971, meint, in derartigen Kontrastierungen manifestiere sich eine für die Schule von Fontainebleau typische »noblesse imprégnée de rusticité«, dann scheint mir in einer solchen kunstgeschichtlichen Parallelisierung ein umfassendes Konstitutionsprinzip des Petrarkismus verkannt. Wie sehr gerade die Marie-Sonette diesem im Bachtinschen Sinne dialogischen Konstitutionsprinzip entgegenkamen, sei hier noch an einem weiteren Beispiel illustriert. In dem bekannten Rosengedicht (»Douce, belle, gentille et bien fleurente Rose«) lauten die Verse 7/8 in der Erstfassung von 1555 wie folgt: »Et mille fois le jour la gaye Cytherée/De ton eau, pour son fard, sa belle joue arrose«. Ab 1578 hingegen finden sich Marie und Venus höchst spannungsvoll identifiziert, wenn es nunmehr heißt: »Tousjours ceste Angevine, unique Cytherée, /Du parfum de ton

eau sa jeune face arrose« (Weber S. 211 f.). Strukturell entspricht diese Änderung derjenigen von »Jupiter, Sinope« zu »Jupiter, Marie« im ersten Vers unseres hier betrachteten Sonetts.

30 »Propos sur la poésie«, in *Œuvres*, hg. J. Hytier, 2 Bde., Paris 1957, Bd 1, S. 1361–1378, hier S. 1375.

31 »Renaissance und ›Renaissancen‹«, in *Die Renaissancen der europäischen Kunst*, Frankfurt 1979, S. 55–117, hier S. 115 ff.

32 Zur Bedeutung des Aristoteles-Kommentars durch Ammonius Hermaeus siehe Screech, *Rabelais*, S. 378 ff., speziell zu Rabelais *Quart Livre* XXXVII, zu Du Bellay *Xenia*, in M. Smith, *Joachim du Bellay's Veiled Victim*, Genève 1974, S. 89–124, hier S. 93 f.

33 »Was ist ein Klassiker?«, in *Warum Klassiker?*, Frankfurt 1985, S. 3–10, hier S. 9.

JEAN STAROBINSKI

Les journées plurielles de Pierre de Ronsard

A Jean-Pierre Vernant

Ronsard est un poète pluriel. Il suffit, pour s'en convaincre, de prêter attention à la multiplicité des genres qu'il a pratiqués. Chacun de ces genres impose une identité auctoriale, lie un rôle à une élocution, définit par avance le *Je* qui l'assume, le monde verbal (souvent dans ses paradigmes antiques, à transporter en français) dans lequel le discours prendra son essor. Le poète amoureux, l'auteur des grandes odes ou des hymnes, le poète épique, le poète érotique des »folastries«, le poète courtisan, etc. sont autant de voix distinctes appliquées à chanter sur le ton qui leur convient – non parfois sans quelques impropriétés que le siècle suivant reprochera à Ronsard. Certes, ces genres multiples sont les diverses cordes d'une même lyre. Quand Ronsard évoque sa renommée future, le nom du poète, au singulier, réconcilie et rassemble toutes ces identités diverses. Une seule gloire assure la fusion de toutes les voix – inspirées, doctes, amoureuses – dont s'étaient composés les recueils successifs. L'apothéose de la plume du poète peut tracer au ciel un signe unique, formé d'un groupe d'astres.

Il n'y a rien là, assurément, qui soit radicalement nouveau par rapport aux modèles antiques, et particulièrement à Horace. Et le système classique des XVIIe et XVIIIe siècles, en dépit d'une plus grande exigence d'homogénéité langagière, acceptera encore que le poète se distribue, selon l'occasion, en un moi lyrique, un moi satirique, un moi didactique, un moi épigrammatique, etc ... Les genres imposent leur loi. Boileau et Voltaire, malgré leur allégeance à une rationalité assez stricte, se plaisent à changer de tessiture selon la clé que leur imposent les codes génériques. Leurs humeurs – exaltées, indignées ou rieuses – s'en accommodent. L'unification complète du sujet poétique semble n'être intervenue que tardivement, à l'âge romantique, lorsque l'empire des genres traditionnels s'est affaibli pour céder la place à »l'inspiration personnelle«: le génie singulier et »l'expérience intérieure« sont la seule autorité qui requière fidélité. Dès lors, pas une ligne ne doit faire exception à la marque expressive d'une conscience aux prises avec son destin: conscience persévérante, destin individuel.

*

La pluralité des genres pratiqués par Ronsard ne nous donne qu'une première indication sur la diversité des rôles et des mondes habités par le poète. Il est possible de trouver des indices plus fins et plus spécifiques. On retiendra, si l'on veut, la coexistence de topoi contradictoires fournis par la tradition païenne et chrétienne. Ainsi Ronsard adoptera-t-il, tour à tour, des partis opposés: »aimer haut«, ou »aimer bas«; célébrer la vertu, ou chanter la volupté facile; appeler à secourir la patrie déchirée, ou inviter ses amis à fuir les calamités françaises et à naviguer vers les terres fortunées découvertes au-delà des mers par Villegagnon. Il est vrai que ces attitudes opposées sont dictées moins par les volte-faces d'une conscience inquiète, que par la tradition rhétorique qui a appris à inventer, sur tous sujets, soit une laus, soit une vituperatio. Ronsard, rappelons-le, pratique avec verve la composition qui fait se succéder l'imprécation, la palinodie, l'épipalinodie, etc.... On pourrait presque affirmer que le répertoire des topoi a pour fonction d'assurer la diversité des »passions«, des »couleurs«, des mondes habités par la voix poétique – diversité reconnaissable, sans imprévu quant au »fond«, mais infiniment renouvelable par la vertu de la *diction* ...

*

Je vois, dans la diversité des journées terrestres, un excellent miroir de la diversité des mondes chez Ronsard. Si diversité il y a, ce ne peut être que dans le monde sublunaire, parmi les choses créées, sous la voûte d'un ciel qui, lui, est unique, et qui est lui-même dominé par l'»immense« et immuable éternité. La pluralité se manifeste dans la basse région où règne le temps, parmi les phénomènes qui tirent leur cause de plus haut. Il suffira de relire les superbes vers de l'»Hymne de l'Eternité«:

Je veux, s'il m'est possible, attaindre à la louange
De celle qui jamais par les ans ne se change,
Mais bien qui fait changer les siècles et les temps,
Les mois et les saisons et les jours inconstants,
Sans jamais se muer, pour n'estre point sujette,
Comme Royne et maistresse, à la loy qu'elle a faite.[1]

Certes, parmi les choses mobiles, certaines sont animées d'un mouvement régulier. Leur variété est astreinte à un certain degré de constance. Ainsi des planètes, et surtout du soleil:

Le Soleil vient après à grands pas tous egaux,
Et l'An qui, tant de fois, tourne, passe et repasse,
Glissant d'un pied certain par une mesme trace. (II, p. 124)

On lira encore, dans l'»Hymne du Ciel«, ces vers qui expriment la même vision cosmologique:

O Ciel, viste coureur, tu parfais ton grand tour,
D'un pied jamais recreu, en l'espace d'un jour!
(...)
De ton branle premier, des autres tout divers,
Tu tires au rebours les corps de l'Univers,

Bandez en resistant contre ta violence,
Seuls à part demenant une seconde dance,
L'un deça, l'autre là, comme ils sont agitez
Des mouvements reiglez de leurs diversitez.
(...)
Toy, comme fecond pere, en abondance enfantes
Les Siecles, et des ans les suites renaissantes;
Les mois et les saisons, les heures et les jours,
Ainsi que jouvenceaux jeunissent de ton cours,
Frayant sans nul repos une orniere eternelle,
Qui tousjours se retrace et se refraye en elle;
(...) (II, pp. 190, 191, 192)

Mais cette harmonie constante du cycle solaire et céleste n'empêche pas les jours de se qualifier, sous la plume de Ronsard, comme *inconstants*. Et dire des hommes qu'ils sont »journaliers«, c'est dire qu'ils sont éphémères, livrés à l'inconstance, livrés au »trespas« qui règne »icy bas«,

où malin il exerce
Par mille estranges morts sa malice diverse.
(...) (II, p. 124)[2]

La loi des étoiles assigne aux hommes leur »change«. Chacun d'eux est lié par son destin corporel. Exaltant la puissance de l'influx stellaire, Ronsard écrit:

Au corps vous donnez vostre loy,
Comme un potier à son argile.
Du corps le jour dernier
Ne differe au premier:
C'est une chaisne estrainte;
Ce qui m'est ordonné
Au poinct que je fu né,
Je le suy par contrainte.
(...)
Tandis que *tous les jours*
Vous devvidez vos cours
D'une danse etherée,
Endurant, je vivray,
Et la chance suivray,
Que vous m'avez livrée.[3]

Le destin n'est pas le même pour chaque individu. La puissance des étoiles rend les hommes dissemblables. Disons, en termes plus modernes: le déterminisme astrologique astreint l'individu à son identité, et fomente la dissemblance entre les individus:

L'un meurt au mestier de la guerre,
Noirci d'un poudreux tourbillon,
L'autre pousse d'un aiguillon
Les boeufs au travail de sa terre. (II, p. 198)

Les astres impérissables font notre vie et notre mort. L'ordre des jours est le dernier *effet* de l'éternité (premier moteur) et du ciel (premier mobile); mais la puissance primitive s'y trouve assez affaiblie pour laisser le champ libre à la corruption, et pour rendre nécessaire l'acte de génération, afin que »chaque créature« mortelle puisse »restaurer sa race« (II, p. 124) ...

En bonne orthodoxie chrétienne, Ronsard prend soin de distinguer la puissance fatale que les étoiles exercent sur nos corps, et la liberté dont jouissent nos âmes:

Nostre esprit, une flame agile
Qui vient de Dieu, depend de soy;
(...) (II, p. 197)

Cette distinction pourra guider notre examen du motif de la journée. Car il y aura lieu d'y chercher d'une part l'action inexorable du temps qui entraîne les êtres et les choses, d'autre part la libre intervention de l'esprit humain, qui s'efforce d'opposer au temps la loi de son désir et de sa raison. Ces deux approches du temps sont antinomiques et complémentaires, puisqu'on voit s'y manifester un temps qui se joue de nous, et un temps que l'individu s'approprie, qu'il maîtrise et organise.

Le cours de la journée se prête donc admirablement à une double représentation emblématique. On y lira ce que le temps fait de notre vie, mais aussi ce que le poète fait du temps, quelles occupations il y loge, comment il le perd ou le met à profit. La journée est le lieu de rencontre entre l'ordre du monde (quelque troublé que soit cet ordre par l'agitation sublunaire) et l'ordre façonné par l'homme: c'est donc le lieu d'une élaboration complexe dont il n'est pas téméraire de dire qu'elle peut résumer une grande partie de la »condition« poétique.

*

Catulle, Horace l'ont dit mémorablement après les Grecs. Comment les poètes humanistes, et Ronsard, ne s'en souviendraient-ils pas? Notre vie est comparable à une journée, illuminée d'un bref soleil; l'ombre tombe vite. Faut-il rappeler Du Bellay: »Si nostre vie est moins qu'une journée«? ... La vision platonicienne et chrétienne constate la même fugacité. Mais les choix proposés sont différents. Chaque unité de temps, de l'aube à la nuit, glisse et meurt presque à notre insu. Le temps fait de nous des vieillards, il nous pousse vers la tombe. Il faut lui disputer jalousement, dès maintenant, les plaisirs dont nous sommes capables. Si rien ne doit rester, pourquoi ne pas saisir l'instant, cueillir le bonheur qui s'offre? Ou pourquoi ne pas dès maintenant s'assurer de la félicité des élus?

Pour celui qui touche à la fin de sa vie, celle-ci, presque indifféremment, peut être représentée par la série des ans révolus, ou par le cycle unique d'une seule année, ou d'un seul jour. Quand Ronsard regarde vers le passé, la vie parcourue, dans toute sa diversité et sa violence, n'est qu'une brève succession de jours, et l'histoire humaine se réduit à la répétition indéfinie du matin et du soir, à la succession des »météores«, à l'infortune des nations:

Ja du *prochain hyver* je prevoy la tempeste,
Ja *cinquante et six* ans ont neigé sur ma teste,
Il est temps de laisser les vers et les amours,
Et de prendre congé du plus beau de mes jours.
J'ay vescu, Villeroy, si bien que nulle envie
En partant je ne porte aux plaisirs de la vie.
(...)
J'ay veu lever le jour, j'ay veu coucher le soir,
J'ay veu greller, tonner, esclairer et pluvoir,
J'ay veu peuples et Rois, et depuis vingt annees
J'ay veu presque la France au bout de ses journees;
(...)
(...) J'ay veu que sous la Lune
Tout n'estoit que hazard, et pendoit de Fortune.[4]

Ce constat s'accompagne d'un renoncement résigné. Ailleurs, comme nous devons nous y attendre, le cours du temps, la puissance de mort inscrite dans le laps d'une seule journée constituent, selon la marche d'un raisonnement pseudo-syllogistique, l'une des prémisses dont la conclusion sera le carpe diem, selon l'une ou l'autre de ses innombrables variantes:

(...)
Les beautez *en un jour* s'en vont comme les roses.[5]
(...) ainsi qu'un bouquet se flestrit *en un jour*,
J'ay peur qu'un mesme jour flestrisse vostre amour.

Au vu de la durée précaire qui nous est accordée, toutes les interdictions opposées à la jouissance sont tyranniques et dérisoires. L'annonce de la mort certaine devrait lever toute résistance à l'empressement amoureux. Ronsard sait merveilleusement renouveler ce thème. Quelques-uns de ses poèmes les plus célèbres le développent, généralement dans une adresse à la femme aimée:

Quand vous serez bien vieille, au soir à la chandelle,
(...)[7]
Mignonne, allons voir si la rose
Qui ce matin avoit desclose
(...)[8]
Je vous envoye un bouquet, que ma main
Vient de trier de ces fleurs épanies;
(...)[9]

Chacun de ces poèmes comporte un tableau de la destruction. Une rose périclite entre matin et soir:

Las! voyez comme en peu d'espace,
Mignonne, elle a dessus la place

Las! las! ses beautez laissé cheoir!
O vrayment marastre Nature,
Puis qu'une telle fleur ne dure
Que du matin jusques au soir! (I, p. 420)

Une variante consiste à inscrire le même événement dans l'espace d'une nuit, sur le mode hypothétique:

Qui ne les eust à ce vespre cueillies,
Cheutes à terre elles fussent demain. (II, p. 814)

Sans passer par l'emblème floral, l'avenir de l'amant et de l'aimée se trace lugubrement:

Je seray sous la terre, et fantôme sans os
Par les ombres myrteux je prendray mon repos;
Vous serez au fouyer une vieille accroupie,
(...) (I, p. 260)

Et les trois poèmes (ils ne sont pas les seuls) proposent en leur chute une leçon similaire:

Cueillez, cueillez vostre jeunesse:
(...) (I, p. 420)
Pource aimez moy, cependant qu'estes belle. (II, p. 814)
Vivez, si m'en croyez, n'attendez à demain:
Cueillez dés aujourdhuy les roses de la vie. (I, p. 260)

La thématique du carpe diem présuppose d'une part l'écoulement du jour, d'autre part le geste de la prise, rapide, ponctuel, qui retient moins le temps lui-même (dont la course est insaisissable) que les êtres et les objets de désir, dans leur floraison encore intacte. *Cueillir* est le mot qui peut désigner ce geste, selon la métaphore végétale qui se prête le mieux à indiquer la prise de possession. Cueillir, c'est combler la main et le regard, dans l'appropriation d'une beauté odorante; plus passivement, l'instant saisi sera celui du *boire*; le plaisir implique la complicité du page-échanson, et l'image anacréontique de la tasse remplie vaut comme métaphore du moment heureux. Un exemple entre plusieurs:

Ne vois-tu que *le jour se passe*?
Je ne vy point au lendemain.
Page, reverse dans ma tasse,
Que ce grand verre soit tout plain.[10]

Mais d'autres mots disent aussi bien ce geste. Ainsi dans l'Elégie que Ronsard adresse à Philippe Desportes. Le poème commence par l'annonce de la destruction:

Nous devons à la Mort et nous et nos ouvrages;
Nous mourons les premiers, le long reply des âges
En roulant engloustist nos oeuvres à la fin:
(...) (II, p. 647)

Et le discours s'achève par l'invitation à poursuivre le bonheur présent plutôt que la gloire:

> Je te donne ces vers, à fin de prendre garde
> De ne tuer ton corps, desireux d'acquerir
> Un *renom journalier* qui doit bien-tost mourir;
> Mais *happe* le présent d'un cœur plein d'allégresse,
> (...) (II, p. 649)

Happer est un terme qui dit parfaitement la saisie instantanée, avide de retenir ce qui s'offre actuellement à la prise.

Ce présent retenu, quelle en sera l'étendue? Certes, au regard de l'éternité, ce n'est qu'un infime instant. Mais la jouissance (et par-dessus tout la jouissance amoureuse) peut occuper l'espace d'une grande nuit, ou suspendre le temps au long d'un jour. (De même, une fête entre amis poètes, qui institue une autre catégorie de jouissances: »Depuis le soir jusqu'au matin/Je veux leur donner un festin,/Et cent fois leur tandre la coupe.«[11]) Le beau sonnet qui invite Hélène à l'étreinte nous dit, sur fond de mort possible, de quoi sera fait ce jour:

> Maistresse, embrasse moy, baize moy, serre moy,
> (...)
> Le jour, tant soit il court, vaut mieux que la nuitée.
> (II, p. 671/72)

La nuitée, en l'occurrence, est celle qu'il faut passer au royaume des ombres ...

Le jour du bonheur amoureux est une récompense longuement attendue; il n'est parfois qu'un espoir, un leurre offert à la femme aimée pour qu'elle accorde les baisers qui sont dits par avance – prescrits – par le poème. C'est le terme de la conquête, et l'épanouissement dernier de l'essor poétique, pour autant que celui-ci a besoin du désir inassouvi (ou renaissant après la mort amoureuse) pour inventer de nouveaux vers. Sans quoi le désir doit se tourner vers un autre objet: après Cassandre, – Marie, Astrée, Hélène, Genèvre ...

Les divers »Canzoniere«, qui retracent, de manière plus ou moins fictive, l'amour lié à une »dame«, comportent, presque tous, des étapes successives, à partir de la première rencontre. Il faut remarquer qu'elles s'inscrivent souvent dans des coordonnées temporelles bien définies.

L'»innamoramento«, dont on sait la soudaineté, survient dans l'instant d'un regard. Que l'amour soit déclaré fatal, ou qu'il soit l'effet d'une libre élection (comme à l'égard d'Hélène), il date d'un certain jour – par exemple: »Le premier jour de may« (I, p. 214)[12] –; et le temps se compte dorénavant à partir de la naissance de la passion amoureuse – par exemple: »Depuis le jour que captif je souspire,/Comme un serpent l'an s'est tourné sept fois:/(...)«[13]. Il arrive même que le poète précise encore davantage le moment où son âme fut frappée:

> *Sur la fin de juillet,* que le chaud violant
> Rendoit de toutes parts le Ciel estincelant,
> *Un soir*, à mon malheur, je me baignoy dans Seine
> Où je te vy danser sur la rive prochaine,
> Foulant du pied le sable, et remplissant d'amour
> Et de ta douce voix tous les bords d'alentour.[14]

Ce n'est plus seulement le lieu, le jour, mais l'heure, ici vespérale, qui constitue le fond temporel du premier échange de regards. Le hasard de la rencontre trace une marque précise dans le cours du temps, et la mémoire (tant que la personne ainsi apparue reste objet d'amour) s'y rapporte comme à une origine sacrée. Ce qui commence, à cet instant voulu par un vouloir supérieur (surhumain), c'est la série des jours, des nuits, des années, où le poète ne s'appartient plus. En l'absence de la femme aimée, il est la proie du souci. Le même accaparement d'esprit, symptôme de mélancolie amoureuse, se manifeste dans les textes »personnels«, comme dans la fiction pastorale. Le tourment occupe les jours et les nuits, le sommeil disparaît, ou se peuple de visions. Un berger d'églogue se plaint:

> Rien ne me resjouist: soit que la belle Aurore
> De roses et d'œillets l'Orient recolore,
> Ou soit que le Soleil pende en bas ses chevaux,
> Il voit mes yeux en pleurs et mon cœur en travaux.
> Quand le soir est venu, je conte ma fortune
> Maintenant aux forests, maintenant à la Lune;
> J'erre de bois en bois, car en lieu de dormir,
> Impatient d'amour, je ne fais que gémir;
> (...)[15]

Il s'agit là d'un modèle bien établi de vie errante, de »penser« solitaire, veille ardente et sombre dominée par l'insupportable privation. Le pâtir amoureux allonge le sentiment de la durée: »Le jour me semble aussi long qu'une année,/ Quand je ne voy l'esclair de voz beaux yeux,/(...)«[16]. Ce modèle de martyre passionné vaut pour l'expérience »personnelle«; ainsi, dans la passion pour Genèvre:

> Ainsi, quand le Soleil se plonge dans la mer,
> Quand il vient le matin les Astres enfermer,
> Et quand en plein midy tout ce monde il contemple,
> Je brusle impatient, (...)
> (...)
> Le jour m'est ennuyeux, la nuict me tient en peine,
> Et comme un ennemy tres-dangereux je fuy
> Le lict, qui toute nuict redouble mon ennuy;
> Quand le Soleil descend dans les ondes sallées,
> Je me desrobe és bois, ou me pers és vallées,
> (...)

Ainsi par les deserts tout le jour je me deulx,
Puis, quand l'obscure nuict se perruque de feux,
Le solitaire effroy hors des bois me retire,
(...)[17]

Il faudrait citer les vers qui suivent, et qui décrivent la longue traversée de la nuit, où le repos ne vient pas. On retrouvera à mainte reprise cet »état de vie«, notamment dans le curieux »Discours« qui commence par une adresse à tous les amoureux: »Vous, qui passez en tristesse le jour,/(...)«[18]... La suite des jours et des nuits est la trame conductrice de toutes les plaintes:

Voilà comment, Maistresse, j'ay vescu
Depuis le jour que mon œil fut vaincu,
De vos beaux yeux; et soit que la journée
Fust au matin des ondes retournée,
Fust vers le soir, quand le Soleil couchant
Va dans la mer ses chevaux destachant,
Ou quand la Lune errante se promeine,
Pour vostre amour je n'ay languy qu'en peine. (I, p. 902)

Pour vous aimer, Maistresse, je me tue,
J'ay *iour et nuict* la fiévre continue,
(...)[19]

Toute la nuict, quand le Soleil se plonge
Sous l'Ocean, l'espouventable songe,
En cent façons, pour me donner effroy,
Coup dessus coup vous represente à moy.
Depuis le soir jusqu'au poinct de l'Aurore
Pensif je veille; (...)
(...)
Mais quand l'Aurore abandonne la couche
Du vieil Tithon, tout resveux et farouche
Je sors du lit, et sans autre tesmoin
Seul je me perds en un antre bien loin,
Parlant tout seul; (...)[20]

Par intermittence, il est donné à l'amant de revoir celle qu'il aime. Occasions assez rares pour devenir mémorables, et pour s'éclairer de la lumière du moment où elles s'offrirent:

Le soir qu'amour vous fist en la salle descendre
(...)[21]
Le Soleil l'autre jour se mit entre nous deux,
(...)[22]
Ma Dame se levoit un beau matin d'Esté,
(...)[23]

Ce sont là de nouvelles rencontres qui, ravivant et relayant l'effet de la première rencontre, font survenir un événement à commenter: émerveillement, déconvenue, promesse. Les entrevues scandent de jours uniques l'histoire d'un amour; le penser amoureux, pour échapper à la monotonie répétitive du tourment, peut prendre appui sur les regards, les mots, les gestes, la coloration du ciel, qui marquèrent le dernier revoir.

*

Ce monde amoureux, avec son code d'emploi du temps qui devrait absorber la vie du poète, n'est cependant pas le seul. D'autres mondes, d'autres modes de vie lui font concurrence. Par exemple la vie studieuse, ou plutôt la vie consacrée aux lettres: c'est une vie où le commerce des livres et des amis commande toutes les heures disponibles. Elle connaît ses fêtes uniques et ses jours de célébration (»Le voyage d'Hercueil«[24]), mais aussi ses tâches quotidiennes, répétitives, son absorption exclusive. Ronsard, dont la tâche n'est pas de formuler un plan de pédagogie, ne se prive pourtant pas d'évoquer l'otium cum litteris. Cette vie-là peut distraire l'esprit des appels de la dévotion amoureuse, en attendant un signal venu de la Dame. Dans un sonnet de 1555 (plus tard retranché), on voit que la lecture des chefs-d'œuvres antiques a pu interrompre l'incessant »penser« imposé par l'état amoureux; et même que l'amusement, sans excessif souci de fidélité, devra faire suite à l'effort studieux. Lire, puis »follastrer«, semblent des occupations légitimes, aussi longtemps que tarde un message de Cassandre; apparaît ainsi l'image d'une vie plus composite que ne le laissent entendre la plupart des sonnets amoureux:

Je veux lire *en trois jours* l'Iliade d'Homère,
Et pource, Corydon, ferme bien l'huis sur moy:
Si rien me vient troubler, je t'asseure ma foy,
Tu sentiras combien pesante est ma colère.

Je ne veux seulement que nostre chambriere
Vienne faire mon lit, ton compagnon, ny toy;
Je veux *trois jours entiers* demeurer à requoy,
Pour follastrer apres une sepmaine entiere.

Mais si quelqu'un venoit de la part de Cassandre,
Ouvre luy tost la porte, et ne le fais attendre;
Soudain entre en ma chambre, et me viens acoustrer:

Je veux tant seulement à luy seul me monstrer;
Au reste, si un Dieu vouloit pour moy descendre
Du ciel, ferme la porte, et ne le laisse entrer.[25]

Certes, quand le temps aura épuisé l'ardeur amoureuse, le poète retrouvera sa liberté, et celle-ci, en un dernier message à la maîtresse distante, prendra l'aspect d'une description de »l'état de vie« dans lequel le poète se trouve désormais installé. Cette description de journée, qui a valeur itérative, inverse les signes du martyre: le sommeil est retrouvé, les livres, les champs, les bois ne sont plus les témoins non secourables de son martyre; ils lui offrent un doux entretien; ils remplissent, de manière infiniment variée, toutes les heures de sa vie; la nature offre un spectacle rajeuni:

Six ans estoient coulez, et la septiesme annee
Estoit presques entiere en ses pas retournee,
Quand loin d'affection, de desir et d'amour,
En pure liberté je passois tout le jour,
Et franc de tout soucy qui les ames devore,
Je dormois dés le soir jusqu'au point de l'aurore.
Car seul maistre de moy j'allois, plein de loisir,
Où le pied me portoit, conduit de mon desir,
Ayant tousjours és mains pour me servir de guide
Aristote ou Platon, ou le docte Euripide,
(...)
Puis du livre ennuyé, je regardois les fleurs,
Fueilles, tiges, rameaux, especes et couleurs,
Et l'entrecoupement de leurs formes diverses,
Peintes de cent façons, jaunes, rouges et perses,
(...)[26]

Faisant suite à une journée de vagabondage heureux, entrecoupée de repos contemplatifs, vient le soir, et les regards levés vers les signes du ciel:

Puis, alors que Vesper vient embrunir nos yeux,
Attaché dans le ciel je contemple les cieux,
En qui Dieu nous escrit en notes non obscures
Les sorts et les destins de toutes creatures. (I, p. 277)

Après cette journée complète de pleine liberté, il reste certes une meurtrissure liée à la traversée d'un amour. Mais la peine peut se »decevoir«, déclare le poète à Hélène, s'il boit »à longs traits les eaux de la fonteine/Qui de vostre nom se brave (...)« (I, p. 277). Quand la journée libre a achevé son cours, la servitude amoureuse n'est plus qu'un *nom* attaché à une belle eau courante. (Après cette élégie vient le sonnet de la séparation: »Je m'enfuy du combat, mon armée est desfaite/(...)« (I, p. 277/78); puis, dans les deux derniers sonnets, la mention du *jour* de la mort du roi Charles IX permet de dater l'adieu à Hélène, par un singulier passage au registre politique (cf. I, p. 278)).

*

Décrire un jour d'été pastoral[27], la nuit du bœuf[28], la journée de l'alouette[29]: ce sont motifs auxquels Ronsard s'applique avec bonheur; on y voit le rôle que peut jouer, dans la composition poétique, le fil des heures ou des moments du jour, entraînant le mouvement du discours. Il lui arrive aussi d'évoquer la diversité des conditions, les vies dissemblables ou changeantes: le cultivateur, le guerrier, l'avocat, l'amoureux inconstant, le citoyen, le courtisan, etc. S'y joignent d'autres personnages: le pèlerin, le solliciteur dont la démarche va de pair avec l'indication d'un moment du jour:

Le pelerin à l'ombre se delasse,
Ou d'un sommeil le travail adoucit,
Ou resveillé, avec la pleine tasse
Des jours d'Esté la longueur accourcît,

Qui devant l'aube accourt triste à la porte
Du conseiller, et là faisant maint tour
Le sac au poing attend que Monsieur sorte
Pour luy donner humblement le bon-jour.[30]

En toutes ces images, le poète ne s'est pas impliqué lui-même. Mais il en est d'autres, où il déploie le détail d'un emploi du temps, par quoi il fixe dans son œuvre une image de soi. De fait: plusieurs images de soi, selon divers types de journées, qui font alterner différents types d'existence – comme si chaque type de journée produisait un être également typique, propre à l'habiter. Il serait vain de chercher à discriminer ce qui est authentique, et ce qui suit la prescription d'un modèle.

Ronsard, fuyant Paris lors d'un »pesteux Autonne«[31], goûte sur les bords de la Marne les plaisirs d'une liberté solitaire, qui fait penser aux mille variations oisives offertes aux habitants des Arcadies. Aucun travail: des chemins ouverts, des jeux, des exercices, la chasse et la pêche, de la musique:

Dés le matin que l'Aube safranee
A du beau jour la clarté r'amenée,
Et dés midy jusqu'aux rayons couchans
Tout esgaré je m'enfuy par les champs
A humer l'air, à voir les belles prees,
A contempler les collines pamprees,
A voir de loin la charge des pommiers
Presque rompus de leurs fruicts autonniers,
A repousser sur l'herbe verdelette
A tour de bras l'esteuf d'une palette,
A voir couler sur Marne les bateaux,
A me cacher dans le jonc des isleaux.
Ore je suy quelque liévre à la trace,
Or' la perdris je couvre à la tirace,
Or' d'une ligne apastant l'hameçon
Loin haut de l'eau j'enleve le poisson;
Or' dans les trous d'une isle tortueuse
Je vay cherchant l'escrevice cancreuse,
Or' je me baigne, ou couché sur les bors
Sans y penser à l'envers je m'endors.
Puis resveillé ma guiterre je touche,
Et m'adossant contre une vieille souche,
Je dy les vers que Tityre chantoit
(...) (I, pp. 328/29)

Ce sont là les divertissements d'une vacance, et les plaisirs culmineront en une fastueuse vendange; Bacchus domine le poème (et justifie son titre de »Gayeté«). Quel meilleur antidote à la peste que l'air pur, les exercices du corps, la bonne mesure de veille et de sommeil, la musique, le vin? Tous les éléments de la description pourraient faire partie d'une »diète«, selon les conceptions de la médecine du temps. Seules la guitare et la récitation de l'églogue virgilienne (qui ne sont pas sans valeur thérapeutique) indiquent, dans le poème, que Ronsard n'a pas oublié son devoir de poète. Mais il ne s'agit là que d'un interlude, insérant un temps rustique dans le cours d'un autre temps: sitôt la bise revenue, Ronsard le promet, il quittera la campagne pour ses »compagnons« et ses »livres«.

A cette joyeuse insouciance, sans horaire ni contrainte, s'oppose de façon frappante la journée soucieuse du courtisan, évoquée par Ronsard dans le »Discours contre Fortune«. Ronsard, quémandeur, y déplore le mauvais sort qui a fait de lui un ambitieux. Le tableau de la vie libre n'y manque pas; s'adressant à un grand, il écrit:

Avant qu'aller chez vous je vivois sans esmoy,
Maintenant par les bois, maintenant à par moy
J'errois pres des ruisseaux, maintenant par les prées,
J'allois le nourisson des neuf Muses sacrées;
(...)[32]

Mais tout a changé; le voici désormais transformé »d'un escolier contant/En nouveau courtizan demandeur inconstant« (II, p. 402). Il s'est astreint à régler son temps sur l'étiquette de la cour:

Lors j'appris le chemin d'aller souvent au Louvre;
Contre mon naturel j'appris de me trouver
Et à vostre coucher et à vostre lever,
(...)
Je brulay du desir d'amasser et d'avoir;
J'appris à desguiser le naïf de ma face,
Espier, escouter, aller de place en place,
(...) (II, p. 402)[33]

Ronsard, dans la suite du texte, amplifie allégoriquement: il personnifie la volonté tierce dont il est désormais dépendant: un matin, »au poinct du jour« (II, p. 405), Fortune envoie le Malheur sur terre et lui enjoint d'entrer »dedans l'esprit du Vandomois Ronsart« (II, p. 404). Cet événement constitue, à sa manière, un commencement repérable et tristement mémorable:

Depuis ce mauvais jour, plein de soin et d'envie,
De travaux courtizans je tourmentay ma vie;
(...) (II, p. 405)

Ronsard s'accuse d'avoir quitté l'innocente vie solitaire du poète, et il confesse à son destinataire (Odet de Coligny, Cardinal de Châtillon) au moins deux péchés capitaux: l'avarice et l'envie. Ces péchés, toutefois, Ronsard les impute peu chrétiennement au »destin« (II, p. 405), à »l'influence dure d'un Astre«[34], à une malédiction frappant la poésie, à la »chaude fievre« (II, p. 408) qui lui fait tenir »un discours fantastique« (II, p. 409). C'est alors une mélancolie, toute différente de la mélancolie amoureuse ou de l'inspiration poétique, qui régit le cours de son existence, qui accapare les pensées, et qui offusque les heures précieuses de ses journées ...

*

La »Response de Pierre de Ronsard aux injures et calomnies de je ne sçay quels predicantereaux et ministreaux de Genéve«[35] est sans contredit un texte capital pour la connaissance de la conscience que Ronsard prenait de lui-même. Riposte vengeresse contre »Zamariel« (pseudonyme d'Antoine de Chandieu), le poème est tout ensemble une invective et une apologie pro vita sua. Selon les préceptes de la rhétorique, la défense d'un accusé doit mentionner sa vie antérieure (vita praecedens); et elle doit invoquer la droiture de ses mœurs (probi mores et anteactae vitae integritas).

Les orateurs anciens, à ma connaissance, ne recouraient pas systématiquement à la description des habitudes journalières du personnage dont ils faisaient l'éloge ou dont ils défendaient les mœurs. Inaugurée en climat stoïcien (Sénèque, lettre 83), reprise et affinée par la conscience chrétienne, la description des activités d'une seule journée, qui vaut parfois pour toute la vie d'un individu, constituera, à tout le moins à partir de Pétrarque, l'une des ressources de la rhétorique défensive et de la justification personnelle. (Nous verrons Rousseau s'en servir dans tous ses textes autobiographiques dès les »Lettres à Malesherbes«.) »Je ne suis incogneu«[36]: l'innocence est une qualité essentielle, mais elle doit se démontrer en acte, par la description d'un »genre de vie«: en racontant ce que l'on fait, on montre ce que l'on est. Ne rien omettre d'un emploi du temps, c'est prouver qu'aucun instant n'a été réservé au mal et ne doit être celé. Ronsard est confiant dans la valeur du procédé. Il l'a utilisé à bon droit – c'est sa conviction – puisque ses adversaires l'avaient attaqué dans sa personne et dans son genre de vie: ils l'avaient dénoncé comme un épicurien, comme un païen; n'a-t-il pas sacrifié un bouc en l'honneur de Dionysos, pour fêter Jodelle, lors du voyage d'Arcueil? Ronsard ne se contente pas d'innocenter ce simulacre. Il ajoute:

> Tu te plains d'autre part que ma vie est lascive,
> En delices, en jeux, en vices excessive,
> Tu mens mechantement: si tu m'avois suivi
> Deux moys, tu sçaurois bien en quel estat je vy:
> Or je veux que ma vie en escrit aparoisse:
> Afin que pour menteur un chacun te cognoisse.
> (Laum. XI, p. 143; II, p. 606)

Faire »apparaître« sa vie »en escrit«, c'est en déployer les gestes habituels, du matin jusqu'au soir. Une prémisse est posée: cette vie est constante et stable. Elle est fixée en un »estat«; elle n'est donc pas livrée au désordre aventureux qui fait qu'un jour diffère de l'autre. Un ordre règne. Mais, à lire Ronsard, nous verrons que c'est un ordre varié, accueillant la plus grande diversité d'occupations; et ces occupations, puisqu'elles sont multiples, sont du même coup limitées les unes par les autres, chacune insérée à sa place appropriée, n'occupant du jour qu'un segment: y apparaissent les »trois commerces« (livres, amis, femmes) que louera Montaigne, et, conjoints avec l'art libéral de la parole, les arts nobles du cavalier et de l'escrimeur. Les lieux parcourus sont inventoriés: ils vont du cabinet de travail aux »jardins qui sentent le sauvage«, de l'église à la salle de bal:

M'esveillant au matin, davant que faire rien,
J'invoque l'Eternel, le pere de tout bien,
Le priant humblement de me donner sa grace,
Et que le jour naissant sans l'offenser se passe,
Qu'il chasse toute secte & tout erreur de moy,
Qu'il me vueille garder en ma premiere foy,
Sans entreprendre rien qui blesse ma province,
Treshumble observateur des loys & de mon Prince.
Apres je sors du lict, & quant je suis vestu
Je me renge à l'estude, & aprens la vertu,
Composant & lisant, suyvant ma Destinée,
Qui s'est des mon enfance aux Muses enclinée:
Quatre ou cinq heures seul je m'areste enfermé,
Puis sentant mon esprit de trop lire assommé
J'abandonne le livre, & m'en vois à l'Eglise:
Au retour pour plaisir une heure je devise,
De là je viens disner, faisant sobre repas,
Puis je rends grace à Dieu: au reste je m'esbas:
Car si l'apresdinée est plaisante & sereine,
Je m'en vais promener tantost parmy la plaine,
Tantost en un village, & tantost en un boys,
Et tantost par les lieux solitaires & coys,
J'ayme fort les jardins qui sentent le sauvage.
J'ayme le flot de l'eau qui gazoille au rivage.
Là, devisant sur l'herbe aveq'un mien amy
Je me suis par les fleurs bien souvent endormy
A l'ombrage, d'un saule, ou lisant dans un livre
J'ay cherché le moyen de me faire revivre,
Tout pur d'ambition & des soucis cuisans,
Miserables bourreaux d'un tas de mesdisans
Qui font (comme ravis) les prophettes en France,
Pipant les grands Seigneurs d'une belle apparence.
Mais quand le ciel est triste & tout noir d'espesseur,
Et qui ne fait aux champs ny plaisant ny bien seur,
Je cherche compagnie, ou je joüe à la prime,

Je voltige, ou je saute, ou je lutte, ou j'escrime,
Je di le mot pour rire, & à la verité
Je ne loge chés moy trop de severité.
  J'ayme à faire l'amour, j'ayme à parler aux femmes,
A mettre par escrit mes amoureuses flames,
J'ayme le bal, la dance, & les masques aussi,
La musicque & le luth, ennemis du souci.
  Puis quand la nuit brunette a rangé les estoilles
Encourtinant le ciel & la terre de voilles,
Sans soucy je me couche, & là levant les yeux,
Et la bouche & le cueur vers la voute des cieux,
Je fais mon oraison, priant la bonté haute
De vouloir pardonner doucement à ma faute.
(Laum. XI, pp. 144–146; texte corrigé d'après les notes
du tome XIX; II, pp. 606/07)

En quelle mesure cette journée si complète diffère-t-elle des journées de liberté décrites par Ronsard en d'autres occasions? Elle n'est pas seulement plus détaillée, elle n'a pas seulement substitué à l'effusion lyrique l'accent du plaidoyer et de la polémique: elle comporte d'autres activités, dont le poète n'a fait nulle mention dans les autres circonstances. Pour cette fois, le jour est encadré par les exercices de piété: prière du matin et prière du soir. Il comporte de surcroît une station à l'église après l'étude du matin, et l'action de grâces après le dîner de la mi-journée. Ce jalonnement religieux semble innocenter, aux yeux de Ronsard, les »delices« et les »jeux« qui lui sont reprochés, et dont il ne conteste pas la présence dans sa journée: ébats, promenades, jeux d'adresse ou de hasard, exercices martiaux, galanteries occupent son temps à partir de l'après-dînée. Il ne peut y avoir là de »vice« ni de »lasciveté«, comme on l'en accuse: l'oraison du soir, qui implore le pardon, est assurée d'avoir obtenu ce qu'elle demande. Ronsard se donne l'absolution. La querelle ayant été portée sur le plan religieux, Ronsard ne pouvait, dans sa réplique, omettre d'alléguer sa parfaite soumission aux devoirs du chrétien. Ses actions sont toutes compatibles. (Du coup, comme on l'a remarqué, l'ordre des activités de Ronsard ressemble assez étroitement à celui qui règle la journée laborieuse, joyeuse et pieuse de Gargantua[37].)

Chacune des parties successives dont se construit la riche et composite journée de Ronsard pourrait fournir les éléments d'une journée entière. Et, de fait, on a vu s'esquisser ailleurs des journées entièrement vouées à la lecture, qui prend ici quatre ou cinq heures de la matinée; d'autres se déployer d'un bout à l'autre dans le loisir ludique, sans horaire fixe, dont l'espace se limite ici à l'après-midi; d'autres, surtout, se consacrer à la pensée exclusive de la femme aimée, laquelle apparaît comme une fiction si l'on en croit les deux vers qui établissent au pluriel le règne des »femmes« et des »flammes«, parmi les divertissements musicaux et dansants, »ennemis du souci«. On le constate, les moments de cette journée plurielle peuvent engendrer – réellement ou fictivement – plusieurs types de journées plus homogènes. Cela est si vrai qu'immédiatement après avoir évoqué cette journée variée dont la religion constitue le cadre mais non le contenu, Ronsard va décrire une journée exclusivement occupée par le rituel. Il s'agit des devoirs qu'il accomplit en sa qualité d'homme d'église (titulaire d'un bénéfice), qui participe à l'office, même si son titre de chanoine ne fait pas de lui un »vrai prêtre« rattaché au clergé. Il n'est plus question, alors, de se glisser souplement d'un lieu à l'autre. L'église absorbe toute l'existence du poète transformé en officiant, et le temps est austèrement réglé par les seules heures canoniales:

Mais quand je suis aux lieux où il faut faire voir
Ce que peut un tressaint & tresjuste devoir,
Lors je suis de l'eglise une collonne ferme,
D'un surpelis ondé les espaulles je m'arme,
D'une haumusse le bras, d'une chape le dos,
Et non comme tu dis faitte de croix & d'os,
C'est pour un Capelan: la mienne est decorée
De grandes boucles d'or, & de frange dorée,
Et sans toy sacrilege, encore je l'aurois
Couverte des presens qui viennent des Indois,
Mais ta main de Harpie, & tes griffes trop haves
Nous gardent bien d'avoir les épaules si braves.
Par le trou de la chape aparoist eslevé
Mon col brave & gaillard, comme le chef lavé
D'un limaçon d'Avril, qui traine en meinte sorte
Par un trac limonneux le beau palais qu'il porte
Et desur l'herbe tendre errant deça dela
Dresse parmi les fleurs les deux cornes qu'il ha:
Un guerrier de jardins, qui se paist de rousée
Dont sa ronde maison est par tout arousée.
Ainsi paroist mon chef, & me sens bien heureux
De faire cet estat si saint & genereux.
Je ne perds un moment des prieres divines,
Des la pointe du jour je m'en vais à matines,
J'ay mon breviere au poing, je chante quelque fois,
Mais c'est bien rarement, car j'ay mauvaise voix:
Le devoir du service en rien je n'abandonne,
Je suis à Prime, à Sixte, & à Tierce, & à Nonne,
J'oy dire la grand messe, & avecque l'encent
(Qui par l'Eglise espars comme parfun se sent)
J'honore mon Prelat, des autres l'outre-passe,
Ayant pris d'Agenor son surnom & sa race.
Apres le tour finy je viens pour me rassoir:
Bref, depuis le matin jusqu'au retour du soir
Nous chantons au Seigneur loüanges & cantiques,
Et prions Dieu pour vous qui estes heretiques.
(Laum. XI, pp. 146–148; II, pp. 607/08)

Cette journée religieuse, Ronsard l'a ajoutée pour définir son statut: il fait bien partie du »gras troupeau de l'Eglise« (il est chanoine et il a reçu la petite tonsure); mais, n'étant pas prêtre, il lui faut préciser, face aux attaques des protestants, la vraie nature de ses fonctions ecclésiastiques; elles sont relativement subalternes elles le font participer à la messe sans qu'il ait titre à le dire. Son rang dans la hiérarchie est manifesté par les vêtements qu'il est autorisé à revêtir: le surplis, l'aumusse, la chape avec ses ornements distinctifs (qui ne sont pas ceux du chapelain, lequel est un vrai prêtre). Pour riposter à La Roche-Chandieu (Zamariel), qui compare la tête de Ronsard, émergeant de la chape, à celle d'une tortue, Ronsard recourt à une autre comparaison: le »limaçon d'avril«, le »guerrier de jardins«[38]. Singulière image animalière, qui réintroduit la terre et les jardins à l'intérieur de la journée religieuse, dans un esprit qui n'est pas celui de la piété, mais bien plutôt celui du »grotesque« décoratif. La journée religieuse, par ce chemin de traverse, retrouve les »jardins qui sentent le sauvage«. C'est comme si Ronsard, en s'assimilant à un innocent mollusque hermaphrodite, désertait l'église pour un paysage plus conforme à son goût du monde naturel. – Il n'empêche qu'après la journée complète et composite, la journée religieuse vient ajouter un autre mode d'existence, incompatible avec le premier, et qui doit donc l'interrompre pendant une période déterminée: »(...) quand je suis aux lieux où il faut faire voir/Ce que peut un tressaint & tresjuste devoir, (...)« »... La vie du poète n'est donc pas d'un seul tenant; elle comporte pour le moins un dédoublement, – entre une vie selon le temps profane (avec sa part de devoirs religieux) et une vie selon le temps sacré (avec quelque réminiscence des sentiers terrestres). Ajoutons-le: ce dédoublement n'occasionne aucune mauvaise conscience, il n'est accompagné d'aucun malaise. Ronsard, à l'en croire, l'accentuerait encore davantage: s'il ne tenait qu'à lui, il voudrait bien être un vrai prêtre, voire un évêque, doté »d'une bonne Evesché«:

Lors j'aurois la couronne à bon droit sur la teste,
Qu'un rasoer poliroit le jour d'une grand feste,
Ouverte, grande, blanche & large jusque au front,
En forme d'un croissant qui tout se courbe en rond.
(...)
Les roys de ce pays que le débord du Nil
D'un limon bien heureux rend preignant & fertil,
Estoyent prestres mittrez, & ceux qui l'Assyrie
Tenoient obeissante à leur grand' seigneurie.
Je voudrois l'estre ainsi: j'aurois le pas posé,
Les doigtz escarbouclez, le menton bien razé,
La chappe à haut collet, & vray messire Pierre
J'yrois signant le ciel, les ondes & la terre.
(Laum. XI, pp. 120–122; II, p. 597)

C'est l'image fabuleuse du roi-prêtre (et poète comme Orphée) qui entraîne, dans cet autre moment de la »Responce«, la rêverie de Ronsard; de l'image de l'évêché, il glisse sans peine à celle de la souveraineté pharaonique ... Il n'y a rien que de vraisemblable, pourtant, dans la journée religieuse que Ronsard, chanoine de Saint-Julien du Mans, décrit en mentionnant son »prélat« (Charles d'Angennes, dont il fait remonter la race au Troyen Agenor). Sa voix qu'il dit mauvaise semble bien correspondre à ce qu'on croit savoir de ses ressources physiques. La fiction païenne ne joue qu'au niveau des généalogies flatteuses ... De fait, la dissemblance de la journée profane idéale et de la journée religieuse est l'expression même de la condition matérielle du poète. La journée profane, avec sa matinée consacrée à la composition, avec sa promenade, ses ébats, ses exercices de l'après-midi, avec ses divertissements galants de la soirée, n'est possible que moyennant un suffisant revenu. Et ce revenu ne peut provenir que d'un bénéfice ecclésiastique, lequel oblige à passer au moins quelques journées selon le rituel imposé. A son tour, ce bénéfice n'a été possible qu'au prix d'une suffisante assiduité auprès des grands: la journée de cour – dont Ronsard se plaint, on l'a vu, en d'autres poèmes – est la condition préalable des deux types de journées conjointement décrits dans la »Responce«. Ce poème se contente de déclarer discrètement:

J'ay suyvi les grands Roys, j'ay suyvi les grands Princes,
J'ay pratiqué les meurs des estranges provinces,
J'ay long temps escollier en Paris habité,
(...) (Laum. XI, p. 132; II, p. 602)

Les pamphlétaires protestants qui accusent Ronsard d'être flatteur, avide de bénéfices, exagèrent par la hargne, mais touchent au vif une vérité non dissimulable, un point sensible.

*

A partir de ces observations, quelques remarques doivent être formulées.

Nous étions partis d'une typologie littéraire des journées, et voici que progressivement nous en sommes arrivés à une typologie sociale, où le code régulateur n'est pas celui du dire, mais celui du faire. Pourtant nous n'avons fait que parcourir une série d'exemples apparus dans l'œuvre de Ronsard. De manière générale, l'on serait enclin à dire que le schème de la journée s'est révélé apte à mettre en évidence l'opposition entre un mode de vie fictif, et les contraintes imposées par la nécessité matérielle. Cette opposition, toutefois, sitôt posée dans sa généralité, appelle quelque correction. Les modèles littéraires des journées occupées par l'errance pensive de l'amour, par le bonheur pastoral, par la fugacité des plaisirs sensibles, ne restent pas enfermées dans les pages des livres et ne se propagent pas seulement par l'imitation écrite: elles inspirent des comportements, elles appellent des représentations vécues, des passages de l'image à l'acte (tout un quichottisme des grands lieux communs);

de leur côté, les journées réelles, imposées par le code social (aulique, religieux) ne sont pas seulement tributaires d'une écriture qui les décrit après coup: elles sont elles-mêmes précédées par un discours élaboré, par une règle qui les prescrit, sinon même par une littérature qui les a déjà évalués (je pense au »De vita solitaria« de Pétrarque, et au parallèle qu'au début de l'ouvrage l'on voit tracé entre la vie recueillie du »solitarius« et les péchés où se trouve entraîné l'»occupatus«).

Ces remarques tendent à nous rappeler que la réception d'une typologie littéraire ne se limite pas à la seule jouissance littéraire ni à un travail de transformation confiné dans le domaine de l'écriture: dans une mesure plus ou moins large, un modèle littéraire (surtout lorsqu'il s'agit du cours de la journée) est un modèle de vie, un modèle que la vie cherche à mettre en expérience. Sans même poser la question de la causalité sociale qu'il conviendrait de déceler à l'origine des types littéraires, il faut prendre en considération l'effet social des modèles littéraires. Si bien qu'il est difficile de trouver une ligne de démarcation nette entre les journées imaginaires de Ronsard (calquées sur des précédents antiques ou pétrarquistes) et les journées réelles (imposées par le rituel ecclésiastique ou par l'étiquette de la cour). L'exemple par excellence nous est offert ici par l'expérience amoureuse, qui se déploie dans l'intervalle indécidable entre précédents livresques, événements vécus et réinterprétation poétique, adressée à l'être aimé en même temps qu'à un public dont l'attente et les goûts sont pris en pleine considération: dans sa »Responce«, Ronsard trouve la formule juste pour évoquer sa poésie amoureuse: il marque avec netteté l'antécédence de l'élan chaleureux dicté par la Muse, par rapport au choix d'une »maîtresse«:

> Aussi tost que la Muse eut emflé mon courage
> M'agitant brusquement d'une gentille rage,
> Je senti dans mon cueur un sang plus genereux,
> Plus chaut & plus gaillard, qui me fist amoureux:
> A vint ans je choisi une belle maistresse,
> (...) (Laum. XI, P. 167; II, p. 617)

La journée composite, que nous avons aussi dénommée journée profane, doit-elle être tenue pour une réalité biographique sincèrement décrite, ou pour un modèle à la fois humaniste et aristocratique, développé conformément à un idéal codifié? Il faut s'abstenir de trancher, tant, en ce seizième siècle, l'individuel et le typique (littéraire, religieux, ou aristocratique) sont inséparables; tant le *lieu commun* a tendance à se transmuer en fait social, et tant la contrainte sociale est imbue de valeurs véhiculées par le discours.

La pluralité de Ronsard, c'est donc aussi, d'une part, cette présence de modèles d'existence liés aux sources littéraires antiques et humanistes (où le rôle des fictions mythologiques est considérable) et, d'autre part, ces divers styles de vie imposés par le monde contemporain, par l'autorité des princes, par les règles de l'Eglise, etc.... Pour Ronsard, ces différents mondes, ces diverses existences – de la fiction à la foi – sont aptes à coexister, pour autant que soit respectée la liberté revendiquée par l'invention poétique. La »brusque poésie«, dans son essence même, est une activité plurielle, vagabonde, joueuse. Il suffit de relire, dans la »Responce«, le passage bien connu où Ronsard définit »l'art de Poésie« (en l'opposant à l'art trop appliqué et discursif des »versificateurs«):

(...) il se promeine
D'une libre contrainte, où la Muse le meine.
Ainsi que les Ardens aparoissant de nuit
Sautent à *divers* bons, icy leur flame luit,
Et tantost reluit là, ores sur un rivage,
Ores desur un mont, ou sur un bois sauvage.
(Laum. XI, pp. 160/61; II, p. 614)

Ainsi, l'abeille »erre de pré en pré, de jardin en jardin« (p. 161). Au contradicteur protestant qui l'a pris à partie, Ronsard riposte en alléguant la »folie« de l'énoncé poétique. La »fureur« que Ronsard revendique n'est pas une saisie extatique de la vérité, c'est un caprice qui invente des formes multiples, par-delà tout sens, jusqu'à l'indétermination la plus complète. L'erreur serait de vouloir prendre au mot le poète. Et cette erreur, le »prédicant« l'a commise en s'attaquant à Ronsard:

Faut-il que ta malice attire en conséquence
Le vers que brusquement un poëte a chanté?
Ou tu es enragé, ou tu es enchanté,
De te prendre à ma quinte, & ton esprit s'oublie
De penser aracher un sens d'une folye.
(...)
Tu sembles aux enfans qui contemplent es nues
Des rochers, des Geans, des Chimeres cornues,
Et ont de tel object le cerveau tant esmeu,
Qu'ils pensent estre vray l'ondoyant qu'ils ont veu,
Ainsi tu penses vrais les vers dont je me joüe,
Qui te font enrager, & je les en avoüe.
Ny tes vers ny les miens oracles ne sont pas,
Je prends tanseulement les Muses pour ébas,
En riant je compose, en riant je veux lire,
Et voyla tout le fruit que je recoy d'escrire,
Ceux qui font autrement, ils ne sçavent choisir
Les vers qui ne sont nés sinon pour le plaisir.
(Laum. XI, pp. 162/63; II, pp. 614/15)

En l'occurrence, cette pluralisation de l'activité poétique, cette légitimation d'une folle liberté vont de pair avec une profession de foi hédoniste. Et le travail du poète, pour une part importante, a consisté à multiplier le vocabulaire, à enrichir la langue, à la reconstruire à partir de l'ancien et du nouveau: autre forme de pluralisation:

Adonques pour hausser ma langue maternelle,
(...)
Je fis des mots *nouveaux,* je rappelay les *vieux*:
Si bien que son renon je poussay jusqu'aux cieux:
Je fis d'autre façon que n'avoient les antiques,
Vocables *composés,* & frases poëtiques,
(...) (Laum. XI, p. 167; II, p. 617)

Marcel Raymond commente fort justement: »Après avoir quitté sa tour d'ivoire et manié l'épée, pour la défense du roi et de l'Eglise, il éprouve le besoin d'affirmer qu'il est libre, que le monde de sa poésie n'est pas celui du vrai, mais celui du beau (...). La mystique de ses jeunes années lui semble maintenant une belle fiction poétique, une espèce de religion décorative qu'il a professée parce qu'elle justifiait et illustrait ses ambitions.«[39] A quoi l'»Epistre au lecteur« de 1564 apporte confirmation: »La poësie est plaine de toute honneste liberté, et, s'il faut dire vray, un folastre mestier duquel on ne peut retirer beaucoup d'avancement, ny de profit« (II, p. 986)[40].

Il vaut la peine, en ce point, d'examiner la polémique des protestants contre Ronsard. On connaît les arguments les plus massifs: »prêtrise« (donc gras bénéfices), épicurisme, athéisme, sacrifice d'un bouc lors de la fête d'Arcueil, vérole, etc.... A ces griefs s'en ajoute un autre, moins voyant, mais qui prend forme explicite à plusieurs reprises: l'existence doit se faire une, se rassembler tout entière sous la conduite de la Parole et de l'esprit saint; la poésie doit se mettre au service de ce dessein unificateur; la pluralité des formes d'existence auxquelles s'abandonne Ronsard à travers sa fascination pour les poètes païens, c'est proprement un polythéisme, donc un athéisme, une surdité, à l'appel du Dieu unique, un refus démoniaque de l'unique voie du Salut. Contre Ronsard, Zamariel (La Roche-Chandieu) évoque les combattants de la foi »armez d'une vie constante«:

Car celuy croit en Dieu, qui l'escoutant parler
Ne veut avec sa voix l'estrangere mesler:
Mais Athée est celuy qui Dieu parlant mesprise,
Et seulement la voix des hommes authorize.
Cestuy là croit en Dieu, qui fermement fondé,
S'arreste sur cela que Dieu a commandé:
Mais Athée est celuy, que la coustume emporte,
Ores croyant ainsi, ores d'une aultre sorte.[41]

Pour un autre adversaire (Montméja, qui signe B. de Mont-Dieu), la Vertu est immuable, elle »persiste en sa perfection« (p. 52); c'est le vice, au contraire, qui se *multiplie* ... Ronsard se voit reprocher son »inconstance«, ses métamorphoses, ses masques innombrables; on lit dans la »Remonstrance« de Jean de la Gessée:

Comme un diable masqué qui le peinctre sçavant
De moynes accompagne au millieu du couvent,
Agencé, testonné, aucunesfois imite
Les traicts d'une putain, quelquefois d'un hermite,
Si n'est-il neantmoings tellement desguisé
Qu'il ne soit par ses cors et griffes accusé:
Ainsi voulant Ronsard contrefaire le pye
Soubz le manteau papal tousjours se trouve impie.
Quoy qu'en mille facons cà et là soit vagant,
Que d'Orphée devienne exorciste arrogant,
D'idolatre payen dissimulé papiste,
De poete gentil yvroigne sorboniste,
D'amoureux verolé, de delivre empestré,
Et du roy sirien lymacon emplastré,
Si veoit on clairement soubz une chappe sotte
Lucien apparoir (...) (pp. 201/02)

L'existence de Ronsard se caractérise par le polymorphisme diabolique. Or ce que Ronsard a maintes fois exprimé, c'est bien la joie d'une énergie vitale capable de revêtir les formes les plus diverses: il ne pouvait rien y voir de répréhensible, d'autant que cette énergie enthousiaste s'imposait à lui comme »sainte«, indépendamment de toute orthodoxie et de toute approbation théologique. Pour le polémiste protestant, au contraire, Ronsard est un véritable »Protée« (t. II, p. 247); le réfutateur reprend terme à terme la description de la journée composite et profane, pour la parodier, et surtout pour la déclarer »vilaine et lascive« (t. II, p. 270). La colère du contradicteur est à son comble, quand la journée religieuse s'ajoute à la journée profane: il y a là une multiplication d'activités qui est matériellement impossible, et moralement irrecevable:

Comment peut en ce poinct Messire Pierre (di-je)
Faire tout ce qu'il dit? Il se leve, il voltige,
Des heures quatre ou cinq il estudie à part,
Le devis est d'une heure, il disne, et puis il part,
Il va aux monts, aux bois, il se couche en la prée,
Il s'esbat à la prime, il attend la vesprée,
Il chante, il balle, il danse au luth et au rebec,
Il est à Prime, à Nonne, à Matines avec,
Cent cas d'un mesme temps. Il faut donc qu'on devine,
Que Ronsard n'est point homme, ains personne divine.
(t. II, p. 273)

Les ministres protestants, champions d'une foi qui mettrait le cap »au vray port de la Bible« (t. I, p. 42), lui dresseront un »temple« où son image sera coiffée par la »mittre d'inconstance« (t. II, p. 309), et où sept tapisseries le montreront en diverses postures peu glorieuses ...

Cette polémique est instructive, en ce qu'elle montre le protestantisme (mais on en dirait autant de certains courants de la contre-réforme) en lutte contre la pluralisation imaginaire de l'existence qui accompagnait l'euphorie expansive de l'humanisme. Le moment vient où l'individu est sommé d'être une personne rassemblée par sa responsabilité devant Dieu: la »Remonstrance à Ronsard« de Jean de la Gessée, qui fait également une longue allusion aux descriptions de journées de la »Responce«, met Ronsard en demeure de choisir entre les inconciliables. On ne peut sans scandale imaginer, comme l'avait fait Ronsard, »Hercule chrétien«. Il faut opter:

(...) Je dy qu'il me semble
Qu'Ethnique on ne peut estre et Chrestien tout ensemble,
Je dy que le poete ou gentil ou chrestien
Ne peult, ne doibt louer aultre Dieu que le sien.
(t. I, p. 215)

L'iconoclasme protestant ne consent pas à épargner les faux dieux de la poésie païenne.

*

La maladie, la mort imminente semblent avoir opéré cette simplification; et les derniers sonnets en portent témoignage. Le »je suis« que l'on lit dans ces textes apparaît plus proche du moi réduit à son destin propre (à son corps) que ne l'étaient les identifications fabuleuses des poèmes de jeunesse et même celles des amours tardives (»J'estois Dieu, si mon œil vous eust veu davantage; (...)«[42])... Les derniers vers sont la voix d'un homme ramené à la dure évidence du dépérissement, qui l'affecte en son être singulier:

Je n'ay plus que les os, un squelette je semble,
Decharné, denervé, demusclé, depoulpé,
Que le trait de la Mort sans pardon a frappé:
Je n'ose voir mes bras que de peur je ne tremble.[43]

Les deux derniers des six sonnets évoquent le Christ, et lient ainsi l'unicité de l'existence à l'unicité du Dieu sauveur – conformément aux vœux des protestants.

Est-ce une simple coïncidence si à ce moment le cycle des journées s'arrête? Le poète moribond ne vit que d'interminables nuits d'insomnie, de »longues Nuicts d'hyver« (sonnet IV, II, p. 636): ses yeux ne se ferment pas: »Seize heures pour le moins je meur les yeux ouverts, (...)« (sonnet II, II, p. 635). Le poète invoque le Soleil: »J'appelle en vain le Jour, et la Mort je supplie, (...)« (p. 635). Ronsard vit sa mort comme un arrêt de l'alternance heureuse des heures diurnes et des heures nocturnes. C'est la »vieille umbre de la terre« (sonnet IV, II, p. 636) qui, »d'une chaisne de fer« (p. 636), lui maintient les paupières écartées. Le mouvement cesse. Ou, pour dire mieux, il n'y a plus que trois derniers mouvements qui se laissent préfigurer, dans la voix mélodieuse qui »chante son obseque« (sonnet VI, II, p. 637). Et peut-être, alors même que s'interrompt le cycle des jours, est-ce quelque chose de leur polymorphisme qui subsiste dans ces divers mouvements en direction de l'intemporel.

Le premier de ces mouvements mène vers le »rien«, vers la nuit définitive: »Mon corps s'en va descendre où tout se desassemble« (sonnet I, II, p. 635). La Mort (et non la Bible) est déclarée le »port commun« (sonnet IV, II, p. 636).

Le second, c'est l'envol, au ciel des poètes, d'une plume glorieuse: »Ma plume vole au Ciel pour estre quelque signe, (...)« (sonnet VI, II, p. 637). La gloire s'élève au firmament, au »ciel des fixes«.

Le troisième est le mouvement de l'âme qui suit »Le chemin deserté, que Jesus-Christ trouva, (...)« (sonnet V, II, p. 636), et qui va rejoindre l'éternité, »(...) D'homme, fait nouvel ange, aupres de Jesus-Christ, (...)« (sonnet VI, II, p. 637).

Ce sont là, une dernière fois, des voies plurielles. Mais ces voies plurielles correspondent à l'anthropocosmologie qui distingue corps, âme, imagination: chacun de ces principes, l'œuvre de la vie une fois accomplie, va rejoindre son lieu prédestiné. Ce n'est plus le désordre effervescent de la vie polymorphe: c'est l'ordre d'un univers hiérarchisé – ou le firmament des poètes glorieux luit à mi-distance entre la terre des morts et le paradis des élus. Mais quelque chose dans ces sonnets – peut-être leur beauté si libre – nous dit que cet univers hiérarchisé est sur le point de devenir une fiction.*

Notes

1 Ronsard, *Œuvres complètes,* édition établie et annotée par Gustave Cohen, Paris (Edition de la Pléiade) 1938, 2 tomes, t. II, p. 122. Pour une vue générale, et de nombreux détails, voir Y. Bellenger, *Le jour dans la poésie française au temps de la Renaissance,* Paris/Tübingen 1979.
2 Le texte de l'édition princeps est très sûrement établi et présenté par Albert Py, *Hymnes,* Genève (Droz) 1978.
3 »Hynne des étoiles«, II, pp. 197–199.
4 »Les Amours diverses«, »A tres-vertueux seigneur N. des Neufville«, I. p. 279.
5 »Sonnets pour Hélène«, premier Livre, sonnet LXII, I. p. 241.
6 »Sonnets pour Hélène«, second Livre, sonnet LXIV, I, p. 268.
7 »Sonnets pour Hélène«, second Livre, sonnet XLIII, I, p. 260.
8 »Les Odes«, premier Livre, ode XVII, I, pp. 419/20.
9 »Pièces retranchées«, »Continuation des Amours« (1555), II, p. 814.
10 »Les Odes«, second Livre, ode X, I. p. 445; cf. aussi pp. 627/28.
11 »Les Odes«, cinquiesme Livre, Ode XVI, I, p. 628. Ou encore: »Boivon, le jour n'est si long que le doy: (...)« (»Pièces retranchées«, »Poèmes«, Livre VII (1596), Odelette, II, p. 910).
12 Sur »l'innamoramento«, cf. André Gendre, *Ronsard poète de la conquête amoureuse,* Neuchâtel 1970, pp. 69 sq.
13 »Le premier livre des Amours«, »Amours de Cassandre«, sonnet CCXIX, I, p. 94.
14 »Les Elégies«, Discours I, II, p. 14.
15 »Les Eclogues«, Eclogue II, I, p. 948.
16 »Pièces retranchées«, »Poèmes«, Livre VII (1569), II, p. 908.
17 »Les Elégies«, Second discours de Genèvre, en forme d'élégie, II, pp. 34/35.
18 »Le Bocage royal«, seconde partie, I, p. 893.
19 »Les Elégies«, Elégie XXIII, II, p. 105.
20 »Le Premier Livre des Poèmes «, Discours à Scevole de Ste Marthe, II, p. 352.
21 »Sonnets pour Hélène«, second Livre, sonnet XLIX, I, p. 262.
22 »Sonnets pour Hélène«, premier Livre, sonnet XI, I, p. 220.
23 »Sonnets pour Hélène«, premier Livre, sonnet LXI, I, p. 241.
24 »Le Second Livre des Poèmes«, II, pp. 452–464.
25 »Pièces retranchées«, »Continuation des Amours« (1555), II, p. 820.
26 »Sonnets pour Hélène«, second Livre, Elégie, I, p. 276.
27 »Les Odes«, troisiesme Livre, ode XI, I, pp. 502/03; cf. aussi l'Eclogue II, I, p. 950.
28 »Les Odes«, second Livre, ode XXIX, I, pp. 466/67.
29 »Les Odes«, quatriesme Livre, ode XXVII, I, p. 567/68.
30 »Les Odes«, troisiesme Livre, ode XIX, I, p. 513.
31 »Gayeté III«, I, p. 328.
32 »Le Second Livre des Poèmes«, II, p. 401.
33 Dans l'ode »A un sien ami, fasché de suivre la court«, Ronsard écrit: »Faut-il tant qu'on se greve/D'amasser et d'avoir?/Matin le jour se leve/Pour mourir sur le soir.« (»Pièces retranchées«, »Quatre Premiers Livres des Odes«, II, p. 743).
34 »Le Second Livre des Poèmes«, Discours à P. L'Escot, II, p. 424.
35 Pierre de Ronsard, *Œuvres complètes,* édition critique avec introduction et commentaire par Paul Laumonier, t. XI, Paris 1946, pp. 109–179; Ed. de la Pléiade, II, p. 595–621. Le texte cité est celui de l'édition Laumonier.

36 »Responce«, Laum. XI, p. 601; II, p. 601.

37 Voir notre étude »L'ordre du jour«, dans *Le Temps de la Réflexion IV*, Paris (Gallimard) 1983, pp. 101–125.

38 De fait, ces vers sur le »limaçon«, provoqués par le désir de répondre point par point à Zamariel, disparaîtront de la dernière rédaction du poème.

39 Marcel Raymond, *L'Influence de Ronsard sur la poésie française (1550–1585)*, Paris 1927, seconde édition Genève (Droz) 1965, pp. 370/71.

40 Contre ceux qui voudraient que le poète se mette au service de l'unique vérité, Ronsard plaide pour la diversité et pour son bon plaisir: »Or, si tu veux sçavoir pourquoy j'ay traitté maintenant un argument et maintenant un aultre, tu n'auras autre responce de moy sinon qu'il me plaisoit le faire ainsi, d'autant qu'il m'est permis d'employer mon papier comme un potier fait son argille, non selon leur fantaisie, mais bien selon ma volonté.« (II, p. 985).

41 *La Polémique protestante contre Ronsard*, édition de textes avec introduction et notes par Jacques Pineaux, Paris (Didier) 1973, 2 tomes, t. I, p. 40.

42 »Sonnets pour Hélène«, premier Livre, sonnet XV, I, p. 222.

43 »Pièces posthumes«, »Les derniers vers« (1586), sonnet I, II, p. 634.

* On doit désormais, sur le schème de la journée chez Ronsard, se référer au livre d'Albert Py, *Imitation et Renaissance dans la Poésie de Ronsard*, Genève (Droz) 1984, pp. 31–69 (»Séquences autobiographiques dans Ronsard«).

Gerhard Regn

Mimesis und autoreferentieller Diskurs
Zur Interferenz von Poetik und Rhetorik in der Lyriktheorie der italienischen Spätrenaissance

In der Geschichte der italienischen Renaissancepoetik stellt die Wiederentdekkung der *Poetik* des Aristoteles das schlechthin herausragende Ereignis dar[1]. In dem langen Prozeß der textkritischen Erschließung, der inhaltlichen Kommentierung und der quantitativen Verbreitung der *Poetik* markiert der Übergang von der ersten zur zweiten Hälfte des 16. Jahrhunderts einen wichtigen Einschnitt. Um 1550 herum war nämlich jener Zeitpunkt erreicht, seit dem die *Poetik* des Aristoteles nahezu unangefochten als obligatorischer Basistext der Dichtungstheorie anerkannt war[2]. Gewiß wurde auch nach diesem Zeitpunkt die aristotelische Referenz noch durch andere Referenzen überlagert, wobei insbesondere die platonische Referenz von Belang ist[3]. Diese Referenzen hatten aber einen wesentlich ergänzenden Charakter, und sie wurden in der Regel als mit der aristotelischen Primärreferenz kompatibel zu erweisen gesucht[4]. Diese Dominanz der aristotelischen Orientierung sollte das Secondo Cinquecento hindurch bestimmend bleiben, so daß dieser Zeitraum mit Fug als die aristotelische Periode der Renaissancepoetik verortet werden kann[5].

I

Kern der aristotelisch perspektivierten Dichtungstheorie ist die Theorie der Mimesis, die Verankerung der Dichtung im Konzept der Nachahmung. Es ist allererst diese Verankerung der Dichtung im Mimesiskonzept, welcher bei der Scheidung der Renaissancepoetik in eine aristotelische und in eine voraristotelische Phase die Rolle des elementaren Differenzierungskriteriums zufällt[6]. Zwar taucht das Mimesiskonzept in der Poetik der voraristotelischen Phase ebenfalls auf. Dies unter anderem schon allein deshalb, weil es in der horazischen *ars poetica* und mithin in einem der wichtigsten Bezugstexte der voraristotelischen Poetik enthalten ist. Als eine Fundierungskategorie kommt es freilich in der Regel nicht zum Tragen. Es erfährt vielmehr eine Marginalisierung, die mit Konsequenz aus den Prämissen dieser Poetik folgt. Die voraristotelische Poetik ist wesentlich eine rhetorische Poetik[7], und in einen solchen übergreifenden rhetorischen Bezugsrahmen wurde auch die horazische Epistel zur Dichtungslehre eingepaßt[8]. Wie in dieser voraristotelischen Phase allgemein üblich, so begriffen auch die Horaz-Kommentatoren Dichtung als eine Form von – wenn auch »inspirierter«[9] – oratio, deren Konstitution zunächst einmal den Rekurs auf die von der Rhetorik bereitgehaltenen Regeln und Verfahrensweisen erforderte. Den anderen Arten der Rede gegenüber zeichnete sich die dichterische Rede nach dieser Auffassung durch den höheren Stellenwert aus, den man der Dimension der elocutio zuerkannte: Die dichterische Rede hatte in besonderem Maße mit ornatus-Figuren gesättigt zu sein, und sie bedurfte zudem noch der harmonia, der metrischen Verarbeitung[10]. In diesen allgemeinen und von rhetorischen Vorstellungen geprägten Rahmen konnte dann auch problemlos die danteske Bestimmung der Dichtung als einer »fictio rethorica musicaque poita« integriert werden[11]: eine Bestimmung, die von Petrarca an durch die ganze voraristotelische Phase der Renaissancepoetik hindurch von Belang ist[12]. Was die res der dichterischen Rede angeht, so wurden diese als nicht festgelegt eingestuft. Sie brauchten also nicht notwendig nachahmbare res im aristotelischen Verstehen zu sein. Sie sollten lediglich auf einen wie auch immer gearteten philosophischen Grund zurückverweisen und praecepta enthalten[13].

In der rhetorisch geprägten Phase der Renaissancepoetik spielt das Mimesiskonzept also nur eine nachgeordnete Rolle; zur Fundierungskategorie des Dichterischen konnte es erst im Kontext eines konsequenten Aristotelismus aufsteigen[14], wobei dieser Aufstieg gleichzeitig die Möglichkeit einer Emanzipierung der Poetik von der Rhetorik beinhaltete. Diese Autonomie der Poetik gegenüber der Rhetorik wurde von den Theoretikern des Secondo Cinquecento wiederholt auch ausdrücklich hervorgehoben. Dies geschieht etwa bei Torquato Tasso, und zwar im Kontext seiner Replik auf eine der Attacken, die der vehementeste Anti-Aristoteliker des Cinquecento, Patrizi, gegen die aristotelische Poetik und ihre Verankerung im Mimesiskonzept geführt hatte. Eben diese Verankerung streicht Tasso heraus und folgert, daß gerade dadurch die arte poetica als eigenständiger Bereich von der rettorica abgehoben werden könne[15].

Diese Befreiung der Poetik aus der erdrückenden Umklammerung durch die Rhetorik impliziert freilich keineswegs, daß die Rhetorik ihrer Bedeutung für die Poetik überhaupt verlustig gegangen wäre. Sie impliziert nur, daß sich die Relation zwischen den beiden Disziplinen verkehrt hat. Statt weiterhin den kategoriellen Rahmen für die Poetik bereitzustellen, konnte die Rhetorik im Aristotelismus nunmehr unzweideutig als eine hierarchisch abhängige Größe in den übergreifenden Bezugsrahmen der Poetik eingefügt werden[16].

Die Aristoteliker wollten freilich noch weit mehr, als der Poetik über die Verankerung der Dichtung im Mimesiskonzept bloß eine neue Autonomie zuzugewinnen. Sie wollten insbesondere auch die Dichtung als ein integratives System darstellbar machen. Dieses System sollte durch seine Einheitlichkeit und innere Logik bestechen, und es sollte vermittels elementarer Differenzierungskriterien, wie zum Beispiel der Kriterien des Gegenstandes, der Art und

Weise oder des Instrumentes der Nachahmung, im Prinzip die Ableitung aller relevanten Gattungen aus den mimetischen Prämissen erlauben. Auch diesen Aspekt stellt Tasso in seiner Replik auf Patrizis Kritik am aristotelischen Systementwurf eigens heraus:

> I principij della poesia posti da Aristotile non sono falsi, e sono bastevoli a costituire l'arte poetica ...; perché non ce n'è necessario alcun altro, nè c'è alcuna specie di buona poesia, che non possa ritrovarsi colle differenze, le quale pone Aristotile[17].

Bei der Einlösung des Anspruches, die Dichtung als ein kohärentes und autonomes System auf mimetischer Basis darstellbar zu machen, trafen die Aristoteliker allerdings auf erhebliche Schwierigkeiten. Symptom dieser Schwierigkeiten sind zunächst einmal die beträchtlichen Diskrepanzen, die sich trotz der gemeinsamen Ausgangsbasis zwischen den meisten der aristotelischen Systementwürfe auftun. Doch dies ist nicht alles. Auch die einzelnen Systementwürfe selbst weisen immer wieder Bruchstellen auf; diese Bruchstellen können dabei so gravierend sein, daß sogar die elementare Kohärenz des Systems als eines mimetischen Systems gefährdet erscheint. Diese Gefährdung äußert sich gerade auch dahingehend, daß die von den Aristotelikern angestrebte Integration der Rhetorik als einer hierarchisch abhängigen Größe in den übergreifenden Rahmen der Poetik in entscheidenden Bereichen versagt: In diesen Bereichen nimmt die alte rhetorische Poetik dann nicht selten wieder den Platz ein, der ihr durch die mimetische Poetik streitig gemacht worden war. Ein Bereich, in dem die eben skizzierten Probleme ein besonders scharfes Profil erhalten, ist der Bereich der Lyrik. Von diesem Bereich soll im folgenden die Rede sein[18].

II

Zum Problem für die mimetisch fundierte Poetik wurden die metrischen Kleinformen, die man im Italien des 16. Jahrhunderts unter dem Sammelbegriff der Lyrik zu subsumieren begann[19], zunächst einmal aus zwei Gründen. Erstens schien ein Großteil der Lyrik nicht ohne weiteres mit einer Auffassung vereinbar, die Aristoteles im 24. Kapitel der *Poetik* vertritt[20]. Es ist dies die Auffassung vom genuin mimetischen Diskurs als einem Diskurs, in dem der Dichter nicht in ›eigener Person‹ reden dürfe, wobei diese allgemeine Haltung des amimetischen parlare in persona propria bei Aristoteles anhand der besonderen Sprechsituation des Berichtes erläutert wurde[21]. Und zweitens drohte die Lyrik immer wieder mit jenem aristotelischen Postulat in Konflikt zu geraten, welches die Einengung der nachzuahmenden Gegenstände auf den Bereich der menschlichen Handlungen verlangte[22].

Eine mögliche Lösung dieser Probleme bestand darin, daß man die Lyrik einfach aus dem Bezirk des Dichterischen exkludierte. Auf diese Lösungsmöglichkeit wurde dann auch wiederholt zurückgegriffen, wofür als illustres Beispiel nur auf Vettoris Aristoteleskommentar verwiesen sei[23]. Eine derartig radikale Problemlösung konnte allerdings kaum befriedigen in einer Zeit, in der mit Petrarca gerade ein Lyriker als eminentester Repräsentant der Dichtung im volgare galt[24]. Die Poetiken des Secondo Cinquecento suchten daher das Problem meist auf andere Weise zu bewältigen, wobei im Zuge dieser Problembewältigung durchaus divergente Wege beschritten wurden.

Die mit dem Redekriterium zusammenhängenden Fragen wurden in Hinblick auf die Lyrik zwar umfänglich diskutiert. Sie waren aber aus mehreren Gründen bereits von vornherein entschärft. Zunächst einmal konnte gegen die isolierte Anmerkung zum amimetischen Charakter des parlare in persona propria – eine Anmerkung, die sich bekanntlich dem Rekurs auf die platonische Opposition von Berichten und Nachahmen verdankt – der viel exponiertere Beginn der *Poetik* ausgespielt werden. In den einleitenden Kapiteln präsentiert Aristoteles nämlich die berichtende Sprechsituation genau wie die ›darstellende‹ Sprechsituation als einen mimesiskompatiblen Modus[25]. Dies greift etwa Pomponio Torelli in seinem *Trattato della poesia lirica* auf, der wohl umfangreichsten Lyrik-Abhandlung des Secondo Cinquecento. Zwei Grundmodi der Mimesis habe der Aristoteliker zu scheiden, denn »(Aristotile) dice che l'immitazione si fa o per via di narrazione ...; (o) nell'altro modo poi introducendo persone a negoziare«[26]. Auch »senza vestirsi l'altrui persona«[27] könne man also als mimetischer Dichter firmieren. Und daraus habe man zu folgern, so Torelli weiter, daß das Redekriterium der Integration der Lyrik in die mimetischen Gattungen in keiner Weise entgegenstehe. Der Beantwortung bedurfte nur noch die Frage nach der Rolle, welche die Einlassung des 24. Kapitels im übergreifenden Ganzen der *Poetik* spielt. Torelli gewinnt diese Antwort vermittels der Distinktion in zwei Aussagetypen: in Aussagen, die das Genus der Dichtung überhaupt betreffen, und in Aussagen, die sich nur auf bestimmte Spezies dieses Genus beziehen. Die Mimesis, von der im 24. Kapitel die Rede ist, wird auf dieser Linie als charakteristisch für lediglich eine gewisse spezie der Dichtung interpretiert, und zwar für die Gattung des Epos: Das ideale Epos fordere eine Maximierung des »vestirsi l'altrui persona«[28], ein Höchstmaß an direkter Rede also. Dieses Argument wurde von nicht wenigen Zeitgenossen Torellis ebenfalls herangezogen.

Eine bedeutsame Gruppe von Theoretikern schlug allerdings einen anderen Erklärungsweg ein, indem sie die Aussage des 24. Kapitels nicht nur auf die spezie des Epos, sondern auf die Dichtung überhaupt bezog. Dies war auf der Basis eines im Cinquecento geläufigen relativistischen Umgangs mit Definitionen möglich[29]. Danach konnte man einerseits die Dichtung als Mimesis definieren und andererseits die einzelnen Konkretisationen der Dichtung nach ihrem mimetischen Perfektibilitätsgrad differenzieren. Für die Lyrik hatte dies zur Folge, daß sie bei einer ausgeprägten Korrelierung mit der Sprechsituation des parlare in persona propria als eine Dichtungsart von nur bedingter

Vollkommenheit verortet werden mußte[30]. Diese Mißlichkeit versuchte man u. a. dadurch abzumildern, daß man auch für die Lyrik das vestirsi l'altrui persona als relevant herauszustellen trachtete. So ist für Minturno der petrarkische *Canzoniere* nicht zuletzt deshalb eine vorbildliche Lyrik, weil dieses Korpus genau wie ein epischer Text den Wechsel von narrare und vestirsi l'altrui persona aufweise. Minturno begründet dies mit einem ingeniösen Argument: In den adressatenbezogenen Gedichten spreche der poeta nicht mehr in persona propria, sondern als Liebender, so daß das Kriterium des vestirsi l'altrui persona erfüllt sei:

> quando il poeta parla ad altrui, par che deponga la persona del poeta e ne prenda o tenga un'altra; perciocché nel Petrarca due persone intender possiamo, l'una del poeta quando egli narra, e l'altra dell'amante, quando dirizza a Madonna Laura il suo parlare[31].

Um einiges gravierender waren die Probleme, die der Lyrik-Theorie im aristotelischen Klima des Secondo Cinquecento aus der Einengung des Gegenstandes der Nachahmung auf den Bereich der menschlichen Handlungen erwuchsen. Dies war schon allein deshalb so, weil eine Lösung nicht aus dem Text der *Poetik* selbst gewonnen werden konnte, und weil es sich hier allererst um ein spezifisches Problem der Lyrik handelte, die Lyrik-Theorie ihre Problemlösung also nicht im Windschatten der Epos-Theorie ansteuern konnte.

Nur von relativ geringem Belang war jener Lösungsweg, der über eine Ausweitung des Begriffsinhaltes das Handlungskriterium als ein der Lyrik kompatibles Kriterium erweisen wollte: Demnach habe man als Handlungen nicht nur die »vere attioni« zu verstehen, sondern auch Sachverhalte wie »il parlare, il vedere, il sentire, il dormire«, ja sogar »lo stare«[32]. Weit größere Bedeutung besaß ein anderer Weg, und zwar ein Weg, der die Abzweigung von der Straße aristotelischer Orthodoxie in Kauf nahm: Auf diesem Weg wurde ganz einfach die aristotelische Beschränkung des Gegenstandes der Nachahmung auf den Bereich der menschlichen Handlung aufgehoben. Auf diese Weise wurden die materie imitabili hauptsächlich auf die Affekte und Habitus (als autonome und handlungsunabhängige Größen) erweitert, wobei eine stattliche Anzahl von Theoretikern selbst noch über diese Erweiterung hinausging[33]. Diese Ausdehnung der materie imitabili impliziert nun mehr als eine bloße Lizenz gegenüber der aristotelischen Orthodoxie. Sie legt vielmehr den Keim für den Zerfall des mimetischen Systems, welches eigentlich gerade salviert werden sollte. Wie leicht die Diskussion um Lyrik und Mimesis in eine Abdankung der mimetischen Norm einmünden konnte, dafür ist Minturnos *Arte poetica* ein beredtes Beispiel.

In dem der »poesia melica« gewidmeten *libro terzo* seiner Poetik gibt Minturno zu verstehen, daß die bereits zu Beginn des ersten Buches vorgenommene Ausdehnung der materie imitabili[34] sich allererst der spezifischen

Verfaßtheit der Lyrik verdankt. Im Rahmen eines empirisch erstellten Kataloges vermittelt Minturno einen Eindruck von der konkreten Gestalt dieser Ausdehnung. Und dieser ausgedehnte Katalog, den er eigens unter die Kapitelüberschrift »Materia melica«[35] stellt, läßt Minturno wiederholt mit den Grenzen des mimetischen Systems in Konflikt geraten. Besonders deutlich wird dies dort, wo er die Dichtung selbst zum möglichen Gegenstand dichterischer Mimesis befördert. Denn wenn Dichtung sich selbst zum Thema nimmt, dann enthebt sie sich nach landläufiger aristotelischer Auffassung eigentlich ihres mimetischen Anspruches.

Für die Tendenz, in die expansive Auflistung der materie meliche auch solche Gegenstände aufzunehmen, die in Hinblick auf das Nachahmungskriterium von äußerst dubioser Beschaffenheit sind, läßt sich nun durchaus eine Erklärung finden. Minturno sucht nämlich das einheitsstiftende Prinzip, dem die Auflistung gehorcht, gar nicht auf der Gegenstandsebene, wie dies eigentlich zu erwarten wäre. Statt auf der referentiellen Ebene setzt er es vielmehr auf der pragmatischen Ebene an. Zu einer relativ geschlossenen Gruppe lassen sich die von Minturno benannten materie meliche deshalb zusammenfassen, weil sie vorzüglich auf bestimmte und für die Lyrik charakteristische Sprechakttypen verweisen: auf das laudare, das pregare und das vituperare. Das Kapitel zur materia melica beginnt gleich mit der Feststellung, ein Hauptmerkmal des lyrischen Dichtens bestehe

> in laudare & in pregare. E cominciando da' Latini, troverete, che Horatio lauda Mercurio, lauda Baccho, lauda Cesare Agosto. Rallegrasi delle vittorie di lui. Prega Phebo e Diana per lo imperio Romano; prega per se stesso Apollo; prega Venere per altrui ... Né pur lauda gli huomini e gli Iddij; ma commenda le cose anchora, i luoghi, le ville, i vini, i fonti, le virtù, la liberalità, l'innocentia, la modestia, la parsimonia, l'otio, la poesia. Rende gratie, e da laude alle Muse. Rallegrasi con Pompeo, e con Varo, del felice ritorno nella patria. Allo 'ncontro riprende i rei, vitupera i ruffiani, le meretrici, biasima l'avaritia, la lussuria, lo sfrenato appetito ...[36]

Und so geht das noch Seiten weiter. Minturno stellt seine Auflistung der materie meliche also unverkennbar unter eine pragmatische Orientierung, und zwar unter eine Orientierung, die ebenfalls unverkennbar die Rhetorik als ihr primäres Referenzsystem aufruft. Es ist dabei vorzüglich das genus demonstrativum, die Gattung der Lob- und Tadelrede, von dem sich Minturno eine Homogenisierung der disparaten Vielfalt verspricht, welche sich als Ergebnis empirischer Beobachtung für die materie meliche zwangsläufig einstellen mußte. Im Zug der Diskussion um Lyrik und Mimesis wechselt Minturno also vom Fundament der mimetischen Poetik auf das Fundament einer rhetorischen Poetik über, weil er anders keine Chance für die Konstitution eines einigermaßen objektadäquaten Lyrik-Modells sah[37].

Dieses Überwechseln von der mimetischen auf eine rhetorische Argumentationsbasis tritt im Rahmen der Lyrik-Theorie des Secondo Cinquecento in mannigfachen Varianten auf. Eine historisch besonders relevante Variante der

Interferenz von mimetischer und rhetorischer Poetik ist Torquato Tassos aristotelisch eingebundene Lyrik-Theorie. Dort geht die Interferenz nämlich nicht nur auf Kosten der mimetischen Poetik. Sie tangiert vielmehr gleichermaßen fundamentale Normen, die aus der rhetorischen Poetik herrühren, und die für die gesamte Renaissance verpflichtend blieben: die decorum-Normen. Und genau an diesem Punkt präludiert Tassos Lyrik-Theorie – allerdings nicht ohne ein sichtlich schlechtes Gewissen ihres Autors – einer lyrischen Praxis, die sich souverän über die decorum-Regeln hinwegsetzt und die just aus diesem Grund jenseits der Renaissance-Poetik liegt: Die Rede ist von der barocken Lyrik der Marinisten.

III

Das Zentrum von Tassos poetologischen Reflexionen bilden die beiden dichtungstheoretischen *Discorsi*, die die gesamte schriftstellerische Karriere ihres Autors überspannen: Die *Discorsi dell'arte poetica* sind aller Wahrscheinlichkeit nach in den frühen sechziger Jahren entstanden und wurden ohne Einwilligung ihres Verfassers 1587 veröffentlicht. Als Reaktion auf diese Publikation nahm Tasso eine Überarbeitung und Erweiterung vor, die er 1594, also ein Jahr vor seinem Tod, unter dem Titel *Discorsi del poema eroico* in den Druck gab[38].

Die beiden *Discorsi* sind von ihrer Anlage her aristotelisch perspektivierte Poetiken[39], die die Dichtung programmatisch im Mimesiskonzept verankern[40]. In ihrem Mittelpunkt steht fraglos das Epos. Als systematisch fundierte Poetiken waren sie aber auch für die Erörterung anderer Gattungen offen, wobei insbesondere der Lyrik eine eingehende Behandlung zuteil wurde[41]. Der Vergleich mit den anderen Poetiken des Secondo Cinquecento läßt eines sofort in den Blick treten: Obschon diese Lyrik-Theorie in den Kontext einer mimetischen Poetik eingelassen ist, zeigt sich Tasso sichtlich bestrebt, eine explizite Diskussion des problematischen Verhältnisses von Lyrik und Mimesis gar nicht erst aufkommen zu lassen. Seine Strategie ist es, diese Probleme weitgehend in den Bereich der Andeutung bzw. der Implikation abzudrängen. Er möchte auf diese Weise zwei eigentlich gegenstrebige Zielsetzungen in einer Geste des Kompromisses zusammenbinden. Einerseits möchte er, der seinen Zeitgenossen als eingeschworener Aristoteliker galt[42], eine ostentative Aufkündigung der aristotelischen Orthodoxie vermeiden. Andererseits möchte er aber eine Theorie der Lyrik entwerfen, die es ihrem Gegenstand recht macht, und zwar in Hinblick auf die Darstellung der als gegenstandskonstitutiv erachteten Strukturen ebenso wie in Hinblick auf eine wertmäßig hohe Einschätzung dieses Gegenstandes: Und dies war eben nur im Rahmen einer Theorie möglich, die sich von den Beschränkungen des mimetischen Systems freimachte.

Die asketische Einstellung, die Tasso bei der Behandlung der Frage nach der

Kompatibilität von Lyrik und Mimesis walten läßt, tritt bei seinem Umgang mit den Problemen des Redekriteriums mit großer Deutlichkeit zutage. Zum Redekriterium vermerkt Tasso in den *Discorsi* lediglich, daß für den lirico das parlare in persona propria typisch sei[43]. Das eigentliche Problem, nämlich die Frage, welche Konsequenz aus diesem Redekriterium für den mimetischen Status der Gattung zu ziehen sei, wird dagegen überhaupt nicht angesprochen. Dabei wissen wir aus anderen Schriften Tassos, welches diese Konsequenz gewesen wäre. Im *Giudizio* über die *Gerusalemme* wird das parlare in persona propria nämlich unmißverständlich als ein mimetischer Modus von geringer Vollkommenheit ausgewiesen[44]. Und um die in diesem Modus gehaltene Lyrik nicht mit dem Odium der Unvollkommenheit und der geringen Wertigkeit behaften zu müssen, optiert Tasso in den *Discorsi* für eine Strategie des Verschweigens.

Was den zweiten Fragenkomplex betrifft, den Bezug von Lyrik und materie imitabili also, so sind die *Discorsi* in diesem Punkt um einiges aufschlußreicher. Diesen Aufschluß geben sie aber in einer indirekten und nachgerade verschämten Weise: Denn wo Tasso von den Gegenständen der Lyrik handelt, da versucht er, die Problematik des Zusammenhanges von materie meliche und materie imitabili zu überspielen. Am eklatantesten wird dies an jener Stelle der *Discorsi dell'arte poetica* sichtbar, an der Tasso auf der Basis einer Analogie von favola und concetti die Lyrik den mimetisch unfragwürdigen Gattungen der Tragödie und des Epos angleicht:

> Se vorremo trovare parte alcuna nel lirico che risponda per proporzione a la favola degli epici e de' tragici niun'altra parte protremo dire che sia se non i concetti[45].

Der Begriff der concetti meint subjektgebundene Vorstellungsinhalte, die auf die subjektunabhängigen materie projiziert werden und die diesen solcherart ›Form‹ verleihen. Zu den so verstandenen[46] – und der Stilebene zugeordneten – concetti kann Tasso die favola, die dem mythos des Aristoteles bzw. dem plot heutiger Literaturwissenschaftler entspricht, deshalb in Analogie bringen, weil auch die favola als Formgebung der materia zu werten ist: Die favola ist der vom dichterischen Subjekt gemäß bestimmter Konzepte ›geformte‹ Handlungsstoff[47]. Was sich nun auf den ersten Blick hin als eine Annäherung der Lyrik an die genuin mimetischen Genera der Tragödie und des Epos ausgibt, das ist in Wirklichkeit das genaue Gegenteil. Denn Tassos Analogisierung von lyrischen concetti und episch/tragischer favola besagt ja nichts anderes, als daß es der Lyrik an einer solchen favola gebricht. Damit gebricht es ihr aber auch an der im Begriff der favola implizierten *azione*, und mithin auch an einem mimesiskonstitutiven Kriterium, dessen Geltung Tasso zu Beginn der *Discorsi dell'arte poetica* noch eigens affirmiert hatte[48]. Obwohl Tasso die Insuffizienz der Lyrik den Prämissen der mimetischen Poetik gegenüber nur indirekt eingesteht, so handelt es sich, wie man sieht, nichtsdestoweniger um ein Eingeständnis von unmißverständlicher Art. Und just diesen überaus unmißverständlichen Hinweis auf das mimetische Defizit der materie meliche hat Tasso im Zug der Überarbeitung der *Discorsi* getilgt. Die Tilgung besitzt dabei schon allein deshalb eine besondere Signifikanz, weil der Übergang von den *Discorsi dell'arte poetica* zu den *Discorsi del poema eroico* sich fast ausschließlich als ein Prozeß der Expansion darstellt und Gesten der ersatzlosen Streichung von Aussagen nur eine ganz marginale Rolle spielen.

Über das konfliktträchtige Verhältnis von Lyrik und Mimesis gibt in den *Discorsi dell'arte poetica* noch ein weiterer Passus Auskunft, in dem es ebenfalls um die materie des lyrischen Dichters geht. In dem fraglichen Passus postuliert Tasso für die Lyrik eine non-determinatezza der materia[49]. Statt die azioni als textkonstitutive Elemente der Lyrik auszuschließen, betont Tasso an dieser Stelle einfach die Uneingegrenztheit der materie liriche und präsupponiert so deren Freiheit von jener Bindung an den Handlungsbegriff, die er als orthodoxer Aristoteliker eingangs gefordert hatte. Noch viel stärker als dies bei dem vorher besprochenen Beispiel der Fall war, läuft die Thematisierung der non-determinatezza des lyrischen Gegenstandsbereichs darauf hinaus, die Probleme von Lyrik und Mimesis in den Bereich der Implikation abzudrängen. Und lediglich diese Stelle übernimmt Tasso in die Endfassung der *Discorsi* als die einzige Stelle, welche noch Rückschlüsse erlaubt auf die Schwierigkeiten, die dem orthodoxen Aristoteliker aus der Integration der Lyrik erwachsen[50].

Die Erörterung zur non-determinatezza des lyrischen Gegenstandsbereichs gibt aber mit ihrem Einblick in das Spannungsverhältnis von Lyrik-Theorie und mimetischer Poetik nicht nur einen Aufschluß im Negativen. Sie gibt auch Aufschluß im Positiven, und zwar über den Kontext, in dem Tasso seine Lyrik-Theorie allererst situiert: über den Kontext der Rhetorik. Diesen Kontext evoziert Tasso bereits dadurch, daß er auf der Basis der non-determinatezza der materia explizit eine Verbindung zwischen dem poeta lirico und dem oratore herstellt:

> La materia del lirico non è determinata; perché sí come l'oratore spazia per ogni materia a lui proposta, con le sue ragioni probabili tratte dai luoghi comuni, così il lirico parimente tratta ogni materia che occorra a lui[51].

Ganz im Einklang mit dieser Relationierung von poeta lirico und oratore hebt Tasso bei seiner Erwähnung der Unbegrenztheit der materia lirica nicht auf den Fragenkomplex von Lyrik und Mimesis ab. Er hat vielmehr von vornherein einen Zusammenhang im Auge, der im Zentrum der rhetorischen Poetik steht: den Zusammenhang der decorum-, oder allgemeiner, der Stilproblematik[52]. Fragen des decorum und des Stils sind selbstredend auch in der mimetischen Poetik von Belang. Im Gegensatz zur rhetorischen Poetik haben sie dort aber keinen Status, der als im engeren Sinn systemkonstitutiv zu bezeichnen wäre. Systemkonstitutiv ist in der mimetischen Poetik, wie ja schon der Name sagt, das Nachahmungskonzept, und ihm sind die Fragen von Stil und decorum hierarchisch nachgeordnet. Tassos Theorie der Lyrik ist also von ihren Fundierungskategorien her eine Stiltheorie, welche die für die mimetische Poetik konstitutiven Fragen einfach ausblendet. Die Ausführungen zur Lyrik setzen folglich auch erst an dem Punkt der *Discorsi* ein, an dem die Behandlung der im Zentrum der aristotelischen Poetik stehenden Aspekte, wie Gegenstand und Modus der Nachahmung, Struktur der Handlung, Relation von Handlung und Charakter, Probleme des Wahren und Wahrscheinlichen usf. abgeschlossen sind und die Darlegungen auf die elocutio-Ebene überwechseln[53].

Wie ausschließlich Tasso seine Theorie der Lyrik als eine von der Rhetorik geprägte Stiltheorie anlegt, das erhellt auch von seinen Referenzmodellen her. Das Stilkonzept, welches das Fundament für seine Theorie der Lyrik liefert, entleiht Tasso direkt der Rhetorik-Tradition. Den allgemeinen Rahmen stellt die Lehre von den drei genera dicendi der lateinischen Rhetorik[54] mit ihrem Konzept des mittleren Stiles, der hauptsächlich in seiner Eigenschaft als ein Schmuckstil, als ein stilus floridus interessiert:

> Lo stile del lirico poi se bene non così magnifico come l'eroico, molto più deve essere fiorito ...: la qual forma di dire fiorita (come i retorici affermano) è propria della mediocrità[55].

Diese generische Orientierung am Konzept des mittleren Stils spezifiziert Tasso dann vor allem durch eine partikuläre und genau eingrenzbare Referenz: durch die Referenz auf den χαρακτὴρ γλαφυρός, wie ihn der rhetorische Stiltraktat des Demetrius beschreibt[56]. Die Ausführungen zum χαρακτὴρ γλαφυρός, oder, wie Tasso den Usancen seiner Zeit entsprechend übersetzte, zur »forma ornata«[57], konnten Tasso nicht zuletzt deshalb als bevorzugtes Referenzmodell für die Theorie des lyrischen Stiles dienen, weil sie zusätzlich zu ihrer detaillierten Beschreibung der stiltypischen elocutio und ungeachtet der übergreifenden rhetorischen Zielsetzung eine deutliche Filiation zwischen dem Schmuckstil und dem Genus der Lyrik konstituierten[58].

In den *Discorsi* – und wieder insbesondere in deren Spätfassung – zeigt sich Tasso naheliegenderweise bestrebt, das Augenmerk nicht ostentativ auf die dominant amimetische Ausrichtung der in einen mimetischen Rahmen eingelassenen Lyrik-Theorie zu lenken. Er versucht auf diese Weise, die defizitäre Einheitlichkeit seiner poetologischen Hauptschrift zu überspielen und damit auch zu kaschieren, daß er in einem zentralen Bereich aus Konvenienzgründen die angeblich durchgängig verbindliche aristotelische Argumentationsbasis zugunsten einer solchen von primär rhetorischer Provenienz verläßt. Mit anderen Worten: Im Bereich der Lyrik-Theorie soll eine Poetik auf rhetorischer Grundlage, wie man sie schon aus der voraristotelischen Phase der Dichtungslehre kennt, sozusagen als blinder Passagier an Bord der aristotelischen Poetik genommen werden. Erst wo bei Tasso die Lyrik-Theorie nicht mehr als Teil einer umfassend angelegten und mimetisch perspektivierten

Poetik fungiert, da kann frei von Kompatibilitätsproblemen die für diese Theorie so konstitutive Verankerung in einem rhetorischen Dichtungsmodell auch unbekümmert thematisiert werden. Am prägnantesten geschieht dies in der umfangreichsten und auch bedeutendsten unter den autonomen und außerhalb der *Discorsi* verfaßten Abhandlungen zur Lyrik: in der gleichzeitig mit den *Discorsi dell'arte poetica* veröffentlichten *Cavaletta ovvero della poesia toscana*[59]. Ein wesentlicher Leitfaden der Argumentation ist in diesem Dialog eine breit ausgesponnene Analogisierung von poeta und oratore. Diese Analogisierung und die ihr korrespondierende Orientierung am Modell der rhetorischen Poetik ist dabei die folgerichtige Konsequenz der Dichtungsdefinition, auf die sich Tasso in der *Cavaletta* stützt. Er definiert dort die Dichtung nämlich so, wie dies in rekurrenter Weise in der rhetorisch geprägten Poetik der voraristotelischen Periode geschah: als »una finzione retorica posta in musica«, als metrisch durchgeformte rhetorische Fiktion[60].

IV

Die Mimesis-Diskussion in den Poetiken des Secondo Cinquecento erstreckt sich nicht nur auf die Probleme von Gegenstand und Modus der Nachahmung. Sie kreist vielmehr auch um Fragen, die sich aus der ganz elementaren Bestimmung des Dichtens als eines Aktes des rassomigliare ergeben. Hauptanliegen der Dichtungslehre sei es, das Wissen um das ben rassomigliare zu vermitteln. Und ben rassomigliare, das heißt zunächst einmal nichts anderes, als einen wie auch immer einzugrenzenden Gegenstand in effizienter Weise und auf der Basis einer Ähnlichkeitsrelation zu vergegenwärtigen. Diese Vergegenwärtigung begreift die mimetische Poetik als ein »ponere davanti ai sensi«[61]. Die komplexive Kategorie des davanti ai sensi wird allerdings meist in Form eines pars pro toto durch ein davanti agli occhi bezeichnet. Castelvetro kann daher das zentrale Ziel der Poetik auf folgenden prägnanten Nenner bringen:

> La dirittura della poetica è nel saper ben rassomigliare, cioè presentare chiaramente a gli occhi della mente con parole armonizzate quello che ci è lontano, o per distanza di luogo, o di tempo, e farcelo vedere non altrimenti che se ci fosse avanti agli occhi della fronte. E che in ciò habbia la poesia la sua perfezione[62].

Was hier als Kern des ben rassomigliare beschrieben wird, das ist ersichtlich nichts anderes als das Verfahren der energia, oder, in latinisierender Terminologie, der evidenza. Wie bei Castelvetro wird diesem Verfahren auch in den meisten anderen Poetiken des Secondo Cinquecento eine mimesiskonstitutive Funktion zugeschrieben. Im Zug dieser Erhebung der energia zu einem basalen Prinzip der Mimesis wird indes nicht selten überspielt, daß dieses Verfahren seine Funktion eigentlich nur in bestimmten Sprechsituationen erfüllt. Es sind dies Sprechsituationen, die vorzüglich unter das Kriterium des parlare in persona propria fallen. Drei Aspekte sind es dabei, welche die Cinquecentisti am Verfahren der energia als besonders relevant erachten: Partikularisierung, Animierung und Dynamisierung[63].

Das Verfahren der energia hat nun bekanntlich seinen definitorischen Ort in der Rhetorik. Wie kommt es, daß ein Verfahren von rhetorischer Provenienz in den Mittelpunkt einer Poetik rücken konnte, die sich als mimetische Poetik gerade von einer rhetorisch perspektivierten Poetik abheben wollte? Die Erklärung dafür liegt, wie so oft in der Renaissance, im philologischen Detail.

An ihrer latinisierenden terminologischen Variante, also an evidenza, läßt sich unmißverständlich ablesen, daß die energia der italienischen Renaissancepoetik auf das rhetorische Konzept der evidentia zurückverweist. Der Begriff der evidentia ist nun nichts anderes als eines der lateinischen Äquivalente der ἐνάϱγεια der griechischen Rhetorik[64]. Im Rahmen der antiken Rhetorik bezeichneten evidentia bzw. ἐνάϱγεια nun bekanntlich das Verfahren anschaulicher Beschreibung. Man hat es also mit Begriffen zu tun, die sich von ihrem Inhalt her für eine mimetische Besetzung disponiert zeigten. Zur Aktualisierung dieser Disposition mußten sich die einem stark philologisch geprägten Denken verhafteten Poetiker der Renaissance nun nicht zuletzt gerade deshalb veranlaßt sehen, weil die energia nicht allein von der Sache, sondern bereits vom definitorischen Wortlaut her an das Mimesiskonzept rückbindbar war, und zwar unter Berufung auf die in Dingen der Nachahmung oberste Instanz: auf Aristoteles.

Die Berufung auf Aristoteles basiert dabei auf der Vermengung zweier eigentlich distinkter Begriffe: auf der Vermengung von ἐνάϱγεια und ἐνέϱγεια – eine Vermengung, die über die Wortähnlichkeit hinaus insbesondere durch eine beiden Kategorien gleichermaßen zugeschriebene Fähigkeit begünstigt wurde, nämlich die Fähigkeit, die darzustellenden Gegebenheiten optimal »vor die Augen zu führen«[65]. Von den beiden miteinander verschmolzenen Kategorien der ἐνάϱγεια/evidentia und der ἐνέϱγεια ist es nun die letztgenannte, die es den Renaissancepoetikern erlaubte, einen direkten und scheinbar über den aristotelischen Wortlaut abgesicherten Bogen zur Mimesis zu schlagen. Dies war freilich nur deshalb möglich, weil die aristotelischen Ausführungen zur ἐνέϱγεια der Renaissance in einer Lesart überliefert waren, die nach Maßgabe der heutigen Textkritik als fehlerhaft einzustufen ist. Die Differenz, um die es geht, ist ebenso unscheinbar wie ihre Konsequenzen weitreichend sind. Die Stelle, an der Aristoteles ἐνέϱγεια als κίνησις bestimmt[66], verwandelt sich nämlich in den Renaissance-Ausgaben der *Rhetorik* in eine ganz andere Definition: in die Definition der ἐνέϱγεια als μίμησις[67]. Die aristotelische *Rhetorik* hielt also eine überaus griffige Aussage zur Mimesis bereit. Von dieser Aussage her war es nicht nur möglich, sondern fast schon zwangsläufig, daß man die energia in die Poetik als ihren ideellen Ort transponierte. Die energia konnte also in das Zentrum der aristotelischen

Poetik einrücken, ohne daß deren mimetische Prämissen durch die rhetorische Herkunft des Konzeptes eine Beeinträchtigung hätten erfahren müssen.

Die ganz allgemein angelegte Bestimmung des Dichtens als eines Aktes des ben rassomigliare beinhaltete eine Chance der mimetischen Legitimierung auch für jene Gattungen, die wie die Lyrik beim Rede- oder Gegenstandskriterium mit erheblichen Problemen zu kämpfen hatten. Diese Chance wurde dann auch rekurrent ergriffen[68]. Schrieb man der Lyrik prinzipiell die Fähigkeit zum rassomigliare zu, zum mettere le cose davanti agli occhi, so war sie mimetisch salviert. Einige Theoretiker eröffneten sich über den Rekurs auf das energia-Konzept sogar die Möglichkeit, die Lyrik mit dem von Aristoteles aufgestellten Handlungspostulat zu versöhnen. Bereits zu Beginn des Secondo Cinquecento hatte Robortello in seinem großen *Poetik*-Kommentar dem Postulat, daß die Dichtung Handlungen nachzuahmen habe, unter Bezugnahme auf die aristotelische ἐνέργεια zwei grundsätzliche Realisierungsmöglichkeiten zugewiesen: Erstens könnten Reden und Handlungen direkt zur Darstellung gebracht werden; und zweitens könnten Sachverhalte »tamquam agentes et evidenter« gezeigt werden, eben *als ob* sie sich in Tätigkeit befänden. Und das wiederum vermag insbesondere die ›energetische‹ Metaphorik zu leisten[69]. Dieser Hintergrund macht verständlich, wie etwa der Jüngere Strozzi für das als »imitatione d'attione picciola« definierte Madrigal befinden kann, diese lyrische Gattung dürfe ihre attioni entweder als Handlungen im eigentlichen Sinn oder aber vermittels der energia im Modus des bloßen *Als-Ob* zur Darstellung bringen: Vor allem die energetische Metaphorik soll unbelebte und statische Gegenstände in aristotelischer Manier »beseelen« und als »in Tätigkeit befindlich« erscheinen lassen[70].

Diese allgemeine Bestimmung des Dichtens als eines Aktes des ben rassomigliare macht sich auch Torquato Tasso in den *Discorsi* voll zu eigen. Und wie im Secondo Cinquecento üblich, weist er in diesem Zusammenhang der energia eine zentrale Bedeutung zu. Mit besonderer Deutlichkeit bringen dies die *Discorsi del poema eroico* zum Ausdruck. Tasso behandelt dort nicht nur eingehend die drei Hauptaspekte der energia, also Partikularisierung[71], Animierung und Dynamisierung, wobei er insbesondere die wichtige Rolle der energetischen Metaphorik betont, der »metafora in atto, cioè quella che pone la cosa innanzi agli occhi, e le da quasi movimento ed anima«[72]. Tasso läßt dort vielmehr die Ausführungen zu der wahlweise auch evidenza benannten energia sogar in deren programmatischer Anbindung an das Mimesis-Konzept kulminieren: »ogni imitazione«, so Tasso, »ha seco l'evidenza«[73].

Was Tasso indessen nicht tut, ist Folgendes: Er verzichtet darauf, das über die energia zuwege gebrachte ben rassomigliare als einen Rettungsanker für die mimetische Salvierung der Lyrik zu gebrauchen. Ganz im Gegenteil. Nicht nur in Hinblick auf das Rede- und Gegenstandskriterium, sondern auch bezüglich der mimesiskonstitutiven energia zeigt sich ihm die Lyrik als eine Gattung, die den Ansprüchen der mimetischen Poetik nicht wirklich gerecht zu werden vermag. In unmißverständlicher Weise gibt er dies vor allem in den frühen *Discorsi dell'arte poetica* zu erkennen. Dort nämlich befördert er den jeweiligen Anteil am Gebrauch der energia zu einem Differenzierungskriterium von lyrischem und epischem Stil, wobei diese Differenzierung gleichzeitig eine solche von amimetischer und mimetischer Orientierung impliziert. Über den mittleren Stil der Lyrik vermerkt er:

> Non ha tanta forza di commover gli animi il mediocre stile quanto ha il magnifico, ne con tanta evidenza il fa capace di ciò che narra, ma con un soave temperamento maggiormente diletta. 'Stando che lo stile sia instrumento co'l quale imita il poeta quelle cose che d'imitare si ha proposte, necessaria è in lui l'energia: la quale sì con parole pone innanzi a gli occhi la cosa che pare altrui non di udirla, ma di vederla[74].

Wie anderswo in den *Discorsi*, so läßt Tasso auch in diesem Passus keinen Zweifel daran, daß man vom aristotelischen Dichtungsbegriff her die energia als der poesia wesentlich einzustufen habe. Genauso wenig zu bezweifeln bleibt an dieser Stelle aber, was Tasso sonst nicht in den Blick rückt: daß die über den mittleren Stil definierte Gattung der Lyrik sich nur in höchst eingeschränkter Weise dem Verfahren der energia öffnet. Tasso begründet dies von der Funktion her, die er dem lyrischen Stil zuschreibt und die in der Tradition der lateinischen Rhetorik dem mittleren Stil immer schon als die dominante Funktion zugeschrieben wurde: die Funktion des delectare. Daß Tasso das Ergötzen als die ureigenste Aufgabe des mittleren Stils und mithin auch der Lyrik erachtet, das sagt er in ganz unzweideutiger Weise nur wenige Seiten bevor er dieses dilettare in Opposition zum mimetischen mettere davanti agli occhi bringt[75].

Gerade diese von Tasso konstituierte Opposition läßt nun eine andere Tendenz sichtbar zutage treten, die dem primär auf Ergötzen abhebenden Schmuckstil ansatzweise immer schon inhärierte: die Tendenz zur Autoreferentialität des Diskurses. Wie zu sehen war, charakterisiert Tasso die Lyrik u. a. über ihre amimetische Orientierung. Im Rahmen des hier zur Diskussion stehenden Zusammenhanges hat die amimetische Orientierung nun noch eine weitere, eine weitergehende Implikation: Sie impliziert eine Marginalisierung der referentiellen Dimension des Diskurses überhaupt. Diesen Verlust an referentieller Relevanz kompensiert die Aufwertung des Stiles, genauer: des Schmuckstiles, der gleichsam totalitär wird. Tasso beschreibt die Lyrik als einen ›Diskurstyp‹, in dem den Kategorien der semiotischen Poetik unserer Tage zufolge die Einstellung auf den »message en tant que tel« dominiert[76]. Mit den *Discorsi dell'arte poetica* besitzen wir also ein Dokument der Renaissancepoetik, das die Lyrik sichtlich als eine Gattung verstanden wissen will, in der die Aufmerksamkeit von der referentiellen Seite ab- und auf die stilistische, die textuelle Verfaßtheit der Botschaft hingelenkt wird.

Tassos Lyrik-Konzept nimmt also nicht nur eine Marginalisierung der mimetischen, sondern, umfassender noch, auch der referentiellen Dimension in Kauf. Besonders deutlich wird diese Marginalisierung, wo Tasso sich zum Stellenwert äußert, den er den materie oziose in der Lyrik zuweist[77]. Obschon die Lyrik prinzipiell für alle Gegenstände offen sein soll, so erhält doch *ein* Gegenstandstyp eine besondere Bedeutung zuerkannt: eben der Typ der materie oziose. Die materie oziose zeichnen sich durch ihre ›Schwerelosigkeit‹ aus, sie sind von ihren semantischen Implikaten her ›belanglos‹. Diese Belanglosigkeit macht nun gerade den Blick frei für die stilistische Seite, die solcherart ins Zentrum des Interesses rücken kann. Wo die semantisch irrelevanten materie oziose vorherrschen, da ist es überhaupt erst die Profilierung der stilistischen Ebene, die dem lyrischen Diskurs Relevanz verleiht. Dem Schmuckstil ist es aufgetragen, das Defizit an Inhaltlichkeit auszugleichen:

> Fiorito deve essere lo stile del lirico: e perché più spesso appare la persona del poeta, e perché le materie che si pigliano a trattare per lo più sono le quali, inornate di fiori e di scherzi, vili ed abietti si rimarrebbono[78].

Aber auch wo aufgrund der prinzipiellen Öffnung auf alle Gegenstandsbereiche ›gewichtige‹ materie in die Lyrik hineingenommen wurden, postuliert Tasso, daß diese durch die lyrische Perspektivierung ihrer Gravität tendenziell entkleidet werden[79]. Bei den materie gravi wird also deren eigentliche semantische Substanz durch den lyrischen Schmuckstil regelrecht ›zugedeckt‹. Denn der Schmuckstil ist ein Stil, »ove si scopre l'affettazione«[80]; ein Stil also, in dem die artifizielle Gemachtheit des Diskurses in den Vordergrund drängt und über die Fokalisierung des Interesses auf die stilistische ›Inszenierung‹ Genuß verschafft[81].

Die Anmerkungen, die Tasso in den *Discorsi dell'arte poetica* zu dem Verhältnis von Lyrik und energia macht, akzentuieren also unverkennbar das mimetische Defizit der Lyrik, anstatt es abzubauen, wie dies andere Theoretiker versuchten. Wie wir schon anhand des Gegenstandskriteriums gesehen haben, müht sich Tasso bei der Umarbeitung der *Discorsi* sichtlich, den mimetisch fragwürdigen Status der Lyrik so weit als möglich zu überspielen. Ganz auf dieser Linie fällt dann auch die Erörterung der Gegenstrebigkeit von Lyrik und mimesiskonstitutiver energia der Streichung zum Opfer. In den *Discorsi del poema eroico* verzichtet der späte Tasso in genau kalkulierter Weise darauf, beim heiklen Punkt des mettere davanti agli occhi die amimetische Orientierung der Lyrik auch noch eigens zu thematisieren[82].

V

Es ist eine der wesentlichen Leistungen Tassos, dem Lyrik-Konzept ein wirklich einheitliches Gepräge verliehen zu haben. Anders als die meisten Dichtungstheoretiker des Secondo Cinquecento präsentiert Tasso die Lyrik nicht als ein bloßes Repertoire von Themen und metrischen Formen, deren

Zusammenhang letztlich nur durch die Subsumierung unter den gänzlich äußerlichen Begriff der poesie picciole gewährleistet ist. Bei Tasso erscheint die Lyrik vielmehr auf *einen* gattungskonstitutiven Faktor rückführbar, und dieser Faktor ist derjenige des Stils. Die vom rhetorischen Konzept des stile mediocre bzw. des stile fiorito her begründete Einheit der Lyrik war aber, wie wir gesehen haben, die Einheit eines bloßen Teilbereiches, die auf Kosten der basalen Kohärenz des Gesamtsystems als eines mimetisch fundierten Systems ging. Für diese Konzeption der Lyrik als einer von ihrem Zentrum her einheitlichen Gattung war aber noch ein weiterer Preis zu entrichten. Die Einheitlichkeit, die er von einem genuin rhetorischen Konzept her entwickelte, konnte Tasso der Lyrik nämlich nur zugewinnen, indem er insgeheim die Erosion einer elementaren Norm eben dieser Rhetorik in Kauf nahm: einer Norm, die im Mittelpunkt der rhetorischen Poetik der voraristotelischen Periode steht, die aber – wenn auch auf hierarchisch anderer Ebene – auch im Aristotelismus nie ernstlich in Frage gestellt wurde. Die Rede ist von der Norm des stilistischen decorum.

Schwierigkeiten mit der decorum-Norm erwuchsen Tasso aus der latenten Gegenstrebigkeit zweier konstitutiver Elemente seines Lyrik-Modells. Die Forderung nach einer prinzipiellen Öffnung auf alle Gegenstandsbereiche einerseits und das Postulat eines einheitlichen Stils andererseits mußten an bestimmten Punkten zwangsläufig einen Konflikt mit den überkommenen decorum-Vorschriften heraufbeschwören. Beispielhaft zeigt sich dies im Bezirk der cose grandi. Bekanntlich ordnete man den erhabenen Gegenständen traditionell den hohen Stil zu, galt es doch, die diesen Gegenständen inhärierende Würde zum Tragen zu bringen und mithin auch sprachlich manifest zu machen. Von dieser Position her war nun der mittlere Stil der Lyrik, so wie Tasso ihn konzipiert, den erhabenen Gegenständen schon allein deshalb nicht angemessen, weil er weniger auf die Profilierung der materie als auf seine Selbstprofilierung abzielte. Doch ist dies nicht alles. Nach Tassos Stilverständnis haften den einzelnen genera dicendi auch typische Konnotate an. Im Fall des mittleren Stils werden diese Konnotate bereits durch einige der Begriffe angezeigt, die Tasso zur Charakterisierung des stile mediocre heranzieht: Zu nennen wären neben ameno insbesondere Termini wie ridente, scherzoso und giocoso[83]. Und dieses Moment des Lieblichen, des Heiteren, des Scherzhaft-Spielerischen ist es, das Tassos Theorie zufolge bei der lyrischen Vertextung in den Vordergrund rückt. Sein Lyrik-Konzept nötigte Tasso also dazu, bei der lyrischen Bearbeitung der cose grandi die Aktualisierung einer semantischen Aura hinzunehmen, die sich nach gängiger Auffassung gegenläufig zu den inhärenten semantischen Qualitäten dieser erhabenen Gegenstände verhielt.

Diese Abweichung von den decorum-Regeln[84] ist als bloße Konsequenz aus dem Willen zur Konstitution eines einheitlichen Lyrik-Konzeptes zu werten. Sie ist keineswegs programmatischer Natur. Dies erhellt schon daraus, daß Konflikte mit den tradierten decorum-Normen bei Tasso nur im Bereich der

Lyrik aufbrechen, nicht aber in anderen Gattungen wie Tragödie oder Epos[85]. Wie wenig Tasso an einer prinzipiellen Infragestellung der decorum-Vorschriften gelegen war, das läßt sich noch an anderen Punkten ablesen.

Aufschlußreich sind in dieser Hinsicht die argumentativen Unsicherheiten und Schwierigkeiten, die in den *Discorsi* bei der Erörterung der decorum-Frage immer wieder auftreten. Da werden zum einen erhabene Gegenstände wie »gli dii, ... gli eroi ... e le vittorie« dem Lyriker als »il suo proprio soggetto« zugewiesen, freilich nicht ohne Thematisierung eines gewissen Unbehagens[86]. Zum anderen aber wird diese prinzipielle Öffnung wieder dadurch relativiert, daß die cose oziose ganz dezidiert ins Zentrum des lyrischen Gegenstandsbereiches einrücken[87]. In den *Discorsi dell'arte poetica* charakterisiert Tasso, wie wir schon gesehen haben, die cose oziose über ihre Schwerelosigkeit. Und wie wir ebenfalls gesehen haben, gerät ihm diese Charakterisierung an einer Stelle dahingehend, daß den cose oziose die Prädikate vili und abietti angeheftet werden[88], daß sie also deutlich in den Einzugsbereich der niederen Gegenstände geraten. Mit der Konzentration auf die cose oziose konnte Tasso somit zwar *de facto* einen bestimmten Typ der Infraktion von decorum-Regeln minimieren, gleichzeitig drohte er sich dabei aber einen neuen Konflikt einzuhandeln. Diesen Konflikt erstickt Tasso bei der Umarbeitung der *Discorsi* im Keim, indem er für eine Eliminierung dieser problemträchtigen Aussage optiert. Zwar bilden die materie oziose auch in den späten *Discorsi del poema eroico* die innere Mitte der materie liriche. Ihre Schwerelosigkeit wird nun aber dezidiert als die Schwerelosigkeit des Anmutigen präsentiert. Als solche »cose che paion graziose« listet Tasso »gli imenei, e gli amori, e le liete selve, e i giardini, e l'altre cose somiglianti« auf[89]. Eine über die amenità des Schmuckstils definierte Lyrik, die solche cose graziose zu ihrem thematischen Zentrum erklärt, konnte sich zumindest in diesem Zentrum vor decorum-Konflikten bewahrt sehen[90], ohne deshalb auf die ostentative Profilierung der Stildimension und die damit einhergehende Dominanz der diletto-Funktion verzichten zu müssen. Oder anders gewendet: Die von den gewählten Prämissen her unausweichlichen Schwierigkeiten mit den decorum-Regeln werden in Tassos Lyrik-Theorie gezielt an die Peripherie abgedrängt.

Wie sehr Tasso im Grunde den Ausgleich mit den tradierten decorum-Vorschriften suchte, das wird auch aus jenen Abhandlungen zur Lyrik ersichtlich, die nicht unter den Zwängen standen, unter die sich Tasso in den *Discorsi* gestellt sah. In der *Cavaletta* etwa reklamiert er für die Lyrik die ganze Bandbreite der genera dicendi, wie sie die lateinische Rhetorik beschreibt. Die Wahl der Stillage wird dabei mit einer beiläufigen Selbstverständlichkeit aus der Beschaffenheit der jeweiligen materie heraus begründet[91]. Und in der *Lezione sopra il sonetto di Monsignor della Casa*[92] bildet die Orientierung an den decorum-Konventionen gar den argumentativen Angelpunkt der gesamten Abhandlung[93]. Als modellhafter Dichter wird der Lyriker Della Casa nämlich gerade aufgrund seiner subtilen Adaptationen von Stil und Gegenstand gerühmt. Wo wie beim Themenkreis der dolcezze d'amore anmutige Gegenstände aussagekonstitutiv seien, da trage Della Casa bei aller Variation im Detail dafür Sorge, daß der mittlere Stil klar als Dominante hervortrete[94]. Wo dagegen wie im Fall der religiösen Thematik materie gravi im Zentrum stünden, da bringe Della Casa in mustergültiger Weise vornehmlich die Verfahren des genus grande zum Einsatz. Gerade dadurch könne er der dem Gegenstand inhärierenden Dignität zur vollen Wirksamkeit verhelfen. Während andere, mitunter höchst illustre Lyriker – hier bringt Tasso einen maliziösen Seitenhieb auf Bembo an – auch bei materie gravi ›spielerische‹ Verfahren wie etwa die contrapposti, die Antithesen, aktualisierten, vermeide Della Casa dies gerade[95], und er tue dies, weil sonst das Interesse vom Gegenstand ab- und auf den eigengewichtig werdenden Stil hingelenkt und so der Erhabenheit des Sujets Abbruch getan würde:

> nella forma magnifica di dire, ove l'uomo finge di parlar e di attender più all'importanza delle cose che agli scherzi delle parole, però dee fuggir questa figura (d. i. die Antithese), per la quale troppo apertamente l'affettazione dell'arte si manifesta[96].

In der *Lezione sopra il sonetto di Monsignor della Casa* macht Tasso also etwas aus Überzeugung zum Gegenstand des Tadels, was er in den *Discorsi* aus Systemzwang für legitim erklären muß: die Applikation der Verfahren des mittleren Stils, des stile ornato, auf den Bereich der cose grandi[97].

Schließlich und endlich belegt auch die lyrische Praxis Tassos, daß er einer stilistisch fundierten Einheitlichkeit der Gattung die decorum-Regeln, wie sie in der Renaissance-Poetik galten, nicht einfach aufzuopfern bereit war. Was das decorum angeht, so orientiert sich der Lyriker Tasso nämlich stärker an dem konventionellen Modell, welches der *Cavaletta* und der *Lezione* zugrunde liegt. Die Lyrik-Theorie, so wie sie die *Discorsi* entwerfen, ist folglich von hohem Aussagewert nur für einen Teilbereich seiner Lyrik, einen quantitativ wie qualitativ eminent wichtigen Teilbereich allerdings: für den zentralen Bereich all der materie, die sich, wie die meisten der zahllosen amori, schon von ihrer Beschaffenheit her für eine den decorum-Regeln gehorchende Entfaltung des stile ornato anboten. Die von den *Discorsi* zum Programm erhobene Ausdehnung des mittleren Stils auf alle Gegenstandsbereiche bleibt in Tassos eigener Lyrik eher ein Randphänomen[98]. Von wirklich dichtungspraktischer Relevanz wurden programmatische Aufhebungen der decorum-Regeln erst, als sich mit Marino und den Marinisten eine gegen die Normen der Renaissance-Poetik gerichtete Ästhetik der novità definitiv Bahn gebrochen hatte[99]. So konnten in dieser antitraditionalistischen Lyrik gänzlich oppositive Gegenstände gleichermaßen zum Anlaß für die Demonstration stilistischer scherzi werden, oder, wie man im Seicento auch formulierte, von facetie[100]: und zwar zum einen Gegenstände, die nach traditioneller Auffassung eindeutig als niedrige Gegenstände verortet waren wie etwa körperliche Gebrechen[101]; und zum anderen erhabene Gegenstände wie beispielsweise die cose sacre[102]. Im Zentrum dieser facetie, denen nach barockem Selbstverständnis das Eigengewicht der Gegenstände aufgeopfert werden durfte, stand dabei vorzüglich ein auf metaphorischer Basis entzündetes Feuerwerk von Paradoxa und Antithesen[103]. Contraddizioni und contrapposti – so Tassos Terminologie – gehörten nun schon in den *Discorsi* zum inneren Kreis der Figuren des mittleren Stils[104]. Und diesen im Horizont von scherzo und giuoco stehenden Figuren wird dort dann auch explizit als ihre dominante Funktion das Ergötzen zugewiesen. Und obschon er die Metapher natürlich nicht ausschließlich auf den mittleren Stil einengt, so streicht Tasso doch gerade im Kontext seiner Ausführungen zu contrapposti und contraddizioni heraus, daß der Metapher ein besonders großes diletto-Potential eigne, daß ihr eine eminente Rolle bei der idealtypischen Realisierung des stile lirico zufalle[105].

Weniger mit seiner dichterischen Praxis denn mit der in den *Discorsi* enthaltenen Lyrik-Theorie präludiert Tasso also der Lyrik der Marinisten[106], und zwar just in jenen Punkten, in denen sich diese Lyrik dezidiert jenseits der Normen der Renaissance-Poetik ansiedelte. Ausgelöst wurde dieses Präludium durch den Versuch, eine sowohl aussagekräftige als auch kohärente Theorie der Lyrik in den Rahmen des Renaissance-Aristotelismus einzupassen. Zu diesem Behufe rekurrierte Tasso auf das Theorie-Angebot der Rhetorik, so wie es der Renaissance zu Gebote stand. Diese Doppelreferenz auf die beiden zentralen Paradigmen der Renaissance-Poetik, das mimetische und das rhetorische Paradigma, zeitigte nun paradoxerweise gerade jene Interferenzen, die den Boden für die Verabschiedung der Renaissance-Poetik überhaupt bereiteten. Eine solche Verabschiedung freilich hatte Tasso, wie wir sehen konnten, nicht im Sinn. Mit Gesten des Überspielens und Verschweigens sollten die im Zuge seines Systementwurfs auftretenden Spannungen gebändigt und eine Einheitlichkeit simuliert werden, die scheinbar den basalen poetologischen Normen der Spätrenaissance Rechnung trägt. Tassos Theorie der Lyrik belegt exemplarisch, was für die Poetik des Secondo Cinquecento der Tendenz nach insgesamt gilt: die engen Grenzen, die den Dichtungstheoretikern bei ihren Fiktionen von Einheitlichkeit gezogen waren.

1 Vgl. B. Weinberg, *A History of Literary Criticism in the Italian Renaissance*, Chicago 1961, S. 349: »There is no doubt but that the signal event in the history of literary criticism in the Italian Renaissance was the discovery of Aristotle's *Poetics*«. Ebd. S. 349–563, eine ausführliche Darstellung des gegen Ende des 15. Jhs. einsetzenden Prozesses der Wiederentdeckung der *Poetik*; zur Kenntnis der *Poetik* vor diesem Zeitraum vgl. ebd. S. 352, sowie P. O. Kristeller, *Renaissance Thought and its Sources*, New York 1979, S. 44 u. 251. Zur Aristoteles-Rezeption im Bereich der Poetik vgl. auch die älteren Standardwerke von J. E. Spingarn, *A History of Literary Criticism in the Renaissance*, New York, [2]1908, und G. Toffanin, *La fine dell'umanesimo*, Turin 1920.

2 Vgl. dazu B. Weinberg, *History* S. 810f.

3 Zur platonischen Referenz im Secondo Cinquecento vgl. ebd. S. 267–348.

4 Als exemplarischen Beleg für diese Kompatibilisierung vgl. etwa T. Tasso, »Discorso sopra il parere fatto dal Signor Francesco Patrizi in difesa di Lodovico Ariosto«, in T. Tasso, *Opere*, ed. G. Rosini, 33 Bde, Pisa 1821–1832, hier: Bd 11, S. 180: »non ho mai lodato alcuno de' filosofi, che biasimi Aristotele, ma quelli solamente, che congiungono l'opinione Platonica, e l'Aristotelica«. Entsprechend auch P. Torelli, »Trattato della poesia lirica«, in *Trattati di poetica e retorica del Cinquecento*, 4 Bde, Bari 1970–1979, hier: Bd 4, S. 239–250 u. S. 273. Nur relativ selten wird, wie bei A. Segni, die platonische Referenz *dezidiert* über die aristotelische Referenz gestellt, wodurch übrigens die Aussagekraft der *Poetik nicht* in Frage gestellt wird. Vgl. »Lezioni intorno alla poesia«, in *Trattati di poetica e retorica*, Bd 3, S. 24. Poetologische Entwürfe, in denen von der platonischen Position aus die Verbindlichkeit der aristotelischen Poetik negiert wird, stehen im Secondo Cinquecento ganz an der Peripherie. Vgl. dazu B. Weinberg, *History* S. 812.
Diese Kompatibilisierung betrifft natürlich auch noch andere Referenzen als die platonische. Hingewiesen sei hier nur auf die horazischen Referenzen. Über den komplexen Prozeß der Verbindung von Horaz und Aristoteles vgl. M. T. Herrick, *The Fusion of Horatian and Aristotelian Literary Criticism, 1531–1555*, Urbana 1946, und B. Weinberg, *History* S. 111–155.

5 Gerade die Poetik belegt exemplarisch, wie problematisch es ist, das Secondo Cinquecento letterario jenseits der Renaissance zu situieren. Die Poetik dieses Zeitraums sucht und findet ihr Gepräge im Rahmen eines *Dialoges* mit der Antike, wie er für die Renaissance typisch ist: Es handelt sich um einen systematisch betriebenen Dialog, der auf dem Wissen um den perspektivischen Abstand zwischen den Dialogpartnern beruht, und der deshalb eine Absicherung im Rekurs auf die Methoden einer ›neuen Philologie‹ sucht.
Die Tendenz, das Secondo Cinquecento letterario als eine in ihren konstitutiven Faktoren autonome Epoche zu konzipieren, die so letztlich von der Renaissance abgrenzbar wird, oder die sich doch zumindest im Licht einer systematischen Dekonstruktion der für die Renaissance verbindlichen Normen zeigt, manifestiert sich vorzüglich im Kontext der Manierismus-Diskussion. Vgl. dazu etwa R. Scrivano, *Il manierismo nella letteratura del '500*, Rom 1959, S. 5–23, und A. Quondam, *Problemi del manierismo*, Neapel 1975, S. 5–40.

6 Zur Dichtungstheorie des *Secondo Cinquecento* als einer mimetisch fundierten Dichtungstheorie vgl. neben B. Weinberg, *History*, insbes. auch B. Hathaway,

The Age of Criticism – The Late Renaissance in Italy, Ithaca 1962; auch Hathaway erkennt im Rahmen der Mimesisdiskussion Plato den ihm gebührenden Rang zu, läßt aber dennoch keinen Zweifel, daß die mimetische Poetik des Secondo Cinquecento vorwiegend aristotelisch perspektiviert ist.

7 Vgl. etwa die direkt aus der Rhetorik abgeleitete Dichtungsdefinition C. Salutatis, in der die Dichtung bestimmt wird als eine »potentia considerans laudationes et vituperationes«, *De laboribus Herculis*, ed. B. L. Ullman, Turici 1951, II, 11, S. 10. Zum Konzept des poeta rhetor vgl. bes. A. Buck, *Italienische Dichtungslehren vom Mittelalter bis zum Ausgang der Renaissance*, Tübingen 1952, S. 67 u. S. 87. Ebd. auch zum Problem der Verbindung von poeta rhetor und poeta theologus. Ders., »Einleitung«, in: A. Buck, K. Heitmann, W. Mettmann, *Dichtungslehren der Romania aus der Zeit der Renaissance und des Barock*, Frankfurt 1972, bes. S. 11 u. S. 17–25.

8 Vgl. dazu insbes. B. Weinberg, *History* S. 71–110.

9 In der voraristotelischen Phase der Renaissancepoetik werden dichterische und nicht-dichterische Rede also insbesondere auf einer der ars vorausliegenden genetischen Ebene voneinander geschieden.

10 Zur Prädominanz der elocutio in der rhetorischen Poetik vgl. etwa A. G. Parisio, *In Q. Horatii Flacci Artem poeticam commentaria*, Napoli 1531, S. 3 (zit. nach B. Weinberg, *History* S. 98): »Nihil tam est poeticum, quam elocutio«. Weiteres zu diesem Aspekt bei B. Weinberg, *History* S. 81–110.

11 *De vulgari eloquentia*, ed. A. Marigo, Florenz 1968, II, iv, 2, S. 188.

12 Vgl. dazu B. Weinberg, *History* S. 96, der die Rezeption der dantesken Dichtungsdefinition im Kontext der »tendency to regard poetry as a kind of rhetoric« situiert. Diese Definition der Dichtung als einer fictio rethorica ist freilich mit einer einlinigen Rhetorisierung der Poetik noch nicht erschöpfend erfaßt. Zur weiteren Ausdifferenzierung dieser und ähnlich lautender Definitionen wie zu anderen, hier nicht berücksichtigten Aspekten der Poetik der Frührenaissance vgl. im vorliegenden Band den Beitrag von R. Herzog, »Veritas Fucata – Hermeneutik und Poetik in der Frührenaissance«.

13 Vgl. etwa die Dichtungsdefinition, die Badius Ascensius in seinem Horaz-Kommentar, einem der wichtigsten Dokumente aus der rhetorischen Phase der Renaissance-Poetik, gibt: »Poema enim constat ex re & oratione. Res autem ex philosophia originem trahit ut praecepta contineat. Oratio in grammatica & rhetorica dicitur«, *Quinti Horatii Flacci de arte poetica opusculum aureum*, Paris 1500, S. 36 v.

14 Zur Opposition von »rhetorical conception of poetry« und »doctrine of imitation« vgl. auch B. Weinberg, *History* S. 799.

15 »Dico adunque che i principj d'Aristotele son proprj, e veri, e bastanti ad insegnarci l'arte della poesia ... E prima, s'egli non fossero proprij, sarebbero comuni all'altre arti imitative, come alla pittura e alla scultura, ovvero a quelle, che sono intorno al parlare, come la dialettica, e la rettorica«, »Discorso sopra il parere« S. 180.

16 Dieser veränderte Stellenwert, den die Rhetorik im Rahmen der mimetischen Poetik einnimmt, wird von der Forschung nicht immer mit dem gebührenden Nachdruck herausgestellt; vgl. etwa A. Buck, »Einleitung« S. 39.

17 »Discorso sopra il parere« S. 180.

18 Eine systematische Darstellung der Lyrik-Theorie in der italienischen Renaissance ist nach wie vor ein Desideratum. Neben den diesbezüglichen verstreuten Bemer-

kungen in den Arbeiten von B. Weinberg *(History)*, B. Hathaway *(Age of Criticism)* und I. Behrens (*Die Lehre von der Einteilung der Dichtkunst*, Halle 1940) vgl. insbes. den Artikel von B. Croce, »La teoria della poesia lirica nella poetica del Cinquecento«, in: B. Croce, *Poeti e scrittori del pieno e del tardo rinascimento*, 2 Bde, Bari 1945. Hier: Bd 2, S. 108–117, und das Lyrik-Kapitel in A. Buck, *Italienische Dichtungslehren* S. 185–190.

19 Dieser komplizierte Prozeß bedarf noch einer genauen Erforschung. Wichtige Hinweise insbesondere bei I. Behrens, *Einteilung* S. 67–102, wobei allerdings die von der Vf.in anvisierte Herausbildung der Lyrik als einer der drei »Naturformen« der Dichtung die Verhältnisse im 16. Jh. sicher nicht richtig darstellt. Es dominiert eher die Tendenz zur Konstitution von vier Hauptgattungen. Typisch in diesem Sinne ist etwa G. Malatesta, *Della nuova poesia*, Verona 1589, S. 29: »I Poemi tutti sono di quattro sorte, Tragici, Lirici, Comici & Heroici«. Mitunter war diese Einteilung zwar *grosso modo* von der Sache, nicht aber schon vom Namen her gegeben. Vgl. etwa L. Castelvetro, wo die vierte Art unter dem Namen der poemi brievi zusammengefaßt und recht deutlich als ›Lyrik‹ perspektiviert wird, *Poetica d'Aristotele vulgarizzata e sposta*, ed. W. Romani, 2 Bde, Bari 1978. Hier: Bd 1, S. 257.

20 Aristotle, *The Poetics*, ed. W. H. Frye, Cambridge/Mass. [8]1973, xxiv, 13 f., S. 96.

21 Als exemplarischen Beleg vgl. etwa G. del Bene, »Due Discorsi«, in: *Trattati di poetica e retorica*, Bd 3, S. 195: »dovendo il poeta imitare, gli è necessario ciò fare, cioè che il poeta si chiami solo poeta in quello che altri introduce a parlare e lui in sua persona non parla, perché solo in questo imita.« Im Cinquecento wurden parlare in persona propria und narrare in der Regel als austauschbare Begriffe behandelt, ungeachtet der Tatsache, daß der zweite Begriff enger als der erste ist.

22 Vgl. Aristotle, *The Poetics*, II, 1, S. 8.

23 *Commentarii in primum librum Aristotelis de arte poetarum*, Florenz 1573, S. 13 f.

24 Vgl. dazu B. Hathaway, *Age* S. 3: »In an age of Petrarchists, a theory of poetry excluding Petrarch was doomed to hard going«. Besonders deutlich spricht dies A. Segni, *Lezioni* S. 22, aus. Nähme man Aristoteles beim Wort, ohne dieses zu interpretieren, so würde dies mißliche Konsequenzen zeitigen, denn: »a molti adunque avremo a trar il titolo del poeta che insino a qui l'hanno tenuto, et il nostro Petrarca, amplissimo possessore di questo nome, da molte parti e quasi tutte ne sarà cacciato e spinto fuora«.

25 Bes. I, 2–3 u. II, 1–3, S. 5 ff.

26 *Trattati di poetica e retorica*, Bd 4, S. 260.

27 Ebd. S. 268.

28 Ebd.

29 Zum relativistischen Gebrauch von Definitionen im Cinquecento vgl. B. Hathaway, *Age* S. 43: »Most of the Aristotelians ... were relativists, and defined entities in terms of centers of purity or intensity with gradations receding into the periphery«.

30 So z. B. bei G. P. Capriano, *Della vera Poetica*, Venedig 1555, S. 13, wo Petrarca als »Lyrico Poeta & non come assoluto fittore o imitatore« verortet wird.

31 *L'Arte poetica*, Venedig 1564 (Reprint München 1971), S. 175.

32 A. Piccolomini, *Annotationi nel libro della Poetica d'Aristotele*, Venedig 1575, S. 42. Applikation auf die Lyrik bei G. del Bene, »Due Discorsi« S. 197–204.

33 So z. B. etwa A. Segni, »Lezioni« S. 34: »Quanto a Aristotele, egli non dice mai

questo, che la poesia sia imitazione d'azioni solamente, anzi nel principio de la *Poetica* dà agli imitatori ... costumi, passioni d'animo et azioni, e di sotto aggiunge διανοίας, cioè i concetti«. Daraus folgert Segni für die Lyrik »che la maggior parte de' poemi lirici non hanno azione, ma imitano i costumi, gli affetti dell'animo e qualunque altro e' si propongono a esprimere«. P. Torelli, »Trattato« S. 265, sieht als Spezifikum der Lyrik die Nachahmung der Affekte an, die *sekundär* auch eine Nachahmung von Handlungen nach sich ziehen könne: »Per ora ci basti che il lirico ha per principal oggetto l'imitazione degli affetti, e se imita azioni, lo fa per esprimere gli affetti«.

34 Vgl. S. 2: »Le cose che ad imitar prendiamo, sono i costumi, gli affetti & i fatti delle persone«.

35 Ebd. S. 171.

36 Ebd.

37 Die Beschreibung der Lyrik aus der Perspektive des genus demonstrativum begegnet im Secondo Cinquecento rekurrent. Ein aufschlußreiches Beispiel liefert diesbezüglich B. Bulgarini, der die Lyrik nicht nur mit den rhetorischen Kategorien des genus demonstrativum erklärt, sondern der von dieser Anbindung an die rhetorische Gattung der Lob- und Tadelrede her gleichzeitig auf eine Opposition von lyrischer und mimetischer Rede schließt, *Alcune considerazioni sopra 'l discorso di M. Giacopo Mazzoni*, Siena 1583, S. 24ff. Vgl. dazu B. Hathaway, *Age* S. 53.

38 Die beiden *Discorsi* werden zitiert nach der Ausgabe von E. Mazzali, Torquato Tasso, *Scritti sull'arte poetica*, 2 Bde, Turin 1977. Zur Poetik Tassos vgl. insbes. G. Baldassarri, »Introduzione ai *Discorsi dell'arte poetica* del Tasso«, in *Studi tassiani* 26 (1977) S. 5–38; C. Guerrieri Crocetti, *G. B. Giraldi e il pensiero critico del Sec. XVI*, Rom 1932; E. Mazzali, »Introduzione«, in: Torquato Tasso, *Scritti sull'arte poetica*, Bd 2, S. 385–414; A. Pirisi, *La teorica di Torquato Tasso e l'opera sua in relazione con l'antica rettorica e l'estetica moderna*, Sassari 1911; L. Poma, »I manoscritti dei *Discorsi dell'arte poetica*, in *Studi tassiani* 10 (1961); B. T. Sozzi, »La Poetica del Tasso«, in *Studi tassiani* 5 (1955) S. 3–58; B. Weinberg, *History* S. 646–653 u. 1054–1058.

39 Vgl. E. Mazzali, »Introduzione« S. 397; »L'estetica del Tasso è strutturalmente l'estetica rinascimentale: cioè l'estetica aristotelica, arrichita e in un certo modo appesantita dalla lunga e vasta tradizione esegetica grecoromana prima, rinascimentale poi, che si affaticò intorno alla *Poetica* di Aristotele«. Diese aristotelische Fundierung gilt auch für die *Discorsi* in ihrer ersten Fassung, worüber das äußerliche und sich an den rhetorischen Kategorien von inventio, dispositio und elocutio orientierende Aufbauschema nicht hinwegtäuschen sollte.

40 Vgl. etwa *Scritti* S. 146: »E dunque la poesia imitazione fatta in versi«. Und ebd. S. 151: »La poesia è dunque imitazione de l'azioni umane«.

41 Zu Tassos Lyrik-Theorie vgl. insbes. H. Friedrich, *Epochen der italienischen Lyrik*, Frankfurt 1964, S. 450–463, sowie A. Daniele, »Per una definizione di stile lirico nella poetica del Tasso«, in: *Retorica e poetica*, ed. D. Goldin, Padua 1979, S. 286–297.

42 Dies erhellt schon daraus, daß die radikalste antiaristotelische Schrift des ganzen Secondo Cinquecento, Patrizis *La deca disputata* von 1586, bevorzugt Tasso ins kritische Visier nimmt. Vgl. dazu auch B. Hathaway, *Age* S. 48: »It is obvious that Patrizi created his *La deca disputata* with Tasso as its central antagonist«.

43 *Scritti* S. 49.

44 *Del giudizio sovra la Gerusalemme*, in: T. Tasso, *Opere*, ed G. Rosini, Bd 12, S. 300f.

45 *Scritti* S. 57f.

46 Vgl. ebd.: »da due cose nasce ogni carattere di dire, cioè da' concetti e da l'elocuzione«.

47 Vgl. ebd. S. 20ff.

48 »La poesia è dunque imitazione de l'azioni umane«, ebd. S. 151.

49 Ebd. S. 59.

50 Ebd. S. 340.

51 Ebd. S. 59.

52 Zur Rolle der decorum-Problematik im Kontext der voraristotelischen Poetik vgl. B. Weinberg, *History* S. 109 u. passim. In der voraristotelischen Phase der Renaissance-Poetik wurde die gelegentliche Thematisierung mimetischer Aspekte meist im Rahmen funktionaler Abhängigkeit von der decorum-Problematik eingebracht.

53 Vgl. dazu auch H. Friedrich, *Epochen* S. 457.

54 Vgl. dazu F. Quadlbauer, *Die antike Theorie der genera dicendi im lateinischen Mittelalter*, Wien 1962.

55 *Scritti* S. 49.

56 Demetrius, *On Style*, ed. W. Rhys Roberts, Cambridge: Mass. [8]1973, III, 128–189, S. 382–419. Unter den antiken Stillehren besitzt diejenige des Demetrius für Tasso die größte Bedeutung. Tasso begriff Demetrius' Lehre von den vier Stilen als Ausdifferenzierung der Doktrin von den drei genera dicendi, so wie sie für die lateinische Rhetorik charakteristisch ist. Den χαρακτὴρ μεγαλοπρεπής und den χαρακτὴρ δεινός, oder, in Tassos Übertragung, den stile magnifico und den stile grave, sah Tasso als Subkategorien des genus grande, dem so je ein verschiedener Idealstil für Epos (= stile magnifico) und Tragödie (= stile grave) abgewonnen werden konnte. Den Traktat des Demetrius lernte Tasso in der kommentierten griechisch-lateinischen Ausgabe von P. Vettori kennen: *Commentarii in librum Demetrii Phalerei de elocutione*, Florenz 1562. Zu Tassos Demetrius-Rezeption vgl. E. Raimondi, »Poesia della retorica«, in: E. Raimondi, *Poesia come retorica,* Florenz 1980, S. 25–70, wo es allerdings nur um die beiden Spielarten des hohen Stiles geht. Gegenüber der Lehre von den drei Stilen zeichnete sich Demetrius' Gebäude durch eine größere Differenziertheit aus, gegenüber seinem großen Konkurrenzmodell im *Secondo Cinquecento*, Hermogenes, durch größere Systematik. Diese fehlende Systematik des Hermogenes kritisiert Tasso, *Scritti* S. 303. Die große Bedeutung, die A. M. Patterson, *Hermogenes and the Renaissance – Seven Ideas of Style*, Princeton 1970, dem Hermogenes für Tasso zuweisen will, ist maßlos übertrieben.

57 *Scritti* S. 303.

58 Als modellhaft für den stile ornato wurde insbesondere Sappho herausgestellt. Vgl. etwa Demetrius, *On Style*, III, 132, S. 384f. Diesen Passus übernimmt Tasso, wobei er allerdings den Namen Sapphos durch denjenigen Petrarcas ersetzt, *Scritti* S. 338.

59 Zitiert nach der Ausgabe von B. Maier: Torquato Tasso, *Opere*, 5 Bde, Mailand 1963–1965. Hier: Bd 5, S. 90–151.

60 Ebd. S. 136. Zur rhetorischen Fundierung der *Cavaletta* vgl. auch B. Weinberg, *History* S. 212–215.

61 L. Castelvetro, *La poetica d'Aristotele*, Bd 2, S. 238f.

62 Zitiert nach F. Patrizi, *Della Poetica*, ed. D. Aguzzi Barbagli, 2 Bde, Florenz 1969. Hier: Bd 2, S. 65. (In der Baseler Castelvetro-Edition von 1576 S. 601).

63 Zur Partikularisierung vgl. P. Vettori, *Commentarii in librum Demetrii Phalerei*, S. 185 ff. Zu Dynamisierung und Animierung vgl. bes. A. Piccolomini, *Piena e larga parafrase nel terzo libro della rettorica d'Aristotele*, Venedig 1572, S. 329–354. Eine – kritisch perspektivierte – zeitgenössische Darstellung des Zusammenhangs von energia und Mimesis bei F. Patrizi, *Della Poetica*, Bd 2, S. 64 ff. Vgl. dazu ebenfalls B. Hathaway, *Age* S. 11 f. und passim.

64 Zur ἐνάϱγεια und ihren lateinischen Äquivalenten wie evidentia, illustratio, repraesentatio, sub oculos subiectio etc. vgl. G. Zanker, »Enargeia in the Ancient Criticism of Poetry«, in *Rheinisches Museum für Philologie* 124 (1981) S. 297–311. Ebd. auch der Hinweis, daß bereits die antiken Rhetoriker das Verfahren bevorzugt an dichterischen Texten exemplifizierten.

65 Zur weitgehenden Austauschbarkeit von ἐνάϱγεια und ἐνέϱγεια in der Renaissance vgl. auch T. Cave, *The Cornucopian Text – Problems of Writing in the French Renaissance*, Oxford 1979, S. 28, Anm. 39. Erst diese Verschmelzung macht es übrigens verständlich, weshalb unter dem Begriff der energia einerseits die Aspekte der Dynamisierung und der Animierung, andererseits der Aspekt der Partikularisierung subsumiert werden: Dynamisierung und Animierung gehen nämlich auf die ἐνέϱγεια zurück, während die Partikularisierung primär der ἐνάϱγεια zugehört.

66 *»Art« of Rhetoric*, ed. J. H. Freese, Cambridge/Mass. [6]1975, III.xi 3–4, S. 406.

67 In A. Piccolominis repräsentativer italienischer Version liest sich der fragliche Passus daher wie folgt: »In tutti questi luoghi adunque ... viene apparire energia & atto d'operatione ... dove si vede attribuito sempre alle cose inanimate, movimento & vita. nè altro ... è quell'atto, & quell'operatione in esse, ch'imitatione«, *I tre libri della retorica d'Aristotele*, Venedig 1571, S. 252. Vgl. auch F. Patrizi, *Della Poetica*, Bd 2, S. 62: »La seconda significanza di imitazione è posta da lui (d. i. Aristoteles) in queste parole nel sudetto terzo libro: ἡ δ' ἐνάϱγεια μίμησις ›la energia è imitazione‹. E intende per enargia quella figura di parlare ch'alcuni latini dimandarono evidenza«.

68 So sucht beispielsweise Minturno das im Kontext der Ausweitung der materie meliche statthabende Überwechseln von einer mimetischen auf eine rhetorische Argumentationsbasis dadurch zu kompensieren, daß er zumindest für einen Großteil dieser aristotelisch nicht legitimierten materie das mettere davanti agli occhi reklamiert und so das imitare gewährleistet sieht: »dir non si può non imitare colui, che ben dipinge la forma del corpo; overo gli affetti dell'animo. Ò dicevolmente nota i costumi; *ò qualunque altra cosa discrive talmente, che espressa la ti paia vedere*«, *L'Arte poetica* S. 175. (Hervorhebung G. R.)

69 *In librum Aristotelis de arte poetica explicationes,* Florenz 1548 (Reprint München 1968), S. 24 f.

70 »Lettione sopra i madrigali«, in: G. S., *Orazioni e altre prose*, Rom 1635, S. 172 ff.

71 Zur Partikularisierung (in Anlehnung an Vettori und Castelvetro) vgl. *Scritti* S. 55 f., S. 363 f. u. S. 369.

72 Ebd. S. 294.

73 Ebd. S. 365.

74 Ebd. S. 55.

75 Ebd. S. 50, wo Tasso den drei genera dicendi ganz auf der Linie der lateinischen

Rhetorik-Tradition als ihre typischen Funktionen das movere, das delectare und das docere zuschreibt: »... così proprio del magnifico dicitore è il commover e il rapire gli animi, come dell'umile l'insegnare, *e del temperato il dilettare*«. (Hervorhebung G. R.)

76 R. Jakobson, »Linguistique et poétique«, in: R. J., *Essais de linguistique générale*, Paris 1963, S. 218.

77 Zum Terminus und seiner *idealtypischen* Korrelierung mit der Lyrik vgl. *Scritti* S. 49.

78 Ebd.

79 Ebd. S. 340, wo Tasso darlegt, daß auf *alle* lyrisch behandelten Gegenstände einschließlich der cose grandi das Licht lyrischer Leichtigkeit, »un non so che di lascivo e ridente«, falle.

80 Ebd. S. 57: »tutte queste figure, ove si scopre l'affettazione, sono proprie della mediocrità«.

81 Tasso denkt den Gedanken von der Autoreferentialität des lyrischen Diskurses gleichwohl nicht radikal, sondern doch eher zögerlich und kompromißbereit. Die der Lyrik inhärente Tendenz zur affettazione, zum scoprir l'arte soll nämlich nicht unbekümmert forciert, sondern in kontrollierten Grenzen gehalten werden und so von der mala affettazione als einem stilistischen vizio abgrenzbar bleiben. Vgl. ebd. S. 55. Bemerkenswert ist nichtsdestoweniger, daß die Kategorie der affettazione in den *Discorsi* nicht mehr prinzipiell einen Mangel bezeichnet.

82 An einer isolierten Stelle der *Discorsi del poema eroico* bringt er das mettere davanti agli occhi sogar beiläufig in einen Konnex mit der Lyrik, vgl. ebd. S. 348.

83 Vgl. ebd. S. 63, 337 u. 341. Diese Konnotate sind Resultat der »lyrischen Einstellung«, die Tasso mittels des concetto-Begriffs zu verdeutlichen sucht.

84 Die in den *Discorsi* angelegte Tendenz zur Erosion der tradierten decorum-Regeln hat bislang keine Beachtung gefunden. Sie entgeht etwa H. Friedrich, der für Tasso recht pauschal die Wahrung der überkommenen decorum-Vorstellungen postuliert: *Epochen* S. 357 u. S. 461.

85 Vgl. etwa zum Epos: »Le cose altissime, che si piglia a trattare l'epico, devono con altissimo stile essere trattate«, *Scritti* S. 46. Ebd. S. 48, zur »semplice gravità del tragico«, die u. a. von den »materie assai più affettuose« her begründet wird.

86 Ebd. S. 340. Kurz bevor die cose grandi zum ureigensten soggetto des Lyrikers deklariert werden, formuliert Tasso noch vorsichtig, der Lyriker wage sich nur »alcuna volta« in den Bezirk der »cose grandi«, und er tue das zudem eher mit »timore«, ebd.

87 Ebd. S. 55. Zu den materie oziose als typisch lyrischen materie vgl. auch H. Friedrich, *Epochen* S. 457f.

88 Vgl. oben S. 401.

89 *Scritti* S. 338. Zu den materie oziose in den *Discorsi del poema eroico* vgl. auch ebd. S. 348.

90 Diese Konzentration auf die materie graziose wird an *einigen* Stellen gar zu einer *prinzipiellen* Korrespondenz mit den decorum-Regeln umgemünzt, einer Korrespondenz, die in eklatantem Widerspruch zu den Prämissen von Tassos Lyriktheorie steht. Vgl. etwa *Scritti* S. 312, wo es vom lyrischen Stil heißt: »Le materie ancora il ricercano«, oder ebd. S. 348, wo für die Lyrik der Anspruch erhoben wird: (che) »le cose ancora deono essere convenienti«. Schließt man freilich aus diesen Stellen auf eine durchgängige und grundsätzliche Respektierung der decorum-Regeln, so

glättet man gerade die Spannungen, die Tassos Lyriktheorie ihr spezifisches Gepräge geben und ihren historischen Ort an der Schwelle des Übergangs zum Barock markieren.

91 »La Cavaletta«, bes. S. 91–116.

92 *Opere*, ed. G. Rosini, Bd 11, S. 42–60.

93 Diese rhetorische Orientierung geht schon mit Deutlichkeit aus dem Proömium hervor: »con qual considerazione si debbano leggere i poeti, mi sforzero io col presente mio discorso in qualche parte dimostrare, leggendo un sonetto di Giovanni della Casa, *e le cose dette da lui a i precetti de' Retori ed i precetti de' Retori alle loro cagioni riducendo*«, ebd. S. 43 (Hervorhebung G. R.)

94 Ebd. S. 53.

95 Ebd. S. 56.

96 Ebd. S. 57.

97 Die fundamentalen Unterschiede zwischen der Lyrik-Theorie der *Discorsi* einerseits und der *Cavaletta* sowie der *Lezione* andererseits hat die Tasso-Forschung bislang nicht in den Blick genommen. Statt dessen tendiert man dazu, Tasso eine in den Grundzügen einheitliche Lyrik-Theorie zu unterschieben, was die diesbezüglichen Darlegungen leicht zu einer Serie von Ungereimtheiten geraten läßt. ›Exemplarisch‹ in diesem Sinn ist A. Daniele, »Per una definizione di stile lirico«.

98 Vgl. dazu Vf., *Torquato Tassos zyklische Liebeslyrik und die petrarkistische Tradition* (erscheint 1987 bei G. Narr, Tübingen).

99 Bei der Vorbereitung dieser Ästhetik der novità spielt Tasso eine weit weniger wichtige Rolle als einige seiner heute meist vernachlässigten Zeitgenossen. Zu nennen wären insbesondere Pigna, Guarini, Borghesi und Pignatelli. Zu Modernismus und Ablehnung der regole in der Barock-Poetik vgl. H. Friedrich, *Epochen* S. 546ff.; A. Buck, »Einleitung« S. 46ff. und A. Asor Rosa, *La lirica del Seicento*, Rom 1975, S. 5f.

100 Vgl. dazu U. Schulz-Buschhaus, »Barocke *Rime Sacre* und konzeptistische Gattungsnivellierung«, in: *Die religiöse Literatur des 17. Jahrhunderts in der Romania*, hg. K.-H. Körner / H. Mattauch, München 1981, S. 186.

101 Mit dem Begriff der Burleske ist die Eigenheit dieses Sachverhaltes wohl kaum zutreffend erfaßt. Vgl. dazu H. Friedrich, *Epochen* S. 573: »Schönheitsfehler, körperliche Mängel, Erkrankungen (...) bilden Anlaß zu burleskem Rühmen«.

102 Zum »scherzo su argomenti gravi« vgl. A. Asor Rosa, *Lirica* S. 8 sowie die prägnanten Ausführungen von U. Schulz-Buschhaus, »Barocke *Rime Sacre*«.

103 Derlei wurde unter dem Begriff von acutezza und ingegno subsumiert. Zur barocken Lyrik als einer »Selbstinszenierung« des ingeniösen Stils, die auf Kosten des Themas geht, vgl. ebd. S. 187. Daß diese »Autonomie der ingeniösen Operationen«, der stilistischen facetie, das »Decorum verletzt«, wird ebd. S. 189, eigens thematisiert.

104 Zu »contrapposti« und »contraddizioni« als Figuren des mittleren Stils vgl. *Scritti* S. 351f.

105 Ebd. S. 351f.: »In questa forma bella ed ornata (d. i. im lyrischen Stil) si ricerca principalmente il diletto, e 'l diletto nasce da le metafore ... e da l'opposizione ... Bellissimi ancora sono ed ornatissimi gli aggiunti, i quali implicano contrarietà e contradizione«.

106 Das eingespielte Urteil vom poetologisch eher konservativen, dichtungspraktisch dafür aber überaus progressiven Tasso bedarf der Korrektur. Vgl. zu dieser

Auffassung u. a. H. Friedrich, *Epochen* S. 462 u. S. 540 und insbes. A. Daniele, »Per una definizione di stile lirico« S. 295: »E sintomatica nel Tasso, *l'eversore più audace delle forme liriche* di tutto il Rinascimento, l'ottemperanza dei canoni (...) E allora si può dire che la convenienza poetica si esemplifichi *in un assiduo e convenzionale rispetto delle regole, salvo poi superarle nella poetica applicata*«. (Hervorhebung G. R.) Dieses Urteil resultiert zum einen aus einer unhinterfragten Zusammenschau der durchaus distinktiven Entwürfe zur Lyrik-Theorie und zum anderen aus dem Übergehen jener Zeitgenossen Tassos, die in ihrer lyrischen Praxis viel dezidierter der marinistischen Ästhetik präludieren. Vgl. dazu auch oben, Anm. 97 u. Anm. 99.

DIE PLURALITÄT DER WELTEN

Karlheinz Stierle

Montaigne und die Erfahrung der Vielheit

I

Montaigne steht am Ende einer Epoche, die wie keine zuvor die Erfahrung der Vielheit gemacht hat. Keine andere Erfahrung prägt so sehr das Gesicht des europäischen Spätmittelalters und der daraus hervorgehenden italienischen Renaissance. Erst vor dem Hintergrund dieser epochalen Signatur läßt sich die Bedeutung ganz erfassen, die die Reflexion der Vielheit bei Montaigne gewinnt.

Es ist, als erschöpfe sich im europäischen Spätmittelalter die Kraft, die in den vorausgehenden Jahrhunderten des christlichen Mittelalters in allen Lebensbereichen das Vielfältige zur Figur einer einheitlichen, hierarchisch aufgebauten Welt zusammengeführt hatte und die den Bau solcher in die Einheit eingefügter Vielfalt gegen das von außen kommende bloß Vielfältige behauptete[1]. Der Prozeß der Freisetzung der Vielheit, die Vervielfältigung der Zentren, auf die hin das freigesetzte Vielfältige sich neu zur Einheit zusammenschließen sollte, gewinnen eine Dynamik, die seither nicht mehr zum Stillstand gekommen ist. Die Freisetzung der Vielheit kennt mannigfaltige Erscheinungsweisen und vollzieht sich in unterschiedlichen Zusammenhängen, die dennoch miteinander in schwer durchschaubarer Weise korrespondieren. Die via moderna der nominalistischen Philosophie an den europäischen Universitäten verleiht dem Besonderen, der Vielheit des Einzelnen, eine neue Dignität. Wenn das Wort nicht mehr das Wesen der Sache ausspricht, wenn dem Wesen kein Seinsvorrang vor der Vielheit des Seienden mehr zugesprochen wird, gewinnt das Konkrete ein neues, substantielles Gewicht. Dann faßt das Wort auch nicht mehr das, was an jedem Einzelnen seine Teilhabe am Wesen ausmacht. Es ist nur noch ein Schema, unter dem das Vielfältige, praktischen Zwecken gehorchend, zusammengefaßt wird. Für die philosophische Freigabe der Vielheit aus ihren mittelalterlich-metaphysischen Bindungen ist die Sprachphilosophie des Nominalismus und ihre Verbreitung an den europäischen Universitäten des Spätmittelalters sicher von kaum zu überschätzender Bedeutung[2]. Wird die Vielheit aus dem Status des bloß Akzidentiellen befreit, so kann die Differenz, das, was die Vielheit zur Vielheit macht, zum Thema wissenschaftlicher und philosophischer Aufmerksamkeit werden. Es dürfte naheliegen, die Rehabilitierung der seit Augustin geächteten curiositas auch in diesem Zusammenhang zu sehen[3]. Die curiositas richtet sich auf das je Besondere, auf das, was jenseits des Horizonts einer durch Autorität verbürgten Lehre liegt und holt es herein in den Kreislauf des Wissens. Gerade weil sie auf das Vielfältige, nicht auf das

Wesen gerichtet ist, ist die curiositas für Augustin eine geistige Leidenschaft, die, statt der Sammlung zu dienen, sich der Zerstreuung dienstbar macht und damit zugleich die Orientierung des Menschen auf das Wesentliche hin gefährdet.

Die Arbeit des Wissens, das die Vielheit als einen Zusammenhang von Differenzen erfaßt, entzieht der mittelalterlichen Hierarchie der Differenzen gleichsam den Boden. Stand jede Differenz im mittelalterlichen Weltsystem in hierarchischen Relationen, so kann jetzt die Differenz zum Feld unabsehbarer Koexistenzen werden.

Das Bewußtsein einer intellektuellen und kulturellen Elite in Italien, daß der Weg aus der Befreiung von einer politischen wie kulturellen Fremdherrschaft in der Rückbesinnung auf die antiken Quellen des gegenwärtigen Lebens liege, ist der Ursprung eines italienischen spätmittelalterlichen Sonderwegs, der schließlich zum europäischen Weg über das Mittelalter hinaus werden sollte. Der Weg zurück zu den Quellen, aus einer Welt, die beherrscht ist von den immer undurchdringlicheren theologisch-intellektuellen Systemen der Scholastik und einer ihr korrespondierenden ›gotischen‹ Architektur führte im wörtlichen wie im übertragenen Sinne zu Ausgrabungen antiker Kunst und der einfachen und harmonischen Formsprache antiker Architektur, die nun, unter unvergleichlich gesteigerten technischen Möglichkeiten wiedererweckt wird, und nicht zuletzt zur Wiederentdeckung der antiken Autoren in ihrer Eigenständigkeit, das heißt auch in der ursprünglichen Gestalt ihrer Texte. Ist es zunächst noch die römische Literatur, die gleichsam aus ihrer Rezeptionsgeschichte befreit, neu in die Zirkulation eines gelehrten Wissens kommt, so mehr und mehr auch die griechische Dichtung, die dem Mittelalter nur noch schattenhaft gegenwärtig geblieben war. Doch war das Ergebnis solcher Rückbesinnung gerade nicht eine Rückkehr zur Einfachheit des Ursprungs, sondern die Koexistenz des Wiederentdeckten mit dem Gegenwärtigen und noch immer Gültigen. Es werden so aber differente historische Welten, die das christliche Mittelalter in die Einheit einer kohärenten Weltsicht eingeschmolzen hatte, zu einer Vielheit aktualisiert, die das Problem ihrer Synthetisierbarkeit, ihrer alternativen oder komplementären Geltung erst aufwarf.

Setzt die Vielfalt sich aus der sie umgreifenden Ordnung frei und wird zur Vielheit, stellt sich damit sogleich die Frage nach einer neuen Ordnung, die die Kraft hätte, das Gegebene zu umspannen. Vielheit und Einheit werden zum Problem, provisorische Einheiten bilden sich und zerfallen, Alternativen treten auf den Plan. Im Hinblick auf das zum Problem gewordene Verhältnis von Vielheit und Einheit aber findet sich in Italien zuerst eine Lösung von radikaler Modernität. In Italien wird zuerst das im Spätmittelalter aufgebrochene Problem des Verhältnisses von Vielheit und Einheit als ein ästhetisches Problem verstanden und ästhetisch gelöst. Das seine eigene Einheit konstituierende Kunstwerk ist die Antwort, die die italienische Renaissance auf die Erfahrung der offenen, enthierarchisierten Vielheit gefunden hat. Im Werk

treten Vielheit und Einheit zu einer ästhetischen Evidenz zusammen, die von keiner Doktrin mehr garantiert ist. Die ästhetische Evidenz erhält dadurch eine über sich selbst hinausweisende Dignität, die der europäischen Kunst seit ihren griechischen Anfängen so wohl zum ersten Mal wieder zukommt. Allein noch in der Kunst kommen Vielheit und Einheit, vermittelt durch die Evidenz des Werks, zu einer jeweils neuen, versuchsweisen und in sich selbst doch endgültigen Entsprechung zusammen. So wird die ästhetische Lösung eines Problems zur Grundlage der Lösung eines ästhetischen Problems.
M. Imdahl hat am Werk Giottos die neue, in ihrer Tendenz schon nachmittelalterliche Werkstruktur aufgewiesen und ihre Bedeutung als ein durch kein anderes Medium überbietbares Instrument der Erkenntnis vor Augen geführt. Imdahl zeigt, wie die »kühnen Äquivalenzen« des Bildes[4], die man auch ›imaginäre Synthesen‹ nennen könnte[5], die Inständigkeit des Werks bedingen, durch die die Vielheit vielfältig gebunden wird[6]. Es wäre reizvoll, die sich ausdifferenzierenden Darstellungssysteme zu verfolgen, mit denen in erster Linie die Malerei zum Ort der Entlastung von Vielheit durch die Evidenz ihrer sie umgreifenden ästhetischen Einheit wird. Dabei wäre das Eindringen der Landschaft in die religiöse Malerei höchst aufschlußreich. Die Weltlandschaften in den frühchristlichen Kirchen von Ravenna und Rom sind dargestellte Symbollandschaften, die ganz von dem hierarchischen Weltaufbau bestimmt sind, den sie zum Ausdruck bringen. Dagegen konstituiert sich die neue Landschaft, die mehr und mehr gleichsam zum Sehzwang der Renaissancemalerei in Italien wird, durch die Perspektive eines Betrachters. Die Einheit der Landschaft ist die prekäre Einheit eines auf sie fallenden Blicks. Wird aber die Weltlandschaft zur perspektivisch offenen Landschaft der innerweltlichen, auf die Perspektive eines Betrachters zulaufenden Erschlossenheit, so löst sich die symbolische Ordnung in eine Vielheit auf, die nur noch ästhetisch als Einheit erfahrbar ist. Werden die Themen christlich-religiöser Bildlichkeit aus der Tradition mittelalterlicher Kirchenmalerei in einen Zusammenhang innerweltlicher Vielheit und perspektivischer Subjektivität des Blicks versetzt, so werden sie selbst Momente der Vielheit, die aus einer hierarchischen Ordnung entgleiten, Episoden werden in einer offenen Welt[7]. An die Stelle einer symbolischen Ordnung, unter deren Bedingungen die religiöse Malerei des Mittelalters stand, tritt nun die Gesehenheit der Welt als neues Thema der Malerei, die sich in der ästhetischen Evidenz des Bildes objektiviert und zur imaginären Einheit abschließt.

Auch in der Literatur entsteht zuerst in Italien eine neue Konzeption des Werks, die durch die neu aufgeworfene Problematik von Vielheit und Einheit bestimmt ist.

Wenn Dantes poetische Summe seiner Welt noch an einen mittelalterlichen, funktional-symbolischen Werkbegriff gebunden zu sein scheint, so wird dieser durch die in ihm zum Austrag kommende Spannung von hierarchischer Ordnung der Weltarchitektur und behaupteter, unverfügbarer Identität des

Einzelnen wie durch das Eindringen des Privatmythos in den symbolischen Weltzusammenhang doch bereits erschüttert. So wird hier schon der Übergang zu einer neuen ästhetischen Ordnung faßbar, die die Vielheit der Erfahrung allein noch zu umgreifen vermag. Der Übergang von Dantes *Divina Commedia* zu Boccaccios *Decameron* ist als ein weiterer Schritt der Freisetzung des Einzelnen aus seinen symbolischen Zusammenhängen und seiner neuen Bindung an einen prekären ästhetischen Zusammenhang deutbar. Wie Dantes *Divina Commedia* will auch Boccaccios *Decameron* Darstellung einer Welt sein. Der Titel spielt geistreich auf das Hexaemeron an, den Bericht des Alten Testaments über das Sechs-Tage-Werk, in dem Gott die Welt geschaffen hat und das seit Philo von Alexandrien immer neue allegorische Deutungen erfuhr. Was bei Boccaccio die Vielheit zusammenhält, ist aber nicht mehr eine substantielle Bindung, sondern der Rahmen einer auf wenige Tage bemessenen freien Übereinkunft. Das Ordnungsprinzip des Werks geht hervor aus der ästhetischen Geselligkeit, die fiktionsimmanent den Kommunikationsrahmen des Novellenerzählens und Novellenhörens bestimmt. Gegenstand der erzählten Novellen aber ist die Vielheit menschlicher Verstrickungen und Verwicklungen, die vari casi, die das Leben aus Zufall und Absicht wirkt. Bei Boccaccio erst vollzieht sich bewußt der Übergang von der einfachen Erzählstruktur des Exempels, die für eine immer gleiche Möglichkeit menschlichen Verhaltens einsteht, zur komplexen Erzählstruktur der Novelle als Darstellung eines je einmaligen, auf keine Norm zurückführbaren einzelnen Falls[8].

Petrarca, der als Humanist einer der ersten war, die den Blick auf die römische Antike zurücklenkten und der das Schlagwort vom finsteren Mittelalter geprägt hat[9], ist ein beredtes Beispiel dafür, wie eben jener Rückgang, statt zu einer neuen Einheit der Weltsicht zu führen, die Erfahrung der Vielheit verschärfen mußte. Kein anderer Autor vor Petrarca hat sich so bewußt in verschiedenen Diskurswelten bewegt, sich selbst und die Erfahrung seiner Welt im Horizont so vielfältiger Diskurse gespiegelt. Insbesondere aber ist es Petrarca, der als erster die Erfahrung der Landschaft als Erfahrung der Vielheit in der Einheit subjektiver Perspektive zum Thema der Reflexion wie der lyrischen Selbstaussprache gemacht hat. So findet sich bei ihm zuerst jene Erfahrung, die für die Malerei des Quattrocento grundlegend werden sollte: die offene, vom erhabenen Standort aus wahrgenommene Fernlandschaft. Daß der Blick nicht mehr wie in mittelalterlich-symbolischer Bergdarstellung von unten nach oben gerichtet ist, sondern sich nach unten auf die innerweltliche Erstreckung einer offenen Welt richtet, ist in der Geschichte der Ästhetik der Landschaft ein wesentlicher Schritt. Es ist nicht ohne Bedeutung, daß gerade in jenem Bericht, der diese Erfahrung in ihrer inneren Problematik am entschiedensten und kühnsten darstellt, sich die Erinnerung an Augustins Ächtung der curiositas meldet, deren Reiz Petrarca sich dennoch nie zu entziehen vermag. Die Vielfalt der Landschaft ist bei Petrarca aber auch in anderer Weise auf die subjektive Setzung einer Einheit bezogen. Immer wieder wird im *Canzoniere* dem einsam Gehenden die Landschaft zum Projektionsraum seiner innersten Empfindungen. Im Bann einer subjektiven Fixierung des lyrischen Ich bedeutet die Landschaft immer nur das eine, die abwesende Gestalt der umworbenen und sich versagenden Geliebten. Mit dieser die offene Vielheit der Welt zur Einheit des subjektiven Reflexionsraums machenden Landschaftsdichtung, deren formale Einheit beides, Vielheit der Welt und Einheit des Subjekts, übergreift, hat Petrarca der Landschaftsdichtung der Moderne den Weg gewiesen[10].

Noch einmal hat das ausgehende Quattrocento und beginnende Cinquecento für das Problem von Vielheit und Einheit eine ästhetische Lösung gefunden, die gleichfalls am Ursprung einer spezifisch modernen literarischen Form steht. Die Form des romanzo führt nicht nur die getrennten Erzählwelten von chanson de geste und Artusroman zusammen, sie weckt auch die Erinnerung an das antike, besonders das römische Epos, und nicht zuletzt gibt sie der Erfahrung zeitgenössischer umwälzender Entdeckungen ihre Stimme. Der romanzo ist die narrative Form schlechthin der sich artikulierenden Vielheit, die die Kunst des Erzählers zusammenfaßt und in eine ironische Schwebe bringt. Ariost bezeichnet als erster die Struktur des romanzo als ein Gewebe. Vielheit wird hier nicht zur Einheit durch ihre Rückführung auf einen substantiellen Zusammenhang, auch nicht durch ihre subjektive Perspektivierung, sondern durch eine kunstreiche Verflechtung, die sich allein noch als ein unendlich ausweitbarer Zusammenhang des ›in sich einstimmigen Kontexts‹[11] verwirklicht. Der romanzo folgt als Form bewußt einer Poetik der diversità. Im entrelacement wird das Vielfältige vielfältig verknüpft und getrennt und geistreich in einer prinzipiell offenen und unabsehbar perspektivisch gestaffelten Welt situiert. Jede Episode konstituiert den Horizont einer Episode, die selbst erneut sich einen Horizont setzt und so ins Unendliche fort. Der Erzähler wird gleichsam in eine offene Erzählwelt hineingezogen, in die ihm der Leser folgt. Der offene Horizont des allein noch ästhetisch-artistisch konstituierten Zusammenhangs aber ist intertextuell zurückbezogen auf substantielle Erzählformen der mittelalterlichen Welt. Was in diesen jedoch in hierarchischen Relevanzzusammenhängen der Erzählwelt seinen festen Ort hatte, wird nun als bloße Vielheit oder als bloßes sich aufspreizendes Detail freigesetzt. So wird der Helm im *Orlando furioso* zum Objekt, das die unvorhersehbare Eigenbewegung eines Subjekts erhält und als Tücke des Objekts den Helden komisch in eine Welt der alltäglichen Kontingenzen verstrickt[12].

Bekanntlich ist der romanzo das Paradigma, an dem im 16. Jahrhundert die Frage nach der poetischen Legitimität des Vielfältigen aufbricht[13]. In der Diskussion um Epos und romanzo und das Eigenrecht einer neuen narrativen Form der ironisch-ästhetischen Bewältigung der Vielheit scheint sich das Problem auf eine Frage der ästhetischen Angemessenheit zu verengen. Daß dahinter aber sich eine grundsätzlichere Frage nach dem Verhältnis von

Vielheit und Einheit auftut, ist insbesondere von Torquato Tasso erfaßt worden, der sich bemüht, Vielheit und Einheit in seinem neuen christlichen Epos wieder in einen substantiellen Zusammenhang zu bringen. Daß das Gelingen aber nur noch um den Preis einer hohen Künstlichkeit der Konstruktion möglich war – kein Zufall, will es scheinen, daß der christliche Held Gottfried von Bouillon selbst zum Ingenieur wird – hat vor allem Friedrich Hegel in seiner Ästhetik deutlich gemacht[14].

Quattrocento und Cinquecento sind Renaissancen von wesentlich anderer Struktur. Im 16. Jahrhundert wird die italienische zur europäischen Renaissance, die zunächst noch unter italienischer Hegemonie steht, dann aber mehr und mehr eigene hegemoniale Zentren ausbildet, die sich an die Stelle der italienischen Kulturhegemonie setzen. Unvergleichlich mehr als die Renaissance des Quattrocento steht die europäische Renaissance des 16. Jahrhunderts im Zeichen erfahrener Vielheit, die aus sich selbst mit wachsender Beschleunigung neue Vielheit hervorbringt[15]. Die frühe italienische Renaissance hatte zuerst die Erfahrung der Koexistenz verschiedener kultureller Welten gemacht, das Kunstwerk aber als Möglichkeit begriffen, die Vielheit in der momentanen Evidenz ästhetischer Einheit zu überwinden[16]. Das 16. Jahrhundert kennt die Erfahrung einer Vielheit kultureller Welten, die so angewachsen ist, daß die Erfahrung des Einzelnen ihr kaum mehr gerecht zu werden vermag. Der eigentliche Ort dieser Kopräsenz kultureller Welten ist das Buch. Mit dem Buchdruck ist eine neue Phase in der Geschichte der freiwerdenden Differenz bezeichnet. Die Erfahrung der Vielheit, die sich in vielerlei Kontexten schon zur Geltung gebracht hatte, gewinnt damit einen neuen Boden. Das Buch wird zum eigentlichen Medium der Vielheit, es ist der durch eine technische Revolution ermöglichte gemeinsame Nenner, der der Vielheit der kulturellen Welten ihre Kopräsenz gibt[17]. Das Nebeneinanderstehen der Bücher in den neuen Bibliotheken ist der sinnfällige Ausdruck dafür. Ein und dasselbe Medium bringt die Werke der antiken, der mittelalterlichen und der gegenwärtigen Autoren, die Werke der Dichtung, der Philosophie, der Theologie, aber auch der neuen Naturwissenschaften, in Umlauf. Die Werke der griechischen und römischen Autoren sollen in ihrer ursprünglichen Gestalt wieder verfügbar sein, andererseits werden sie dem, der der alten Sprachen nicht kundig ist, durch Übersetzung zugänglich gemacht. Aber auch die Quellen des christlichen Glaubens, die Bücher des Alten und Neuen Testaments, werden jetzt erst wirklich erschlossen. War bis dahin das Buch als Manuskript wesentlich an Institutionen gebunden und nur wenigen verfügbar, wird es nun zum Medium der Zirkulation eines nicht mehr an Institutionen gebundenen Wissens, an dem prinzipiell jeder Einzelne partizipieren kann. Erst durch das Medium Buch wird die Vielheit der Welten des Wissens und der Erfahrung eine Gegebenheit des öffentlichen Bewußtseins, die für das 16. Jahrhundert bestimmend ist. Doch mußte nun auch, im Zeitalter der sich ausdifferenzierenden Vielheit, das Problem, wie dieser Herr zu werden sei, sich mit erneuter Dringlichkeit stellen. War die Kunst in der frühen italienischen Renaissance noch die Möglichkeit, die Vielheit in der ästhetischen Evidenz des Werks aufzufangen und aufzuheben, so wird sie nun von der ihr zukommenden Aufgabe immer mehr überfordert[18]. Der Manierismus ist der Ausdruck der Krise, in die eine in ihren Mitteln unendlich verfeinerte, in ihren Synthetisierungsleistungen aufs äußerste gesteigerte Kunst kommen mußte, die den durch sie selbst geweckten Erwartungen nicht mehr gerecht zu werden vermochte[19].

Nur einmal noch hat schon an der Schwelle einer neuen Epoche die europäische Renaissance eine künstlerische Gestaltung ihrer tiefsten Tendenzen und Erfahrungen gefunden: in der Vielheit der imaginären Welten, die der Dramatiker Shakespeare entwirft und in denen das Universum der Diskurse der Renaissance in wechselnden Verhältnissen von Offenheit und Einheit zur Darstellung kommt[20].

Während in Italien die Anfänge der eigenen neuen Kunst- und Literaturbewegung schon historisch geworden sind, der Kunst die Überlastung durch den ihr mit ihrem Selbstverständnis verbundenen Anspruch immer bewußter wird, entsteht in Frankreich ein Werk, das die Schwelle zu einer neuen Renaissance markiert, jener, die der Epoche selbst schließlich ihren Namen gegeben hat. In Rabelais' *Gargantua et Pantagruel* wird die Vielheit als lustvolle Befreiung erfahren. Rabelais' parodistische Fortführung spätmittelalterlicher Volksbuchtradition ist, wie vor allem die große und wegweisende Untersuchung von M. Bachtin eindrucksvoll dargelegt hat[21], ein anarchisch-karnevaleskes Ausbrechen aus den Zwängen einer späten, erstarrten kulturellen Welt. Die lustvolle Vielheit als ein Hereinspielen des Ausgegrenzten[22] bringt zugleich eine Vielheit kultureller Welten scheinbar problemlos zusammen, ohne daß deren Differenz überhaupt eine ästhetische Synthetisierung zu verlangen scheint. So ist das Werk hier nicht Ausdruck einer ästhetischen Überhöhung der Differenzen, sondern der lustvollen Erfahrung ihres Zusammenbruchs. Unersättlich ist der Appetit des riesenhaften Helden nach körperlichen und geistigen Genüssen. Im Verschlungenwerden wird die Vielheit zum Einen. *Gargantua et Pantagruel* ist der Ort, wo sich spätmittelalterliche Welt, Welt der italienischen Renaissance und antike Welt berühren, ohne sich doch wirklich zu durchdringen[23].

Es bestimmt die Ästhetizität französischer Renaissance-Literatur, daß in ihr die Vielheit in ästhetischer Einheit nie bruchlos aufgeht. Auch bei den bedeutenden Autoren bleibt ein nicht zu ästhetischer Evidenz zu bringender Rest an bloßer, ungetilgter Vielheit bestehen. Die französische Klassik hat gerade dies der Dichtung der Renaissance zum Vorwurf gemacht. Häufig wird in ihr die Vielheit selbst lustvoll erlebt als ein neu erschlossener kultureller Reichtum, der antike und christlich-mittelalterliche Kultur ebenso umfaßt wie die neue Kultur Italiens und die neuen Quellen des Wissens von der gegenwärtigen Welt. Kein französischer Autor aber hat so sehr wie Montaigne die Erfahrung der Vielheit in ihrer Doppelgesichtigkeit als Befreiung und Bedrängung zum Gegenstand der Reflexion gemacht. Vor Shakespeare ist er es, der die Vielheit ins Zentrum seiner Aufmerksamkeit stellt und damit die bestimmende Erfahrung in den Blick bringt, die das Spätmittelalter an die Renaissance weitergab. Montaignes Essais sind eine Summe der Vielheit. Diversité ist das Stichwort, das durch alle Essais hindurch mit Beharrlichkeit wiederkehrt und ihre thematische Achse bestimmt[24].

Montaigne ist zunächst und vor allem ein Leser. Er verkörpert paradigmatisch jenen Typ des Lesers, wie er erst durch das Medium des gedruckten Buchs möglich geworden ist. Die Koexistenz der vom Buch gegenwärtig gehaltenen kulturellen Welten der Antike, des Mittelalters und des italienischen und französischen Nachmittelalters, die Sinn- und Diskurswelten der Philosophie, der Geschichte, der Dichtung, aber auch der Beschreibung der neu entdeckten Erdteile rücken für den Leser Montaigne zu einem reichen, unübersehbaren Panorama der Vielheit zusammen. Erst ein Leser, der nicht mehr an eine Institution des Wissens gebunden ist, sondern gleichsam frei in den vielfältigen, sich immer weiter ausdifferenzierenden Gebieten des Wissens vagiert, kann die Erfahrung der Vielheit so intensiv machen wie Montaigne, dem in seinen Lektüren alle räumliche und zeitliche Differenz sich zur prinzipiellen Differenz der Vielheit verwandelt. Montaignes Essais aber sind Versuche, dieser Vielheit mit der Kraft der Reflexion zu begegnen, ihr in gelassener Unruhe und unruhiger Gelassenheit standzuhalten. Die Essais sind Einübungen in die Wahrnehmung der Vielheit und Einübungen in die Kunst, die Wahrnehmung der Vielheit selbst wahrzunehmen. So situiert sich ihre Schreibart in einer Art von diskursivem Niemandsland, jenseits einer jeden diskursiven Ordnung wissenschaftlicher oder philosophischer Argumentation, aber auch jenseits jedes Versuchs, der Vielheit durch die Evidenz der ästhetischen Einheit Herr zu bleiben. Montaignes Essais sind weder bloß in Vielheit verstrickt, noch können sie diese ästhetisch außer Kraft setzen; das Nachsinnen über die Dimensionen der Vielheit folgt vielmehr einer ›allure poétique‹, die das Denken selbst, das der Vielheit antwortet, zur Darstellung zu bringen sucht.

II

In seinem Buch *Montaigne en mouvement* weist J. Starobinski auf das »extraordinaire enrichissement de l'idée du monde« bei Montaigne hin[25]. Die Vorstellung von der Welt als einer letzten, umgreifenden Totalität, die alles Vielfältige in sich erfaßt, wird in Montaignes Essais in eine Vielfalt von Weltaspekten aufgelöst, die immer nur vorläufige Erfahrungen benennen, hinter denen die Erfahrung noch umfassenderer Ganzheiten oder prinzipiell anderer Ganzheiten denkbar wird. Die Welt wird zum Horizont einer Erfahrung von ihr. Als horizonthafte Erfahrung zerfällt sie in notre monde und l'autre monde, diese aber wird vervielfältigt zu les autres mondes, so daß schließlich auch die christliche Vorstellung von der anderen Welt relativiert und in die Reihe erfahrbarer oder denkbarer anderer Welten als eine unter ihnen eingeordnet wird. Lernen in der Welt zu sein heißt lernen in immer neue Welten einzutreten, der Erfahrung immer neuer Welten zu begegnen. In diesem Sinne soll in »De l'institution des enfans« (I,26) das Kind aus der »fréquentation du monde« die Begrenztheit seiner eigenen Welterfahrung lernen. Sokrates ist für Montaigne ein Meister solcher Welterfahrung, die der prinzipiellen Begrenztheit »unserer Welt« im unübersehbaren Ganzen der Welt inne ist. Montaigne zitiert Sokrates, der auf die Frage, von wo er sei, statt seine Heimatstadt Athen zu nennen, gesagt habe »du monde«. Sokrates »embrassoit l'univers comme sa ville«[26]. Weil er das Ganze denkt, wird ihm die Begrenztheit der eigenen Perspektive bewußt, anders als jener Pfarrer, der, wenn einmal die zum Dorf gehörenden Weinberge erfrieren, gleich den Zorn Gottes auf das ganze Menschengeschlecht herbeizitiert und dabei auch die Kannibalen nicht vergißt (S. 191). Die eine offene Welt ist eine Welt aus Welten, so zumindest wird sie, wie Montaigne sagt, von einigen aufgefaßt:

> Ce grand monde, que les uns multiplient encore comme especes soubs un genre, c'est le miroüer où il nous faut regarder pour nous connoistre de bon biais. Somme, je veux que ce soit le livre de mon escholier.
>
> (S. 191)

Die Erfahrung der Welt ist die Erfahrung einer unerschöpflich reichen und vielfältigen Natur, an der alle Größenvorstellungen zunichte werden. Montaigne formuliert dies in einem Satz, dessen Pathos noch bei Pascal nachhallt:

> Mais qui se presente, comme dans un tableau, cette grande image de nostre mere nature en son entiere magesté; qui lit en son visage une si generale et constante varieté; qui se remarque là dedans, et non soy, mais tout un royaume, comme un traict d'une pointe tres-delicate: celuy-là seul estime les choses selon leur juste grandeur. (S. 191)

Angesichts dieser offenen Welt der unerschöpflichen Vielfalt erfährt der Einzelne die Relativität seines Daseins, seine Unerheblichkeit in der unübersehbaren Vielheit menschlicher Schicksale, aber auch den Trost, zu nichts anderem bestimmt zu sein, als alle diese vielen:

> Tant de milliasses d'hommes, enterrez avant nous, nous encouragent à ne craindre d'aller trouver si bonne compagnie en l'autre monde. Ainsi du reste. (S. 191f.)

Die eine andere Welt, die Montaigne hier heraufruft, wird in dem Essai »Des boyteux« (III,11) zu hundert anderen Welten der Einbildung:

> Nostre discours est capable d'estoffer cent autres mondes et d'en trouver les principes et la contexture. (S. 1151)

Dagegen dient der Ausdruck ›autre monde‹ in »Des cannibales« (I,31) zur Bezeichnung der neuentdeckten Welt Amerikas:

> J'ay eu long temps avec moy un homme qui avoit demeuré dix ou douze ans en cet autre monde qui a esté descouvert en nostre siecle, en l'endroit où Vilegaignon print terre, qu'il surnomma la France Antartique. (S. 239)

Wenig später erscheint die andere Welt als neue Welt. Montaigne stellt die Frage, ob jene große versunkene Insel Atlantis, von der die antiken Schriftsteller berichten, mit dem neuentdeckten Kontinent identisch sein könnte:

> Mais il n'y a pas grande apparence que cette Isle soit ce monde nouveau que nous venons de descouvrir.
>
> (S. 241)

»Monde nouveau« für den neuentdeckten Kontinent Amerika ist die seit Amerigo Vespuccis Bericht über seine dritte Reise nach Amerika geläufige Bezeichnung. Daß Vespucci oder dessen Übersetzer Fra Giocondo der Urheber der Bezeichnung ist, belegt eine 1507 erstmals erschienene Sammlung von Reiseberichten mit dem Titel *Paesi novamente retrovati e Novo Mondo da Alberico Vesputio Florentino intitolato*[27]. Montaigne gibt der schon geläufigen Bezeichnung aber eine neue Dimension, indem er sie mit der Vorstellung des ›autre monde‹ zusammenbringt, zugleich aber auch offen läßt, ob die neuentdeckte Welt verglichen mit Montaignes eigener nicht auch eine neue und ursprüngliche Welt sei. Die Frage, ob Atlantis nichts anderes als die neue Welt sei, wirft das Problem der Verläßlichkeit der Quellen auf, die den Untergang von Atlantis bezeugen. Je mehr Instanzen sich zwischen das Ereignis selbst und das Wissen von ihm legen, je mehr eigene Interessen jede Instanz ins Spiel bringt, umso mehr besteht die Chance, daß die Überlieferung trügerisch ist. Dagegen steht Montaignes Zeuge seiner eigenen Begegnung mit der neuen Welt. Er ist ein einfacher Mann, der nichts anderes als seine eigene Erfahrung schlicht darstellt, und der eben deshalb dic Dinge nur so wiederzugeben vermag, wie sie wirklich sind. Der Rückgriff auf die Erinnerung an Atlantis erlaubt es Montaigne schließlich auch noch, das Festeste und Beständigste, die Erde nämlich, als Bewegung, Übergang, Wandel, das heißt als Vielfalt der Gestalten darzustellen und sie mit einem Körper in Bewegung zu vergleichen:

> Il semble qu'il y aye des mouvemens, naturels les uns, les autres fievreux, en ces grands corps comme aux nostres. (S. 241)

In dem Essai »Des Coches« (III,6) nimmt Montaigne seine Gedanken über das Verhältnis unserer zur neuen Welt wie zur versunkenen alten Welt noch einmal auf und führt sie zu einer ausgedehnten Reflexion über die Vielheit der Welten zusammen[28]. Im Hintergrund steht dabei die von Cicero in »De Finibus« überlieferte Lehre des Demokrit von der Vielheit der Welten. Cicero faßt diese Lehre so zusammen:

> infinitio ipsa, quam ἀπειρίαν uocant, tota ab illo est, tum innumerabiles mundi, qui et oriantur et intereant cotidie. (VI. 20)

Die Erfahrung der neuen Welt als einer noch in der Obhut der Natur stehenden »monde enfant«, die auf die Erfahrung der ›alten Welt‹ Chinas und auf das wiederum unter einer anderen Weltuhr stehende Europa bezogen ist, führt Montaigne zur Vorstellung einer Vielheit von Welten mit jeweils anderer Uhr, die schließlich das Universum aus seiner ursprünglichen Ordnung reißen. Ausgangspunkt der ganzen Betrachtung ist eine Reflexion über das Ausmaß unseres Nicht-Wissens über die Vergangenheit.

> Quand tout ce qui est venu par rapport du passé jusques à nous seroit vray et seroit sçeu par quelqu'un, ce seroit moins que rien au pris de ce qui est ignoré. (S. 1017)

Auch die Gelehrtesten noch haben nur eine schwache Vorstellung von der gegenwärtigen Welt, eine »image du monde« aus zufälligsten Bruchstücken. Die Welt erscheint hier zunächst noch als Einheit, wenngleich als Einheit in beständiger Umwandlung ihrer Gestalt:

> Si nous voyons autant du monde comme nous n'en voyons pas, nous apercevrions, comme il est à croire, une perpetuelle multiplication et vicissitude de formes. (S. 1017)

So muß es also scheinen, als sei die Welt im ganzen dem Gesetz anwachsender Komplexität ihrer Formen unterworfen. Dennoch wäre ein so allgemeiner Schluß trügerisch. Die Einheit der Welt selbst steht in Frage. Aus der Erfahrung ›unserer‹ Dekadenz läßt sich dennoch nicht auf den Zustand der Welt im ganzen schließen, denn diese selbst zerfällt in unübersehbare Vielheit. Die Entdeckung der neuen Welt ist der Beweis, daß die Welt im ganzen sich aus verschiedenen Welten mit verschiedenen Zeiten zusammensetzt. Hier setzt Montaigne den Punkt der Verzweigung von der einen Welt zur Pluralität der Welten:

> Nostre monde vient d'en trouver un autre (et qui nous respond si c'est le dernier de ses freres, puis que les Dæmons, les Sybilles et nous, avons ignoré cettuy-cy jusqu'asture?) non moins grand, plain et membru que luy, toutesfois si nouveau et si enfant qu'on luy aprend encore son a, b, c. (S. 1018)

Der Welt im Horizont ›unserer‹ Erfahrung, nostre monde, steht nicht mehr *die* andere Welt, sondern *eine* andere Welt entgegen. Aber ist nicht diese eine Welt schon Anzeichen einer viel größeren Vielheit? Als Nebengedanke und in Frageform wird zumindest die Möglichkeit weiterer Welten erörtert: wenn es möglich war, daß eine ganze Welt nicht nur uns, sondern auch höheren Wesen verborgen geblieben ist, wer sagt uns, daß uns nicht andere Welten noch ebenso verborgen sind? Wenn unsere Welt nach dem Gesetz ihrer Zeit vergangen sein wird, wird »cet autre monde« erst ins Licht der Geschichte eintreten. Solches Ungleichgewicht, solche Disharmonie aber muß die Ordnung der Welt im ganzen gefährden:

> L'univers tombera en paralisie; l'un membre sera perclus, l'autre en vigueur. (S. 1018)

Hier erscheint das Universum als ein Ganzes von Welten, die zueinander in zunehmender Differenz stehen und damit das Gleichgewicht des Ganzen mehr und mehr gefährden. Es spiegelt sich in dieser Auffassung das, was man Montaignes Theorie von der anwachsenden Differenz oder der anwachsenden Komplexität der Koexistenz des Differenten nennen könnte. Montaignes Erfahrung seiner eigenen Zeit und ihrer anwachsenden Komplexität findet hier ihren Niederschlag. Die marginale Perspektive des reflektierenden Privatmanns erfaßt am durchdringendsten die verborgenen Tendenzen seiner gegenwärtigen Welt.

Das Zerfallen einer einheitlichen Weltvorstellung in eine Vielheit von Welten und Weltbildern ist bei Montaigne der abschließende Horizont einer Dynamik des Zerfalls von Einheit in Vielheit, die alle Sphären und Horizonte der Erfahrung, des Wissens und der Selbsterfahrung ergreift. Die Dimensionen dieses in radikaler Konsequenz alle Instanzen des Wissens und der Erfahrung erfassenden Prinzips werden von Montaignes Essais in immer neuen Richtungen und in immer neuen Hinsichten ausgeschritten.

Wenn die Welt selbst schließlich ein perspektivischer Begriff ist, der immer nur einen Horizont in einer offenen Kontinuität umfassender oder angrenzender Welten bezeichnet, dann ist die jeweilige Welt selbst schon eine Vielheit von Welten. Denn letzten Endes ist Welt als die Erfahrung einer Umschlossenheit immer nur als Lebenswelt erfahrbar. Auch die gemeinsame Welt erscheint anders im Horizont je verschiedener Lebenswelten und Sinnwelten. Die gemeinsame Welt ist nur der Ort radikal verschiedener Erfahrungen von ihr gemäß der je ins Spiel kommenden Vorurteilsstruktur verschiedener Kulturen, Gesellschaften und Gewohnheiten. Daher wird in der »Apologie de Raymond Sebond« (II,12), die auf eine Position des spätmittelalterlichen Averrhoismus zurückgreift, das Selbstbewußtsein des Menschen, der sich über das Tier erhaben weiß, als bloße Illusion der vanité in einer beredten, an die Sprache mittelalterlicher Predigt erinnernden und erneut auf Pascal vorausweisenden Metaphorik freigelegt:

> La presomption est nostre maladie naturelle et originelle. La plus calamiteuse et fraile de toutes les creatures, c'est l'homme, et quant et quant la plus orgueilleuse. Elle se sent et se void logée icy, parmy la bourbe et le fient du monde, attachée et clouée à la pire, plus morte et croupie partie de l'univers, au dernier estage du logis et le plus esloigné de la voute celeste, avec les animaux de la pire condition des trois [Sonne, Mond, Erde]; et se va plantant par imagination au dessus de cercle de la Lune et ramenant le ciel soubs ses pieds.
>
> (S. 497f.)

In seinem Wahn versteigt der Mensch sich dazu, sich für gottähnlich anzusehen und sich der Tierwelt nicht mehr zugehörig zu fühlen. Indes:

> Comment cognoit il, par l'effort de son intelligence, les branles internes et secrets des animaux? par quelle comparaison d'eux à nous conclud il la bestise qu'il leur attribue? (S. 498)

Auch die Tiere haben ihre je eigene Lebenswelt, ihren je spezifischen, unvergleichlichen Zugang zur Welt und sind allenfalls darin vom Menschen unterschieden, daß sie vom Grund der Natur selbst noch nicht abgehoben und abgelöst sind, sondern noch in der Wahrheit ihrer von der Natur ihnen übereigneten Ausstattung zur Erschließung der Welt leben.

Die Natur selbst ist ein Prinzip der unerschöpflichen Vielfalt. Jedes von ihr hervorgebrachte Wesen trägt bis ins Innerste die Spuren seiner Einmaligkeit und Differenz. Selbst ein Ei gleicht nicht dem anderen.

> La ressemblance ne faict pas tant un comme la difference faict autre. Nature s'est obligée à ne rien faire autre, qui ne fust dissemblable.
>
> (De l'expérience, III,13, S. 1195)

Auch jene eigentümlichen und uns erschreckenden Produktionen der Natur, die wir als Monstren betrachten, als unheimliche Unglücksfälle ihrer Schöpferkraft, sind in Wirklichkeit nur Erweiterungen ihres Spielraums. In »D'un enfant monstrueux« (II,30) faßt Montaigne die Überlegungen zusammen, zu denen ihn die eigene Erfahrung menschlicher Mißbildungen geführt hat:

> Ce que nous appellons monstres, ne le sont pas à Dieu, qui voit en l'immensité de son ouvrage l'infinité des formes qu'il y a comprinses; et est à croire que cette figure qui nous estonne, se rapporte et tient à quelque autre figure de mesme genre inconnu à l'homme. (S. 798)

Jedes Wesen hat seine eigene Vollständigkeit und seinen eigenen Zugang zur Welt. Es gibt keine abstrakte Vollständigkeit in der Ausstattung der Sinne.

> Je voy plusieurs animaux qui vivent une vie entiere et parfaicte, les uns sans la veuë, autres sans l'ouye: qui sçait si en nous aussi il ne manque pas encore un, deux, trois et plusieurs autres sens?
>
> (S. 664)

Auch der Blinde, der blind geboren wurde, lebt daher in einer in sich vollständigen Welt.

> Il est impossible de faire concevoir à un homme naturellement aveugle qu'il n'y void pas, impossible de luy faire desirer la veue et regretter son defaut.
>
> (S. 664)

Was für die Monstren gilt, gilt bei Montaigne auch für das, was wir gewohnt sind als Wunder zu bezeichnen. Zwar wird in »Des Boyteux« (III,41) vor einem einfältigen Wunderglauben gewarnt, der für seine Behauptungen die Beweise schuldig bleiben muß:

> Il me semble qu'on est pardonnable de mescroire une merveille, autant au moins qu'on peut en destourner et elider la verification par voie non merveilleuse. Et suis l'advis de sainct Augustin, qu'il vaut mieux pancher vers le doute que vers l'asseurance és choses de difficile preuve et dangereuse creance. (S. 1158)

Dagegen steht in »De la coustume et de ne changer aisément une loy receüe« (I,23) die Bemerkung, daß das Wunderbare und Unwahrscheinliche mehr oft unserer Unwissenheit entsprängen als einem Unvermögen der Natur:

> Les miracles sont selon l'ignorance en quoy nous sommes de la nature, non selon l'estre de la nature. (S. 139)

Der Essai »C'est folie de rapporter le vray et le faux a nostre suffisance« (I,27) führt diesen Gedanken fort. Die Welt ist voll von Dingen, die unser Verstand sich nicht träumen läßt, und eben deshalb wäre es verfehlt, der Natur die Möglichkeiten abzustreiten, die über das Maß dessen hinausreichen, was uns wahrscheinlich ist.

Wenn die Natur für Montaigne ein unabsehbares Feld der Vielfalt und Vielheit ist, so bleibt sie doch von einem »universel ordre des choses« umfangen:

> L'intelligence qui nous a esté donnée pour nostre plus grand bien, l'employerons-nous à nostre ruine, combatans le dessein de nature, et l'universel ordre des choses, qui porte que chacun use de ses utils et moyens pour sa commodité? (S. 75)

Dagegen ist die menschliche Kultur ein Prinzip der Beschleunigung der Differenz. Erst durch die von der menschlichen Kultur gesetzten Differenzen wird die Ordnung der Natur beeinträchtigt, ja schließlich außer Kraft gesetzt. Es scheint so etwas wie ein Verhängnis jeder Kultur zu sein, daß sie sich nicht in sich zu halten weiß und daß sie schließlich einer Luxurierung der Differenz verfällt, die ihre eigenen Grundlagen untergräbt. Der verborgenste Grund des Willens zur Differenz wird von Montaigne moralistisch als présomption freigelegt. Die Anmaßung des Menschen, der sich zum Herrn über die Erde aufwerfen will, der mehr wissen will, als ihm zugemessen ist, der über das Tier hinausstreben, Gott gleich werden will, aber der auch über seine Mitmenschen dominieren, sie beherrschen oder übertreffen will, ist Triebfeder einer kulturellen Unrast, die sich vergegenständlicht und so eine Lebenswelt der wachsenden Differenz, damit auch der wachsenden Vermitteltheit und des zunehmenden Abstands zur Natur erzeugt. Es ist die menschliche Natur, die der Natur ein neues, ins Offene vorstoßendes radikalisiertes Prinzip der Differenz hinzufügt. In einer Welt von solcher Komplexität aber steht das menschliche Handeln unter unübersehbaren Bedingungen. Fortuna treibt mit dem Menschen ihr Spiel und erzeugt Konfigurationen, Verhältnisse, Geschichten, die sich jeder Ordnung, jeder vorentwerfenden und handelnden Vernunft entziehen. So ist Fortuna, »l'inconstance du bransle divers de la fortune« (S. 258), ein eigenes, unerschöpfliches Prinzip der Vielheit. Wo die Vielheit nicht mehr an einen einheitlichen, hierarchischen Aufbau der Welt gebunden ist, erzeugt sie aus sich heraus eine unendliche Kombinatorik der Ereignisse und Verhältnisse, so wie dies schon in der Novellenwelt Boccaccios sinnfällig geworden war. Das Akzidentielle selbst aber erhält so schließlich substantiellen Charakter:

Somme me voicy apres à achever cet homme, non à en refaire un autre. Par long usage cette forme m'est passée en substance, et fortune en nature.

(»De mesnager sa volonté«, III,10, S. 1133)

»L'existence précède l'essence« wird Sartre später sagen. In einer solchen von Fortuna beherrschten Welt der Unvorhersehbarkeit müssen sowohl die Ursachen einer Wirkung wie die Wirkungen einer Ursache sich ins Unabsehbare verzweigen und vervielfachen. Immer wieder zeigt Montaigne, wie in der Welt des Handelns kein Grund verläßlicher Einsichten zu gewinnen ist. In »Par divers moyens on arrive à pareille fin«, dem Eingangsessai, wird an immer neuen Beispielen deutlich, wie die Spontaneität des Handelns undurchdringlichen Motivkomplexen entspringt, die sich immer nur hypothetisch auflösen lassen. Umgekehrt wird in »Des Coches« paradigmatisch der komplexe Bedingungszusammenhang einer Wirkung erschlossen. Die Frage nach der Ursache einer eigenen Erfahrung der körperlichen Abwehrreaktion bei allen Formen mechanischer Fortbewegung führt tief in die Verflechtungen natürlichen und kulturellen Weltbezugs, der in der Erfahrung des eigenen Körpers zusammenkommt. So führt die Frage nach einer Ursache des eigenen Befindens schließlich zu einer ganzen Theorie der Entwicklung kultureller Welten und ihrer Fundierung durch die natürliche Welt.

Der Vorstellung einer verläßlichen Welt des menschlichen Handelns antwortet die antike und mittelalterliche Erzählform des Exempels, das am einzelnen Fall eine Einsicht in immer wiederkehrende Konstellationen des menschlichen Handelns und der menschlichen Charaktere ermöglicht. Antike wie mittelalterliche Anthropologie, wenn man diesen neuzeitlichen Terminus allgemein für die Formen des Wissens vom Menschen verwenden kann, rechnen mit der Wiederkehr des Gleichen im Feld der menschlichen Handlungen und mit der Möglichkeit, zukünftiges Handeln an dem in überlieferten Beispielgeschichten festgehaltenen Wissen vom menschlichen Verhalten zu orientieren. Auch Montaigne steht noch in dieser Tradition. Er verfügt über einen nahezu unerschöpflichen Schatz von Beispielgeschichten antiker, aber auch mittelalterlicher und nachmittelalterlicher Herkunft, und nicht zuletzt wird ihm das eigene Leben zum unerschöpflichen Reservoir von Exempeln. Eine Literatur, die überall im Umlauf ist, wird ihm zum einen großen Buch des Lebens, das ein unerschöpfliches Reservoir an Beispielgeschichten wie an Zitaten bereithält. Andererseits aber wird das eigene Leben zum Buch, das Montaigne sich zu lesen bemüht. Die Essais selbst sind der Ausdruck der je ineinander umschlagenden Verhältnisse von Buch und Leben. Bei Montaigne aber erfährt jene Erzählfigur, die das Allgemeine in der Gestalt des Besonderen darstellt, eine eigentümliche Dezentrierung, die auf eine Entleerung des Beispielgehalts hinausläuft. Was Figur für das Allgemeine war, wird nun zum Ausweis des je eigentümlichen besonderen Falls, aus dem eine Lehre nicht mehr zu ziehen ist. Die Sentenz, die ursprünglich dem Exempel zugehört, wird zur offenen Reflexion, das Exempel zum problematischen einzelnen Fall. Montaigne geht damit noch einmal den Weg, den schon Boccaccio mit dem Übergang vom Exempel zur Novelle gegangen war[29]. Doch tritt nun an die Stelle des in sich geschlossenen Werks die Offenheit der Reflexionsbewegung, an die Stelle der je einen Novelle die Kette der einander entgegenstehenden Exempelgeschichten, die der Reflexion einen unerschöpflichen Fundus geben. So wird das Exemplum nun zu einer Form, die der Vielheit der menschlichen Welt, ihrer Ursachen und Wirkungen, wie dem Walten der Fortuna entspricht.

Doch ist mit der Vielheit der natürlichen und kulturellen Welten, ihrer Ursachen und Wirkungen wie mit ihrem Spiegel, dem neu zentrierten Exemplum, der Spielraum der Vielheit noch nicht ausgeschritten. Zur bloßen Gegebenheit kommt die Vielfalt der Erscheinungsweisen und der perspektivischen Abschattungen. Das was wir naiv als Ding auffassen, ist in Wirklichkeit nichts anderes als die Vielheit seiner Erscheinungsweisen. Aber dieser Vielheit der Aspekte, die durch das Objekt bedingt ist, antwortet die subjektbezogene Vielheit der Perspektiven, in der das Objekt zur Gegebenheit kommt. Kein Blick gleicht dem anderen, jeder ist anders in einem Lebenszusammenhang verwurzelt.

> Les subjets ont divers lustres et diverses considerations; c'est de là que s'engendre principalement la diversité d'opinions. Une nation regarde un subject par un visage, et s'arreste à celuy là; l'autre, par un autre. (S. 654)

Die Vielheit der Aspekte und der Perspektiven ist die Bedingung der Vielheit der Meinungen. Diese selbst aber ist Anlaß, die Möglichkeit einer definitiven und abschließenden Einsicht in skeptischem Suspens zu lassen. Denn in kaum einer Grundfrage sind sich die Autoritäten, die man zu zitieren pflegt, einig:

> Et ne fut jamais au monde deux opinions pareilles, non plus que deux poils ou deux grains. Leur plus universelle qualité, c'est la diversité. (S. 881)
>
> (»De la ressemblance des enfans aux peres«; II,37)

So schließt programmatisch der zweite Teil der Essais. Sein letztes Wort benennt noch einmal das Leitmotiv, unter dem alle Montaignesche Reflexion steht.

Daß aber die Meinungen so unendlich auseinandertreten können, hängt nicht nur mit der Vielheit möglicher Aspekte der Dinge und möglicher Perspektiven auf sie zusammen, sondern mit einem subjektiven Prinzip der Vielheit, das im Menschen selbst angelegt ist, dem der imagination. Die Einbildungskraft erzeugt unermüdlich neue Möglichkeiten und Varianten, die sich über die Vielheit der Tatsachen selbst legen. In dem Essai »De la force de l'imagination« (I,21) zeigt Montaigne am fremden wie am eigenen Beispiel die Kraft der Imagination, einfache Wirklichkeit zu verdrängen, sie zu verformen oder zu steigern.

Die Pluralität der Meinungen, die Vielheit der Aspekte und Perspektiven und schließlich die Kraft der Imagination, die sich an die Stelle der Wirklichkeit zu setzen vermag, verbinden sich, um unser Wissen vom Vergangenen, sofern es überhaupt über die Unendlichkeit des schlicht Vergessenen hinausreicht, immer wieder ins Illusionäre zu verformen. In »Des livres« (II,10) bedenkt Montaigne die Vermittlungsprozesse zwischen dem Ereignis selbst und unserem Wissen von ihm. Zwar lassen sich den Werken der Geschichtsschreiber wesentliche Einsichten in die Natur des Menschen entnehmen. Sie zeigen »la diversité et verité de ses conditions internes en gros et en destail, la varieté des moyens de son assemblage et des accidents qui le menacent.« (S. 458). Im einzelnen aber ist der Wahrheitsgehalt geschichtlicher Überlieferung immer problematisch. Der Historiker hängt ab von einer »diversité des bruits«, die er entweder schlicht aufzeichnen oder der er als historiographischer Künstler den Schein der inneren Geschlossenheit zu geben vermag. Geht im einen Fall die historische Wahrheit in der Vielheit der über sie im Umlauf befindlichen Geschichten verloren, so andererseits in der illusionären, mehr ästhetischen Gesichtspunkten des Zusammenhangs als der Wahrheit verpflichteten Geschlossenheit. Dennoch können auch Geschichten mit problematischem Wahrheitsgehalt dem, der über die condition humaine nachdenkt, von gleichem Nutzen sein, wenn sie nur den Möglichkeitsspielraum des Menschen illustrieren:

> Aussi en l'estude que je traitte de noz mœurs et mouvemens, les tesmoignages fabuleux, pourveu qu'ils soient possibles, y servent comme les vrais. Advenu ou non advenu, à Paris ou à Rome, à Jean ou à Pierre, c'est tousjours un tour de l'humaine capacité, duquel je suis utilement advisé par ce recit.
>
> (I,21: »De la force de l'imagination« S. 133)

Doch auch damit ist die Kette der Pluralitäten noch nicht an ihr Ende gekommen. Denn wo die Vielheit der Welten und der Dinge in der Welt, die Vielheit ihrer Aspekte und Perspektiven, die Vielheit der Meinungen und Überlieferungen Text geworden ist, beginnt eine neue Dimension der Vielheit, die in der Auslegbarkeit der Texte begründet ist. Jeder Text enthält in sich mehr Mitteilung, als er ausdrücklich macht und ist damit eine Herausforderung an den Leser, seiner die Ausdrücklichkeit überschießenden Vielheit innezusein. Nur der Leser, der solcher Lektüre mächtig ist, ist in Montaignes Augen ein »suffisant lecteur«:

> Un suffisant lecteur descouvre souvant és escrits d'autruy des perfections autres que celles que l'autheur y a mises et apperçeües, et y preste des sens et des visages plus riches.
>
> (I,24: »Divers evenemens de mesme conseil«, S. 157)

Für einen solchen Leser sind auch Montaignes eigene Beispielgeschichten bestimmt, die den Leser so zu eigenen, über den Kontext der ausdrücklichen Reflexion hinausreichenden Überlegungen veranlassen können, wie Montaigne selbst den überlieferten Exempeln einen neuen Sinn abgewonnen hat:

> Et combien y ay-je espandu d'histoires qui ne disent mot, lesquelles qui voudra esplucher un peu ingenieusement, en produira infinis Essais. Ny elles, ny mes allegations ne servent pas tousjours simplement d'exemple, d'authorité ou d'ornement. Je ne les regarde pas seulement par l'usage que j'en tire. Elles portent souvent, hors de mon propos, la semence d'une matiere plus riche et plus hardie, et sonnent à gauche un ton plus delicat, et pour moy qui n'en veux exprimer d'avantage, et pour ceux qui rencontreront mon air.
>
> (I,40: »Considerations sur Ciceron«, S. 289)

Ist die Lektüre ein Prozeß der Vervielfältigung oder besser der wahren Entfaltung des Textes zu seiner in ihm angelegten Vielfalt, so gibt es andererseits auch eine kommentierende Entfesselung des Sinns, die dem Sinn selbst bedrohlich wird:

> Qui ne diroit que les glosses augmentent les doubtes et l'ignorance, puis qu'il ne se voit aucun livre, soit humain, soit divin, auquel le monde s'embesongne, duquel l'interpretation face tarir la difficulté? Le centiesme commentaire le renvoye à son suivant, plus espineux et plus scabreux que le premier ne l'avoit trouvé.
>
> (III,13: »De l'experience«, S. 1198)

Und weiter:

> Il y a plus affaire à interpreter les interpretations qu'à interpreter les choses, et plus de livres sur les livres que sur autre subject: nous ne faisons que nous entregloser. (S. 1199)

Wenn die im Text angelegte Pluralität des Sinns sich einerseits im Prozeß der Auslegung bis ins Unübersehbare entfaltet, so wird diese andererseits auch frei durch die Reduktion des Zitats. Indem aus dem Text ein Textfragment isoliert wird, wird in diesem seine durch die Vereindeutigung des Kontexts nicht mehr gebundene Vielheit des Sinns frei und abrufbar für neue, erst noch zu entwerfende Kontexte. Montaignes eigene Praxis der Erschließung der Vielfalt des Textes folgt dieser reduzierenden Form der Pluralisierung, statt sich in den unendlichen Prozeß der kommentierenden Auslegung zu verstricken.

Daß das Wort selbst in seiner Allgemeinheit nicht das Wesen der Dinge erfaßt, sondern eher die je konkrete Vielheit verstellt, zumindest aber sich zu dieser in einer unaufhebbaren Differenz befindet, ist eine Grundüberzeugung Montaignes, die ihn mit der nominalistischen Sprachphilosophie des Spätmittelalters verbindet. Der Überschuß des substantiell Einzelnen über das je Benennbare hinaus ist die Unruhe, die den Text bewegt, der in seiner Bewegung gleichsam den mit der Bezeichnung selbst verbundenen Verlust an konkreter Bestimmtheit zu kompensieren sucht.

> Quelque diversité d'herbes qu'il y ait, tout s'enveloppe sous le nom de salade. De mesme, sous la consideration des noms, je m'en voy faire icy une galimafrée de divers articles.
>
> (I,46: »Des noms«, S. 312)

Dem Wort selbst ist schon eine Hinsicht eingeschrieben, die nicht aus Wesenseinsicht hervorgeht, sondern pragmatischen Bedürfnissen der Ordnung entspricht. Zu der einen können unendlich viele andere Hinsichten hinzukommen, nie aber kann so die Sache selbst in ihrer unendlichen Besonderheit ein sprachliches Äquivalent finden.

Die Progression der Vielheiten ist eine Erfahrung des auf sich selbst gestellten Ich, das sich in einer Welt zu orientieren sucht, in der jedes verbindliche Zentrum fehlt. Die Freisetzung der Vielheit hat bei Montaigne ein nicht mehr überbietbares Maximum erreicht. Doch das Ich, das in seiner Vereinzelung der Vielheit standhält, ist selbst nicht mehr in sich substantiell geeint. Der Zerfall der Einheit in Vielheiten macht an der Grenze des Ich nicht halt. So wird das Ich sich selbst zum Schauplatz seiner eigenen Vielheit. Der Pluralität der Welten korrespondiert die Pluralität des Ich[30]. Montaigne hat in der großen Eingangsreflexion von »Du Repentir« (III,2, S. 899f.) die Erfahrung des Ich von seiner eigenen in Vielheit zerfallenden Identität dargestellt. Die Vielheit des eigenen Ich erscheint sowohl als Widersprüchlichkeit, Andrang vielfältiger Ich-Bestrebungen wie als auseinanderfallende Sequenz temporaler Existenzen. Bis in die kleinste Zeiteinheit setzt der Zerfall des Ich in die Vielheit seiner Momente sich fort. Die Welt im ganzen und das eigene Ich treten dabei in eine ausdrückliche Entsprechung, die des unablässigen Wechsels:

> Le monde n'est qu'une branloire perenne. Toutes choses y branlent sans cesse: la terre, les rochers du Caucase, les pyramides d'Ægypte, et du branle public et du leur. (S. 899)

Die Darstellung richtet sich nicht mehr auf das Sein in seiner zeitlosen Beständigkeit, sondern auf den Übergang, das substantiell gewordene Akzidentielle. »Je ne peints pas l'estre. Je peints le passage« (S. 899). Immer radikaler wird dabei die Beständigkeit der Zeit außer Kraft gesetzt, in immer kleineren Zeitmomenten dringt die Zeit gleichsam ins Innerste der Person ein und zerfällt es in eine unabsehbare Vielheit der Ich-Momente. Wenn solchermaßen das Ich in seine Vielheit zerfällt, dann ist die Einheit einer Lebensgeschichte nicht mehr denkbar, die alle Momente zur gelebten Identität zusammenführen könnte. Kein Lebensmoment ist dem anderen mehr vergleichbar, so daß auch die Reue nicht mehr möglich ist. Denn diese setzte eine Hierarchie der Daseinsmomente voraus.

Ist die diversité hier eine Vielheit des Ich im Wechsel, so in dem Essai »De l'exercitation« (II,6) eine verborgene Tiefe, die der forschenden Selbstdurchdringung offensteht. Die Vielheit wird hier zur Unvorhersehbarkeit der Bewegung einer »alleure vagabonde«, die in die »profondeurs opaques de ses replis internes« (S. 415) hineinführt.

Das Ich erfährt sich als Ort, wo natürliche Vielheit und luxurierende kulturelle Vielheit zusammenkommen. Im Schnittpunkt beider Vielheiten erfährt es sich zugleich in seiner Ambiguität. In den Essais »De la praesumption« (II,17) und »De la vanité« (III,9) wird dies sinnfällig. ›Praesumption‹ und ›vanité‹ als kulturelle Krankheiten eines luxurierenden Differenzierungstriebs sind zugleich Gebrechen des eigenen Ich. In »De la praesumption« wird als verborgenstes Motiv der Wissenschaft der zu hohe Anspruch des Menschen an sich selbst aufgedeckt. Wenn aber schon das Studium des Menschen vor unendliche Schwierigkeiten stellt, so will Montaigne die Erforschung des Himmels gänzlich unangemessen für die menschlichen Erkenntniskräfte scheinen. Dies ist eine der Stellen, an denen deutlich wird, wie Montaigne bei aller Offenheit für die Tendenzen seiner Zeit den sich herausbildenden empirischen Naturwissenschaften wenig Aufmerksamkeit zuwendet. Dem Menschen scheint die Leidenschaft des Erkennens, die auch in Montaigne selbst lebendig ist, als Strafe auferlegt:

> La curiosité de connoistre les choses a esté donnée aux hommes pour fleau, dit la saincte parole. (S. 716)

Ebenso heißt es am Ende von I,27 (»C'est folie de rapporter le vray et le faux a nostre suffisance«):

> La gloire et la curiosité sont les deux fleaux de nostre ame. Cette cy nous conduit à mettre le nez par tout, et celle là nous defant de rien laisser irresolu et indecis. (S. 218)

Mehr noch als in »De la praesumption« wird in »De la vanité« deutlich, daß auch das reflektierende Ich von jener curiosité erfaßt ist, der es mißtraut und der es sich dennoch nicht entziehen kann.

Montaigne ist, wie auch das Tagebuch seiner Reise nach Italien immer wieder zum Ausdruck bringt, ein leidenschaftlicher Reisender.

> Cette humeur avide des choses nouvelles et inconnues ayde bien à nourrir en moy le desir de voyager, mais assez d'autres circonstances y conferent. (S. 1060)

Fast hat es etwas vom Bekenntnis eines verborgenen Lasters, wenn Montaigne gesteht, wie sehr er dem Zauber der diversité verfallen ist:

> Je sçay bien qu'à la prendre à la lettre, ce plaisir de voyager porte tesmoignage d'inquietude et d'irresolution. Aussi sont ce nos maistresses qualitez et prædominantes. Ouy, je le confesse, je ne vois rien, seulement en songe et par souhait, où je me puisse tenir; la seule varieté me paye, et la possession de la diversité, au moins si aucune chose me paye. (S. 1108)

Aber diese kulturelle Leidenschaft der Vielheit wird hier auf die unausrottbare Natur des Menschen zurückgeführt: »Il n'est désir plus naturel que le désir de connaissance«. Der Geist des Menschen strebt über das Gegebene hinaus, darin liegt sein Verhängnis, aber auch seine Bestimmung:

> C'est signe de racourciment d'esprit quand il se contente, ou de lasseté. Nul esprit genereux ne s'arreste en soy: il pretend tousjours et va outre ses forces; il a des eslans au delà de ses effects; s'il ne s'avance et ne se presse et ne s'accule et ne se choque, il n'est vif qu'à demy; ses poursuites sont sans terme, et sans forme; son aliment c'est admiration, chasse, ambiguité[31]. (III, 13: »De l'expérience«, S. 1199)

So ist für das Ich selbst die Vielheit eine verlockende wie eine bedrängende Erfahrung, in der es sich in seiner Ambiguität im Schnittpunkt von Kultur und Natur erfährt. Aus dem Bedrängenden der sich ins Unabsehbare ausbreitenden Vielheit, die das eigene Ich selbst ergreift, rettet das Ich sich, indem es sich der einfachen und vernünftigen Ordnung der Natur anheimgibt. Da, wo die Natur zum Fluchtraum für das von der Vielheit bedrängte Ich wird, erscheint sie idealisiert als das glückliche Gegenbild der ursprünglichen Einheit. Daß diese Einheit erreichbar sei durch den einfachen Akt der Lösung aus den Verstrickungen eigener wie kollektiver praesumption, scheint Montaigne fraglos. Sein Vertrauen in die noch immer beständige Ordnung der Natur jenseits aller verwirrenden Vielheit, in einen Bereich, in dem der »ordre universel des choses« noch immer seine Geltung hat, ist ungebrochen. Es ist in Montaignes Augen der Seinsvorzug der »âme bien née«, daß sie noch immer im Schutz der Natur steht, daß sie sich selbst noch ihres ursprünglichen Grundes, ihrer simplicité und naiveté gewärtig ist. Naiveté ist bei Montaigne noch nicht der unerreichbar verlorene Grund, nach dem die sentimentalische Attitüde sich sehnt, sondern die Kraft einer Sicherheit des bei sich selbst Seins trotz aller Vielheit. Ja gerade weil sie noch immer von der Fürsorge der Natur getragen ist, vermag die ›âme bien née‹ sich in die Labyrinthe der Vielheit vorzuwagen und ihnen standzuhalten. Wenn auch sie zwar immer in Gefahr ist, sich in fremder und eigener Vielheit zu verlieren, so bewahrt sie sich doch als Fluchtpunkt ihrer Beständigkeit eine »forme native«, die ihr den glücklichen Lebensgrund gibt.

> il n'est personne, s'il s'escoute, qui ne descouvre en soy une forme sienne, une forme maistresse, qui luicte contre l'institution, et contre la tempeste des passions qui luy sont contraires.
>
> (III,2: »Du repentir«, S. 907)

Dasselbe Ich, das sich eben noch in seiner Vielheit erfahren hatte, erfährt sich nun in der Einheit seiner von der Natur geprägten und getragenen Form. Und noch entschiedener formuliert:

> Je fay coustumierement entier ce que je fay, et marche tout d'une piece; je n'ay guere de mouvement qui se cache et desrobe à ma raison, et qui ne se conduise à peu pres par le consentement de toutes mes parties, sans division, sans sedition intestine: mon jugement en a la coulpe ou la louange entiere; et la coulpe qu'il a une fois, il l'a tousjours, car quasi dés sa naissance il est un: mesme inclination, mesme route, mesme force. (S. 908)

Und so kann Montaigne schließlich im Vertrauen auf die jederzeit mögliche Rückkehr in die Einfachheit der Natur ausrufen:

> Le plus simplement se commettre à nature, c'est s'y commettre le plus sagement. O que c'est un doux et mol chevet, et sain, que l'ignorance et l'incuriosité, à reposer une teste bien faicte. (S. 1205)

Nichts steht zu solcher glücklichen Bescheidung mehr in Kontrast als die Dynamik einer kulturellen Entwicklung, die in sich die Gefahr der Auflösung aller substantiellen Lebensordnungen trägt. So kritisiert Montaigne in »De l'expérience« den Differenzierungsdruck, der immer neue Gesetze erzwingt, und glaubt, damit immer größere Gerechtigkeit bewirken zu können. Mit der Zunahme der Gesetze aber leidet das Recht, das sich so nur immer feiner umgehen läßt.

> Qu'ont gaigné nos legislateurs à choisir cent mille especes et faicts particuliers, et y attacher cent mille loix? Ce nombre n'a aucune proportion avec l'infinie diversité des actions humaines. (S. 1196)

Gerade weil die Gesetze, auch wenn sie immer mehr zunehmen, nie der Vielfalt menschlicher Handlungen und ihrer Voraussetzungen gerecht werden können, sind die einfachsten und entschiedensten die besten:

> Il y a peu de relation de nos actions, qui sont en perpetuelle mutation, avec les loix fixes et immobiles. Les plus desirables, ce sont les plus rares, plus simples et generales; et encore crois-je qu'il vaudroit mieux n'en avoir point du tout que de les avoir en tel nombre que nous avons. (S. 1196)

Schlimmer aber ist es noch, wenn schließlich auch die eine Religion sich entzweit und daraus eine Erschütterung des ganzen Gemeinwesens hervorgeht. Montaigne, der die Schrecken des Bürgerkriegs kennt, wendet sich mit Leidenschaft gegen jene, die die Einheit der Kirche zerbrochen haben und die, statt eine neue Einheit begründen zu können, nur Zwietracht erreicht haben.

> Je suis desgousté de la nouvelleté, quelque visage qu'elle porte, et ay raison, car j'en ay veu des effets tres-dommageables. Celle qui nous presse depuis tant d'ans, elle n'a pas tout exploicté, mais on peut dire avec apparence, que par accident elle a tout produict et engendré: voire et les maux et ruines, qui se font depuis sans elle, et contre elle.
> (I,23: »De la coustume et de ne changer aisément une loy receüe«, S. 148)

Am einfachsten wäre es, die Dinge der Gesellschaft der Natur zu überlassen. Da aber der Schritt in die offene, dynamische Ordnung unwiderruflich ist, sieht Montaigne allein in der Verlangsamung der Differenzierungsprozesse, in der Retardierung des Neuen, eine Möglichkeit, zumindest die Differenz zum ursprünglichen ordre universel nicht mutwillig zu steigern. So gewinnt als eine zentrale Instanz der Vermittlung von Natur und Kultur die coutume eine wesentliche Bedeutung. Sie ist gleichsam die Natur unter den Bedingungen der Kultur und damit ein Prinzip der Innovationsverlangsamung, das allein es verhindern kann, daß die gesellschaftliche Welt die Grundlage ihres Zusammenlebens verliert. Montaigne kommt auf diesen Lieblingsgedanken immer wieder zurück, der besonders in dem Essai »De la coustume et de ne changer aisément une loy receüe« (I,23) entfaltet wird. Einerseits wird hier die unübersehbare Vielheit und oft sonderbare Merkwürdigkeit der coutumes an immer neuen Beispielen aufgewiesen, andererseits aber die relative Beständigkeit der coutumes im Vergleich zur ungezügelten Innovationsdynamik einer Kultur herausgestellt, die sich der coutumes entledigt hat.

Montaignes Bewertung kultureller Differenz ist eindeutig. Er sieht in ihrem Fortschreiten eine schwer erträgliche Last und eine immer weitere Entfernung vom Ursprung der natürlichen Ordnung. Dennoch erfährt der Einzelne die Vielheit gleichermaßen als beglückend wie als bedrohlich. Im privaten Bereich hat die Vielheit gleichsam einen eigenen Spielraum und ein eigenes Recht. Die privées fantaisies, das heißt auch die privaten Ansichten und Meinungen, unterliegen nicht der öffentlichen Kontrolle. Sie sind ein Freiraum positiver Setzung von Vielheit. Wird aber die private Meinung dazu getrieben, öffentliche Anerkennung zu verlangen, ja sich zur öffentlichen Gewalt zu setzen, so überschreitet sie ihr eigenes Gesetz und überantwortet sich dem öffentlichen Urteil.

> Si me semble-il, à le dire franchement, qu'il y a grand amour de soy et presomption, d'estimer ses opinions jusque-là que, pour les establir, il faille renverser une paix publique, et introduire tant de maux inevitables et une si horrible corruption de meurs que les guerres civiles apportent (...) (S. 149)

Es gibt eine öffentliche und eine private Vernunft. Die private ist nicht gehalten, sich dem Gesetz der coutumes zu unterwerfen, sie kann sich im Spielraum der Vielheit ungehindert bewegen. Doch stößt sie an die Grenzen ihrer Möglichkeit, wo sie in die Sphäre öffentlicher Geltung eintritt:

> (...) me semblant tres-inique de vouloir sousmettre les constitutions et observances publiques et immobiles à l'instabilité d'une privée fantasie (la raison privée n'a qu'une jurisdiction privée (...) (S. 151)

Die private Welt ist der Ort des Widerspruchs von Vielheit und Einheit. Dieser Widerspruch aber wird zu einem Spielraum des Essais, in dem eine Subjektivität, die Montaignes, sich in ihrer fundamentalen Widersprüchlichkeit zur Darstellung bringt. So beginnt »Du repentir« mit einer Darstellung der eigenen inneren Vielheit, die an Radikalität der Preisgabe einer substantiellen Identität alles bis dahin Denkbare übertrifft. Aber derselbe Essai beharrt an anderer Stelle auf der unreduzierbaren Einheit und natürlichen Identität des eigenen Ich. Und ebenso unvermittelt stehen in »De l'expérience« das Lob des Wissensdursts und das Lob des Verzichts auf Wissen einander gegenüber. Das Vertrauen in die Ordnung der Natur befreit von der bedrängenden Leidenschaft des Wissen-Wollens. Noch einmal:

> Le plus simplement se commettre à nature, c'est s'y commettre le plus sagement. O que c'est un doux et mol chevet, et sain, que l'ignorance et l'incuriosité, à reposer une teste bien faicte. (S. 1205)

Aber derselbe Essai macht aus anderer Perspektive die Lust des Erkennens zum Movens einer erst menschlich zu nennenden Existenz:

Il n'y a point de fin en nos inquisitions; nostre fin est en l'autre monde. C'est signe de racourciment d'esprit quand il se contente, ou de lasseté. Nul esprit genereux ne s'arreste en soy: il pretend tousjours et va outre ses forces; il a des eslans au delà de ses effects; s'il ne s'avance et ne se presse et ne s'accule et ne se choque, il n'est vif qu'à demy; ses poursuites sont sans terme, et sans forme; son aliment c'est admiration, chasse, ambiguité. (S. 1199)

Im Vollzug des Essais scheint das Ich beständig in sein Gegen-Ich umzuschlagen. Ist der äußerste Punkt der Reflexion und Anstrengung des Bewußtseins erreicht, sucht das Ich die schlichte Unmittelbarkeit der Natur. Aber auch in dieser hält es das Ich nicht auf Dauer, es bricht erneut in die Dimension des Offenen und der unbegrenzten Vielheit auf. Daß das Ich beider Erfahrungen mächtig ist und dennoch in keiner von ihnen zur Ruhe kommt, erhellt seine besondere Situation. Es findet sich vor in einer sich immer noch erweiternden Welt der Vielheit, deren Dynamik unbegrenzt zu sein scheint, und hat doch noch teil an der ursprünglichen Einheit seiner natürlichen Bestimmung. So sind beide Erfahrungen in ihrem Wechsel Möglichkeiten der genußreichen Selbsterfahrung des Ich.

C'est une absolue perfection, et comme divine, de sçavoyr jouyr loiallement de son estre.

(III,13: »De l'experience«, S. 1257)

Mit diesem Satz, der sich auf der letzten Seite des letzten Essais findet, faßt Montaigne in einer denkwürdigen Formulierung die Essenz seiner Selbsterfahrung zusammen.

Der Essai selbst ist in seiner Bewegung der Ausdruck der fundamentalen Vielheit und Einheit des in ihm sich darstellenden reflektierenden Ich. Seine Bewegung ist keine Bewegung in der Ordnung eines Diskurses. Sie folgt weder einer argumentativen noch einer literarischen oder poetischen Form. Es ist eine Bewegung zwischen den Diskursen wie zwischen den Momenten der Wirklichkeit und denen des sie erfassenden Ich. Montaigne stellt das Denken selbst dar, fast möchte man sagen, das Pulsieren des Denkens. Die Essais sind der Ausdruck eines Denkens, das unablässig bemüht ist, sich alles zu Bewußtsein zu bringen, auch noch das Bewußtsein selbst. Denken ist bei Montaigne die Penelope-Arbeit der unendlichen Verknüpfung dessen, was doch zugleich in seiner Vielheit bestehen bleibt. Montaignes Essais sind keine Diskurse, sondern die textgewordene Spur des Denkens und seiner Schichtungen. Montaigne erfindet der Innervation des Denkens, seiner innersten Energie, sprachliche Äquivalente, die die Physiognomie des Denkens selbst, das in der Person des Denkenden verwurzelt ist, zur Anschauung bringen. Nur da kommt das Denken zur vorläufigen Ruhe, wo es sich in die Sprache hineingebildet, ihr eine plastische Figur eingeprägt hat. Montaignes Sinn ist offen, seine Formulierung definitiv. So ist es auch möglich, daß Montaigne, der schreibend liest und lesend schreibt, seine Essais erweitert, kommentierend fortführt, neue Vielheit in sie hineinzieht, so Schicht um Schicht ihren Sinn erweitert und vertieft und dennoch am einmal sprachlich Festgelegten kaum mehr Wesentliches ändert. Das Ich aber, sprachlich formal der Ursprung der Rede und so die apriorische Bedingung ihrer Identität, ist bei Montaigne eine Instanz, die auf wechselnde Ich-Referenzen verweist. Was ist der Ort des ›je‹, das sich im Essai ausspricht? Wo liegt jenes Zentrum, von dem aus das Ich denkt und schreibend der Bewegung seines Denkens inne ist? Durch die Beweglichkeit des Ich ist Montaignes Reflexion aus einem ruhenden Zentrum geworfen. Das Ich steht zu sich selbst in wechselnden reflexiven Distanzen. Montaigne erfindet eine Kunst, die kein Vorbild hat, die Vielheit des »sujet de l'énonciation« im Vollzug der Rede, in der Vielfalt sprachlicher Gesten und Tonlagen, in einem unvorhersehbaren Spiel der Übergänge, des brüsken Wechsels, der unerwartbaren Anknüpfung darzustellen. Und doch verbindet alle Vielheit sich bei Montaigne zur Einheit einer Stimme. Was immer Montaigne sagt, es ist Montaigne, der es sagt.

III

Montaigne bewältigt die Vielheit nicht, er stellt sie dar, und wenn sie ihm bedrängend wird, zieht er sich in sein Vertrauen zur Natur und ihrer Einheit und Einfalt zurück. Die fortlaufende Arabeske ist die Figur seines Denkens, die der Vielheit nie die ästhetische Ordnung einer neuen Einheit zu geben vermag und die dennoch der Vielheit durch die Reflexion selbst eine Gestalt einprägt. Er setzt sich darin von einem Werk ab, das wenig vor den Essais erschienen ist und in dem gleichfalls die Erfahrung der Vielheit zum Gegenstand der Reflexion gemacht wird. Schon H. Friedrich hat auf die Nähe Montaignes zu dem Werk des Humanisten Louis Le Roy *De la vicissitude ou variété des choses en l'univers* (Paris 1576) hingewiesen[32]. Erst in jüngster Zeit hat dieses weithin vergessene Buch wieder die Aufmerksamkeit der Forschung gefunden. Auch Le Roy sieht in der Erfahrung der Vielheit eine bestimmende Erfahrung seiner Zeit. Aber er löst das Problem, das sich mit ihr stellt, in grundsätzlich anderer Weise. Während alle Differenz bei Montaigne als prinzipielle Differenz erscheint und auch das Vergangenste mit dem Gegenwärtigen so zu einer Kopräsenz des Möglichen zusammentritt, stellt Le Roy die Vielheit nicht um ihrer selbst willen dar, sondern sucht nach Anschauungsformen, die es erlauben, ihrer Massivität Herr zu werden und sie in übergreifende Zusammenhänge einzuordnen. Le Roys Abhandlung über die Vielheit und den Wechsel hat einen anderen institutionellen Ort als Montaignes private Reflexionen. Sie ist bestimmt durch die argumentative Geschlossenheit des Diskurses, dessen institutioneller Ort das wenige Jahrzehnte zuvor gegründete Collège de France ist. Le Roy ist Professor an dieser neuen öffentlichen und vom Einfluß der Kirche unabhängigen Institution des Wissens. Sein Werk ist, mehr als 100 Jahre vor Perraults »Parallèle des Anciens et des Modernes«, ein erster großer Versuch einer kulturgeschichtlichen Synthese, der die weltgeschichtliche Überlegenheit der gegenwärtigen Kultur allen vorausgegangenen Kulturen gegenüber hervorhebt. Dennoch ist seine Darstellung, die ein Vorbild, wenn überhaupt, allenfalls in der arabischen Kulturgeschichtsschreibung eines Ibn Khaldûn hat[33], nicht einfach auf die geschichtliche Anschauungsform eines fortschreitenden perfectionnement bezogen, sondern, wie J. Schlobach in seiner Untersuchung im einzelnen gezeigt hat[34], konkurrierenden geschichtlichen Anschauungsformen verpflichtet. Darüber hinaus aber kann man feststellen, daß Le Roy nach einem möglichst vielseitigen Arsenal von Reduktionsformen sucht, die es erlauben, Vielheit argumentativ abzubauen. So steht neben der Zeitanschauung des linearen und fortgehenden perfectionnement die natürliche Zeitanschauung des biologischen Ablaufs in seinen Phasen von der Geburt zum Tod, andererseits das zugleich räumliche wie zeitliche Modell des Umlaufs der Gestirne. Ein Beispiel für den inneren Zusammenhang der Vielheit im Sinne notwendiger Entwicklungsphasen gibt die Polybios und Machiavelli folgende Darstellung des Verlaufs der verschiedenen aufeinanderfolgenden Regierungsformen, denen sich eine Gesellschaft unterwirft (S. 15). Das Modell einer solchen Dynamik gesellschaftlicher Zustände kehrt bis zu Rousseaus Modell im »Contrat social« immer wieder.

Neben den temporalen Anschauungsformen spielt für Le Roy der Vergleich, besonders der qualitative Vergleich, eine wesentliche Rolle, der das Vielfältige unter den Maßstäben des inférieur, supérieur und égal ins Verhältnis setzt. Die Analogie ist eine eigene Denkform des Vergleichs, die für die Strategie der Reduktion der Vielheit bei Le Roy eine wesentliche Bedeutung gewinnt. Hinzu kommt als weiteres Ordnungsmodell das der Entgegensetzung, die ein Ganzes stabilisiert. Der Kosmos selbst wird als ein in Bewegung befindliches Ganzes aus Entgegensetzungen verstanden: »Ainsi nous voyons au Ciel, mouuemens contraires conseruer l'vniuers« (S. 5). Ein Ganzes kann aber jeweils sich auch aus ganzen Serien von Differenzen zusammensetzen. Schließlich können Vielheiten das Ergebnis aus Mischungen von Grundverhältnissen sein, so wie der menschliche Charakter sich jeweils aus einer Mischung der vier Körpersäfte ergibt.

Le Roy hat einen erstaunlichen Sinn für eine Geschichtsschreibung, die wir heute Strukturgeschichtsschreibung nennen würden. Bei seinen historischen Ausgriffen umfaßt er einen weiten Horizont geschichtlicher Entwicklung, bei der insbesondere auch der Orient eine wesentliche Rolle erhält. Umso bemerkenswerter ist es, wie sehr das ganze ›dunkle‹ Mittelalter aus dem Horizont dieser Kulturgeschichte ausgeblendet ist. Le Roy ist ein Beispiel dafür, als wie erfolgreich sich letzten Endes Petrarcas Strategie erwiesen hat, dem Mittelalter alle Aufmerksamkeit zu entziehen, um es so erst zu einem dunklen Mittelalter, das heißt einem aus der Zirkulation des Wissens herausgelösten Mittelalter zu machen. So wird bei Le Roy dem Mongolenherrscher Timur die Ehre zuteil, die Restitution der Künste bewirkt zu haben. In einem kühnen geschichtlichen bricolage werden Timur und Petrarca zu den Schwellenfiguren einer weltgeschichtlichen Renaissance.

Naturwissenschaften und eine Geschichtsschreibung, die von den Geschichten zu *der* Geschichte überging, sind seit dem Ausgang der Renaissance die erfolgreichsten kognitiven Techniken geworden, der Vielheit Herr zu werden[35]. Unter den Bedingungen einer neuen dialektischen Geschichtsphilosophie, die Fortschritt und Entfremdung als notwendig komplementär begriff, hat Rousseau Montaigne interpretiert und dabei die bei ihm angelegte, aber noch unentfaltet gebliebene Kulturtheorie, die der eines Le Roy durchaus an die Seite hätte treten können, als ein suffisant lecteur freigelegt. Das Luxurieren der Vielheit im Kulturzustand wird bei Rousseau zu der tragischen Dynamik der Entfernung vom ursprünglichen Naturzustand. Die Erfahrung der gegenwärtigen Welt wird zur Einsicht in eine unauflösbare Verstrickung, aus der es letzten Endes keinen Rückweg mehr gibt. Konnte Montaigne noch dem Rückweg in die rettende Einheit der natürlichen Ordnung vertrauen, so wird dieser bei Rousseau zu einer sentimentalischen Illusion. Der Rückgang in den Naturzustand ist bei Rousseau erkauft durch einen tragischen Bruch mit der Gesellschaft, der das Ich in sich selbst entzweit. Der Weg auf eigene Faust zur Natur zurück führt aber nur noch in die ästhetisch-subjektive Welt des unglücklichen Bewußtseins. Indem bei Rousseau alle Vielheit der modernen Welt nur noch Ausdruck eines fatalen Verstrickungszusammenhangs der sich absolut setzenden Kultur ist, gewinnt die einfache naive Vielheit des unverbundenen Einzelnen, wie es in der Erinnerung bewahrt ist oder wie es sich dem melancholischen Flaneur der Großstadt darstellt[36], die Aura einer glücklichen Entlastung von der verhängnisvollen Logik der kulturellen Evolution. So wird die Erfahrung der Vielheit schließlich zum Fluchtraum einer den Zwängen der Einheit entrinnenden subjektiven Welt.

Anmerkungen

1 Zur besonderen Affinität zwischen der ›Logik‹ der gotischen Architektur und jener der scholastischen Theologie vgl. E. Panofsky, *Architecture gothique et pensée scolastique,* trad. par P. Bourdieu, Paris 1967, bes. Kap. 4: »Le principe de clarification dans les arts«, wo das »principe de divisibilité« als Strukturprinzip der Summa Theologiae des Aquinaten zu den Strukturprinzipien gotischer Baukunst ins Verhältnis gesetzt wird.

2 Die Bedeutung des Nominalismus für die Vorbereitung der Neuzeit ist vor allem von H. Blumenberg hervorgehoben worden. Blumenberg zeigt, wie die antike Idee der Pluralität der Welten hier eine neue, vorausweisende Bedeutung gewinnt. Vgl. H. Blumenberg, *Die Legitimität der Neuzeit,* Frankfurt 1966, S. 113: »Dieser Gedanke sollte in der Vorbereitung der Neuzeit einer der wesentlichen Faktoren der Zersetzung der metaphysischen Kosmosidee werden.« Zum Zusammenhang von philosophischem Nominalismus und Ästhetik des Spätmittelalters vgl. die Bemerkungen bei R. Assunto, *Die Theorie des Schönen im Mittelalter,* Köln 1963, S. 117ff. Zur Vielfältigkeit der spätgotischen Architektur merkt Assunto an: »Was in der spätgotischen Architektur als schön verstanden wird, ist bereits nicht mehr die Vielfältigkeit, die sich zu einer Einheit ordnet, sondern die Vielfältigkeit als solche, bei der jedes einzelne Glied sich der Anschauung als selbständige Individualität zeigt und die Schönheit des Ganzen in der Fülle dieser Individualitäten besteht und nicht in ihrer Einordnung in einen Gesamtorganismus.« (a.a.O.)

3 Zur Geschichte der Rehabilitierung der curiositas vgl. H. Blumenberg, op. cit., 3. Teil: »Der Prozeß der theoretischen Neugierde«, S. 201ff.

4 M. Imdahl, *Giotto. Arenafresken. Ikonographie, Ikonologie, Ikonik*, München 1980, S. 103: »Was sich dagegen der Ikonik als Totalität darstellt, ist nicht bestimmt durch einen vorgegebenen endothymen Grund, aus welchem alles weitere Verstehen deduziert werden könnte. Vielmehr artikuliert sich Totalität in der Anschauungseinheit von gerade widerstrebigen, dialektischen Sinnbildungen oder kühnen Äquivalenzen (...)«

5 Verf., »Die Absolutheit des Ästhetischen und seine Geschichtlichkeit«, in W. Oelmüller (Hg.), *Kolloquium Kunst und Philosophie* 3: *Das Kunstwerk*, Paderborn 1983, S. 243f.

6 In diesem Sinne versteht M. Dvořak die Malerei Giottos als »dritte geistige Weltmacht des späten Mittelalters, die des autonomen Kunstwerks« (zitiert bei Imdahl, S. 27). Es gibt von Giotto eine Darstellung, die als eine der Inkunabeln der ästhetisch gebundenen Vielheit betrachtet werden kann. In der Vogelpredigt des Hl. Franziskus am Fuß des im Louvre befindlichen Bildes »Der heilige Franziscus empfängt die Wundmale« ist, im Gegensatz zur streng geometrischen Ordnung der lauschenden Vögel in dem Franziskusbild Berlinghieris in S. Croce in Florenz, die Schar der Vögel über das funktional Notwendige hinaus differenziert. In Giottos Bild sind es Vögel verschiedener Arten, die alle dem Heiligen mit gleicher Intensität, aber unterschiedlichem Körperausdruck zuhören. Zum Thema der Darstellung ist der Augenblick gemacht, wo die Gruppe noch nicht ganz zusammengekommen ist. Ein Vogel mit erhobenen Flügeln bereitet sich eben vor, auf die Erde aufzukommen, während ein letzter noch in vollem Flug sich herabstürzt. Die Szene steht noch vor dem Goldgrund byzantinischer Ikone, doch hat sie sich in ihrer Bewegtheit und Vielfalt von der strengen Stilisation byzantinischer religiöser Malerei schon weit

entfernt. Dagegen steht die Vogelpredigt in der Chiesa Superiore von Assisi schon unter einem blauen ›wirklichen‹ Himmel.

7 Vgl. etwa Ghirlandaios »San Francesco riceve le stigmate« aus der Sassetti-Kapelle der Chiesa di S. Trinità in Florenz. Diese zentrale Begebenheit der Franziskus-Legende wird von Ghirlandaio in eine offene Weltlandschaft versetzt, in der die Horizontale über die Vertikale dominiert. Die Vision des Heiligen wird sinnfällig als Erscheinung am Himmel, die durch den Goldgrund in ihrer Übernatürlichkeit herausgehoben ist. Zugleich kehrt hier der Goldgrund gleichsam nur noch als Zitat einer vergangenen religiösen Malerei wieder. Ein anderes, besonders illustratives Beispiel dieser Dezentrierung des religiösen Gehalts ist Mantegnas Kreuzigungsbild im Louvre. Der Blick des Betrachters wird hier in auffälliger Weise vom Zentrum abgelenkt, die Aufmerksamkeit in eine Vielfalt der Aufmerksamkeitsrichtungen verzweigt.

8 Vgl. H.-J. Neuschäfer, *Boccaccio und der Beginn der Novelle*, München 1969.

9 Vgl. Th. E. Mommsen, »Petrarca's conception of the Dark Ages«, in *Speculum* 17 (1942).

10 Vgl. Verf., *Petrarcas Landschaften – Zur Geschichte ästhetischer Landschaftserfahrung*, Köln 1979.

11 Vgl. H. Blumenberg, »Wirklichkeitsbegriff und Möglichkeit des Romans«, in H. R. Jauß (Hg.), *Nachahmung und Illusion.* Poetik und Hermeneutik I, München 1964, S. 12f.

12 Vgl. Verf., »Die Verwilderung des Romans als Ursprung seiner Möglichkeit«, in H. U. Gumbrecht (Hg.), *Literatur in der Gesellschaft des Spätmittelalters,* Heidelberg 1980, S. 253–313.

13 Die wesentlichen Texte dieser Auseinandersetzung sind dargestellt bei B. Weinberg, *A History of Literary Criticism in the Italian Renaissance*, 2 Bde, Chicago [2]1963.

14 G. F. Hegel, *Ästhetik*, Bd 2, hg. v. F. Bassenge, Berlin und Weimar, [2]1965, S. 466f.: »Statt daß nämlich, wie es bei Homer der Fall ist, das Werk als eigentliches Epos, das Wort für alles findet, was die Nation in ihren Taten ist, und dies Wort in unmittelbarer Einfachheit ein für allemal ausspielt, erscheint dieses Epos als ein Poem, d. h. als eine *poetisch gemachte* Begebenheit, und vergnügt und befriedigt sich vornehmlich an der Kunstbildung der schönen, teils lyrischen teils episch schildernden Sprache und Form überhaupt. Vgl. zur Erzählstruktur der *Gerusalemme* Verf., »Erschütterte und bewahrte Identität. Zur Neubegründung der epischen Form in Tassos ›Gerusalemme liberata‹« in *Das Epos in der Romania.* Festschrift für Dieter Kremers, Tübingen 1986.

15 So beginnt Guicciardinis *Historia d'Italia*, eine der ersten modernen Gegenwartsgeschichten, mit dem Augenblick, wo Italien in den politischen Horizont europäischer Interessen und Verflechtungen eintritt. Guicciardinis Werk ist ein monumentaler Versuch, aus der Vielheit der politischen Bestrebungen und ihrer Verflechtungen so etwas wie ein Gewebe des politischen Zustands in Italien zwischen 1494 und 1532 herzustellen. In der Einleitung bedenkt Guicciardini den Nutzen seiner Unternehmung: »Dalla cognizione dè quali casi, tanto varij e tanto graui potrà ciascuno, e per se proprio, e per bene publico, prendere molti salutiferi ammaestramenti, onde per innumerabili essempi evidentemente apparirà, a quanta instabilità, ne altrimenti che un mare, concitato dà venti, siano sottoposte le cose humane, quanto siano pernitiosi quasi sempre a se stessi, ma sempre à popoli i consigli male misurati di coloro che dominano, quando hauendo solamente innanzi à gli occhi, ò errori vani ò le cupidità

presenti, non si ricordano delle stesse variationi della fortuna (...)« (Venezia 1563, S. 1)

16 Grundlegend für die Auffassung von der wesentlichen Vielheit der Renaissance ist nunmehr die Darstellung L. Batkins, *Die italienische Renaissance,* Frankfurt 1981, die Vf. erst nach Abschluß dieser Arbeit zur Kenntnis kam.

17 Daß das gedruckte Buch eine Umwälzung nicht nur für das ganze Wissen bedeutet, sondern auch für seine Zirkulationswege und die Beschleunigung seines Umlaufs, war der Renaissance durchaus bewußt. Vgl. die Betrachtungen von Louis Le Roy in seinem frühen Entwurf einer Theorie der Kulturgeschichte *De la vicissitude ou variété des choses en l'univers,* Blatt 98 f.: »Outre la restitution presqu'accomplie du sçauoir ancien, l'inuẽtion de plusieurs belles choses nouuelles seruantes nõ seulement à la necessité: mais aussi au plaisir & ornement de la vie, a esté reseruee à cest aage. Entre lesquelles l'Imprimerie merite d'estre mise la premiere par son excellẽce, vtilité & subtilité d'artifice, duquel elle est cõduitte (...) En quoy s'auance plus de besongne en vn iour que n'en pourroient faire en vn an plusieurs diligens escriuains. A ceste cause les liures parauãt rares & chers, sont deuenus plus cõmuns, & aisez à recouurer. Ce qui a beaucoup aidé à la promotion de toutes disciplines. Car elle semble miraculeusement auoir esté trouuee pour faire reuiure plus facilement les lettres qui sembloiẽt mortes.« Vgl. auch S. 38 ff.

18 In dem Weg Leonardo da Vincis vom Künstler zum Naturwissenschaftler und Ingenieur kommt die Krise der italienischen Malerei am Übergang zum Cinquecento exemplarisch zum Ausdruck. Leonardo hat in seinen Tagebuchaufzeichnungen sich selbst über seinen Weg Rechenschaft abgelegt. Die Malerei wird für ihn zum Erkenntnisinstrument, das ihn über die Malerei hinausführt. Leonardo, der Künstler und Naturwissenschaftler, ist fasziniert von der Vielfalt der im Sehen erfaßbaren Erscheinungen der Natur und ihren verborgenen Gesetzen, »(...) tirato dalla mia bramosa voglia, vago di vedere la gran copia delle varie e strane forme fatta dalla artifiziosa natura (...)« (*Philosophische Tagebücher*, italienisch und deutsch, hg. v. G. Zamboni, Hamburg 1958, S. 10). Der Geist des Künstlers aber geht über die produktive Kraft der Natur zur Vielfalt noch hinaus: »Il disegno è di tanta eccelenzia che non solo ricera le opere di natura, ma infinite più che quelle che fa natura.« (S. 82) Leonardos Interesse ist nicht mehr in erster Linie auf das ästhetische Verhältnis von Vielheit und Einheit gerichtet, sondern auf dynamische Verhältnisse von Differenz und Analogie, die im Werk nicht mehr endgültig zum Austrag kommen können. Leonardo, »discepolo della sperientia« (S. 28), läßt sich ein auf einen offenen Prozeß ästhetischer wie kognitiver Erfahrung der Natur und, in der Reflexion auf die Bedingungen des Erkennens selbst, auf die dem Menschen verfügbaren Möglichkeiten, den Spielraum der Natur und ihrer Vielheit produktiv zu überschreiten.

19 Alfred de Musset hat in seinem Stück *André del Sarto* (1833) diesen Augenblick subtil vergegenwärtigt.

20 Vgl. W. Iser, »Dramatisierung des Doppelsinns in Shakespeares ›As you like it‹«, in K. Stierle / R. Warning (Hgg.), *Das Gespräch.* Poetik und Hermeneutik XI, München 1984.

21 M. Bachtin, *Rabelais and his World* (Tvorchestvo Fransua Rable), translated from the Russian by Hélène Isurolsky, Cambridge, Mass. 1968. Bachtin stellt Rabelais sehr dezidiert in eine volkstümliche Tradition, doch ist die spezifische Erfahrung einer alle Normen überschreitenden Vielheit bei Rabelais nicht ohne ihre spätmittelalterlich-humanistischen Voraussetzungen zu denken.

22 So hat J. Ritter in einer klassischen Formulierung den Grund des Lachens bestimmt: »Geht man von diesem grundsätzlichen Zusammenhang von Ernst und Unernst, von Sittlichem und dem im Sittlichen Ausgegrenzten, von Sein und Nichtsein aus, so dürfte sich das Lachen als ein Spiel verstehen lassen, dessen einer Partner das Ausgegrenzte, dessen anderer Partner die ausgrenzende Lebensordnung selbst ist.« (J. Ritter, »Über das Lachen«, in J. R., *Subjektivität*, Frankfurt 1974, S. 76.)

23 Rabelais ist nicht der erste französische Dichter am Ausgang des Spätmittelalters, bei dem die Erfahrung der Vielheit selbst zum Gegenstand der literarischen Darstellung wird. In den spätmittelalterlichen allegorischen Dichtungen in der Nachfolge des Rosenromans bleibt bei immer komplizierteren allegorischen Konstruktionen die Vielheit prinzipiell aufgehoben, und zwar nicht ästhetisch, sondern begrifflich-systematisch. Dies gilt noch für Jean Lemaire de Belges, der die Allegorie zum Instrument der Vereinigung des Vielfältigen macht und der so auch die wiedererweckte antike Mythologie noch an eine mittelalterliche Weltsicht bindet. Doch kommt die Erfahrung der Vielheit als diese schon früh zur Darstellung in den Balladen von Eustache Deschamps, die freilich selten über bloß prosaische Bestandsaufnahmen und Register der Vielheit hinauskommen. Eine Erfahrung der Vielheit, die sich eine eigene poetische Stimme gewinnt, findet sich vor Rabelais nur im *Testament* von François Villon. Die Vielheit der Welterfahrung einer marginalen und immer gefährdeten Existenz kommt bei Villon ebenso zu poetischer Darstellung wie die unerbittliche Einheit des Lebensgesetzes, an das alle Vielfalt gebunden bleibt. »Mais ou sont les neiges d'antan« ist die betroffene Frage, auf die es keine Antwort mehr gibt. Villon gibt der Erfahrung der Welt in ihrer Vielheit und unerbittlichen Gesetzlichkeit eine Stimme, die von der lyrischen, nachklingenden Betroffenheit bis zum unverhüllten Zynismus reicht. So wie die Welt in ihrer Vielheit im Horizont des Todes steht, der alles zu einem zurückführt, steht die Vielheit der Stimmen und sprachlichen Gesten dieses in sich selbst zerrissenen lyrischen Ich im Horizont des Testaments, das ironisch die Vielheit als Einheit eines sprachlichen Vollzugs artikuliert und das erneut den letzten Horizont der Einheit gegenwärtig hält.

24 H. Friedrich verweist an mehreren Stellen seines Montaigne-Buchs (*Montaigne*, Bern 1949) auf die Bedeutung der diversité als Grundthema der Essais. Doch wird das Thema von ihm nicht zusammenhängend erörtert. Zu Montaignes Verhältnis zu den zeitgenössischen Wissenschaften vgl. S. 176ff., zur Erfahrung der Vielheit in Montaignes *Journal de voyage* vgl. S. 315ff. Die Bedeutung der Vielheit für das Denken Montaignes ist, soweit ich sehe, noch nicht eigens dargestellt worden.

25 J. Starobinski, *Montaigne en mouvement*, Paris 1982, S. 158. Vgl. a.a.O.: »Dès lors, tandis que l'homme est ramené à sa conscience une, l'univers fini de la cosmologie traditionelle voit ses limites se dissoudre et devient un univers illimité, qu'il serait vain de vouloir inventorier.«

26 Montaigne, *Essais*. Texte établi et annoté par A. Thibaudet, Bibliothèque de la Pléiade, Paris 1950, S. 190f.

27 Vgl. A. Tilley, *The Dawn of the French Renaissance* (1918), neue Aufl. New York 1968, S. 368.

28 Vgl. Verf., »Vom Gehen, Reiten und Fahren – Der Reflexionszusammenhang von Montaignes ›Des Coches‹«, in *Poetica* 14 (1982), S. 195–212.

29 Vgl. Verf., »Geschichte als Exemplum, Exemplum als Geschichte«, in R. Koselleck / W.-D. Stempel (Hgg.), *Geschichte – Ereignis und Erzählung*. Poetik und Hermeneutik V, München 1973.

30 Montaigne beleuchtet damit in eigener Perspektive jenes für die Renaissance charakteristische Grundverhältnis zwischen »Individuum und Kosmos«, das E. Cassirer aufgezeigt hat. Vgl. E. Cassirer, *Individuum und Kosmos in der Philosophie der Renaissance* (1927), reprographischer Nachdruck der 1. Aufl., Darmstadt 1963, S. 200f.: »Der Mensch erscheint dem Universum, das Ich erscheint der Welt gegenüber zugleich als das Umfaßte und als das Umfassende. Beide Bestimmungen sind gleich unentbehrlich, um sein Verhältnis zum Kosmos auszusprechen. Und so findet zwischen ihnen eine ständige Gegenwirkung und ein ständiges Umschlagen statt. Wenn die Unendlichkeit des Kosmos das Ich nicht nur zu beschränken, sondern völlig zunichte zu machen droht, so liegt doch andererseits eben in ihr die Quelle seiner steten Selbsterhöhung: denn der Geist gleicht der Welt, die er begreift.«

31 Montaigne greift hier auf das Bild der venatio sapientiae von Nikolaus von Kues zurück.

32 Vgl. *Montaigne*, bes. S. 253.

33 Es wäre interessant zu verfolgen, ob und auf welchem Weg Le Roy von Ibn Khaldûns *Kitâb al-'Ibar* Kenntnis haben konnte. Soweit ich sehe, ist die Literatur zu Le Roy dieser Frage noch nicht nachgegangen.

34 J. Schlobach, *Zyklentheorie und Epochenmetaphorik* München 1980, bes. S. 199ff.

35 Zur Bedeutung des Diskurses für die Einheit der Methode und zur Absetzung Descartes von Montaigne vgl. Verf., »Gespräch und Diskurs – Ein Versuch mit Blick auf Montaigne, Descartes und Pascal«, in K. Stierle / R. Warning (Hgg.), *Das Gespräch*. Poetik und Hermeneutik XI, München 1984.

36 Jean-Jacques Rousseau, *Rousseau, juge de Jean-Jacques* in *Œuvres complètes* Bd 1, texte établi et annoté par R. Osmont, Bibliothèque de la Pléiade, Paris 1959, S. 216f.: »Non seulement une parade de foire, une revue, un exercice, une procession l'amusent; mais la grue, le cabestan, le mouton, le jeu d'une machine quelconque, un bateau qui passe, un moulin qui tourne, un bouvier qui laboure, des joueurs de boule ou de battoir, la rivière qui court, l'oiseau qui vole attachent ses regards. Il s'arrête même à des spectacles sans mouvement, pour peu que la varieté y supplée. Des colifichets en étalage, des bouquins ouverts sur les quais et dont il ne lit que les titres, des images contre les murs qu'il parcourt d'un œil stupide, tout cela l'arrête et l'amuse quand son imagination fatiguée a besoin de repos.« Zur Bedeutung des athematischen kleinen Details bei Rousseau vgl. Verf., »Theorie und Erfahrung. Das Werk J. J. Rousseaus und die Dialektik der Aufklärung«, in *Neues Handbuch der Literaturwissenschaft, Europäische Aufklärung III*, hg. v. J. v. Stackelberg, Wiesbaden 1980, S. 159–208.

Ferdinand Fellmann

Giordano Bruno und die Anfänge des modernen Denkens

»In der Moderne zu leben, bedarf es einer heroischen Verfassung« – hält man nach einem Prototyp der europäischen Geistesgeschichte Ausschau, der diesen auf Baudelaire gemünzten Satz Walter Benjamins bestätigt, so bietet sich Giordano Bruno an, dessen philosophisches Selbstverständnis im Begriff der heroischen Leidenschaften kulminiert: »Ich finde keinen Philosophen, der sich so für die verachtete Philosophie entzündet, und ich kenne keinen, der so an seiner Wissenschaft hängt« (203)[1]. Dieses Bekenntnis ist für Bruno nicht nur eine rhetorische Floskel geblieben. Sein Heroismus liegt in der persönlichen Zeugenschaft für die von ihm verfochtene Wahrheit, die er bis zur letzten Konsequenz durchgestanden hat. Dieser Heroismus des Kampfes eines Einzelnen gegen das herrschende geistliche System bildet aber nur die Außenseite einer geistigen Verfassung, deren Rekonstruktion es erforderlich macht, die Triebfedern des Brunoschen Denkens freizulegen. Das erfordert die Entwicklung eines Begriffs des heroischen Bewußtseins, der über die antike Vorstellung des Heros hinausgeht. Denn das Heroische bei Bruno läßt sich typologisch kaum adäquat erfassen. Eine bewußtseinstheoretische Definition muß gefunden werden, die das Heroische als innere Form des Denkens begreiflich macht. Die prägnante Formel könnte vielleicht lauten: Differenzen aushalten, wobei unter Differenzen nicht primär äußere Widerstände, sondern innere Spannungen gemeint sind, die das Bewußtsein mit sich selbst auszutragen hat.

Damit wird die Frage nach der Modernität des heroischen Bewußtseins akut. Warum eigentlich bedarf es der heroischen Verfassung, um in der Moderne leben zu können? Die Antwort auf diese Frage erfordert Ansätze zu einer Theorie der Moderne, die in dieser mehr sieht als einen rein zeitlichen Relationsbegriff. Eine materiale Theorie der Moderne hat die spezifischen Umstände ihrer Geburt zu berücksichtigen. Um gleich wieder eine Formel anzubieten: Reduktionen erfordern Kompensationen. Anfänge, wenn es nicht mehr die ersten sind, lassen sich nur durch Reduktionen machen, wie das cartesische cogito hinlänglich beweist. Damit aber entsteht das Doppelgesicht der Moderne, in dessen komplementären Zügen sich die Anstrengung des Verzichts spiegelt. Das eben erzeugt den spezifischen Heroismus der Moderne, der nichts mehr mit der kraftstrotzenden Blauäugigkeit des antiken Herkules zu tun hat. Der Herkules der Moderne bleibt immer am Scheidewege.

Die Besprechung Brunos im Zusammenhang mit der Frage nach den Anfängen des modernen Denkens bringt eine historiographische Kategorienverschiebung mit sich. Sie führt weg von der Dominanz der Kategorie »Neuzeit«, die aus bestimmten geistesgeschichtlichen Gründen für die bedeutenden wissenschaftsgeschichtlichen Untersuchungen der Gegenwart leitend geworden ist. Die enge Verbindung von Philosophie- und Wissenschaftsgeschichte hat diesem Einteilungs- und Bewertungsraster auch in der Philosophiegeschichte einen Grad an selbstverständlicher Geltung verschafft, der es schwer macht, die subjektiven Seiten des Denkens zu thematisieren. Wie sehr es sich hier um ein wirkliches Desiderat handelt, kann am Fall Bruno lehrbuchartig demonstriert werden. Bei dem Versuch, Bruno im Zusammenhang mit dem Kopernikanismus in die Entwicklungslinie der neuzeitlichen Naturwissenschaften einzuordnen, entstehen Schwierigkeiten, die sich systemgeschichtlich kaum lösen lassen. Wie man bei J. Mittelstraß sehen kann, der sich mit H. Blumenbergs neuzeitlicher Verortung Brunos auseinandersetzt, wird es zu einer reinen Preisfrage, ob Bruno noch vor oder schon innerhalb der Neuzeit steht[2].

Während Blumenberg vor dem Hintergrund des Cusaners Bruno als terminus ante quem des Beginns der Neuzeit aufbaut, verweist Mittelstraß ihn zurück in die Vorgeschichte[3]. Die Differenzen in der Lokalisierung ergeben sich aus unterschiedlichen Beurteilungskriterien. Der eine rekonstruiert systemgeschichtliche Basisentscheidungen, namentlich die Überwindung des nominalistischen Gottesbegriffs als Bedingung der Entfaltung neuzeitlicher Rationalitätsanforderungen. Der andere verfährt da direkter, indem er primär die expliziten methodologischen Postulate und ihre Einlösung als Zuordnungskriterium heranzieht. Aus dieser Sicht kann weder Brunos Gottesbegriff noch sein Kopernikanismus als Beweis der Zugehörigkeit zur Neuzeit gelten, solange ihm die experimentelle Methode der Galileischen Physik fehlt.

Nun wird man kaum bestreiten können, daß beide Positionen den naturwissenschaftlichen Rationalismus der Neuzeit als Bezugspunkt beibehalten. Dieser gemeinsame Maßstab erzeugt ein Dilemma, aus dem man auch nicht dadurch herauskommt, daß Bruno der zweifelhafte Titel einer »Übergangsfigur« verliehen wird. Denn Geschichte ist immer Übergang, auch und vielleicht gerade dann, wenn sie auf ihren Höhepunkten stillzustehen scheint. Und immer gibt es die Gleichzeitigkeit des Ungleichzeitigen, so daß die bei Bruno zu beobachtende Indifferenz von Theologie und Methodologie keine historische Anomalie darstellt.

Wenn sich zwei widersprechen und beide Recht haben, kann der Widerspruch nur scheinbar sein. Seine Auflösung verlangt neue Kategorien. »Neuzeit« ist zu schmal, um das Spezifische des Brunoschen Denkens zu erfassen. Hier gibt es nur Abhilfe, wenn man die Neuzeit zur Moderne erweitert. Erst dann gelingt die eindeutige historische Lokalisierung Brunos, der wenn auch nicht den Anfang der Moderne macht, so doch an ihren Anfängen steht. Denn das unterscheidet die Moderne ganz gewiß von der Neuzeit, daß sie nämlich mehrere Anfänge hat, die noch dazu so versetzt sind, daß der sachliche und der chronologische Primat nicht koinzidieren. Mit Bruno fängt die Moderne schon an, noch bevor es mit der Neuzeit richtig losgegangen ist.

Was hier unter Moderne verstanden wird, ist mit der Formel von den notwendigen Kompensationen schon angedeutet worden. Aber vielleicht kann eine Präzisierung nicht schaden. Bei Kompensationen denkt man leicht an Surrogate. Allerdings läßt sich die Moderne als Zeit der Surrogate par excellence definieren, und zumindest die Verwandlung der Renaissance in den Renaissanceismus des 19. Jhs. wird man nun als spezifisch modernen Prozeß der Surrogatbildung verstehen können. Wobei festzuhalten ist, daß es die Surrogate im Reich der Ideen früher gab als die Surrogate im Reich der Dinge.

Bei Bruno freilich hat der Ausgleich für den Verzicht auf geistige und geistliche Autoritäten alles andere als Surrogatcharakter. Das tritt besonders an Brunos Formulierungen des Zeitbewußtseins zutage, wenn man davon ausgeht, daß eine der Signaturen der Moderne, und vielleicht ihre prägnanteste, in der Aktualität der Zeitlichkeit liegt. Für die vom wissenschaftlichen Geist geprägte Neuzeit bildet die erlebte Zeit eine Funktion der objektiven Chronologie. Das Noch-Nicht kennzeichnet das historische Zeiterleben der Neuzeit, während der Aktualismus der Moderne dadurch gekennzeichnet ist, daß er die Diachronie, die ausschließliche Lokalisierung auf einer linear-chronologischen Achse, die durch die beiden Pole des Alten und des Neuen geteilt wird, durchbricht. Als Alternative zur Quantität entdeckt die Moderne die Intensität des Zeiterlebens, die ihren Maßstab daran findet, wie stark inhaltliche Gegensätze auf der synchronen Ebene realisiert und kontrahiert werden.

Das historische Bewußtsein der Moderne bezieht sich auf die eigene Aktualität. Aktualität des Zeitbewußtseins beinhaltet freilich mehr als bloßes Ergreifen des Augenblicks und Aufgehen im Augenblick. Die Moderne hat die intentio recta überall verloren. So auch im Zeitbewußtsein, dessen Aktualität im Ineinander der Aggregatzustände der Zeit ihren Ausdruck findet: Vereinigung des Flüchtigen und des Ewigen bei Baudelaire. Das ist das Gegenteil der Relativierung von Früher und Später, in die der neuzeitliche Begriff der historischen Zeit schließlich führt. Einer der Anfänge der Moderne ist sicherlich der Historismus, aber die Moderne ist zugleich und von Anfang an auch immer ein Akt der Resistenz gegen den neuzeitlichen Hang zum Historismus gewesen.

Die Aktualität des modernen Zeitbewußtseins hat ihr Korrelat in der Intensität des modernen Denkens. Diese läßt sich an der Spannweite der Gegensätze ablesen, die zusammen gedacht werden. Das Vergängliche und das Bleibende, das Subjekt und die Dinge, Mensch und Welt. Das freilich bildet einen prekären Zustand, den zu erhalten und auszuhalten den angestrengten Duktus moderner Subjektivität erzeugt.

Die Philosophie Brunos erfüllt zumindest diese Grundbestimmung der Moderne. Sein Heroismus des Denkens artikuliert sich in der spannungsreichen Intensität seines Welt- und Selbstverständnisses, die zumindest in den italienischen Schriften auch ihren stilistischen Niederschlag gefunden hat. Schließlich sind für Bruno philosophische Erkenntnis und dichterische Inspiration nur zwei Formen ein und derselben göttlichen Entrückung des heroischen Geistes.

Das 19. Jahrhundert, das wegen seiner inneren Verfaßtheit dazu disponiert war, Brunos Modernität zu entdecken (rein äußerliche Gründe, wie die Textlage oder der Wegfall theologischer Rücksichtnahmen, reichen zur Erklärung der verspäteten Wirkungsgeschichte nicht aus), hat Bruno unter das Stichwort Monismus subsumiert. So nennt Dilthey Bruno den »ersten monistischen Philosophen der neueren Völker« (Ges. Schr. II, 297). Diese Kennzeichnung klingt heute weder besonders überzeugend noch schmeichelhaft, wenn man bedenkt, welche Formen blöder Einseitigkeit der Monismus im 19. Jahrhundert angenommen hat. Aber es wäre ein Zeichen historischer Gerechtigkeit und Umsicht, wenn man Monismus nicht nur als Schimpfwort auffassen würde. Denn gerade Brunos Philosophie kann lehren, daß der Kampf um den Begriff der Einheit – Einheit der Welt, Einheit des Subjekts, Einheit von Welt und Subjekt – zu den Motiven gehört, die den neuzeitlichen Prozeß der ›Euthanasie der Metaphysik‹ ständig begleiten, wodurch die Neuzeit den Charakter der Moderne erhält. Der Übergang vom objektiven Standpunkt zu dem des Selbstbewußtseins, der mit Descartes endgültig vollzogen ist, führt zu einer Isolierung des Ich, die daraus resultiert, daß der menschliche Geist in der Konstruktion der Wirklichkeit schließlich nur noch sich selbst begegnet. Vor diesem Hintergrund muß der Monismus der Moderne als Versuch gewertet werden, das Gespenst des Solipsismus, das die Neuzeit von Anfang an heimsucht, ohne Rückgriff auf leere Transzendenzen zu bannen. Die Sehnsucht nach der Einheit mit den Dingen, die den inneren Abstand zu ihnen sublimiert, trägt freilich immer schon den Keim der postmodernen Absurdität in sich, die in der Unfähigkeit der Dinge besteht, die Leidenschaften des sich selbst entfremdeten Geistes zu stillen.

Sicherlich tut man angesichts derartiger globaler Perspektiven gut daran, sich im Falle Brunos vor allzu kühnen Modernitätszuweisungen in acht zu nehmen. Ist es doch mit Brunos Modernität insofern merkwürdig bestellt, als sie in ihrer Tragweite erst in dem Maße verständlich wird, wie sich der Reduktionismus der naturwissenschaftlichen Rationalität der Neuzeit entwikkelt. Insofern erfordert wohl auch die Rede von Kompensationsphänomenen eine Korrektur, da Kompensation sich immer nur historisch als Folge eines bestimmten Ereignisses erklären läßt. Wie schon angedeutet, ist dieses Folgeverhältnis im Falle Brunos verkehrt. Die Neuzeit in den Gestalten Galilei und Descartes bildet nicht die ratio essendi der Brunoschen Denkform, sondern ihre ratio cognoscendi. Historisch angemessener wäre daher die Rede von Komplementarität, um die Zusammengehörigkeit des quantitativen und des qualitativen Denkens erscheinen zu lassen, ohne daß dem einen oder dem anderen die zeitliche Priorität zukäme. Denn es geht bei dieser historischen Erscheinung nicht um einen einfachen Relativismus der Gesichtspunkte, sondern um eine denkgeschichtliche Grunderfahrung, die darin besteht, daß der Mensch nicht zugleich Zuschauer und Mitspieler im selben Schauspiel sein kann, obwohl er immer danach streben wird, es zu sein. Insofern repräsentiert Brunos Philosophie noch vor der eigentlichen Neuzeit eine bleibende Möglichkeit modernen Denkens, die durch keine Aufklärung verschwinden wird. Das mag methodisch zunächst wie ein Rückschritt erscheinen. Aber das macht eben die Individualität der Moderne aus, in der sie die Neuzeit an Dichte übertrifft, daß sie immer schon komplementär erfahren worden ist und immer nur komplementär beschrieben werden kann. Der Mensch wird sich niemals endgültig mit Verzichten abfinden, selbst wenn sie notwendig sein sollten. Die Sensibilität des Brunoschen Denkens ging so weit, daß es die bevorstehenden Verzichte antizipierte.

Mit diesem komplementärtheoretischen Deutungsversuch der Moderne ist der Punkt erreicht, an dem sich das uns geläufige triadische weltgeschichtliche Periodisierungsschema aufzulösen beginnt und bipolaren Vorstellungen Einlaß gewährt. Demnach gibt es nur zwei Epochen der europäischen Geistesgeschichte: die Moderne und alles was davorliegt. Natürlich kannten auch die Antike und das Mittelalter geistige Gegenströmungen (z. B. die Atomistik), aber diese wurden immer nur als relativ äußerliche konkurrierende Positionen empfunden, die die einheitliche Denkform unangetastet ließen. Das ändert sich mit der Komplementarität der Moderne, die mit und aus ihren Positionen heraus immer zugleich die sie in den Fundamenten negierende Gegenposition erzeugt. Das macht die innere Zwiespältigkeit der modernen Denkformen aus, die im Laufe der Jahrhunderte zu den Katastrophen der Zerstörung der Vernünftigkeit durch Überanstrengung der Vernunft geführt hat. Auch Bruno hat an dieser Katastrophe in rezeptionsgeschichtlicher Form mitgewirkt, wie die neuidealistische Vereinnahmung seines Philosophierens um die Jahrhundertwende in Deutschland belegen könnte. Ist doch im Jahre 1900 in Berlin ein »Giordano Bruno-Bund« gegründet worden, dessen Schriften im Verlag »Renaissance« erschienen sind, deren renommierte Verfasser sich den Ausbau einer »Einheitsweltanschauung« im Geiste Brunos und Hegels zum Ziel gesetzt haben[4]. Freilich handelt es sich hier um Formen arg beschädigten Denkens, aber auch dieses gehört zur Wirklichkeit der Geistesgeschichte, vor der die Philosophiehistoriker nicht die Augen verschließen sollten. Natürlich atmet es sich freier in der klaren Luft der Systemgeschichte, doch der Aufschlußwert der Systeme reicht nur so weit, wie sie sich in konkretes Denken übersetzen lassen.

Es ist das Verdienst von E. Grassi, Brunos Philosophie dezidiert mit dem Problem des Anfangs des modernen Denkens in Verbindung gebracht zu haben[5]. Bruno wird als anticartesianische Alternative eines integralen Humanismus hingestellt, der seine Kraft aus der »Erfahrung des Ursprünglichen«

bezieht. So bestechend diese Betrachtungsweise sein mag, so verführerisch ist sie. Denn hinter Descartes läßt sich nicht zurückgehen, eine rationale Alternative zum neuzeitlichen Rationalismus gibt es nicht. Die Komplementarität des modernen Geistes kann sich daher nur auf die Form des Denkens beziehen, nicht auf den Inhalt. Was letzteren betrifft, bleibt Bruno hoffnungslos in die traditionelle Metaphysik verstrickt. Aber das hindert ihn nicht daran, eine Form des qualitativen Denkens zu entwickeln, in der sich die vom Menschen konstruierte qualitätslose Welt als Chiffre der sich selbst entfremdeten Subjektivität spiegelt. Das intensive Denken macht Verluste spürbar, ohne sie freilich ersetzen zu können.

Und wo bleibt die Renaissance, deren Aspekte das Thema des Kolloquiums bilden? Die Rede von der Modernität Brunos und seine Zugehörigkeit zur Renaissance ergeben keinen Widerspruch. Dazu muß man sich freilich von der Dominanz der neuzeitlichen Betrachtungsweise gelöst haben. Allerdings wissen die Neuzeitler nicht viel mit der Renaissance und noch weniger mit Renaissancen anzufangen. Sie stören ihr Einmaligkeitsaxiom der Geschichte, das keine Wiederholungen zuläßt. Renaissancen werden als Widerspruch zur Geschichte aufgefaßt, und die Renaissance wird allenfalls als stilgeschichtliches Epiphänomen der Neuzeit hingenommen. Man hat es außerordentlich bezeichnend gefunden, daß in Burckhardts »Entdeckung der Renaissance« die Philosophie fehlt. Doch sollte man sich dadurch nicht zu falschen Schlüssen verleiten lassen. Die Lücke bei Burckhardt beweist nämlich nur, daß auch dort, wo es um das Denken geht, der systemgeschichtliche Ansatz nicht alles ist. Die Frage nach den Anfängen des modernen Denkens ist unlösbar mit dem Renaissance-Problem verknüpft.

Diese Verknüpfung wird sichtbar, wenn man die Renaissancen nicht im Sinne eines traditionalistisch-normativen Geschichtsverständnisses interpretiert, sondern als Mittel der Aktualisierung des Gegenwartsbewußtseins versteht. So gesehen bildet die Renaissance eine der permanenten geistigen Möglichkeiten und Notwendigkeiten der Moderne. Dieser Tatbestand wird nicht dadurch geschmälert, daß die späte Entdeckung der Renaissance historisch wohl ein Mißverständnis war; denn es war in der Tat ein äußerst fruchtbares, insofern es die Intensivierung des modernen Selbstverständnisses befördert hat. Hätte es die Renaissance nicht gegeben, die Moderne hätte sie erfinden müssen, und sie hat es ja auch getan.

Die Intensität, die als spezifisch moderne Qualität des Brunoschen Denkens hier herausgearbeitet werden soll, ist natürlich nicht unbemerkt geblieben. Doch wird sie häufig als Phantastik und Irrationalismus verbucht, die auf das Konto des angeblich typischen Phantasiemenschen der Renaissance gehen. Nun wird niemand bestreiten wollen, daß Brunos metaphysische Spekulationen mit phantastischen Elementen vollgestopft sind, doch wäre es verkehrt, hierin nur die Abweichung vom wissenschaftlichen Duktus neuzeitlichen Philosophierens zu sehen. Die Bestimmung des intensiven Denkens erfordert eine Öffnung des rationalistischen Rationalitätskonzepts in Richtung auf die Integration der subjektiven Bedingungen objektiver Erkenntnis, die sie begleiten und um deren Mitteilung Brunos philosophische Prosa bemüht ist.

Es ist häufig von Brunos neuem ›Weltgefühl‹ die Rede, und damit wird der Neigung Vorschub geleistet, die rein psychologische Seite hervorzukehren. Aber man kann das auch als Hinweis auf die Eigenständigkeit der Denkform nehmen, die darin besteht, daß sie an den Gegenständen der Erkenntnis immer primär nach der Qualität fragt und damit den Bezug zum Empfinden des Menschen wichtiger werden läßt als die begriffliche Konstruierbarkeit der Dinge. Damit soll auch angedeutet werden, daß intensives Denken etwas anderes und mehr bedeutet als bloß angestrengtes Denken, wie es sich im Rahmen der methodologischen Anforderungen der neuzeitlichen Naturwissenschaften entfaltet. Intensives Denken läßt sich an der Leidenschaft des Subjekts erkennen, in die Dinge eindringen zu wollen, nicht *über*, sondern *in* den Dingen zu denken, um in dieser Innerlichkeit sich seiner selbst als leiblichen Wesens zu versichern.

Die Bestimmung des intensiven Denkens als das für die Renaissance kennzeichnende Moment der Moderne erfordert von der Interpretation die Ausweitung des systemgeschichtlichen Standpunkts. Systemgeschichtlich stellt Brunos Philosophie überall Übergangserscheinungen dar. Die in der Form seines Denkens liegende Selbständigkeit erfordert die Berücksichtigung von Stileigentümlichkeiten, die eine linguistische Analyse lohnend erscheinen ließen. Hier sei nur das erwähnt, was mit dem ersten Blick zu erfassen ist: die ständig variierende Wiederholung des gleichen Gedankens, die Anschaulichkeit der Bilder, die Häufung der qualifizierenden Epitheta, alles stilistische Figuren, die den Effekt haben, die Dichte und Intensität der besprochenen Gegenstände in der Sprache selbst Wirklichkeit werden zu lassen. Brunos philosophische Prosa unterscheidet sich damit von ihren antiken Vorbildern der platonischen Dialoge, in denen das hermeneutische Element überwiegt. Brunos Sprache ist evokativ und appellativ, beides Formen der Direktheit des Ausdrucks, die den Unterschied zum Ausgedrückten aufzuheben bestrebt ist. Daher liegt Bruno sowohl das Demonstrative als auch das Hypothetische fern. Weder wie die Dinge sein könnten, noch wie die Dinge sein müssen, prägt den Duktus seiner wissenschaftlichen Prosa, sondern allein wie die Dinge selbst sind.

Die Präsenz der Dinge im intensiven Denken läßt sich bei Bruno sowohl hinsichtlich des Subjekts als auch hinsichtlich des Objekts nachweisen. Im Folgenden wird daher zunächst die Stellung des Subjekts (I) beleuchtet einschließlich der Auswirkungen auf die philosophische Lebensform (II). Die objektive Seite umfaßt die Untersuchung des Wirklichkeitsbegriffs (III) einschließlich seiner Folgen für die Auffassung von der Pluralität der Welten (IV). Abschließend soll dann der Versuch gemacht werden, Brunos Selbst- und Weltauffassung als Denkform der Renaissance zu interpretieren (V).

I

Brunos Theorie der Subjektivität, sofern sie erkenntnistheoretisch entwickelt wird, weist zwei Besonderheiten auf. Auf der einen Seite ist unverkennbar, daß das Subjekt am Prozeß der Befreiung aus dem Bereich des Endlichen teilnimmt. Das Selbstbewußtsein artikuliert sich nicht mehr wie in der christlichen Anthropologie ausschließlich im Verhältnis zum Du des persönlichen Gottes. Die Subjektivität umfaßt die Dinge der Welt und erhöht somit Präsenz und Wertschätzung des Subjekts in einer Weise, wie sie für die mittelalterliche Auffassung des Erkenntnisprozesses noch ganz undenkbar gewesen wäre. Unter diesem Eindruck hat sich in der Rezeption schon früh die Meinung gebildet, daß Bruno zumindest als Vorläufer der Autonomie des modernen Subjekts zu gelten habe.

Auf der anderen Seite läßt sich kaum übersehen, daß die Göttlichkeit, die Bruno dem erkennenden Subjekt zuspricht, nicht in seiner reflexiv erfahrbaren Autonomie gründet. Trotz aller Interpretationskünste wird man die Definition der Sonderstellung des Selbstbewußtseins, wie sie dann von Descartes formuliert worden ist, bei Bruno noch nicht finden, von Ansätzen transzendentaler Selbstreflexion ganz zu schweigen[6]. So behält die Beobachtung von W. Beierwaltes ihre Gültigkeit, daß das Subjekt in Brunos Philosophie als reflektierendes gar nicht eigens in Erscheinung trete[7].

Daraus ergibt sich die Aufgabe, die besondere Form der Präsenz des Subjekts zu bestimmen, die vom cartesischen cogito noch unabhängig ist. Das scheint darauf hinauszulaufen, als gehe es um die affektive Selbsterfahrung und Selbstbestätigung des Wollens und Empfindens. Sicherlich trifft das auch zu, verkürzt den Sachverhalt aber um die kognitive Seite, die das Fundament des neuen Selbstgefühls des Menschen bildet. Will man an das Fundament herankommen, so empfiehlt es sich, auf die Bilder zu achten, mit denen Bruno den Erkenntnisprozeß beschreibt, wobei deutlich werden wird, daß es sich weniger um Beschreibungen als vielmehr um poetische Gestaltung der subjektiven Bedingungen des Erkennens handelt. Dabei fällt zunächst als weitestes Metaphernfeld Auge und Sehen auf. Damit gelingt Bruno eine nicht unbedeutende Nuancierung der viel strapazierten Metaphorik vom Licht der Wahrheit. Es geht ihm nicht so sehr um die Evidenz der Vorstellungen und ihre den Geist klärende Wirkung als vielmehr um die Personenbezogenheit des Erkenntnisprozesses: Wahre Erkenntnis liege nur dann vor, wenn sich der Mensch die Dinge mit seinen eigenen Augen vergegenwärtigt. Bruno knüpft an dieses Motiv eine Typologie konstitutioneller Dispositionen zur Teilhabe an der Wahrheit.

Durch diese Spezifikationen unterscheidet sich Brunos Konzeption des Erkenntnisprozesses von der aufklärerischen Linie seiner emanzipatorischen Deutung, wenn auch viele Formulierungen zunächst keinen Unterschied erkennen lassen. Man sollte Brunos Licht- und Sehmetaphorik nicht zu neuzeitlich deuten. Denn er begreift den Vorgang des Sehens primär in seiner sinnlich-körperlichen Intensität, womit die Idee der Evidenz als Selbstgegebenheit der Dinge durch die emotionale Reaktion des Erkennenden ersetzt wird. Einen eindrucksvollen Beleg dieser Verschiebung liefert der Anfang des Dialogs »Über die Ursache«, wo die Befreiung des Menschen aus der Finsternis, der Beginn eines neuen Tages, der mit der Philosophie des Nolaners anbrechen soll, auf höchst merkwürdige Weise in seinen Auswirkungen auf die Lebewelt beschrieben wird. Mit Erscheinen des Lichts fangen die Tiere an, sich zu regen und den Tag mit Stimmen und Lärm zu erfüllen. So wird die Erleuchtung durch das Licht der Wahrheit zugleich und primär als organische Belebung begriffen. Die sinnlich-anthropologische Dimension des Sehens kehrt die vitale, triebhafte Seite des Erkenntnisvorgangs hervor, der von der Affektlosigkeit reiner Theorie, so wie sie in der Tradition der antiken Philosophie vorgegeben war, himmelweit unterschieden ist.

Wie sehr sich Brunos Akt des Sehens von der theoretischen Anschauung entfernt, belegt die Differenz seines Weltbildes gegenüber dem lebensweltlichen Anblick der Dinge. Das trifft für das Universum zu, das sich Brunos philosophischem Blick direkt als unendliche Vielheit von Organismen darbietet, die von der Wirksamkeit ihres produktiven Ursprungs zeugen. Es ist klar, daß man sich schon sehr von der Attitüde des Zuschauers entfernt haben muß, um den Himmel so ›sehen‹ zu können. Das gilt auch für die irdischen Naturprozesse, die in Brunos Auge ihren physikalischen Charakter ganz abgestreift haben und im Sinne der Lehre von der Allbeseelung überall als organische Abläufe erscheinen. Wer sich der leibhaftigen Evidenz dieser Sichtweise versperrt, dem attestiert Bruno einen konstitutionellen Mangel an natürlichem Wahrnehmungsvermögen, der nicht mehr argumentativ, sondern nur noch therapeutisch zu beheben sei (268f.).

Wenn das Sehen die sinnliche Anschauung transzendiert, so liegt die Vermutung nahe, daß sich Bruno an der Idee der mystischen Schau orientiert. Auch dafür ließen sich Belege anführen, doch sind sie kaum signifikativ, da bei Bruno das tragende Element der mystischen Einstellung fehlt, nämlich die gesteigerte Rezeptivität. Brunos intellektueller Blick ist viel zu aggressiv. So wird man es als ein Spezifikum Brunos anerkennen müssen, daß er die Spekulation sinnlich gemacht hat. Sein intensives Denken besitzt die Dichtigkeit der sinnlichen Anschauung, ohne daß es Bruno für nötig befunden hätte, die Naturerscheinungen einer genauen Beobachtung zu unterziehen.

Eine Bestätigung der Sinnlichkeit der Spekulation kann eine Variante der Seh-Metaphorik liefern, die bei Bruno wiederholt auftaucht. Es ist die Kombination der Befreiung des Blicks mit der Durchbrechung von Mauern, die den Sehenden vom Gesehenen trennen (z. B. 33). Trotz aller Ähnlichkeiten geht es Bruno nicht wie bei der aufklärerischen Deutung des platonischen Höhlen-Gleichnisses primär um die Befreiung und Erweiterung des Blicks, sondern vielmehr um seine Intensivierung in Richtung auf Teilhabe am Gesehenen. Das liegt im Bild des Durchbrechens der Mauern, das den Sehenden aus seiner Zuschauerrolle befreit und ihm ermöglicht, sich in den kosmischen Prozeß einzumischen. Durch die Kombination der Metaphern erreicht Bruno hier eine Steigerung der Intensität des Auges, die aus dem Fernsinn ein Organ der direkten Berührung der Wirklichkeit macht.

Wie weit die Steigerung des Wirklichkeitssinnes Bruno über das traditionelle Ideal der theoretischen Einstellung hinausführt, läßt sich schließlich daran erkennen, daß das weite Feld der Sehmetaphorik durch einen anderen Metaphernzusammenhang überlagert wird. Es ist die Jagd-Metaphorik, die in den »Heroischen Leidenschaften« in Form der berühmten erkenntnistheoretischen Auslegung des Aktaion-Mythos auftritt. Die deutsche Bruno-Forschung hat erst damit begonnen, die Stellung dieses Mythos in Brunos Werk zu würdigen[8]. Die Ausschöpfung seiner Möglichkeiten, den Erkenntnisprozeß in spezifisch moderner Weise auszudeuten, die über die Ausdrucksmöglichkeiten des platonischen Höhlen-Gleichnisses hinausreichen dürften, erfordert noch weitere Anstrengungen der Interpretation. Das zentrale Motiv des Mythos, das ihn als erkenntnistheoretisches Schema so spannend macht, liegt zweifellos in der Verwandlung des Jägers in den Gejagten infolge des Anblicks der entblößten Göttin Diana, die der aus den gewöhnlichen Pfaden getretene Jäger beim Bade überrascht. In Brunos Allegorese figuriert Diana als das Universum (1123), dessen Anblick ungewöhnlicher Schönheit den Jäger außer sich geraten läßt. Die ihn verfolgenden und aufzehrenden Hunde sind nach Brunos Deutung die Gedanken, die sich der erkennende Geist über das Göttliche macht (1125).

Diese dramatische Verkehrung der Situation, die für die Angleichung des erkennenden Geistes an den erkannten Gegenstand steht, erfährt in Brunos Allegorese eine sehr genaue Differenzierung der entscheidenden Phasen des Geschehens. Zwei Richtungen der Verwandlung werden unterschieden. Zunächst die Verwandlung der erkannten Gegenstände in den Geist »durch die Tätigkeit des Intellekts« (1007), sodann die Verwandlung des Geistes in die erkannten Gegenstände »durch die Tätigkeit des Willens« (1008). Nur in der ersten Phase folgt Bruno dem gnoseologischen Modell der Scholastik, demzufolge die intelligible Form so etwas wie eine Verwandlung des erkennenden Geistes an den erkannten Gegenstand bewirkt. Bruno schreibt dem Intellekt lediglich vorlaufende, orientierende Funktion zu. Die eigentlich motivierende Kraft des Erkenntnisprozesses wird dagegen in den Willensakt verlegt, durch dessen Naturhaftigkeit der Erkennende seine Autonomie verliert und in Abhängigkeit von den erkannten Gegenständen gerät (1006ff.).

Auf Grund dieser naturalistischen Deutung des Verwandlungsprozesses sollte man erwarten, daß Bruno aus dem Aktaion-Mythos zu einer eher negativen Auffassung des menschlichen Erkenntnisstrebens gelangt. Das wird durch die mythische Erzählung selbst ja auch nahegelegt, die sich primär als Beispiel der Bestrafung menschlicher Grenzüberschreitungen liest. Es macht zweifellos die Originalität der Brunoschen Version aus, daß sie dem Mythos einen positiven erkenntnistheoretischen Sinn abgewinnt. Die Verwandlung des Jägers in die Beute bedeutet nicht sein ruhmloses Ende, sondern den Anfang eines qualitativ neuen Geisteszustandes, der ihn dazu disponiert, die Gottheit in direkter Intuition zu erschauen. Das freilich hat zur Voraussetzung, daß sich der Jäger aus den Verstrickungen der menschlichen Existenzweise befreit. Der von den eigenen Gedanken verursachte Tod des Jägers bedeutet demnach den Übergang in ein rein intellektuelles Leben ohne sinnliche Begierden (1008f.). So wird der Erkennende, der die Gottheit in der Erkenntnis der Dinge außer sich gesucht hat, in Form intellektueller Wesensschau auf sich selbst zurückgewiesen.

Dieser Ausgang hat dann auch die Interpreten dazu veranlaßt, in Brunos Aktaion-Mythos den Ausdruck der »Selbstreflexion auf die Unendlichkeit des eigenen denkenden Vermögens« zu finden (Beierwaltes). Doch gerade in diesem Punkte ist größte Vorsicht angebracht, um das bei Bruno zweifellos vorhandene reflexive Moment nicht zu rationalistisch oder gar quasi-transzendental zu deuten. Man darf sich nicht ausschließlich am Resultat der Jagd orientieren, nämlich der Verwandlung des diskursiven Erkennens in die Zeitlosigkeit der Wesensschau. Die hier zweifellos wirksame Analogie zur ästhetischen Erfahrung der Plötzlichkeit in der Eröffnung einer neuen Dimension der Sichtbarkeit mit ihren tiefgreifenden moralischen Folgen für die Lebensführung sollte die Triebhaftigkeit des Vorgangs nicht vergessen lassen, deren Ausgestaltung Brunos Deutung des Mythos ebenso faszinierend macht, wie es der im Mythos geschilderte Vorgang selbst schon ist.

Unter dem manifesten Idealismus der intellektuellen Wesensschau verbirgt sich ein latenter Sensualismus des Geistes, der dem menschlichen Erkenntnisstreben jene eigentümliche Intensität verleiht, die die unverwechselbare Signatur des Brunoschen Denkens bildet. Das wird durch die Tatsache bestätigt, daß Bruno die Jagd nach der Wahrheit im Unterschied zur platonischen Tradition nicht als Selbstzweck ansieht und als solchen thematisiert. Das Jagen wird vielmehr eingebettet in den elementaren kreatürlichen Zusammenhang der Nahrungssuche und Nahrungsaufnahme (1121). Entsprechend entfaltet Bruno eine üppige Metaphorik des Essens, um den Erkenntnisvorgang zu qualifizieren. Verlangen, schmecken, aufsaugen, einverleiben und befriedigen sind die häufiger auftretenden Vokabeln (1120; 1124). Die Jagd hat hier nichts mehr von der spielerischen Leichtigkeit einer um ihrer selbst willen genossenen Betätigung triebentlasteter Wesen, sondern sie bleibt tief in der Notdurft des Überlebens verankert. Entsprechend hat es Bruno der ›Mund der Erkenntnis‹ angetan, mit dem der Jäger seine Beute zu verzehren trachtet. Der Abstand zur Erleuchtung des Auges der Erkenntnis könnte kaum größer sein! Die Wahrheit ist für den Menschen eine Nahrung, auf die er nicht verzichten kann und deren Konsum alle Merkmale elementarer Triebbefriedigung aufweist. Erkennen ist Konsumieren, und die Sinnlichkeit der Einverleibung der Speise verleiht dem Konsum eine Zwanghaftigkeit, die das Konsumbedürfnis immer mehr anheizt.

Konsumiert der ›Mund der Erkenntnis‹ mehr, als für die Erhaltung des Jägers erforderlich ist? In der Sinnlichkeit des von Bruno gewählten Bildes steckt die ganze Grenzenlosigkeit und Unersättlichkeit des Erkenntnisprozesses, die mit dem plus ultra des neuzeitlichen Fortschrittsgedankens kaum noch etwas zu tun haben. Natürlich zeugt auch das neuzeitliche plus ultra vom Problembewußtsein der Grenzüberschreitungen, natürlich berücksichtigt das Motiv vom Ausgang aus der Höhle die vielfältigen Möglichkeiten der Hemmung und Verzagtheit, die sogar zur freiwilligen Rückkehr in die Höhle führen können, doch all das reicht nicht an die Formulierung der inneren Zwiespältigkeit des Erkenntnisfortschrittes heran, die Bruno durch seine triebtheoretische Deutung des Aktaion-Mythos gelungen ist.

Den Höhepunkt des Erkenntnisdramas bildet zweifellos der Moment des Umschlags der Aktivität des Erkennenden, der Macht seiner Spontaneität, in Ohnmacht und Nötigung durch den erstrebten Erkenntnisgegenstand. Die Zwanghaftigkeit des Konsumierens erweist sich so als eine Form des Konsumiertwerdens. Denn das Gejagtwerden als Folge des Anblicks der Nacktheit des göttlichen Körpers bedeutet nichts anderes als Aufhebung der kontemplativen Distanz, die seit jeher die Theorie ausgezeichnet hat. Daran ändert auch der neuzeitliche Rationalismus nichts, für den der Akt der Urteilsenthaltung konstitutiv ist, wie man an Descartes sehen kann. Für Bruno gibt es kein Enthalten, sondern nur ein Aushalten der inneren Zwiespältigkeit des Erkenntnistriebes, die sich in der Erregung des Jagens und Gejagtwerdens äußert.

Die Modernität dieser Deutung des Erkenntnisprozesses liegt darin, daß er seine von späteren Jahrhunderten immer stärker empfundene und immer deutlicher artikulierte existentielle Problematik nicht in selbstverschuldeten und folglich vermeidbaren Hemmungen sucht, sondern in der konstitutionellen Zwiespältigkeit des Kreatürlichen, die beim modernen Menschen in das Geistige hineinreicht. Deshalb ist die von Bruno formulierte Eigenständigkeit des Subjekts gegenüber den Dingen nicht mit dem reflexiven Ansatz des cartesischen cogito vergleichbar. Das bei Bruno zweifellos vorhandene reflexive Moment des Bewußtseins wird nicht als Akt der Selbstbehauptung begriffen, sondern als Funktion der Triebstruktur des Menschen als sinnlich-geistiges Wesen beschrieben. Das Selbstbewußtsein resultiert aus der Hemmung des Erkenntnisprozesses, die zwar im Menschen selbst liegt, die sich aber seiner Verfügungsgewalt entzieht, so daß das erkennende Subjekt stets von den Dingen eingeholt wird, die es durch die Erkenntnis zu beherrschen strebt. So liegt das Zentrum des Selbstbewußtseins doch noch in den erstrebten Dingen und außerhalb des im Akt der Selbstreflexion abgegrenzten und abgesicherten cogito.

Die Differenz zur neuzeitlichen Theorie des Bewußtseins wird nicht nur im

Konstitutionsprozeß, sondern auch im Resultat greifbar, das bei Bruno in Form der intellektuellen Wesensschau vorliegt. So rational das auch klingen mag, ihre Differenz liegt doch darin, daß sie sich nicht in methodisches Vorgehen transformieren läßt. Das hat seinen Grund darin, daß die Evidenz des sinnlichen Denkens, die Bruno für den philosophischen Geist vindiziert, die raum-zeitlichen Unterschiede der Dinge aufhebt: »Er sieht alles als ein Eines, er sieht nicht mehr in Unterschieden und Zahlen« (1125). Hier ist der Abstand zu Descartes am größten, der gemäß dem Ideal mathematischer Evidenz die Klarheit der Erkenntnis an die deutliche Unterschiedenheit der Erkenntnisobjekte bindet.

Von hier aus gesehen erscheint es keineswegs als bloß zufälliger Mangel, daß Bruno im Unterschied zu Galilei die methodologische Strenge der analytischen Wissenschaften geringschätzt. Brunos Methodenpluralismus akzeptiert Magie ebenso wie Okkultismus und mnemotechnische Praktiken als nebeneinanderlaufende Möglichkeiten philosophischer Erkenntnis. Insbesondere seine starken Vorbehalte gegen die Logik und die Mathematik lassen erkennen, wie weit Bruno vom naturwissenschaftlichen Ideal strenger Methodisierung entfernt ist. Seine Orientierung an der Idee intellektueller Sichtbarkeit erzeugt eine gleichsam körperliche Nähe zu den Dingen, die sich der mathematischen Disziplinierung entzieht.

Wenn Erkenntnis darin besteht, daß der Geist in der Spekulation mit den Dingen eins wird, so kann sich auch gar kein Begriff einer experimentellen Erforschung der Natur entwickeln. Es geht ihm nur darum, in jeder einzelnen Naturerscheinung sich des Wesens der gesamten Natur intuitiv zu vergewissern. Das macht die Monotonie des Brunoschen Denkens aus, das trotz seiner Intensität den Eindruck vermittelt, auf der Stelle zu treten. Das philosophische Ethos umfaßt noch nicht die Idee einer unendlichen Arbeit an den Dingen, sondern besteht noch ausschließlich im Durchhalten der Bereitschaft, sich der Evidenz der Spekulation zu überlassen. Dazu braucht man die einzelnen Phänomene gar nicht so genau zu betrachten, es bedarf keiner besonderen Vorkehrungen, um der Natur ihre Geheimnisse abzupressen. Entsprechend fehlt bei Bruno jene in der neuzeitlichen Experimentalphysik vorherrschende Foltermetaphorik gänzlich. Die Dinge machen dem Erkennenden keine Schwierigkeiten, er selbst bildet sein einziges Problem.

Wie sehr Bruno das Problem des Erkennens als Problem des Erkennenden begreift, läßt sich an dem dritten großen Metaphernnetz ablesen, in dem er das Erkenntnisproblem einfängt. Es ist die Metaphorik der Liebe, die in Form des Frauendienstes, wie er in der Troubadourlyrik und in den neuplatonisch inspirierten Liebestraktaten der Renaissance vorliegt, Aufbau und Inhalt des Dialogs »Heroische Leidenschaften« bestimmt[9]. Unbeschadet der kontroversen Meinungen über Herkunft und Bedeutung dieses Liebesbegriffs läßt sich im Hinblick auf Bruno seine dialektische Struktur als der fruchtbare Kern des Gedankens festhalten. Im Unterschied zum Begriff der interesselosen Gottesliebe bewahrt die reine Liebe des Frauendienstes durchaus ihren sinnlicherotischen Charakter. Erst die höchste Steigerung des Interesses durch die fortgesetzte Versagung der Erfüllung führt zur Vergeistigung der Liebe, ohne daß die Sinnlichkeit der erotischen Spannung aufgegeben würde. Resultat dieser gesellschaftlich-ästhetischen Konstruktion der Gefühlsambivalenz ist ein paradoxer Akt der Selbstunterwerfung des liebenden Subjekts. Dementsprechend bezeichnet Bruno die Abhängigkeit des Erkennenden von den erkannten Gegenständen, die sich dem Zugriff der Erkenntnis prinzipiell entziehen, als »gewollte Gefangenschaft«, als »angenehmes Joch« (1119).

Es ist eindrucksvoll zu beobachten, wie Bruno aus diesem zu seiner Zeit schon überholten Intersubjektivitätsmodell, das dazu tendiert, das Subjekt in seiner freiwilligen oder gar nur eingebildeten Abhängigkeit zu einer tragikomischen Figur zu machen, erkenntnistheoretisch zur Formulierung des Subjekt-Objekt-Verhältnisses noch Kapital schlagen kann.

An einigen hervorstechenden Merkmalen der Leidenschaft des Liebesvasallen soll die Spezifikation des Erkenntnisprozesses erläutert werden. Zunächst hebt Bruno hervor, daß der Furor des Liebenden nichts weniger als ekstatische Selbstvergessenheit bedeutet, die das Subjekt zum Proteus machen würde (989). Es handelt sich vielmehr um einen »rationalen Impetus« (987), in dem das erkennende Subjekt ein hohes Maß an Selbstverstehen und Selbstkontrolle entfaltet. Hierin besteht der Unterschied zum dichterischen Raptus. Im Hinblick auf den Erkenntnisprozeß liegt darin die Idee der Disziplinierung des Denkens außerhalb der Methodisierung. Die Dauerhaftigkeit des Willens zum Erkennen wird schon als eine seiner Bedingungen begriffen, bleibt aber noch ganz der Intensität des Subjekts überlassen. Seine methodische Objektivierung, die die Unpersönlichkeit der wissenschaftlichen Philosophie der Neuzeit ausmacht, widerspricht dem intensiven Denken und wird von Bruno durch die Polemik gegen die Eitelkeit der Logiker und Mathematiker blokkiert.

Ferner resultiert aus dem Konzept der Leidenschaft die Hochschätzung der Aktivität des Erkennens. In ihr erweist sich der menschliche Geist als »hervorragender Schöpfer und Bewirker« (987). Das entspricht durchaus dem literarischen Vorbild, insofern die unerreichbare Geliebte als Ausdruck und Hervorbringung des unstillbaren Verlangens des Liebenden selbst angesehen werden muß. Aber eben diese psychologische Konstellation der affektiven Selbstfesselung des Geistes durch seine eigenen Hervorbringungen macht erkenntnistheoretisch den Unterschied zum konstruktiven Denken des neuzeitlichen Vernunftbegriffs aus. Aktivität des Erkennens bedeutet bei Bruno Verwandlung und Angleichung des erkennenden Geistes an den erkannten Gegenstand (987). Darin liege die »Vortrefflichkeit des Menschlichen« (ebd.). Für den Erkenntnisprozeß bedeutet das den Ausschluß des hypothetischen, entwerfenden Denkens. Zulässig bleibt allein das regressive Verfahren, das alle Erscheinungen auf schon a priori feststehende Prinzipien zurückzuführen sucht. Diese Form der Aktivität des Erkenntnisprozesses kann mit empirischer Forschung nichts anfangen.

Schließlich sei das Moment der Unendlichkeit des Liebesverlangens genannt. Da Gott als das Prinzip aller Dinge dem erkennenden Geist unerreichbar ist, bleibt die Evidenz immer nur vorläufig. So muß der Mensch nach den Worten Brunos auf den Genuß verzichten, den er hätte, wenn er das Ziel erreichen könnte, nach dem er strebt (995). Wahrheit ist eine Speise, die niemals sättigt und den Hunger immer nur vergrößert (997).

Das bedeutet für den Erkenntnisprozeß, daß es sich nicht um einen Progreß handelt, sondern um eine die Intensität der subjektiven Teilnahme steigernde Bewegung bei gleichbleibender Ferne des Erkenntnisobjekts (1136). Bruno bietet auch Ansätze für eine Erklärung der subjektiven Bedingungen des Erkenntnisprozesses. Nicht Erfüllung der Evidenzen, sondern die Empfindung des Mangels motiviert den menschlichen Geist, über das hinauszugelangen, was er besitzt (1011), das aber nicht, um den Erkenntnisbesitz zu vermehren, sondern um ihn zu sichern. Damit formuliert Bruno einen nichtprogressistischen Typ der Dynamik des Erkenntnisprozesses in Form einer qualitativen Steigerung der Evidenzen.

Dieser Ansatz ist durch die Formulierung der Sonderstellung des Selbstbewußtseins im cartesischen cogito keineswegs überholt worden. Im Gegenteil: Die Einmaligkeit der Gewißheit des cogito wird schon bei Descartes in Form der memoria zum Problem, das im Transzendentalismus der Moderne zunehmend an Bedeutung gewinnt. In dem Maße, wie das Vertrauen in die neuzeitliche Idee der Methodisierung wissenschaftlicher Philosophie schwindet, wächst das Verlangen nach alternativen Formulierungen des Subjekt-Objekt-Verhältnisses, die dem Bedürfnis nach Sicherung der Wirklichkeit des Erkenntnisgegenstandes Rechnung tragen.

Damit dürften in der Hauptsache die Materialien zusammengestellt sein, die eine zusammenfassende Einschätzung der bei Bruno anzutreffenden Form der Präsenz des Subjekts gestatten. Anders als im neuzeitlichen Denken ist bei Bruno die Entdeckung des Subjekts nicht identisch mit der Behauptung seiner Macht. Formelhaft ließe sich daher von negativer Subjektivität reden. Trotz seiner Begeisterung für die Eröffnung unendlicher geistiger Räume stellt Bruno der Betrachtung der äußeren Natur die Einkehr des Geistes in sich selbst gegenüber. Letzterer gebühre der Vorzug wegen der größeren Innerlichkeit Gottes. Häufig gebraucht Bruno die Formel, Gott sei dem Geist innerlicher als er sich selbst (z. B. 1087).

Das klingt zunächst ganz theologisch wie eine Warnung vor dem Sichverlieren der menschlichen Seele an die Dinge der Welt. Aber das ist nicht Brunos Sorge. Daß es »nicht nötig« war, die Gottheit außerhalb seiner selbst zu suchen, wie Bruno in seiner Auslegung des Aktaion-Mythos formuliert, da er sie schon in sich selbst in Form seines Strebens nach der Wahrheit besaß (1008), macht den kosmologischen Forschungsdrang nicht illegitim. Bruno ist nur daran gelegen, den Rangunterschied von Innen und Außen, von Ich und Welt aufzuheben. Der menschliche Geist findet außerhalb und innerhalb seiner selbst dasselbe: die Differenz.

Wenn das Göttliche als innerster Kern des Subjekts so verborgen ist, daß die Reflexion nicht heranreichen kann, wird die Leiblichkeit konstitutiv für das Subjekt. Wie materialistisch Bruno in diesem Punkte verfährt, läßt sich auch daran ablesen, daß er die Formel von der größeren Innerlichkeit des Göttlichen mit dem Gedanken der Homogenität des Universums verbindet. In dieser Hinsicht steht das Bewußtsein auf einer Stufe mit den Dingen, da auch für sie der Satz von der Innerlichkeit des Göttlichen Gültigkeit besitzt (390). Darin liegt eine von der neuzeitlichen Selbstermächtigung der Reflexion durchaus verschiedene Form der Selbstkonstitution des Subjekts. Subjektivität resultiert aus der Verdichtung der Selbstempfindung durch die Unstillbarkeit des leiblichen Lebensdranges. Damit verschiebt sich der Akzent vom Erkenntnistheoretischen ins Anthropologische. Bruno begreift das Subjekt der Erkenntnis als Moment der Kreatürlichkeit, die ihren Willen an der Bewältigung der Spannung des Subjekt-Objekt-Verhältnisses ausbildet.

Von hier aus dürften Zweifel an der neuerdings formulierten These angebracht sein, Bruno habe durch die Selbstreflexion die Subjektivität als Bedingung gegenständlicher Erkenntnis entdeckt und damit die Idee der transzendentalen Begründung jeder Erkenntnis vorweggenommen. Das klingt schon deshalb unwahrscheinlich, weil der kantische Fragezusammenhang bei Bruno fehlt. Für Kant macht die Frage nach der Totalität der Bedingungen von Gegenständlichkeit die Thematisierung der Selbsterkenntnis notwendig. Bei Bruno dagegen ist Selbstreflexion nur insoweit von Bedeutung, als sie die Unerreichbarkeit der Wahrheit in den Dingen und im Subjekt bestätigt. Die Frage nach den subjektiven Bedingungen gegenständlicher Erkenntnis kann somit gar nicht akut werden.

Die Rekonstruktion der Brunoschen Theorie der Subjektivität hat streng daran festzuhalten, daß das Subjekt nirgends den »freien Anfang« der Erkenntnisbewegung macht[10]. Wo Bruno das Denken als Bewegung begreift, handelt es sich um eine Kreisbewegung, deren Unendlichkeit die Setzung des Anfangs ausschließt (1012). Das Erkenntnisprinzip liegt demnach noch außerhalb der Absolutheit des Selbstbewußtseins. Das beweist einmal mehr, daß die Autonomie des transzendentalen Bewußtseins sich ohne den vorhergehenden cartesischen Zweifel eben doch nicht haben läßt. In diesem Punkte behält wohl Spaventas Interpretation der Erkenntnistheorie Brunos das letzte Wort mit der prägnanten Formulierung, Bruno bleibe am Universum haften[11].

II

Wenn man darauf verzichtet, Brunos Subjektivitätstheorie auf der Linie des neuzeitlichen Rationalismus zu interpretieren, so ergibt sich die Chance, Brunos Eigenständigkeit und zugleich seine Modernität prägnanter erfassen zu können. Anders als in der Tradition des rationalistischen Subjektivismus, in der das empirische Subjekt immer mehr hinter das transzendentale zurücktritt, tendiert Brunos Subjektbegriff zur typologischen Ausformung des philosophischen Geistes, die der Struktur des intensiven Denkens entspricht. Damit ergibt sich des weiteren die Chance, Brunos eigenes philosophisches Leben nicht nur topologisch oder charakterologisch losgelöst von den Inhalten seines Denkens verstehen zu lernen. Brunos Leben repräsentiert durchaus einen eigenständigen Typus des Philosophen, der dadurch geprägt ist, die Spannungen seines Denkens in seine Existenz aufnehmen zu müssen. Ob Giordano Bruno freilich eine reale Faustgestalt der Renaissance darstellt, mag dahingestellt bleiben. Weder Faust noch Prometheus eignen sich besonders, den Brunoschen Typus des Philosophen zum Ausdruck zu bringen. So tut man wohl gut daran, sich an Brunos eigene Stilisierung zum Heros der neuen und zugleich alten Philosophie zu halten. Damit wird auch die Affinität zur Denkform der Moderne greifbar, die sich im Versuch der Überwindung des abstrakten Rationalismus und der damit verbundenen dualistischen Weltauffassung nach einer Formulierung Husserls als »Heroismus der Vernunft« (Hua VI, 348) artikuliert.

Hauptkennzeichen des dem Absoluten gegenüberstehenden heroischen Denkens der Moderne ist die Einsamkeit des sich ausschließlich im Bewußtseinsraum bewegenden Philosophen. So beschwört noch Husserl als Resultat der transzendentalen Reduktion eine »einzigartige philosophische Einsamkeit« (VI, 188), die ihn dazu disponiert, als theoretischer Philosoph die »Verantwortung für das wahre Sein der Menschheit« (VI, 15) zu übernehmen, und die ihn dazu legitimiert, sich als geistiger Führer der Menschheit zu empfehlen (VI, 17)[12].

Diese konsequenzenreiche Idee philosophischer Einsamkeit findet sich in Brunos heroischem Denken vorgebildet. Allerdings liegt ein wesentlicher Unterschied darin, daß bei Bruno trotz der Entdeckung der Unendlichkeit der Welten die Einsamkeit keineswegs aus der inneren Ferne des Subjekts gegenüber den Dingen resultiert. Anders als das vom Gespenst des Solipsismus umgetriebene Subjekt der cartesischen Tradition hat Brunos heroisches Bewußtsein immer eine Welt um sich und auch in sich. Die Einsamkeit des Heros resultiert gerade daraus, daß sein Verhältnis zu den Dingen intensiver ausgeprägt ist als bei den anderen Menschen. Durchaus zutreffend sieht Bruno selbst sein philosophisches Profil dadurch geprägt, daß er als derjenige auftritt, der die Dinge stets beim Namen nennt (551). Und ebenso zutreffend führt er die sein Leben prägende Erfahrung des Verfolgtwerdens von der Welt darauf zurück, »daß er die Welt zu sehr liebt« (552). So erfährt Bruno Intersubjektivität primär als Hemmung seiner vorbehaltlosen Nähe zu den Dingen. »Der Belästigte«, so lautet Brunos Selbstqualifikation in seiner Komödie »Der Kerzenmacher«.

Die bei Bruno zu beobachtende Korrelation zwischen Einverständnis mit den Dingen und Zerwürfnis mit den Menschen läßt den Schluß zu, daß seine heroische Einsamkeit von der radikalen neuzeitlichen Einsamkeit differiert, in der das gefühlsmäßige Verhalten gegenüber den anderen Menschen abgeschnitten wird infolge der unendlichen inneren Ferne gegenüber den Dingen, wie sie im Kalvinismus und wissenschaftlichen Rationalismus der Neuzeit methodisch gezüchtet worden ist. Bestätigung findet diese These durch Brunos Verhalten in seinen europäischen Exilen. Niemals zeigt er die kalvinistische Reserve gegenüber denjenigen, bei denen er geistige Zuflucht findet und bei denen er sich doch immer als Fremder fühlt. Das gilt auch für sein Verhältnis gegenüber den Kalvinisten selbst, denen sich Bruno zunächst intensiv zugewandt hatte, um sich dann ebenso intensiv wieder von ihnen abzuwenden. Das ist eben charakteristisch für den Typus des intensiven Denkens. Ihm fehlt die gleichgültige Distanz, das souveräne Sich-nicht-um-die-anderen-Kümmern. Es kennt nur Zuneigung oder Abneigung, und auch in der Opposition bleibt es den anderen verbunden.

Das läßt sich sehr plastisch an den Stationen der geistigen Wanderschaft Brunos demonstrieren. Seine Irrfahrten durch Europa haben ja nichts vom Typus des »Erfahrungswanderns«, wie es z. B. von Paracelsus praktiziert wurde, den Bruno stets anerkennend zitiert. Denn im Grunde genommen interessiert Bruno die Welt der Erfahrung nicht. Seine Wanderschaft ist vielmehr eine Form der Erotik des Geistes, des Umgetriebenwerdens von den Dingen, die der Geist immer schon besitzt, ohne mit ihnen ganz eins werden zu können. Das tiefere geistige Motiv des Brunoschen Wanderlebens liegt vielmehr in der Unruhe des Geistes selbst, der immer auf der Suche nach Gleichgesinnten ist, obwohl er diese nie wird finden können. Das erklärt, warum Bruno, wo immer er sich befindet, in so penetranter Massivität auftritt. Niemals und nirgends umgibt Bruno seine Subjektivität mit dem Schleier der Ironie. Er kann nicht anders, als sich ganz zu offenbaren, um dann seine Einsamkeit in der Differenz umso stärker zu artikulieren. Bruno fühlt sich in jedem Land zu Hause, besteht aber darauf, als »Akademiker keiner Akademie« durchzugehen.

Als Brunos Außenseitertum kennzeichnende Station seines Lebens sei zunächst an den Aufenthalt in London erinnert, dessen Schilderung im »Aschermittwochsmahl« das Ausmaß seines parasitären Zynismus dokumentiert. Bruno ist sich seines Zynismus wohl bewußt (199f.), sieht darin aber eine legitime Form der Verteidigung des philosophischen Geistes gegenüber den Zumutungen seitens der Menge der unphilosophischen Geister. Hier manifestiert sich die Schwäche des intensiven Denkens, das denjenigen, die sich seinem Anspruch entziehen, nur mit pestendem Haß begegnen kann. So verspottet Bruno auch diejenigen, die sich als seine Wohltäter erwiesen haben. Wie der erste Dialog »Von der Ursache« belegt, ist sich Bruno der Problematik seiner Schilderung der Londoner Zustände durchaus bewußt gewesen, doch zeigt seine abmildernde Verteidigung nur einmal mehr die emotionale Typik des intensiven Denkens. Denn Bruno kann es nicht verstehen, daß seine Ausfälle gegen die englischen Wohltäter von diesen nicht als Zeichen seiner inneren Zuneigung gedeutet werden.

Da sind ferner die Umstände und Motive seiner Rückkehr nach Italien zu nennen, die schließlich zur Verhaftung durch die Inquisition geführt haben. Die Interpretation würde sicherlich zu kurz greifen, die nur Brunos Heimweh und den verräterischen Charakter Mocenigos in Rechnung stellte. Auch hier läßt sich tiefer eindringen und das Verhalten Brunos als Korrelat seiner Denkform verstehen. Aus dieser folgt nämlich, daß Bruno nicht nur seine Wohltäter haßt, sondern umgekehrt auch seine Gegner liebt. Die nach Vereinnahmung der Dinge und Menschen strebende intensive Form des Denkens hat Bruno veranlaßt, in der Hoffnung auf Versöhnung mit dem Papst nach Italien zurückzukehren. Das muß jedem nüchtern Denkenden, der den Blick für Differenzen bewahrt hat, natürlich als grenzenlose Naivität vorkommen. Aber darin liegt eben die Besonderheit des intensiven Denkens, daß es in seinem Streben nach Vereinnahmung des und der Anderen durch Differenzen nur noch bestärkt wird.

Da bleibt schließlich als letzte Station seines philosophischen Lebens das Martyrium des Scheiterhaufens zu nennen. Daß dieses Ende Bruno zur Symbolfigur der Moderne gemacht hat, läßt sich nur verstehen, wenn man berücksichtigt, daß Bruno nicht nur für den Inhalt, sondern auch für eine Form des Denkens gestorben ist. Was Bruno dazu getrieben hat, das Martyrium des Feuertodes auf sich zu nehmen, war der Lebensbezug des heroischen Gedankens, für den es den Rückzug in die Interesselosigkeit der theoretischen Einstellung nicht gibt. So wäre ein aufklärerischer Geist wie der Voltaires trotz allen Kirchenhasses niemals auf den Gedanken gekommen, sich von der Kirche verbrennen zu lassen.

Der Vergleich mit dem Verhalten Galileis läßt überdies erkennen, wie sehr Brunos Denken aus der Typik der neuzeitlichen Rationalität herausfällt. Die neuzeitliche Wissenschaft in ihrer methodisierten Form ist unpersönlich und macht damit Märtyrer überflüssig. Wo die wissenschaftliche Wahrheit als Funktion der Zeit begriffen wird, braucht man nicht mehr für sie zu sterben. Das scheint Galilei erkannt zu haben, und sein hartnäckiges Schweigen zum Fall Bruno muß daher nicht unbedingt als Zeichen mangelnden Mutes gewertet werden. Es kann auch der Ausdruck des Bewußtseins der Differenz der Denkformen sein, die es verbietet, Bruno in die Genealogie der Neuzeit einzureihen. Nicht von ungefähr hat im 19. Jahrhundert der skeptische Positivismus Renans die Reserve Galileis dem Martyrium Brunos vorgezogen, weil es der Wissenschaftler nicht nötig habe, zur Stützung der Wahrheit etwas anderes als Gründe beizubringen[13].

Der heroische Gedanke der Moderne hat das natürlich anders gesehen und Bruno zum philosophischen Märtyrer des Pantheismus stilisiert. Das entspricht durchaus der Typologie des intensiven Denkens, das notwendig personenbezogen ist. Das intensive Denken erzeugt stets Distanz gegenüber den Anderen, da es in seinem Drang nach Einheit mit den Dingen kein fremdes Subjekt duldet. Diese Distanz gegenüber den Anderen läßt sich aber nicht durch Herrschaft überbrücken. Vielmehr macht das intensive Denken den Versuch, die tiefere Übereinstimmung mit denjenigen herzustellen, die es verachtet. Mit dieser Zwiespältigkeit gibt der erste heroische Philosoph der Moderne dem letzten den Typus vor: Nietzsches »furchtbare Einsamkeit des letzten Philosophen« lebt diesen Zwiespalt der Moderne aus, dem die Postmoderne dann einige Tragik abgewinnen wird.

Dieser Versuch, den durch Bruno repräsentierten Typus des heroischen Denkens zurückzuführen, besagt nun nicht, daß Bruno zum modernen ›Geltungsproblematiker‹ gemacht werden soll. Dazu ist die Aggressivität des Brunoschen Denkens viel zu ungebrochen. Sein Furor ist eine Begeisterung, die das Subjekt aus sich herraussetzt. Aber diese Exzentrik ist doch verschieden von der Autarkie der anthropologischen Provinz, die durch die neuzeitliche Entdeckung des cogito begründet wird. Brunos heroischer Gedanke lebt doch immer in der Gefahr, sich an das zu verlieren, wovon er sich zu unterscheiden sucht. Erst die Romantik hat dann in der Ironie das Mittel gefunden, den Geist vor dem Sich-verlieren an das Fremde zu bewahren. Bruno steht dieses Mittel nicht zur Verfügung. Er lebt noch die »göttliche Abstraktion« (986), die in der Intensivierung des Gegebenen besteht. Damit bestätigt Bruno die Formel der Modernität, die H. Lefebvre im Hinblick auf Marx geprägt hat: »Die Moderne muß die Abstraktion ausbeuten und leben«[14].

III

Brunos intensives Denken prägt nicht nur seine Theorie der Subjektivität, sondern auch die ihr entsprechende Theorie der Wirklichkeit. Diese hat ihre umfassendste Formulierung im Dialog »Von der Ursache« gefunden, der weitgehend unabhängig vom Kopernikanismus eine Ontologie der Natur entwickelt, die sich an den Kategorien der aristotelischen Metaphysik orientiert[15]. Allerdings deutet Bruno die aristotelischen Kategorien insbesondere unter dem Einfluß neuplatonischen Gedankengutes in für das intensive Denken signifikanter Weise um. Diese Verschiebungen gegenüber den Vorgaben der Tradition sind gut erforscht und sollen hier nur insoweit Berücksichtigung finden, als sie für die Eigenständigkeit der Wirklichkeitsauffassung Brunos von Bedeutung sind.

Brunos ontologischer Essentialismus unterscheidet sich sehr deutlich von der mathematisch-naturwissenschaftlichen Konstruktion der Natur. Die Kategorie der Substanz dominiert gegenüber der Kategorie der Quantität. Das bedeutet aber keineswegs, daß die metaphysische Konstruktion der Wirklichkeit zur Depotenzierung des Gegebenen führt. Im Gegenteil: Brunos Wirklichkeitsbegriff ist im Unterschied zum neuzeitlichen Naturbegriff dadurch gekennzeichnet, daß er die Präsenz des Wirklichen mit den Mitteln der metaphysischen Spekulation steigert. Das ist ja der vorherrschende Eindruck, den Brunos naturphilosophische Schriften hinterlassen: die Wirklichkeit des Seins rückt näher, sie wird in ihrer Präsenz und Wirksamkeit massiv empfunden. Wie dieser ›Realismus‹ trotz oder gerade wegen des neuplatonischen Einschlags zustandekommt, erfordert einige Erläuterungen zur Struktur der Wirklichkeit, so wie sie Bruno in den Begriffen der Akt-Potenz-Metaphysik konstruiert.

Zunächst ist festzuhalten, daß in Brunos Metaphysik der Wirklichkeit ein eigenständiger Naturbegriff neuzeitlicher Prägung keinen Platz hat. Dieser beruht, sehr allgemein formuliert, darauf, daß nur die Momente der Wirklichkeit Berücksichtigung finden, die sich auf die Fläche eines berechenbaren Kausalzusammenhangs projizieren lassen. Dieses Verfahren gewährleistet die Formulierung von Gesetzmäßigkeiten, die sich in quantitativen Verfahren des Zählens und Messens an den Erscheinungen selbst einlösen lassen. Brunos Wirklichkeitsbegriff unterscheidet sich strukturell von diesem methodischen Reduktionismus der wissenschaftlichen Naturauffassung. Denn Brunos Wirklichkeit bewahrt die Tiefendimension, die darin besteht, daß der horizontale Zusammenhang der Gegebenheiten untereinander zurücktritt gegenüber dem vertikalen Bezug jeder einzelnen Gegebenheit auf einen gemeinsamen produktiven Ursprung. Der Abstand zwischen den Erscheinungen und dem Seinsprinzip wird überbrückt durch eine Reihe vermittelnder Instanzen, deren Abstufung die Dichte der Wirklichkeitsschichten gewährleistet.

Diese Beschreibung könnte den Eindruck erwecken, als bewege sich Bruno noch ganz in der Nähe der Ontologie des aristotelisch-mittelalterlichen Stufenkosmos. Doch von dem Unendlichkeitsgedanken einmal abgesehen, liegt die Differenz darin, daß Brunos Ontologie die zentripetale Tendenz des Stufenkosmos aufhebt. Das Prinzip der Wirklichkeit ist von Bruno von Außen nach Innen verlegt worden, was beweist, daß der Standpunkt der Immanenz durchaus mit der Vorstellung unterschiedlicher Präsenz und Wirksamkeit des Seins in Verbindung gebracht werden kann. So repräsentiert Brunos Wirklichkeitsbegriff eine ›Tiefenwelt‹ des Hervorbringens im Unterschied zur naturwissenschaftlichen ›Flächenwelt‹ des Hervorgebrachten.

Damit die produktionstheoretische Tiefendimension der Brunoschen Wirklichkeit verständlich wird, ist es erforderlich, den Spezifikationen des produktiven Prinzips nachzugehen. Anders als der technische Naturbegriff der Neuzeit, der die mathematische Nachkonstruktion gemäß dem Prinzip der

Vertauschbarkeit des Wahren und des Gemachten gestattet, schließt der produktive Ursprung der Wirklichkeit bei Bruno die wissenschaftliche Rationalisierung aus. Bruno verdeutlicht die Differenz an Hand der immer wieder herangezogenen Analogie mit der Tätigkeit des bildenden Künstlers. Wie das Beispiel des Herausarbeitens der Statue aus dem Stein zeige, lasse sich die schöpferische Tätigkeit des Künstlers quantitativ als Prozeß der Hinzufügung und Wegnahme beschreiben (311). Demgegenüber fungiere die Natur als »innerer Künstler« (233). Der Prozeß der inneren Gestaltung wird von Bruno als qualitative Veränderung aufgefaßt, die mit den Begriffen Scheiden, Gebären und Ausschließen umschrieben wird (311).

Die durch den Dualismus von Innerlich und Äußerlich qualifizierte Differenz des schöpferischen Vorgangs läuft darauf hinaus, die Unerforschlichkeit der Natur zu bezeichnen, zugleich aber die Wirklichkeit als Wirksamkeit für den Menschen sicherzustellen. Auf Grund ihres so gefaßten schöpferischen Ursprungs tritt dem Menschen die Wirklichkeit niemals nur als Gegebenes, als Widerstand entgegen, sondern immer auch als das, was zum Menschen spricht und auf ihn einwirkt. Denn die innere Produktivität ist derart, daß ihr Produkt stets seinen schöpferischen Ursprung bewahrt (231). Entsprechend fallen für Bruno das Prinzip der Erkenntnis und das wirkende Prinzip der Natur, Begriff und Kraft zusammen, und folgerichtig polemisiert er gegen die aristotelische Unterscheidung von »logisch« und »natürlich« (247).

Der produktive Ursprung als Prinzip der Wirklichkeit läßt für Bruno die Bewegungslehre ungeeignet erscheinen, um die Natur zu erklären. Die Gebär- und Wachstumsmetaphorik deuten darauf hin, daß die Prozesse der Wirklichkeit nicht auf die wirkenden Ursachen reduziert werden können. Auf diese Weise versucht Bruno, das Wirklichsein als eigenständiges und wichtigstes Moment der Wirklichkeit begrifflich herauszuheben (312) und in Form einer Prozeßmetaphysik selbständig zu thematisieren. Folglich sind die leitenden Begriffe der Brunoschen Naturphilosophie vom Prinzip der inneren Produktivität abgeleitet.

Das gilt zunächst für den substantialistischen Dualismus von Materie und Form, den Bruno in den ersten Büchern des Dialogs »Von der Ursache« entfaltet. Die Form als reine Wirklichkeit beherrscht die Materie als passive Möglichkeit. Die Funktion der Materie ergibt sich für Bruno rein analytisch aus dem Begriff der Produktivität (Machen, Gestalten, Bewirken, Arbeiten): Das Wirken bedarf immer eines Substrats, aus, mit und an welchem etwas bewirkt werden kann (265).

Die Unterscheidung der inneren Produktivität von der äußeren macht es im Folgenden erforderlich, über die Bestimmung der Materie als bloßes Substrat hinauszugehen. Das führt zur Umdeutung und Aufwertung der Materie, die nun selbst zu einem produktiven Prinzip wird. Leitend sind dabei organische Grundvorstellungen, die die Produktivität mit dem Weiblichen in Verbindung bringen. Immer wieder nennt Bruno die Materie einen fruchtbaren »Schoß«.

Diese Metaphorik gestattet es am ehesten, den Substratcharakter und die Produktivität zu einer Form passiver Wirksamkeit zu vereinigen. Die Aufwertung der Materie geschieht in heftiger Polemik gegen ihre aristotelische Definition. Durch die Wirksamkeit der Materie gewinnen nach Bruno auch die Dinge der sublunaren Sphäre die höchste Form der Wirklichkeit, die Aristoteles dem äußersten Himmel vorbehalten hatte. So wirft Bruno den aristotelischen Fixsternen vor, daß sie »nicht aus ihrer Höhe herabsteigen« (313).

Auch die dritte Stufe der Umdeutung des aristotelischen Materiebegriffs läßt sich auf das Prinzip der inneren Produktivität der Wirklichkeit zurückführen. Es ist die Aufhebung der Differenz von Materie und Form, von Wirklichkeit und Möglichkeit, die Bruno in der Hymne auf die Einheit des Universums feiert. Der Zusammenhang zwischen Einheit und Produktivität ergibt sich daraus, daß die Dynamik der letzteren in der Vereinigung der Gegensätze besteht. Das hat zur Folge, daß die Einheit bei Bruno nicht mit Einheitlichkeit gleichzusetzen ist. Die Differenzierung des Universums ergibt sich aus dem verschiedenen Grad der Teilhabe der einzelnen Erscheinungen an ihrem produktiven Ursprung. So kann Bruno sagen, die Welten befinden sich »wie in einer umfassenden, erhaltenden, bewegenden, wirkenden Kraft« (326).

Diese Hinweise zur Ontologie der Natur mögen genügen, um deutlich zu machen, wie Bruno durch das Prinzip der inneren Produktivität eine Rationalisierung der Materie gelingt, die sich von der Quantifizierung der neuzeitlichen Naturwissenschaften unterscheidet. Besonders am Ende des Dialogs »Von der Ursache« gewinnt auch rein stilistisch durch das Verfahren kontradiktorischer Prädikationen ein qualitativer Wirklichkeitsbegriff Gestalt, der zur Umwertung der traditionellen Seinshierarchie führt. Stern, Mensch oder Ameise – Bruno spricht allen drei Wesenheiten die Möglichkeit größter Seinsnähe zu (320). Auch in den niedersten Gestalten verliert das Wirklichsein des Wirklichen nicht an Intensität. Es ist klar, daß ein derartiger Essentialismus kein Forschungsprogramm im Sinne der neuzeitlichen Naturwissenschaften begründen kann. Denn das Prinzip der inneren Produktivität läßt sich wohl metaphysisch konstruieren, nicht aber in Methode transformieren. Was bleibt, ist ein magisches Naturverhältnis, zu dem sich Bruno denn auch ausdrücklich bekennt. Das darf man nicht vergessen, wenn man die Stellen in Brunos Werken nicht mißverstehen will, die davon sprechen, daß der Mensch in seinem Tätigkeitsdrang dazu berechtigt und befähigt ist, in die Natur einzugreifen und diese in seinen Hervorbringungen zu übertreffen. Das hat nichts mit der technischen Ermächtigung des Menschen zu tun, wie man sie bei Bacon findet; denn bei Bruno bleibt das Verfahren so, daß der Mensch zwar günstige Ausgangsbedingungen für den Eingriff in die Natur schaffen kann, daß seine Erfolge letztlich aber vom Entgegenkommen der Natur abhängig gemacht werden: »Es ist eine tiefe Magie, das Entgegengesetzte hervorlocken zu können, wenn man den Vereinigungspunkt gefunden hat« (340). Prototyp dieses Verfahrens bleibt der Alchimist.

Wenn Brunos Metaphysik der Natur auch kein Forschungsprogramm begründet hat, so folgt daraus doch nicht, daß sie folgenlos geblieben wäre. Die Bedeutung seiner Ontologie liegt darin, daß sie Kategorien der »Naturempfindung« bereitstellt, denen durch den mathematischen Wirklichkeitsbegriff der Boden entzogen worden ist. Dieser hat die Depotenzierung des gefühlten Reichtums der Welt zu bloß sekundären Qualitäten zur Folge. Die mathematisch berechenbare objektive Welt bleibt dem menschlichen Empfinden fremd und unverständlich. Die Lückenlosigkeit des Kausalzusammenhangs der Dinge kann das affektive Interesse des Menschen an der Natur nicht abdecken. Das sind die Motive, die nach der Aufklärung unter voluntaristischen Vorzeichen zur Bildung eines integralen Naturbegriffs antreiben.

Brunos Rettung der gefühlten Bedeutung der Naturwirklichkeit darf nun weder als mythische Repristination noch als poetische Kompensation gelesen werden. Mythisch deshalb nicht, weil Brunos produktives Prinzip der Natur den Personalismus einzelner Potenzen, wie er durch den antiken Olymp repräsentiert wird, ausschließt. Und poetisch deshalb nicht, weil Brunos Ontologie den Subjektivismus des von den Dingen isolierten Betrachters ausschließt. Insofern wird man von ›Naturempfindung‹ bei Bruno nur im uneigentlichen Sinne sprechen können. Zum einen, weil das Wirklichkeitsempfinden nicht nur auf die Gegenstände der Natur beschränkt ist, zum anderen, weil es nicht durch die phänomenale Oberfläche der Naturgestalten ausgelöst wird. Brunos Wirklichkeitsempfinden, das in seiner Eigenständigkeit bisher kaum benannt, geschweige denn beschrieben worden ist, resultiert nicht aus dem Anblick der Dinge, sondern aus dem Ergriffensein durch die Materialität der Wirklichkeit. Man könnte daher von einem ontologischen Wirklichkeitsempfinden im Unterschied zum ästhetischen Naturgefühl sprechen, insofern das Empfinden bei Bruno sein substantielles Korrelat in der Materie als Prinzip des Wirklichseins hat.

Dieser Tatbestand kann an den hauptsächlichen Strukturmerkmalen der Brunoschen Ontologie der Natur erläutert werden, die in verschiedener Hinsicht die Stellung des Menschen zur Wirklichkeit prägen. Den stärksten Eindruck macht in Brunos naturphilosophischen Schriften die Intensität des Wirklichkeitsempfindens, die darin besteht, daß sich der Mensch stets und überall der Nähe der Dinge sicher sein kann. Die Intimität des Wirklichkeitsempfindens steigert sich zuweilen bis zum Eindruck der Zudringlichkeit der Dinge, deren Präsenz die Autonomie des Subjekts zu erdrücken droht. Um diese intensive Form der Präsenz der Wirklichkeit auszudrücken, bedient sich Bruno der Formel, daß Zeus alle Dinge erfülle (322).

Die Qualität der Wirklichkeit hat ihr ontologisches Fundament natürlich im Gedanken der Einheit von Akt und Potenz, Form und Materie, Gott und Natur. Aber man darf darin nicht den Ausdruck eines spannungslosen Monismus sehen. Bei Bruno bleibt die Einheit immer eine Idee, die die Differenz bewahrt. Erst auf Grund dieser dialektisch zu nennenden Konstruktion der

Wirklichkeit bekommt der Monismus seinen gefühlsmäßigen Impetus. Das läßt sich sehr schön an der Differenz zum Spinozismus explizieren, dessen absolute Identität von Gott und Natur emotional zur Erstarrung des Weltgefühls disponiert. Spinozas geometrischer Formalismus verstärkt diesen Eindruck. Indem Bruno die Differenz in der Einheit bewahrt und insofern auch nicht einfach als Pantheist bezeichnet werden kann, wird sein Monismus zur Artikulationsform eines intensiven Weltgefühls, das die von den neuzeitlichen Naturwissenschaften enttäuschten oder erschreckten Geister der Moderne immer wieder in seinen Bann zu ziehen vermochte.

Die Intensität des Weltgefühls bei Bruno läßt sich noch weiter differenzieren. Zum einen pragmatisch hinsichtlich der Möglichkeiten des Umgangs mit den Dingen. Obwohl Bruno die Verfügungsgewalt des Menschen über die Dinge behauptet, sind diese ihm doch nicht neutrales Material, mit dem der Mensch anfangen kann, was ihm beliebt. Der menschliche Umgang mit den Dingen ist vielmehr geprägt durch die Erfahrung ihrer Bedeutsamkeit, die okkulte Praktiken legitimiert (243). Die notwendige Anpassung des Geistes an die verborgenen Qualitäten der Wirklichkeit steigert sich bis zur Komplizenschaft des Menschen mit den Dingen. Das ist das emotionale Korrelat der Brunoschen Lehre von der Beseeltheit der Welt, die in ihrer Bedeutung mit dem Stichwort des Vitalismus nur unzureichend erfaßt wird.

Zum anderen hat die Präsenz der Dinge Folgen hinsichtlich des Vertrauens, das der Mensch in die Welt setzt. Brunos Essentialismus ist verknüpft mit einer heftigen Polemik gegen Aristoteles, dessen Metaphysik die Kategorie der Substanz verfehlt habe. Diese Position gilt es im Auge zu behalten, wenn man Brunos Einschätzung der Veränderlichkeit der Welt richtig verstehen will.

Auf der phänomenalen Ebene betont Brunos Naturphilosophie die Vielfalt und den Wechsel der Dinge. Der Kreislauf der Natur gehört zu den immer wieder beschworenen Bildern. Daraus zieht Bruno die Folgerung der Nichtigkeit und Eitelkeit aller weltlichen Dinge (324). Dennoch ist seine Ontologie nichts weniger als Heraklitismus. Denn der Betonung des unabläßlichen Wechsels der Dinge steht das Vertrauen auf die Unvergänglichkeit des Seins gegenüber. Trotz oder gerade wegen des Wechsels wird die Natur als bergende Macht empfunden. Aus Brunos Welt kann der Mensch nicht fallen. Er betont die Grundlosigkeit des Schreckens vor dem Tode. So kann es sein, daß Bruno den Wandel der Dinge direkt als Zeichen der Unvergänglichkeit der Substanz ›erfährt‹: die Natur selbst erhebt ihre Stimme gegen die Verzagtheit der Menschen (246). Die nicht-materialistische Aufwertung der Materie bei Bruno begründet somit ein emotionales Weltverhalten, das die am Entfremdungsproblem arbeitende Moderne in seiner Ambivalenz thematisieren wird. Mit richtigem Gespür für die geistigen Zusammenhänge hat das 19. Jahrhundert dann Sentimentalität als Produkt der Materialisierung gedeutet. Die nicht zur Transzendenz erlöste Materie schwärmt ins unbestimmte Gefühl aus. So schon bei Bruno, der zu Beginn seines Lehrgedichts »De Immenso« schildert, wie er als Knabe von der Naturfülle seiner fruchtbaren Heimat emotional überwältigt worden ist.

Die sich nun aufdrängende Frage nach der Modernität der Brunoschen Naturmetaphysik kann nicht hinreichend beantwortet werden, ohne daß der Versuch unternommen wird, die Rationalität des Brunoschen Produktivitätsprinzips noch weiter zu bestimmen. Es ist nicht damit getan, daß man die vitalistische Aufwertung der Materie vom bloßen Substrat zum Produzenten der Form registriert. In der Art, wie Bruno das Verhältnis von Materie und Form denkt, liegen nämlich erhebliche Schwierigkeiten. Wie verhält sich die von Bruno betonte Unbedürftigkeit der Materie zu ihrer unablässigen Produktivität?

Man könnte sich die Produktivität der Materie am Begriff des Lebens verdeutlichen, so wie er von der deutschen Lebensphilosophie konzipiert worden ist. Das Leben ist dadurch definiert, daß es Formen produziert, die, sobald sie erstarren, vom Leben zerbrochen und durch neue Formen ersetzt werden[16]. Die Stärke dieses Modells liegt nicht nur darin, daß es die Veränderung der Wirklichkeit in bestimmter Weise interpretiert, sondern daß es darüber hinaus auch den Grund verständlich macht, aus dem heraus überhaupt feste Formen entstehen. Der Grund liegt in der Idee der Selbsterhaltung. Denn wenn das Leben die Formen auch immer wieder zerstört, so kann es doch nie darauf verzichten, neue auszubilden, da nur die Form die Erhaltung des Lebens gewährleistet. Als formloses kann das Leben nicht bestehen.

Hinsichtlich der Produktivität ist das Leben durchaus mit Brunos Materie vergleichbar. Die Differenz aber liegt darin, daß Bruno keinen Grund anzugeben weiß, aus dem heraus die Materie produktiv wird. Das hat natürlich gravierende Folgen für die Rationalität des produktiven Wirklichkeitsbegriffs, wie sich an der Überlagerung der Gebärmetaphorik durch ein anderes Bild demonstrieren läßt. Die Materie als »Erzeugerin und Mutter der natürlichen Dinge« wird zwar »gütigste Ahnfrau« (312) genannt, doch bestreitet Bruno, daß die Materie der von ihr hervorgebrachten Formen bedarf oder etwas von ihnen empfängt (315). Damit ist der Produktionstrieb absolut gesetzt.

Aufschlußreich für die daraus resultierende Verschiebung des Verhältnisses von Materie zur Form ist die neu hinzukommende Reitmetaphorik. Von den Formen heißt es, »sie wechseln auf dem Rücken der Materie«. Wie das Pferd den Reiter wirft die Materie jede bestimmte Form ab, um eine neue aufzunehmen. Folgerichtig umschreibt Bruno die Einstellung der Materie zu den Formen mit den Worten Haß und Abscheu (316). Im Prozeß der Produktivität dominiert also der Akt der Befreiung von der bestimmten Form. Die Materie kann die von ihr selbst hervorgebrachten Objektivationen nicht lange ertragen, sie opfert das Produzierte stets dem Produzieren. In ihrer Triebhaftigkeit erweist sich die Materie als liebloses Prinzip, der nicht das Erzeugte, sondern nur die Erzeugung wichtig ist. Die Wirklichkeit der Materie liegt somit im Unbefriedigtsein als dem Urgrund des Seins.

Die Rationalität des produktiven Wirklichkeitsbegriffs läßt sich nicht auf das Erhaltungsprinzip zurückführen. Zwar transzendiert Bruno den Voluntarismus des nominalistischen Schöpfungsbegriffs dadurch, daß sein Produktivitätsprinzip keine Bevorzugung eines Produkts vor dem anderen zuläßt. Die Materie als reine Produktivität kann nichts zurückhalten. Aber gerade das macht die durch Konstanten nicht mehr beschreibbare Triebhaftigkeit der Brunoschen Wirklichkeit aus. Indem die Produktivität im Produkt keinen Grund und keine Grenzen findet, artet sie in Produktionszwang aus, der durch die Unerfüllbarkeit nur noch intensiviert wird. Damit ist der Punkt erreicht, an dem die fundamentale Strukturgleichheit von Ontologie und Erkenntnistheorie bei Bruno zutage tritt. Die menschliche Erkenntnis als unstillbarer Zwang zur Konsumption findet ihre Entsprechung in der Wirklichkeit als unstillbarer Zwang zur Produktion.

Die Interpreten der Aufwertung der Materie bei Bruno haben den Akzent auf die Integration des geistigen Moments als Wirkaspekt der Materie selbst gelegt. Diese spiritualistische Interpretationstendenz verdeckt jedoch die eigentliche Modernität des Brunoschen ›Materialismus‹. Als aktuelles Interpretationsmodell könnte man Freuds Lustprinzip heranziehen, das sehr genau Brunos Gedanken der triebhaften Verfaßtheit der Wirklichkeit wiedergibt. Ebenso wie die Materie ist das Es ganz Aktivität, die nicht auswählen kann. Das Es repräsentiert in seinem Streben nach Bedürfnisbefriedigung die reine »Lebensabsicht«, die wohlgemerkt nicht identisch ist mit der »Absicht, sich am Leben zu erhalten« (GW XVII, 70). Genauso verhält es sich mit dem Produktionszwang, der die Abhängigkeit der sich selbst nicht genügenden Wirklichkeit zum Ausdruck bringt. Die konstitutionelle Schwäche der Materie Brunos liegt darin, daß sie nicht zur Objektivität der geistigen Formen erlöst werden kann. Damit rührt Brunos Konstruktion der Wirklichkeit an die Grenzen der Rationalität des Wirklichen. Brunos Vergöttlichung der Materie ringt der Transzendenz ihre Vorrechte ab und schlägt sie dem Diesseits zu, allerdings um den Preis, daß sich die Wirklichkeit der Feststellung und Beherrschung durch die Gesetze der Mathematik entzieht.

Durch die Triebhaftigkeit der Wirklichkeit erhält Brunos Metaphysik der Natur ihren modernen Anstrich. Denn das Produktionsprinzip fungiert in der Moderne als Komplement zum Erhaltungsprinzip. Das liegt daran, daß das Wirklichkeitsverhältnis der Moderne durch die Erfahrung der Unwirklichkeit des Wirklichen, wie es die naturwissenschaftliche Rationalität der Neuzeit definiert, geprägt ist[17]. Daher das für die moderne Philosophie der Wirklichkeit kennzeichnende Streben, die »Analysis der Wirklichkeit« durch »das Anerkenntnis der über diese Analysis hinausreichenden Realität der Wirklichkeit« vollständig zu machen (Dilthey Ges. Schr. I, 124). Dieser Satz Diltheys, der die »Euthanasie der Metaphysik« im Prozeß des europäischen Geistes von den Vorsokratikern bis Kant beschrieben hat, ist keineswegs metaphysisch gemeint. Aber er läßt erkennen, daß der auch im Positivismus des 19. Jahrhunderts nicht nachlassende Rückgriff auf Bruno der Metaphysik wenigstens als Chiffre des Wirklichkeitsempfindens im modernen Denken ihren festen Platz sichert.

IV

Mit diesen Überlegungen zur metaphysischen Konstruktion der Wirklichkeit sind die Voraussetzungen genannt, von denen her das Thema der Pluralität der Welten bei Bruno adäquat angegangen werden kann. Denn Brunos Infinitismus ist nicht astronomisch, sondern ontologisch fundiert. Der Kopernikanismus spielt dabei eine eher untergeordnete Rolle, da Bruno die Astronomie noch ganz aus der Tradition der bloß mathematischen Hypothesenbildung beurteilt. Schwerer wiegen dagegen die Verschiebungen der aristotelischen Physik, insofern sie Konsequenzen für die Kosmologie mit sich bringen. Das betrifft insbesondere die Auflösung des aristotelischen Raumbegriffs und die Zerstörung der damit zusammenhängenden Lehre von der natürlichen Bewegung der Elemente. Hinsichtlich der Bewegungslehre operiert Bruno erfolgreich mit dem schon in der Spätscholastik entwickelten Argument der Relativität[18]. Ob eine Bewegung nach oben oder nach unten verlaufe, hänge ganz von dem Standpunkt ab, aus dem sie betrachtet werde. Das gelte auch und insbesondere für die Mittelstellung der Erde, die Bruno als reines Horizontphänomen erklärt (406).

Die gnoseologische Auflockerung reicht aber für das Verständnis des Brunoschen Infinitismus nicht aus. Bruno benutzt sie lediglich als willkommene Bestätigung seines voluntaristischen Wirklichkeitsbegriffs, demzufolge die Unendlichkeit als Ausdruck der Bedürftigkeit des produktiven Ursprungs gedeutet werden muß. Diese ontologische Fundierung hat Folgen für den Weltbegriff. Brunos Universum ist nämlich nicht eigentlich azentrisch, sondern polyzentrisch (321). Das macht einen gewaltigen Unterschied hinsichtlich der Qualität der Wirklichkeit aus. Denn wo alles Zentrum ist, kann es keine Indifferenz der Gestalten und Stellen geben. Nichts liegt Bruno ferner als der spezifisch pantheistische Indifferentismus der Wirklichkeitsauffassung. Weil der schöpferische Ursprung nicht restlos in der Welt aufgeht, kann Bruno ihre Unendlichkeit als Chiffre der Differenz deuten.

Es ist hier nicht beabsichtigt, einen Beitrag zur schon gut erforschten Kosmologie Brunos zu leisten[19]. Vielmehr soll ein bisher weniger beachteter Aspekt herausgehoben werden, nämlich die emotionale Qualität des Infinitismus. Daß Bruno die Unendlichkeit als erlebbare und erlebte Qualität des Wirklichen auffaßt, daran läßt der Tenor seiner Schriften keinen Zweifel. Aber gerade dabei kommt es auf die feinen Unterschiede im Ton an, um Mißverständnisse zu vermeiden. In der Regel wird Brunos gelebte Unendlichkeit im Sinne der neuzeitlichen, aufklärerischen Befreiung des Geistes interpretiert.

Wie insbesondere einige hymnische Passagen des »Aschermittwochs-Mahls« suggerieren, scheint Bruno die Unendlichkeit mit der Eröffnung neuer Denkräume gleichzusetzen.

Das ist natürlich insofern zutreffend, als Brunos makrokosmisches Weltgefühl nicht mehr mit der zentripetalen Tendenz des mittelalterlichen Stufenkosmos in Einklang zu bringen ist. Dennoch läßt sich Brunos Deutung der Unendlichkeit schwerlich als aufklärerisch bezeichnen, wenn man unter Aufklärung die Fähigkeit des Geistes versteht, sich von den Dingen zu distanzieren und sich frei um die Dinge herum zu bewegen. Brunos Infinitismus hingegen bindet den makrokosmischen Schwung des Geistes an den Wechsel der Dinge, dem auch der Mensch angehört. Es ist also nicht die Freiheit, von den Dingen getrennt zu sein, wie sie sich später Rousseau erobern wird, sondern die Notwendigkeit, die Dinge in das Denken hineinzunehmen, die in Brunos Schriften den Eindruck der überwältigenden Weltintensität erzeugt.

Diesen Hintergrund gilt es im Auge zu behalten, wenn man die mit dem Infinitismus verbundene Lehre von der Vielheit der Welten bei Bruno richtig einschätzen will. Um eine stärkere Profilierung zu erreichen, empfiehlt sich ein kurzer Vergleich mit Fontenelles »Gesprächen über die Vielheiten der Welten«. Wenn dieser populäre Text auch einem anderen Genus angehört, so kann doch gerade die Differenz der Stillagen dazu beitragen, den Abstand Brunos zum Geist der Aufklärung in der Form des Denkens zu illustrieren. Auch Brunos italienische Dialoge stellen eine Auflockerung des scholastischen Denkstils dar und wenden sich an ein weiteres Publikum. Dennoch ist es kaum denkbar, daß Brunos Auflockerung des Denkens zu Fontenelle geführt hätte. Denn Brunos Lebendigkeit des Denkens hat nichts mit der »Heiterkeit der Vernunft« zu tun[20]. Fontenelle nennt die Vermischung des Wahren und des Falschen »den wichtigsten Punkt« seines Werkes (5)[21]. So wird das Wunderbare des Universums, das bei Bruno noch zum Pathos des intensiven Weltempfindens gehört, von Fontenelle in die unverbindliche Schwebe von Fiktion und Wissenschaft aufgelöst. Ihm gilt die Imagination als Instanz eines mehr hypothetischen Denkens, das seinen Ursprung darin hat, daß der Mensch stets mehr wissen will, als er sehen kann (10). Für Bruno dagegen fallen Wissen und Sehen im Auge des Geistes zusammen. Daher kann es in seinem Denken weder ironische Distanz noch skeptische Zurückhaltung geben. Der Aggregatzustand seiner Argumentation ist eher dogmatisch.

Diese Differenz in den Denkweisen hat ihr Fundament darin, daß Fontenelles Pluralismus das Resultat ontologischer Indifferenz bildet. Damit kann sich das gnoseologische Moment verselbständigen. Der Wechsel der Standpunkte wird zur leitenden Denkfigur: »Versetzen wir uns in all die verschiedenen Standpunkte und betrachten wir von dort aus das Universum« (41). Unter diesen Voraussetzungen gibt es im pluralistischen Universum Fontenelles nur Randlagen. Pluralismus und Relativismus rücken zusammen. Während bei Bruno der Wechsel der Standpunkte selbst noch Korrelat des metaphysischen

Prinzips des Mangels ist, wird er bei Fontenelle Ausdruck der spielerischen Freiheit der Einbildungskraft, die es dem menschlichen Geist gestattet, sich selbst von Außen zu sehen.

Dieser Differenz in den Ansätzen entspricht die der emotionalen Konsequenzen des Infinitismus. Bei Fontenelle dominiert die Relativierung des Unendlichkeitsgefühls durch Gegenüberstellung verschiedener Reaktionen. Das Erschrecken über die Kleinheit des Menschen angesichts der Unendlichkeit der Welten einerseits und das Gefühl der Befreiung aus der Enge des Stufenkosmos andererseits relativieren sich gegenseitig (60f.). So dominiert am Ende das ästhetische Moment. Die Unendlichkeit wird primär als Schauspiel widerstreitender Dimensionen erlebt.

Brunos erlebte Unendlichkeit ist vom ästhetischen Relativismus noch weit entfernt. Es dominiert vielmehr das kosmische Werde- und Wachstumsgefühl, das den ins Unendliche ausschwärmenden Geist überall zum Teilhaber der unendlichen Welt des Werdens macht. Die Unendlichkeit des Kosmos wird so zur Signatur der Maßlosigkeit des kreatürlichen Verlangens nach Wirklichkeit. Das führt schließlich dahin, daß die Eroberung der unendlichen Ferne emotional mit dem Erlebnis der nächsten Nähe koinzidiert (34; 360).

Die aus dem Pluralismus resultierende aufklärerische Relativierung der Maßstäbe läßt sich auch am Thema der Anthropozentrik demonstrieren. Fontenelle interpretiert die Verwandlung der Erde in einen Planeten als Aufhebung der anthropozentrischen Vorrangstellung der Erde (15). Im Getriebe des Universums spiele die Erde nur eine nebensächliche Rolle, »die Natur macht sich über die kleine Kugel lustig« (20). Aus diesem kosmologischen Tatbestand zieht Fontenelle die Folgen hinsichtlich der Einstellung des Menschen zum Leben: »Es ist lächerlich, sich so viele Sorgen zu machen, wenn man sich auf einem Untergrund befindet, der sich dreht« (20).

Bruno hätte den Satz niemals so formuliert. Auch er weist Befürchtungen hinsichtlich der Vergänglichkeit aller Dinge als unbegründet zurück, aber mit einer Fontenelle entgegengesetzten Begründung. Die Bewegung der Erde ruft den beständigen Wechsel aller Dinge hervor, und dieser garantiert die Unvergänglichkeit des schöpferischen Prinzips der Materie. So bezeugt die Bewegung, daß auf allen Weltkörpern Lebensraum ist, daß im Wechsel der Dinge überall für die Bewohner in optimaler Weise gesorgt wird. Für eine derartige vitalistische Teleologie hatte die Aufklärung dann nur noch Spott übrig.

Wie sehr die Lehre von der Pluralität der Welten in der Aufklärung zu einem Lehrstück skeptischen Denkens wird, zeigt in unübertrefflicher Weise Fontenelles geistvolle Begründung der Bewohntheit des Mondes. Während Bruno die Bewohntheit anderer Planeten dogmatisch aus der Grenzenlosigkeit des produktiven Ursprungs aller Wirklichkeit herleitet, hält Fontenelle seine Argumentation in der ironischen Schwebe bloßer Wahrscheinlichkeitserwägungen (22). Er gibt keine ontologischen Argumente dafür, sondern führt gnoseologische, genauer gesagt ideologiekritische Überlegungen an, die dafür sprechen, daß die Erde nicht der einzige Planet ist, der denkende Wesen beherbergt. Denn, so lautet Fontenelles listiger Gedanke, es sei doch unwahrscheinlich anzunehmen, daß es nur auf der Erde Wesen gebe, die sich für die Einzigen im Universum halten. Die Universalität des Irrtums ist es also, die nach Fontenelle dafür spricht, daß es auch auf dem Mond Wesen gibt, die die gleichen Illusionen hegen wie die Menschen auf der Erde: »Es gibt überall Irrtum« (24). Der dem aufklärerischen Geist allein adäquate Standpunkt liegt nach Fontenelle zwischen den Welten: »Man müßte nur Betrachter der Welt sein und nicht Bewohner« (24). Bruno hätte diesem Satz nicht zustimmen können. Die Form seines intensiven Denkens brachte es mit sich, daß sich Bruno als Bewohner des Unendlichen fühlte, weil er im Unendlichen das unstillbare Verlangen seiner eigenen Natur erleben konnte. Damit sind die beiden Pole abgesteckt, in deren Spannungsfeld sich der Kampf des modernen Denkens um die Selbstbestimmung des Menschen im Kosmos abspielt.

V

Die Erörterung der erkenntnistheoretischen und ontologischen Hauptstücke der Philosophie Brunos hat die Voraussetzungen geliefert, um die Frage nach der Zugehörigkeit zur Denkform der Renaissance zu entscheiden. G. Gentile bezeichnet Brunos Philosophie als »logischen Abschluß der gesamten Renaissance«[22]. Die Richtigkeit dieser Beurteilung läßt sich am Leitfaden von J. Burckhardts Renaissance-Formel von der Entdeckung der Welt und des Menschen überprüfen.

Sicherlich steht Bruno noch jenseits des Subjektivismus der von Rousseau entdeckten Innenwelt, deren Souveränität eine dialektische Beziehung – die Freiheit, zwischen Nähe und Ferne abwechseln zu können – ermöglicht. Und ebenso sicher fehlt bei Bruno noch der moderne Begriff von Welt als existentieller Raum, in dem der »geworfene« Mensch sich seiner Ungeborgenheit bewußt wird. Insofern kennt Bruno keine selbständige, von der Ontologie unabhängige anthropologische Provinz. Aber seine produktive Ontologie fundiert eine über das bloß Pragmatische hinausreichende Auffassung vom Menschen in seinen Beziehungen zur Welt, in seinen Hervorbringungen und in seinen Abhängigkeiten von den Dingen. Das Selbstbewußtsein ist an das Weltbewußtsein gebunden, eine Bindung, die von der Moderne bewußtseinstheoretisch begründet und als Instanz gegen die Schrecken des Solipsismus ins Feld geführt wird.

Mit der bei ihm noch kosmologisch begründeten Synthese von Selbst- und Weltbewußtsein führt Bruno die Ontologie bis an die Grenze, an der die Zugehörigkeit der Renaissance zur Moderne greifbar wird. Das gipfelt in einer intensiven Bestimmung von Geschichtlichkeit, die als Komplement zur wissenschaftlichen Fortschrittskonzeption der Neuzeit hervortritt. Damit gewinnt Gentiles Beurteilung der Philosophie Brunos als Abschluß der Renaissance ihren tieferen Sinn. Abschluß meint sowohl Ende einer historischen Epoche als auch und vor allem ihre Bewahrung als bleibende Möglichkeit des neuzeitlichen Geistes, wie seine Weiterentwicklung zur Moderne belegt.

Die Entdeckung des Menschen betreffend, gehört Bruno zu denjenigen Philosophen der Renaissance, die seine wesenhaft dynamische Auffassung am konsequentesten formuliert haben. Bruno definiert die Menschheit als Inbegriff ihrer konstitutionellen Möglichkeiten, deren Erfüllung und Steigerung in der Selbsttätigkeit das Individuum am göttlichen Prinzip teilhaben läßt. Anders als die mechanistische Philosophie des 17. Jahrhunderts ermöglicht der Dynamismus eine basisanthropologische Definition des Menschen, die von theologischen Prämissen unabhängig ist.

Die hervorstechende Leistung des Dynamismus liegt zweifellos in der Überwindung des starren Dualismus von Körper und Geist. Bruno begreift beide als verschiedene Äußerungsformen ein und desselben Prinzips schöpferischer Produktivität. Auf diese Weise gelingt die Einordnung des Menschen in die Reihe der Tiere bei gleichzeitiger Würdigung seiner Sonderstellung. Während bei den Tieren das Einzelwesen das Gesetz der Gattung verkörpert, vereint nach Bruno die menschliche Gattung in jedem ihrer Individuen die Möglichkeiten aller anderen Gattungen (192). In der Individualität als umfassender Repräsentation des Seins liegt die Humanität des Menschen, die sich in seinem Handeln darin auswirkt, daß es die Enge der natürlichen Triebfestlegungen transzendiert (732). Ein immer wiederkehrendes elementares Beispiel für die offene Struktur menschlichen Handelns bildet die Sexualität, deren Plastizität Größe und Gefährdung des Menschen zugleich ausmacht (733). So läßt sich Brunos Anthropologie auf die Formel bringen, daß der Mensch das Wesen ist, das nicht nur alles kann, sondern das auch immer kann.

Diese aus der gegenwärtigen biologischen Anthropologie vertraut klingenden Bestimmungen sollten jedoch mit Vorsicht interpretiert werden. Denn Bruno denkt noch nicht biologisch im Sinne des 19. Jahrhunderts, seine Definition antwortet nicht auf die Frage nach den Existenzbedingungen des Menschen. Entsprechend hat seine anthropologische Formel von der Variabilität der Möglichkeiten im Unterschied zur Überlebensanthropologie nichts Kompensatorisches. Für ihn ist der Mensch noch kein ›Mängelwesen‹ im Sinne bestimmter Organdefekte. Sein Nicht-festgelegt-Sein bildet vielmehr das Korrelat des Unbefriedigtseins überhaupt, das der Mensch als leibliches Wesen mit dem produktiven Ursprung der Natur teilt.

In diesem ontologischen Sinne definiert Bruno den Menschen als tätiges Wesen. Die Definition impliziert die Einsicht in die Strukturgleichheit von Erkennen und Handeln. »Das Werk der Hände und die Betrachtung des Geistes« (732), so lautet die synthetische Formel des dynamischen Menschenbildes, die Adam, der vom Baum der Erkenntnis gegessen hat, mit Prometheus, der den Göttern das Feuer geraubt hat, vereint (878). Damit findet die kulturelle Dimension in der Natur des Menschen selbst ihre Legitimation. Daher wendet sich Bruno folgerichtig gegen das Ideal paradiesischer Untätigkeit. Tätigsein gehört zum Menschsein, insofern dieses durch die Aktualisierung der Möglichkeiten definiert ist, und daraus ergibt sich leicht die Rechtfertigung der nachparadiesischen Entbehrungen, die Bruno anthropologisch als Chance des Menschen begreift: »Durch die Entbehrungen entspringen Tag für Tag aus der Tiefe des menschlichen Geistes neue und herrliche Erfindungen« (733).

Die Strukturgleichheit von Erkennen und Handeln begründet die Bedeutsamkeit der Hand. Ihre Vielseitigkeit deutet Bruno als körperliche Artikulation der Freiheit des Geistes. Ohne die Plastizität der Hand würde dem Menschen eine Steigerung seiner geistigen Fähigkeiten nichts nützen: »Was würde mit den Einrichtungen der Lehrgebäude, mit den Erfindungen der Wissenszweige, mit dem Zusammenleben der Bürger, mit dem Bestand der Bauwerke und den anderen Dingen, die Größe und Vortrefflichkeit des Menschen bezeugen und ihn zum unbesiegbaren Herrscher über die anderen Gattungen macht? All das bezieht sich, genau betrachtet, nicht auf den Impuls des Geistes, sondern auf den der Hand, das Organ der Organe« (887). Damit hat sich eine signifikante Verschiebung des Menschenbildes gegenüber seiner klassischen Fassung vollzogen, in der das Auge als Organ der theoretischen Betrachtung das leitende Symbol bildete. Der Übergang vom Auge zur Hand markiert am eindrucksvollsten den dynamischen Begriff von Humanität, der durch die Integration des Kreatürlichen und die Explikation seiner Möglichkeiten gekennzeichnet ist.

Die Kreatürlichkeit bestimmt auch die Qualität des menschlichen Selbstwertgefühls, das die Renaissance sowohl vom christlichen Mittelalter als auch von der heidnischen Antike trennt. Der menschliche Selbstwert bildet sich weniger am Bewußtsein der Einzigartigkeit des Individuums als vielmehr an der rückhaltlosen Anerkennung der konstitutionellen Sonderstellung, durch die der Mensch am produktiven Ursprung des Seins teilnimmt. Das spiegelt sich in der Maßlosigkeit des Selbstvertrauens, mit dem der Mensch Brunos sich in der Welt bewegt. In dieser Hinsicht steht Bruno übrigens gar nicht so weit von Rousseau entfernt. Rousseau, der Pelagianer, klagt sich selbst an, das Vertrauen in die Güte seiner Natur jedoch bleibt ungebrochen. Auch Bruno bekennt sich in der »Vertreibung der triumphierenden Bestie« offen und öffentlich zu seinen Lastern, aber auch er bewahrt letztlich das Vertrauen in den tragenden Grund seiner Natur. Die Schwierigkeiten, die beide in Genf mit dem Kalvinismus hatten, resultieren aus demselben prekären Verhältnis des Menschen zu sich selbst und seinen produktiven Möglichkeiten.

Das ist freilich noch nicht die Moderne, in der das Selbstwertgefühl des Menschen durch die Erfahrung des sich selbst entfremdeten Ich in eine prekäre Schwebe gerät. Es ist aber der Ausgangspunkt für die moderne Entfremdungsthematik, die vom Standpunkt des transzendentalen Subjekts her gar nicht verständlich würde. Sowohl Bruno als auch Rousseau entschuldigen sich für ihre Laster und finden die Rechtfertigung in ihrer eigenen Natur. Die Moderne geht hier einen Schritt weiter und kehrt das Verhältnis von Sein und Rechtfertigung um: der Geltungsproblematiker entschuldigt sich für sich selbst und findet die Rechtfertigung in seinen Lastern.

Die Entdeckung der Welt betreffend, bewegt sich Bruno ebenfalls im Rahmen des von der Renaissance ausgebildeten Immanentismus. Sein positives Verhältnis zur Welt, die Wahrnehmung und Würdigung der Vielfalt ihrer Gestalten in Natur und Kultur hat freilich noch einen anderen Sinn als den in Burckhardts Formel ausgedrückten. Bruno ist weniger an der empirischen Erkundung der Welt interessiert, wie sie durch die Eroberungen und Entdekkungen seiner Zeit vorangetrieben wurde. Die Erschließung der Fremde läßt ihn merkwürdigerweise kalt, davon erwartet er nichts Neues. Trotz seines kosmologischen Unendlichkeitspathos sucht er die Wirklichkeit in der Nähe, von der er einen sehr prägnanten Begriff bildet. Er geißelt den »törichten Hang, in der Ferne zu suchen, was uns nah ist und was wir besitzen« (360). Welt bedeutet demnach mehr als ein Inbegriff von Phänomenen, Welt bezeichnet vielmehr die Qualität eines jeden Dinges, durch die der Mensch emotional ergriffen wird.

Entsprechend positiv deutet Bruno den Wechsel der Dinge als Zeichen des unerschöpflichen Reichtums der Welt. Die »unendliche Fülle der Dinge« (361) läßt keine Dysfunktionalität zu. Wenn Bruno den Satz ausspricht, alles sei gut (360), der im 18. Jahrhundert dann zur Zielscheibe des philosophischen Spottes geworden ist, so deutet das auf einen ontologischen Optimismus, der vom Prinzip der Heimatlichkeit der Welt getragen wird. Die offenkundigen Übel in der Welt können dann nur noch als Resultat der perspektivischen Beschränkung des menschlichen Blicks gedeutet werden. Wer das Ganze sieht, wird die Schönheit und die Zweckmäßigkeit des Bauwerks erkennen (361).

Diese Passagen belegen, daß für Bruno Welt noch nicht zur Umwelt depotenziert ist, die für den Menschen bloße Orientierungsfunktion ausübt. Welt hat bei Bruno mit der Objektivität berechenbarer Zusammenhänge wenig zu tun. Sie bezeichnet eher eine Lebensqualität der Dinge, die für den Menschen in der Form des Geheimnisvollen und Unerwarteten stets wirksam bleibt. Das Alltägliche und das Wunderbare sind noch ineinander verwoben, die neuzeitliche Trennung der gesetzlich geregelten objektiven Welt von der erlebten Welt der Wirksamkeiten und Bedeutsamkeiten ist noch nicht vollzogen. Daher dominieren in Brunos Weltbegriff die Metaphern des Wachstums und der Fruchtbarkeit (362). Die Welt ist der Ort, an dem immer für den Menschen gesorgt ist, an dem es sich für den Menschen leben läßt. So fühlt sich der Philosoph an jedem Ort als »Bürger und Bewohner der Welt« (552). Brunos Welt ist überall Lebenswelt im menschlichen Sinne des Wortes.

Bruno entwickelt seinen Weltbegriff noch im Rahmen der kosmologischen Unendlichkeitsspekulation. Alles ist eingespannt in das »Rad der natürlichen

Arten« (946), die nivellierende kosmische Gesetzlichkeit im Wandel der Dinge. Auch der Philosoph als Weltwesen kann sich diesem Gesetz nicht entziehen, er weiß sich als Mensch unter Menschen, von denen es jegliche Arten geben muß (1118), damit das universale Prinzip der Produktivität des Seins in Erfüllung geht. So groß der Abstand zwischen der kosmischen und der menschlichen Dimension auch sein mag, Bruno gelingt es durch seinen Weltbegriff, die Differenz zu überbrücken und das Gesetz der Arten mit dem Empfinden des individuellen Daseins zu vermitteln. Mag es für das kosmische Prinzip auch keine Einzelnen geben, sondern nur Arten, so erlebt der Einzelne die extensive Unendlichkeit des Kosmos doch immer intensiv als Entsprechung der Unstillbarkeit seines eigenen Verlangens nach Wirklichkeit. Die Positivierung der Welt hat bei Bruno demnach ihr Prinzip im Unbefriedigtsein, das die Materie zum produktiven Ursprung des Seins macht.

Mit der Idee der dynamischen Einheit von Selbstbewußtsein und Weltbewußtsein bereitet Bruno den Standpunkt der Moderne vor. In ihr liegt die Voraussetzung für den Aufbau der Spannungen zwischen Existenz und Welt, die das Weltproblem für den neuzeitlichen Konstruktivismus akut macht. Es dominiert die Empfindung der Kälte der Welt in dem Moment, da das autonome Subjekt sich anschickt, der Welt seine eigenen Gesetze vorzuschreiben. Brunos noch kosmisch fundiertes Weltgefühl schlägt dann um in die vielfältig gebrochene Indirektheit des modernen Weltbezugs. Welt wird zur Chiffre des im Fremden verlorenen Ich, das den Dingen und den Menschen nur noch im Modus des Verdachts begegnet.

Brunos Beitrag zum neuen Menschenbild und Weltbegriff wird von den neueren Interpreten noch nicht als hinreichend betrachtet für seine definitive Zuordnung zur Renaissance. Es scheint eine Grenze zu geben, die ihn von den neuzeitlichen Kräften des Humanismus der Renaissance trennt. Sie wird, so heißt es, durch Brunos Geschichtsverständnis gezogen, das trotz des von ihm aufgenommenen Topos der Wahrheit als Tochter der Zeit von der zyklischen Figur der Wiederkehr des Gleichen geprägt ist. Entsprechend zurückhaltend interpretiert der italienische Philosophiehistoriker E. Garin im Gegenzug zur Auffassung Gentiles die Stellung Brunos in der Renaissance. Garin attestiert Bruno einen krassen Naturalismus der Geschichte, der das Gefühl der Zeitlichkeit als die geistige Grundlage des Humanismus negiert. Während der Geschichtssinn des Renaissancehumanismus in der perspektivischen Sicht der Antike allererst zur Selbstbestimmung des Gegenwartsbewußtseins gelangte, fehle Bruno das Verständnis für die individualisierende Kraft der unumkehrbaren historischen Zeit[23].

Diese einschränkende Einschätzung Brunos kann so nicht stehenbleiben. Allerdings hält sich Bruno an ein zyklisches Modell der Geistesgeschichte, wie die Metaphorik des Wechsels von Tag und Nacht beweist. Aber das bedeutet keineswegs Festhalten an einem rein naturalistischen Zeitverständnis. Allerdings, Brunos Zeit »nimmt alles und gibt alles«, wie es im Widmungsschreiben zum »Kerzenmacher« heißt. »Alles verändert sich« – aber, und diese Einschränkung ist entscheidend, »nichts vergeht«. Daher hat der periodische Wechsel von Tag und Nacht nichts Nivellierendes, sondern schärft im Gegenteil das Bewußtsein für die Gegenwart. So lautet Brunos Fazit seiner ›herzerhebenden‹ Philosophie der Zeit: »Also genießt!« Dasselbe Motiv findet sich im Einleitungsbrief zum Dialog »Über das Unendliche«: »Das gegenwärtige Sein genießen und von der Zukunft nicht mehr fürchten, als von ihr erhoffen« (360).

Was bedeutet es im Hinblick auf die Geschichtlichkeit des Menschen, wenn sich Furcht und Hoffnung in der Zeit die Waage halten? Brunos Begriff der Gegenwärtigkeit übersteigt das Carpe-diem-Motiv des Hedonismus. Es entwickelt eine Auffassung von Geschichtlichkeit, die sich nicht an der diachronen Lokalisierung der Zeitachse, sondern an der Intensität der erlebten Zeit orientiert. Als Beleg dafür läßt sich Brunos Selbstlokalisierung in der Geschichte der Philosophie anführen. Er kritisiert Aristoteles als »Schlächter« der ionischen Naturphilosophie (1115), der »wahren alten Philosophie« also, als deren Erneuerung er sein eigenes Denken begreift (43). Damit relativiert er das herkömmliche Einteilungsschema der Geschichte in Alte und Moderne. An die Stelle dieser Unterscheidung setzt er den Dualismus zweier sachlicher Einstellungen, die zu allen Zeiten möglich sind (1119).

Im Rahmen der Relativierung der historischen Diachronie muß Brunos Kritik am humanistischen Pedantismus gelesen werden. Ihn stört nicht der Rückgang auf die Antike, sondern die damit verbundene Bevorzugung der Namen und Methoden gegenüber den Sachen (211). In dieser Hinsicht gibt Bruno sogar der mittelalterlichen Spekulation, die sich an der Metaphysik des ihm so verhaßten Aristoteles orientiert, den relativen Vorzug vor den Humanisten, die sich rühmen, das Mittelalter endgültig überwunden zu haben (210). Das Prinzip der Sachlichkeit hat für Bruno demnach absoluten Vorrang. Und nach dem Verhältnis zu den Sachen bemißt er auch die Geschichtlichkeit, insofern die Begegnung mit den Sachen das Erlebnis der Gegenwärtigkeit der Zeit voraussetzt.

Brunos historische Selbstlokalisierung ist alles andere als historisch. Sie artikuliert sich im Bewußtsein der eigenen Aktualität, die qualitativ durch die Intensität der Zeitnutzung bestimmt wird. Nur wer die ihm zur Verfügung stehende Zeit ›lebt‹, kann nach Bruno als Philosoph gelten. Alles hänge davon ab, wie der einzelne seine begrenzte Lebenszeit nutzt (1116f.). Hier wird erstmals die Frage der Gegenwart formuliert: Was mache ich aus dem Jetzt, aus dem gelebten Punkt, in dem sich Zukunft und Vergangenheit kreuzen? Zeitlichkeit ist primär Bewußtsein der Knappheit der zur Verfügung stehenden Zeit, die nicht einmal für die notwendigen Dinge des Lebens ausreicht.

Signifikant für Brunos Auffassung der Zeitlichkeit ist seine negative Einschätzung der Zeitvergeßlichkeit des bei mathematischen Studien von plündernden Soldaten überraschten und um sein Schicksal unbekümmerten Archimedes, dessen Denken für Bruno dadurch den Bezug zu den Dingen selbst verloren hat (1117). Hierin liegt natürlich ein Stück Kritik am Ideal des theoretischen Lebens. Man würde Brunos Kritik an Archimedes aber falsch verstehen, wenn sie im Sinne des Mangels an Praxisbezug der Theorie gelesen würde. Ihm geht es vielmehr um die Sicherung einer Form des Denkens, das in der Aktualität des existentiellen Augenblicks den Sachbezug bewahrt. Nicht der extensive, sondern der intensive Zeitbezug garantiert die Sachbezogenheit des Denkens. Die Hinwendung zu den Sachen ist identisch mit der höchsten Form zeitlicher Konzentration. Philosophieren heißt demnach Überwinden der konstitutionellen Zeitknappheit des Menschen.

Dementsprechend darf Brunos Fortschrittsbegriff nicht kumulativ verstanden werden. Das »weiter und weiter Schreiten« (1096) hat sein Maß in der aktuellen Verfaßtheit, in der Gegenwärtigkeit des forschenden Geistes. Dieser Auffassung von Zeitlichkeit entspricht die Bestimmung des Erkennens als unerfüllbares Streben. Denn erst die Unerreichbarkeit des Erkenntnisziels erzeugt die Intensität des Selbstgefühls. Erkenntnis kann für Bruno daher nie unpersönlich sein, sondern bleibt immer existentiell bezogen auf die Erfahrung der eigenen Aktualität.

Brunos Jagdmetaphorik trägt der erkenntnistheoretischen Bedeutung des Gegenwärtigkeitsgefühls Rechnung. Denn nicht die Länge der Zeit, sondern der Augenblick allein entscheidet über den Erfolg der Jagd. In der metaphysischen Erkenntnis erfordert nur die Vorbereitung, nicht aber die Erkenntnis selbst Zeit (1157). Die Einsicht ist gekennzeichnet durch die Plötzlichkeit der Intuition, in der die Evidenz über das Diskursive hinaus zur Erkenntnis des Absoluten gesteigert wird. In diesem Sinne ist die von Bruno hervorgehobene Strukturgleichheit von dichterischer Inspiration und philosophischer Intuition zu verstehen. Die Fülle der Dinge und die Fülle der Zeit fallen im Augenblick der heroischen Verzückung zusammen.

Damit ist der Punkt erreicht, an dem die Modernität von Brunos Philosophie der gelebten Zeit hervortritt. Sie liegt darin, daß Bruno vielleicht als erster den Zusammenhang von Evidenz und Zeitlichkeit formuliert hat. Das impliziert einen Begriff von Evidenz, der seine logisch-methodische Fassung, die für die Formulierung der neuzeitlichen Naturwissenschaften maßgeblich geworden ist, übersteigt. Die Moderne hat in Reaktion auf den Methodologismus der neuzeitlichen Wissenschaften den Kampf um die Evidenz in vielfältiger Weise fortgeführt. Brunos Leistung liegt darin, daß sein Ansatz keine Anhaltspunkte für einen irrationalistischen Intuitionismus liefert. Die Bindung an das Problem der erlebten Zeit gibt Möglichkeiten an die Hand, die Evidenz als Form der Zeitlichkeit subjektiv zu beschreiben. Diese Möglichkeiten sind im 20. Jahrhundert von den phänomenologischen Bewegungen ergriffen und ausgeschöpft worden.

In diesem Sinne muß auch Brunos Festhalten an der Figur der Wiederkehr interpretiert werden. Wiederkehr bedeutet nicht notwendig Naturalismus.

Das insbesondere dann nicht, wenn die Wiederkehr das subjektive Verhalten des Menschen zur Geschichte betrifft. Erneuerung der alten Philosophie deutet Bruno als Erleben der eigenen Zeit. Hier gibt es keinen Fortschritt, sondern nur Wiederholung überzeitlicher Möglichkeiten. Insofern steht die Wiederholung als Figur für die Intensität des Bezugs zum Absoluten. Sie erfordert notwendigerweise eine heroische Haltung des Geistes.

Die intensive Deutung der Wiederkehr ist der Moderne nicht fremd geblieben. Das gilt insbesondere für die Lehre von der ewigen Wiederkunft, die Nietzsche im 19. Jahrhundert als Gegenposition zum Fortschrittsglauben im Zeitalter der Wissenschaften entwickelt. Nietzsche deutet diese Lehre moralphilosophisch: Wiederkehr verleiht der einzelnen Handlung das Gewicht der Ewigkeit. Hieran läßt sich ablesen, daß in der Moderne der Wiederkehrgedanke zur Überwindung des Relativismus dient, er wird als Instanz der Intensivierung der Zeit gegen die Zersplitterung des Zeitalters ins Feld geführt. Natürlich wird die Wiederkehr nicht auf den objektiven Verlauf der Geschichte bezogen, sondern metaphorisch als Kategorie der existentiellen Zeitlichkeit verwandt. Hier liegt eine fundamentale Differenz zwischen Neuzeit und Moderne. Das Selbstverständnis der Neuzeit lebt von der Figur des absoluten Anfangs, die Moderne hat begriffen, daß es im Existentiellen keinen Fortschritt gibt, sondern nur Wiederholung des immer schon Begonnenen. Brunos Heroismus der gelebten Gegenwärtigkeit im Wechsel der Dinge hat der Moderne das Paradigma bereitgestellt, nach dem sie ohne Rückgriff auf die Transzendenz den Relativierungen des geschichtlichen Fortschrittsglaubens entgegentreten kann.

Diese Denkformenaffinität zur Moderne mag der Grund dafür sein, daß das 19. Jahrhundert von dem Gefühl der geistigen Verwandtschaft zur Renaissance im allgemeinen und zur Philosophie Brunos im besonderen durchdrungen war. Freilich wurde diese Verwandtschaft in der Regel kulturpsychologisch als Übereinstimmung im Selbstgefühl und Weltgefühl beider Epochen interpretiert. Diese Kategorien sind in der Beurteilung der Renaissance und ihrer leitenden Denker noch immer weit verbreitet. Aber wer vermag schon zu sagen, wie es um die Gefühle eines Denkers wie Bruno stand? Wahrscheinlich interpretieren wir zu schnell das als Gefühl, was als eigene Form der Rationalität intendiert war. Die gefühlsmäßigen Momente der Spekulation Brunos, die seinen Texten einen Schwung verleihen, der den gelehrten Traktaten des Mittelalters fehlt, lassen sich nicht leugnen, aber sie dürfen nicht als Ursachen, sondern müssen als Folgen eines intensiven Denkens interpretiert werden, das sich am ehesten als modern qualifizieren läßt. Selbstverständlich ist die Moderne ein spätes und sehr komplexes Gebilde, das viele Anfänge aufweist. Aber einer der Anfänge des modernen Denkens, und sicherlich nicht der unbedeutendste, liegt in der Philosophie Giordano Brunos, die die Summe und zugleich die erste Überschreitung des Geistes der Renaissance darstellt.

Anmerkungen

1 W. Benjamin, *Charles Baudelaire*, Frankfurt a.M. 1974, S. 73. Zitate aus den italienischen Dialogen Brunos erfolgen nach der Ausgabe von G. Gentile und G. Aquilechia, Florenz 1958. Deutsche Übersetzung vom Vf. Aus Gründen der Platzersparnis sind im Folgenden die Verweise auf die benutzte Sekundärliteratur auf ein Minimum beschränkt worden. Da es mir in der Kolloquiumsvorlage primär auf die Herausarbeitung der Denkform Brunos ankommt und nicht so sehr auf Originalität in der Interpretation einzelner Textpassagen, glaube ich, dieses Verfahren wissenschaftlich verantworten zu können. Das Defizit betrifft insbesondere die umfangreiche Bruno-Literatur in italienischer Sprache.

2 H. Blumenberg, *Die Legitimität der Neuzeit*, Frankfurt a.M. 1966, S. 433ff. (Vierter Teil: »Cusaner und Nolaner: Aspekte der Epochenschwelle«). J. Mittelstraß, *Neuzeit und Aufklärung*, Berlin 1970, S. 132ff., § 4: »Vorgeschichte und Anfang des neuzeitlichen Denkens« (Anfang der Neuzeit).

3 Mittelstraß, *Neuzeit*, S. 162.

4 Vgl. W. Kirchbach, *Die Ziele und Aufgaben des Giordano Bruno-Bundes*, Berlin 1905. Die Aktivitäten des Bruno-Bundes sowie die Bruno-Dramen verdienten Berücksichtigung bei der Bearbeitung des Themas »Bruno im späten 19. Jh. in Deutschland«, das H. Heimsoeth formuliert, aber nicht mehr ausgeführt hat: H. Heimsoeth, »Giordano Bruno und die Deutsche Philosophie«, in: *Blätter für deutsche Philosophie* 15 (1942), S. 396. Zur Rezeption Brunos in der italienischen Philosophie der zweiten Hälfte des 19. Jhs. vgl. die kompakte Darstellung von G. Cacciatore, »Note sulla recezione die G. Bruno nella filosofia italiana della seconda metà dell'Ottocento«, in: *Atti dell'Accademia di Scienze Morali e Politiche*, vol. XCV, Napoli 1984, S. 295–313.

5 Vgl. die zusammenfassende Einleitung Grassis zu seinem Auswahlband der Schriften Brunos, *Heroische Leidenschaften und individuelles Leben*, Hamburg 1957 (Rowohlts Klassiker).

6 So neuerdings bei P. R. Blum, *Aristoteles bei Giordano Bruno*, München 1980, S. 99ff. Ansonsten stellt die material- und gedankenreiche Arbeit von Blum einen wichtigen Beitrag zur historischen Rekonstruktion der Naturphilosophie Brunos dar.

7 Einleitung zu G. Bruno, *Von der Ursache, dem Prinzip und dem Einen*, Hamburg 1977, S. XI.

8 Vgl. W. Beierwaltes, »Actaeon – Zu einem mythologischen Symbol Giordano Brunos« in: *Zeitschrift für philosophische Forschung* 32 (1978), S. 345–354. Weiterführend: M. Stadler, »Unendliche Schöpfung und Genesis von Bewußtsein. Überlegungen zur Geistphilosophie Giordano Brunos«, in: *Philosophisches Jahrbuch* 93 (1986), S. 39–60.

9 Vgl. H. Friedrich, *Epochen der italienischen Lyrik*, Frankfurt 1964.

10 P. R. Blum, *Aristoteles bei Bruno*, S. 97.

11 B. Spaventa, »Giordano Bruno«, in: *Rinascimento, Riforma, Controriforma e altri saggi critici*, Venezia 1928, S. 227.

12 Vgl. vom Vf., *Gelebte Philosophie in Deutschland – Denkformen der Lebensweltphänomenologie und der kritischen Theorie*, Freiburg i. Br. 1983, Teil I.

13 E. Renan, *Nouvelles études d'histoire religieuse*, Bd. 7. Nach G. Sorel, *Über die Gewalt*, Frankfurt a.M. 1981, S. 34.

14 Vgl. H. Anton, »Modernität als Aporie und Ereignis«, in H. Steffen (Hg.), *Aspekte der Modernität*, Göttingen 1965, S. 13.

15 Vgl. den kenntnisreichen Kommentar von P. R. Blum zu der in Anm. 7 genannten dt. Ausgabe.

16 So etwa bei Georg Simmel, *Der Konflikt der modernen Kultur*, München und Leipzig 1918.

17 Vgl. Vf., *Phänomenologie und Expressionismus*, Freiburg i. Br. 1982, Kap. 4 (»Wirklichkeit – Europas dämonischer Begriff«).

18 Vgl. Vf., *Scholastik und Kosmologische Reform*, Münster 1971, Kap. I (»Perspektive und Kosmologie«).

19 Vgl. P.-H. Michel, *La cosmologie de Giordano Bruno*, Paris 1962; A. Ingegno, Cosmologia e filosofia nel pensiero di G. Bruno, Firenze 1978 (La Nuova Italia) und den kommentierten Text *Das Aschermittwochsmahl* in der Übersetzung vom Vf., Frankfurt a. M. 1980 (2. Aufl.).

20 Vgl. J. R. Carré, *La Philosophie de Fontenelle ou le sourire de la raison*, Paris 1932.

21 Zitate in der Übersetzung des Vf. nach *Oeuvres complètes*, hg. G.-B. Depping, Paris 1818, Bd. 2 (Nachdruck Genf 1968).

22 *Il pensiero italiano del Rinascimento*, in G. Gentile, *Opere*, vol. XIV, Firenze 1968, S. 300.

23 E. Garin, »Der Begriff der Geschichte in der Philosophie der Renaissance«, in A. Buck (Hg.), *Zum Begriff und Problem der Renaissance*, Darmstadt 1969, S. 248.

RENAISSANCE IM SCHATTEN
DER KLASSIK

Fritz Nies

Vorarbeiten für eine Bilanz: Zum Kanon französischer Renaissance-Literatur in Frankreich und Deutschland

1. *Die Indikatoren: flèche de tout bois oder Die Pluralität der Quellen*

Meine Kurzdiagnose verwertet Symptome unterschiedlichster Art: vom Buchmarkt-Angebot über Ausleih-Statistiken von Bibliotheken und privaten Buchbesitz bis hin zu Umfragen bei verschiedenen Zielgruppen; von Lehrplänen, Lesebüchern und Schullektüre-Reihen über Standard-Literaturgeschichten und Anthologien bis zur Statistik akademischer Dissertationen oder Lehrveranstaltungen und zu schulischer Praxis; von enzyklopädischen Handbüchern, Anekdotensammlungen und Zitatenlexika über Straßenverzeichnisse und Briefmarken bis hin zur Appellativisierung literarischer Eigennamen, zu Dichter-Monumenten, Bildplakaten und Illustrationen[1]. Ist doch der literarische Kanon jedes Individuums, jeder Gruppe, jedes Zeitraums hochkomplexes Produkt des Zusammenwirkens einer kaum eingrenzbaren Fülle solcher Primär- und Sekundärfaktoren.

Das nicht ohne weiteres erkennbare Gewicht einiger dieser Faktoren soll einleitend kurz angedeutet werden. Die alle erfassende Wirkmacht des Schulsystems zwar ist unbestritten, zu unterstreichen bleibt jedoch, daß ihm in Frankreich von der Grundschule bis zur Universität nicht nur als zentrale Aufgabe zufällt, die nationalen Dogmen zu verkünden, sondern daß es dieses Ziel vorzugsweise mithilfe von Literaturdeutung zu erreichen sucht. Gerade sie soll den Heranwachsenden schon im Alter der allgemeinen Schulpflicht den Glauben vermitteln, »daß Frankreich das unerreichte Vorbild zivilisierten Menschentums sei«[2]. Welch hoher Stellenwert Literatur folglich auch bei Repräsentanten des französischen Wahlbürgers selbst auf kommunaler Ebene zukommt, mag daraus erhellen, daß Literaten offenbar diejenige Gesellschaftsgruppe sind, nach der die meisten Straßen benannt und deren Namen so zahllosen Menschen vertraut gemacht oder ständig in Erinnerung gerufen werden. Ähnliches gilt von Briefmarken: Ihre Millionenauflagen übersteigen um ein Vielfaches die der meisten Bücher; und wenn auch nur einer von hundert Absendern, Empfängern oder Sammlern solch ein ›Kleinstplakat‹ genauer ansieht, bleibt dessen Wirkungsbreite eindrucksvoll. Die meisten Staaten haben längst die Durchschlagkraft dieses Propagandainstruments erkannt; Briefmarken gelten manchem als das »heimliche, unterschwellig wirksame Massenmedium Nummer eins«, als die »wichtigsten Repräsentanten, die ein Land überhaupt in die Welt schicken kann«[3], als wertvolles Mittel der

»Volkserziehung«. Gerade in Frankreich propagiert man seit Anfang der 50er Jahre seinen schulischen und pädagogischen Einsatz, und schon von daher lohnt es, die Auswahl der Autoren, die Reduktion ihres Œuvre auf bestimmte Einzelwerke oder -aspekte zu beachten (siehe Abb. 1).

Kommen wir zu einigen Faktorengruppen, die sich dem politisch-administrativen Monopol entziehen. Vermutlich stark unterschätzt wird die Bedeutung von Anekdotensammlungen als Vorratsspeicher für Berufs-Rhetoriker – vom Politiker und Festredner über Prediger und Reporter bis hin zum Lehrer unterschiedlicher Ausbildungsbereiche –, aber auch für die Schwadroneure am Stammtisch, am Arbeitsplatz, bei Empfängen usf.[4] Verwandte Funktion besitzen meist Zitatenlexika: für Berufsredner und -zitierer wie für Alltagsbedürfnisse sonstiger Ratsuchender – bis hin zum Studienrat auf Themenjagd für die nächste Klassenarbeit und dem Abiturienten oder Studenten, der schmückendes Beiwerk für Aufsätze oder Referate braucht. Die imposanten Auflagenzahlen solcher Blütenlesen demonstrieren ihren hohen Indikatorenwert für die Wirkmächtigkeit sowohl bestimmter Autoren als auch auserwählter ›Kernsätze‹. Indem jene Sentenzenarsenale die Spitzenwerke in eine Quintessenz von Satz- oder Versgröße zu komprimieren suchen, wollen sie diese für jedermann faßbar, merkbar, vermittelbar machen. Die so typische Gegenläufigkeit Montaignescher Aussagen beispielsweise bewirkt, daß eine Lehre aus ihnen kaum mehr zu ziehen ist. Die Zitatensammlungen nun reduzieren, instrumentalisieren, vereindeutlichen den schillernden Text zum Rezept. Möchten sie doch in ihrer Totalität eine Art von Extrakt herstellen aus der Welt- und Menschensicht, der Weisheit einer ganzen Kulturgemeinschaft, wie sie sich im literarischen Erbe der Zeiten gesammelt hat. Was schließlich Textverbildlichungen betrifft, läßt sich unschwer einsehen, wie stark oft Illustrationsgeschichte und Rezeptionsgeschichte sich wechselseitig erhellen[5], und daß der Eignungsgrad eines Werkes, einer bestimmten Textpassage für die Illustration mitentscheiden über Art und Intensität der Wirkung in wichtigen Sektoren. Und was könnte eindringlicher offenbaren als der Übergang literarischer Personennamen in die Allgemeinsprache, wie tief die betreffenden Figuren als Besitz einer ganzen Kultur- und Sprachgemeinschaft verwurzelt sind[6]?

Selbstverständlich will ich nicht die Illusion erzeugen, die mit Sicherheit wichtigsten Kanonisierungsfaktoren, vielleicht sogar ausnahmslos, berücksichtigt zu haben. Und ebensowenig könnte sich ein Kolloquiumsbeitrag vornehmen, auch nur eine der diversen Quellenkategorien repräsentativ oder gar exhaustiv erfassen und interpretieren zu wollen. Dennoch ist zu hoffen, daß der Umfang der Belegmaterialien, bei all ihrer Buntscheckigkeit, Urteile von hohem Wahrscheinlichkeitswert erlaubt. Als Untersuchungszeitraum (insbesondere für quantifizierende Aussagen) gilt im Folgenden das 16. Jahrhundert, unter Ausklammerung des so schwierigen Problems der Epochengrenzen. Herausgearbeitet werden Rezeptionsphänomene, die über den Kreis der Berufsrezipierer hinausreichen, so sehr sie durch diesen bedingt sind.

2. *Gesamtdiagnose: moribund?*

Das gegenwärtige Allgemeinbefinden der französischen Renaissanceliteratur ist – um im biologisch-medizinischen Bildfeld zu bleiben – aus französischer Sicht schlecht bis bedrohlich, aus deutscher irgendwo zwischen Koma und Agonie anzusiedeln, und Anzeichen echter Wiederbelebung sind kaum ausmachbar. Dieses Syndrom zeichnet sich im Herkunftsland mehr oder weniger deutlich ab. Dafür nur einige Beispiele: Vergessen sind nicht nur Dauererfolge wie Des Essarts' *Amadis de Gaule*, den eine Marquise de Sévigné noch zur Blütezeit der Klassik ständig evozierte, und dessen extremer Bekanntheitsgrad über anderthalb Jahrhunderte hin sich u. a. in einer ganzen Serie von Appellativen und Ableitungen spiegelt, die aus Namen seiner Figuren gebildet wurden[7]. Bei im letzten Halbjahrhundert erschienenen Handbüchern der Literaturgeschichte[8] lag – wenn man vom üblichen Sechserschema der Zeitalter ausgeht – auch insgesamt der Autorenanteil des 16. Jahrhunderts fast immer[9] klar unter dem Epochendurchschnitt. Einen auffälligen Statusverlust lassen französische Schulbücher der zweiten Jahrhunderthälfte erkennen: Hatte Henry im späten 19. Jahrhundert Autoren des sechzehnten noch den stattlichen Anteil von fast 28% zugestanden, schmolz dieser Bestand neuerdings von 9,6% (bei Avisseau 1956) über 6,1% (bei Durand/Guislin/Roullois 1963) auf 2,3% (bei Boyer/Durand 1964)[10]. Solche Schrumpfungsgrade entsprechen weitgehend dem französischen Lehrplan-Anteil von 1963 mit 4% und dem Titelverzeichnis von Schullektüre-Reihen wie ›Classiques Larousse‹ zu Beginn der siebziger Jahre[11]. Den mit Abstand niedrigsten Prozentsatz von allen Epochen der Neuzeit erhalten Autoren des 16. Jahrhunderts sowohl in Zitatenlexika des vergangenen Halbjahrhunderts[12] wie im *Nouveau Petit Larousse* – im letzteren werden sogar Werke des Mittelalters häufiger berücksichtigt (siehe das Diagramm Abb. 2). Seltener schließlich als Literaten anderer Jahrhunderte widerfährt denen des sechzehnten die Ehre, daß man französische Straßen nach ihnen benennt (5,7% in Paris, 5,1% in Provinzstädten)[13], daß man ihnen Denkmäler errichtet oder im eigenen Land (vom übrigen Europa, Afrika oder Amerika nicht zu reden) eine Briefmarke widmet.

Desolater noch als für Frankreich selbst wirkt das Bild, das sich im deutschsprachigen Raum bietet. Deutlich wird dies schon im Bereich gängiger Literaturgeschichten. Wurde in französischen wenigstens ein Anteil von ungefähr 12% über Jahrzehnte gehalten, fällt er hierzulande rapide von 12,6% (bei E. v. Jan [6]1967) über 9,5% (bei Theisen [2]1969) auf 5,6% (bei Lope 1978). Eine völlige Fehlanzeige ist, über eine ganze Reihe von Jahren hin, für Rundfunk, Fernsehen und Theater[13a] ebenso zu vermelden wie für die Ausleih-Karteien großer Stadtbibliotheken[14]. Das französische 16. Jahrhundert fehlte bei den im letzten Jahr auf unserem Buchmarkt greifbaren Schullektüren[15]. Seine Autoren blieben ungenannt bei Umfragen der siebziger Jahre in unterschiedlichen frankreichnahen Regionen (Trier, Köln, Düsseldorf, Krefeld) über die im

Oberstufen-Unterricht bevorzugt behandelten Texte[16]. Räumen ihnen doch schon die Oberstufen-Lesebücher für Französisch nur den mit Abstand niedrigsten Anteil unter allen Epochen der Neuzeit ein. Dieser Nichtachtung im Sekundarschulbereich entspricht die kaum weniger dürftige Berücksichtigung im Lehrprogramm der Hochschulen – eine Übereinstimmung, die zumindest hinsichtlich des Gegenstandskanons eine verblüffende Interdependenz als autonom geltender Ausbildungsbereiche vermuten läßt: Im ersten Vierteljahrhundert der Bundesrepublik widmeten deren Universitäten unter allen Epochen die mit Abstand niedrigste Zahl von Lehrveranstaltungen der Literatur des 16. Jahrhunderts (Werke: 3,9%; Autoren: 5,8%) – weit weniger auch hier als den Texten des Mittelalters. In dem halben Jahrzehnt nach 1967/68 – für die anschließende Periode liegen noch keine Zahlen vor – fiel sogar die absolute Zahl von Veranstaltungen zum 16. Jahrhundert durchgehend ab, während sie für *alle* übrigen Epochen mehr oder weniger stark anstieg[17]. Vollends erbärmlich wirkt das, was hierzulande an Literatur der Renaissancezeit jenem breiten Publikum verfügbar ist, das zu französischer Kultur keinen über das Schul- oder Studienfach privilegierten Zugang besitzt. Um das katastrophale Gefälle zwischen einem schon in Frankreich bescheidenen Kenntnisstand dieses Publikums und demjenigen im deutschen Sprachraum zu illustrieren, mag eine Vergleichszahl genügen: Schon den ihren Hauptschulabschluß vorbereitenden Vierzehnjährigen Frankreichs werden auch in unserer Jahrhunderthälfte immerhin zwölf Autoren des 16. Jahrhunderts präsentiert[18]. Dagegen erschienen im Jahrzehnt 1975–84 (nach Ausweis der Deutschen Bibliographie, Rubrik Schöne Literatur) Übersetzungen von ganzen zwei Autoren der Epoche bei deutschen Verlagen (siehe Abb. 3). Und es steht zu vermuten, daß selbst diese beiden Erzähler als eher anspruchsloser, leicht zwielichtiger Unterhaltungsstoff an die Käufer gebracht werden sollen: Freß- und Saufgeschichten vom einen, *Das Leben der galanten Damen* vom anderen.

Es hat den Anschein, als leide bei uns die französische Renaissance-Literatur, weit nachhaltiger als zu Hause, unter dem Verdammungsurteil Boileaus und der klassizistischen Ästhetik, als sei die von Sainte-Beuve und der Romantik eingeleitete Rehabilitation hier nicht recht mitvollzogen worden. Von diesem Eindruck bleiben auch jene wenigen Spitzenautoren nicht ausgenommen, deren Werk Frankreich längst wieder dem Kernbestand seines nationalen Kulturerbes zurechnet. Ich demonstriere dies im Folgenden am Beispiel derer, die in den Titelankündigungen wenigstens unserer Kolloquiums-Vorlagen auftauchen.

3. *Die ›monstres sacrés‹*

3.1. Montaigne

Selbst in der Blütezeit der Klassik erwähnten ihn die Briefe von Mme de Sévigné mehr als ein dutzendmal, und die berühmte Kurtisane Ninon de Lenclos wählte ihn zu ihrem Lieblingsautor[19]. Am Vorabend der Revolution stieß er auf unvermindertes Interesse, und auch in der Folgezeit wurde er weniger als andere Zeitgenossen durch die Dominanz klassizistischer Auffassungen in den Hintergrund gedrängt. Nicht von ungefähr ist er der in französischen Zitatenlexika unserer Tage[20] am weitaus intensivsten ausgeschlachtete Autor seiner Zeit. Neben dem auch in anderen Quellentypen obligaten »Que sais-je?«, das ja seit langem sogar als Titel einer enzyklopädischen Buchreihe herhalten muß, begegnen wiederholt Kernsätze zu Sprachlich-Stilistischem, oder »Savoir par cœur n'est pas savoir«, oder

> Si l'on me presse de dire pourquoi je l'aimais, je sens que cela ne se peut exprimer qu'en répondant: »Parce que c'était lui, parce que c'était moi.«

Den Rekord unter solchen Kristallsuchern im Steinbruch der *Essais* hält gegenwärtig P. Oster, mit der stattlichen Zahl von 265 Montaigne-Sentenzen der Ausgabe von 1978.

In den *Instructions* für französische Sekundarschulen von 1973, d. h. auch in den bildungspolitisch so bewegten frühen siebziger Jahren, blieb Montaigne einer von insgesamt nur 26 aufgeführten Schriftstellern. Während der letzten Jahrzehnte wurde er bereits im Cycle d'Orientation den Dreizehnjährigen vorgesetzt, und zwar als Initiator der Reiseliteratur, der den Nutzen des Reisens entdeckte und es zur Kunst erhob. Einem Auszug aus dem Journal seiner Italienreise wird im Fettdruck als Vorspann vorangestellt:

> »Le voyager me semble un exercice profitable. L'âme y a une continuelle exercitation à remarquer les choses inconnues et nouvelles; et je ne sache point meilleure école ... à former la vie, que de lui proposer incessamment la diversité de tant d'autres vies, fantaisies et usances ... Le corps n'y est oisif ni travaillé ... La diversité des façons d'une nation à autre ne me touche que par le plaisir de la variété. Chaque usage a sa raison ... Quand j' ay esté ailleurs qu'en France, et que, pour me faire courtoisie, on m'a demandé si je vouloy estre servy à la Françoise, je m'en suis moqué et me suis tousjours jetté aux tables les plus espesses d'estrangers. J'ay honte de voir noz hommes enyvrez de cette sotte humeur de s'effaroucher des formes contraires aux leurs ...« (*Essais* III)[21]

Dem Verfasser eines zum »art de vivre« führenden »bréviaire de sagesse« begegnen die Schüler wieder im darauffolgenden Jahr, bei der Vorbereitung ihres Brevet, als einem Vorkämpfer moderner Erziehungsprinzipien – allerdings mit deutlicher Warnung vor der allzu ›antiautoritären‹ Komponente solcher Methoden: Montaigne habe »trop de confiance dans l'éducation facile et attrayante, sans efforts«, in eine Erziehung ohne Zwang. Ein weiteres Mal erscheint der »sceptique«, diesmal im Programm der Classe Terminale, anläßlich von Gedanken zum Tod und zur Wahrheit, zu Barbarei und Zivilisation.

Zumindest ein Abglanz von diesem Ausnahmestatus bleibt, über die letzten zwei Jahrhunderte hin, auch in der deutschen Einschätzung Montaignes sichtbar. Der von Boileaus Verdikt verschonte Nicht-Poet wurde ausgenommen von der betonten Abgrenzung unserer Vorklassiker gegenüber französischer Literatur[22], und auch E. Engels leise Reserve gegenüber seinem »mit dem mutigen Urteil zurückhaltenden Skeptizismus« schadete ihm kaum, waren doch andere Handbuchschreiber meist großzügiger. So plaziert ihn, im Gefolge Suchaneks, noch H.-J. Lope 1978 rühmend als »bedeutendsten Denker des 16. Jahrhunderts«[23], und als einziges französisches Werk ebendieses Jahrhunderts werden im selben Jahr die *Essais* in einer weltweit konzipierten *ZEIT-Bibliothek der 100 Bücher* vorgestellt. Und darf er auch gewiß weder als Massenautor via Übersetzung[24] noch als Lieblingsschriftsteller des Französischunterrichts gelten, enthalten doch mehrere unserer Oberstufen-Lesebücher der achtziger Jahre Montaigne-Auszüge; eine Sondierung in den Lehrplänen des bevölkerungsreichsten Bundeslandes zeigt, daß Montaigne zu den ganz wenigen gehört, die dort mehrere Reformen (von 1963 über 1973 bis 1981) unbeschadet überstanden. Was wunder, wenn er auch an bundesdeutschen Universitäten über ein Vierteljahrhundert hin der mit Abstand häufigstbehandelte Autor seines Jahrhunderts blieb? Genau ein Drittel aller einem Einzelautor der Epoche gewidmeten Veranstaltungen galt ihm, fast die Hälfte aller Veranstaltungen zu einem Einzelwerk den *Essais*[25]!

3.2. Rabelais

Der Jurisdiktion klassischer Poetik entzogener Prosaist auch er, und doch verlaufen seine Erfolgskurven durchaus nicht parallel zu denen Montaignes. Dreieinhalb Jahrhunderte hindurch waren seine Titelhelden oder Panurge in Frankreich so allgemein vertraut, daß sie wieder und wieder Anlaß zur Bildung von Appellativen, Ableitungen oder Redensarten (insgesamt über einem Dutzend) wurden[26] und schließlich sogar zum Briefmarken-Motiv avancierten (siehe Abb. 4). Zur Zeit der Klassik wurde Rabelais von einer Mme de Sévigné noch weit häufiger als Montaigne erwähnt, so wie er ganz selbstverständlich auch zum Horizont von La Bruyère, von Tallemant des Réaux und von deren Zeitgenossen gehörte[27]. Erweisen sich für uns Heutige seine Erzählungen als Zitatenspeicher nicht mehr halb so ergiebig wie die *Essais*, gelten sie dafür als eine um so reichere Fundgrube an feststehenden Redensarten. Während der Schulzeit werden Schwänke des »prêtre du rire« – etwa die sprichwörtlichen ›moutons de Panurge‹ –, ähnlich wie Montaigne-Auszüge schon französischen Schülern der Quatrième und Troisième[28] und dann nochmals den

Abb. 1

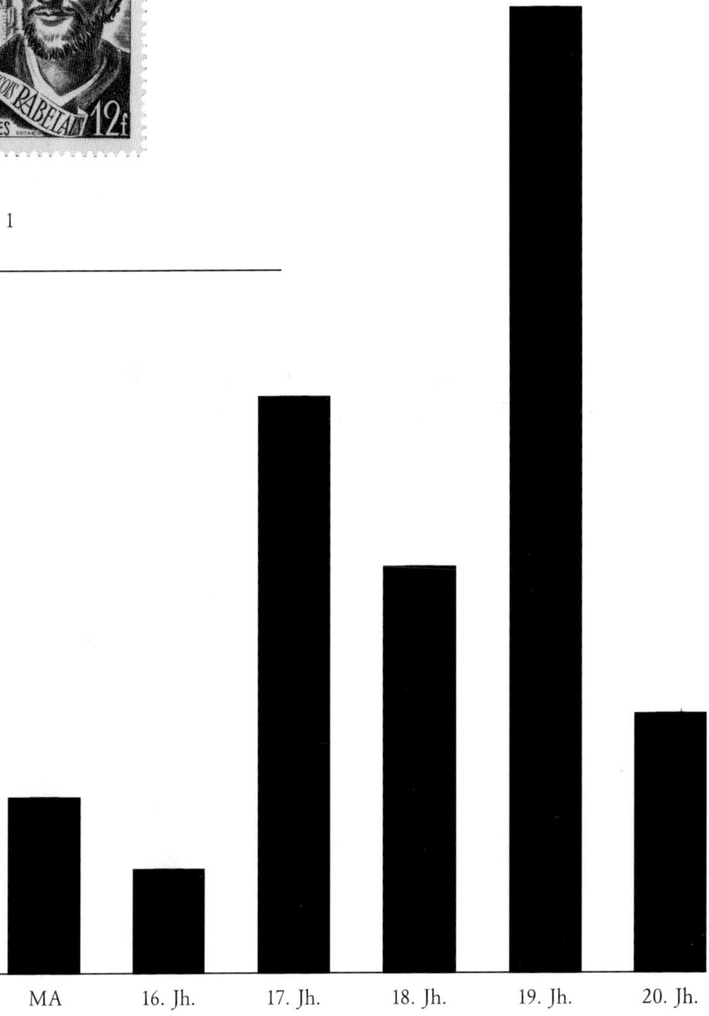

Abb. 2: Anzahl Werkartikel Larousse 1968

Abb. 4

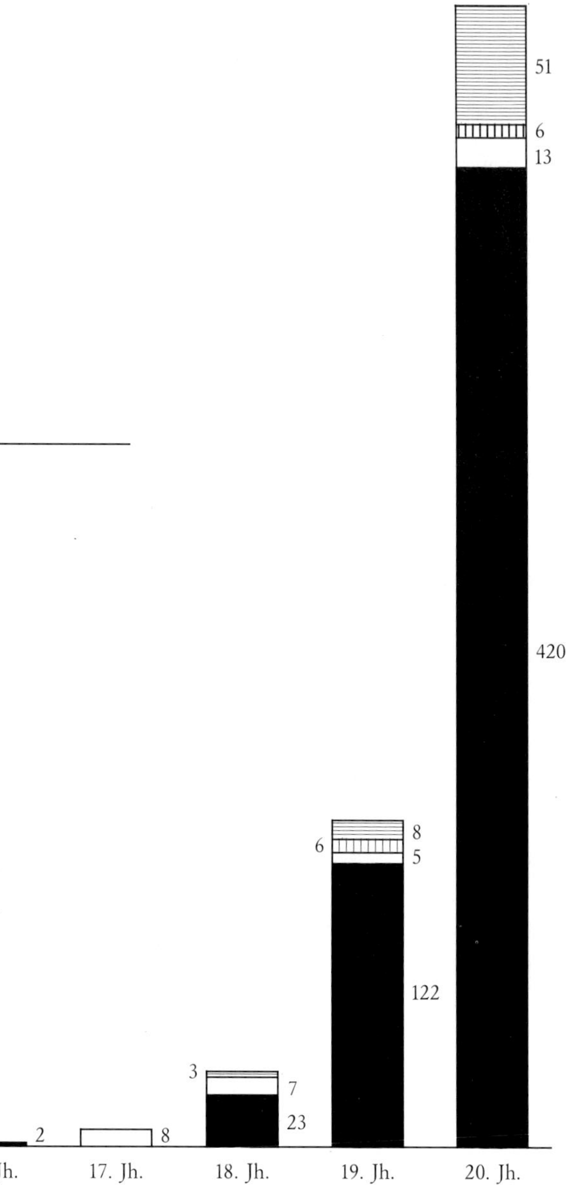

Abb. 3: Titel Deutsche Bibliographie 1975–84

Phot. Larousse.

Le jeune Gargantua en ses habits du dimanche.
Illustration de Gustave Doré. Édition de 1854. — B. N. Imprimés.

Abb. 5: Rabelais, *Gargantua* hg. von J.-Chr. Dumont (Classiques Larousse), 1968, S. 21

Phot. Larousse.

La prise de la Roche-Clermaud. (Chap. XLVIII.)
Illustration de Samivel. Édition Delagrave (1934).

Abb. 6: Rabelais, *Gargantua* hg. von J.-Chr. Dumont (Classiques Larousse), 1968, S. 111

Phot. Larousse.

« Tous les autres moutons, criants et bêlants en pareille intonation, commencèrent soi jeter et sauter en mer après, à la file. » (Page 103.)

Le célèbre épisode des moutons de Panurge dans l'édition de 1865.

Abb. 7: Rabelais, *Tiers, quart et cinquième livre* hg. von J.-Chr. Dumont (Classiques Larousse), 1970, S. 105

Phot. Larousse.

LES MOUTONS DE PANURGE

Gravure en couleurs de Dubout.
On comparera avec la même scène traitée au XIXe siècle. (Page 105.)

Abb. 8: Rabelais, *Tiers, quart et cinquième livre* hg. von J.-Chr. Dumont (Classiques Larousse), 1970, Frontispiz

Abb. 9: Bildplakat von Chéret, vor 1886 (aus: E. Maindron, *Les affiches illustrées*, Paris 1886, S. 138)

höheren Klassen vorgesetzt. Die Schulbuchmacher putzen sie heraus mit Chateaubriands pathetischer Setzung »Rabelais a créé les lettres françaises«, mit dem von Marcel Aymé stammenden Ehrentitel »premier des surréalistes« und dem fürsorglichen Hinweis, unter oft derben Späßen verberge sich eine Fülle von »idées très sérieuses« nicht zuletzt über Erziehung, und all diese Zutaten werden schließlich garniert mit einprägsamen Illustrationen Gustave Dorés und seiner Nachfolger (siehe Abb. 5–8).

Selbst ohne die Schützenhilfe landsmännischer Schulleute hatte Rabelais unlängst einen erstaunlichen Erfolg zu verzeichnen: Bei einer in den vier wichtigsten EG-Ländern (anläßlich der diesjährigen Europawahlen) durchgeführten Umfrage nach den größten »écrivains européens« erscheint sein Name, als einziger seines Jahrhunderts, unter den zehn meistgenannten französischen Autoren[29].

Gerade in Deutschland allerdings können und konnten sich offenbar zumindest gestrenge Schul- und Hochschulleute mit dem unernsten Patron nur schwer anfreunden. Schon E. Engel gellte 1882 sein »höhnendes Lachen« schmerzlich im Ohr und auch so manches Kapitel, das so »über alles Mass unanständig« sei, daß selbst »eine Angabe der Überschriften unmöglich« scheine. Seine Werke waren für Engels weitverbreitetes Handbuch »undenkbar in den Händen einer Frau oder der Jugend, ja auf die Dauer« werde die »Lektüre seines Buches selbst bärtigen Männern physisch unangenehm«[30]. Ein Vierteljahrhundert später klagten die Professores H. Suchier und A. Birch-Hirschfeld in einem wiederum oft aufgelegten Standardwerk mit gleicher Tonlage über »platte Possen und Unflätigkeiten« in einem Sammelsurium der »banalsten Histörchen«, tadelten Rabelais wegen seines Mangels an »Selbstzucht«, der Mißachtung »künstlerischen Gleichmaßes« und nannten ihn mehrfach »unanständig und brutal«. Diese Abneigung deutscher Handbuchschreiber scheint sich zwischenzeitlich bestenfalls abgeschwächt, nicht aber völlig gelegt zu haben. Noch von H.-J. Lope wird Rabelais 1978 als »grob und zynisch« qualifiziert und ergänzend von ihm vermerkt, »klassische Dämpfung« sei »nicht sein Fall«. Daß der Vielbelesene den Fehler beging, weder boileausche Dogmen vorauszuahnen noch Spitzer zu studieren, vergessen ihm unsere sauertöpfischen Beckmesser offenbar selbst dann schwerer als die eigenen Landsleute, wenn sie ihm gelegentlich eine gewisse Sympathie für Protestantisches positiv anrechnen. So enthielt das Lehrangebot bundesdeutscher Universitäten über Jahrzehnte hin viereinhalbmal so viele Veranstaltungen zu Montaignes *Essais* wie zu den Werken von Rabelais insgesamt[31]. Und auch der schulische Französischunterricht versäumte es weitgehend, den Erfinder des »Fay ce que voudras« zum Ahnherrn der permissiven Gesellschaft zu erheben oder ihn, als Vorkämpfer für Gedankenfreiheit und Toleranz, zur staatsbürgerlichen Bildung zu nutzen. Im bevölkerungsreichsten Bundesland jedenfalls verzeichnet kein Lehrplan aus den sechziger, siebziger oder achtziger Jahren seinen Namen.

3.3. Ronsard

Sein Spitzenstatus wird im Frankreich unserer Zeit offenbar kaum mehr angezweifelt. Ganz vereinzelt nur klingen aus dem 19. Jahrhundert Vorbehalte gegen Gelehrtheit und »artifice« seines Dichtens herüber. Galt er doch seit Sainte-Beuves Ehrenrettung als Ahnherr der Romantiker, gegen Jahrhundertende gar auch als »le vrai fondateur de la poésie classique«[32]. Damals bereits dank seines »dessein ... patriotique« in den Schulkanon integriert, gehört er bis in unsere Tage zu dessen Kernbestand. Er wird ebenfalls schon den Dreizehn- und Vierzehnjährigen vorgeführt als Dichter der Natur und der Rosen, und den Abschlußklassen versichert man pathetisch: »Il est posé sur son siècle *comme un aigle sur son rocher*, le dominant de toute sa stature«[33]. Erwartungsgemäß wurde so Ronsard als erster Autor seines Jahrhunderts genannt, als man unter den Schülern der Grandes Classes (3e bis Terminale) eine Umfrage nach den bekanntesten französischen Dichtern durchführte[34]. Hier schon gewinnen die Jugendlichen Vertrautheit mit Paradestücken wie »Mignonne, allons voir si la rose« und »Quand vous serez bien vieille«, die sich dann auch in den Anthologien für Erwachsene wiederfinden. In diesen pflegt man Ronsard unter allen Zeitgenossen den weitaus größten Raum zuzubilligen: von Gides berühmter *Anthologie de la poésie française* – gründend in des Herausgebers Überzeugung »(qu'il) domine la poésie française de très haut« – im Rahmen eines Rettungsversuchs nationalen Kulturerbes (aus der Sicht »d'une génération qui s'en va«) für gebildete Laien, bis hin zum Arrangement der *Poésie des origines à 1715* von Payen und Chauveau, für Literaturstudenten der Revolte-Generation von achtundsechzig. Pädagogisch verwertbare Warnungen im griffigen Alexandrinermaß, wie »Bien fol est qui se fie en sa belle jeunesse« oder »La jeunesse s'enfuit sans jamais revenir«, gehören zum Standardrepertoire der Zitatensammlungen[35]. Bei so vielfältig sorgsamer Pflege nimmt es nicht wunder, daß ausgerechnet Ronsard es war, dem schon 1924 – als erstem Literaten überhaupt – vom französischen Staat eine Briefmarke gewidmet wurde[36].

Der vom Teleobjektiv französischer Dichtungsgeschichte ausgemachte, sein ganzes Saeculum beherrschende Adler schrumpft in deutscher Sicht zum verächtlichen Sperling. E. Engel zwar konnte er vor einem Jahrhundert wenigstens noch zu einer wahren Schimpfkanonade reizen: Ronsard sei gekennzeichnet durch »cynische Geschmacklosigkeit« sowohl der Empfindung als der Sprache, durch »Poesielosigkeit«, ja »Poesiewidrigkeit«, Mangel an »einem menschlichen Gefühl«, unüberbietbare Eitelkeit und unabsehbare »Dürre«; er sei »nie mit dem vollen Dichterherzen bei der Sache«, sei zu Recht bald »in die literarische Rumpelkammer« verbannt und dem »Fluch der Lächerlichkeit und der Langeweile« preisgegeben worden[37]. Auch für Suchier und Birch-Hirschfeld blieb der im eigenen Vaterland mit frischem Lorbeer Bekränzte wenigstens tadelnswürdig als rücksichtsloser Verteidiger des Katholizismus und »weitschweifiger Schwätzer, ein lehrbegieriger und schwerfälliger Pedant«. Doch Lope sollte er 1978 – im Gegensatz zu den beiden kanonisierten Prosaisten der Zeit – nicht einmal mehr eines eigenen Abschnitts und der Erwähnung im Inhaltsverzeichnis wert sein. Die Geringschätzung im literaturhistorischen Handbuch hat ihr Pendant im Lehrangebot bundesdeutscher Hochschulen. Nur ganze drei Lehrveranstaltungen wurden über ein Vierteljahrhundert hin Ronsards *Amours* gewidmet – ein Neuntel der Veranstaltungen zu Montaignes *Essais*[38]. In nordrhein-westfälischen Lehrplänen der sechziger und siebziger Jahre fehlt der Name des Dichterfürsten ebenso wie eine Übersetzung oder Schulausgabe seiner Gedichte auf dem deutschen Markt, und nur zwei von ihnen waren in acht Oberstufen-Lesebüchern aufzuspüren. So braucht es kaum prophetischer Gaben für die Vorhersage, daß der Serie deutscher Kolloquien und Ausstellungen zum 200. Todestag Diderots wohl kaum Vergleichbares zum 400. Todestag Ronsards folgen dürfte.

3.4. Du Bellay

In französischen wie deutschen Kanones der letzten hundert Jahre pflegt er fast ausnahmslos den vierten Rang unter den Zeitgenossen, den zweiten unter den zeitgenössischen Poeten zu behaupten. Stärker noch als bei Ronsard wird in jenen Kanones sein Œuvre auf wenige Gedichte und Hauptaspekte reduziert: auf den Preisgesang der fernen Patrie, den Kampf für eine französische Literatursprache, auf die melancholische Tonlage eines »ancêtre des romantiques«[39]. Als bevorzugte Demonstrationstexte dienen insbesondere das Sonett

> »France, mère des arts, des armes et des lois,
> Tu m'as nourri longtemps de ta mamelle ...«[40]

sowie »Heureux qui, comme Ulysse, a fait un long voyage« und »Las, où est maintenant«. In dieser Stilisierung gehört Du Bellay ebenfalls seit einem Jahrhundert zum Kernbestand des französischen Universitäts- und Schulkanons ab der Classe de Quatrième, zu den Lieblingsautoren der Anthologien[41], zum Belegreservoir der Zitatenlexika unter den Stichworten Glück und Schmerz usf. Doch dürftiger noch als für Ronsard ist seine Bilanz bei den Lehrveranstaltungen unserer Universitäten (die überwiegend der *Deffence & Illustration* gelten[42]); auch ihm gesteht Lope keinen eigenen Abschnitt zu, und er fehlt im deutschen Schullektüren-Angebot wie in den meisten Oberstufen-Lesebüchern.

3.5. Clément Marot und andere

Marot kommt dem Führungsquartett insgesamt wohl am nächsten. In Frankreich ist er seit dem späten 19. Jahrhundert Schulautor, um 1957 ab der Mittelstufe – sei es mit dem Rondeau über *le bon vieux temps*, sei es mit jenem *Au Roi, pour avoir dérobé*, dessen Pointe »au demeurant le meilleur fils du monde« nicht nur in französischen Blütenlesen, sondern sogar in Büchmanns *Geflügelte Worte* Heimrecht fand[43]. Auch in der Bundesrepublik wurden ihm in einem Vierteljahrhundert immerhin zwölf akademische Lehrveranstaltungen gewidmet, und selbst bei einer Umfrage zu Schullektüren tauchte 1959 einmal sein Name auf[44].

Weit größere Schwierigkeiten beim Grenzübertritt haben andere Standardautoren des französischen Schul- und Hochschulkanons, den auch die Anthologien spiegeln. Agrippa d'Aubigné beispielsweise, nach Anzahl der Gedichte bei Payen/Chauveau gleich nach Ronsard, bei Gide gleich nach diesem und Du Bellay rangierend, bleibt an deutschen Schulen und Universitäten ohne Fortüne[45]. Nicht besser als dem Autor der *Tragiques* ergeht es Maurice Scève, dem von Payen/Chauveau am dritthäufigsten Berücksichtigten; oder Jean-Antoine du Baïf, der bei Oster 1978 in der Zitatzahl selbst Du Bellay übertrifft; oder Jean de Sponde, Schulnahrung für die Classes terminales der mittsechziger Jahre[46]; oder Robert Garnier, den Castex/Surer zwei Jahrzehnte vorher zur Vorbereitung auf das Baccalauréat präsentierten, und von dem Oster noch 1978 immerhin elf ›geflügelte Worte‹ verzeichnet. Weder Sponde noch Garnier vermochte in einem runden Vierteljahrhundert im deutschen Sprachraum auch nur einen einzigen Nachwuchswissenschaftler zu einer Dissertation zu inspirieren, und der erstere konnte nicht eine einzige Lehrveranstaltung für sich verbuchen.

Erstaunlich beliebt ist dagegen an deutschen Universitäten eine Erzählerin, die in Frankreich keineswegs unter die Schulautoren zählt: Marguerite de Navarre, deren *Heptaméron* nach Montaignes *Essais* die meisten Veranstaltungen zu einem Einzelwerk des 16. Jahrhunderts gewidmet wurden[47]. Dieser hohe Interessepegel mag zum Gutteil auf die Zugehörigkeit zur Novellentradition – Lieblingstummelplatz deutscher Romanistik wie Germanistik – rückführbar sein. Nur ein einziger weiterer (vom französischen wie deutschen Schulsystem gemiedener) Conteur verirrte sich in eine akademische Lehrveranstaltung und sogar eine neuere deutsche Anekdotensammlung: Bonaventure des Périers.

4. Renaissance der Renaissance?

Fassen wir zusammen: Von einer ›Pluralität der Welten‹ kann im gegenwärtigen Kanon französischer Renaissance-Literatur kaum gesprochen werden. Sie ist in extremer Weise reduziert auf wenige Werke, Textsequenzen, Aspekte einer spärlichen Anzahl von Autoren. Diese extreme Reduktion auf eine Quasi-Schwundstufe ist, wie wir wissen, ein keineswegs unausweichlicher historischer Vorgang. Können doch Rezeptionsprozesse durchaus auch Bewahrung von oder Zugewinn an Komplexität bedeuten. Die Reduktion ist um so auffälliger, als sie Texte trifft, die in besonderem Maße durch ihre »multiple Interpretierbarkeit« charakterisiert scheinen. Sieht man die französischen Renaissance-Rudimente auf dem Hintergrund des noch ansehnlicheren Mittelalter-Kanons, drängt sich die Vermutung auf, die Renaissance sei uns einerseits schon zu fern, andererseits aber noch nicht fern genug, ihre Alterität noch zu gering, um nennenswertes Interesse wecken zu können. Oder gleicht unser Kolloquium vielleicht gar – was französische Literatur betrifft – nur dem Bemühen der Apparate-Medizin, die Agonie einer klinisch definitiv toten Epoche künstlich zu verlängern, oder dem makabren Wissenschaftlerspiel der Galvanisierung eines Epochenleichnams?

Über vermutliche Gründe der skizzierten Divergenzen zwischen französischem und deutschem Kanon ließe sich lange spekulieren. Das quantitativ starke Gefälle ist sicher zum Gutteil rückführbar einerseits auf den weiterhin hohen Rang von Geschichte für die Identitätsbildung unserer Nachbarn im »ältesten Nationalstaat Europas«, andererseits auf einen ausgeprägten Aktualismus der meisten Literatur-Mittler hierzulande[48]. Für das Fehlen der gesamten Lyrik auf dem deutschsprachigen Buchmarkt wie in unseren öffentlichen Bibliotheken ließe sich gewiß auch die besondere Schwierigkeit des Transfers von Verstexten in andere Sprachen anführen. Doch diese Schwierigkeit erklärt noch nicht die geringe Wertschätzung jener Texte im fremdsprachlichen Literaturunterricht, der ansonsten gerade Lyrik stark favorisiert[49], oder in der akademischen Lehre. Hier mögen gewisse patriotische Töne gestört haben, die französischerseits im Dichten Ronsards und Du Bellays, aber auch d'Aubignés seit langem fortissimo interpretiert zu werden pflegen. Wie sollten gerade zu jener Zeit, in der sich die (gleichfalls höchst national gesinnte) deutsche Literaturgeschichtsschreibung und deutscher Literaturunterricht etablierten, etwa ein E. Engel oder Suchier und Birch-Hirschfeld das eben geschlagene Frankreich als »mère des arts, des armes et des lois« anerkennen, wie es als »mère affligée«[50] bedauern können? Wie sollten die neubestallten Erzieher einer gegen den äußeren Feind Frankreich geeinten Nation, deren Religionskriege zweieinhalb Jahrhunderte zurücklagen, die für Franzosen noch weit aktuellere Bürgerkriegsklage d'Aubignés nachempfinden? So war möglicherweise der vor einem Jahrhundert im deutschen Ausbildungssystem für diese Lyrik verlorene Boden nicht wieder gutzumachen.

Doch was immer die Ursachen der gegenwärtigen Situation sein mögen – sind Anzeichen einer Änderung ausmachbar? Eine einsame, kaum merkliche Spur eines Aufwärtstrends zeigt der Autorenkanon des nordrhein-westfälischen Sekundarstufenlehrplans von 1981: Der Anteil des 16. Jahrhunderts wurde – im Rahmen einer insgesamt leicht verstärkten Berücksichtigung früherer Literaturepochen – von den 1973 zugestandenen 1,6% auf 3,1% verdoppelt, und zu Montaigne haben sich die Lyriker Ronsard und Du Bellay gesellt. Das Fehlen selbst von Rabelais signalisiert indes, wie mühsam hierzulande Versuche sein dürften, das außerwissenschaftliche Interesse an französischer Renaissanceliteratur nachhaltig zu beleben.

Ausweichen kann jedoch gerade eine Studie über Kanoninhalte nicht der Frage nach Wünschbarkeit und Möglichkeit eines Einwirkens auf die künftige Entwicklung. Gewiß sollte Forschung nicht ständig auf literaturdidaktisch, schulisch, journalistisch, literaturpolitisch Verwertbares schielen, und ebenso gewiß sollte man auf die Gewaltkur eines zu kurzschlüssigen Aktualisierungsfeldzugs verzichten. Doch wie unsere kontrastive Bilanz gezeigt hat, besitzen literaturpolitische Entscheidungen der Wissenschaftler einen offenbar hohen Wirkungsgrad – versehen sie doch zugleich die Funktion des Literaturlehrers und Ausbilders von Lehrern und sonstigen Mittlern, oft auch die des Handbuch- und Anthologieverfassers. Wie weit entsprechen also die zur Zeit gültigen Kanones französischer Renaissanceliteratur der vermutlich speziellen deutschen Interessenrichtung der kommenden Jahre, und wo wären Korrekturen sowohl angebracht als auch aussichtsreich? Dringlich erscheint vor allem eine weit stärkere Beachtung zumindest jener Namen und Texte, die für andere Nationen zum Kernbestand französischen Kulturerbes zählen, oder die schon im Alter der allgemeinen Schulpflicht das Weltbild der gesamten jungen Generation Frankreichs mitprägten und so weiterhin für das Selbstverständnis auch der Erwachsenen hohen Rang besitzen[51]. Wie wir gesehen haben, deutet die nationale Gemeinschaft Frankreichs ihre Gegenwart und Zukunft noch immer aus einem kompakten Grundbestand nicht nur politischen, sondern auch literarischen Erbes. Aus der hierzulande vom modischen Fremdsprachenunterricht vielstrapazierten Leitidee der ›kommunikativen Kompetenz‹ jedoch folgt auch dies: Kommunikationsfähigkeit zwischen nationalen Kultursystemen besteht nur dann, wenn den Partnern ein beträchtlicher Bestand an Wissen und Vorstellungen – nicht zuletzt über Literatur – gemeinsam verfügbar ist. Soll also der geistige Dialog mit unserer wichtigsten Nachbarnation nicht abbrechen, darf es nicht dabei bleiben, daß unsere Gymnasiasten etwa von einem Rabelais nie hören. Wichtige Aspekte des noch so vitalen französischen Nationalismus werden ohne Kenntnis gewisser Paradestellen der Pléiade-Poeten schwerlich zu verstehen sein, usf.

Der Allerweltseinwand vom übergroßen sprachlichen Schwierigkeitsgrad älterer Fremdsprachentexte sollte daher deren schulische Nutzung nicht ausschließen. Denn abgesehen davon, daß sich dieser Nachteil durch vielfältige (auch französischen Vierzehnjährigen unentbehrliche) Hilfen beheben läßt, besitzen gerade die Paradetexte des innerfranzösischen Kanons eine wichtige Voraussetzung für den Gebrauch in geschlossenen ›Unterrichtseinheiten‹: die Kürze ihrer relativ autonomen Textsequenzen – mag es sich nun um Sonette oder andere lyrische Kleinformen der Pléiadedichter oder um Passagen des Prosawerks von Montaigne und Rabelais handeln. Insbesondere letzterem müßte darüberhinaus eine bekanntlich ausgeprägte Affinität von Jugendlichen zu unterhaltsamer Erzählliteratur[52] zugute kommen können.

Es ist nicht mein Ehrgeiz, sämtliche ›aktuelle‹ Akzentsetzungen aufzureihen, die sich für eine Interpretation solcher Autoren im Unterricht anbieten, und ich will mich mit wenigen Andeutungen begnügen. Das besonders in der jungen Generation so geschärfte Umweltbewußtsein, ihre leidenschaftliche Protestbewegung gegen den Raubbau an Wald und Natur sind Vorbedingungen, die sich kein Lehrer günstiger wünschen könnte für die Neupräsentation des seit Generationen im französischen Kanon verankerten Ronsard-Gedichts *Contre les bûcherons de la forest de Gastine*. Einem Schulkonzept, das als übergeordnetes Ziel auch des Literaturunterrichts die Erziehung zum mündigen Bürger eines demokratischen Staatswesens sieht, müßte Montaigne nicht zuletzt als früher Vertreter des Toleranzdenkens wertvoll sein. Und jene Freiheitsidee, welche die Große Revolution auf ihre Fahnen schreiben wird, von der die allgemeine und besonders schulische Selbstdeutung des republikanischen Frankreich bis zum heutigen Tag entscheidend geprägt ist, konnte sich keine zuverlässigeren Gewährsleute und Vorläufer wünschen als Montaigne und Rabelais. So sollte auch die Schule eines Staatswesens, das seine Grundordnung stolz als ›freiheitlich‹ zu apostrophieren gelernt hat, auf diese Vorkämpfer von persönlichem Glücksanspruch, Gedankenfreiheit, spielerisch-mühelosem Lernen und freier Erziehung nicht leichthin verzichten. Im Zeitalter des internationalen Massen- und Jugendtourismus läßt sich wohl schwerlich eine bessere Anleitung zum rechten Gebrauch der Auslandsreise entdecken als die oben[53] wiedergegebene Montaigne-Passage aus französischen Schulbüchern. Montaignes Reisejournal wie die *Essais* könnten den Schülern schließlich vor Augen führen, welches Bild unser Nachbarvolk schon vor vierhundert Jahren hatte von den Deutschen als der »plus grossière nation de celles qui sont aujourd'hui«, und wie alt manche der noch heute verbreiteten National-Stereotypen sind: der deutsche Reinlichkeitsfimmel, die Streitsucht, die Gefräßigkeit, das Vertilgen riesiger Mengen von Wein und Bier usw.[54]

Manch gelehrtem Mitglied unserer Runde mögen derartige Aktualisierungsvorschläge auf Schülerniveau – bei aller deutlich gewordenen Interdependenz von Schul- und Hochschulkanon – einer näheren Beschäftigung nicht wert scheinen. Worin die Aktualität einzelner Spitzenautoren auch und gerade für heutige Literaturwissenschaft liegen dürfte, werden die ihnen gewidmeten Spezialbeiträge untersuchen, und wir sollten uns der Aufgabe nicht entziehen, hier Erarbeitetes zu prüfen auf seine Transformierbarkeit in Breitenrezeption. Als Diskussionsanstoß könnte ich auch verweisen auf Montaignes Beobachtung, die Menschen würden »mehr gequält durch die Meinungen, die sie von den Dingen haben, als von den Dingen selbst«[55], um diese Einsicht zum Motto und Ursprung aller Mentalitätsforschung zu deklarieren. Doch ich will mich beschränken auf einen Komplex, der nicht nur einen einzigen Autor, sondern deren Gesamtheit charakterisiert. Die Renaissance-Literatur liefert, wie schon der Epochenname signalisiert, ein Paradebeispiel für das, was in literaturwissenschaftlicher Theoriebildung der letzten Jahre als ›Intertextualität‹ und ›Transtextualität‹ zu Schlüsseltermini avancierte. Was eine an Spontaneität, an unmittelbarem Erlebnis- und Gefühlsausdruck orientierte Wertung einst der Pléiade-Lyrik, Rabelais, Montaigne als Pedantismus vorwarf[56], sollte ihnen nun unsere besondere Beachtung sichern: ihre ›Gelehrtheit‹, die in das eigene Werk eingeschmolzene immense Belesenheit dieser Büchermenschen. Eine an Intertextualität interessierte Geschichtsschreibung könnte sich kein reicheres Demonstrationsmaterial wünschen als solche Texte; und es mag sein, daß der aus ihnen hervorwuchernde ›embarras de richesse‹ besonders deutlich auch die Grenzen einer neuen Fragerichtung markieren wird.

Anmerkungen

1 Einzelnachweis der benutzten Quellen in den folgenden Anmerkungen. Für Mithilfe bei der Erstellung der Namenslisten und statistischen Angaben habe ich Frau M. Lindenbeck zu danken.

2 H. W. Ehrmann, *Das politische System Frankreichs – Eine Einführung*, München 1968, S. 66; vgl. zu alledem und zum Folgenden auch: Nies, »Drei Musketiere und ein kleiner Prinz? Französische Literatur in der Bundesrepublik«, in *Interferenzen* ... hg. von L. Jordan/B. Kortländer/F. Nies, Düsseldorf 1983, S. 138, 144.

3 Siehe zu alledem und zum Folgenden Nies, »Dix centimètres carrés de La Fontaine«, *Papers of French XVIIth Century Literature* X (1983), bes. S. 757–59.

4 Siehe zu alledem Nies, »Würze der Kürze«, in *Erzählforschung*, hg. von E. Lämmert, Stuttgart 1982, S. 429 u. ö. – Zum Folgenden siehe Nies, »Musketiere« S. 143 u. ö.

5 Vgl. Nies, »Warnzeichen und Sinnenkitzel – Zur Illustrations- und Wirkungsgeschichte von ›Manon Lescaut‹«, in *Romanistische Zeitschrift für Literaturgeschichte* 9 (1985), S. 363–78.

6 Siehe dazu Nies, »Musketiere« passim; Nies, »Des ›amadis‹ aux ›zoïles‹ – Standardisation de l'exceptionnel en littérature«, in *Normes et Transgressions en langue et en littérature*, hg. von D. Briolet, Nantes 1986.

7 Vgl. etwa W. v. Wartburg, *Französisches etymologisches Wörterbuch* 3, 15 a und 24, 383 a. – Zum Folgenden: Mme de Sévigné, *Correspondance* hg. von R. Duchêne, Bd 3 Index, Gallimard 1978.

8 Ausgewertet wurden: G. Lanson, *Manuel illustré d'histoire de la littérature française*, Hachette 1936 (12%); D. Mornet, *Histoire générale de la littérature française* 1936 [[1]1925; nachgedruckt noch 1952] (14%); E. Abry/P. Crouzet/C. Audic, *Histoire illustrée de la littérature française*, Didier 1942 [[4]1981] (6,7%); Ch.-M. Des Granges/Boudot, *Histoire de la littérature française*, Hatier [52]1962 [[41]1946] (10,6%); R. Jasinski, *Histoire de la littérature française*, Nizet [2]1965 (24%); P. Salomon, *Précis d'histoire de la littérature française*, Masson [2]1969 (12%).

9 Eine Ausnahme ist Jasinski a.a.O.

10 A. Henry, *Les auteurs français de l'enseignement secondaire et du baccalauréat*, Paris [6]1898; P. Avisseau, *Littérature française expliquée par des textes choisis, cours du Brevet élémentaire et de l'examen de Fin d'études du 1er cycle*, Ed[s] de l'Ecole 1956; P. Durand/J. Guislin/L. Roullois, *Le Français en cycle d'orientation (4 e)*, Larousse 1963; P. Boyer/P. Durand, *Le Français vivant (classe de 7 e)*, Paris 1964. – Kaum höher liegen die Zahlen bei P. Brunel/D. Huisman, *Les auteurs français des classes terminales*, Nathan 1965 (4,9%) und bei G. Mauger/M. Bruézière, *Cours de civilisation française – Ecrivains*, Paris 1966 (3,6%).

11 *Programme scolaire des lycées français (arrêté du 7 mai 1963)*; Anteil der Classiques Larousse nach U. Wehrspann, »Vergleich des Kanons von Classiques Garnier, Classiques Larousse und Livre de Poche Classique«, Seminararbeit Düsseldorf 1972 (ms.).

12 E. Genest, *Les belles citations de la littérature française – 2 e série*, Paris 1930 [[1]1923]; K. Petit, *Le dictionnaire des citations du monde entier*, Verviers [2]1960; P. Oster, *Nouveau dictionnaire des citations françaises*, Hachette/Tchou 1970 (sämtliche Anteil-Berechnungen H. Andernach/P. Braselmann, »Der Autoren- und Werkkanon französischer Zitatensammlungen«, Seminararbeit Düsseldorf 1972, ms.). Als

exakte Prozentzahl mögen die 4,1% bei P. Oster, *Dictionnaire des citations françaises*, Les Usuels du Robert 1978, hier genügen. – Zum Folgenden: *Nouveau Petit Larousse*, Paris 1968 (nach H. Winterscheidt, »Der Autoren- und Werkkanon – französische Literatur – des Petit Larousse 1968«, Seminararbeit Düsseldorf 1972).

13 Nach R. Posthaus, *Französische Autoren in Straßenverzeichnissen (Paris, Montreuil, St.-Etienne, Perpignan) – Untersuchungen über politische und historische Gründe literarischer Kanonisierung im öffentlich-kommunalen Bereich*, Staatsarbeit Düsseldorf 1975 (ms.) und S. Kieß, »Der Kanon französischer Autoren in Straßenverzeichnissen von Provinzstädten«, Seminararbeit Düsseldorf 1972 (ms.). – Zum Folgenden: D. Lewandowski, *Die französischen und spanischen Schriftsteller und ihre Werke auf den Briefmarken Europas, Afrikas und Amerikas*, Magisterarbeit Düsseldorf 1982 (ms.).

13 a Zum Vorangehenden siehe E. v. Jan, *Französische Literaturgeschichte in Grundzügen*, Heidelberg [6]1967; J. Theisen, *Geschichte der französischen Literatur*, Stuttgart [2]1969; H.-J. Lope, *Französische Literaturgeschichte* (UTB), Heidelberg 1978. – Zu Theater und Fernsehen: J. Kemper, *Kanonbildung frz. Autoren bei deutschen Theatern und im deutschen Fernsehen während der letzten fünf Jahre*, Staatsarbeit Düsseldorf 1972 (ms.); Deutsche Gesellschaft für Filmdokumentation, Wiesbaden 1973; *Die deutsche Bühne – Monatsschrift des deutschen Bühnenvereins/Theater-Magazin* Jg. 1970, 1979; H. Schwab-Gelisch, *75 Jahre Düsseldorfer Schauspielhaus 1905–1980*, Düsseldorf/Wien 1980. Zum Folgenden: Angaben zur Denkmal-Frequenz nach H.-G. Bongarts, *Französische Schriftsteller-Denkmäler insbesondere im Pariser Raum*, Staatsarbeit Düsseldorf 1985 (ms.).

14 Siehe H. Fister, *Leserstruktur und Lesegewohnheiten in einer öffentlichen Bücherei (Heilbronn) unter bes. Berücksichtigung der französ. Literatur*, Staatsarbeit Düsseldorf 1972 (ms.); D. Klosterköther, *Analyse zur Rolle einer öffentlichen Bücherei (Stadtbücherei Düsseldorf) bei der Vermittlung französ. Literatur*, Staatsarbeit Düsseldorf 1977 (ms.).

15 Nach Speuser, »Zum französischen Lektüreangebot deutscher Schulbuchverlage«, Seminararbeit Düsseldorf 1983 (ms.).

16 Siehe G. Henrici, *Aspekte sprachlichen und literarischen Unterrichts in Universität, Bezirksseminar und Schule – Eine Dokumentation*, Bielefeld 1973; J. Kugelmann/H. Merker, *Kanonbildung im Bereich der Arbeit mit fiktionalen Texten auf der 2. Stufe des Französisch-Unterrichts*, Staatsarbeit Düsseldorf 1974 (ms.); W. Kuhfuß, »Zum Stand des frz. Literatur-Unterrichts am Gymnasium – Ergebnis einer Umfrage zur Vorbildung und Erwartungshaltung der Studienanfänger in frz. Literaturwissenschaft«, *Französisch heute* 1976, S. 218–30. Vgl. auch Feststellungen wie »Die französische Literatur vor 1600 spielt an der Schule praktisch keine Rolle« (F. Abel/J. Lang, *Der Französischunterricht auf der Oberstufe der Gymnasien. Bericht über zwei Umfragen bei romanistischen Studienanfängern*, Tübingen 1984, 114). – Zum Folgenden: R. Schidzick, *Auswahl und Aufbereitung literar. Texte in Oberstufenlesebüchern für den Französischunterricht an deutschen Schulen*, Staatsarbeit Düsseldorf 1980 (ms.); bei W. Hertel, *La civilisation française – Lese- und Arbeitsbuch für die Sekundarstufe II*, Frankfurt/M. [6]1981 [[1]1976] stammen die ältesten Texte aus dem 17. Jh.

17 Siehe zu alledem H.-G. Beiersdorff, *Das Angebot zur frz. Literatur in den Lehrveranstaltungs-Ankündigungen der bundesrepublikanischen Universitäten 1948–1973*, Heidelberg 1979, S. 38, 115 u. ö. Ungleich besser war noch das Bild in einer

Anthologie de la poésie lyrique française, die G. Duhamel zusammengestellt und der Insel Verlag Leipzig 1923 ediert hatte: Etwa 30% der Autoren und der Seitenzahl waren dort dem 16. Jh. reserviert (Hinweis von W. Preisendanz).

18 Siehe Avisseau a.a.O. – Zum Folgenden: zu Rabelais, Brantôme vgl. die Computer-Ausdrucke der *Deutschen Bibliographie*, Rubrik Schöne Literatur, 1975–84.

19 Siehe Mme de Sévigné, *Correspondance* hg. von R. Duchêne, Bd 3, Gallimard 1978, Index; Tallemant des Réaux, *Les Historiettes* hg. von A. Adam, Gallimard 1961, Bd 2, S. 444. – Zum Folgenden siehe die vielsagende Illustration Dunkers zu L.-S. Mercier, *Tableau de Paris*, 1787, ›Les Bouquinistes‹.

20 Petit a.a.O., Oster 1970 und Oster 1978 a.a.O. – Zum Folgenden ebd.

21 Durand/Guislin/Roullois a.a.O. S. 148 (gleiche Passage schon für die Classes supérieures bei M. Bruézière/G. Mauger, *Langue et civilisation françaises IV: La France et ses écrivains,* Hachette 1957, S. 278f.) – Zum Folgenden: Avisseau S. 61–65; Brunel/Huisman S. 21–28.

22 Siehe etwa J. G. Hamann, *Briefwechsel in 7 Bänden* hg. von A. Henkel, Insel Verlag 1979, Bd 7, S. 341 (an F. H. Jacobi, Nov. 1787); F. H. Jacobi, *Allwills Briefsammlung* hg. von J. U. Terpstra, Groningen/Djakarta 1957, S. 244f., 296 u. ö. – Zum Folgenden: E. Engel, *Geschichte der französ. Literatur*, 1882 [^{9}1920], S. 156.

23 Lope S. 60. – Zum Folgenden: Raddatz (Hg.), *Die ZEIT-Bibliothek der 100 Bücher,* Frankfurt/M. ^{2}1980.

24 Er fehlt bei Fister, Klosterköther a.a.O. und in der Deutschen Bibliographie 1975–84. – Zum Folgenden: Er fehlt bei Henrici und bei Speuser a.a.O.

25 Beiersdorff S. 56f.

26 Siehe Wartburg, *FEW* 7, 564 b; 7, 571; 10, 8 a; P. Robert, *Dictionnaire alphabétique & analogique de la langue française* [Petit Robert], Paris 1973, s. v. Gargantua u. ö.

27 Siehe Sévigné a.a.O. und Tallemant des Réaux a.a.O., I, 266, 445; II, 89, 135 u. ö. – Zum Folgenden: Oster 1978 registriert nicht annähernd halb so viele Rabelais-Stellen wie Montaigne-Zitate; dafür verzeichnet M. Rat, *Dictionnaire des locutions françaises*, Larousse 1957 mehr als doppelt so viele Belege vom ersteren.

28 Durand/Guislin/Roullois und Avisseau a.a.O. – Zum Folgenden siehe Bruézière/Mauger S. 342 und Rabelais, *Gargantua: Extraits* hg. von J.-Chr. Dumont (Classiques Larousse), Larousse 1968, ›Jugements sur Rabelais et son œuvre‹.

29 Siehe P. Boncenne, *Lire* n° 105, 1984.

30 Engel 1882, S. 140, 143. – Zum Folgenden: H. Suchier/A. Birch-Hirschfeld, *Geschichte der französ. Literatur*, Leipzig/Wien ^{2}1905, S. 327–33; Lope S. 53f.

31 Siehe Beiersdorff S. 57. – Zum Folgenden: Der Kultusminister Nordrhein-Westfalen, *Curriculum Heft III: Gymnasiale Oberstufe* (Heft 5,2) [›Empfehlungen‹], 1973; *Gymnasiale Oberstufe. Richtlinien Französisch* (Die Schule in Nordrhein-Westfalen. Eine Schriftenreihe des Kultusministeriums), Köln 1981; *Richtlinien für den Unterricht in den Höheren Schulen Teil m: Französisch, vom 22. 3. 1963* (Schriftenreihe des Kultusministeriums: Die Schule in Nordrhein-Westfalen, Heft 8). Rabelais fehlt auch beim Schullektüren-Angebot deutscher Verlage (nach Speuser a.a.O.); Oberstufen-Lesebücher des Jahres 1980 enthielten vier Auszüge aus seinem Werk (nach Schidzick a.a.O.).

32 Siehe zu alledem Henry a.a.O. oder Des Granges ^{41}1946, S. 208–214, zum Folgenden Henry.

33 Siehe zu alledem und zum Folgenden Avisseau S. 50–54; Durand/Guislin/Roullois S. 107; Bruézière/Mauger S. 300.

34 Siehe M. Cosem, »Une enquête auprès des élèves«, *Cahiers pédagogiques* mai/juin 1971, S. 28f.

35 Genest 1923, S. 167; vgl. auch ebd. S. 172 oder Oster 1978, S. 81. – Zum Vorangehenden: A. Gide, *Anthologie de la poésie française*, Gallimard 1949, Préface S. 19, 39.

36 Von den Zeitgenossen folgte erst 1943 Montaigne, 1950 Rabelais, 1956 Budé (siehe zu alledem Lewandowski a.a.O.).

37 Zu alledem: Engel 1882, S. 187f., 190–98. – Zum Folgenden: Suchier/Birch-Hirschfeld S. 350, 352.

38 Beiersdorff S. 57. – Zum Folgenden siehe Koch/Neff & Oetinger u. a., *Barsortiment Lagerkatalog: I Autoren*, Stuttgart/Köln 1979/80; Speuser a.a.O.; Deutsche Bibliographie a.a.O.; Schidzick a.a.O.

39 Siehe Bruézière/Mauger S. 301; Avisseau S. 48f.; Des Granges 1946, S. 218.

40 Siehe Henry S. 64f.; Avisseau S. 49; P. Castex/P. Surer, *Manuel des études littéraires françaises: XVIe siècle*, Hachette 1946; Gide a.a.O.; L. Gauthier, *Von Montaigne bis Valéry – Der geistige Weg Frankreichs – Eine Auswahl französ. Originaltexte mit deutscher Übertragung*, Reutlingen 1949. – Zum Folgenden: Avisseau, Bruézière/Mauger S. 301, Gide a.a.O.

41 Siehe die in Anm. 40 genannten Quellen sowie Durand/Guislin/Roullois und J. C. Payen/J.-P. Chauveau, *La Poésie des origines à 1715* (Collection U), Colin 1968. – Zum Folgenden: Genest a.a.O.

42 Siehe Beiersdorff S. 56f., 188. – Zum Folgenden: Speuser a.a.O.; Schidzick a.a.O.

43 Siehe Henry S. 59f.; Avisseau S. 44; Oster 1978, S. 411; G. Büchmann, *Geflügelte Worte*, Frankfurt/M., Hamburg 1959, S. 120; vgl. auch Genest S. 29, 185; Castex/Surer a.a.O.; Gide a.a.O.

44 J. Folliet, »Das Frankreichbild im deutschen Unterricht«, in: C. Lütkens/W. Karbe, *Das Bild vom Ausland: Fremdsprachliche Lektüre an höheren Schulen in Deutschland, England und Frankreich*, Oldenbourg 1959. – Zum Vorhergehenden: Beiersdorff S. 56.

45 Siehe zu alledem auch Castex/Surer, Gauthier, Avisseau a.a.O.

46 Siehe Brunel/Huisman S. 31. – Zum Folgenden: R. Coblenzer, *Autorenkanon der romanistischen Dissertationen im deutschsprachigen Raum 1947–1971*, Staatsarbeit Heidelberg 1973 (ms.).

47 Beiersdorff S. 56f. – Zum Folgenden: H. Hoffmeister, *Anekdotenschatz von der Antike bis auf unsere Tage*, Berlin 1974.

48 Siehe zu alledem Nies, »Musketiere« S. 141, 145, 148.

49 Siehe ebd. 141.

50 D'Aubigné, *Les Tragiques* (abgedruckt bei Gauthier II, 464ff.). Siehe zur nationalistischen Komponente im Werk Du Bellays auch den Beitrag von J. Schlobach in diesem Band.

51 Folgendes wiederaufgenommen aus Nies, »Musketiere« passim.

52 Dazu ebd. S. 141.

53 Siehe oben S. 495.

54 Siehe Montaigne, *Œuvres complètes* hg. von Thibaudet/Rat, Gallimard 1962, S. 322–25, 1145–47, 1153f. – Zur Virulenz dieser Klischees bis in die Gegenwart siehe etwa D. Tiemann (Hg.), *Ce que je sais sur l'Allemagne – L'image que des élèves français se font de leur voisin d'Outre-Rhin* (Deutsch-französisches Jugendwerk – Berichte und Materialien I), 1979; vgl. auch die Umfrage in *Der Spiegel* Nr. 48, 1977.

55 Zitiert nach Suchier/Birch-Hirschfeld S. 341.

56 Siehe etwa Engel 1882, S. 188; Des Granges 1946, S. 208f., 213f., u. a. Zum Konzept der Transtextualität siehe etwa W. Preisendanz, »Die Muse Belesenheit: Transtextualität in Wielands ›Neuem Amadis‹«, *Modern Language Notes* 99 (1984) S. 540, zur Intertextualität den Beitrag von R. Warning in diesem Band.